Eficácia das Decisões do STF em ADIN e ADC

Efeito Vinculante, Coisa Julgada *Erga Omnes* e Eficácia *Erga Omnes*

André Dias Fernandes

Eficácia das Decisões do STF em ADIN e ADC

Efeito Vinculante, Coisa Julgada *Erga Omnes* e Eficácia *Erga Omnes*

3ª Edição
revista
atualizada
ampliada

2025

EDITORA JusPODIVM
www.editorajuspodivm.com.br

EDITORA *Jus*PODIVM
www.editorajuspodivm.com.br

Rua Canuto Saraiva, 131 – Mooca – CEP: 03113-010 – São Paulo – São Paulo
Tel: (11) 3582.5757
• Contato: https://www.editorajuspodivm.com.br/central-de-relacionamento

Diagramação: Claudia Lino *(claudiafatellino@gmail.com)*

Capa: Ana Caquetti

F363e Fernandes, André Dias
Eficácia das Decisões do STF em ADIN e ADC / André Dias Fernandes – 3.ed., rev., atual. e ampl. – São Paulo: Editora JusPodivm, 2024.
400 p.

ISBN: 978-85-442-5381-6.

1. Direito Constitucional. I. Fernandes, André Dias. II. Título.

CDD 341.2

BIBLIOTECÁRIA RESPONSÁVEL

Ana Carolina Ribeiro Mois – CRB7 – RJ 007348/0

3.ª ed., *2.ª tir.:* abr./2025.

A meu Pai celeste, terno amigo de todas as horas,
o Senhor do possível e do impossível, a quem devo tudo:
muito obrigado, meu Jesus, pela confiança que depositaste em mim.

*A meu pai terreno Vicente (*in memoriam*),*
que viveu a sua vida através da de seus filhos:
foi um privilégio inigualável ser seu filho.

A Ivna, com profundo amor.

A meus filhos André, Pedro e Louise,
minha mãe e meus irmãos, com muito carinho.

AGRADECIMENTOS

Agradeço a todos os que, direta ou indiretamente, colaboraram para a concretização desta obra.

Agradeço, porém, de maneira especial: a meu pai, Vicente Filgueira Fernandes (*in memoriam*), advogado e pai exemplar, modelo de hombridade e de coragem, de perseverança e de humildade, de entusiasmo e de fé, por sempre ter acreditado que eu poderia fazer o impossível; à minha mãe Bernadete, manancial de serenidade; à minha linda e doce esposa Ivna, companheira fiel de todas as horas; ao meu fantástico filho Andrezinho, e aos meus valorosos irmãos Luis e Byron.

Registro ainda o meu sincero agradecimento ao Dr. Brandão Machado (*in memoriam*), germanista de escol, excelente interlocutor e figura humana admirável, por sua generosidade para comigo e por ter incentivado, desde o início, o meu apreço pela investigação científica.

Agradeço igualmente ao meu orientador, Prof. Dr. João Luis Nogueira Matias, pela disponibilidade e pelo apoio na elaboração e na defesa da dissertação de mestrado que deu ensejo ao presente livro.

Outrossim, agradeço ao amigo Rogério Lima pela leitura do original.

Agradeço também à Profa. Dra. Denise Lucena Cavalcante, cujo convívio na Procuradoria da Fazenda Nacional em Fortaleza me incentivou a voltar à vida acadêmica.

Aos demais amigos da Procuradoria da Fazenda Nacional em Fortaleza, todos profissionais brilhantes e que engrandecem a instituição a que pertencem.

Aos meus amigos da graduação e do mestrado na Faculdade de Direito da UFC.

Aos meus amigos juízes federais da 1ª e da 5ª Região, em especial aos Drs. Luis Praxedes Vieira da Silva e Nagibe de Melo Jorge Neto, bem como aos servidores da 1ª Vara da JFCE, meu muito obrigado.

"Há mais a fazer interpretando as interpretações do que interpretando as coisas; e mais livros sobre os livros do que sobre qualquer outro assunto; nós não fazemos mais que nos entreglosar."

(MONTAIGNE)

"Eu não recearia muito as más leis se elas fossem aplicadas por bons juízes. Não há texto de lei que não deixe campo à interpretação. A lei é morta. O magistrado, vivo. É uma grande vantagem que ele tem sobre ela."

(ANATOLE FRANCE)

PREFÁCIO

O livro de André Dias Fernandes, "Da eficácia das decisões do STF em ADIN e ADC: efeito vinculante, coisa julgada 'erga omnes' e eficácia 'erga omnes'", oferece ao leitor interessante análise do sistema brasileiro de controle abstrato de constitucionalidade, a partir da eficácia das decisões do Supremo Tribunal Federal, nas ações diretas de inconstitucionalidade e declaratórias.

Examina o autor, com proficiência, três aspectos relevantes do controle concentrado (efeito vinculante, coisa julgada "erga omnes" e eficácia "erga omnes"), mostrando suas interligações e **distinções**, sobre **distinguir** os efeitos vinculantes das súmulas, em determinados aspectos. Neles, inclusive, para modular a rigidez da vinculação, admite a técnica da **distinção**, à luz dos princípios da razoabilidade e da proporcionalidade.

Na sua particular visão da supremacia da Constituição, pelo prisma da jurisdição constitucional, não só concentra e explicita os aspectos inerentes aos controles concentrado e difuso ou abstrato e concreto, como apresenta dificuldades e questões ainda pendentes de solução, razão pela qual uma certa flexibilização exegética permite-se, na exposição de suas ideias.

As consequências das declarações judiciais de inconstitucionalidade e o próprio papel daquelas que dependem de uma resolução congressual são, também, ponderados, no bem escrito livro, como matéria preambular do exame específico da eficácia das decisões definitivas da Suprema Corte.

Esclarece, em linha que Gilmar Mendes e eu adotáramos, no nosso primeiro livro sobre a matéria (Ação Declaratória de Constitucionalidade), a dupla face das Ações Diretas e Declaratórias, para, ao final da obra, aplicar os princípios da razoabilidade e da proporcionalidade, como limitações ao efeito vinculante e à eficácia "erga omnes".

Sugeri e "batizei" a ação declaratória, aos relatores da EC n. 3/93, para evitar a proposta do Governo Collor de reintroduzir a "avocatória". Minha sugestão, no concernente à legitimação ativa ampla, não foi, todavia, aceita naquela Emenda, mas a n. 45/04 estendeu-a aos mesmos legitimados do art. 103 da Constituição Federal.

Considero o trabalho muito bom, com ampla discussão de temas relevantes, no que se refere à variada gama de aspectos dos controles de constitucionalidade do direito pátrio.

É, pois, com tranquilidade que prefacio a obra de André Dias Fernandes, aconselhando sua leitura e estudo por aqueles que militam no contencioso judicial, principalmente junto ao Supremo Tribunal Federal. A obra é de indiscutível utilidade.

Ives Gandra da Silva Martins

Professor Emérito da Universidade Mackenzie, da UNIP, da UNIFIEO e da UNIFMU; Professor Honorário das Universidades Austral (Argentina), San Martin de Porres (Peru) e Vasili Goldis (Romênia); Doutor *Honoris Causa* das Universidades de Craiova (Romênia) e das PUCs-Paraná e RS, e Catedrático da Universidade do Minho (Portugal); Presidente do Conselho Superior de Direito da FECOMERCIO - SP; ex-Presidente da Academia Paulista de Letras-APL e do Instituto dos Advogados de São Paulo-IASP.

SUMÁRIO

INTRODUÇÃO **19**

Capítulo I

A SUPREMACIA DA CONSTITUIÇÃO E A JURISDIÇÃO CONSTITUCIONAL **23**

1.1. Conceito de inconstitucionalidade 23

1.1.1. Dos elementos da inconstitucionalidade 23

1.2. Espécies de inconstitucionalidade (normativa, não normativa, por ação, por omissão, formal, material, originária, superveniente, total, parcial, direta e indireta) 29

1.3. Conceito, objeto e parâmetro do controle de constitucionalidade... 42

1.3.1. Bloco de constitucionalidade 58

1.4. Natureza do controle de constitucionalidade 62

1.5. Os sistemas de controle jurisdicional de constitucionalidade 63

1.5.1. Classificação 63

1.5.1.1. Momento a partir do qual podem ser ajuizadas a ADIn e a ADC 66

1.6. Similitudes e dissimilitudes entre o controle abstrato e o concreto... 71

1.6.1. Normas passíveis de controle abstrato de constitucionalidade 82

1.6.2. Ofensa direta e ofensa indireta à Constituição 84

1.6.3. Condições da ação e pressupostos processuais 86

1.6.3.1. Legitimados à propositura de ADIn e ADC 92

1.6.3.1.1. Pertinência temática ou objetiva 94

1.6.3.2. Representação processual e capacidade postulatória 96

1.6.3.3. Impedimento e suspeição 98

1.6.3.4. Carência originária e superveniente do direito de ação 102

1.6.4. O pedido na ADIn e na ADC 104
1.6.4.1. O pedido de medida cautelar na ADIn e na ADC 105

Capítulo II

CONSEQUÊNCIAS DA INCONSTITUCIONALIDADE E DE SUA DECLARAÇÃO JUDICIAL 107

2.1. Inexistência, nulidade e anulabilidade 107
2.2. Da sanção de nulidade absoluta 113
2.2.1. Dos efeitos pretéritos residuais do ato nulo: teoria da paraeficácia do ato nulo 113
2.3. Da revogação da norma 121
2.3.1. Conceitos de vigência, eficácia, revogação, recepção e repristinação 121
2.3.1.1. Os equívocos conceituais e suas consequências 122
2.4. A questão do controle abstrato da legislação pré-constitucional 124
2.4.1. O *status quæstionis* no direito comparado 124
2.4.2. O *status quæstionis* no STF 127
2.4.3. Crítica à posição do STF 128
2.4.3.1. Da revogação por inconstitucionalidade 128
2.4.3.2. Inconstitucionalidade sem nulidade 133
2.4.3.3. Vigência da norma e atualidade da ofensa à Constituição 136
2.4.3.4. Exceção à regra da revogação por inconstitucionalidade: o caso da inconstitucionalidade superveniente por mutação fática ou da interpretação da norma 142
2.4.3.5. Da constitucionalidade superveniente 144
2.4.3.6. Da conveniência do controle abstrato da legislação pré-constitucional 146

Capítulo III

O PAPEL DO SENADO FEDERAL NO CONTROLE DE CONSTITUCIONALIDADE 147

3.1. Suspensão da execução de lei e revogação 149
3.2. Natureza jurídica da resolução senatorial 151

3.3. Competência discricionária e competência vinculada 154
3.4. Eficácia retroativa e eficácia prospectiva 157
3.5. "Efeito repristinatório" ou não da resolução 163
3.6. Revogabilidade ou não da resolução suspensiva 164
3.7. Desnecessidade de comunicação formal ao Senado 166
3.8. Mutação jurisprudencial 166
3.9. Controle da constitucionalidade da resolução 167
3.10. Posição hierárquico-normativa da resolução 168
3.11. Normas passíveis de suspensão pelo Senado 169
3.12. Súmula vinculante e decisão em repercussão geral: utilidade da resolução 174
3.13. "Abstratização" do controle incidental exercido pelo STF 176
3.14. Síntese 186

Capítulo IV

EFICÁCIA DAS DECISÕES DEFINITIVAS DO STF EM ADIN E ADC: ESPECIFICIDADES DO CONTROLE CONCENTRADO 187

4.1. A natureza objetiva do processo constitucional e suas implicações... 187
4.1.1. É possível um processo sem partes? 188
4.1.2. A eficácia *erga omnes* como decorrência da natureza objetiva do processo constitucional 190
4.1.3. O efeito vinculante como decorrência da opção do legislador constituinte 192
4.1.4. Distinção entre coisa julgada *erga omnes*, eficácia *erga omnes* e efeito vinculante 193
4.1.4.1. Diferença quanto à técnica processual 204
4.1.4.2. A súmula vinculante 206
4.1.5. Da cláusula *rebus sic stantibus* implícita na coisa julgada *erga omnes*, na eficácia *erga omnes* e no efeito vinculante 209
4.1.5.1. Cessação da eficácia prospectiva da coisa julgada nas relações tributárias continuativas 220
4.1.6. Limites objetivos e subjetivos da coisa julgada *erga omnes*... 223
4.1.6.1. Limites objetivos 224
4.1.6.1.1. Vinculação de todos à parte dispositiva do acórdão definitivo 224

4.1.6.2. Limites subjetivos 233
4.1.6.2.1. Autovinculação do STF à coisa julgada *erga omnes* 233
4.1.7. Limites objetivos e subjetivos do efeito vinculante 238
4.1.7.1. Limites objetivos 238
4.1.7.1.1. Efeito vinculante: vinculação aos motivos determinantes ("tragende Gründe") ou à parte dispositiva da decisão? 238
4.1.7.2. Limites subjetivos 250
4.1.7.2.1. Inexistência de autovinculação do STF 250
4.1.7.2.2. Inexistência de vinculação do Poder Legislativo 251
4.2. O denominado "efeito repristinatório" e o efeito vinculante 254
4.2.1. O "efeito repristinatório" injusto ou indesejado 256
4.2.1.1. Da necessidade de cumulação de pedidos e seus inconvenientes 257
4.2.2. Relações entre o "efeito repristinatório" e o efeito vinculante 260
4.3. A impossibilidade de renovação de prazos decadenciais e prescricionais já exauridos em virtude da decisão do STF 263
4.3.1. Declaração de inconstitucionalidade e repetição de indébito tributário 266
4.3.2. A (in)constitucionalidade do art. 741, parágrafo único, do CPC-73 e dos arts. 525, §§ 12 e 15, e 535, §§ 5º e 8º, do CPC-2015 268
4.4. A manipulação dos efeitos da decisão definitiva de mérito em ADIN e ADC 292
4.4.1. Limites à modulação: a sanção de nulidade como norma-regra 323

Capítulo V

A NATUREZA DÚPLICE DA ADIN E DA ADC 331

5.1. A produção de coisa julgada material e efeito vinculante nas decisões definitivas de procedência e de improcedência 331
5.1.1. A questão no direito comparado 331
5.1.2. A questão no STF 335

Capítulo VI

APLICAÇÃO DOS PRINCÍPIOS DA PROPORCIONALIDADE E DA RAZOABILIDADE COMO LIMITAÇÃO AO EFEITO VINCULANTE E À EFICÁCIA *ERGA OMNES* **345**

6.1. Casos em que o próprio STF relativizou o efeito vinculante e a eficácia *erga omnes*........ 348

6.1.1. O caso da Rcl nº 1067........ 349

6.1.2. O caso da ADIn nº 223........ 353

6.1.3. O caso da ADIn nº 1232........ 361

6.2. O caso da antecipação de tutela contra a Fazenda Pública........ 364

CONCLUSÕES........ **367**

BIBLIOGRAFIA........ **385**

INTRODUÇÃO

Tema dos mais sedutores, o controle concentrado da constitucionalidade está na ordem do dia. Não só por ser um instituto relativamente novo, mas pela própria complexidade da vida moderna, que exige a pronta solução das lides massificadas.

Tantas e tão variegadas têm sido as inovações jurisprudenciais imprimidas pelo STF ao controle abstrato de constitucionalidade desde a Constituição de 1988[1], e tantas tendências novas se têm entremostrado, que se pode afirmar que um novo controle concentrado de constitucionalidade está em gestação no Brasil.

A despeito do grande número de obras publicadas e da recentidade do instituto, o controle de constitucionalidade tem surpreendido pelas novas questões suscitadas a cada dia na práxis forense, sobretudo no âmbito do controle *abstrato* efetuado pelo STF.

A complexidade, a novidade e a variedade dessas questões, para as quais não há uma sistematização doutrinária, têm desafiado a argúcia dos membros do STF, levando-o a conduzir esse processo de sistematização que é próprio da doutrina.

A autoridade das decisões do STF – derivada assim da sua competência constitucional de emitir a palavra final sobre as questões afeitas ao controle de constitucionalidade, como da indisputável capacidade técnica de seus Ministros –, se por um lado proporciona *segurança*, por outro *inibe* e *atrofia* o tratamento doutrinário da matéria.

Com efeito, percebe-se muitas vezes um quase temor na doutrina em versar questões já pacificadas no seio do STF. Ocorre que as decisões do STF, sem embargo de sua autoridade, não são necessariamente expressão da

1. Como exemplos, podem ser mencionados, dentre muitos outros: (a) a admissão da ação declaratória de constitucionalidade (ADC); (b) a compreensão da ADIn e da ADC como ações dúplices; (c) a extensão do efeito vinculante à ADIn e às medidas cautelares em ADIn e ADC; (d) a possibilidade de suspensão da prolação de decisões ou do andamento dos processos subjetivos em que a questão constitucional figure como prejudicial ao exame do mérito; (e) o reconhecimento do cabimento da reclamação tanto para a proteção da autoridade das decisões proferidas em ADC, como das decisões prolatadas em ADIn.

verdade absoluta: como toda obra humana, carregam a marca da falibilidade inerente ao gênero humano, não sendo, portanto, imunes à *crítica científica.*

De modo que a visão jurisprudencial e a visão doutrinária, nem sempre coincidentes, muito têm a contribuir para o desenvolvimento do controle de constitucionalidade no Brasil.

Na verdade, o próprio STF já reclamou certa feita da ausência de críticas doutrinárias aos seus acórdãos. E não tem medido esforços para reverter esse quadro: prova disso é a *publicização* cada vez maior das suas decisões, hoje facilmente acessíveis a qualquer pessoa em qualquer parte do mundo pela *Internet*, na qual estão disponíveis, com eficientes mecanismos de busca, não apenas as ementas, mas outrossim os inteiros teores de praticamente todos os acórdãos do STF, incluindo os mais antigos. Os Informativos de Jurisprudência do STF, semanalmente publicados na *Internet*, testificam o desejo da Suprema Corte de ver comentadas e debatidas as suas decisões.

Esse fenômeno da publicização das decisões judiciais não se adstringe ao STF, senão que se espraia por todo o Poder Judiciário[2], sinalizando uma abertura à sociedade nunca dantes vista.

Impende, portanto, dilargar tanto quanto possível o debate sobre as novas questões emergentes no controle de constitucionalidade, a fim de que o instituto evolua sobre um sólido alicerce, legitimado por um amplo processo dialético e científico, do qual participe toda a "sociedade aberta dos intérpretes da Constituição", até porque as decisões do STF, designadamente no controle abstrato, produzem um profundo impacto em todas as decisões judiciais, administrativas e legislativas.

A *solução coletiva das lides* é inevitável na moderna sociedade globalizada, caracterizada pela existência de conflitos de massa, e essencial para que o Estado consiga dar uma resposta rápida ao jurisdicionado, sem correr o risco de entrar em colapso, ante a multitude das ações.

---

2. Até mesmo as decisões da Justiça de 1º grau têm sido publicadas na *Internet:* as decisões das Turmas Recursais dos Juizados Especiais Federais, compostas por Juízes Federais de 1º grau, estão disponíveis na *Internet* em vários *sites* (www.cjf.jus.br e www.trf5.jus.br, dentre outros). Merecem ainda especial destaque os *processos virtuais* no âmbito dos JEFs, cujos inteiros teores estão disponíveis 24 horas por dia, em qualquer lugar do mundo, a qualquer pessoa que tenha acesso à *Internet.* No *processo virtual,* não existem os autos processuais de papel, como os conhecemos: o processo é inteiramente virtual, e os *autos virtuais* estão *integralmente* (e não apenas as decisões do juiz) disponíveis na *Internet.* Essa revolucionária inovação já é uma realidade na Justiça brasileira: em praticamente todos os Estados-membros, o processo virtual está em plena operação, quebrando paradigmas e agilizando enormemente a entrega da prestação jurisdicional.

Essa necessidade de abreviar o caminho rumo à Justiça, consubstanciada na decisão final do Poder Judiciário, assoberbado por um ingente volume processual capaz de inviabilizar por completo seu funcionamento, gera uma tendência à *concentração do poder decisório* nas mãos dos órgãos de cúpula, que se manifesta na edição de inúmeras *súmulas* de jurisprudência (a algumas das quais se agregou *eficácia vinculante* semelhante à das decisões do STF em ADIn e ADC) e na *ampliação da eficácia das decisões* proferidas no controle abstrato de constitucionalidade.

Sucede que essa função aproxima o Poder Judiciário – concebido para resolver, mediante a *norma individual concreta* contida na sentença, os *conflitos concretos* – do Poder Legislativo, concebido para resolver os conflitos de interesse *no plano abstrato das normas.*

Ocorre que, ao exercitar essa atividade similar à do Poder Legislativo, o Poder Judiciário não pode prescindir dos elementos que emprestam *legitimidade* à atuação do Poder Legislativo, assim com também não pode prescindir da adoção de mecanismos que permitam *amoldar* o *comando genérico* e *abstrato* da sua decisão às *peculiaridades* do caso *concreto, tarefa esta que sempre desempenhou em relação às normas abstratas e genéricas emanadas do Poder Legislativo.*

De feito, só a *pluralização, a democratização do debate* sobre o controle abstrato de constitucionalidade e a *utilização de válvulas de escape* são capazes de contrabalançar e *legitimar* decisões tão genéricas, tão abstratas e até mais coercitivas do que as próprias leis, garantindo-lhes *justiça.*

À luz dessas premissas, serão objeto de análise científica no vertente trabalho os efeitos das decisões do STF em ADIn (ação direta de inconstitucionalidade) e ADC (ação declaratória de constitucionalidade) e as *limitações inerentes a esses efeitos.*

Não serão, porém, objeto de consideração as decisões proferidas pelo STF em ADIn por omissão, na ação direta interventiva, em mandado de injunção e em ADPF (arguição de descumprimento de preceito fundamental), porquanto exigem, em razão das peculiaridades próprias de cada qual, estudo separado, inviável nesta sede.

Animado desse espírito crítico é que se recorrerá às fontes doutrinárias, jurisprudenciais, constitucionais e legais em sentido estrito (infraconstitucionais).

Não se negligenciará o contributo do direito comparado sempre que for oportuna sua invocação.

Capítulo I

A SUPREMACIA DA CONSTITUIÇÃO E A JURISDIÇÃO CONSTITUCIONAL

Sumário • 1.1. Conceito de inconstitucionalidade: 1.1.1. Dos elementos da inconstitucionalidade – 1.2. Espécies de inconstitucionalidade (normativa, não normativa, por ação, por omissão, formal, material, originária, superveniente, total, parcial, direta e indireta) – 1.3. Conceito, objeto e parâmetro do controle de constitucionalidade: 1.3.1. Bloco de constitucionalidade – 1.4. Natureza do controle de constitucionalidade – 1.5. Os sistemas de controle jurisdicional de constitucionalidade: 1.5.1. Classificação: 1.5.1.1. Momento a partir do qual podem ser ajuizadas a ADIn e a ADC – 1.6. Similitudes e dissimilitudes entre o controle abstrato e o concreto: 1.6.1. Normas passíveis de controle abstrato de constitucionalidade; 1.6.2. Ofensa direta e ofensa indireta à Constituição; 1.6.3. Condições da ação e pressupostos processuais: 1.6.3.1. Legitimados à propositura de ADIn e ADC: 1.6.3.1.1. Pertinência temática ou objetiva; 1.6.3.2. Representação processual e capacidade postulatória; 1.6.3.3. Impedimento e suspeição; 1.6.3.4. Carência originária e superveniente do direito de ação; 1.6.4. O pedido na ADIn e na ADC: 1.6.4.1. O pedido de medida cautelar na ADIn e na ADC.

1.1. CONCEITO DE INCONSTITUCIONALIDADE

A precisão do conceito de inconstitucionalidade é essencial para o adequado trato da matéria objeto do vertente trabalho. Todavia, esse conceito tem andado de mistura com elementos *extrínsecos* a ele. Cumpre, portanto, expurgá-lo dos elementos que lhe são estranhos, isto é, dos elementos *não constitutivos* do conceito de inconstitucionalidade.

1.1.1. Dos elementos da inconstitucionalidade

Como já tivemos oportunidade de sustentar alhures[3], "a *inconstitucionalidade* é uma ***relação***: uma *relação de incompatibilidade* com uma Constituição eleita como parâmetro de confronto. Essa é a sua natureza jurídica,

3. FERNANDES, André Dias. Inconstitucionalidade e constitucionalidade supervenientes, revogação e controle de constitucionalidade. *Revista do Instituto dos Magistrados do Ceará*, Fortaleza, ano 3, nº 6, p. 211-227, jul./dez. de 1999, p. 226.

assim como a *constitucionalidade* tem a natureza jurídica de uma ***relação de compatibilidade*.**"[4]

Na expressão de Jorge Miranda[5]:

> "Constitucionalidade e inconstitucionalidade designam *conceitos de relação*: a *relação que se estabelece entre uma coisa – a Constituição – e outra coisa – um comportamento* – que lhe está ou não conforme, que cabe ou não cabe em seu sentido, que tem nela ou não a sua base. [...] De modo pré-sugerido, resultam do confronto *de uma norma ou de um acto* com a Constituição, correspondem a atributos que tal comportamento recebe em face de cada norma constitucional."

Essa relação de compatibilidade ou de incompatibilidade com a Constituição pode dar-se não só entre uma norma e a Constituição, mas, por igual, entre *qualquer ato (normativo ou não normativo, comissivo ou omissivo)*[6] ou *situação* e a Constituição eleita como parâmetro de contraste.

Pode ocorrer ainda entre *qualquer Constituição eleita como parâmetro de confronto* (incluindo as Constituições não mais vigentes[7] e as estrangeiras) e

---

4. No mesmo sentido: ADIn nº 595, Rel. Min. Celso de Mello, DJU 26.02.2002. Informativo nº 258 do STF, "transcrições".

5. *Manual de direito constitucional*: Constituição e inconstitucionalidade. 3. ed. Coimbra: Coimbra editora, 1996, t. II, p. 310-311.

6. Nesse mesmo sentido: "Comete-se inconstitucionalidade não apenas editando *normas* incompatíveis com a Constituição, mas também por atos ou omissões a ela contrários. [...] É equivocada, destarte, a ideia de que a inconstitucionalidade é apenas a incompatibilidade da *norma* com a Constituição, ou, em outras palavras, que apenas o *legislador* comete ofensa à Carta Magna. Na verdade, as 'inconstitucionalidades' podem derivar do comportamento *de vários agentes* e ser perpetradas por *diversos modos*. Inconstitucional será o ato ou a omissão *do particular* não compatível com o catálogo dos deveres que a Constituição lhe impõe ou com os direitos que assegura a outrem. Inconstitucional será também o ato ou a omissão *do administrador público*, quando não observar os mandamentos e princípios da boa administração ou não atender aos direitos subjetivos públicos previstos na Carta Constitucional. Inconstitucional será o ato *do juiz* que desrespeitar, no comando do processo, as garantias e prerrogativas dos litigantes. E assim por diante." (ZAVASCKI, Teori Albino. *Eficácia das sentenças na jurisdição constitucional*. São Paulo: RT, 2001, p. 13-14.)

7. Exemplificativamente: um ato normativo qualquer pode ser contrário à Constituição de 1946, e, portanto, inconstitucional em face da referida Constituição *ainda hoje*, apesar da substituição desta pelas Constituições subseguintes. Contudo, essa inconstitucionalidade só será juridicamente relevante se o ato normativo houver sido editado durante o período de vigência daquela Constituição. Se lhe for posterior, *em princípio*, não será juridicamente relevante, em razão da regra *tempus regit actum*. (Asseverou-se "em princípio" porque o ato normativo poderia ter eficácia retroativa e a Constituição vigente à época de sua edição e poderia permitir a retroação desses efeitos, hipótese em que o exame da constitucionalidade do ato seria feito à luz da Constituição substituída.)

qualquer ato (incluindo os revogados, os estrangeiros e os já exauridos[8]) ou situação. No entanto, essa relação de compatibilidade ou de incompatibilidade só será *juridicamente relevante* se ocorrer entre uma Constituição *vigente* e atos ou situações *a ela sujeitos, tanto temporal, como espacialmente*. Só nessas condições é que será possível a existência de um *controle* sobre a sua constitucionalidade.

São, portanto, *elementos constitutivos da inconstitucionalidade*:

(a) uma Constituição eleita como parâmetro de confronto; (b) um ato (normativo ou não normativo, comissivo ou omissivo) ou situação; e (c) a desconformidade entre os dois elementos anteriores.

São *elementos da inconstitucionalidade juridicamente relevante*:

(a) uma Constituição *vigente* eleita como parâmetro de confronto; (b) um ato (normativo ou não normativo, comissivo ou omissivo) ou situação *sujeitos, temporal e espacialmente, à Constituição-parâmetro*[9]; e (c) a desconformidade entre os dois elementos anteriores.

A *atribuição de invalidade não é efeito necessário e automático da inconstitucionalidade,* variando de um ordenamento jurídico para outro.

Em determinados ordenamentos, a norma inconstitucional não é reputada inválida enquanto não se lhe declare judicialmente a invalidade, com efeitos *ex nunc*; nesse caso, a norma, apesar de inconstitucional, só passa a ser inválida após a decisão judicial (que tem natureza *constitutiva negativa*, e não meramente declaratória), sendo preservados integralmente os efeitos produzidos entre a data de sua entrada em vigor e a data em que passar a produzir efeitos a decisão judicial desconstitutiva[10].

---

8. Nesse sentido doutrina, corretamente, Jorge Miranda (*Manual...*, p. 341).

9. Não há, todavia, necessidade de que o ato normativo seja vigente para que a inconstitucionalidade seja juridicamente relevante: se o ato normativo estiver no período de vacância e houver uma alteração na Constituição que o torne incompatível com esta (= inconstitucional), será desde logo havido por inconstitucional e, conseguintemente, impedido de entrar validamente em vigor. Portanto, *a despeito de não estar em vigor*, o ato pode estar eivado de uma inconstitucionalidade juridicamente relevante.

10. É o sistema austríaco. Confira-se o teor do art. 140.5 da Constituição da Áustria: "**Article 140. [...] (5)** The judgment by the Constitutional Court which rescinds a law as unconstitutional imposes on the Federal Chancellor or the competent Governor the obligation to publish the rescission without delay. This applies analogously in the case of a pronouncement pursuant to Paragraph (4) above. *The rescission enters into force on the day of publication if the Court does not set a deadline for the rescission. This deadline may not exceed eighteen months.*" (Disponível em: http://www.vfgh.gv.at/cms/vfgh-site/english/ downloads/englishverfassung.pdf. Acesso em: 26 fev. 2007.) No sistema austríaco, de inspiração kelseniana, a lei não é considerada *inválida* mas eficaz até a decisão da Corte Constitucional: a lei é considerada *válida* e eficaz até a decisão da Corte. É a decisão da Corte que *invalida* a lei. Até porque

Noutros, como o ordenamento jurídico brasileiro atual, a norma constitucional é tida por inválida desde o momento em que se verificou a inconstitucionalidade, constituindo, por via de regra[11], *fenômenos inseparáveis a inconstitucionalidade e a invalidade*; nesse caso, a decisão judicial tem natureza *meramente declaratória*, produzindo, em princípio, efeitos *ex tunc*.

Às vezes, apesar da gravidade da inconstitucionalidade, a invalidade pode não importar sequer em *nulidade relativa*: é o caso da inconstitucionalidade por omissão absoluta no direito brasileiro atual. Na Ação Direta de Inconstitucionalidade por omissão (ADO) quanto à edição de lei, conquanto o STF declare a existência de uma *inconstitucionalidade* por omissão absoluta, e, por conseguinte, de uma invalidade por omissão (= desconformidade com o ordenamento jurídico), *não há declaração de nulidade* como na ADIn por ação: a consequência jurídica da declaração da inconstitucionalidade consiste, em regra, na *mera ciência ao Poder competente de que está em mora.*[12] Se a lei

---

o conceito de invalidade no direito austríaco é inspirado na doutrina kelseniana que define validade da norma como a sua *pertença ao ordenamento jurídico*: a norma só é inválida depois de expulsa do ordenamento jurídico. Essa eliminação pode ser operada pela Corte Constitucional, que atua como "legislador negativo". Diferentemente, no direito brasileiro, há casos excepcionais em que a norma inconstitucional é *inválida* mas *eficaz* até a declaração judicial. Assim, no nosso sistema, *em regra*, tal questão se resolve no plano da *eficácia*, e não no da existência, nem no da validade: a norma inconstitucional é *inválida*, *nula* (jamais *anulável)*, mas, excepcionalmente, pode ser *eficaz* (teoria da *paraeficácia* do ato nulo); *excepcionalmente*, quando ausentes os elementos mínimos exigidos pela própria CF-88 à existência jurídica da norma, a "norma" inconstitucional pode ser *juridicamente inexistente* (nesse caso, a questão se resolve já no plano da *existência*, e não no da validade ou da eficácia, pois não há falar em "invalidade" ou em "ineficácia" de uma "norma" que nem sequer existe juridicamente).

11. Há exceções. Conforme retromencionado, a inconstitucionalidade pode acarretar a própria inexistência jurídica da "norma", e, em assim sendo, não se pode afirmar que tal "norma" seja inválida, porque só se pode ***qualificar juridicamente*** (plano da validade) o que ***existe juridicamente*** (plano da existência).

12. Na ação direta de inconstitucionalidade por omissão (processo de controle abstrato), não há previsão constitucional, nem legal, de colmatação provisória da omissão normativa pelo próprio STF, à diferença do que sucede com o mandado de injunção (art. 8º da Lei 13.300/2016). Dessarte, nos moldes da CF-88 e da Lei 9.868-99, em relação ao Poder Legislativo, a decisão na ação direta de inconstitucionalidade não tem eficácia mandamental, mas simplesmente declaratória. Entretanto, como exemplo de exceção a essa regra, tem-se a decisão na ADO 25, acerca de prejuízos advindos de desoneração do ICMS em exportações. Cuida-se de arrojada *decisão manipulativa* ***substitutiva*** "*de revisão constitucional*", que não se limitou a cientificar o Congresso da sua mora em editar a lei complementar prevista no art. 91 do ADCT da CF-88, mas fixou prazo de 12 meses para que o Congresso a editasse, findo o qual competiria ao TCU, **enquanto não for editada a lei complementar: "a) fixar o valor do montante total a ser transferido anualmente aos Estados-membros e ao Distrito Federal, considerando os critérios dispostos no art. 91 do ADCT; b) calcular o valor das quotas a que cada um deles fará jus, considerando os entendimentos entre os Estados-membros e o Distrito Federal**

não foi editada (omissão absoluta), não pode ser tachada de nula, pois nem sequer existe; a omissão em si mesma também não pode ser qualificada de "nula".[13] Portanto, ainda que se reconheçam efeitos outros (além da mera ciência da mora) à declaração do STF de inconstitucionalidade por omissão, esses efeitos não consistem na sanção de nulidade. Destarte, no vigente ordenamento jurídico brasileiro, a nulidade absoluta, *em regra*, não é *sanção* cominada ao *vício* da inconstitucionalidade *por omissão*.

Todavia, para Jorge Miranda e Carlos Blanco de Morais, a inconstitucionalidade *não seria um vício*.

Assevera o primeiro[14]:

> "A inconstitucionalidade ***não é um vício***, *embora* ***em concreto resulte*** *de um* ***VÍCIO*** *que* ***inquina*** *o comportamento de qualquer órgão de poder. Não redunda, desde logo, em invalidade, embora a determine ou possa determinar. Nem é um valor jurídico negativo*, embora a invalidade constitucional acarrete nulidades constitucionais."

---

realizados no âmbito do Conselho Nacional de Política Fazendária – CONFAZ." (ADO 25, Rel. Min. GILMAR MENDES, Tribunal Pleno, julgado em 30/11/2016, DJe-182 18-08-2017.) Denominam-se "decisões manipulativas" aquelas em que o órgão jurisdicional que as profere atua na qualidade de legislador *positivo*, e não de legislador meramente negativo (à moda kelseniana), inovando a ordem jurídica de maneira significativa. A decisão na ADO 25 constitui decisão manipulativa "*substitutiva*", porque a norma constitucional provisória prevista no § 3º do art. 91 do ADCT foi *substituída* por uma norma provisória elaborada pelo próprio STF. Ademais, cuida-se de decisão manipulativa "de revisão constitucional" porque a norma substituída é uma norma constitucional, e não uma norma meramente infraconstitucional. Dessarte, tal decisão manipulativa suprime o conteúdo de uma parcela da própria Constituição (§ 3º do art. 91 do ADCT), substituindo-o por um conteúdo normativo criado pelo próprio STF. Sobre o fascinante tema das decisões manipulativas, cada vez mais frequentes na jurisprudência do STF, e, em especial, sobre a decisão na ADO 25, conferir a nossa obra: FERNANDES, André Dias. *Modulação de efeitos e decisões manipulativas no controle de constitucionalidade brasileiro*: possibilidades, limites e parâmetros. Salvador: JusPodivm, 2018, p. 162-170.

13. "Da simples leitura do texto decorre que a inconstitucionalidade por omissão não se coaduna com a sanção de nulidade. Nulidade do que não se fez? Também não com o caráter declaratório da ação de inconstitucionalidade, pelo menos no caso da omissão de providência administrativa. Tem nesta hipótese evidente e insofismável caráter mandamental." (FERREIRA FILHO, Manoel Gonçalves. O valor do ato inconstitucional em face do direito positivo brasileiro. *Revista de Direito Administrativo*, Rio de Janeiro, n. 230, out./dez. 2002, p. 224.) Entretanto, "no que respeita às omissões **relativas**, se se adotar a tese de que *há uma norma implícita de exclusão* (inconstitucional) de determinados sujeitos, situações ou objetos, violadora do princípio da igualdade, seria possível afirmar que da inconstitucionalidade dessa norma implícita de exclusão decorreria a sua nulidade, sanção esta aplicada a fim de negar-lhe a produção de efeitos válidos." (FERNANDES, André Dias. *Modulação de efeitos e decisões manipulativas no controle de constitucionalidade brasileiro*: possibilidades, limites e parâmetros. Salvador: JusPodivm, 2018, p. 35.)

14. *Manual*..., p. 337.

Apregoa o segundo[15]:

> "Podemos definir singelamente inconstitucionalidade de um acto jurídico-público como a *desconformidade do mesmo acto com o parâmetro constitucional a que se encontra submetido.*
> A relação de incompatibilidade de um acto com o princípio ou norma constitucional com a qual se deveria conformar pode definir-se como uma modalidade de *relação de desvalor* das condutas jurídico-públicas, dado que dela resulta, por regra, a depreciação jurídica do mesmo acto.
> Trata-se, ademais, da modalidade de *relação de desvalor* dotada de maior relevância ou essencialidade, já que a regra ofendida, a Constituição, encima a hierarquia do sistema normativo estadual [...]."

E mais ao diante continua o Professor lisbonense[16], criticando, sem razão, o Tribunal Constitucional por aludir à inconstitucionalidade como um *vício*:

> "Considera-se vício de um acto inconstitucional *a ocorrência de* ***um defeito ou de uma deformidade*** *nos pressupostos ou nos elementos do acto,* ***gerada pela desconformidade deste último com um parâmetro inserto na Constituição.***
> Nem sempre a expressão 'vício' é utilizada com a devida propriedade.
> Por exemplo, o Tribunal Constitucional português no seu Acórdão nº 268/88, aludiu a um critério de consunção de vícios, para então justificar que uma lei tida simultaneamente como inconstitucional e ilegal fosse julgada em sede de inconstitucionalidade, ***pelo facto de se tratar do 'vício' mais grave. Na verdade e em bom rigor, não se tratava de um vício***, mas da natureza do parâmetro normativo ofendido, o qual poderia ser ou a Constituição, ou uma lei qualificada [...].
> O que estava em causa era, na verdade, uma cumulação de ***relações de desvalor***, ***e não****, pelo menos a título principal, uma cumulação* ***de vícios***."

Todavia, a nosso ver, o raciocínio segundo o qual a inconstitucionalidade *não seria um vício*, conquanto *derivasse* de *um vício* que macula o comportamento do órgão de poder, incorre numa petição de princípio. Sucede que o ato só pode ser considerado um *vício maculador* do comportamento do órgão de poder *se for inconstitucional*: só *após* analisar se o ato contraria a Constituição (= é inconstitucional) é que se pode qualificá-lo como um *vício* em concreto, um *defeito* concreto, uma *falha* concreta. O fato de o ato concreto *ser inconstitucional* é que o torna um *vício*, e não o contrário. É a

15. *Justiça constitucional*: garantia da Constituição e controlo da constitucionalidade. Coimbra: Coimbra Editora, 2002, p. 131.

16. *Justiça constitucional...*, p. 136.

inconstitucionalidade que torna o ato *defeituoso*. O ato é defeituoso porque é inconstitucional, *porque é portador do vício supremo da inconstitucionalidade*. Sem inconstitucionalidade não há vício, não há defeito. Exemplo: um ato normativo editado em desobediência ao *quorum* constitucionalmente estatuído é portador de um vício de inconstitucionalidade. A desobediência ao *quorum* é um *fato concreto* que torna o *ato normativo* inconstitucional. A desobediência ao *quorum* (fato concreto) só pode ser considerada um vício, um defeito, porque é *em si mesma* inconstitucional (desconforme com a Constituição).

Mas a inconstitucionalidade *em si mesma* (= desconformidade do ato com a Constituição, norma hierarquicamente superior) também é um vício, um defeito, o qual se *comunica* ao ato inconstitucional, que por isso passa a ser *defeituoso, viciado*. É evidente que a desconformidade de um ato com a Constituição não é, *em si mesma*, algo *regular, normal*, mas sim algo *irregular, anormal*, em suma, uma *anomalia*. No exemplo acima subministrado, *a própria desconformidade* do ato normativo (editado em desobediência ao *quorum* constitucional) com a Constituição (= inconstitucionalidade) é, em si mesma, *um vício, um defeito*, que *contamina* o ato normativo, tornando-o *defeituoso, viciado*.

Importa exarar que o STF frequentemente se refere à inconstitucionalidade como um "vício", um "vício supremo".

Portanto, como se vê, as noções de *invalidade* e de *sanção*, conquanto *relacionadas*, são *extrínsecas* ao conceito de inconstitucionalidade (= vício).

1.2. ESPÉCIES DE INCONSTITUCIONALIDADE (NORMATIVA, NÃO NORMATIVA, POR AÇÃO, POR OMISSÃO, FORMAL, MATERIAL, ORIGINÁRIA, SUPERVENIENTE, TOTAL, PARCIAL, DIRETA E INDIRETA)

Como visto no item precedente, a inconstitucionalidade pode ser *normativa* ou *não normativa*, ou seja, tanto podem ser inconstitucionais *normas jurídicas* (inconstitucionalidade normativa), como atos ou situações de natureza não normativa (inconstitucionalidade não normativa).

A inconstitucionalidade normativa compreende não só as leis, mas toda e qualquer *norma jurídica* (constitucional[17] ou infraconstitucional), nacional (federal, estadual, distrital, municipal) ou internacional.

---

17. É o caso das Emendas Constitucionais e das normas *originárias* de Constituições diversas (o fenômeno da recepção de normas constitucionais pretéritas pela nova Constituição, *sem* a perda do nível constitucional, é raro, mas não impossível, bastando que a nova Constituição ressalve expressamente a vigência da norma constitucional pretérita, a qual poderá entrar posteriormente

Ao vertente trabalho interessa precipuamente a *inconstitucionalidade das normas infraconstitucionais nacionais (federais, estaduais e distritais).*

Insta salientar, ademais, que a inconstitucionalidade atinge a *norma em si*, e não meramente o seu *texto*. Aliás, se a norma em si não fosse inconstitucional, mas apenas o texto em que vazada, não haveria como justificar a técnica da declaração de nulidade *sem redução de texto*, largamente utilizada pelo STF. De feito, nessa hipótese, se não é o *texto normativo* que o STF declara inconstitucional, a nulidade só pode recair sobre a *norma em si mesma*[18].

No entanto, cada ordenamento jurídico tem autonomia para definir se o *controle de constitucionalidade* nele existente admite a declaração da nulidade da norma ou apenas a do texto normativo. No direito brasileiro, diante da adoção pelo STF da técnica de declaração de nulidade sem redução de texto, não há como não admitir que o controle da constitucionalidade abrange também a norma, e não apenas o seu texto[19].

A inconstitucionalidade pode ser *material* ou *formal*. Dá-se a inconstitucionalidade *material* quando o *conteúdo* da norma contravém à Constituição. De seu turno, dá-se a inconstitucionalidade *formal* quando a norma contravém às normas constitucionais que regulam o *processo legislativo* ou às normas constitucionais *definidoras de competência legiferante*, ***independentemente de seu conteúdo***. Destarte, *qualquer que seja o conteúdo específico da norma*, se esta contrariar alguma norma constitucional sobre processo legislativo ou sobre delimitação de competência legiferante, será *formalmente* inconstitucional. Se,

---

em conflito com Emenda Constitucional à nova Constituição). Normas *originárias de uma mesma Constituição (emanadas do mesmo Poder Constituinte Originário), conquanto possam colidir entre si (como as normas-princípio), não são inconstitucionais*, porquanto integram o mesmo sistema normativo com a mesma *hierarquia normativa*, são partes de um todo *harmonicamente* concebido. A tensão entre normas-princípio originárias de uma mesma Constituição deve ser solucionada à vista da situação concreta, visto que só diante do caso concreto é que se poderá decidir qual norma-princípio possuirá um *peso concreto* maior, malgrado a eventual diferença de *peso abstrato* entre as normas-princípio em colisão. Portanto, o que pode haver é uma mera hierarquia axiológica abstrata entre as normas-princípio oriundas do mesmo Poder Constituinte Originário, nunca uma hierarquia normativa.

18. Nesse sentido: "Assim, chamado o Poder Judiciário a se pronunciar sobre a validade de uma *norma* (*e não somente texto de lei*), verificará se houve ou não ofensa a alguma *norma* (*e não somente ao texto*) contida, expressa ou implicitamente, na Constituição." (FISCHER, Octavio Campos. *Os efeitos da declaração de inconstitucionalidade no direito tributário brasileiro*. Rio de Janeiro: Renovar, 2004, p. 117.)

19. Nesse sentido: "Os sistemas jurídicos em que o reconhecimento da inconstitucionalidade incide obre a norma que se extrai do texto legal e não sobre este propriamente dito oferecem um ajuste mais adequado a essa situação." (TAVARES, André Ramos. *Curso de direito constitucional*. 2. ed. São Paulo: Saraiva, 2003, p. 196.)

além disso, o conteúdo específico da norma contrariar alguma norma constitucional, a norma será também *materialmente* inconstitucional[20].

Há certa divergência na doutrina quanto ao enquadramento da inconstitucionalidade por infringência às normas constitucionais *delimitadoras de competência legiferante*: para uns, seria espécie de inconstitucionalidade material; para alguns, seria espécie de inconstitucionalidade formal[21]; para outros, constituiria um *tertium genus*[22] (inconstitucionalidade *orgânica*[23]). Para o STF, configura modalidade de inconstitucionalidade *formal*[24].

Insta esclarecer que quando se alude à inconstitucionalidade formal por descumprimento das normas de competência (inconstitucionalidade orgânica), quer-se referir ao descumprimento das *normas específicas* e *explícitas* na

20. Sem razão, *concessa venia*, o discrime proposto por André Ramos Tavares, segundo o qual "a inconstitucionalidade material é uma questão puramente de direito, porque se cinge estritamente à análise jurídica da compatibilidade entre conteúdos normativos. Já a inconstitucionalidade formal requer a análise de circunstâncias fáticas, porque só assim poder-se-á aferir o atendimento ou não do comando constitucional." (*Op. cit.*, p. 190.) Com efeito, a inconstitucionalidade *material* pode exigir o exame de *circunstâncias fáticas* (a Lei nº 9.868-99, que regulamenta o processo da ADIn e da ADC, no seu art. 9º, § 2º, autoriza inclusive dilação probatória, com a oitiva de peritos ou comissão de peritos, "*em caso de necessidade de esclarecimento de matéria ou circunstância de fato* ou de notória *insuficiência das informações* existentes nos autos") e a inconstitucionalidade formal pode *prescindir da análise de circunstâncias fáticas* (na inconstitucionalidade formal orgânica, em regra, não há necessidade de investigação fática).

21. Para Luís Roberto Barroso, seria hipótese de inconstitucionalidade formal impropriamente dita. (*O controle de constitucionalidade no direito brasileiro*: exposição sistemática da doutrina e análise crítica da jurisprudência. São Paulo: Saraiva, 2004, p. 25-30.)

22. Nesse sentido, sustenta Zagrebelsky: "La questione della classificazione dell'incompetenza tra i vizi formali o quelli materiali non ha in realtà ragione di porsi: esso costituisce un *terzo caso complesso, irriducibile concettualmente al primo e al secondo.*" (*La giustizia costituzionale*. Nuova edizione. [Bologna]: il Mulino, 1989, p. 136.)

23. *Cf.*, por todos, Jorge Miranda (*Manual*..., p. 340) e Carlos Blanco de Morais (*Justiça constitucional*..., t. I, p. 171-173).

24. Confira-se a seguinte decisão do Plenário do STF: "AÇÃO DIRETA DE INCONSTITUCIONALIDADE. LEI Nº 11.604, DE 23.04.2001, DO ESTADO DO RIO GRANDE DO SUL. TRÂNSITO. INVASÃO DA *COMPETÊNCIA LEGISLATIVA DA UNIÃO PREVISTA NO ART. 22, XI DA CONSTITUIÇÃO FEDERAL.* Já é pacífico neste Supremo Tribunal o entendimento de que *o trânsito é matéria cuja competência legislativa é atribuída, privativamente, à União, conforme reza o art. 22, XI da Constituição Federal.* ADI nº 2.064, Maurício Corrêa e ADI nº 2.137-MC, Sepúlveda Pertence. Em casos análogos ao presente, esta Corte declarou a *inconstitucionalidade formal de normas estaduais que exigiam a sinalização da presença de equipamentos de fiscalização eletrônica, fixavam limites de velocidade nas rodovias do Estado-membro e instituíam condições de validade das notificações de multa de trânsito.* Precedentes: ADI 1.592, Moreira Alves, ADI 2.582, Sepúlveda Pertence e ADI 2.328-MC, Maurício Corrêa. Ação direta cujo pedido se julga procedente." (ADIn 2802, Pleno, Rel. Min. Ellen Gracie, DJU 31.10.2003, p. 14.)

Constituição que traçam os lindes da competência para legislar (como as estampadas nos arts. 22 e 24 da CF-88).

A advertência se justifica pelo fato de que *toda e qualquer norma inconstitucional*[25] padece de um vício de *incompetência*. Com efeito, a Constituição não delegou ao legislador infraconstitucional *competência* para legislar *de forma contrária* aos preceitos constitucionais. O legislador constituinte conferiu *competência* ao legislador infraconstitucional apenas para a edição de leis *constitucionais*. Dessarte, toda e qualquer norma inconstitucional procede de um *desvio* ou *abuso do poder de legislar*, de uma *extrapolação da competência legiferante* que lhe foi concedida.

Mas, como observado, a inconstitucionalidade formal orgânica respeita só e unicamente às *normas específicas sobre repartição de competência existentes na Constituição*, sob pena de ruir por completo a utilidade da classificação, pois que, não fora assim, todas as normas inconstitucionais padeceriam do vício de inconstitucionalidade *formal* (orgânica).

Conquanto o exame da inconstitucionalidade formal, logicamente deva, em princípio, ser efetuado antes do exame da inconstitucionalidade material, tornando-se desnecessário, *pelo prisma da lógica*, analisar e decidir sobre a existência de vício material se se entender configurado o vício formal, à luz da função de *accertamento*[26] exercida pelo STF no controle abstrato de constitucionalidade, esse proceder encontra sólido fundamento.

Ao examinar e decidir também sobre a existência do vício material, o STF firma uma orientação interpretativa que norteará inclusivamente o legislador, que poderia, em evidente prejuízo para a segurança jurídica, renovar o conteúdo da norma em lei formalmente constitucional, constringindo o STF a examinar novamente a inconstitucionalidade da norma, desta feita pelo prisma material[27],

---

25. Ressalvadas, por óbvio, as normas emanadas do poder de Emenda à Constituição (Poder Constituinte Derivado), que, não vulnerando as cláusulas pétreas e observando as normas do processo de Emenda à Constituição, são inconstitucionais, mas não nulas, tendo a virtude de revogar as normas constitucionais pretéritas.

26. "Exerce, conseguintemente, [o STF] também um papel clarificador, haja vista que a incompatibilidade da norma constitucional com a que lhe é inferior hierarquicamente é no comum dos casos mais difícil de apurar que a existente entre duas normas do mesmo livel hierárquico, em virtude da inevitável diferença de densidade normativa entre a norma constitucional (no geral dos casos mais vaga, abstrata, indeterminada) e a infraconstitucional (mais específica, concreta, determinada)." (FERNANDES, André Dias. Inconstitucionalidade e constitucionalidade supervenientes..., p. 223.)

27. Critica, por essa razão, Jorge Miranda o Tribunal Constitucional português: "Na prática do Tribunal Constitucional observa-se, no entanto, tendência para dar prioridade à inconsti-

e correndo-se o risco de mediar lapso temporal considerável entre a sua edição e a declaração de sua inconstitucionalidade material pelo STF. Na prática, o STF muitas vezes analisa e decide conjuntamente acerca da existência dos vícios formais e materiais.

Impende, por fim, consignar que quando faltar algum elemento necessário *à própria **existência material** da norma*, não se estará diante de hipótese de inconstitucionalidade formal, porém sim de ato inexistente (materialmente), porquanto o que nem sequer existe *materialmente* não pode ser inconstitucional.

Diversamente, se se cuidar de mera inexistência *jurídica*, decorrente da ausência de algum elemento ***constitucional*** necessário à ***existência jurídica*** da norma, haverá inconstitucionalidade formal. Poder-se-ia sustentar a inocorrência de inconstitucionalidade formal, já que esta se situa no *plano da validade* da norma, e não no plano da sua *existência*. Sucede que a inexistência *jurídica* da norma nesses casos ***decorre*** exatamente da inconstitucionalidade (consistente na ausência ou inobservância de algum requisito constitucional indispensável à sua existência jurídica). De fato, nesses casos, só se pode afirmar que a norma é *juridicamente inexistente* após verificar que esta não preencheu os pressupostos de existência *indicados na própria Constituição*. Se a norma não houver preenchido os pressupostos ***constitucionais*** de existência jurídica, será **inconstitucional**, e, ***por consequência***, **inexistente juridicamente**. A inconstitucionalidade será, portanto, ***antecedente lógico*** da inexistência *jurídica*. A inexistência jurídica (*posterius*) ***pressuporá logicamente*** a inconstitucionalidade (*prius*)[28]. Portanto, em casos quejandos, a declaração de inexistência jurídica da norma constitui um juízo *jurídico* feito com base numa norma *jurídica*: a Constituição. É o caso, *e.g.*, de uma "norma" editada

tucionalidade orgânica e formal em detrimento da material: não raras vezes quando são arguidas uma e outra, o Tribunal *não conhece* da inconstitucionalidade material, por achar que, através da apreciação da orgânica e formal, se alcança o efeito útil e normal dos recursos. *É uma postura quanto a nós criticável, por assim se enfraquecer a plena garantia da Constituição.*" (*Manual...*, p. 344.)

28. Nesse sentido: "O fato de o ato ser **inexistente** não impede seja **também** considerado **inconstitucional**, pois **é possível que a inexistência derive da própria relação de inconstitucionalidade**, desde que aquela operação de retrotrair o ato ao órgão estatal produtor repercuta diretamente na constituição. Assim, no Brasil, se um servidor da Imprensa Nacional fizer publicar no Diário Oficial da União ato com simples aparência de lei, o qual, porém, não tenha sido alvo de qualquer deliberação legislativa, **esse ato será inexistente e ao mesmo tempo inconstitucional, porquanto é diretamente da Constituição Federal que se extraem as normas a respeito dos pressupostos de existência das leis**." (BERNARDES, Juliano Taveira. *Controle abstrato de constitucionalidade*: elementos materiais e princípios processuais. São Paulo: Saraiva, 2004, p. 343.)

por órgão que não tem *nenhuma* competência legiferante[29] ou por órgão que não tenha existência jurídica no momento da edição da "norma"[30]; o mesmo se dá quando há expressa determinação constitucional no sentido de que em determinados casos a "norma" inconstitucional será tida por juridicamente inexistente[31], em vez de absolutamente nula.

Portanto, nem sempre a consequência da inconstitucionalidade será a nulidade ou a revogação da norma. *Excepcionalmente*, poderá ser a inexistência *jurídica* da norma, ou seja, a inexistência da norma enquanto *norma jurídica.* Destarte, no Brasil, a *sanção* da inconstitucionalidade comissiva pode consistir na *inexistência jurídica* (excepcionalmente), na *nulidade absoluta* (regra) e na *revogação* (inconstitucionalidade superveniente).

Questão diversa é a de saber se esta inconstitucionalidade que acarreta a própria inexistência jurídica da norma pode ser objeto de controle *abstrato* de constitucionalidade, isto é, se pode ser objeto de declaração em ADIn ou ADC (ou em representação de inconstitucionalidade perante os TJs), com efeito *erga omnes.*

É verdade que o art. 102, I, "a", da CF-88 atribui ao STF competência para julgar ADIn e ADC "de lei ou ato normativo", o que pressuporia a *existência jurídica* da lei ou do ato normativo objeto da ADIn ou da ADC, até porque seria *inócua* a declaração de inconstitucionalidade de atos *manifestamente* destituídos de qualquer *valor jurídico*, passíveis de serem simplesmente *desconsiderados* por todos em razão de sua ausência de *juridicidade.*

Em princípio, assim é. Todavia, há casos *excepcionalíssimos* em que a declaração de inconstitucionalidade pelo STF seria profícua e recomendável. Por exemplo, se o ato inconstitucional, apesar de juridicamente inexistente, estiver sendo generalizadamente aplicado como se fosse dotado de juridicidade, gerando assim efeitos fático-jurídicos, possivelmente irreversíveis inclusive. Em casos que tais, a declaração de inconstitucionalidade em ADIn ou em ADC serviria para eliminar eficazmente esse grave estado de insegurança jurídica.

29. TAVARES, André Ramos. *Curso...*, p. 193-194.

30. MORAIS, Carlos Blanco de. *Justiça constitucional...*, t. I, p. 172.

31. A Constituição da República Portuguesa contém alguns dispositivos contendo essa determinação expressa: "**Artigo 137.º(Falta de promulgação ou de assinatura)** A falta de promulgação ou de assinatura pelo Presidente da República de qualquer dos actos previstos na alínea b) do artigo 134.º **implica a sua inexistência jurídica.**"; "**Artigo 140.º** (Referenda ministerial) [...] **2.** A falta de referenda determina a inexistência jurídica do acto."; "**Artigo 172.º** (Dissolução) [...] **2.** A inobservância do disposto no número anterior **determina a inexistência jurídica** do decreto de dissolução."

A hipótese aventada não é cerebrina[32]. Tal situação já aconteceu concretamente e foi contornada pela declaração incidental de inconstitucionalidade formal da *pretensa lei* (lei *juridicamente inexistente*) pelo STF em alguns casos concretos submetidos à sua apreciação[33].

---

32. Eis alguns exemplos no direito italiano: "Con le sentenze nn. 361 del 2010 e 123 del 2011, la Corte ha ritenuto l'inesistenza di atti autoqualificati come leggi regionali, adottati non dal Consiglio regionale ma dal presidente della Giunta, nella veste di commissario *ad acta*, qualificandole come «mere parvenze di leggi, insuscettibili fin dalla loro origine di determinare effetti di alcun genere» (lesione delle competenze legislative statali; abrogazione di leggi regionali anteriori ecc.) e dunque da considerare *tamquam non essent*. In questo caso, l'assenza assoluta di fondamento giuridico degli atti del presidente della Giunta era evidente, poiché la funzione legislativa, secondo la Costituzione, spetta esclusivamente al Consiglio regionale. In altri casi meno evidenti, potrebbe valere la certezza del diritto a orientare la Corte a pronunciarsi, annullando la «parvenza di legge». In una serie di decisioni, la Corte costituzionale ha utilizzato l'espressione «vizio radicale» della legge, considerandola cionondimeno esistente dal punto di vista della sua idoneità a essere oggetto del giudizio di costituzionalità. Si tratta del difetto assoluto di delegazione, per i decreti legislativi delegati, e dell'assoluta eterogeneità dei contenuti della legge di conversione del decreto-legge (oltre alle sentenze or ora citate supra, v. anche sent. n. 5 e 162 del 2014 e, riassuntivamente, n. 32 dello stesso anno). Tale vizio radicale comporta l'inidoneità a produrre effetti giuridici nell'ordinamento, ma non l'esclusione dal giudizio della Corte." (ZAGREBELSKY, Gustavo; MARCENÒ, Valeria. *Giustizia costituzionale*: storia, principi, interpretazioni. 2. ed. Bologna: il Mulino, 2018, v. 1, p. 199.)

33. Referimo-nos ao caso emblemático da **anistia penal** concedida por meio do parágrafo único da Lei nº 9.639-98 (DOU: 26.05.1998) a particulares que perpetraram o crime de apropriação indébita de contribuições sociais destinadas ao INSS. Tal parágrafo único **simplesmente não foi objeto de deliberação no Congresso Nacional**. No entanto, por equívoco, foi enviado o texto com este parágrafo único pelo Presidente da República para publicação na Imprensa Nacional. Verificado o equívoco, foi publicado, no dia seguinte (DOU: 27.05.1998), o texto tal qual aprovado no Congresso, *sem o referido parágrafo único*. Ocorre que **vários órgãos judiciais** passaram a aplicar o aludido parágrafo único como se este fora juridicamente idôneo a anistiar os criminosos, sob o fundamento de que, segundo o art. 1º, § 4º, da LINDB ("as correções a texto de lei já em vigor consideram-se lei nova"), a lei republicada no dia seguinte consistiria numa nova lei, aplicável apenas aos crimes ocorridos **depois** de sua publicação (27.05.98) e, de toda sorte, incapaz de revogar retrospectivamente a anistia concedida no dia anterior (princípio da irretroatividade *in pejus* da lei penal). Com base no mencionado parágrafo único, alguns presos propuseram *habeas corpus* e foram libertados. A questão chegou ao Plenário do STF, o qual, mesmo reconhecendo que a total ausência de deliberação congressual acarretava a **inexistência jurídica** do multicitado parágrafo único do art. 11 da Lei nº 9.639-98, **declarou expressamente** a sua **inconstitucionalidade formal** de forma incidental ao julgar, dentre outros, o HC 77.724 (Rel. Min. Marco Aurélio, DJU 02.02.2001, p. 74) e o HC 77.734 (Rel. Min. Néri da Silveira, DJU 10.08.2000, p. 5). Dessarte, vê-se que um *ato juridicamente inexistente* pode gerar *efeitos fático-jurídicos* (como, *e.g.*, a libertação de presos mediante decisão judicial), designadamente quando o reconhecimento dessa *inexistência jurídica* depende de uma análise *jurídica* (frequentemente tendente à controvérsia), e exigir uma intervenção judicial da mais alta Corte para coibir e reverter, *na medida do possível*, esses efeitos fático-jurídicos indesejados.

É certo que o Min. Sepúlveda Pertence sustentou, em seu voto no HC 77.734 e em acórdãos posteriores por ele relatados na 1ª Turma (*v.g.*: RHC 82.045, DJU 25.10.2002, p. 49), que

É certo que não houve ajuizamento de ADIn ou de ADC sobre o tema, mas, persistindo a situação, seria justificável o ajuizamento de ADIn, pois a multiplicidade de decisões judiciais contrárias ao texto constitucional estaria vulnerando gravemente o princípio da supremacia da Constituição, tornando *útil* e *proveitosa* a declaração abstrata de inconstitucionalidade da pretensa lei.

De feito, se o STF pode declarar a inconstitucionalidade de norma meramente nula, soaria incoerente e irrazoável que não pudesse declarar a inconstitucionalidade de norma juridicamente inexistente, portadora de vício bem mais grave do que o generante de simples nulidade. A Constituição estaria mais indefesa em relação aos vícios maiores do que em relação aos menores, mais protegida contra ofensas menos gravosas do que contra ofensas mais gravosas... O ato juridicamente inexistente só não é objeto de ADIn quando, por conta de sua manifesta desconformidade com a CF-88, se revela de todo desnecessária e ociosa uma decisão do STF sobre ele nesta sede; se, no entanto, esta decisão se entremostra útil e necessária em virtude de o ato estar passando por um ato juridicamente existente, pode o STF emprestar interpretação ampliativa ao art. 102, I, "a", da CF-88 para abranger tal hipótese extraordinária, em homenagem ao princípio da supremacia constitucional.

Dessarte, em caráter excepcionalíssimo, prefigura-se-nos admissível que o STF, *estribado nos princípios da proporcionalidade e da razoabilidade*, conheça e julgue ADIn que tenha por objeto a declaração de inconstitucionalidade de lei ou ato normativo *juridicamente* inexistente quando presente um quadro de *grave insegurança jurídica* decorrente da sua aplicação *generalizada* como se de lei ou ato normativo juridicamente existente se tratasse[34].

---

o caso não era de **inexistência** do citado parágrafo único, mas de **mera inconstitucionalidade formal**. No entanto, do exame do teor dos demais votos proferidos no julgamento plenário do HC 77.734 e do voto do Min. Marco Aurélio no HC 77.724, infere-se que o mencionado parágrafo único foi **declarado juridicamente inexistente e formalmente inconstitucional**. No sentido de que tal parágrafo único era destituído de **existência jurídica**, confira-se: BERNARDES, Juliano Taveira. *Controle abstrato...*, p. 343-344. De seu turno, Carlos Blanco de Morais arrola entre as hipóteses de inexistência jurídica a "preterição grave de elementos da fase constitutiva de produção do acto **que impliquem uma ausência objectiva de vontade aprovatória pelos titulares do órgão competente**" (*Justiça...*, t. I, p. 219). Ora bem, a nosso viso, não se concebe possa existir juridicamente uma **lei** que não tenha sido sequer deliberada pelo Poder Legislativo, sem nenhuma delegação prévia do Legislativo ao Executivo: pode até haver lei contra a vontade do Executivo (rejeição do veto), mas uma "lei" sem qualquer deliberação do Legislativo prefigura-se-nos ***juridicamente inexistente, e não meramente nula***.

34. Jorge Miranda defende o uso de ação direta quando necessário: "Quando o ato normativo é juridicamente inexistente, não é necessário, nem se justifica na generalidade dos casos, o pedido de apreciação da inconstitucionalidade. Mas nada impede que a declaração seja requerida por

De outra parte, a inconstitucionalidade pode ser *total* ou *parcial*, consoante a extensão da inconstitucionalidade em relação à norma jurídica. Se a norma jurídica for inconstitucional *na sua integralidade*, sem restar-lhe qualquer âmbito de incidência conforme à Constituição, a inconstitucionalidade será *total*. Se apenas *parte* da norma jurídica for inconstitucional, a inconstitucionalidade será *parcial*.

No Brasil, adota-se a *teoria da divisibilidade das leis*[35]. Segundo essa teoria, a inconstitucionalidade parcial de uma lei *não contamina* a parte constitucional da mesma lei *se não houver dependência desta em relação àquela* (*utile per inutile non vitiatur*).

A *teoria da divisibilidade das leis* não se restringe à inconstitucionalidade material, *mas também se aplica à inconstitucionalidade formal*. É possível que uma parte da lei seja *formalmente inconstitucional* e outra parte, independente dela, seja *formalmente constitucional*, devendo ser aproveitada. É o caso, *v.g.*, de um projeto de lei que sofra emendas que violem as regras de iniciativa

---

qualquer dos órgãos de iniciativa, por tal achar conveniente por motivos de certeza ou de segurança do direito objetivo." (*Manual*..., p. 479.) Canotilho comunga do mesmo entendimento: "O facto de os actos normativos se considerarem inexistentes não elimina a possibilidade de fiscalização nem torna supérflua esta fiscalização quer em sede de **controlo abstracto** quer em sede de **fiscalização concreta**. As razões de certeza e segurança podem apontar a favor de uma declaração de inexistência (ex.: de uma lei a que falte promulgação)." (CANOTILHO, J. J. Gomes. *Direito constitucional e teoria da Constituição*. 7. ed. Coimbra: Almedina, 2006, p. 954). Por seu turno, Carlos Blanco de Morais também pugna pelo emprego de ação direta, conquanto lastime que o Tribunal Constitucional português, na prática, venha ignorando a sanção de inexistência jurídica nas suas decisões de inconstitucionalidade, a despeito inclusive das cominações expressas da sanção de inexistência jurídica nos arts. 137º, 140º (2) e 172º (2) da Constituição portuguesa (*Justiça*..., t. I, p. 216). Também invocando razões de certeza jurídica em prol da análise do mérito, e não da inadmissibilidade, da questão constitucional: "Se si ritenesse il contrario e si ammettesse che la Corte, di fronte a una questione propostale, potesse dichiararla inammissibile per assenza della legge, o per esistenza di una non-legge, si aprirebbe la strada a situazioni d'incertezza, poiché le decisioni d'inammissibilità sono prive di valore generale vincolante." (ZAGREBELSKY, Gustavo; MARCENÒ, Valeria. *Giustizia costituzionale*..., p. 199.) De sua vez, Juliano Taveira Bernardes propugna o cabimento de ADPF em casos como o do parágrafo único do art. 11 da Lei nº 9.639-98, mas reputa incabível o ajuizamento de ADIn. (*Controle abstrato*..., p. 175 e 190-191.) Conquanto não discordemos do cabimento da ADPF na situação sob exame, caso tenha sido efetivamente proposta uma ADIn, quer-nos parecer que o STF poderia conhecê-la e julgá-la em atenção aos princípios da celeridade processual, da certeza e da segurança jurídica, com esteio num juízo de proporcionalidade e de razoabilidade.

35. A Constituição espanhola é expressa e este respeito: "**Artículo 164. [...] 2.** Salvo que en el fallo se disponga otra cosa, *subsistirá la vigencia de la ley en la parte no afectada por la inconstitucionalidad*." (Disponível em: https://www.congreso.es/es/normas/constitucion. Acesso em: 26 jul. 2024.)

legislativa: se a outra parte da lei não for *formalmente inconstitucional* e se puder subsistir autonomamente, deve ser aproveitada[36]. Assim já decidiu o STF[37].

Afigura-se, todavia, mais adequado denominar a *teoria da divisibilidade **das leis*** de *teoria da divisibilidade **das normas***, uma vez que também as *normas* podem ser inconstitucionais em parte, devendo ser preservada a parte *da norma* não atingida pela inconstitucionalidade, *desde que possa subsistir autonomamente.*

Apesar de não referir explicitamente à teoria da divisibilidade das leis (ou das normas), é o que na prática tem feito frequentemente o STF ao usar a técnica da interpretação conforme à Constituição para declarar a inconstitucionalidade *apenas de uma parte do âmbito de incidência da norma*, e, especialmente, a técnica da declaração de nulidade *sem redução de texto.*

A inconstitucionalidade também pode ser *por ação* ou *por omissão*, conforme a incompatibilidade com a Constituição derive, respectivamente, de um *ato comissivo* (*facere*) ou de um *ato omissivo* (*non facere*). Consoante já mencionado na introdução, este trabalho tem por objeto primordial a análise da inconstitucionalidade por ação, uma vez que, embora se sujeitem ambas ao controle difuso e abstrato de constitucionalidade, o regime jurídico da inconstitucionalidade por omissão é bastante diverso do da inconstitucionalidade por ação.

Diz-se *originária* a inconstitucionalidade quando esta é *contemporânea* ao surgimento da norma[38] e *superveniente* quando ela é posterior ao nascimento da norma. Quando há inconstitucionalidade originária, a norma já nasce viciada pelo supremo vício; quando a inconstitucionalidade é superveniente, a norma nasce higidamente, só se tornando inconstitucional após a ocorrência de um motivo sobreveniente.

---

36. Nesse sentido: TAVARES, André Ramos. *Curso...*, p. 196.

37. A título de exemplo, confira-se a seguinte ementa: "1 – Contribuição Provisória sobre Movimentação ou Transmissão de Valores e de Créditos e de Direitos de Natureza Financeira--CPMF (art. 75, e parágrafos, acrescentados ao ADCT pela Emenda Constitucional nº 21, de 18 de março de 1999). **2 – Vício de tramitação restrito ao § 3º da norma impugnada, por implicar, em primeiro exame, ao ver da maioria, a supressão pela Câmara da oração final do parágrafo aprovado no Senado, em comprometimento do sentido do texto sujeito à aprovação de ambas as Casas.** 3 – Irrelevância do desajuste gramatical representado pela utilização do vocábulo "prorrogada", a revelar objetivo de repristinação de leis temporárias, não vedada pela Constituição. 4 – Rejeição, também em juízo provisório, das alegações de confisco de rendimentos, redução de salários, bitributação e ofensa aos princípios da isonomia e da legalidade. 5 – Medida cautelar deferida, em parte." (ADIn-MC nº 2031, Rel. Min. Octavio Gallotti, DJU 28.06.2002, p. 87.)

38. Ou do ato não normativo.

Esse motivo superveniente pode consistir na entrada em vigor de (a) uma nova Constituição ou de uma (b) Emenda Constitucional, bem como na alteração (c) das circunstâncias de fato ou, para alguns, (d) da mera interpretação da norma[39].

Todavia, a inconstitucionalidade *superveniente* não tem relevo jurídico quando se cura de inconstitucionalidade *formal*: se a norma atendeu ao processo legislativo vigente à época de sua formação e às normas definidoras de competência, posterior alteração nessas normas constitucionais não torna juridicamente relevante a inconstitucionalidade, pois se aplica integralmente a regra *tempus regit actum*. Inconstitucionalidade formal há, mas ela não é *juridicamente relevante*[40], porquanto *não há sujeição* da norma anterior às novas normas constitucionais sobre competência ou processo legislativo, as quais não se aplicam retroativamente.

Assim, as novas normas constitucionais sobre competência ou processo legislativo fazem cessar a eficácia das anteriores normas *constitucionais sobre competência ou processo legislativo*, mas *não fazem cessar* a eficácia das normas (constitucionais[41] ou infraconstitucionais) anteriormente editadas que não tratem de competência ou processo legislativo.

Podem, contudo, *reduzir* ou *ampliar a eficácia* das normas (constitucionais ou infraconstitucionais) anteriormente editadas que não tratem de

39. Para André Ramos Tavares, essa seria a *única hipótese* em que haveria, *propriamente*, inconstitucionalidade superveniente. Nos demais casos, o fenômeno seria substancialmente diverso, sendo imprópria a denominação "inconstitucionalidade superveniente", pois importaria na própria *inexistência* da lei, e não em sua *nulidade*: "A inconstitucionalidade superveniente, na realidade, implica a inexistência da lei, ao passo que a inconstitucionalidade originária significa que a lei, embora existente, é inválida. Portanto, trata-se de fenômenos substancialmente diferentes. Ademais, a inconstitucionalidade superveniente (por força de uma nova Constituição ou de uma emenda constitucional) não deve receber a denominação de inconstitucionalidade. O termo inconstitucionalidade deve ser reservado para as relações com a Constituição atual, e não com a Constituição pretérita. Há, contudo, outra utilização da dicotomia, para designar a ocorrência de lei que, embora constitucional, tendo em vista a mudança ocorrida por via interpretativa em sua significação, passa a ser incompatível com o novo entendimento conferido à norma constitucional. Haveria, no caso, inconstitucionalidade superveniente, porque não se trata de lei flagrada por alteração formal da Constituição (advinda de uma nova ordem jurídica ou da aprovação de emenda constitucional modificativa)." (*Curso...*, p. 197-198.) Improcede, *permissa venia*, a crítica do autor, porquanto a inconstitucionalidade superveniente nunca tem como efeito a atribuição de *inexistência* à norma. A norma supervenientemente inconstitucional jamais é reputada *inexistente*, porém sim *nula* ou *revogada*, como depois se minudenciará (*cf.* Capítulo 2º).

40. *Cf. retro*, item 1.1.1.

41. Emendas constitucionais.

competência ou processo legislativo: se determinada matéria era tratada por lei complementar e a nova normatização constitucional não mais a submete à reserva de lei complementar, determinando competir à lei ordinária o trato dessa matéria, ocorre um *decréscimo na eficácia* da lei anterior, que deixa de ter eficácia de lei complementar e passa a ter eficácia de lei ordinária, podendo ser alterada por maioria simples. O inverso também é verdade[42].

Pode suceder inclusive que uma norma *infralegal* passe a ter a eficácia de norma *legal*. Foi o que sucedeu com o Regimento Interno do STF, que possui *algumas* normas recepcionadas pela Constituição de 1988 com eficácia de lei[43], já que o Regimento Interno do STF foi editado em 15.10.1980, no regime da Constituição Federal anterior (texto da EC nº 1/69), cujo art. 119, § 3º, alínea "c", conferia ao Supremo Tribunal Federal *poder normativo* para disciplinar o processo e julgamento dos feitos de sua competência originária ou recursal. Como tais normas regimentais tratam de matéria reservada pela CF-88 à lei federal, passaram aquelas a ter a eficácia desta, segundo entendimento do próprio STF.

Esse fenômeno da *recepção* obedece a um princípio de *economia legislativa* e é vital para a sobrevivência da nova ordem jurídica decorrente da promulgação ou outorga de uma nova Constituição, haja vista a impossibilidade material de reeditar todas as leis que hão de compor o ordenamento infraconstitucional logo em seguida à entrada em vigor da nova Constituição, evitando-se dessa forma o surgimento de vácuos legislativos.

A inconstitucionalidade pode ser *direta* (imediata, frontal) ou *indireta* (mediata, reflexa). Dá-se a inconstitucionalidade *direta* quando *não há necessidade* de confrontar a norma com uma norma interposta para concluir pela sua inconstitucionalidade. Dá-se a inconstitucionalidade *indireta* quando *há necessidade de* confrontar a norma acoimada de inconstitucionalidade com uma norma interposta para concluir pela sua inconstitucionalidade[44].

---

42. Foi o que ocorreu com o Código Tributário Nacional, editado como lei ordinária (Lei nº 5.172-66), mas recepcionado pela atual Constituição com eficácia de lei complementar.

43. "PROCESSO – REGIMENTO INTERNO DO SUPREMO TRIBUNAL FEDERAL – DISCIPLINA – PERSISTÊNCIA NO CENÁRIO NORMATIVO. As normas processuais insertas no Regimento Interno do Supremo Tribunal Federal, relativas a ações e recursos situados na respectiva competência, foram recepcionadas pela Constituição de 1988, no que com esta harmônicas. Inexistindo o instituto da inconstitucionalidade formal superveniente, o conflito entre normas processuais, sob o ângulo material, resolve-se mediante a consideração da revogação tácita." (RE 212455 ED-EDv-AgR, Pleno, Rel. Min. Marco Aurélio, DJU 11.04.2003, p. 27.) No mesmo sentido: RTJ 133/995; RTJ 139/373.

44. "Ação direta de inconstitucionalidade: cabimento: inexistência de inconstitucionalidade reflexa. 1. *Tem-se inconstitucionalidade reflexa – a cuja verificação não se presta a ação direta –*

Em ambos os casos, há *inconstitucionalidade*, mas no último caso ocorre também *ilegalidade*[45].

O discrime entre essas duas modalidades de inconstitucionalidade apresenta grande relevo prático. É que o STF firmou o entendimento de que a inconstitucionalidade *meramente indireta* (reflexa, mediata) não enseja sequer o *conhecimento* de ADIn[46] ou de Recurso Extraordinário (RE)[47]. Destarte, a inconstitucionalidade *meramente indireta, segundo a*

---

quando o vício de ilegitimidade irrogado a um ato normativo é o desrespeito à Lei Fundamental por haver violado norma infraconstitucional interposta, a cuja observância estaria vinculado pela Constituição: não é o caso presente, onde a ilegitimidade da lei estadual não se pretende extrair de sua conformidade com a lei federal relativa ao processo de execução contra a Fazenda Pública, mas, sim, diretamente, com as normas constitucionais que o preordenam, afora outros princípios e garantias do texto fundamental." (ADIn-MC 2535, Plenário, Rel. Min. Sepúlveda Pertence, DJU 21.11.2003, p. 7.)

45. Informativo nº 148 do STF: "Considerando que, em sede de controle abstrato de constitucionalidade, é inviável a análise de ato regulamentar, o Tribunal não conheceu de ação direta de inconstitucionalidade ajuizada pela Confederação Nacional dos Estabelecimentos de Ensino – CONFENEN, contra o art. 56 do Decreto 2.181/97, que trata da divulgação do elenco complementar de cláusulas contratuais consideradas abusivas, e a Portaria nº 3 de 19/3/99 da Secretaria de Direito Econômico do Ministério da Justiça, que divulga o referido elenco. *Entendeu-se que os alegados excessos do poder regulamentar do ato impugnado não revelariam inconstitucionalidade, mas sim eventual* ***ilegalidade*** *frente à lei ordinária regulamentada,* ***sendo indireta, ou reflexa, a alegada ofensa à CF***. ADInMC 1.990-DF, rel. Min. Ilmar Galvão, 5.5.99."

46. Informativo nº 148 do STF: "Não se conhece de ação direta de inconstitucionalidade quando é necessário o prévio confronto entre o ato normativo impugnado e outras normas jurídicas infraconstitucionais de modo a evidenciar-se sua inconstitucionalidade, verificando-se, portanto, o caráter reflexo da pretendida violação à CF. [...]. ADIn-MC 1.900-DF, rel. Min. Moreira Alves, 5.5.99." Similarmente: "AÇÃO DIRETA DE INCONSTITUCIONALIDADE – DECRETO – CARÁTER REGULAMENTADOR – INADEQUAÇÃO. O controle normativo abstrato pressupõe o descompasso entre norma legal e o texto da Constituição Federal, revelando-se inadequado no caso de ato regulamentador, sob pena de ter-se o exame, em sede concentrada, de conflito de legalidade considerado o parâmetro envolvido. (ADIn 5593 AgR, Rel. Min. MARCO AURÉLIO, Tribunal Pleno, julgado em 06/12/2018, DJe-019 01-02-2019.)

47. "Recurso extraordinário: inconstitucionalidade reflexa ou mediata e direito local. Como é da jurisprudência iterativa, não cabe o RE, 'a', por alegação de ofensa mediata ou reflexa à Constituição, decorrente da violação da norma infraconstitucional interposta." (RE 226462, Pleno, Rel. Min. Sepúlveda Pertence, DJU 25.05.2001, p. 19.) A existência de inconstitucionalidade meramente reflexa acarreta ausência de repercussão geral: "RECURSO EXTRAORDINÁRIO COM AGRAVO. SERVIDOR PÚBLICO. JUROS DE MORA SOBRE PARCELA REMUNERATÓRIA ATRASADA. RECONHECIMENTO ADMINISTRATIVO. MATÉRIA INFRACONSTITUCIONAL. AUSÊNCIA DE REPERCUSSÃO GERAL. 1. Não tem repercussão geral, em razão de sua natureza infraconstitucional, a controvérsia relativa à legitimidade de o Poder Público reconhecer administrativamente a incidência de juros de mora pelo pagamento atrasado de parcela remuneratória devida a servidor. 2. É cabível a atribuição dos efeitos da declaração de ausência de repercussão geral

jurisprudência do STF, não é passível de controle de constitucionalidade, quer concentrado, quer difuso.[48]

1.3. CONCEITO, OBJETO E PARÂMETRO DO CONTROLE DE CONSTITUCIONALIDADE

Da supremacia formal e material da Constituição nasce o dever, que a todos vincula, de cumprir a Constituição. Esse dever de obediência obriga os particulares e o Estado como um todo (Poderes Executivo, Legislativo e Judiciário). Mas de quase nada adiantaria o reconhecimento de uma supremacia formal e material da Constituição se esta não pudesse ser *garantida*, sabido como é que nas sociedades reais (não ideais) a inexistência de sanção à violação de uma norma serve para desmoralizá-la. Dessa forma, surge o controle de constitucionalidade como *meio de garantir eficazmente* a supremacia formal e material da Constituição.

Esse controle pode ser exercido de várias formas: pode ser exercido pelo Poder Judiciário (controle judicial), pelo Poder Legislativo (controle político) e pelo Poder Executivo, conjunta ou isoladamente, etc. A cada ordenamento

---

quando não há matéria constitucional a ser apreciada ou quando eventual ofensa à Carta Magna ocorra de forma indireta ou reflexa (RE 584.608-RG, Rel. Min. ELLEN GRACIE, DJe de 13/3/2009). 3. Ausência de repercussão geral da questão suscitada, nos termos do art. 1.035 do CPC/2015." (ARE 995539 RG, Rel. Min. TEORI ZAVASCKI, julgado em 08/12/2016, DJe-268 19-12-2016.) *Cf.* ainda RE 1029514 AgR, Rel. Min. ROSA WEBER, Primeira Turma, julgado em 06/09/2019 DJe-204 20-09-2019.)

48. Todavia, o STF tem conhecido e julgado o mérito de ADIns no que concerne à extrapolação dos limites da competência legislativa delegada pela União aos Estados e ao DF, nos termos do art. 22, I e parágrafo único, da CF-88, embora seja necessário cotejar o conteúdo da lei estadual ou distrital com o da lei complementar federal para se concluir se houve ou não exorbitância da delegação e consequente usurpação de competência da União: "1. A jurisprudência desta Corte firmou-se no sentido de que a extrapolação dos limites da competência legislativa delegada pela União aos Estados e ao Distrito Federal, nos termos do art. 22, I e parágrafo único, representa a usurpação de competência legislativa da União para legislar sobre direito do trabalho e, consequentemente, a inconstitucionalidade formal da lei. 2. Lei estadual de iniciativa parlamentar extrapola os limites da delegação legislativa da competência legislativa privativa da União conferida aos Estados e ao Distrito Federal por meio da Lei Complementar 103/2000, a qual reserva a iniciativa ao Poder Executivo de projeto de lei que visa instituir piso salarial para os empregados que não tenham piso salarial definido em lei federal, convenção ou acordo coletivo de trabalho. 3. Ação direta de inconstitucionalidade julgada procedente." (ADIn 5344, Rel. Min. EDSON FACHIN, Tribunal Pleno, julgado em 11/10/2018, DJe-256 30-11-2018) No julgamento da ADIn 4375 (Rel. Min. DIAS TOFFOLI, Tribunal Pleno, julgado em 02/03/2011), a despeito da imprescindibilidade de cotejo entre as leis (federal e estadual), afirmou-se que a inconstitucionalidade em tal caso não seria reflexa, mas sim direta ("por ofensa direta às regras constitucionais de repartição de competência legislativa").

jurídico compete estatuir a configuração do respectivo sistema de controle de constitucionalidade.

Garantir a supremacia (formal e material) da Constituição é garantir a própria sobrevivência desta enquanto Constituição. Daí a afirmação de que o controle de constitucionalidade é corolário[49] da supremacia constitucional[50].

No Brasil, qualquer particular e até mesmo o Chefe do Poder Executivo podem negar aplicação a normas que reputem inconstitucionais.

Todavia, interessa ao presente trabalho o controle *jurisdicional* de constitucionalidade, que pode ser exercido pelo STF de forma incidental ou concentrada e por qualquer juízo de forma incidental.

---

49. Para a maioria dos doutrinadores, o controle de constitucionalidade seria corolário da *rigidez constitucional*, entendida como uma maior dificuldade de modificação da Constituição derivante de um *procedimento* especial de revisão constitucional, diverso do procedimento de alteração das leis ordinárias (*quorum* qualificado, mais de um turno de votação *et reliqua*). Todavia, já tivemos ensejo de propugnar, com muitos argumentos, a possibilidade de controle constitucional também em face das Constituições ditas *flexíveis*, uma vez que estas também são *formal* e *materialmente* supremas, porquanto são oriundas de um Poder Constituinte, superior aos poderes constituídos (supremacia formal), e curam de matéria de natureza constitucional (supremacia material). (*Cf.* Controlo de constitucionalidade e supremacia constitucional: uma nova visão. *Revista Forense*, v. 333, p. 409-423, jan./fev./mar. de 1996); *Revista Trimestral de Jurisprudência dos Estados* (*RTJE*), v. 156, p. 67-89, 1997.)

    Para que o Parlamento (Poder *constituído*) possa alterar uma Constituição flexível, *é necessário que a **intentio** revogatória seja expressa em lei destinada a esse fim*. Assim, se a lei não for votada *como lei constitucional*, não poderá revogar a Constituição flexível, da mesma forma como, no sistema brasileiro, uma lei ordinária não pode tratar de matéria reservada pela Constituição à lei complementar *ainda que tenha sido aprovada com o **quorum** de maioria absoluta* exigido para a aprovação de leis complementares: para que uma lei possa alterar uma lei complementar anterior é *indispensável que seja votada como tal* (como lei complementar), *mesmo que preencha os requisitos que conferem **rigidez** à aprovação das leis complementares*. Dessarte, embora tenha seguido todo o procedimento mais rígido de aprovação das leis complementares, *se não foi votada como lei complementar*, mas como mera lei ordinária, lei *ordinária* será: e lei ordinária *inválida*, *inconstitucional*, a despeito do *quorum* de maioria absoluta, porque trata de matéria sob reserva de lei complementar. Nesse sentido é a opinião de Jorge Miranda: "A noção de Constituição flexível merece igualmente ser chamada à colação. *Para nós* (esclareça-se ou sublinhe-se de novo), ***ela é hierarquicamente superior à lei***, porquanto *constitui* a ordem jurídica e contém a base da autoridade do Estado. Mas a opinião prevalecente pronuncia-se em moldes diversos; e, no entanto, tem de reconhecer casos tanto de inconstitucionalidade orgânica e formal quanto de inconstitucionalidade material. Basta pensar numa lei não aprovada pelo Parlamento, ou que subverta os princípios do regime e da forma de governo ou, eventualmente, que abra um desvio a uma regra geral, *sem que haja intenção ou causa de modificação constitucional*." (*Manual*..., p. 336-337.) No sentido de que a ausência de "titulação", "a titulação indevida que não resulte de erro material", ou "a preterição de regras explícitas ou implícitas sobre os elementos dessa titulação (*neles incluindo a legenda e a numeração*) geram vícios formais na fase de revelação, *dos quais decorre a inconstitucionalidade do acto*", confira-se a doutrina de Carlos Blanco de Morais (*Justiça constitucional*..., t. I, p. 151-152).

50. "Le contrôle est le corollaire de la suprématie de la Constitution", afirmou textualmente Georges Burdeau (*Traité de science politique*. Deuxième édition revue et augmentée. Paris: Librairie Générale de Droit et de Jurisprudence, 1969, p. 367).

Qualquer ato (normativo ou não normativo, comissivo ou omissivo) ou *situação* pode ser objeto de controle de constitucionalidade (difuso).

Ao declarar, na ADPF 347 MC, a existência de um "estado de coisas inconstitucional" (ECI) no sistema prisional brasileiro, em razão de *falhas estruturais* atribuíveis aos três Poderes (Executivo, Legislativo e Judiciário) a gerar um quadro de violação massiva de direitos fundamentais dos encarcerados, o STF não se limitou a declarar a inconstitucionalidade de uma norma específica ou de um conjunto de normas: declarou a inconstitucionalidade de um "estado de coisas", de uma *situação*, de um cenário.[51] Portanto, a adoção pelo STF do "estado de coisas inconstitucional", figura desenvolvida pela Corte Constitucional da Colômbia, importou no reconhecimento da relação de incompatibilidade entre normas constitucionais e atos *não normativos* do Poder Público, não se cingindo ao tradicional cotejo *entre normas* (constitucionais e infraconstitucionais).

Releva observar que a declaração do ECI ocorreu no bojo de ADPF, que tem objeto mais alargado do que o objeto de ADIn ou ADC, circunscritas que são a leis ou atos *normativos*, excluídos, portanto, os atos de natureza *não normativa* do Poder Público, os quais, todavia, são impugnáveis mediante ADPF, conforme se deduz do art. 1º, *caput*, da Lei 9.882-99, que disciplina a ADPF.[52]

Contudo, interessa-nos o controle das *leis* ou *atos normativos do Poder Público (federais, estaduais e distritais*[53]) em face da Constituição Federal de

---

51. "Cabível é a arguição de descumprimento de preceito fundamental considerada a situação degradante das penitenciárias no Brasil. [...] Presente quadro de violação massiva e persistente de direitos fundamentais, decorrente de falhas estruturais e falência de políticas públicas e cuja modificação depende de medidas abrangentes de natureza normativa, administrativa e orçamentária, **deve o sistema penitenciário nacional ser caraterizado como 'estado de coisas inconstitucional'**. [...] Ante a situação precária das penitenciárias, o interesse público direciona à liberação das verbas do Fundo Penitenciário Nacional. [...] Estão obrigados juízes e tribunais, observados os artigos 9.3 do Pacto dos Direitos Civis e Políticos e 7.5 da Convenção Interamericana de Direitos Humanos, a realizarem, em até noventa dias, audiências de custódia, viabilizando o comparecimento do preso perante a autoridade judiciária no prazo máximo de 24 horas, contado do momento da prisão." (ADPF 347 MC, Rel. Min. MARCO AURÉLIO, Tribunal Pleno, julgado em 09/09/2015, DJe-031 19-02-2016)

52. "Art. 1º A arguição prevista no § 1º do art. 102 da Constituição Federal será proposta perante o Supremo Tribunal Federal, e terá por objeto evitar ou reparar lesão a preceito fundamental, resultante de **ato do Poder Público**. Parágrafo único. Caberá **também** arguição de descumprimento de preceito fundamental: I - quando for relevante o fundamento da controvérsia constitucional sobre lei ou ato normativo federal, estadual ou municipal, incluídos os anteriores à Constituição;". Portanto, nos termos do *caput* do art. 1º, também são impugnáveis por ADPF atos (comissivos ou omissivos) de caráter não normativo.

53. Editados pelo Distrito Federal no exercício de sua competência "*estadual*" (CF-88, art. 32, § 1º). Conquanto não houvesse previsão constitucional expressa antes da EC nº 45-2004, o STF, acertadamente, interpretou os arts. 102 e 103 da CF-88 em ordem a abranger também esses atos normativos distritais, considerando o *Governador do Distrito Federal* e a *Mesa da Câmara*

1988, por constituírem objeto do controle *abstrato* de constitucionalidade por meio de ADIn e ADC instituído pela Constituição de 1988 para a salvaguarda de sua supremacia.

Consoante a jurisprudência do STF, constituem objeto do controle abstrato mediante ADIn e ADC as seguintes espécies normativas:

(a) as emendas constitucionais;

(b) as normas constitucionais estaduais;

(c) as leis complementares e ordinárias;

(d) as leis delegadas[54];

(e) as medidas provisórias;

(f) os decretos (legislativo e presidencial[55]) que incorporam os tratados internacionais ao ordenamento jurídico interno[56];

Legislativa do Distrito Federal como legitimados à propositura de ADIn. A Lei nº 9.868-99, no seu art. 2º, IV e V, e a EC nº 45-2004 vieram a chancelar a jurisprudência do STF a este respeito.

54. "[...] Matéria estranha, portanto, ao âmbito deste processo de fiscalização normativa, cujo objeto limita-se, unicamente, ao exame da legitimidade constitucional das Leis estaduais nº 6.225/2001, nº 6.263/2001, nº 6.140/1999, nº 6.183/2000 *e da Lei Delegada estadual nº 13/2003* [...]." (ADIn 3189, Rel. Min. Celso de Mello, Tribunal Pleno, DJU 28.09.2007, p. 27.)

55. "O exame da vigente Constituição Federal permite constatar que a execução dos tratados internacionais e a sua incorporação à ordem jurídica interna decorrem, no sistema adotado pelo Brasil, de um ato subjetivamente complexo, resultante da conjugação de duas vontades homogêneas: a do Congresso Nacional, que resolve, definitivamente, mediante decreto legislativo, sobre tratados, acordos ou atos internacionais (CF, art. 49, I) e a do Presidente da República, que, além de poder celebrar esses atos de direito internacional (CF, art. 84, VIII), também dispõe – enquanto Chefe de Estado que é – da competência para promulgá-los mediante decreto. O *iter* procedimental de incorporação dos tratados internacionais – superadas as fases prévias da celebração da convenção internacional, de sua aprovação congressional e da ratificação pelo Chefe de Estado – conclui-se com a expedição, pelo Presidente da República, de decreto, de cuja edição derivam três efeitos básicos que lhe são inerentes: (a) a promulgação do tratado internacional; (b) a publicação oficial de seu texto; e (c) a executoriedade do ato internacional, que passa, então, e somente então, a vincular e a obrigar no plano do direito positivo interno. Precedentes. [...] CONTROLE DE CONSTITUCIONALIDADE DE TRATADOS INTERNACIONAIS NO SISTEMA JURÍDICO BRASILEIRO. – O Poder Judiciário fundado na supremacia da Constituição da República – dispõe de competência, para, quer em sede de fiscalização abstrata, quer no âmbito do controle difuso, efetuar o exame de constitucionalidade dos tratados ou convenções internacionais já incorporados ao sistema de direito positivo interno. Doutrina e Jurisprudência." (ADIn-MC nº 1480, Pleno, Rel. Min. CELSO DE MELLO, DJU 18.05.2001, p. 429.) Entende GILMAR FERREIRA MENDES que tanto o decreto *legislativo* quanto o decreto *presidencial* se sujeitam ao controle abstrato de constitucionalidade perante o STF (*Controle concentrado de constitucionalidade*: comentários à Lei nº 9868, de 10-11-1999. São Paulo: Saraiva, 2001, p. 115.) Clèmerson Merlin Clève (*A fiscalização abstrata de constitucionalidade no direito brasileiro*. 2. ed. São Paulo: RT, 2000, p. 209-210) parece comungar do mesmo entendimento.

56. Acerca dos tratados internacionais sobre direitos humanos aprovados na forma do art. 5º, § 3º, da CF-88, o STF ainda não teve oportunidade de pronunciar-se.

(g) os decretos legislativos estaduais[57];

(h) os regimentos internos dos Tribunais[58];

(i) as resoluções do Senado e da Câmara dos Deputados, inclusivamente as resoluções do Senado suspensivas da execução de leis declaradas inconstitucionais pelo STF (CF-88, art. 52, X)[59];

---

57. "[...] O Decreto Legislativo 547/2014, ao sustar a vigência da Lei Complementar Estadual nº 79/2013 sem que houvesse a hipótese de exorbitação de poder regulamentar ou dos limites de delegação legislativa (artigo 49, V, da CRFB/1988), tampouco sua pronúncia de inconstitucionalidade (artigo 52, X, da CRFB/1988), revela-se inconstitucional. Isso porque, a pretexto de preservar sua própria competência, o Decreto Legislativo consubstancia ato normativo modificador da disciplina jurídica da carreira dos integrantes do Ministério Público local, em desobediência às exigências estabelecidas pelo artigo 128, § 5º, da Constituição Federal. 4. O ato normativo impugnado exterioriza os elementos necessários ao cabimento da presente ação, visto que se reveste de densidade normativa primária. 5. Ação direta de inconstitucionalidade julgada PROCEDENTE, declarando-se a inconstitucionalidade do Decreto Legislativo 547/2013 da Assembleia Legislativa do Estado do Amapá." (ADIn 5184, Rel. Min. LUIZ FUX, Tribunal Pleno, julgado em 30/08/2019, DJe-200 16-09-2019.)

58. Segundo o STF, os regimentos internos **dos Tribunais pátrios** (e não apenas o do próprio STF, que possui normas processuais recepcionadas pela CF-88) constituem **lei em sentido material** no que não invadirem o campo reservado pela CF-88 às **leis processuais**, prevalecendo inclusive sobre leis em sentido **formal** que tratem de matéria reservada aos regimentos pelo art. 96, I, "a", da CF-88. Assim, em matéria **processual**, prevalecem as **leis de processo**, ao passo que em matéria de **funcionamento interno dos Tribunais** (matéria tipicamente regimental), preponderam os **regimentos internos dos Tribunais**. De fato, prescreve expressamente o art. 96, I, "a", da CF-88: "Compete **privativamente**: I – **aos Tribunais**: a) eleger seus órgãos diretivos e **elaborar seus regimentos internos, com observância das *normas de processo* e das *garantias processuais das partes*, dispondo sobre a competência e o funcionamento dos respectivos órgãos jurisdicionais e administrativos**;". Constou da ementa do acórdão proferido na ADIn-MC nº 1105: "A Constituição subtraiu ao legislador a competência para dispor sobre a economia dos tribunais e a estes a imputou, em caráter exclusivo. Em relação à economia interna dos tribunais a lei é o seu regimento. **O regimento interno dos tribunais *é lei material*.** Na taxinomia das normas jurídicas o **regimento interno dos tribunais se equipara à lei. *A prevalência de uma ou de outro depende da matéria regulada*, pois são normas de igual categoria. Em matéria processual, prevalece a lei, no que tange ao funcionamento dos tribunais o regimento interno prepondera. Constituição, art. 5º, LIV e LV, e 96, I, *a*.**" (ADIn-MC 1105, Rel. Min. Paulo Brossard, DJU 27.04.2001, p. 57.) Na mesma linha: "Os regimentos internos dos Tribunais, editados com base no art. 96, I, 'a', da Constituição Federal, consubstanciam normas primárias de idêntica categoria às leis, solucionando-se eventual antinomia não por critérios hierárquicos mas, sim, pela substância regulada, sendo que, no que tange ao funcionamento e organização dos afazeres do Estado-Juiz, prepondera o dispositivo regimental. Precedentes." (HC 143333, Rel. Min. EDSON FACHIN, Tribunal Pleno, julgado em 12/04/2018, DJe-055 21-03-2019.) *Cf.* ainda ADIn 3557, Rel. Min. ROSA WEBER, Tribunal Pleno, julgado em 18-12-2021, DJe-015 28-01-2022.

59. Na ADIn 3929-MC, o STF deferiu cautelar para suspender a eficácia da Resolução nº 7/2007 do Senado, por haver desbordado das decisões do STF que a ensejaram (Recursos Extraordinários 183.906, 188.443 e 213.739): "O ato normativo impugnado, ao conferir eficácia *erga omnes* a um julgado singular, revela sua feição geral e obrigatória, sendo, portanto, dotado

(j) os regimentos internos do Poder Legislativo[60];

(k) os decretos autônomos[61];

---

de generalidade, abstração e impessoalidade. Precedentes. [...]" (ADIn 3929 MC, Rel. Min. ELLEN GRACIE, Tribunal Pleno, julgado em 29/08/2007, DJe-121 11-10-2007.)

60. Embora os regimentos internos do Poder Legislativo sejam impugnáveis em ADIn quando vulnerem norma constitucional, o STF demonstra alto grau de deferência ao Legislativo nessa ambiência, até mesmo no controle incidental: "Não se revela admissível mandado de segurança, sob pena de ofensa ao postulado nuclear da separação de poderes (CF, art. 2º), quando impetrado com o objetivo de questionar divergências 'interna corporis' e de suscitar discussões de natureza regimental: apreciação vedada ao Poder Judiciário, por tratar-se de temas que devem ser resolvidos na esfera de atuação do próprio Congresso Nacional (ou das Casas que o integram). – A submissão das questões de índole regimental ao poder de supervisão jurisdicional dos Tribunais implicaria, em última análise, caso admitida, a inaceitável nulificação do próprio Poder Legislativo, **especialmente em matérias em que não se verifica evidência de que o comportamento impugnado tenha efetivamente vulnerado o texto da Constituição da República. Precedentes.**" (MS 33705 AgR, Rel. Min. CELSO DE MELLO, Tribunal Pleno, julgado em 03/03/2016, DJe-056 29-03-2016) "**A QUESTÃO DO 'JUDICIAL REVIEW' E O PRINCÍPIO DA SEPARAÇÃO DE PODERES – ATOS 'INTERNA CORPORIS' E DISCUSSÕES DE NATUREZA REGIMENTAL: APRECIAÇÃO VEDADA AO PODER JUDICIÁRIO, POR TRATAR-SE DE TEMA QUE DEVE SER RESOLVIDO NA ESFERA DE ATUAÇÃO DO PRÓPRIO CONGRESSO NACIONAL OU DAS CASAS LEGISLATIVAS QUE O COMPÕEM** – PRECEDENTES. [...]" (MS 34099 AgR, Rel. Min. CELSO DE MELLO, Tribunal Pleno, julgado em 05/10/2018, DJe-226 24-10-2018). O STF conheceu da ADIn 5498, proposta contra o art. 187, § 4º, do Regimento Interno da Câmara, mas indeferiu a cautelar: "CONSTITUCIONAL. VOTAÇÃO, PELO PLENÁRIO DA CASA LEGISLATIVA, DE PARECER DA COMISSÃO ESPECIAL SOBRE ABERTURA DE PROCESSO DE IMPEACHMENT CONTRA PRESIDENTE DA REPÚBLICA. ART. 187, § 4º, DO REGIMENTO INTERNO DA CÂMARA DOS DEPUTADOS. APLICAÇÃO DE MODELO DE VOTAÇÃO ALTERNADA, DO NORTE PARA O SUL. PEDIDO DE INTERPRETAÇÃO CONFORME, PARA IMPOSIÇÃO DE ORDEM ALFABÉTICA OU, ALTERNATIVAMENTE, DE VOTAÇÃO SIMULTÂNEA, POR MEIO DE PAINEL ELETRÔNICO. AUSÊNCIA DE PLAUSIBILIDADE. MEDIDA CAUTELAR INDEFERIDA. 1. Ação direta centrada na tese de que o processo de votação nominal por chamada, por gerar 'efeito cascata' sobre o convencimento dos julgadores, comprometeria a imparcialidade do julgamento, violando os princípios do devido processo legal, da moralidade, da impessoalidade e da República. 2. Interferências recíprocas nas manifestações dos julgadores são inevitáveis em qualquer ordem de votação nominal, seja qual for o critério de sequenciamento adotado, não sendo possível presumir a ilegitimidade da deliberação do colegiado parlamentar, por mera alegação de direcionamento, em um ou outro sentido. 3. A Constituição Federal não estabelece ordem de votação nominal que possa ter sido afrontada pela norma regimental atacada. Ausência de demonstração das lesões constitucionais deduzidas. 4. Medida cautelar indeferida, por ausência de relevância dos argumentos deduzidos na inicial." (ADIn 5498 MC, Rel. p/ Acórdão Min. TEORI ZAVASCKI, Tribunal Pleno, julgado em 14/04/2016, DJe-098 11-05-2017.)

61. "Ação direta de inconstitucionalidade. Pedido de liminar. Decreto n. 409, de 30.12.91. – Esta Corte, excepcionalmente, tem admitido ação direta de inconstitucionalidade cujo objeto seja decreto, *quando este, no todo ou em parte, manifestamente* ***não regulamenta lei****, apresentando-se, assim, como decreto autônomo, o que dá margem a que seja ele examinado em face diretamente da Constituição no que diz respeito ao* ***princípio da reserva legal***. – No caso, o decreto impugnado se situa no âmbito da regulamentação do poder de fiscalização

(l) as resoluções dos tribunais que concedem aumento remuneratório[62];

(m) as resoluções do CNJ e do CNMP editadas em caráter geral e abstrato, no exercício de sua competência constitucional[63];

(n) os regimentos internos do CNJ e do CNMP (que são aprovados mediante resolução, a saber, Resolução CNJ nº 67/2009 e Resolução CNMP nº 92/2013)[64];

---

de concessões de distribuição de energia elétrica." (ADIn 708, Rel. Min. MOREIRA ALVES, DJU 07.08.1992, p. 11778.) "Decretos existem para assegurar a fiel execução das leis (artigo 84-IV da CF/88). A Emenda Constitucional nº 8, de 1995 – que alterou o inciso XI e alínea a do inciso XII do artigo 21 da CF – é expressa ao dizer que compete à União explorar, diretamente ou mediante autorização, concessão ou permissão, os serviços de telecomunicações, nos termos da lei. ***Não havendo lei anterior que possa ser regulamentada,*** *qualquer disposição sobre o assunto tende a ser adotada em lei formal. O decreto seria* ***nulo,*** *não por* ***ilegalidade,*** *mas por* ***inconstitucionalidade,*** *já que* ***supriu a lei onde a Constituição a exige.***" (ADIn-MC 1435, Rel. Min. Francisco Rezek, DJU 06.08.1999, p. 5.)

62. ADIn 2104, Rel. Min. EROS GRAU, DJe 031, 22.02.2008.

63. "Ação direta de inconstitucionalidade contra a Resolução CNMP nº 36/2009, que dispõe sobre o pedido e a utilização das interceptações telefônicas, no âmbito do Ministério Público. Alegação de violação da competência privativa da União para legislar sobre direito processual e do art. 144, § 1º, IV, e § 4º, da CF/88. 2. **Resolução editada pelo CNMP no exercício de sua competência constitucional, em caráter geral e abstrato, não constitui ato normativo secundário**. Ação direta conhecida. 3. O Supremo Tribunal Federal já decidiu que o conteúdo da resolução impugnada se insere na competência do CNMP para disciplinar os deveres funcionais dos membros do Ministério Público, entre os quais o dever de sigilo e de zelar pela observância dos princípios previstos no art. 37 da Constituição (ADI 4.263, sob minha relatoria). 4. Ausência de violação à legalidade ou às prerrogativas da Polícia Judiciária. 5. Pedido julgado improcedente, com a fixação da seguinte tese de julgamento: É constitucional o estabelecimento, por resolução do CNMP, de cautelas procedimentais para proteção de dados sigilosos e garantia da efetividade dos elementos de prova colhidos via interceptação telefônica." (ADIn 5315, Rel. ROBERTO BARROSO, Tribunal Pleno, julgado em 04-09-2023, DJe-s/n 07-11-2023)

64. "Norma formalmente constitucional, editada com respaldo no art. 5º, § 2º, da EC nº 45/2004, que confere competência ao Conselho Nacional de Justiça, mediante resolução, para disciplinar seu funcionamento e definir as atribuições do Corregedor, enquanto não normatizada a matéria pelo Estatuto da Magistratura. Competência transitória atribuída pelo Poder Constituinte derivado ao CNJ para evitar vácuo normativo a inviabilizar a implementação da arquitetura institucional do controle interno do Poder Judiciário. Resolução que, no ponto, encontra amparo direto na Constituição Federal e equivale à normatização pelo Estatuto da Magistratura. [...] 8. Ação conhecida apenas no que concerne à requisição de dados bancários e fiscais às autoridades competentes, e, na parte conhecida, julgado parcialmente procedente o pedido, para, em interpretação conforme a Constituição (art. 5º, X, XII e LIV, CRFB), estabelecer que a requisição dos dados bancários e fiscais imprescindíveis, nos moldes do art. 8º, V, do Regimento Interno do CNJ, é constitucional em processo regularmente instaurado para apuração de infração por sujeito determinado, mediante decisão fundamentada e baseada em indícios concretos da prática do ato." (ADIn 4709, Rel. Min. ROSA WEBER, Tribunal Pleno, julgado em 30-05-2022, DJe-112 09-06-2022)

(o) as resoluções do TSE dotadas de autonomia, generalidade e abstração[65];

(p) e as leis orçamentárias[66].

O STF tem reconhecido *status* hierárquico equivalente ao de lei (ato normativo primário) a *algumas espécies de atos normativos* editados pelo CNJ e pelo CNMP. Exige, para tanto, que tenham sido editados em caráter geral e abstrato, no exercício de sua competência constitucional. Reconheceu, por exemplo, tal *status*

---

65. "Suscitada a inconstitucionalidade do art. 1º, § 1º, II, da Res.-TSE nº 22.610/2007 que prevê a criação de novo partido como justa causa para a desfiliação partidária sem perda do mandato eletivo. 2. Segundo a jurisprudência desta Suprema Corte, viável o controle abstrato da constitucionalidade de ato do Tribunal Superior Eleitoral de conteúdo jurídico-normativo essencialmente primário." (ADIn 4583, Rel. ROSA WEBER, Tribunal Pleno, julgado em 23-11-2020, DJe-285 03-12-2020.) Do voto da relatora se extrai o seguinte: "Quanto às Resoluções do TSE, orienta a jurisprudência desta Casa, que podem (i) ostentar a condição de atos normativos dotados de abstração, generalidade e autonomia, ao inovarem o ordenamento jurídico e desafiarem, enquanto tais, pela tessitura normativa, a tutela constitucional abstrata, ou (ii) circunscrever-se ao exercício do poder regulamentar, na qualidade de atos normativos secundários, ensejando, nesta hipótese, o juízo de não conhecimento das ações de controle concentrado." Na mesma linha: "Não prospera a alegação de que o Tribunal Superior Eleitoral (TSE), ao exercer a sua atribuição de elaboração normativa e o poder de polícia em relação à propaganda eleitoral, usurpou a competência legislativa da União, porquanto a Justiça Especializada vem tratando da temática do combate à desinformação por meio de reiterados precedentes jurisprudenciais e atos normativos, editados ao longo dos últimos anos." (ADIn 7261, Rel. Min. EDSON FACHIN, Tribunal Pleno, julgado em 19-12-2023, DJe-s/n 06-03-2024.)

66. "FISCALIZAÇÃO ABSTRATA DE NORMAS ORÇAMENTÁRIAS. **ANEXO DE LEI ORÇAMENTÁRIA ANUAL (LOA – LEI 13.255/2016)**. CONTROLE FORMAL E MATERIAL. POSSIBILIDADE. JURISPRUDÊNCIA FIXADA A PARTIR DO JULGAMENTO DA ADI 4.048/DF. [...] 4) O 'controle material' de **espécies legislativas orçamentárias** corresponde a uma tendência recentemente intensificada na jurisdição constitucional do Supremo Tribunal Federal (STF), consoante se verifica do excerto extraído da ementa do acórdão da ADI 4.048/DF, Rel. Min. Gilmar Mendes: 'II – CONTROLE ABSTRATO DE CONSTITUCIONALIDADE DE NORMAS ORÇAMENTÁRIAS. REVISÃO DE JURISPRUDÊNCIA. O Supremo Tribunal Federal deve exercer sua função precípua de fiscalização da constitucionalidade das leis e dos atos normativos quando houver um tema ou uma controvérsia constitucional suscitada em abstrato, independente do caráter geral ou específico, concreto ou abstrato de seu objeto. Possibilidade de submissão das normas orçamentárias ao controle abstrato de constitucionalidade.' [...]." (ADIn 5468, Rel. Min. FUX, Tribunal Pleno, julgado em 30/06/2016, DJe-169 02-08-2017.) Na prática, porém, é frequente a perda do objeto de ADIns contra leis orçamentárias anuais em razão do término do respectivo exercício financeiro: "AGRAVO REGIMENTAL NA AÇÃO DIRETA DE INCONSTITUCIONALIDADE. **LEI ORÇAMENTÁRIA ANUAL. VIGÊNCIA TEMPORÁRIA. EXAURIMENTO DE SUA EFICÁCIA**. AGRAVO REGIMENTAL AO QUAL SE NEGA PROVIMENTO. 1. Nos termos da jurisprudência do Supremo Tribunal Federal, **o exaurimento da eficácia de lei temporária** enseja a extinção do processo de controle normativo abstrato pela perda superveniente de seu objeto. Precedentes. 2. Eventuais efeitos residuais concretos devem ser questionados nas vias ordinárias adequadas. Precedentes." (ADIn 5930 AgR, Rel. Min. CÁRMEN LÚCIA, Tribunal Pleno, julgado em 31/05/2019, DJe-142 01-07-2019)

hierárquico-normativo ao Regimento Interno do CNJ, em virtude do disposto no art. 5º, § 2º, da EC nº 45/2004, e às resoluções editadas com esteio no § 4º do art. 103-B da CF/88 (quanto ao CNJ) e no art. 130-A, § 2º (quanto ao CNMP).[67] Podem, portanto, tais resoluções ser objeto de ADIn e ADC.

Não admite o STF como passíveis de controle *abstrato* de constitucionalidade em ADIn e ADC:

(a) normas constitucionais originárias;

(b) os decretos não autônomos;

(c) os tratados internacionais não incorporados ao direito interno;

67. "***À luz do art. 5º, § 2º, da Emenda Constitucional nº 45/2004*****, o Regimento Interno do Conselho Nacional de Justiça constitui ato normativo primário, que extrai seu fundamento de validade diretamente da Magna Carta**. 2. Ao contrário do alegado pelo agravante, não há campo para a incidência do critério hierárquico, enquanto regra de resolução de antinomia, uma vez que os dispositivos em cotejo, arts. 935 do vigente CPC e 120, § 2º, do Regimento Interno do CNJ, estão situados no mesmo patamar normativo. 3. A aplicação do critério da especialidade, previsto no art. 2º, § 2º, da Lei de Introdução às Normas do Direito Brasileiro, evidencia, em sintonia com o decidido pela autoridade impetrada, inexistente a sustentada derrogação do art. 120, § 2º, do Regimento Interno do CNJ pelo art. 935 do CPC." (MS 37384 AgR, Rel. Min. ROSA WEBER, Primeira Turma, julgado em 01/03/2021, DJe-045 10-03-2021.) "CONCURSO PÚBLICO. EXAME PSICOTÉCNICO. PREVISÃO EM ATO COM FORÇA DE LEI. CONFORMIDADE COM A SÚMULA VINCULANTE 44 E COM O PRECEDENTE DE REPERCUSSÃO GERAL AI 758.533 (TEMA 338). RECUSA DE CANDIDATO A SUBMETER-SE AO TESTE. ELIMINAÇÃO. LEGITIMIDADE. 1. A Resolução 81, de 9/6/2009, consubstancia legítimo exercício do poder normativo do Conselho Nacional de Justiça em relação aos concursos públicos de provas e títulos para outorga de delegações de notas e de registro." (RE 1074855 AgR-AgR, Rel. Min. ALEXANDRE DE MORAES, Primeira Turma, julgado em 07-05-2018, DJe-096 17-05-2018) "A Resolução nº 07/05 do CNJ reveste-se dos atributos da generalidade (os dispositivos dela constantes veiculam normas proibitivas de ações administrativas de logo padronizadas), impessoalidade (ausência de indicação nominal ou patronímica de quem quer que seja) e abstratividade (trata-se de um modelo normativo com âmbito temporal de vigência em aberto, pois claramente vocacionado para renovar de forma contínua o liame que prende suas hipóteses de incidência aos respectivos mandamentos). **A Resolução nº 07/05 se dota, ainda, de caráter normativo primário, *dado que arranca diretamente do § 4º do art. 103-B da Carta-cidadã* e tem como finalidade debulhar os próprios conteúdos lógicos dos princípios constitucionais de centrada regência de toda a atividade administrativa do Estado, especialmente o da impessoalidade, o da eficiência, o da igualdade e o da moralidade**. O ato normativo que se faz de objeto desta ação declaratória densifica apropriadamente os quatro citados princípios do art. 37 da Constituição Federal, razão por que não há antinomia de conteúdos na comparação dos comandos que se veiculam pelos dois modelos normativos: o constitucional e o infraconstitucional. Logo, o Conselho Nacional de Justiça fez adequado uso da competência que lhe conferiu a Carta de Outubro, após a Emenda 45/04. (ADC 12 MC, Rel. Min. CARLOS BRITTO, Tribunal Pleno, julgado em 16/02/2006, DJ 01-09-2006.) Portanto, segundo o STF, o poder normativo primário do CNJ decorre diretamente do disposto no art. 5º, § 2º, da EC nº 45/2004 (em relação ao Regimento Interno), e no § 4º do art. 103-B da CF/88 (no tocante a outros atos normativos do CNJ). Sobre o CNMP, *cf.* ainda ADIn 4263, Rel. ROBERTO BARROSO, Tribunal Pleno, julgado em 25-04-2018, DJe-259 28-10-2020.

(d) os atos normativos despidos de generalidade e abstração[68];

(e) as propostas de emenda constitucional e os projetos de lei[69];

(f) as súmulas não vinculantes[70];

(g) as sentenças coletivas;

(h) as leis e atos normativos revogados (incluindo os revogados pela Constituição em vigor);

(i) as leis e os atos normativos municipais em face da Constituição Federal (incluindo os editados pelo Distrito Federal no exercício de sua competência "municipal"[71]: CF-88, art. 32, § 1º, *in fine*).

Constitui *parâmetro único* do controle (concentrado ou difuso) de constitucionalidade *a Constituição*[72]. Destarte, para que se possa afirmar que uma norma é passível de controle de constitucionalidade é indispensável

---

68. A razão subjacente é que, em tais casos, o objeto da ação, na verdade, exaure-se na defesa de direitos subjetivos, perfeitamente passíveis de defesa mediante processos subjetivos, sem nenhuma relevância para outrem que não os destinatários certos da lei ou ato normativo puramente formal. Portanto, aberra do fim do controle abstrato a pretensão da parte *subjetivamente* interessada de ver resolvido seu interesse *concreto* por meio de legitimado ativo da ADIn ou da ADC. Nesse sentido: "A ação direta de inconstitucionalidade é o meio pelo qual se procede, por intermédio do Poder Judiciário, ao controle da constitucionalidade das normas jurídicas 'in abstrato'. Não se presta ela, portanto, ao controle da constitucionalidade de *atos administrativos que têm objeto determinado e destinatários certos, ainda que esses atos sejam editados sob a forma de lei – as* ***leis meramente formais****, porque têm* ***forma de lei****, mas seu* ***conteúdo*** *não encerra normas que disciplinem relações jurídicas em abstrato.*" (ADIn 647-DF, Rel. Min. Moreira Alves. *In:* RTJ 140/36.) Contudo, em viragem jurisprudencial, a partir da ADIn 4048-MC, o STF passou a exigir generalidade e abstração ***apenas dos atos normativos (secundários)*** referidos no art. 102, I, *a*, da CF-88, **permitindo a propositura de ADIn contra leis (e atos com força de lei) de efeitos concretos e/ou individuais.** *Vide* ainda: ADIn 5472, Rel. Min. EDSON FACHIN, Tribunal Pleno, julgado em 01/08/2018, DJe-164 14-08-2018.

69. "É ineficaz pedido de aditamento da petição inicial que aponta ato normativo que ainda aguarda sanção do Presidente da República, porquanto proposições legislativas não gozam de força normativa e o artigo 102, I, a, da Constituição Federal não autoriza o controle abstrato preventivo de leis e atos normativos. Precedente: ADI 466-MC, Rel. Min. Celso de Mello." (ADIn 3871 AgR, Rel. Min. LUIZ FUX, Tribunal Pleno, julgado em 22-03-2019, DJe-066 03-04-2019.)

70. "A validade de enunciado da súmula da jurisprudência dominante de Tribunal não enseja a instauração do controle abstrato de constitucionalidade. Precedentes." (ADIn 5707, Rel. Min. CÁRMEN LÚCIA, Tribunal Pleno, julgado em 29-03-2021, DJe-068 12-04-2021)

71. Nesse sentido: Súmula 642 do STF: "Não cabe ação direta de inconstitucionalidade de lei do Distrito Federal derivada da sua competência legislativa municipal"; ADIn nº 611, Rel. Min. Sepúlveda Pertence, DJU 11.12.1992, p. 23662.

72. "A Constituição da República, em tema de ação direta, qualifica-se como o único instrumento normativo revestido de parametricidade, para efeito de fiscalização abstrata de constitucionalidade perante o Supremo Tribunal Federal." (ADIn nº 1347, Rel. Min. Celso de Mello, DJU 01.12.1995, p. 41685.) Contudo, deve-se emprestar ao termo *Constituição* interpretação ampla o bastante para abranger os tratados internacionais sobre direitos humanos aprovados na forma do art. 5º, § 3º, da CF-88.

que possa ser contrastada com a Constituição à qual esteja sujeita, espacial e temporalmente. Para os fins deste trabalho, considerar-se-á fundamentalmente a Constituição Federal de 1988 como *parâmetro* do controle de constitucionalidade.

Cumpre, porém, assinalar que o STF entende que só a Constituição *atualmente vigente* pode servir de parâmetro de *controle* abstrato de constitucionalidade: as normas da Constituição de 1967/69 e as normas da Constituição de 1988 revogadas por emenda constitucional não podem servir como paradigma de controle *concentrado* de constitucionalidade (embora possam servir como paradigma de controle *difuso* de constitucionalidade). Consoante a jurisprudência tradicional do STF, *revogada* ou até mesmo *alterada substancialmente* a *norma constitucional paramétrica* apontada como violada, fica prejudicada a ADIn[73].

Todavia, essa orientação vem sendo recentemente relativizada pelo STF em vários casos.[74] Dessarte, à luz da jurisprudência mais recente do STF, a alteração substancial da *norma-parâmetro* de controle não acarreta automaticamente a perda de objeto da ADIn.[75]

73. "CONSTITUCIONAL. AÇÃO DIRETA DE INCONSTITUCIONALIDADE. DISPOSIÇÃO CONSTITUCIONAL ALTERADA POR SUPERVENIENTE EMENDA CONSTITUCIONAL: AÇÃO PREJUDICADA. I. – Ação direta de inconstitucionalidade prejudicada, *por isso que o paradigma constitucional invocado – C.F., art. 40, III, c – foi* ***substancialmente alterado*** *pela Emenda Constitucional nº 20, de 1998.* II. – Agravo não provido." (ADIn nº 2531-AgR, Rel. Min. Carlos Velloso, DJU 12.09.2003, p. 29.)

74. "1. Substancial alteração do **parâmetro de controle**. *Posicionamento da Corte no sentido de aceitar,* ***em casos excepcionais****, o conhecimento da ação,* ***com vistas à máxima efetividade da jurisdição constitucional, ante a constatação de que a inconstitucionalidade persiste e é atual****. Não ocorrência de prejuízo das normas impugnadas, suspensas por força da medida liminar, mas em vigor. Se o Tribunal, na linha da jurisprudência tradicional, assentar o prejuízo das ações diretas, revogando, por consequência, as medidas cautelares, a norma, embora seja clara e irremediavelmente inconstitucional, tornará a produzir seus efeitos, à luz do regramento instituído pela Emenda Constitucional nº 41/03, o qual, por autorizar a tributação dos inativos, confere à norma uma aparência de validade.* [...]" (ADIn 2087, Rel. Min. DIAS TOFFOLI, Tribunal Pleno, julgado em 12/04/2018, DJe-088 08-05-2018.)

75. "A alteração substancial *do parâmetro constitucional* utilizado para aferição de eventual inconstitucionalidade *não enseja, automaticamente, prejuízo da respectiva ação direta.* No presente caso, não obstante o advento da Emenda Constitucional nº 88/2015, persiste a inconstitucionalidade dos dispositivos impugnados, não se verificando qualquer possibilidade de convalidação superveniente." (ADIn 4698, Rel. Min. ROBERTO BARROSO, Tribunal Pleno, julgado em 13/06/2018, DJe-189 11-09-2018) "Ação Direta de Inconstitucionalidade. AMB. Lei nº 12.398/98-Paraná. Decreto estadual nº 721/99. Edição da EC nº 41/03. Substancial alteração do parâmetro de controle. Não ocorrência de prejuízo. Superação da jurisprudência da Corte acerca da matéria. Contribuição dos inativos. Inconstitucionalidade sob a EC nº 20/98. Precedentes. 1. ***Em nosso ordenamento jurídico, não se admite a figura da constitucionalidade superveniente.***

Por sua vez, a revogação ou a alteração da norma *impugnada* na ADIn (norma *objeto* do controle) enseja, por via de regra, a perda do objeto da ADIn, salvo (a) nas hipóteses em que se permite o aditamento da inicial para inclusão da nova norma[76], (b) nas situações em que o STF conclui que a revogação da norma impugnada no curso da ação direta ocorreu estrategicamente, com a finalidade de frustrar a análise de sua constitucionalidade pelo STF[77], e (c)

Mais relevante do que a atualidade do parâmetro de controle é a constatação de que a inconstitucionalidade persiste e é atual, ainda que se refira a dispositivos da Constituição Federal que não se encontram mais em vigor. Caso contrário, ficaria sensivelmente enfraquecida a própria regra que proíbe a convalidação. 2. A jurisdição constitucional brasileira não deve deixar às instâncias ordinárias a solução de problemas que podem, de maneira mais eficiente, eficaz e segura, ser resolvidos em sede de controle concentrado de normas. 3. A Lei estadual nº 12.398/98, que criou a contribuição dos inativos no Estado do Paraná, por ser inconstitucional ao tempo de sua edição, não poderia ser convalidada pela Emenda Constitucional nº 41/03. E, se a norma não foi convalidada, isso significa que a sua inconstitucionalidade persiste e é atual, ainda que se refira a dispositivos da Constituição Federal que não se encontram mais em vigor, alterados que foram pela Emenda Constitucional nº 41/03. *Superada a preliminar de prejudicialidade da ação, fixando o entendimento de,* ***analisada a situação concreta,*** *não se assentar o prejuízo das ações em curso,* ***para evitar situações em que uma lei que nasceu claramente inconstitucional volte a produzir, em tese, seus efeitos, uma vez revogada as medidas cautelares concedidas já há dez anos.*** [...]" (ADIn 2158, Rel. Min. DIAS TOFFOLI, Tribunal Pleno, julgado em 15/09/2010, DJe-247 16-12-2010). *Cf.* também ADIn 3072, Rel. Min. GILMAR MENDES, Tribunal Pleno, julgado em 09/05/2019, DJe-177 15-08-2019.

76. "AÇÃO DIRETA DE INCONSTITUCIONALIDADE – NORMA ATACADA – ALTERAÇÃO – PREJUÍZO. A superveniente modificação da norma impugnada, sem aditamento à inicial, implica o prejuízo do controle concentrado de constitucionalidade. [...]" (ADIn 1931, Rel. Min. MARCO AURÉLIO, Tribunal Pleno, julgado em 07/02/2018, DJe-113 08-06-2018).

77. "AÇÃO DIRETA DE INCONSTITUCIONALIDADE. QUESTÃO DE ORDEM. ALTERAÇÃO, POR EMENDA, DO TEXTO CONSTITUCIONAL ESTADUAL IMPUGNADO. ALTERAÇÃO SUBSTANCIAL DO TEXTO NORMATIVO ANTERIOR. PERDA SUPERVENIENTE DE OBJETO. AUSÊNCIA DE REVOGAÇÃO ESTRATÉGICA COM O FIM DE IMPEDIR OU OBSTACULIZAR O EXERCÍCIO DA JURISDIÇÃO CONSTITUCIONAL. PREJUÍZO DA AÇÃO. 1. Questão de ordem apresentada no sentido da perda superveniente de objeto da ação direta de inconstitucionalidade, a ensejar-lhe a declaração de prejuízo, haja vista a revogação, por reforma constitucional posterior a seu ajuizamento, do ato normativo impugnado. 2. A jurisprudência formada nesse Supremo Tribunal Federal e confirmada nas decisões posteriores ao julgamento da ADI 709, Rel Min. Moreira Alves, é no sentido da prejudicialidade da ação direta de inconstitucionalidade, por perda superveniente de objeto, *quando sobrevém revogação ou alteração substancial da norma questionada.* 3. A alteração do texto legal impugnado não se resume a mera redução do âmbito de incidência do ato normativo anterior, consubstanciando alteração substancial, uma vez excluídos os Poderes Legislativo e Judiciário da regra de impedimento de realização de prova oral nos concursos públicos. Cumpre registrar, conquanto não vincule a causa de pedir, que circunscritos os fundamentos jurídicos determinantes da iniciativa de ajuizamento da

quando a norma impugnada foi revogada (ou teve sua eficácia exaurida), mas seu conteúdo é reproduzido em norma posterior semelhante, ainda que a redação não seja idêntica.

Foi o que sucedeu na ADIn 2418, proposta em 2001 e julgada em 04.05.2016, na qual foram declaradas constitucionais normas do CPC-73 que, na data do julgamento, já haviam sido revogadas pelo CPC-2015, bem como as correspondentes normas do CPC-2015, que não haviam sido impugnadas na referida ADIn, e que não foram objeto de aditamento em momento algum.[78] Na ADIn 5122, por sua vez, foi declarada a constitucionalidade de norma de resolução do TSE relativa às eleições de 2014, cuja eficácia, na data do julgamento da ADIn (em 2018), já estava exaurida, tendo sido reproduzida em resoluções posteriores de conteúdo idêntico atinentes a outras eleições.[79]

---

presente ação direta à violação da autonomia e independência do Poder Judiciário. **4.** ***Não há falar, na espécie, em revogação estratégica do ato normativo inquinado de inconstitucional, com o intuito deliberado e ilegítimo de impedir o exercício da jurisdição constitucional abstrata.*** **A nova disposição normativa, consistente na Emenda à Constituição do Estado do Paraná de nº 07/2000, que alterou o §11º do art. 27, não configura réplica idêntica daquele ato, presente alteração substancial do texto normativo. 5.** ***Reafirmação da atual jurisprudência desta Suprema Corte, ante a inexistência de motivos para sua superação.*** 6. Perda superveniente de objeto da ação direta de inconstitucionalidade, motivo pelo qual configurado o prejuízo (art. 21, IX, do RISTF) ensejador da extinção do processo sem resolução do mérito." (ADIn 1080, Rel. p/ Acórdão Min. ROSA WEBER, Tribunal Pleno, julgado em 05/04/2018, DJe-192 13-09-2018). *Cf.* ainda ADIn 1147, Rel. Min. ROBERTO BARROSO, Tribunal Pleno, julgado em 23/08/2019, DJe-194 06-09-2019.

78. "São constitucionais as disposições normativas do parágrafo único do art. 741 do CPC, do § 1º do art. 475-L, ambos do CPC/73, bem como os correspondentes dispositivos do CPC/15, o art. 525, § 1º, III e §§ 12 e 14, o art. 535, § 5º." (ADIn 2418, Rel. Min. TEORI ZAVASCKI, Tribunal Pleno, julgado em 04-05-2016, DJe-243 17-11-2016.) Colhe-se do voto do relator: "Cumpre destacar, antes de mais, que o último dos dispositivos impugnados pelo requerente – o parágrafo único do art. 741 do CPC/73 – **foi recentemente revogado pelo Código de Processo Civil de 2015 (Lei 13.105/15). A matéria nele disciplinada recebeu tratamento normativo semelhante, embora não igual, nos §§ 5º a 8º do art. 535 e nos §§ 12 a 15 do art. 525 do novo CPC**. [...] **Apesar das alterações**, não se configurou, no ponto, hipótese de prejuízo por perda de objeto. Isso porque as previsões do CPC/15 cuidaram apenas de 'adjetivar' o instituto de inexigibilidade por atentado às decisões deste Supremo Tribunal Federal, mas não lhe comprometeram naquilo que ele tem de mais substancial, que é a capacidade de interferir na coercitividade de títulos judiciais. Ora, e é exatamente este o aspecto que é objeto de impugnação pelo requerente, para quem o instituto frustra a garantia constitucional da coisa julgada. Portanto, **não havendo desatualização significativa no conteúdo do instituto, entendo que não há obstáculo para o conhecimento da ação**, conclusão que não é estranha à jurisprudência deste Plenário (ver, por todas, a ADI 2501, Rel. Min. Joaquim Barbosa, DJe de 19/12/08)."

79. "Ação Direta de Inconstitucionalidade. 2. Art. 25, § 2º, da Resolução 23.404, de 05 de março de 2014, do TSE, que dispõe sobre propaganda eleitoral e condutas ilícitas em campanha

Ainda na conformidade com a jurisprudência do STF, para que seja *conhecida* uma ADIn, é indispensável que o autor da ação *aponte especificamente as normas constitucionais violadas* pela norma impugnada, bem assim os *fundamentos jurídicos* do pedido (art. 3º da Lei nº 9.868-99), conquanto não haja vinculação do STF aos fundamentos jurídicos invocados pelo autor (causa de pedir aberta)[80].

Não admite o STF que os tratados internacionais sejam utilizados como parâmetro do controle de constitucionalidade. Assim, não se pode acoimar uma norma de *inconstitucional* porque ofensiva de um *tratado internacional*, ainda que incorporado ao direito positivo interno, uma vez que o STF não lhes reconhece estatura hierárquico-normativa constitucional, nem supraconstitucional, mas sim infraconstitucional.[81] Inviável, portanto, o ajuizamento de ADIn ou de ADC para declarar a inconstitucionalidade ou constitucionalidade de uma norma *em face de um tratado internacional*: este pode ser *objeto*[82], mas não *parâmetro ou paradigma* de aferição de constitucionalidade ou inconstitucionalidade.

---

eleitoral nas Eleições de 2014. Vedação à realização de propaganda eleitoral via telemarketing, em qualquer horário. 3. Pressupostos formais da ação observados. 4. Perda de objeto. Inocorrência. Relevância transcendente da matéria e produção de efeitos prospectivos. Precedentes. [...]" (ADIn 5122, Rel. EDSON FACHIN, Tribunal Pleno, julgado em 03-05-2018, DJe-037 20-02-2020). "No mais, a demanda não perdeu seu objeto, apesar da revogação do ato ou do exaurimento de sua eficácia. O dispositivo, que trata das eleições de 2014, possui relevância transcendente e produz efeitos sobre processos ainda em trâmite na Justiça Eleitoral. Além disso, o seu conteúdo foi reproduzido em outras resoluções relativas a eleições posteriores." (Informativo 900 do STF) O teor da norma foi reproduzido no art. 27, § 2º, da Resolução nº 23.457/2015 do TSE.

80. "AÇÃO DIRETA DE INCONSTITUCIONALIDADE E DEVER PROCESSUAL DE FUNDAMENTAR A IMPUGNAÇÃO. – O Supremo Tribunal Federal não está condicionado, no desempenho de sua atividade jurisdicional, pelas razões de ordem jurídica invocadas como suporte da pretensão de inconstitucionalidade deduzida pelo autor da ação direta. Tal circunstância, no entanto, não suprime à parte o dever processual de *motivar* o pedido e de *identificar*, ***na Constituição***, em obséquio ao *princípio da especificação das normas, os dispositivos alegadamente violados pelo ato normativo que pretende impugnar*. Impõe-se ao autor, no processo de controle concentrado de constitucionalidade, sob pena de *não conhecimento* da ação direta, indicar as ***normas de referência*** – *que são aquelas inerentes ao ordenamento constitucional e que se revestem, por isso mesmo, de* ***parametricidade*** – em ordem a viabilizar a aferição da conformidade vertical dos atos normativos infraconstitucionais." (ADIn-MC nº 561, Rel. Min. Celso de Mello, DJU 23.03.2001, p. 84.) Observe-se, porém, que o art. 3º da Lei nº 9.868-99 não exige a especificação, na petição inicial da ADIn, dos ***dispositivos*** *constitucionais alegadamente vulnerados pela norma impugnada*, mas tão somente dos *fundamentos jurídicos* do pedido.

81. Os tratados internacionais sobre direitos humanos, em regra, têm *status* supralegal, mas infraconstitucional, exceto os aprovados nos moldes do art. 5º, § 3º, da CF-88.

82. Desde que incorporado ao direito positivo interno brasileiro.

Todavia, esse panorama jurisprudencial deve ser alterado para permitir que os tratados internacionais sobre direitos humanos também possam ser utilizados como *parâmetro* de controle de constitucionalidade (abstrato e concreto) em razão da alteração introduzida pela EC nº 45-2004, que, ao acrescentar o § 3º ao art. 5º da CF-88, atribuiu hierarquia normativa de emenda constitucional aos tratados internacionais sobre direitos humanos *que tenham sido aprovados em cada Casa do Congresso Nacional, em dois turnos, por três quintos dos votos dos respectivos membros:*

> "**Art. 5º. [...] § 3º.** Os tratados e convenções internacionais sobre direitos humanos que forem aprovados, em cada Casa do Congresso Nacional, em dois turnos, por três quintos dos votos dos respectivos membros, **serão EQUIVALENTES às emendas constitucionais**. (Incluído pela Emenda Constitucional 45-2004)."

Releva notar que os tratados sobre direitos humanos que já haviam sido incorporados ao direito interno antes da inserção do § 3º ao art. 5º da CF-88 pela EC 45-2004 ostentam eficácia supralegal (infraconstitucional), tendo ficado vencida no STF a tese de que teriam sido recepcionados com eficácia equivalente à de emendas constitucionais. Assim, por exemplo, o Pacto de São José da Costa Rica (Convenção Americana de Direitos Humanos), que foi incorporado ao direito brasileiro interno em 1992, por meio do Decreto n. 678-92, possui *status* supralegal, não equivalendo a emenda constitucional[83], sendo insuscetível, portanto, de ser apontado como norma-parâmetro de controle de constitucionalidade.

Não é, outrossim, passível de figurar como *parâmetro* do controle de constitucionalidade (difuso ou concentrado) o preâmbulo da Constituição Federal de 1988, por não se revestir de *força normativa*[84]:

83. A este respeito, confiram-se os debates travados no RE 466343, Rel. Min. PELUSO, Tribunal Pleno, julgado em 03/12/2008, REPERCUSSÃO GERAL - MÉRITO DJe-104 05-06-2009. *Cf.* também HC 157306, Rel. Min. FUX, Primeira Turma, julgado em 25/09/2018, DJe-043 01-03-2019.

84. Mas daí não se pode firmar uma regra genérica, aplicável a qualquer preâmbulo. O preâmbulo da Constituição francesa de 1946, por exemplo, é bastante analítico (contém 18 itens que em nada se distinguem de normas jurídicas) e integra o "bloc de constitutionallité" francês, servindo de fundamento para a declaração de inconstitucionalidade de atos a ele contravenientes. Aliás, foi invocado em decisão histórica do *Conseil constitutionnel* sobre a liberdade de associação, como se informa no sítio do Senado francês: "*Le Conseil a fondé sa décision sur les principes reconnus par le Préambule de la Constitution.* En conséquence, il a étendu «le bloc de constitutionnalité», au Préambule de la Constitution et, par renvoi, à la Déclaration des droits de l'homme et du citoyen de 1789, *au Préambule de la Constitution de 1946* et aux Principes fondamentaux reconnus par les lois de la République.

> "Há que se ter presente, no entanto, considerada a controvérsia em referência, que o Plenário do Supremo Tribunal Federal, em recente (e unânime) decisão (ADI 2.076/AC, Rel. Min. CARLOS VELLOSO), *reconheceu que o preâmbulo da Constituição não tem valor normativo, apresentando-se desvestido de força cogente.* Esta Suprema Corte, no julgamento plenário em questão, acolheu o magistério de JORGE MIRANDA ('Teoria do Estado e da Constituição', p. 433-438, item n. 216, 2002, Forense), cuja lição, no tema, assim versou a matéria concernente ao valor e ao significado dos preâmbulos constitucionais: 'preâmbulo não é um conjunto de preceitos. (...). *O preâmbulo não pode ser invocado enquanto tal, isoladamente; nem cria direitos ou deveres* (...); ***não há inconstitucionalidade por violação do preâmbulo como texto 'a se'; só há inconstitucionalidade por violação dos princípios consignados na Constituição.'*** (grifei) Sob tal aspecto, verifica-se que a alegada ofensa ao preâmbulo da Constituição não tem o condão de conferir substância à pretensão mandamental ora deduzida pelos impetrantes, eis que, como já assinalado, o conteúdo do preâmbulo não impõe qualquer limitação de ordem material ao poder reformador outorgado ao Congresso Nacional." (MS 24.645-MC-DF, Rel. Min. Celso de Mello, DJU 15-9-2003, Informativo do STF nº 320, "transcrições").

Por identidade de razão (ausência de força normativa[85]), deduz-se que o preâmbulo das Constituições estaduais também não pode ser *objeto* do controle *abstrato* de constitucionalidade.

Cette décision a grandement accru l'autorité dês décisions du Conseil constitutionnel." (Disponível em: http://www.senat.fr/role/fiche/controle_constit.html. Acesso em: 26 fev. 2007.) Ademais, o preâmbulo da Constituição francesa em vigor (de 1958) foi alterado em 2005 pela *loi constitutionnelle* n. 2005-205 (correspondente à emenda constitucional no sistema brasileiro) para incluir a Carta do Meio Ambiente de 2004, que passou a integrar o bloco de constitucionalidade francês e servir, como tal, de parâmetro de controle exercido pelo *Conseil constitutionnel.* À guisa de exemplo, o Conselho reconheceu expressamente o valor constitucional ("*valeur constitutionnelle*") do conjunto de direitos e deveres definidos na Carta do Meio Ambiente e declarou contrárias à Constituição algumas normas legais que os vulneravam, conforme *Décision nº 2008-564 DC du 19 juin 2008.* (Disponível em: https://www.conseil-constitutionnel.fr/decision/2008/2008564DC.htm. Acesso em: 25 set. 2019.)

85. "CONSTITUCIONAL. CONSTITUIÇÃO: PREÂMBULO. NORMAS CENTRAIS. Constituição do Acre. I. – Normas centrais da Constituição Federal: essas normas são de reprodução obrigatória na Constituição do Estado-membro, mesmo porque, reproduzidas, ou não, incidirão sobre a ordem local. Reclamações 370-MT e 383-SP (RTJ 147/404). *II. – Preâmbulo da Constituição: não constitui norma central. Invocação da proteção de Deus: não se trata de norma de reprodução obrigatória na Constituição estadual,* ***não tendo força normativa.*** III. – Ação direta de inconstitucionalidade julgada improcedente." (ADIn nº 2076, Rel. Min. Carlos Velloso, DJU 08.08.2003, p. 86.)

1.3.1. Bloco de constitucionalidade

Parte da doutrina (designadamente estrangeira) pugna pela adoção de um conceito mais amplo de *Constituição*, o que importaria em alargar os conceitos de *inconstitucionalidade* e *constitucionalidade* e as *hipóteses de cabimento de ADIn e ADC*, porquanto se poderia, *e.g.*, arguir a inconstitucionalidade de uma norma por ofensa a normas *não positivadas na Constituição*. Fala-se, dessarte, em "bloco de constitucionalidade" ("*bloc de constitutionnalité*", "*bloque de constitucionalidad*") como *parâmetro* de controle de constitucionalidade, quer difuso, quer *concentrado*.

A extensão dada pela doutrina ao conceito de *bloco de constitucionalidade* é variável e algo imprecisa, mas, em linhas gerais, abrangeria não apenas as normas constitucionais (explícitas ou implícitas), senão que, igualmente, as leis *infraconstitucionais* que concretizam os comandos constitucionais.

Assim se dá na França, cujo bloco de constitucionalidade compreende a Declaração dos Direitos do Homem e do Cidadão de 1789, o Preâmbulo da Constituição de 1946[86], a Carta do Meio Ambiente ("*Charte de l'environnement de 2004*") e os princípios fundamentais reconhecidos ***pelas leis*** da República francesa ("*principes fondamentaux reconnus par les lois de la République*"), referidos genericamente no Preâmbulo da Constituição de 1946, sem indicação precisa que permitisse identificá-los.[87]

Na Espanha, o bloco de constitucionalidade abrangeria os "Estatutos de Autonomia" e as leis sobre competência das Regiões Autônomas, consoante entende o Tribunal Constitucional espanhol. Na STC 128/2016, por exemplo, algumas normas da Lei do Parlamento da Catalunha 3/2015 foram declaradas inconstitucionais por violação da Constituição espanhola e do Estatuto de Autonomia da Catalunha, que integra o bloco de constitucionalidade espanhol.[88]

---

86. A Constituição de 1946 foi revogada pela atual Constituição (de 1958), mas o preâmbulo desta manteve expressamente a eficácia do preâmbulo da Constituição revogada.

87. Interpretando a alusão genérica feita no Preâmbulo da Constituição de 1946, a jurisprudência do *Conseil constitutionnel* passou a exigir o atendimento a alguns requisitos mínimos de identificação de tais princípios: a) a lei deve ser da República, o que exclui a legislação promulgada durante a monarquia constitucional, sob o Império ou sob o regime de Vichy; b) a lei deve ser anterior à entrada em vigor do preâmbulo da Constituição de 1946; c) o princípio deve ter uma aplicação contínua, não sendo contrariado por legislação republicana anterior à entrada em vigor da Constituição de 1946; d) o princípio deve ser de natureza suficientemente geral e relevante, como, *v.g.*, os princípios referentes às liberdades individuais, à soberania nacional ou à organização dos poderes públicos.

88. "El juicio sobre la constitucionalidad de la ley lo debe realizar el Tribunal, exclusivamente, sobre la base de las disposiciones que forman el bloque de la constitucionalidad, en el que, para

Essa noção conceitual foi amplamente versada no julgamento da ADIn nº 595 pelo Min. Celso de Mello, mas não chegou a constituir razão de decidir, uma vez que a decisão se fundou unicamente na revogação da norma constitucional por emenda superveniente (questão meramente temporal), sem que houvesse necessidade de aplicação do *conceito* de bloco de constitucionalidade. O mesmo se deu no voto por ele proferido como relator na ADIn nº 2971 AgR.

Eis alguns excertos do referido voto:

> "A NOÇÃO DE CONSTITUCIONALIDADE/INCONSTITUCIONALIDADE COMO CONCEITO DE RELAÇÃO. A QUESTÃO PERTINENTE AO BLOCO DE CONSTITUCIONALIDADE. POSIÇÕES DOUTRINÁRIAS DIVERGENTES EM TORNO DO SEU CONTEÚDO. O SIGNIFICADO DO BLOCO DE CONSTITUCIONALIDADE COMO FATOR DETERMINANTE DO CARÁTER CONSTITUCIONAL, OU NÃO, DOS ATOS ESTATAIS. [...]
>
> No que concerne ao primeiro desses elementos (elemento conceitual), cabe ter presente que a construção do significado de Constituição permite, na elaboração desse conceito, que sejam considerados não apenas os preceitos de índole positiva, expressamente proclamados em documento formal (que consubstancia o texto escrito da Constituição), *mas, sobretudo, que sejam havidos, igualmente, por relevantes, em face de sua transcendência mesma, os* ***valores*** *de caráter* ***suprapositivo****, os* ***princípios*** *cujas* ***raízes*** *mergulham no* ***direito natural*** *e o* ***próprio espírito*** *que informa e dá sentido à Lei Fundamental do Estado*. Não foi por outra razão que o Supremo Tribunal Federal, certa vez, e para além de uma perspectiva meramente reducionista, veio a proclamar – *distanciando-se, então, das exigências inerentes ao positivismo jurídico* – que a Constituição da República, muito mais do que o conjunto de normas e princípios nela formalmente positivados, há de ser também entendida em função do próprio *espírito* que a anima, afastando-se, desse

---

impugnaciones competenciales, como es el caso, integran solo la Constitución y, subordinados a ella, los Estatutos de Autonomía, junto a 'las Leyes que, dentro del marco constitucional, se hubieran dictado para delimitar las competencias del Estado y las diferentes Comunidades Autónomas o para regular o armonizar el ejercicio de las competencias de éstas' [art. 28.1 de la Ley Orgánica del Tribunal Constitucional (LOTC)]. Algo tan común en nuestra doctrina no sería de recordar ahora si no fuera porque en las alegaciones en defensa del precepto impugnado se aducen normas que, como las del Derecho europeo, ni son canon de constitucionalidad de las leyes, estatales o autonómicas, ni predeterminan el reparto interno de competencias en orden al desarrollo o ejecución de la normativa comunitaria; ello sin perjuicio de que esta última normativa se pueda tomar como elemento interpretativo útil para encuadrar materialmente la cuestión debatida ante nosotros (entre otras, y según el orden de las referencias, SSTC 161/2014, de 7 de octubre, FJ 3; 58/2015, de 18 de marzo, FJ 3, y 103/2015, de 28 de mayo, FJ 3)." (STC 128/2016. Disponível em: http://hj.tribunalconstitucional.es/HJ/es/Resolucion/Show/25028. Acesso em: 25 set. 2019)

modo, de uma concepção impregnada de evidente minimalismo conceitual (RTJ 71/289, 292 – RTJ 77/657). É por tal motivo que os tratadistas – consoante observa JORGE XIFRA HERAS ("Curso de Derecho Constitucional", p. 43) –, em vez de formularem um conceito único de Constituição, costumam referir-se a uma pluralidade de acepções, dando ensejo à elaboração teórica do conceito de ***bloco de constitucionalidade***, cujo significado – *revestido de maior ou de menor abrangência material* – projeta-se, tal seja o sentido que se lhe dê, para além da totalidade das regras constitucionais meramente escritas e dos princípios contemplados, explícita ou implicitamente, no corpo normativo da própria Constituição formal, ***chegando, até mesmo, a compreender NORMAS DE CARÁTER INFRACONSTITUCIONAL, desde que vocacionadas a desenvolver, em toda a sua plenitude, a eficácia dos postulados e dos preceitos inscritos na Lei Fundamental****, viabilizando, desse modo, e em função de perspectivas conceituais mais amplas, a concretização da ideia de ordem constitucional global.* Sob tal perspectiva, que acolhe conceitos múltiplos de Constituição, pluraliza-se a noção mesma de constitucionalidade/inconstitucionalidade, em decorrência de formulações teóricas, matizadas por visões jurídicas e ideológicas distintas, que culminam por determinar – quer elastecendo-as, quer restringindo-as – as próprias referências paradigmáticas conformadoras do significado e do conteúdo material inerentes à Carta Política. [...]

Veja-se, pois, a importância de compreender-se, com exatidão, o significado que emerge da noção de *bloco de constitucionalidade* – tal como este é concebido pela teoria constitucional (BERNARDO LEÔNCIO MOURA COELHO, 'O Bloco de Constitucionalidade e a Proteção à Criança', in Revista de Informação Legislativa nº 123/259266, 263/264, 1994, Senado Federal; MIGUEL MONTORO PUERTO, 'Jurisdicción Constitucional y Procesos Constitucionales', tomo I, p. 193/195, 1991, Colex; FRANCISCO CAAMAÑO DOMÍNGUEZ/ ANGEL J. GÓMEZ MONTORO/MANUEL MEDINA GUERRERO/ JUAN LUIS REQUEJO PAGÉS, 'Jurisdicción y Procesos Constitucionales', p. 33/35, item C, 1997, Berdejo; IGNACIO DE OTTO, 'Derecho Constitucional, Sistema de Fuentes', p. 94/95, 25, 2ª ed./2ª reimpressão, 1991, Ariel; LOUIS FAVOREU/FRANCISCO RUBIO LLORENTE, 'El bloque de la constitucionalidad', p. 95/109, itens ns. I e II, 1991, Civitas; JOSÉ ALFREDO DE OLIVEIRA BARACHO, 'O Princípio da Subsidiariedade: Conceito e Evolução', p. 77/81, 2000, Forense; DOMINIQUE TURPIN, 'Contentieux Constitutionnel', p. 55/56, item n. 43, 1986, Presses Universitaires de France, *v.g.*) –, pois, dessa percepção, resultará, em última análise, *a determinação do que venha a ser o paradigma de confronto*, cuja definição mostra-se essencial, em sede de controle de constitucionalidade, à própria tutela da ordem constitucional. E a razão de tal afirmação justifica-se por si mesma, *eis que a delimitação conceitual do que representa o parâmetro de confronto é que determinará a própria noção do que é constitucional ou in-*

> *constitucional*, considerada a eficácia subordinante dos elementos referenciais que compõem o bloco de constitucionalidade."[89]

Todavia, parece não prevalecer no STF a tese de que normas *infraconstitucionais* (como as leis complementares) possam servir de parâmetro de controle de constitucionalidade.

No que toca, porém, aos tratados internacionais sobre direitos humanos aprovados na forma prevista no § 3º do art. 5º da CF-88, considerada a sua equivalência, ali estabelecida, com as emendas constitucionais, nada impede que sirvam de parâmetro de controle de constitucionalidade, uma vez que as normas infraconstitucionais que com eles conflitarem serão tidas por *inconstitucionais*.

Assim, a Convenção de Nova York sobre os direitos das pessoas com deficiência e seu Protocolo Facultativo (incorporados pelo Decreto nº 6.949-2009), o Tratado de Marraqueche (incorporado pelo Decreto nº 9.522, de 08.10.2018)[90] e a "Convenção Interamericana contra o Racismo, a Discriminação Racial e Formas Correlatas de Intolerância" (incorporada pelo Decreto nº 10.932, de 10.01.2022) podem figurar como parâmetro de controle de constitucionalidade, podendo ser ajuizadas ADIns ou ADCs em face deles, por serem os únicos tratados internacionais incorporados ao direito interno com *status* de emenda constitucional até o momento.

O § 3º do art. 5º da CF-88 veio a promover uma *extensão do conceito de Constituição* e *atenuar-lhe a rigidez formal*, já que tais tratados podem alterar a própria Constituição Federal de 1988 por procedimento que não corresponde exatamente ao previsto para aprovação de emendas constitucionais[91].

---

89. ADIn 2971 AgR, Rel. Min. CELSO DE MELLO, Tribunal Pleno, julgado em 06/11/2014, DJe-030 13-02-2015. Grifou-se.

90. Esse tratado visa a "facilitar o acesso a obras publicadas às pessoas cegas, com deficiência visual ou com outras dificuldades para ter acesso ao texto impresso".

91. De feito, embora também sejam aprovadas em cada Casa do Congresso Nacional, em dois turnos, por três quintos dos votos dos respectivos membros (CF-88, art. 60, § 2º), as emendas constitucionais são promulgadas pelas Mesas da Câmara e do Senado (CF-88, art. 60, § 3º), ao passo que os tratados internacionais são promulgados por decreto do Presidente da República (ADIn-MC nº 1480, Pleno, Rel. Min. Celso de Mello, DJU 18.05.2001, p. 429). Ademais, as emendas podem ser propostas por um leque diferenciado de legitimados. Além disso, as emendas constitucionais são votadas como tais (e não como tratados internacionais) e destinam-se a integrar o texto constitucional, ao passo que os tratados internacionais, mesmo depois de incorporados ao direito positivo interno, não fazem parte do texto constitucional, constituindo texto separado. Por fim, o Presidente da República detém uma considerável margem de discricionariedade quanto à escolha da data da edição do decreto presidencial que promulga, publica e empresta vigência ao tratado internacional no plano interno. À guisa de exemplo, o Tratado de Marraqueche foi firmado pelo Brasil em 27.06.2013, foi

Portanto, o § 3º do art. 5º da CF-88, ao ampliar o conceito de Constituição (que passa a compreender a Constituição *stricto sensu* e os tratados internacionais de estatura constitucional), positivou no sistema de controle de constitucionalidade brasileiro a noção de *bloco de constitucionalidade*, aproximando-o do sistema inglês e do de vários países da Europa continental, como França e Espanha.

Quanto aos *demais* tratados de direitos humanos (que não integram o bloco de constitucionalidade, mas apenas o *bloco de supralegalidade*, por não terem sido aprovados nos termos do art. 5º, § 3º, da CF-88), como, *v.g.*, o Pacto de São José da Costa Rica, embora não sirvam como parâmetro autônomo de controle de constitucionalidade, têm sido utilizados pelo STF para auxiliar na interpretação do sentido e alcance de normas constitucionais.[92]

1.4. NATUREZA DO CONTROLE DE CONSTITUCIONALIDADE

No Brasil, o controle da constitucionalidade exercido pelo STF e pelos juízes e Tribunais é de natureza *jurisdicional, não só porque efetuado por órgãos do Poder Judiciário, mas, sobretudo, porque assume* ***forma*** *e* ***conteúdo*** *judicial:* as decisões têm de ser juridicamente fundamentadas; não há espaço para o exame da conveniência ou da oportunidade da declaração de inconstitucionalidade ou constitucionalidade[93]; as decisões são proferidas no bojo de um processo

---

aprovado pelo Congresso Nacional nos moldes do § 3º do art. 5º da Constituição por meio do Decreto Legislativo nº 261, de 25.11.2015, entrou em vigor para a República Federativa do Brasil no plano jurídico externo em 30.09.2016 (mediante depósito do instrumento de ratificação), mas o Decreto presidencial de incorporação do Tratado só foi publicado mais de 2 (dois) anos depois (Decreto nº 9.522, de 08.10.2018), suscitando, aliás, questionamentos sobre a data da efetiva entrada em vigor do Tratado no plano interno em razão da intervenção federal existente à época no Rio de Janeiro e que perdurou até 31.12.2018, período no qual a Constituição não poderia ser emendada, consoante o art. 60, § 1º, da CF-88.

92. "PRISÃO CIVIL. Depósito. Depositário infiel. Alienação fiduciária. Decretação da medida coercitiva. Inadmissibilidade absoluta. Insubsistência da previsão constitucional e das normas subalternas. ***Interpretação do art. 5º, inc. LXVII e §§ 1º, 2º e 3º, da CF, à luz do art. 7º, § 7, da Convenção Americana de Direitos Humanos (Pacto de San José da Costa Rica).*** Recurso improvido. Julgamento conjunto do RE nº 349.703 e dos HCs nº 87.585 e nº 92.566. É ilícita a prisão civil de depositário infiel, qualquer que seja a modalidade do depósito." (RE 466343, Rel. Min. PELUSO, Tribunal Pleno, julgado em 03/12/2008, REPERCUSSÃO GERAL - MÉRITO DJe-104 05-06-2009.) Similarmente: ARE 1054490 QO, Rel. Min. BARROSO, Tribunal Pleno, julgado em 05/10/2017, DJe-045 09-03-2018.

93. Mesmo ao conceder ou denegar medidas cautelares em ADIn e ADC, o STF não examina a conveniência ou a oportunidade *de declarar a inconstitucionalidade ou constitucionalidade da norma*, mas sim a conveniência *de conceder ou denegar a medida cautelar*, cuja concessão ou denegação apenas tem como ***pressuposto*** a *inconstitucionalidade ou constitucionalidade da norma*, ***mas não consiste*** na ***declaração*** – *nem mesmo* ***provisória*** – *da inconstitucionalidade ou constitucionalidade da norma*, como já assentou o STF.

judicial (peculiar no caso de ação direta, mas ainda assim, um processo); vigora o princípio da inércia jurisdicional; as decisões produzem efeitos típicos de decisões judiciais (mesmo nos processos objetivos há sentenças declarando a nulidade ou não de uma norma); as decisões se sujeitam a recursos judiciais (como embargos de declaração), etc[94].

Contudo, o controle abstrato feito pelo STF, pelo alcance prático da sua decisão, assume uma feição marcadamente *política.*

1.5. OS SISTEMAS DE CONTROLE JURISDICIONAL DE CONSTITUCIONALIDADE

Várias são as formas mediante as quais se faz a fiscalização jurisdicional da constitucionalidade. Em seguida, serão mencionadas as que têm alguma aplicação no Brasil.

1.5.1. Classificação

Quanto ao órgão controlador, classifica-se o controle em *difuso* (quando qualquer órgão judicial pode efetuar o controle de constitucionalidade) e *concentrado* (quando o poder de controlar a constitucionalidade se *concentra* em *um só* ou em *alguns* órgãos jurisdicionais, como o STF e os Tribunais de Justiça dos Estados e do Distrito Federal e Territórios[95]).

Quanto à forma do controle, classifica-se em *por via incidental* (quando a questão constitucional constitui mero incidente cuja resolução é imprescindível para o julgamento da ação, e não o próprio pedido da ação) e *por*

94. Na mesma linha, referindo-se ao Tribunal Constitucional espanhol, sustenta Alfonso Pérez Gordo (*El tribunal constitucional y sus funciones*. Barcelona: BOSCH, 1982, p. 39-49).

95. Consoante o art. 30 da Lei nº 9.868-99, que alterou a redação do art. 8º da Lei nº 8.185-91, cabe ao Tribunal de Justiça do Distrito Federal e Territórios julgar ADIn referente a lei ou ato normativo do Distrito Federal em face de sua Lei Orgânica (LODF). Como se sabe, o Distrito Federal não possui Municípios (não havendo, portanto, "Leis Orgânicas Municipais" no DF) e, em vez de uma "Constituição Distrital", possui uma Lei Orgânica a regê-lo (CF-88, art. 32, *caput*). É possível, conseguintemente, o ajuizamento de ADIn em face da Lei Orgânica do DF contra leis distritais elaboradas tanto no exercício da competência legislativa "estadual" do DF, como no exercício de sua competência legislativa "municipal" (CF-88, art. 32, § 1º). Todavia, a Lei Orgânica do DF, *assim como as Constituições Estaduais*, podem ser *objeto* de *ADIn em face da CF-88 perante o STF*. Entendemos, contudo, que só é possível a arguição de inconstitucionalidade mediante ADIn das normas elaboradas no exercício da competência legislativa "estadual" do DF, por *simetria* com as Constituições Estaduais, uma vez que as leis e atos normativos *municipais* não são impugnáveis por ADIn *em face da CF-88* (art. 102, I, *a*).

via principal ou direta (quando a questão constitucional constitui o objeto principal da ação).

O controle difuso também é denominado de controle *por via de exceção* (ou *por via de defesa*) e o controle concentrado de controle *por via de ação*. Sucede que a nomenclatura "por via de exceção" se ressente de certa impropriedade técnica, visto que a questão constitucional não se argui mediante *exceção* (que depende de requerimento da parte), mas (a) independe de forma ritual própria, (b) é cognoscível *ex officio* pelo juiz e (c) pode ser suscitada tanto pelo autor na própria petição inicial, como pelo réu na resposta (CPC-2015, art. 335)[96].

No regime do CPC-73, podia até ser arguida *incidentalmente* no bojo de uma *exceção* (de incompetência, de suspeição ou de impedimento), mas não como objeto principal dela (que era a declaração do impedimento, da suspeição ou da incompetência): seria o caso, *e.g.*, de o réu (excipiente) alegar que o juízo é incompetente por ser inconstitucional a norma legal que lhe atribui competência para processar e julgar o feito. No regime do CPC-2015, a incompetência, o impedimento e a suspeição prescindem de exceção, podendo ser alegadas respectivamente na contestação (CPC-2015, art. 64 e 337, II) ou mediante petição específica (CPC-2015, arts. 146 a 148). O Código de Processo Penal continua prevendo a oposição de exceções de suspeição, incompetência de juízo, litispendência, ilegitimidade de parte e coisa julgada (arts. 95 a 111), no bojo das quais pode ser suscitada incidentalmente a questão de inconstitucionalidade.[97]

Não existe, portanto, no direito brasileiro vigente, uma *exceção ritual de inconstitucionalidade*.

De outra parte, a inconstitucionalidade não constitui, tecnicamente, *exceção substancial (exceção de direito material, exceção de mérito)*, mas sim *objeção*, uma vez que independe de alegação da parte (é cognoscível *ex officio* pelo juiz), *objeção* esta que pode ser *de direito material* ou *de direito processual*, conforme a inconstitucionalidade seja, respectivamente, de *norma de direito material ou processual*.

A terminologia "por via de defesa" também não é apropriada, uma vez que a questão de constitucionalidade não é necessariamente arguida *em defesa* pelo réu, podendo ser suscitada pelo autor e pelo representante do Ministério Público como *custos juris* e conhecida de ofício pelo juiz.

---

96. Pode ainda ser suscitada por qualquer *terceiro interveniente* no processo e pelo membro do Ministério Público (quer como *parte*, quer como *custos juris*).

97. Previsões semelhantes subsistem em leis especiais, como, *e.g.*, no art. 16, § 3º, da Lei 6.830-80 (LEF): "§ 3º - Não será admitida reconvenção, nem compensação, e as exceções, *salvo as de suspeição, incompetência e impedimentos*, serão arguidas como matéria preliminar e serão processadas e julgadas com os embargos."

O controle difuso é ainda denominado de controle *concreto* (*in concreto*), por confinar-se aos limites da lide subjetiva (caso concreto), e o controle concentrado de controle *abstrato (in abstracto, in thesi),* por *abstrair* das situações individuais concretas.

No Brasil, como é consabido, coexistem harmonicamente – numa delicada simbiose, construída dia a dia, notadamente pelo STF – o controle abstrato e o concreto, razão pela qual se diz que o nosso sistema é *misto*. Malgrado haja, presentemente, uma tendência à *concentração* do controle de constitucionalidade, o controle difuso desempenha um papel insubstituível no nosso sistema.

Quanto ao *momento* em que se exerce o controle de constitucionalidade, este pode ser *repressivo (sucessivo* ou *a posteriori)* ou *preventivo (prévio* ou *a priori).* Todavia, há uma grande indefinição na doutrina e na jurisprudência sobre o momento a partir do qual o controle deixa de ser *preventivo* e passa a ser *repressivo*[98].

De nossa parte, entendemos que controle *preventivo* é aquele que incide sobre *projetos de normas (normas em processo de formação)*, e *repressivo* aquele que se exerce sobre *normas já existentes (mesmo que ainda não vigentes).* Dessa forma,

98. Assim, *v.g.*, Manoel Antônio Teixeira Filho há por preventivo o controle efeituado antes da publicação da lei e sucessivo o realizado após essa mesma publicação. (*O controle jurisdicional da constitucionalidade das leis e dos atos normativos do poder público*. São Paulo: LTr, 1985, p. 61-62.). Cappelletti (1979, p. 4-5), em lanço ambíguo, põe a *vigência* como marco divisório: "Usualmente in questi sistemi il controllo, anziché essere successivo alla emanazione e pubblicazione della legge, è preventivo ossia interviene prima che la legge entri in vigore [...]." (Grifos nossos e do autor.) Para Zagrebelsky, a vigência também é o que separa o controle preventivo do sucessivo: "Il controllo *a posteriori* si contrappone a quello *a priori*, portato cioè sulle leggi anteriormente alla loro entrata in vigore" (*La giustizia costituzionale...*, p. 170.) Para Olivier Duhamel e Yves-Mény (1992, p. 225-226), a vigência da lei é, por igual, o que decide a modalidade de controle. Há ainda quem fale em votação da lei como Michel Fabre, citado por Paulo Bonavides (*Curso de direito constitucional.* 10. ed. São Paulo: Malheiros, 2000, p. 271). Regina Ferrari entende que só há controle sucessivo após a "promulgação e publicação" da lei, por entender que esta só existe após esses atos, confundindo existência simples com eficácia (= existência eficaz) (*Efeitos da declaração de inconstitucionalidade.* 4. ed. São Paulo: RT, 1999, p. 61 *et passim*). Para Jorge Miranda (1996, p. 427) a fiscalização preventiva é aquela que incide sobre leis já aprovadas, mas ainda não publicadas, e sucessiva a que incide sobre normas já publicadas, estejam ou não em vigor. De jeito que o que determinará se o controle será preventivo ou sucessivo será o evento escolhido como divisor de águas. Assim, no que pertence ao direito brasileiro, se se considerar que o caráter preventivo do controle diz com a consumação *in concreto* da inconstitucionalidade (ou seja, previne a aplicação da lei inconstitucional), o traço divisor deverá de ser a vigência (pois só a partir dela poderá a lei ser aplicada, por pertencer ao ordenamento jurídico vigente). Se se considerar que o caráter preventivo entende com a existência da norma (previne o nascimento da lei inconstitucional, sua incorporação ao ordenamento jurídico), então a linha divisória haverá de ser a sanção ou a rejeição do veto.

a nosso viso, o controle exercido *após* a *sanção* ou a *rejeição do veto* é *repressivo*, ao passo que o exercido *antes* da *sanção* ou da *rejeição do veto* é *preventivo.*

A questão tem relevo pragmático porque, segundo o art. 102, I, *a*, da CF-88, os *projetos de lei ou atos normativos* não podem ser objeto de controle *abstrato* de constitucionalidade perante o STF, mas apenas as *leis e atos normativos já existentes*. Cumpre, portanto, identificar precisamente o momento em que a *lei* passa a *existir* como tal, ou seja, o momento em que o *projeto de lei* se converte em *lei*.

O problema será mais detidamente analisado no item seguinte.

1.5.1.1. Momento a partir do qual podem ser ajuizadas a ADIn e a ADC

Sabido que os *projetos* de lei apresentam diversas fases até transfundirem-se em *leis* (*atti complessi*), e sendo certo que somente estas[99] podem ser objeto de fiscalização *abstrata* de constitucionalidade (art. 102, I, *a*, da *Lex Mater*), apenas eles, em rigor, ficariam extra-alcance dessa fiscalização abstrata[100]. No entanto, o STF tem limitado sua competência fiscalizatória à *lei* que já haja sido objeto de *publicação*[101], não exigindo, porém, sua *vigência*, de forma que pode ser proposta ação direta no período de sua vagatura (*vacatio legis*). No mesmo sentido pronunciam-se Gilmar Ferreira Mendes e Clèmerson Merlin Clève. Assevera o primeiro:

> "O controle abstrato pressupõe a *existência* da lei ou do ato normativo. A *vigência* da lei não parece constituir requisito de admissibilidade, afigurando-se suficiente a *promulgação* **e** *publicação definitiva*.
>
> O juízo abstrato de constitucionalidade não se mostra compatível, assim, com a forma de *controle preventivo*." (*Controle de constitucionalidade*: aspectos jurídicos e políticos. São Paulo: Saraiva, 1990, p. 264.) (Grifou-se.)

---

99. O raciocínio expendido neste tópico é igualmente extensível, quanto aos conceitos de existência e eficácia, aos atos normativos em geral.

100. "É ineficaz pedido de aditamento da petição inicial que aponta ato normativo que ainda aguarda sanção do Presidente da República, porquanto proposições legislativas não gozam de força normativa e o artigo 102, I, a, da Constituição Federal não autoriza o controle abstrato preventivo de leis e atos normativos. Precedente: ADI 466-MC, Rel. Min. Celso de Mello." (ADIn 3871 AgR, Rel. Min. FUX, Tribunal Pleno, julgado em 22/03/2019, DJe-066 03-04-2019).

101. ADIn 466-MC, Rel. Min. Celso de Mello. *RDA* 183/158. *Vide* outrossim: ADC 1-1-DF. *In:* MARTINS, Ives Gandra da Silva; MENDES, Gilmar Ferreira (Coords.). *Ação declaratória de constitucionalidade.* São Paulo: Saraiva, 1995, p. 230.

Aduz o segundo, citando Gilmar Mendes:

> "A fiscalização da constitucionalidade, no Brasil, em relação ao momento em que se opera, é eminentemente *sucessiva* (*a posteriori* ou *repressiva*). Portanto, inadmitindo, diante da jurisprudência do STF, a fiscalização abstrata preventiva como outros países, a provocação da jurisdição concentrada, entre nós, ocorrerá após a *promulgação e publicação* do texto normativo combatido[102]. A fiscalização pressupõe a 'existência formal da lei ou do ato normativo. A *vigência* da lei não parece constituir requisito de admissibilidade, afigurando-se suficiente a *promulgação **e** publicação definitiva*'." [103]

Quanto às propostas de emenda à Constituição atentatórias das cláusulas pétreas, admitiu o STF, em fiscalização *concreta*, a possibilidade de sobre elas exercitar um controle *preventivo*[104]. No que faz ao controle *abstrato*, não admitiu, *nem mesmo nessa hipótese excepcional*, sua utilização preventiva:

---

102. O douto autor incide, porém, em leve contradição. Endossa a ideia de que no direito brasileiro a *vigência* da lei não é requisito para o controle jurisdicional *sucessivo* que aqui se opera, bastando-lhe haja sido promulgada e *publicada* (2000, p. 184-185), mas à página 73 da mesma obra havia posto a *vigência* (e não a *publicação*) como marco definidor da existência ou não de controle *preventivo*: "*fiscalização preventiva (ou a priori)*, ocorrente em momento anterior ao *início de vigência* do ato normativo [...]." (Grifos nossos e do autor.) A indefinição, nada obstante, grassa generalizadamente entre os autores.

103. *A fiscalização abstrata de constitucionalidade no direito brasileiro*. 2. ed. São Paulo: RT, 2000, p. 184-185. (Grifou-se.)

104. MS 20.257-DF. *In:* RTJ 99/1040. Negando a possibilidade de controle preventivo sobre o ***conteúdo*** de projetos de lei mesmo quando a inconstitucionalidade material é manifesta: "CONSTITUCIONAL. MANDADO DE SEGURANÇA. CONTROLE PREVENTIVO DE CONSTITUCIONALIDADE MATERIAL DE PROJETO DE LEI. INVIABILIDADE. 1. Não se admite, no sistema brasileiro, o controle jurisdicional de constitucionalidade ***material*** de projetos de lei (controle preventivo de normas em curso de formação). O que a jurisprudência do STF tem admitido, como exceção, é "a legitimidade do parlamentar - e somente do parlamentar - para impetrar mandado de segurança com a finalidade de coibir atos praticados no processo de aprovação de lei ou emenda constitucional incompatíveis com disposições constitucionais ***que disciplinam o processo legislativo***" (MS 24.667, Pleno, Min. Carlos Velloso, DJ de 23.04.04). *Nessas excepcionais situações, em que o vício de inconstitucionalidade está diretamente relacionado a **aspectos formais e procedimentais** da atuação legislativa, a impetração de segurança é admissível, segundo a jurisprudência do STF, porque visa a corrigir **vício já efetivamente concretizado no próprio curso do processo de formação da norma, antes mesmo e independentemente de sua final aprovação ou não**.* 2. Sendo inadmissível o controle preventivo da constitucionalidade material das normas em curso de formação, não cabe atribuir a parlamentar, a quem a Constituição nega habilitação para provocar o controle abstrato repressivo, a prerrogativa, sob todos os aspectos mais abrangente e mais eficiente, de provocar esse mesmo controle antecipadamente, por via de mandado de segurança. 3. A prematura intervenção do Judiciário em domínio jurídico e político de formação dos atos normativos em curso no Parlamento, além de universalizar um sistema de controle preventivo não admitido pela Constituição, subtrairia dos outros Poderes da República, sem justificação plausível, a prerrogativa constitucional que detém de debater e aperfeiçoar os

> "O direito constitucional positivo brasileiro, ao longo de sua evolução histórica, jamais autorizou – como a nova Constituição promulgada em 1988 também não o admite – o sistema jurisdicional preventivo de constitucionalidade, *em abstrato*. Inexiste, desse modo, em nosso sistema jurídico, a possibilidade de fiscalização *abstrata preventiva* da legitimidade constitucional de meras ***proposições*** *normativas* pelo Supremo Tribunal Federal. Atos normativos *in fieri*, ainda *em fase de formação*, com *tramitação procedimental não concluída*, não ensejam e não dão margem ao controle concentrado ou em tese de constitucionalidade, que supõe – ressalvadas as situações configuradoras de omissão juridicamente relevante – a ***existência*** de espécies normativas *definitivas*, *perfeitas* e *acabadas*. Ao contrário do *ato normativo* – que *existe* e que pode dispor de eficácia jurídica, constituindo, por isso mesmo, uma realidade inovadora da ordem positiva –, a ***mera proposição normativa*** nada mais encerra do que simples *proposta* de direito novo, a ser submetida à apreciação do órgão competente, para que, de sua eventual aprovação, possa derivar, então, a sua introdução no universo jurídico. A jurisprudência do Supremo Tribunal Federal tem refletido claramente essa posição em tema de controle normativo abstrato, exigindo, nos termos do que prescreve o próprio texto constitucional – e ressalvada a hipótese de inconstitucionalidade por omissão – que a ação direta tenha, e só possa ter, como objeto juridicamente idôneo, apenas leis e atos normativos, federais e estaduais, já *PROMULGADOS, EDITADOS E* ***PUBLICADOS.***"[105]

A questão merece examinada mais de fito. Consabido é que o processo legislativo compreende uma sequência de atos visantes à *feitura* (= criação) de leis. São eles, numa perspectiva rigorosa, consoante José Afonso da Silva: (a) emenda; (b) votação; (c) sanção; (d) veto. No que toca à iniciativa (ato exordial deflagrador do processo legislativo, pressuposto indispensável à existência dos demais), afirma o autor não ser ela, em si, ato integrante do processo

---

projetos, inclusive para sanar seus eventuais vícios de inconstitucionalidade. Quanto mais evidente e grotesca possa ser a inconstitucionalidade material de projetos de leis, menos ainda se deverá duvidar do exercício responsável do papel do Legislativo, de negar-lhe aprovação, e do Executivo, de apor-lhe veto, se for o caso. Partir da suposição contrária significaria menosprezar a seriedade e o senso de responsabilidade desses dois Poderes do Estado. E se, eventualmente, um projeto assim se transformar em lei, sempre haverá a possibilidade de provocar o controle repressivo pelo Judiciário, para negar-lhe validade, retirando-a do ordenamento jurídico. 4. Mandado de segurança indeferido." (MS 32033, Rel. p/ Acórdão Min. TEORI ZAVASCKI, Tribunal Pleno, julgado em 20/06/2013, DJe-033 18-02-2014.)

105. ADIn 466-MC, Rel. Min. Celso de Mello. *RDA* 183/158. (Grifou-se.). Todavia, na ADIn 3367, o STF conheceu da ação proposta contra emenda constitucional ainda não publicada à época da propositura da ADIn, à consideração de que na data do julgamento já havia sido publicada, de modo que o vício teria convalescido no curso da ação. *Cf.* adiante, 1.6.3.4.

legislativo[106]. A promulgação e a publicação, atos necessariamente posteriores à sanção (ou veto, se for o caso), igualmente não configuram, a rigor, atos do processo legislativo, porquanto antessupõem a *existência* da lei.

Mister é, pois, de divisar a terminologia. Sanção e veto são atos legislativos de competência exclusiva do Chefe do Executivo concernentes a *projetos de lei*. Pontifica José Afonso:

> "É errôneo dizer, p. ex., que o Presidente sancionou ou vetou uma *lei*. Por outro lado só são sancionáveis ou vetáveis *projetos* que disponham sobre as matérias indicadas no art. 48. A lei *nasce* com a sanção, que é pressuposto de sua *existência*, a menos que seja vetada e o veto rejeitado. [...] Em tal hipótese, o projeto se transforma em *lei* (*sem sanção*, como se vê), que deverá ser *promulgada*" [107].

No que diz à promulgação e à publicação, averba o mesmo autor:

> "Não configuram atos de natureza legislativa. Rigorosamente, não integram o processo legislativo. Promulga-se e publica-se *lei, que já* ***existe*** *desde a sanção ou veto rejeitado*. É errado falar em promulgação de *projeto de lei* [porquanto já não é *projeto*, mas *lei*]. A *promulgação* não passa de mera comunicação, aos destinatários da lei de que esta foi criada com determinado conteúdo. Nesse sentido, pode-se dizer que é o meio de ***constatar*** *a existência* da lei; esta é *perfeita* antes de ser *promulgada*; *a promulgação não faz a lei*, mas os *efeitos* dela somente se produzem depois daquela. O ato de promulgação tem, assim, como conteúdo a presunção de que a lei promulgada é válida, executória e potencialmente obrigatória. [...] A lei só se torna *eficaz* (isto é, em condição de produzir seus efeitos) com a *promulgação publicada*. A promulgação é obrigatória. Cabe ao Presidente da República[108], mesmo das leis decorrentes de veto rejeitado (art. 66, § 5º). Se ele não o fizer dentro de quarenta e oito horas, o Presidente do Senado a promulgará, e, se este não o fizer em igual prazo, caberá ao Vice-Presidente do Senado fazê-lo (art. 66, § 7º).
>
> A *publicação* da lei constitui instrumento pelo qual se *transmite a promulgação* (que concebemos como comunicação da feitura da lei e de seu conteúdo) aos destinatários da lei. A *publicação é condição para a lei entrar em vigor e tornar-se eficaz*. Realiza-se pela inserção da lei promulgada no jornal oficial. Quem a promulga deve determinar sua publicação."[109]

106. *Curso de direito constitucional positivo*. 23. ed. São Paulo: Malheiros, 2004, p. 523.

107. *Curso...*, p. 525 e 526. (Grifou-se.)

108. O autor reporta-se obviamente ao processo legislativo na órbita *federal*. Aplica-se, porém, o dito acima, *mutatis mutandis et servatis servandis*, às esferas *estadual* e *municipal*.

109. *Curso...*, p. 526-527. (Grifos nossos e do autor.)

Em termos simílimos manifestam-se Olivier Duhamel e Yves Mény:

> "Par un acte de *promulgation*, le chef de l'Etat:
> ATTESTE L'EXISTENCE DE LA LOI, c'est-à-dire les votes concordants (ou non selon les textes constitutionnels) des assemblées parlementaires; en *ordonne la publication* et le respect par les autorités publiques [...]. Elle précède la publication dont elle est alors distincte *matériellement* et *juridiquement*. [...]
> La *publication* est la *divulgation* d'un acte réglementaire. [...]
> La *sanction* est l'acte par lequel le chef d'Etat marque son adhésion à la volonté exprimée par une ou deux chambres législatives et **PARFAIT** AINSI L'ŒUVRE DE **CONFECTION** DE LA LOI. [...]
> La sanction se distingue de la promulgation qui est l'acte par lequel le même chef d'Etat atteste de l'existence officielle de la loi, constate qu'elle a été régulièrement adoptée par le corps legislatif, prescrit de pourvoir à sa mise en œuvre et donne aux *agents de l'autorité publique* l'ordre de veiller à son exécution et, au besoin, d'y prêter main-forte. [...]
> La sanction devient un acte de *co-législation*."[110]

Um reparo, não obstante, merece a Constituição Federal de 1988 no que entende com o tema ora versado, mais especificamente no que toca à rejeição do veto. Apartando-se, como algumas de suas predecessoras, da redação emprestada à matéria pela Constituição de 1891, a vigente *Lex Major* incidiu em grave inexação terminológica na elocução do § 5º do art. 66, que dispõe:

> **"Art. 66.** [...] **§ 5º.** Se o veto não for mantido, será o ***projeto*** enviado, para **promulgação**, ao Presidente da República." (Grifou-se.)

E no § 7º já fala a Constituição em *lei*, e não mais em *projeto de lei*. ("Se a *lei* não for promulgada dentro de quarenta e oito horas pelo Presidente da República, nos casos dos §§ 3º e 5º, o Presidente do Senado a promulgará [...]".)

Ao incauto exegeta poderia afigurar-se-lhe que o Presidente da República em tal caso promulgará o *projeto de lei* (por ele vetado, mas cujo veto foi rejeitado pelo Congresso Nacional), demudando-o em *lei*, com o que se teria hipótese em que a promulgação faria parte da fase *constitutiva* da lei, e não da fase integrativa de sua *eficácia*. Nada mais inveraz. Eis a tecnicamente perfeita (e mal copiada) dicção da Constituição de 1891 a este respeito:

---

110. DUHAMEL, Olivier; MÉNY, Yves. *Dictionnaire constitutionnel.* Paris: PUF, 1992, p. 836; 841; 945. (Grifou-se.)

> "**Art. 37.** [...] **§ 3º.** Devolvido o *projeto* à Câmara iniciadora, aí se sujeitará a uma discussão e à votação nominal, considerando-se *aprovado*, se obtiver dois terços dos sufrágios presentes. Neste caso, o *projeto* será remetido à outra Câmara que, *se o aprovar* pelos mesmos trâmites e pela mesma maioria, o enviará ***como lei*** ao Poder Executivo para a *formalidade* da promulgação." (Grifou-se.)

Esse "*como lei*" foi aí posto pela mão de Rui Barbosa, em emenda ao projeto original. Essa redação permite se visualize nitidamente que é a *aprovação congressual*[111] que transmuda o *projeto de lei* em *lei*, visto que após esta já segue *na qualidade de lei* para ser promulgada pelo Presidente. Neste particular, não houve alteração na Constituição de 1988; o que se envia, portanto, para a promulgação do Presidente é a *lei* já aprovada pelo Congresso, que derrubou o veto presidencial, e não um *mero projeto de lei*, como está no § 5º do art. 66, que, nesse tocante, conflita com o § 7º do mesmo preceptivo constitucional.

Sendo, por conseguinte, *lei* desde a *sanção* do Chefe do Executivo ou, se esta não se efeituar, desde a *rejeição do veto* pelo Poder Legislativo, torna-se possível a fiscalização *abstrata* de sua constitucionalidade, mediante ADIn ou ADC, a partir da ocorrência desses atos (*sanção* ou *rejeição do veto*, conforme o caso).[112]

Quanto à *conveniência* da existência de um tal controle, é ela indisputável, pois precata os jurisdicionados de todo o País contra a aplicação de uma lei inconstitucional[113], fazendo que ela seja, com respeito a eles, *absolutamente ineficaz* (*ex radice*), obstando ao ajuizamento de inumeráveis ações reparatórias dos efeitos nefastos da lei, reduzindo sensivelmente o número de litígios em toda a Nação.

1.6. SIMILITUDES E DISSIMILITUDES ENTRE O CONTROLE ABSTRATO E O CONCRETO

No controle por via principal (abstrato), a questão constitucional constitui a questão *principal*: o *pedido mediato* da ação direta é a declaração da

---

111. Consoante à Constituição vigente, o veto será apreciado em sessão *conjunta*, só podendo ser rejeitado por *maioria absoluta* dos Deputados e Senadores, suprimida a previsão de escrutínio secreto pela EC 76-2013 (art. 66, § 4º).

112. "É ineficaz pedido de aditamento da petição inicial que aponta ato normativo que ainda aguarda sanção do Presidente da República, porquanto proposições legislativas não gozam de força normativa e o artigo 102, I, a, da Constituição Federal não autoriza o controle abstrato preventivo de leis e atos normativos. Precedente: ADI 466-MC, Rel. Min. Celso de Mello." (ADIn 3871 AgR, Rel. Min. LUIZ FUX, Tribunal Pleno, julgado em 22-03-2019, DJe-066 03-04-2019)

113. Ou contra a não aplicação da lei constitucional pelos juízes sob o argumento de inconstitucionalidade.

constitucionalidade ou inconstitucionalidade da norma e o *pedido imediato* é a prolação de *acórdão* declaratório da constitucionalidade ou inconstitucionalidade da norma, capaz de eliminar o estado de incerteza e insegurança jurídica a este propósito. Por conseguinte, do *dispositivo* do acórdão deverá constar a procedência ou a improcedência do pedido, com a consequente declaração da constitucionalidade ou da inconstitucionalidade da norma e a produção de coisa julgada material *erga omnes* a este respeito.

Já no controle incidental (concreto), a constitucionalidade ou não da norma constitui autêntica **questão prejudicial** (*quæstio præiudicialis*), *no sentido técnico-processual da expressão*, ou seja, constitui *questão prévia* cuja solução ***influencia***, mas ***não impede*** a análise das questões seguintes.

Assim, diferencia-se a *questão prejudicial* da *questão preliminar*. Conquanto sejam ambas espécies do gênero *questões prévias*, a solução da questão preliminar *tem o poder de impedir* a análise das questões seguintes, ao passo que a solução da questão prejudicial *nunca* tem esse poder de *obstar*, de *impedir* a análise das questões subseguintes, mas apenas o de *influenciar* a solução das questões seguintes.

Exemplificando: a questão sobre a legitimidade ativa é uma *questão preliminar* porque a solução que se lhe der *poderá impedir* a análise da questão seguinte: se for *acolhida* a alegação de ilegitimidade ativa, já não se poderá *sequer analisar* as questões seguintes – meramente processuais ou de mérito.

Já a questão sobre a paternidade numa ação de alimentos é uma *questão prejudicial* porque a solução que se lhe der *jamais poderá impedir a análise* das questões seguintes, podendo tão somente *influenciar* essa análise: se for *acolhida* a alegação do réu de que não é pai do autor da ação, nem por isso ficará impedido o exame da questão seguinte, isto é, a questão de saber se são devidos ou não os alimentos postulados; ao revés, deverá ser *examinada* e *decidida* essa questão à luz da solução dada à questão prejudicial: o pedido de alimentos será julgado *improcedente* pela ausência da relação de paternidade (CPC-2015, art. 487, I); o processo nunca poderia ser extinto *sem resolução do mérito do pedido de alimentos* em razão da ausência da relação de paternidade.

Nisso, portanto, se estremam as questões preliminares das prejudiciais, e não na circunstância de constituírem questões meramente processuais ou de mérito. De fato, tanto as questões preliminares como as prejudiciais podem ser questões *meramente processuais* ou questões *de mérito*. A questão sobre a ocorrência ou não de prescrição, *v.g.*, é uma *questão preliminar de mérito*, pois se for acolhida a alegação de prescrição, não será possível a *análise* da questão principal deduzida em juízo, devendo-se extinguir o processo com resolução de mérito com esteio no art. 487, II, do CPC-2015 (porquanto prescrição é matéria de mérito no regime do CPC-2015). Configura, portanto, a questão sobre a prescrição uma *preliminar de mérito*, e nunca uma questão *prejudicial*.

Nos processos subjetivos, a questão de constitucionalidade é uma *autêntica questão prejudicial* (e não uma questão preliminar) porque *influencia*, mas não *impede*, o exame e a decisão das questões subsequentes, especialmente a questão principal. Dessarte, após a resolução da questão prejudicial de inconstitucionalidade, qualquer que seja a solução adotada (*i.e.*, quer se considere constitucional, quer se repute inconstitucional a norma), a questão principal deduzida em juízo deverá[114] ser *analisada* e *decidida em consonância* com a decisão sobre a prejudicial.

Essa é a *regra*, que comporta *exceções*. Com efeito, a questão constitucional nem sempre constitui questão *prejudicial*: pode, *excepcionalmente*, ser questão *preliminar*, tanto (a) no controle *concreto*, como (b) no controle *abstrato*.

Na primeira hipótese (a), a questão constitucional poderá configurar questão preliminar (e não prejudicial) se for capaz de impedir a análise da questão subseguinte, o que pode ocorrer, *e.g.*, quando a questão constitucional concernir à *competência do juízo* ou ao *próprio processo subjetivo*. Exemplo: se, no bojo de uma ação de repetição de indébito proposta perante o Juizado Especial Federal, for arguida a incompetência absoluta do juízo com base na alegação de inconstitucionalidade da norma atributiva de competência, tal questão constitucional consistirá numa *preliminar* (e não numa prejudicial), porque, se acolhida, impedirá o exame das questões seguintes. Pode até ocorrer a *cumulação* de questões constitucionais preliminares e prejudiciais na mesma ação: no exemplo dado, além da *preliminar* de inconstitucionalidade alusiva à incompetência do juízo, poderia ser deduzida uma questão *prejudicial* de inconstitucionalidade referente à norma que determinara o pagamento alegadamente indevido. Mas em casos que tais não se cura de uma mesma questão constitucional, mas de questões constitucionais distintas.

Na segunda hipótese (b), poderá haver uma questão constitucional *preliminar* ou *prejudicial* à questão constitucional principal (objeto da ADIn ou da ADC). Tais questões constitucionais preliminares ou prejudiciais são normalmente decididas, na praxe do STF, como "questões de ordem".

---

114. É óbvio, todavia, que outra questão que deva logicamente ser analisada e decidida antes da questão principal pode impedir o julgamento desta.

Foi o que sucedeu no julgamento na ADC nº 1, em que foi suscitada pelo Relator, como questão constitucional *prejudicial*[115], a inconstitucionalidade da Emenda Constitucional nº 3-93, que introduziu a ADC no ordenamento jurídico pátrio. Assim, como "questão de ordem", o STF decidiu a questão constitucional pertinente à própria validade da ADC, exercendo assim um controle *concreto* sobre a constitucionalidade da própria ADC.

Portanto, à luz do que se passou no julgamento da ADC nº 1[116], pode-se afirmar que é perfeitamente possível o exercício de controle *concreto* (incidental) *dentro* de processo de controle *abstrato*[117]. Além da ADC nº 1, impende lembrar que no julgamento de várias ADIns o STF tem decidido *incidentalmente* questões constitucionais referentes à validade de dispositivos da Lei nº 9.868-99.

Para além disso, ao julgar as *representações de inconstitucionalidade*, os Tribunais de Justiça devem analisar, ainda que sem proferir decisão expressa (*i.e.*, quando não há necessidade de decisão expressa, por não haver sido

---

115. No seu relatório, o Min. Moreira Alves transcreveu despacho em que assim se exprimira: "Tendo em vista a controvérsia já existente quanto à constitucionalidade, ou não, da Emenda Constitucional nº 3-93, no tocante à instituição da ação declaratória de constitucionalidade – e disso dá notícia a ADIn nº 913 (cujos autos estão anexos a esta ação) que não foi conhecida por ilegitimidade ativa *ad causam* –, levanto, ***incidentemente***, para exame, a ***prejudicial de inconstitucionalidade***, e determino que, a respeito dela, seja aberta vista à Procuradoria-Geral da república para manifestar-se." (*In:* MARTINS, Ives Gandra da Silva; MENDES, Gilmar Ferreira (Coords.). *Ação declaratória de constitucionalidade*..., p. 183.)

    Todavia, quer-nos parecer que não se tratava de questão constitucional **prejudicial**, mas sim de **autêntica** questão constitucional **PRELIMINAR**, porquanto, se acolhida a preliminar de inconstitucionalidade da própria ADC, *não seria possível o julgamento de nenhuma outra questão seguinte*, uma vez que a ação não seria sequer *conhecida*, por incabível.

116. A questão constitucional **principal** na ADC nº 1 era a constitucionalidade ou não da Lei Complementar nº 70-91, que instituiu contribuição para o financiamento da Seguridade Social. No entanto, para resolvê-la, era indispensável decidir sobre a questão prévia da constitucionalidade ou não da ADC.

117. Sem embargo disso, de forma incisiva, mas sem maiores aprofundamentos, no julgamento da ADIn nº 91 o STF asseverou que não seria possível a declaração incidental de inconstitucionalidade (controle concreto) no bojo de uma ação direta (controle abstrato): "5. Por outro lado, **o Supremo Tribunal Federal, em processo objetivo, como é o da ação direta de inconstitucionalidade, que impugna dispositivo de uma lei, em tese, não pode reconhecer, *incidentalmente*, a inconstitucionalidade de outra lei, que nem está sendo impugnada. *Até porque a declaraçao incidental só é possível no controle difuso de constitucionalidade*, com eficácia 'inter partes'**, sujeita, ainda, à deliberação do Senado no sentido [*sic*] suspensão definitiva da vigência do diploma, ou seja, para alcançar eficácia 'erga omnes'." (ADIn 91, Pleno, Rel. Min. Sydney Sanches, DJU 23.03.2001, p. 83.) No mesmo sentido do texto: Rcl nº 526, Rel. Min. Moreira Alves, DJU 04.04.1997, p. 10524. Na doutrina: BERNARDES, Juliano Taveira. *Controle abstrato*..., p. 414.

arguida por algum interveniente no processo de representação), *como questão constitucional prévia*, a própria constitucionalidade, em face da Constituição *Federal* de 1988, dos dispositivos da Constituição *Estadual* apontados como violados na representação. Se o Tribunal de Justiça não fizer esse exame *incidental*, correrá o risco de declarar a inconstitucionalidade de uma norma com base na suposta ofensa a um dispositivo constitucional estadual inválido (parâmetro inválido de aferição de constitucionalidade). Por conseguinte, é de mister que o Tribunal de Justiça[118], antes de adentrar no exame do mérito propriamente dito da representação, proceda ao controle *incidental* da constitucionalidade da norma *paramétrica* estadual, que é *hierarquicamente sujeita* ao parâmetro federal (Constituição Federal de 1988)[119].

Justamente por se cuidar de controle *incidental*, a decisão do STF (e a do TJ na representação de inconstitucionalidade) sobre a questão constitucional ***preliminar*** ou ***prejudicial*** à questão constitucional ***principal*** objeto da ADIn ou da ADC (ou da representação perante o TJ) *não produz coisa julgada*, mas autoriza a comunicação ao Senado para a suspensão da execução da norma declarada inconstitucional, nos termos do art. 52, X, da CF-88.

Em suma: ***excepcionalmente***, a questão constitucional poderá ter a natureza de questão *preliminar* nos processos *subjetivos* e *objetivos*[120], bem como poderá assumir a natureza de questão *prejudicial* nos processos *objetivos*.

Por outro lado, a questão prejudicial de inconstitucionalidade pode ser suscitada *tanto pelo autor* na petição inicial, *quanto pelo réu* na resposta.

Pode ainda ser conhecida *ex officio* pelo juiz, por ser matéria de ordem pública (a nulidade absoluta, consequência do vício de inconstitucionalidade, pode ser declarada de ofício pelo juiz), sem que com isso perca a natureza de

---

118. Reconhecendo a competência do Tribunal de Justiça para esse exame *incidental* e ressaltando a possibilidade de reexame dessa decisão do TJ pelo STF *por meio de Recurso Extraordinário*, confira-se o decidido na Rcl nº 526, Rel. Min. Moreira Alves, DJU 04.04.1997, p. 10524.

119. Nesse sentido: BERNARDES, Juliano Taveira. *Controle abstrato de constitucionalidade...*, p. 414-415.

120. Alguns exemplos em que a questão constitucional possui a natureza jurídica de *preliminar* (e não de *prejudicial*): quando a inconstitucionalidade for o fundamento da alegação de *ausência de condições da ação* (subjetiva ou objetiva), de *pressupostos processuais* (seja nos processos subjetivos, seja nos processos objetivos), bem como da alegação de litispendência, perempção ou coisa julgada (assim nos processos subjetivos, como nos processos objetivos) e de incompetência absoluta do juízo (quer nos processos subjetivos, quer nos objetivos), haja vista que nesses casos a questão sobre a inconstitucionalidade da norma poderá, se acolhida, **obstar** ao exame das questões seguintes, e não apenas **influenciar** no julgamento destas. *Cf.* arts. 337 e 485 do CPC-2015. Sobre a fluidez do conceito de pressupostos processuais, *cf.*, *infra*, item 1.6.3.

questão prejudicial, já que, no regime do CPC, constituem *questões* não apenas os *pontos controvertidos pelas partes*, mas também os pontos não controvertidos pelas partes cognoscíveis *ex officio* pelo juiz[121].

Exatamente por não constar do *pedido*, mas apenas da *causa petendi*, a decisão sobre a questão prejudicial de inconstitucionalidade deve constar apenas da *fundamentação* e não do *dispositivo* da sentença ou do acórdão, não fazendo, portanto, coisa julgada[122] (CPC-73, art. 469, III), salvo se tiver sido

---

121. Exemplo no CPC-2015: "Art. 933. Se o relator constatar a ocorrência de fato superveniente à decisão recorrida ou a existência de ***questão*** *apreciável de ofício* ainda não examinada que devam ser considerados no julgamento do recurso, intimará as partes para que se manifestem no prazo de 5 (cinco) dias." Em sentido contrário ao do texto: "*Questão* é todo *ponto controvertido sobre o qual as partes divergem no processo*. Em outras palavras, trata-se de uma *discordância das partes* quanto a determinada matéria de fato ou de direito debatida no processo.

Ora, controvérsia só aparece na relação processual com a apresentação da resposta do réu. Antes desse momento, não há que se falar, ainda, em discordância da parte demandada, eis que ainda não teve a oportunidade de se manifestar nos autos. Assim sendo, *uma questão só adquire esta qualidade após o decurso do prazo para a defesa*.

No caso da fiscalização difusa da constitucionalidade das leis, alguém vai a Juízo alegando na petição inicial a invalidade de determinada norma jurídica, cuja aplicação se postula que seja afastada pelo órgão jurisdicional. Nesse instante não se pode afirmar que existe uma *questão* constitucional, porque ao réu não terá sido dada ainda a oportunidade de se pronunciar no processo. Logo, com a peça vestibular, o que existe é um *ponto* que versa sobre a inconstitucionalidade. *Questão* constitucional só aparecerá com a resposta do réu, se este divergir da invalidade da norma jurídica.

Deste modo, o que sempre existirá em sede de controle difuso é um *ponto prejudicial*, de cuja solução dependerá o desate da lide. *Questão* só aparecerá se o réu não concordar com a alegação da inconstitucionalidade da norma impugnada. Caso o acionado, por exemplo, reconheça a procedência do pedido, o processo será solucionado sem que a festejada 'questão constitucional' tenha aparecido no processo." (PIMENTA, Paulo Roberto Lyrio. Aspectos procedimentais do controle difuso de constitucionalidade. *RDDP*, São Paulo, v. 3, pp. 98-106, 2003, p. 100.)

122. É por essa razão que o STF tem admitido o controle incidental de constitucionalidade em ações civis públicas: "AÇÃO CIVIL PÚBLICA. CONTROLE INCIDENTAL DE CONSTITUCIONALIDADE. **QUESTÃO PREJUDICIAL**. POSSIBILIDADE. **INOCORRÊNCIA DE USURPAÇÃO DA COMPETÊNCIA DO SUPREMO TRIBUNAL FEDERAL**. – O Supremo Tribunal Federal tem reconhecido a legitimidade da utilização da ação civil pública como instrumento idôneo de fiscalização incidental de constitucionalidade, pela via difusa, de quaisquer leis ou atos do Poder Público, mesmo quando contestados em face da Constituição da República, *desde que, nesse processo coletivo, a **controvérsia constitucional**, longe de identificar-se como **objeto único da demanda**, qualifique-se como **simples questão prejudicial**, indispensável à resolução do **litígio principal***. Precedentes. Doutrina." (Rcl nº 1733, Rel. Min. Celso de Mello, DJU 01.12.2000, Informativo nº 212, "transcrições".) Posteriormente, em decisão de grande repercussão, entendeu da mesma forma o STF: "Concluído o julgamento de medida cautelar em reclamação, em que se sustentava que o deferimento de liminares em ações civis públicas, cujo objeto seria a declaração de inconstitucionalidade de normas do Estado do Rio de Janeiro que disciplinam o funcionamento dos bingos, teria usurpado a competência originária do STF para o julgamento de ação direta de inconstitucionalidade – v.

proposta *ação declaratória incidental*, nos termos dos arts. 5º, 325 e 470 do CPC-73, quando então fará coisa julgada *inter partes*, pois o *pedido* da ação declaratória incidental será o de declarar a inconstitucionalidade da norma entre as partes, ou, mais precisamente, o de declarar a *inexistência de qualquer relação obrigacional válida decorrente da norma tachada de inconstitucional oponível ao autor da ação*[123].

Informativo 333. O Tribunal, por maioria, negou referendo à decisão que suspendera o curso das mencionadas ações, bem como os efeitos das liminares ali concedidas, mas, à vista da singularidade do caso concreto – decorrente do fato de as ações civis públicas terem adotado, como causa de pedir, a inconstitucionalidade de decreto também impugnado em ação direta pendente de julgamento nesta Corte –, determinou a suspensão, com efeitos *ex nunc*, das mencionadas ações civis públicas, ficando mantida, assim, a eficácia das tutelas nelas deferidas, pelas quais se determinou a interrupção do funcionamento de bingos no Estado do Rio de Janeiro. *Ressaltou-se, no ponto, que a suspensão das ações decorre não da sustentada usurpação da competência, mas sim do objetivo de coibir eventual trânsito em julgado nas referidas ações, com o consequente esvaziamento da decisão a ser proferida nos autos da ação direta.* O Tribunal, *reconhecendo, portanto, a legitimidade da utilização da ação civil pública como instrumento de fiscalização incidental de constitucionalidade pela via difusa, afastou a alegada usurpação da competência do STF, uma vez que, no caso concreto, **a controvérsia posta nas ações civis públicas, acerca da inconstitucionalidade de decreto** do Estado do Rio de Janeiro, **não constitui objeto único do pedido**, mas **causa de pedir**, caracterizando-se como **questão prejudicial** à resolução do litígio principal. Salientou-se, ainda, o fato de que o pedido de suspensão de funcionamento dos bingos formulado nas ações civis públicas, consubstancia **pedido de efeitos concretos, insusceptível de ser obtido em sede de ação direta**.* Vencido o Min. Marco Aurélio, relator, que referendava o ato pelo qual suspendera o curso dos processos mencionados, bem como os efeitos das liminares ali concedidas." (Rcl nº 2460 MC/RJ, Rel. Min. Marco Aurélio, 10.3.2004. Informativo nº 339.) O acórdão ficou com a seguinte ementa: "AÇÃO CIVIL PÚBLICA *VERSUS* AÇÃO DIRETA DE INCONSTITUCIONALIDADE – RECLAMAÇÃO – LIMINAR. Na dicção da ilustrada maioria, entendimento em relação ao qual continuo guardando reservas, não surge relevante a articulação em torno da usurpação da competência do Supremo Tribunal Federal, a partir da premissa de o acolhimento do pedido formulado em ação civil pública pressupor, necessariamente e em primeiro lugar, a conclusão sobre o conflito de certo ato normativo abstrato com a Constituição Federal." (DJU 06.08.2004.)

123. Em princípio, sob a vigência do CPC-73, admitido que o STF possa conhecer de questão constitucional **prejudicial** nos processos de controle abstrato (ADIn e ADC), poder-se-ia cogitar da possibilidade de ajuizamento de ação declaratória incidental no bojo de uma ADIn ou ADC a fim de que a decisão sobre a **prejudicial** de inconstitucionalidade fizesse **coisa julgada *erga omnes***, dispensando assim o ajuizamento de nova ADIn ou ADC sobre a norma para obter essa eficácia de coisa julgada *erga omnes*, com evidente economia processual. Obviamente, a aplicação subsidiária dos dispositivos do CPC-73 que regiam a ação declaratória incidental não prescindiria de restrições e adaptações necessárias. Com efeito, se admitida essa possibilidade, não poderia o STF conhecer de ação declaratória incidental em que se pede a declaração de (in)constitucionalidade de norma que não pudesse ser objeto da respectiva ação direta (ADIn ou ADC) em cujo seio fosse proposta a ação declaratória incidental, sob pena de indevido alargamento, por via oblíqua, do **objeto** do controle abstrato de constitucionalidade delineado na CF-88, nem de ação declaratória incidental proposta por autoridade ou ente que não seja legitimado para propor a respectiva ADIn ou ADC, sob pena de indevida ampliação, por via oblíqua, do **rol de**

O CPC-2015 não previu a ação declaratória incidental contemplada no CPC-73, mas permitiu, em contrapartida, que a resolução da questão prejudicial pudesse fazer coisa julgada se: "I – dessa resolução depender o julgamento do mérito; II – a seu respeito tiver havido contraditório prévio e efetivo, não se aplicando no caso de revelia; III – o juízo tiver competência em razão da matéria e da pessoa para resolvê-la como questão principal." (CPC-2015, art. 503, § 1º).

Exige ainda o art. 503 do CPC-2015 que a resolução da questão prejudicial deve ser *expressa* e é insuscetível de fazer coisa julgada "se no processo houver restrições probatórias ou limitações à cognição que impeçam o aprofundamento da análise da questão prejudicial".

À vista disso, indaga-se: é possível que a resolução da questão prejudicial de inconstitucionalidade faça coisa julgada, nos moldes do art. 503 do CPC-2015?

Segundo Nelson Nery Junior e Rosa Nery, a resolução da questão prejudicial de inconstitucionalidade pelos juízes singulares, pelos TJs e pelos TRFs não é capaz de fazer coisa julgada, porquanto estes juízes e tribunais não têm competência para conhecer de tal questão prejudicial como questão autônoma (*principaliter*), competência essa que é privativa do STF (CF-88, art. 102, I), de modo que não estaria preenchido o requisito fixado no inciso III do § 1º do art. 503 do CPC-2015.

No entanto, ainda segundo os autores, em havendo recurso extraordinário para o STF, se este der provimento ao RE reconhecendo a inconstitucionalidade, a decisão do STF sobre a questão prejudicial de inconstitucionalidade fará coisa julgada, pois o STF tem competência material para julgar essa prejudicial como questão principal em ação autônoma (*principaliter*), em ADIn ou ADC, de maneira que estaria satisfeito o requisito previsto no inciso III do § 1º do art. 503 do CPC-2015. A coisa julgada a respeito dessa questão prejudicial valeria apenas entre as partes litigantes no RE (coisa julgada *inter partes*), assim como a coisa julgada sobre a questão principal decidida nesse mesmo RE, sendo, pois, necessária a resolução do Senado, nos termos do art. 52, X, da CF-88 para suspender a execução da norma para todos.[124]

legitimados ativos do controle abstrato de constitucionalidade. Ou seja: seria indispensável que o autor da ação declaratória incidental pudesse ajuizar ADIn ou ADC com conteúdo idêntico ao da ação declaratória incidental proposta no bojo da respectiva ADIn ou ADC. Já na vigência do CPC-2015, não haveria necessidade de ajuizamento de ação declaratória incidental, mas as restrições acima indicadas e os requisitos do art. 503 deveriam ser observados.

124. "**Inconstitucionalidade de lei ou ato normativo reconhecida no RE (STF).** [...] No sistema do CPC/1973, a declaração de inconstitucionalidade de lei ou de ato normativo

Todavia, há objeções no sentido de que a competência a que se refere o art. 503, § 1º, III, do CPC é a *originária*, e não a recursal, de modo que não seria adequado condicionar a existência ou não de coisa julgada à interposição ou não de RE. Nessa óptica, a coisa julgada sobre a questão prejudicial só se formaria se, *desde o início da ação*, o juízo perante o qual foi proposta fosse competente para resolvê-la como questão principal (*principaliter*). Por esse prisma, tendo sido proposta a ação perante juízo de 1º grau, que não possui competência originária para resolver a questão prejudicial de inconstitucionalidade como questão principal, eventual julgamento da matéria pelo STF em RE não teria o condão de estender o alcance da coisa julgada para a prejudicial de inconstitucionalidade.[125] Argumenta-se ainda que o caráter excepcional da norma prevista no art. 503 autorizaria essa interpretação restritiva.

Seja como for, tal problema não se coloca na hipótese de questão prejudicial decidida incidentalmente no bojo de ADIn ou ADC quando o autor também ostenta legitimidade ativa para deduzir tal questão como questão principal em ADIn ou ADC e a norma pode ser objeto de ADIn ou ADC.

Nessas hipóteses específicas de controle *incidental* no seio de processo de controle *abstrato*, a decisão do STF sobre a questão prejudicial de inconstitucionalidade faz coisa julgada porque (a) a ação (ADIn ou ADC) já é ajuizada

---

proferida *incidenter tantum*, como fundamento da decisão de mérito, não fazia coisa julgada. Continua a valer o mesmo raciocínio para o sistema do CPC, salvo quando o STF dá provimento ao RE reconhecendo a inconstitucionalidade no controle difuso. **Sendo a declaração de inconstitucionalidade pelo STF no RE a) questão prejudicial de mérito, b) que pode ser objeto de ação autônoma (ADIn), c) havendo sido essa prejudicial de inconstitucionalidade suscitada, discutida e debatida pelas partes (CF 5.º LV e CPC 10), considerando-se, ainda, o fato de que I, d) o STF possui competência material para julgar essa prejudicial de inconstitucionalidade como ação autônoma (CF 102 I – ADIn), essa parte da *fundamentação* do acórdão do STF é alcançada pelos limites objetivos da coisa julgada, nos termos do CPC 503 § 1.º**. Os efeitos da coisa julgada sobre a prejudicial de inconstitucionalidade, decidida como fundamento do RE, ficam restritos ao processo em que o STF pronunciou a inconstitucionalidade, quer dizer, os efeitos são subjetivos: atingem somente as partes do processo. Para que a inconstitucionalidade da lei ou ato normativo, federal ou estadual, contestado em face da CF, reconhecida como fundamento no RE, possa ter eficácia *erga omnes*, é necessário que o Senado Federal, recebido o acórdão do RE do STF, emita resolução suspendendo a execução da lei ou ato normativo em todo o território nacional, nos termos da CF 52 X. V. O RE não tem eficácia objetiva." (NERY JUNIOR, Nelson; NERY, Rosa Maria de Andrade. *Código de Processo Civil Comentado*. 18. ed. São Paulo: RT, 2019, p. 1265-1266).

125. Nessa linha, dentre outros, confira-se: MINAMI, Marcos Youji; PEIXOTO, Ravi. Da questão prejudicial incidental constitucional no STF e o novo regime de coisa julgada. *In*: DIDIER JR., Fredie; CABRAL, Antonio do Passo (coords.). *Coisa julgada e outras estabilidades processuais*. Salvador: JusPodivm, 2018, p. 286-287.

originariamente perante o próprio STF, que detém competência originária para resolver a questão prejudicial de inconstitucionalidade como questão principal, (b) o autor da ADIn ou ADC também possui legitimidade para propor uma ADIn ou ADC sobre a questão prejudicial, e (c) a norma pode figurar como objeto de ADIn ou ADC.

Se a norma objeto da questão prejudicial não pode ser objeto de ADIn ou ADC (normas meramente regulamentares, contratuais, etc.), haveria indevida ampliação, por via transversa, do **objeto** do controle abstrato de constitucionalidade traçado na CF-88, ao emprestar autoridade de coisa julgada à resolução da questão prejudicial. Ademais, se o autor da ADIn ou ADC não possui legitimidade para propor uma ADIn ou ADC sobre a questão prejudicial por ausência de pertinência temática, haveria indevido alargamento, por via oblíqua, do rol de legitimados ativos do controle abstrato de constitucionalidade.

É de salientar ainda que o disposto no art. 503, § 1º, somente se aplica aos **processos *iniciados* após a vigência do CPC-2015**, conforme determina o art. 1.054 do CPC-2015.[126] Portanto, diante dessa regra de direito intertemporal, não basta que a decisão de mérito seja posterior à entrada em vigor do CPC-2015: é indispensável que a propositura mesma da ação já seja na vigência do CPC-2015.

Observados esses requisitos cumulativos, a resolução da questão prejudicial decidida incidentalmente no bojo de ADIn ou ADC fará **coisa julgada *erga omnes***, tal qual a resolução da questão principal na respectiva ADIn ou ADC, mas **não produzirá efeito vinculante**, uma vez que não há nenhuma norma constitucional ou legal a estender o efeito vinculante às questões prejudiciais e somente a *parte dispositiva* do acórdão é revestida de efeito vinculante[127], não admitindo o STF a tese da vinculação aos fundamentos determinantes (*cf.* item 4.1.7.1.1.). O art. 503, § 1º, do CPC-2015 trata só e unicamente de coisa julgada, e não há como emprestar-lhe interpretação ampliativa para abranger o efeito vinculante, instituto processual-constitucional diverso e independente da coisa julgada, conforme adiante se demonstrará (item 4.1.4.).

---

126. "Art. 1.054. O disposto no art. 503, § 1º, somente se aplica aos processos iniciados após a vigência deste Código, aplicando-se aos anteriores o disposto nos arts. 5º, 325 e 470 da Lei nº 5.869, de 11 de janeiro de 1973 ."

127. A questão prejudicial é resolvida na fundamentação (mesmo quando se aplica o art. 503 do CPC-2015), e não no dispositivo. Eventual deslocamento pelo juiz da solução da questão prejudicial para o dispositivo é insuscetível de alterar a natureza das coisas. *Cf.*, dentre outros, NEVES, Daniel Amorim Assumpção. *Novo Código de Processo Civil Comentado.* Salvador: JusPodivm, 2016, p. 840.

É bem de ver que se o autor da ADIn ou da ADC pretender que a decisão sobre a questão constitucional seja revestida de efeito vinculante (além da coisa julgada *erga omnes*)[128], basta formular pedido expresso a este respeito, ou seja, como um dos pedidos cumulados (CPC-2015, art. 327).[129]

Quadra observar que não há necessidade de pedido expresso do autor no sentido de que a questão prejudicial seja revestida de coisa julgada nos termos do art. 503, § 1º, do CPC-2015, uma vez que essa extensão da coisa julgada à questão prejudicial ocorre automaticamente, de pleno direito, prescindindo ainda de reconhecimento explícito por parte do juiz de que estaria aplicando o art. 503 ao caso para que este incida.

No julgamento da ADIn 3406 e da ADIn 3470, acerca do banimento do amianto, o STF emprestou efeito vinculante e eficácia *erga omnes* à declaração *incidental* de inconstitucionalidade do art. 2º da Lei federal n.º 9.055-95 (o qual permite, com restrições, o uso do amianto da variedade crisotila). A justificativa para tanto consistiu numa pretensa mutação constitucional do art. 52, X, da CF-88 (que será debatida no item 3.13). Não foi invocado o disposto no art. 503, § 1º, do CPC-2015, nem poderia ter sido, visto que tais ações foram ajuizadas muito antes do CPC-2015, o que já seria suficiente, nos termos do art. 1.054 do CPC-2015, para impedir a aplicação do art. 503, § 1º, do CPC-2015.

Contudo, não fosse isso, em tese seria aplicável a extensão da coisa julgada *erga omnes* (mas não do efeito vinculante) à solução da questão prejudicial de inconstitucionalidade, pois os demais requisitos estavam satisfeitos: a norma (art. 2º da Lei nº 9.055-95) podia ser objeto de ADIn, o autor da ADIn possuía legitimidade para postular a inconstitucionalidade dessa norma em ADIn (embora não o tenha feito no caso) dada a pertinência temática, e o STF detinha competência para resolver a questão da inconstitucionalidade do art. 2º da Lei nº 9.055-95 como questão principal em ADIn (*principaliter*).[130]

128. Obviamente, desde que a norma possa ser objeto de ADIn ou ADC, o autor tenha legitimidade para propô-la e haja interesse processual objetivo para tanto.

129. Sobre a cumulação de pedidos típicos de ADIn e de ADC numa mesma ação, confira-se a ADIn 5316, comentada no item 5.1.2.

130. "LEI Nº 3.579/2001 DO ESTADO DO RIO DE JANEIRO. SUBSTITUIÇÃO PROGRESSIVA DA PRODUÇÃO E DA COMERCIALIZAÇÃO DE PRODUTOS CONTENDO ASBESTO/AMIANTO. LEGITIMIDADE ATIVA AD CAUSAM. PERTINÊNCIA TEMÁTICA. [...] CONSTITUCIONALIDADE MATERIAL DA LEI FLUMINENSE Nº 3.579/2001. IMPROCEDÊNCIA. DECLARAÇÃO INCIDENTAL DE INCONSTITUCIONALIDADE DO ART. 2º DA LEI Nº 9.055/1995. EFEITO VINCULANTE E *ERGA OMNES*. 1. **Legitimidade ativa a*d causam* da Confederação**

Todavia, à semelhança da ação declaratória incidental prevista no CPC-73, a resolução de questão prejudicial nos moldes do art. 503 do CPC-2015 tem sido invocada muito raramente pelas partes, e não tem despertado até o momento atenção jurisprudencial significativa.

1.6.1. Normas passíveis de controle abstrato de constitucionalidade

Enquanto no controle difuso são sindicáveis todas as espécies normativas (exceto as normas constitucionais originárias), no controle abstrato apenas algumas espécies normativas são sindicáveis: mediante ADIn, as leis e atos normativos *federais* e *estaduais*, e, por meio de ADC, as leis e atos normativos *federais* (art. 102, I, *a*, da CF-88).

Quanto aos *projetos de normas*, não admite o STF, em hipótese alguma, o exercício de controle *abstrato* sobre eles, mas admite o exercício de controle *difuso* a seu respeito. Assim, o STF tem reiteradamente concedido segurança para evitar que parlamentares sejam obrigados a participar da elaboração de projetos de lei com vícios de *inconstitucionalidade* na sua tramitação, sustentando que os parlamentares têm o *direito subjetivo público* (*líquido e certo*) de não participarem da elaboração desses projetos viciados por *inconstitucionalidade* formal[131].

Todavia, não tem conhecido de mandados de segurança em que se alega a existência de ofensa aos dispositivos *regimentais* do Senado ou da Câmara,

---

Nacional dos Trabalhadores na Indústria - CNTI (art. 103, IX, da Constituição da República). ***Reconhecimento da pertinência temática com o objeto da demanda, em se tratando de confederação sindical representativa, em âmbito nacional, dos interesses dos trabalhadores atuantes em diversas etapas da cadeia produtiva do amianto.*** [...] 8. Ação direta de inconstitucionalidade julgada improcedente, **com declaração *incidental* de inconstitucionalidade do art. 2º da Lei nº 9.055/1995 a que se atribui efeitos vinculante e *erga omnes*.**" (ADIn 3470, Rel. Min. ROSA WEBER, Tribunal Pleno, julgado em 29/11/2017, DJe-019 01-02-2019.)

131. "O processo de formação das leis ou de elaboração de emendas à Constituição revela-se suscetível de controle *incidental* ou *difuso* pelo Poder Judiciário, *sempre que*, havendo possibilidade de lesão à ordem jurídico-constitucional, *a impugnação vier a ser suscitada por membro do próprio Congresso Nacional*, pois, nesse domínio, somente ao parlamentar – que dispõe do *direito público subjetivo* à correta observância das cláusulas que compõem o devido processo legislativo – assiste legitimidade ativa 'ad causam' para provocar a fiscalização jurisdicional. – A jurisprudência do Supremo Tribunal Federal firmou-se no sentido de recusar, a terceiros que não ostentem a condição de parlamentar, qualquer legitimidade que lhes atribua a prerrogativa de questionar, 'incidenter tantum', em sede mandamental, a validade jurídico-constitucional de proposta de emenda à Constituição, ainda em tramitação no Congresso Nacional" (MS nº 24645, Rel. Min. CELSO DE MELLO. Informativo do STF nº 320, "transcrições".)

por considerá-los atos *interna corporis*[132], "imunes à crítica judiciária". Nesse caso, se houver inconstitucionalidade, entende, por via de regra, que ela é meramente *reflexa.*[133]

O STF também não tem conhecido de mandados de segurança impetrados por terceiros, alheios ao processo de elaboração da norma, por entender que só os parlamentares têm legitimidade para impetrar o *mandamus*[134], porquanto não há direito subjetivo público dos potenciais futuros destinatários da norma (ainda inexistente) amparável por mandado de segurança[135].

Por fim, insta exarar que o STF tem considerado que a *conversão do projeto de lei ou emenda constitucional*, arguido de inconstitucional pelo parlamentar por vício na sua tramitação, *em lei ou emenda constitucional*, torna prejudicado

---

132. "CONSTITUCIONAL. MANDADO DE SEGURANÇA. ATOS DO PODER LEGISLATIVO: CONTROLE JUDICIAL. ATO *INTERNA CORPORIS*: MATÉRIA REGIMENTAL. I. – Se a controvérsia é puramente regimental, resultante de interpretação de normas regimentais, trata-se de ato *interna corporis, imune ao controle judicial*, mesmo porque não há alegação de ofensa a direito subjetivo. II. – Mandado de Segurança não conhecido." (MS 24356, Rel. Min. Carlos Velloso, Pleno, DJU 12.09.2003, p. 29.) Na mesma linha: "*1. O Poder Judiciário não possui competência para sindicar atos das Casas Legislativas que se sustentam,* ***unicamente****, na interpretação conferida às normas regimentais internas.* Precedentes: MS 25.144 AgR, Relator Min. Gilmar Mendes, Tribunal Pleno, DJe 28.02.2018; MS 31.951 AgR, Relator Min. Luiz Fux, Primeira Turma, DJe 31.08.2016, MS 24.356, Relator Min. Carlos Velloso, Tribunal Pleno, DJ 12.09.2003. 2. A inexistência de fundamento constitucional no ato emanado do Poder Legislativo, cujo alicerce decorre unicamente da exegese do Regimento Interno das Casas Legislativas, revela hipótese de ato *interna corporis* insindicável pelo Poder Judiciário. 3. ***In casu*****, a despeito de o impetrante invocar o art. 58, caput, da CRFB/1988, para amparar seu direito líquido e certo, o ato coator está baseado na interpretação dos arts. 33, §§ 1º e 2º, e 34, § 1º do Regimento Interno da Câmara dos Deputados, que só deve encontrar solução no âmbito do Poder Legislativo, não ficando sujeito à apreciação do Poder Judiciário.** [...]" (MS 35581 AgR, Rel. Min. FUX, Tribunal Pleno, julgado em 15/06/2018, DJe-124 22-06-2018)

133. "Artigo 93, XI, CF. Ausência de afronta. Lei Estadual nº 18.370/14. Processo legal legislativo. Afronta reflexa. Fatos e provas. Súmulas 280, 279 e 636 do STF. 1. **O acolhimento da pretensão de inconstitucionalidade formal da Lei nº 18.370/14 do Estado do Paraná, por atropelo do processo legal legislativo, importaria no reexame da causa à luz das normas do Regimento Interno da Assembleia Legislativa do Estado do Paraná e dos fatos e das provas constantes dos autos.** ***A ofensa ao texto constitucional seria, caso ocorresse, apenas indireta ou reflexa, o que é insuficiente para amparar o recurso extraordinário.*** **Incidência das Súmulas nºs 279, 280 e 636 da Corte.** 2. A jurisprudência do Supremo Tribunal Federal é no sentido de não caber ao Poder Judiciário, a pretexto de realizar o controle de atos legislativos, imiscuir-se em matérias *interna corporis*, sob pena de violação do princípio da separação dos Poderes. Precedentes. [...]" (ARE 1028435 AgR, Rel. Min. DIAS TOFFOLI, Segunda Turma, julgado em 30/06/2017, DJe-178 15-08-2017.)

134. RTJ 136/25-26, Rel. Min. Celso de Mello.

135. Entendendo que o reconhecimento de legitimidade ativa a terceiros transmudaria o mandado de segurança em inaceitável sucedâneo da ADIn: RTJ 132/1136, Rel. Min. Celso de Mello.

o julgamento do mandado de segurança por *superveniente ilegitimidade ativa do parlamentar*, sob pena de inadmissível *transformação do mandado de segurança (preventivo) em ação direta de inconstitucionalidade*[136] (ADIn), pois estar-se-ia a discutir a validade em tese de lei ou emenda constitucional *já existente*.

1.6.2. Ofensa direta e ofensa indireta à Constituição

Como já foi mencionado (item 1.2.), em consonância com a jurisprudência do STF, a ofensa *meramente indireta* à Constituição (inconstitucionalidade indireta) não é passível de controle *abstrato* de constitucionalidade, nem de controle *difuso na via do Recurso Extraordinário*, mas só e unicamente a ofensa *direta* à Constituição (inconstitucionalidade direta).

Quanto a este aspecto, portanto, não há diferença entre o controle abstrato e o controle difuso. A diferença reside em que a ofensa *indireta* pode render ensejo ao controle *difuso* de constitucionalidade *nas instâncias ordinárias*: embora o STF não exerça controle *difuso* sobre a ofensa indireta à Constituição (*na via do Recurso Extraordinário*), os juízes e tribunais podem exercê-lo ao julgarem causas em que houver uma prejudicial de inconstitucionalidade (mesmo indireta). O que se veda é o conhecimento da questão de inconstitucionalidade indireta pelo STF em sede de Recurso Extraordinário.

Cumpre, ademais, registrar que mesmo nas hipóteses de *invasão das faixas de competência delimitadas expressamente na Constituição*, como sucede com a repartição de competências entre os entes federativos feita nos arts. 23 e 24 da CF-88, o STF não conheceu de algumas ADIns e alguns RREE sob o argumento de que a inconstitucionalidade nesses casos *também* seria

136. "PROPOSTA DE EMENDA À CONSTITUIÇÃO. IMPETRAÇÃO DE MANDADO DE SEGURANÇA POR PARLAMENTARES. POSSIBILIDADE. DIREITO PÚBLICO SUBJETIVO À CORRETA FORMAÇÃO DAS ESPÉCIES NORMATIVAS. APROVAÇÃO DA PROPOSTA DE EMENDA PELO CONGRESSO NACIONAL. HIPÓTESE CARACTERIZADORA DE PERDA SUPERVENIENTE DA LEGITIMIDADE ATIVA PARA O PROSSEGUIMENTO DA AÇÃO MANDAMENTAL. PROCESSO EXTINTO, SEM JULGAMENTO DE MÉRITO. – A jurisprudência do Supremo Tribunal Federal – embora reconheça, ao membro do Congresso Nacional, qualidade para fazer instaurar o controle jurisdicional pertinente ao processo de elaboração normativa – nega-lhe, no entanto, legitimidade ativa para ***prosseguir*** no processo mandamental, quando, em decorrência de fato superveniente, *a proposição normativa*, em tramitação na esfera parlamentar, *vem a transformar-se em lei ou a converter-se em emenda à Constituição. A superveniência da aprovação parlamentar do projeto de lei ou da proposta de emenda à Constituição implica a perda da legitimidade ativa dos membros do Congresso Nacional para o prosseguimento da* ***ação mandamental, que não pode ser utilizada como sucedâneo da ação direta de inconstitucionalidade.***" (MS nº 22487, Rel. Min. Celso de Mello. Informativo do STF nº 239.) No mesmo sentido: RTJ 165/540, Rel. p/ o acórdão Min. Ilmar Galvão.

meramente reflexa, por ser necessária a prévia análise do confronto entre as leis dimanadas dos entes federativos para aferir se há inconstitucionalidade:

> "AGRAVO INTERNO EM RECURSO EXTRAORDINÁRIO. AÇÃO DIRETA DE INCONSTITUCIONALIDADE ESTADUAL. CONTROVÉRSIA INFRACONSTITUCIONAL. [...]. 1. **A jurisprudência do Supremo Tribunal Federal entende que é incabível a ação direta de inconstitucionalidade, se for necessário o confronto prévio de leis infraconstitucionais para que se conclua acerca da invasão, ou não, de competência da União pelo Estado-membro.** 2. Hipótese em que para dissentir do Tribunal de origem seria necessário analisar o conjunto fático-probatório dos autos, bem como a legislação local cabível." (RE 600243 AgR, Rel. Min. ROBERTO BARROSO, Primeira Turma, julgado em 26/10/2018, DJe-238 09-11-2018)[137]

Contudo, muitas vezes não é necessário analisar o conteúdo da norma federal para dessumir que a norma estadual exorbitou da sua competência constitucional.[138]

---

137. Na mesma linha: "AÇÃO DIRETA DE INCONSTITUCIONALIDADE - COMPETÊNCIA CONCORRENTE (CF, ART. 24) - ALEGADA INVASÃO DE COMPETÊNCIA DA UNIÃO FEDERAL, POR DIPLOMA LEGISLATIVO EDITADO POR ESTADO-MEMBRO - NECESSIDADE DE PRÉVIO CONFRONTO ENTRE LEIS DE CARÁTER INFRACONSTITUCIONAL - INADMISSIBILIDADE EM SEDE DE CONTROLE NORMATIVO ABSTRATO - AÇÃO DIRETA NÃO CONHECIDA. - Nas hipóteses de competência concorrente (CF, art. 24), nas quais se estabelece verdadeira situação de condomínio legislativo entre a União Federal e os Estados-membros (RAUL MACHADO HORTA, 'Estudos de Direito Constitucional', p. 366, item n. 2, 1995, Del Rey), daí resultando clara repartição vertical de competências normativas, a jurisprudência do Supremo Tribunal Federal firmou-se no sentido de entender incabível a ação direta de inconstitucionalidade, **se, para o específico efeito de examinar-se a ocorrência, ou não, de invasão de competência da União Federal, por parte de qualquer Estado-membro, tornar-se necessário o confronto prévio entre diplomas normativos de caráter infraconstitucional: a legislação nacional de princípios ou de normas gerais, de um lado (CF, art. 24, § 1º), e as leis estaduais de aplicação e execução das diretrizes fixadas pela União Federal, de outro (CF, art. 24, § 2º). Precedentes.** É que, tratando-se de controle normativo abstrato, a inconstitucionalidade há de transparecer de modo imediato, derivando, o seu reconhecimento, do confronto direto que se faça entre o ato estatal impugnado e o texto da própria Constituição da República. Precedentes." (ADIn 2344 QO, Rel. Min. CELSO DE MELLO, Tribunal Pleno, julgado em 23/11/2000, DJ 02-08-2002.) *Cf.* ainda: ADIn 252, Rel. Min. MOREIRA ALVES, Tribunal Pleno, julgado em 20/11/1997, DJ 21-02-2003.

138. "**A invasão da competência legislativa da União invocada no caso sub judice envolve, diretamente, a confrontação da lei atacada com a Constituição (CRFB, art. 24, IX e parágrafos), não havendo que se falar nessas hipóteses em ofensa reflexa à Lei Maior. Precedentes do STF: ADI nº 2.903, rel. Min. Celso de Mello, DJe-177 de 19-09-2008; ADI nº 4.423, rel. Min. Dias Toffoli, DJe-225 de 14-11-2014; ADI nº 3.645, rel. Min. Ellen Gracie, DJ de 01-09-2006.** [...] A competência legislativa do Estado-membro para dispor sobre educação e ensino (CRFB, art. 24, IX) autoriza a fixação, por lei local, do número máximo de alunos em

Observa-se ainda a existência de vários acórdãos recentes nos quais o STF coteja o teor da legislação estadual com o da federal para concluir se houve ou não usurpação de competência legiferante, a sugerir uma tendência de superação da jurisprudência defensiva do STF relativa ao não conhecimento de ADIn por inconstitucionalidade reflexa no que respeita à repartição de competências legislativas.[139]

1.6.3. Condições da ação e pressupostos processuais

O processo objetivo que caracteriza o controle abstrato de constitucionalidade também se sujeita às condições da ação e aos pressupostos processuais,

---

sala de aula, no afã de viabilizar o adequado aproveitamento dos estudantes. 5. O limite máximo de alunos em sala de aula não ostenta natureza de norma geral, uma vez que dependente das circunstâncias peculiares a cada ente da federação, tais como o número de escola colocadas à disposição da comunidade, a oferta de vagas para o ensino, o quantitativo de crianças em idade escolar para o nível fundamental e médio, o número de professores em oferta na região, além de aspectos ligados ao desenvolvimento tecnológico nas áreas de educação e ensino. 6. Pedido de declaração de inconstitucionalidade julgado improcedente." (ADIn 4060, Rel. Min. LUIZ FUX, Tribunal Pleno, julgado em 25/02/2015, DJe-081 04-05-2015.)

139. "1. As regras de distribuição de competências legislativas são alicerces do federalismo e consagram a fórmula de divisão de centros de poder em um Estado de Direito. A análise das competências concorrentes (CF, art. 24) deverá priorizar o fortalecimento das autonomias locais e o respeito às suas diversidades, de modo a assegurar o imprescindível equilíbrio federativo, em consonância com a competência legislativa remanescente prevista no § 1º do artigo 25 da Constituição Federal. 2. **A lei estadual sob análise, ao estabelecer a obrigatoriedade da presença de profissional farmacêutico nos quadros das empresas que realizam serviço de transporte de medicamentos e de insumos farmacêuticos, *extrapola a normatização federal sobre a mesma matéria (art. 24, §§ 1º e 2º, da CF).*** 3. É inconstitucional a norma que invade a competência própria dos órgãos estaduais de vigilância sanitária para o licenciamento das empresas e agentes envolvidos em atividades com impacto sanitário, matéria submetida à reserva de administração (art. 61, § 1º, II, "e", c/c art. 84, II e VI, "a", da CF). 4. Medida cautelar confirmada. Ação Direta de Inconstitucionalidade julgada procedente. (ADIn 5352, Rel. Min. ALEXANDRE DE MORAES, Tribunal Pleno, julgado em 25/10/2018, DJe-257 03-12-2018) Nesse julgamento, o Min. Fachin proferiu voto vencido do qual se extrai o seguinte: "*A solução para a presente demanda passa, portanto, pela elucidação do elusivo conceito de norma geral.* A jurisprudência desta Corte tem advertido, no entanto, que o exame da constitucionalidade da norma estadual que invade a competência da União para editar normais gerais *não pode ser realizado quando tornar-se necessário o confronto prévio entre os diplomas normativos de caráter infraconstitucional,* como bem observou o e. Min. Celso de Mello, no julgamento da ADI 2.344, Pleno, DJ 23.08.2002 [...]. Com efeito, o Estado detém competência para legislar sobre normas gerais, se a União não tiver sobre elas legislado (art. 24, § 3º, da CRFB). Se a União já as estiver formulado, a solução é por afastar a eficácia da lei, não sua validade (art. 24, § 4º, da CRFB). Noutras palavras, não há inconstitucionalidade de lei estadual por usurpação da competência da União para legislar sobre normas gerais nas matérias sujeitas à competência concorrente. ***No caso em tela, como se depreende da própria petição inicial, é somente a partir do exame da norma federal que se poderia acolher o pedido formulado.***"

no que não contrariarem a natureza objetiva do processo. O processo objetivo não pode prescindir dessas categorias processuais, concebidas e desenvolvidas há mais de um século pela ciência processual. Todavia, uma vez que foram criadas e desenvolvidas para os processos subjetivos, não podem ser transplantadas para os processos objetivos *sem as adaptações e podas necessárias.*

Constitui tarefa da doutrina e da jurisprudência definir quais são essas adaptações e podas necessárias, bem como quais os pressupostos processuais e condições da ação *específicos* dos processos objetivos.

Essa tarefa é árdua, porque ainda hoje, no âmbito dos processos subjetivos, apesar de sua consagração legislativa (nomeadamente no CPC), existem controvérsias sobre quais são os pressupostos processuais e quais são as condições da ação, bem como sobre a cientificidade e a utilidade prática dessas categorias processuais.

A própria subsistência da categoria das "condições da ação" tem sido posta em causa por parcela da doutrina em virtude da inexistência dessa locução e da expressão "carência de ação" no CPC-2015, presentes no CPC-73 (art. 267, VI, e art. 301, X). Para esta parcela doutrinária, a impossibilidade jurídica do pedido seria causa de improcedência liminar do pedido (ensejando a extinção do processo com resolução do mérito) e a ausência de legitimidade *ad causam* e de interesse processual seriam pressupostos processuais.[140]

Outra parte da doutrina, aparentemente majoritária, sustenta que a mera ausência de tais expressões ("condições da ação" e "carência de ação") no CPC-2015 não significa a eliminação ou a inocuidade da categoria processual das condições da ação, as quais, como o próprio nome o indica, dizem respeito

140. DIDIER JR., Fredie. *Curso de direito processual civil*: introdução ao direito processual civil, parte geral e processo de conhecimento. 21. ed. Salvador: JusPodivm, 2019, v. 1, p. 362-365. Precisando melhor o pensamento de Fredie Didier, a legitimidade *extraordinária* seria pressuposto processual, mas a legitimidade *ordinária* não o seria, devendo ser analisada quando do exame do mérito, já que sua falta ensejaria a extinção do feito com resolução de mérito nos termos do art. 487, I, do CPC-2015, por equivaler à não titularidade do direito discutido (*Op. cit.*, p. 419-422). Leonardo Carneiro da Cunha também aderiu a esse entendimento. Considerando a possibilidade jurídica do pedido como questão de mérito, confira-se: "O enquadramento da possibilidade jurídica do pedido, na vigência do CPC/73, na categoria das condições da ação, sempre foi objeto de severas críticas da doutrina brasileira, que reconhecia o fenômeno como um aspecto do mérito do processo, tendo sido esse o entendimento adotado pelo CPC/15, conforme se depreende de sua exposição de motivos e dos dispositivos legais que atualmente versam sobre os requisitos de admissibilidade da ação. 6- A possibilidade jurídica do pedido após o CPC/15, pois, compõe uma parcela do mérito em discussão no processo, suscetível de decomposição e que pode ser examinada em separado dos demais fragmentos que o compõem, de modo que a decisão interlocutória que versar sobre essa matéria, seja para acolher a alegação, seja também para afastá-la, poderá ser objeto de impugnação imediata por agravo de instrumento com base no art. 1.015, II, CPC/15." (REsp 1757123/SP, Rel. Min. NANCY ANDRIGHI, TERCEIRA TURMA, julgado em 13/08/2019, DJe 15/08/2019.)

à ação, ao passo que os pressupostos processuais concernem *ao processo e à relação processual*. Ademais, conquanto já não mencione a possibilidade jurídica do pedido como condição autônoma da ação, o CPC-2015 continua referindo a legitimidade e o interesse processual em inciso diferente (art. 485, VI) do inciso respeitante aos pressupostos processuais (art. 485, IV), não os tratando como gênero e espécie da mesma categoria, porém sim como categorias diversas. Por fim, as condições da ação ainda subsistem como categoria autônoma no CPP[141].

Portanto, mesmo nos processos *subjetivos* não há consenso sobre quais são, de fato, os pressupostos processuais. Parece que o CPC-2015 adota um conceito algo diferente do da doutrina.

Na doutrina, costumam ser apontados, dentre outros, como pressupostos processuais: a imparcialidade do juiz, a inexistência de incompetência absoluta e relativa, de perempção, de litispendência, de coisa julgada e de convenção de arbitragem.

No sistema do CPC-2015, os pressupostos processuais (tanto os de constituição, como os de desenvolvimento válido e regular do processo) são definidos como (1) causas de extinção do feito sem resolução do mérito (art. 485, IV, c/c o art. 486, § 1º, e o art. 354[142]) que (2) são cognoscíveis de ofício (art. 485, § 3º, *in principio*), (3) em "qualquer tempo e grau de jurisdição, enquanto não ocorrer o trânsito em julgado" (art. 485, § 3º, *in fine*).

Separa claramente ainda o CPC-2015 os "pressupostos de constituição e de desenvolvimento válido e regular do processo" (CPC-2015, art. 485, **IV**)

141. "Art. 395. A denúncia ou queixa será rejeitada quando: [...] II - faltar pressuposto processual *ou condição para o exercício da ação penal*;" (Incluído pela Lei nº 11.719, de 2008).

142. "Art. 486. O pronunciamento judicial que não resolve o mérito não obsta a que a parte proponha de novo a ação. § 1º No caso de extinção em razão de litispendência e nos casos dos incisos I, ***IV***, VI e VII do art. 485, a propositura da nova ação depende da correção do vício que levou à ***sentença sem resolução do mérito***." "Art. 354. Ocorrendo **qualquer das hipóteses previstas nos arts. 485** e 487, incisos II e III, o juiz proferirá **sentença**. Parágrafo único. A decisão a que se refere o *caput* pode dizer respeito a apenas parcela do processo, caso em que será impugnável por agravo de instrumento." O *caput* do art. 485 prescreve que não haverá resolução do mérito nas hipóteses nele descritas, mas não afirma se haverá *extinção* total ou parcial do processo, nem *a espécie de decisão adequada* para tanto. Em relação aos pressupostos processuais (inciso IV do art. 485), o art. 486, § 1º, explicita que há extinção do processo e esta se dá mediante "***sentença* sem resolução do mérito**". O art. 354 complementa-os, esclarecendo que a extinção do processo se fará por meio de sentença, exceto quando for parcial, caso em que ocorrerá por meio de decisão agravável. Diante do teor desses dispositivos do CPC-2015, a ausência de pressupostos processuais previstos no inciso IV sempre acarretaria a extinção, total (por sentença) ou parcial (por decisão agravável), do processo.

da "perempção, da litispendência, e da coisa julgada" (CPC-2015, art. 485, **V**), colocando-os em incisos diferentes do art. 485 do CPC, e tratando-os como causas distintas e autônomas de extinção do processo. Assim, seguindo a técnica do CPC-2015, ao acolher a alegação de perempção, de litispendência ou de coisa julgada, o juiz deve extinguir o processo com esteio no art. 485, **V**, ao passo que ao verificar a ausência de algum dos pressupostos de constituição e de desenvolvimento válido e regular do processo, o juiz deve extinguir o processo com esteio no art. 485, **IV**.[143]

Diante da clara opção do legislador processual, como admitir, por exemplo, que o nosso direito positivo permita enquadrar a "**imparcialidade do juiz**" (**= ausência de impedimento e suspeição**) como pressuposto processual, se o **impedimento** e a **suspeição** ***não*** são matérias cognoscíveis *ex officio* pelo juiz (salvo pelo próprio juiz suspeito ou impedido, e não por outro juiz ou pelo Tribunal), mas sim ***sujeitas à preclusão***?[144] Se ***não são causas de extinção do***

---

143. Reza o art. 485 do CPC-2015:

"**Art. 485**. O juiz não resolverá o mérito quando: [...]

IV – verificar a ausência de pressupostos de constituição e de desenvolvimento válido e regular do processo;

V – reconhecer a existência de perempção, de litispendência ou de coisa julgada;

VI – verificar ausência de legitimidade ou de interesse processual;

VII – acolher a alegação de existência de convenção de arbitragem ou quando o juízo arbitral reconhecer sua competência;

[...]

§ 3º. O juiz conhecerá de ofício da matéria constante dos incisos IV, V, VI e IX, em qualquer tempo e grau de jurisdição, enquanto não ocorrer o trânsito em julgado."

144. A doutrina majoritária sustenta que, à diferença da suspeição, o impedimento do juiz é matéria cognoscível *ex officio*, insuscetível de preclusão, arguível a qualquer tempo. Argumenta-se, em geral, que seria matéria de ordem pública e capaz de ensejar ação rescisória, não sendo aplicável à arguição de impedimento do juiz o prazo de 15 (quinze) dias determinado no art. 146 do CPC-2015. No plano legal, contudo, a disciplina é outra: não há nenhum dispositivo do CPC-2015 que afirme expressamente que o impedimento do juiz seja matéria cognoscível de ofício, passível de ser arguida a qualquer tempo ou não sujeita à preclusão. Ao revés, o art. 146 do CPC-2015 expressamente prescreve o prazo de 15 dias não só à arguição de suspeição, mas também à alegação de impedimento: "Art. 146. **No prazo de 15 (quinze) dias**, a contar do conhecimento do fato, a parte alegará o ***impedimento* ou a suspeição, em petição específica** dirigida ao juiz do processo, na qual indicará o fundamento da recusa, podendo instruí-la com documentos em que se fundar a alegação e com rol de testemunhas." Não é dado ao intérprete simplesmente ignorá-lo. O fato de o impedimento do juiz figurar como hipótese de ação rescisória (CPC-2015, art. 966, II) não o transforma *ipso facto* em matéria cognoscível *ex officio*, imune à preclusão, até porque nos demais incisos do art. 966 do CPC-2015 há matérias que são induvidosamente sujeitas à preclusão: no inciso V ("violar manifestamente norma jurídica"), por exemplo, se enquadram matérias sujeitas à preclusão e matérias insuscetíveis de preclusão. Ademais, como dito, não há norma no CPC-2015 asseverando explicitamente que o impedimento é cognoscível de

processo, mas sim de mera remessa dos autos ao juiz substituto responsável (CPC-2015, art. 146, §§ 1º e 5º)?

E a **incompetência absoluta**, que também **não é capaz** de ensejar a extinção do feito sem resolução do mérito, mas sua mera remessa, mediante **decisão interlocutória**, ao juízo competente?

---

ofício pelo Tribunal, à diferença do que sucede com a incompetência absoluta (que figura ao lado do impedimento como causa de rescisória no art. 966, II, do CPC-2015), prevista no rol do art. 337 do CPC-2015: "Art. 337. Incumbe ao réu, antes de discutir o mérito, alegar: I – inexistência ou nulidade da citação; II – incompetência absoluta e relativa; III – incorreção do valor da causa; IV – inépcia da petição inicial; V – perempção; VI – litispendência; VII – coisa julgada; VIII – conexão; IX – incapacidade da parte, defeito de representação ou falta de autorização; X – convenção de arbitragem; XI – ausência de legitimidade ou de interesse processual; XII – falta de caução ou de outra prestação que a lei exige como preliminar; XIII – indevida concessão do benefício de gratuidade de justiça. [...] § 5º Excetuadas a convenção de arbitragem e a incompetência relativa, o juiz conhecerá de ofício das matérias enumeradas neste artigo." No plano jurisprudencial, admitindo a preclusão temporal da alegação de impedimento, nos termos do art. 146 do CPC-2015: "O argumento relativo ao impedimento e à suspeição do Desembargador relator do acórdão recorrido não foi suscitado no recurso especial, mas tão somente no presente agravo interno, de modo que configura verdadeira inovação recursal. **Não só, nos termos do art. 146 do CPC/2015 a parte deve alegar o impedimento ou a suspeição no prazo de 15 (quinze) dias a contar do conhecimento do fato. Não tendo sido observado tal lapso temporal, operou-se a preclusão**. [...]" (STJ, AgInt no REsp 2.009.202/RJ, rel. Min. Nancy Andrighi, Terceira Turma, julgado em 3/10/2022, DJe de 5/10/2022.) Do STF, colhe-se o seguinte julgado: "No caso de se tratar de nulidade processual, consubstanciada no **impedimento de magistrado, sua não impugnação, em momento oportuno, reveste-se de eficácia preclusiva, o que obsta sua invocação tardia**." (ARE 1146739 AgR, Rel. Min. DIAS TOFFOLI, Segunda Turma, julgado em 17-09-2018, DJe-257 03-12-2018.) A preclusão tem sido reconhecida pelo STF até mesmo em matéria penal, que lida com a liberdade: "**IMPEDIMENTO – PRECLUSÃO. Impedimento de integrante de Colegiado há de ser suscitado na primeira vez que a parte tiver oportunidade para manifestar-se no processo**. [...]" (HC 135625, Rel. MARCO AURÉLIO, Primeira Turma, julgado em 15-08-2017, DJe-243 24-10-2017.) Confiram-se os seguintes precedentes da 1ª e da 2ª **Seção** do STJ: "Consoante o disposto no art. 274 do Regimento Interno desta Corte, a arguição de suspeição, quando fundamentada em razão preexistente, deve se dar no prazo de 15 (quinze) dias após a distribuição dos autos ao Relator. À vista disso, este Tribunal Superior firmou a orientação segundo a qual as exceções ***de impedimento*** e suspeição devem ser opostas antes do julgamento colegiado do recurso. Precedentes. [...]" (AgInt na ExImp n. 23/DF, rel. Min. Regina Helena Costa, **Primeira Seção**, julgado em 28/6/2022, DJe de 30/6/2022.) "É pacífica a jurisprudência desta Corte no sentido de que a exceção de ***impedimento*** deve ser oposta antes do julgamento do recurso pelo órgão colegiado, sob pena de preclusão, sendo, portanto, inadmissível que essa discussão venha a ser suscitada somente em embargos de declaração. [...]" (EDcl no AgRg na PET na Rcl n. 22.564/MS, rel. Min. Marco Aurélio Bellizze, **Segunda Seção**, julgado em 10/8/2016, DJe de 18/8/2016.) Por fim, segundo o STJ, mesmo as matérias de ordem pública, uma vez apreciadas por decisão irrecorrível, estão sujeitas à preclusão consumativa e à preclusão lógica: "Acerca da prescrição, o Superior Tribunal de Justiça possui entendimento de que 'as matérias de ordem pública, de fato, não se sujeitam à preclusão temporal, porém ficam acobertadas tanto pela preclusão consumativa

E a **incompetência relativa**, que além de não ensejar a extinção do processo sem resolução do mérito, não é matéria cognoscível *ex officio* pelo juiz, nem é alegável a qualquer tempo pelo interessado, estando sujeita a preclusão (CPC-2015, art. 64, § 3º, art. 65, e art. 337, § 5º)? [145]

E a **convenção de arbitragem**, que **não é cognoscível *ex officio*** pelo juiz, mas depende de alegação da parte (CPC-2015, art. 337, § 5º), é sujeita à preclusão e ainda figura num inciso próprio (VII) no art. 485?

E a **perempção**, a **litispendência**, e a **coisa julgada**, que, embora preencham os requisitos do art. 485, § 3º, são nitidamente apartadas dos pressupostos processuais nos incisos do mesmo art. 485? Aliás, no julgamento do AI-AgR nº 95837 (DJU 08.06.1984), Buzaid confirmou a distinção[146].

Observe-se que o inciso IV e o § 3º do art. 485 do CPC-2015 (assim como o art. 267, IV e § 3º, do CPC-73) não preveem nenhuma exceção à cognoscibilidade de ofício e à extinção do feito sem resolução de mérito em virtude da ausência dos pressupostos processuais. O legislador poderia ter acrescentado em tais dispositivos uma locução semelhante a "salvo nos casos de impedimento, suspeição, incompetência, etc." ou "salvo quando este Código dispuser em contrário", mas não o fez, mantendo neste ponto a redação do CPC-73 e, por consequência, a clara dissintonia entre o texto legal (art. 485, IV e § 3º, do CPC-2015) e a doutrina processual majoritária.[147]

Para não alongar o âmbito deste trabalho, vamos analisar apenas os pressupostos processuais e condições da ação que têm despertado mais interesse na jurisprudência do STF e na doutrina sobre o processo objetivo.

---

como pela preclusão lógica' (AgInt no REsp n. 1.476.534/CE, de minha relatoria, Segunda Turma, DJe 25/8/2021). [...]" (AgInt no AREsp 1.802.075/SP, rel. Min. Og Fernandes, 2ª Turma, julgado em 4/5/2022.) "PROCESSUAL CIVIL. [...] MATÉRIAS DE ORDEM PÚBLICA. PRECLUSÃO CONSUMATIVA. POSSIBILIDADE. [...] 3. As matérias de ordem pública não estão sujeitas à preclusão temporal, porém, uma vez arguidas e apreciadas, submetem-se à preclusão consumativa, não podendo ser reapreciadas. Precedentes." (AgInt no AREsp 1.903.788/MT, rel. Min. Nancy Andrighi, 3ª Turma, julgado em 22/11/2021.)

145. Excepcionalmente, no âmbito dos Juizados Especiais, a incompetência territorial é cognoscível de ofício pelo juiz e enseja a extinção do processo sem resolução do mérito, por força do disposto no art. 51, III, e § 1º, da Lei 9.099/95.

146. No STJ também há acórdãos que fazem o discrímen: REsp 170129, Sálvio de Figueiredo, DJU 01.03.1999, p. 331; REsp 5735/PR, Waldemar Zveiter, DJU 04.02.1991, p. 576; REsp 243969, Asfor Rocha, DJU 04.09.2000, p. 162; REsp 538791, Asfor Rocha, DJU 29.03.2004, p. 248.

147. Fredie Didier, por exemplo, aponta seis "mitos" sobre os pressupostos processuais (*Op. cit.*, p. 371-372).

1.6.3.1. Legitimados à propositura de ADIn e ADC

De acordo com o art. 103 da CF-88, com a redação dada pela EC nº 45-2004, são legitimados à propositura de ADIn e ADC[148]:

> "**Art. 103. [...].**
> I - o Presidente da República;
> II - a Mesa do Senado Federal;
> III - a Mesa da Câmara dos Deputados;
> IV - a Mesa de Assembléia Legislativa ou da Câmara Legislativa do Distrito Federal;
> V - o Governador de Estado ou do Distrito Federal;
> VI - o Procurador-Geral da República;
> VII - o Conselho Federal da Ordem dos Advogados do Brasil;
> VIII - partido político com representação no Congresso Nacional;
> IX - confederação sindical ou entidade de classe de âmbito nacional."[149]

Essa legitimação ativa para a ADIn e para a ADC é *concorrente* (cada legitimado pode ajuizar a ação sem necessidade de litisconsórcio com os demais).

Por "entidade de classe *de âmbito nacional*" o STF tem entendido, mediante analogia com a Lei Orgânica dos Partidos Políticos (Lei nº 9.096-95, art. 7º, § 1º), apenas a entidade de classe que tenha atuação em, pelo menos, 9 (nove) Estados-membros (número mínimo para que os partidos políticos sejam considerados como de âmbito nacional).

Exige também o STF que as entidades de classe sejam compostas por pessoas (físicas ou jurídicas) que integrem *uma mesma e única categoria profissional ou econômica*. Anteriormente, exigia ainda que essa categoria fosse *homogênea*, não reconhecendo legitimidade ativa às "associações de associações". Todavia, no julgamento da ADIn-AgR nº 3153, revisou sua jurisprudência, passando, desde então, a reconhecer legitimidade ativa às entidades de classe de segundo grau ("associações de associações"), dês que haja objetivo institucional uno[150].

---

148. Antes da EC nº 45-2004, que revogou o § 4º do art. 103 e alterou o texto do *caput* e dos incisos IV e V do art. 103 da CF-88, eram legitimados à propositura de ADC apenas o Presidente da República, a Mesa do Senado Federal, a Mesa da Câmara dos Deputados e o Procurador-Geral da República.

149. Como já referido, o STF, interpretando sistemática e teleologicamente esse artigo antes mesmo da alteração operada pela EC nº 45-2004, incluíra no seu rol o Governador do Distrito Federal e a Mesa da Câmara Legislativa distrital. Corroborando a jurisprudência do STF, o art. 2º da Lei nº 9.868-99 e a EC nº 45-2004 aludem expressamente a estes.

150. "Ação direta de inconstitucionalidade: legitimação ativa: 'entidade de classe de âmbito nacional': compreensão da 'associação de associações' de classe: revisão da jurisprudência do Supremo

No que respeita às confederações sindicais, o STF tem conferido interpretação literal ao termo "confederação", não reconhecendo legitimidade ativa às simples federações, nem aos sindicatos nacionais. As confederações sindicais são compostas por, pelo menos, 3 (três) federações, com atuação em, no mínimo, 3 (três) Estados-membros (CLT, art. 535)[151].

O STF tem identificado, em inúmeras decisões, a legitimidade à propositura de ADIn e ADC com a legitimidade ativa *ad causam*, que é uma das condições (genéricas) da ação.

Sucede que essa identificação é inadequada, visto que o próprio conceito de legitimidade *ad causam* evidencia sua incompatibilidade com a natureza *objetiva* do processo de controle abstrato de constitucionalidade.

Tribunal. 1. O conceito de entidade de classe é dado pelo objetivo institucional classista, pouco importando que a eles diretamente se filiem os membros da respectiva categoria social ou agremiações que os congreguem, com a mesma finalidade, em âmbito territorial mais restrito. 2. É entidade de classe de âmbito nacional – como tal legitimada à propositura da ação direta de inconstitucionalidade (CF, art 103, IX) – aquela na qual se congregam associações regionais correspondentes a cada unidade da Federação, a fim de perseguirem, em todo o País, o mesmo objetivo institucional de defesa dos interesses de uma determinada classe. 3. Nesse sentido, altera o Supremo Tribunal sua jurisprudência, de modo a admitir a legitimação das 'associações de associações de classe', de âmbito nacional, para a ação direta de inconstitucionalidade." (ADIn-AgR nº 3153, Rel. p/ acórdão Min. Sepúlveda Pertence, julgamento em 12.08.2004, DJU 09.09.2005, p. 34.) No mesmo sentido, *cf.* ainda ADIn-MC nº 3472, Rel. Sepúlveda Pertence, DJU 24.06.2005, p. 5. ADIn-MC 2797, Rel. Sepúlveda Pertence, DJU 19.12.2006, p. 37. "As Confederações Nacionais são entidades de alcance nacional e atuação transregional dotadas de expresso mandato para representação de interesses de setores econômicos, comportando diversas classes. 3. A Confederação das Associações Comerciais do Brasil - CACB pode ser considerada, pela sua história e representatividade, entidade de âmbito nacional, para os efeitos do inciso IX do art. 103 da Constituição da República." (ADPF 262 AgR, Rel. Min. FACHIN, Tribunal Pleno, julgado em 17/10/2018, DJe-046 08-03-2019.)

151. "Ação direta de inconstitucionalidade. Ilegitimidade ativa. – Esta Corte já firmou orientação (assim, a título exemplificativo, nas ADINs 488, 505, 689, 772, 868, 935, 1343 e 1508) de que das entidades sindicais apenas as Confederações que estão organizadas nos moldes exigidos pela Consolidação das Leis do Trabalho é que têm legitimidade para propor ação direta de inconstitucionalidade, não a tendo, portanto, as Federações ou os Sindicatos ainda que nacionais por não serem entidades sindicais de grau máximo. No caso, tratando-se a requerente de entidade sindical que se caracteriza como Federação Nacional, não tem ela legitimidade para propor ação direta de inconstitucionalidade. Ação direta de inconstitucionalidade não conhecida, ficando prejudicado o exame do pedido de liminar." (ADIn-MC 1795, Rel. Min. Moreira Alves, DJU 30.04.1998, p. 7.) "Os Sindicatos, mesmo aqueles de âmbito nacional, não dispõem de legitimidade ativa para o ajuizamento da ação direta de inconstitucionalidade perante o Supremo Tribunal Federal. Precedentes. - No âmbito da estrutura sindical brasileira, somente a Confederação Sindical – que constitui entidade de grau superior – possui qualidade para agir, em sede de controle normativo abstrato, perante a Suprema Corte (CF, art. 103, IX). Precedentes." (ADIn 5056 AgR, Rel. Min. CELSO DE MELLO, Tribunal Pleno, julgado em 13/08/2014, DJe-173 08-09-2014.)

Com efeito, diz-se que há legitimidade ativa *ad causam* quando a *titularidade* do *direito invocado* na ação pertence ao autor. Dessarte, legitimado ativo *ad causam* é o *titular do direito alegado* na inicial.

Mas essa noção é *intransplantável* para o processo objetivo, porquanto neste *não há um direito (subjetivo) passível de ser* ***titularizado*** *pelo autor da ação abstrata.* O legitimado à propositura de ADIn e ADC não defende nenhum *direito próprio*, nenhum *direito material de que seja titular* no processo objetivo.

A legitimação à propositura de ADIn e ADC não pode, portanto, ser confundida com a condição da ação denominada legitimidade ativa *ad causam*.

Resta identificá-la com a *capacidade processual* (*capacidade de ser parte no processo objetivo*) ou com a *substituição processual*[152], ou ainda considerá-la como espécie autônoma, *sui generis*, isto é, como uma *legitimação autônoma para a condução do processo* (como faz parte da doutrina alemã)[153].

1.6.3.1.1. Pertinência temática ou objetiva

O requisito da pertinência temática ou objetiva consiste na necessidade de o objeto da ação ser *pertinente* às atribuições do autor da ação. Se o objeto da ação não for *concernente* às atribuições do legitimado ativo que ajuizou a ação, esta não poderá ser conhecida, devendo ser extinta sem resolução de mérito *por ilegitimidade ativa para aquela espécie de ação.*

São considerados pelo STF como *legitimados universais, plenos ou incondicionados* (podem propor a ação independentemente de seu objeto guardar pertinência com as suas atribuições): o Presidente da República, a Mesa do Senado Federal, a Mesa da Câmara dos Deputados, o Procurador-Geral da República, o Conselho Federal da Ordem dos Advogados do Brasil e o partido político com representação no Congresso Nacional.

São considerados pelo STF como *legitimados não universais, restritos ou condicionados* (só podem propor a ação se o seu objeto guardar pertinência

---

152. Nesse sentido: "O direito de propositura da ação direta é um exemplo típico de substituição processual: os órgãos legitimados atuam em nome próprio, mas no interesse da sociedade como um todo." (BARROSO, Luís Roberto. *O controle de constitucionalidade no direito brasileiro...*, p. 150.)

153. Nelson Nery Junior e Rosa Nery compartilham desse entendimento: "Trata-se de legitimação autônoma para a condução do processo (*selbständige Prozeßführungsbefugnis*) e não de substituição processual, porque não há nenhum interesse individual derivado de direito subjetivo em jogo." (NERY JUNIOR, Nelson; NERY, Rosa M. de Andrade. *Código de processo civil comentado e legislação extravagante.* 7. ed. São Paulo: RT, 2003, p. 216.)

com as suas atribuições): o Governador de Estado e do Distrito Federal[154], a Mesa de Assembleia Legislativa e da Câmara Legislativa do DF, confederação sindical ou entidade de classe de âmbito nacional. Destarte, a ação ajuizada por estes *legitimados não universais* só será conhecida se implementado o requisito da *pertinência temática* ou *objetiva.*

Quanto às confederações sindicais e às entidades de classe de âmbito nacional, o STF tem exigido um liame **direto** entre o escopo institucional associativo e a norma impugnada para configurar a pertinência temática, sendo insuficiente para tanto a mera potencialidade geral de prejuízo econômico.[155] Também não admite a mescla de requisitos entre essas duas espécies de legitimados ativos.[156]

Apesar de largamente utilizado pelo STF, o requisito da pertinência temática ou objetiva – por conter implicitamente a ideia de que os legitimados só podem pleitear interesse das categorias ou órgãos que representam –,

---

154. O STF reconhece legitimidade ao Governador para ajuizar ADIn contra lei ou ato normativo *de outro Estado-membro, desde que alegue prejuízo para o seu Estado.* (ADIn nº 2656, Rel. Min. Maurício Corrêa, DJU 01.08.2003.) O mesmo se dá em relação a leis e atos normativos *federais* alegadamente prejudiciais ao seu Estado-membro. Reconhece-lhe ainda legitimidade para ajuizar ação contra lei que haja sancionado, porque, embora não tenha vetado o projeto de lei por inconstitucionalidade, não pode ser obrigado a aplicar lei que, depois, venha a considerar inconstitucional.

155. "A jurisprudência do STF exige, para a caracterização da legitimidade ativa das entidades de classe e confederações sindicais nas ações de controle concentrado de constitucionalidade, a existência de correlação entre o objeto da declaração de inconstitucionalidade e o escopo institucional associativo. 2. Não há, no caso presente, relação de pertinência temática entre a norma impugnada e o objetivo institucional da Autora, ora Agravante, de representação dos interesses gerais da categoria econômica dos supermercados e das atividades e serviços por essa abrangidos. O *liame, que se apresenta* ***indireto****, não atende o requisito da pertinência temática.* Precedentes. 3. *A mera potencialidade geral de dano, de caráter econômico-financeiro, não é suficiente para estabelecer a relação de pertinência temática entre os objetivos estatutários da agravante e as normas impugnadas.* Precedentes." (ADIn 5858 AgR, Rel. Min. ALEXANDRE DE MORAES, Tribunal Pleno, julgado em 09/04/2018, DJe-089 09-05-2018.)

156. "A legitimidade de confederação sindical condiciona-se ao reconhecimento da condição de confederação e à relação de pertinência temática entre os objetivos institucionais da confederação postulante e a norma específica objeto de impugnação. [...] 3. A Confederação Nacional de Dirigentes Lojistas - CNDL é associação civil que não se qualifica nem como confederação sindical nem como entidade de classe de âmbito nacional, de forma que lhe falta legitimidade para provocar o controle normativo abstrato. Precedentes: ADI 3.119-AgR-ED, Rel. Min. Edson Fachin, Plenário, DJe de 10/8/2016; ADI 3.119-AgR, Rel. Min. Edson Fachin, Plenário, DJe de 22/2/2016; ADI 4.422-AgR, Rel. Min. Celso de Mello, Plenário, DJe de 19/2/2015. 4. A natureza sindical da requerente impede que se reconheça sua legitimidade ativa *ad causam* na condição de entidade de classe de âmbito nacional, pois se trata de hipóteses de legitimação distintas, que não admitem mescla de requisitos. Precedentes." (ADIn 4384 AgR, Rel. Min. FUX, Tribunal Pleno, julgado em 08/02/2019, DJe-033 19-02-2019.)

é nitidamente incompossível com a natureza *objetiva* do processo, no qual é vedada a defesa de interesses *subjetivos, concretos*. Ademais, constitui *criação jurisprudencial* do STF, que não foi acolhida pela Lei nº 9.868-99, que não estabelece a exigência de pertinência temática.[157]

1.6.3.2. Representação processual e capacidade postulatória

O STF entende que os legitimados ativos referidos nos incisos I a VII (ou seja, as autoridades e órgãos *públicos*) têm *capacidade postulatória* para ajuizar a ação direta *extraída diretamente da legitimação deferida pelo art. 103 da CF-88*[158], razão pela qual não precisam de advogado para representá-los em nenhum dos atos do processo objetivo, podendo assinar isoladamente a petição inicial da ADIn[159], entendimento extensível à ADC.

---

157. O art. 30 da Lei 9.868-99 incorporou a exigência de pertinência temática apenas quanto às ADIns distritais, propostas perante o TJDFT ("as entidades sindicais ou de classe, de atuação no Distrito Federal, *demonstrando que a pretensão por elas deduzida guarda relação de pertinência direta com os seus objetivos institucionais*"). O art. 8º, § 2º, V, da Lei 11.697-2008 reproduz literalmente esse texto.

158. "Os legitimados ***listados no art. 103, I a VII***, da Constituição têm capacidade postulatória na ação direta de inconstitucionalidade. A exigência de procuração com poderes específicos e indicação do ato normativo impugnado é vício sanável." (ADIn 4409, Rel. Min. ALEXANDRE DE MORAES, Tribunal Pleno, julgado em 06/06/2018, DJe-225 23-10-2018.) Na mesma linha: ADIn 127 MC-QO, Pleno, Rel. Min. Celso de Mello, j. 20/11/1989, DJ 04/12/1992. *Cf.* ainda: "Quanto à alegação de ausência de poderes específicos na procuração, anoto que, ao Conselho Federal da OAB, legitimado universal (art. 103, VII, da Constituição), não se exige a subscrição por advogado prevista no art. 3º, parágrafo único, da Lei n.º 9.868/98, ***a qual é exigida apenas para os partidos políticos, confederações sindicais e entidades de classe***, conforme há tempos já definiu este Supremo Tribunal Federal [...]." (ADIn 4403, Rel. Min. EDSON FACHIN, Tribunal Pleno, julgado em 23/08/2019, DJe-195 09-09-2019.)

159. Os *órgãos requeridos*, todavia, não detêm capacidade postulatória extraída da Constituição, devendo fazer-se representar processualmente por advogado. O só fato de *prestarem informações* não lhes confere capacidade postulatória, da mesma forma que no mandado de segurança a autoridade impetrada não goza de capacidade postulatória pelo simples fato de prestar informações: "AÇÃO DIRETA DE INCONSTITUCIONALIDADE. CAPACIDADE POSTULATÓRIA DOS ÓRGÃOS REQUERIDOS. ***Capacidade que, nas ações da espécie, é diretamente reconhecida aos legitimados ativos arrolados no art. 103 da Constituição Federal*** *e não aos órgãos requeridos*, que, *apesar de prestarem informações, não podem* ***recorrer*** *sem a regular representação processual*. Circunstância inviabilizadora da pretensão do agravante, Tribunal Regional do Trabalho da 19ª Região, que manifestou embargos de declaração e agravo regimental por meio de petições firmadas por sua Juíza Presidente. Agravo regimental não conhecido." (ADIn nº 2098-ED-AgR, Rel. Min. Ilmar Galvão, DJU 19.04.2002, p. 50.)

Já os entes *privados* referidos no art. 103 da CF-88 (partidos políticos, confederações sindicais e entidades de classe) necessitam sempre de advogado a representá-los no processo objetivo.

Mas admite, por outro lado, que os legitimados ativos possam outorgar procuração a advogado para representá-los processualmente, desde que a procuração seja concedida com poderes específicos para ajuizar ADIn (ou ADC) e haja referência expressa ao diploma normativo impugnado. Contudo, a ausência de procuração nesses moldes é vício sanável.

Todavia, não é necessária a menção expressa na procuração aos *dispositivos* da lei ou do ato normativo impugnado, mesmo que só alguns dispositivos sejam impugnados[160].

Saliente-se, por fim, que tanto a *legitimidade ativa,* quanto a *capacidade postulatória* extraída diretamente da legitimação deferida pelo art. 103 pertencem *exclusivamente* aos respectivos legitimados ativos ali indicados, *e não aos órgãos ou às pessoas jurídicas a que estejam vinculados.* Assim, por exemplo, só o Governador de Estado tem *legitimidade ativa* e *capacidade postulatória* para ajuizar a ADIn: o Estado-membro do qual é Governador não possui nem *legitimidade*, nem, por conseguinte, *capacidade postulatória* para propor a ADIn[161].

Da mesma forma, o Estado-membro e o seu Procurador-Geral também não têm legitimidade para *interpor recurso*, mas tão somente o Governador do respectivo Estado-membro. Esse entendimento se aplica tanto à ADIn[162]

160. Nesse sentido, confira-se o recente acórdão UNÂNIME do Pleno STF, que reflete a sua **atual** jurisprudência sobre este tema: "AÇÃO DIRETA DE INCONSTITUCIONALIDADE. PRELIMINARES. [...]. 1. Atende as exigências legais procuração que outorga **poderes específicos** ao advogado para impugnar, pela via do controle concentrado, determinado ato normativo, ***SENDO DESNECESSÁRIA A INDIVIDUALIZAÇÃO DOS DISPOSITIVOS.*"** (ADIn nº 2728, Rel. Maurício Corrêa, DJU 20.02.2004, p. 16.) Entendeu-se que a exigência da individualização na procuração dos dispositivos legais impugnáveis na ação direta seria *irrazoável*, sendo bastante a referência genérica na procuração à lei ou ao ato normativo que o outorgante quer impugnar.

161. *Cf.* ADIn nº 2098-ED-AgR, Rel. Min. Ilmar Galvão, DJU 19.04.2002, p. 50.

162. "Ação direta de inconstitucionalidade. Ilegitimidade recursal do Estado-membro nas ações de controle concentrado de constitucionalidade. Agravo não provido. 1. A teor da jurisprudência da Corte, **a legitimidade *recursal* no controle concentrado é paralela à legitimidade processual ativa**, não se conferindo ao ente político a prerrogativa de recorrer das decisões tomadas pela Corte em sede de ação direta, seja de modo singular (art. 4º, parágrafo único, da Lei nº 9.868/99) seja colegiadamente (art. 26 da mesma legislação). A jurisprudência da Corte não merece qualquer tipo de revisão, uma vez que espelha a decorrência lógica da previsão, em rol taxativo, dos legitimados a provocar o processo objetivo de controle de constitucionalidade e

e à ADC propostas no STF, quanto ao Recurso Extraordinário contra decisão do TJ em representação de inconstitucionalidade.[163]

1.6.3.3. Impedimento e suspeição

À vista da natureza objetiva do processo de controle abstrato, não admite o STF o *cabimento* de arguição de impedimento ou de suspeição. Formulada a arguição de impedimento ou de suspeição por qualquer ator processual, o STF dela *não conhece*, por *incabível*[164]. No passado, todavia, chegou a reconhecer, em questão de ordem proposta por um dos próprios Ministros, em algumas situações singulares[165] e

---

a nele atuar como partes (CF, art. 103)." (ADIn 1663 AgR-AgR, Rel. Min. DIAS TOFFOLI, Tribunal Pleno, julgado em 24/04/2013, DJe-150 05-08-2013.)

163. "Esta Corte já fixou entendimento no sentido de que, só estão legitimados a *recorrer* no âmbito dos processos abstratos de constitucionalidade aqueles que tenham, de igual forma, legitimidade ativa para a *propositura* da ação de inconstitucionalidade." (RE 633548 AgR, Rel. Min. EDSON FACHIN, Segunda Turma, julgado em 31/03/2017, DJe-074 11-04--2017) "AUSÊNCIA DE LEGITIMIDADE RECURSAL DO PROCURADOR-GERAL DO ESTADO EM SEDE DE CONTROLE NORMATIVO ABSTRATO. - **É do Governador do Estado, e não do próprio Estado-membro ou de seu Procurador-Geral**, a legitimidade para fazer instaurar, mesmo em âmbito local (CF, art. 125, § 2º), o processo de fiscalização abstrata de constitucionalidade *e, neste, interpor os recursos pertinentes, inclusive o próprio recurso extraordinário*. Precedentes." (RE 658375 AgR, Rel. Min. CELSO DE MELLO, Segunda Turma, julgado em 25/03/2014, DJe-077 24-04-2014)

164. Foi o que aconteceu na ADIn no 1354 MC, em que se arguiu a suspeição do Min. SEPÚLVEDA PERTENCE, então Presidente do STF, por "ter se manifestado reiteradamente e em várias oportunidades, contra existência dos pequenos partidos". Confira-se o teor da ementa a este respeito: "MEDIDA CAUTELAR EM AÇÃO DIRETA DE INCONSTITUCIONALIDADE. **SUSPEIÇÃO** DE MINISTRO DA CORTE: DESCABIMENTO. [...] 1. Manifestação de Ministro desta Corte, *de lege ferenda*, acerca de aperfeiçoamento do processo eleitoral, não enseja declaração de suspeição. ***Descabimento de sua arguição em sede de controle concentrado. Não conhecimento.*** " (ADIn no 1354 MC, Rel. Min. MAURÍCIO CORRÊA, DJU 25.05.2001, p. 9.)

165. No julgamento da ADIn no 267 (rel. Min. CELSO DE MELLO; DJU 19.05.1995, p. 13390), entendeu-se que o Min. GALLOTTI estava *impedido* de apreciá-la por ter prestado as informações na qualidade de Presidente em exercício do TSE (órgão requerido). Essa orientação foi depois abandonada, passando-se a considerar que a prestação das informações pelo Presidente do TSE e a participação de Ministros do STF na formulação e edição de atos ou resoluções do TSE não acarreta seu impedimento ou suspeição. *Cf.* ADIn 3345, ADPF 144 e ADPF 541 (julgada em 20.09.2018), dentre outras. Releva notar que, mesmo em se tratando de processos *subjetivos*, não ficam impedidos os Ministros do STF que votaram no mesmo processo, ou em processo originário, no TSE, conforme se extrai da Súmula 72 do STF: "No julgamento de questão constitucional, vinculada a decisão do Tribunal Superior Eleitoral, não estão impedidos os Ministros do Supremo Tribunal Federal que ali tenham funcionado no mesmo processo, ou no processo originário." Na ADIn no 4, considerou o STF que a participação do Min. CELSO DE MELLO nas discussões administrativas que ensejaram a elaboração do ato normativo impugnado não era causa generante de impedimento, mas que a emissão de parecer, mesmo

excepcionais[166], o impedimento de membro do STF, a despeito da natureza objetiva do processo.

Contudo, não se pode levar ao extremo a tese de que não é possível a existência de impedimento ou suspeição nos processos de controle abstrato em virtude da sua natureza objetiva. É que o só fato de ser *inadmissível a **discussão** sobre interesses subjetivos concretos*, individuais, no processo objetivo não quer dizer que eles ***não existam*** e que ***não possam influenciar***, consciente ou inconscientemente, a decisão do Ministro votante[167].

---

oral, do Min. Pertence como Procurador-Geral da República, sobre o ato normativo questionado, constituía motivo de impedimento: "1. Ministro que oficiou nos autos do processo da ADIn, como Procurador-Geral da República, emitindo parecer sobre medida cautelar, está impedido de participar, como Membro da Corte, do julgamento final da ação. 2. Ministro que participou, como membro do Poder Executivo, da discussão de questões, que levaram à elaboração do ato impugnado na ADIn, não está, só por isso, impedido de participar do julgamento." (ADIn no 4, Rel. Min. Sydney Sanches, DJU 25.06.1993, p. 12637). No voto proferido nessa ADIn, afirmou o Min. Moreira Alves: "Em processo objetivo, como é a ação direta de inconstitucionalidade, não há possibilidade de haver *suspeição*. E em matéria de *impedimento*, sempre entendi que só ocorre quando o Ministro figura nos autos como *autor*, *réu* ou *representante do Ministério Público Federal*".

166. No julgamento da ADIn no 55, entendeu o STF que o Min. Pertence estava *impedido* de apreciá-la por ter emitido parecer contrário ao mérito da pretensão (declaração de inconstitucionalidade). Diferentemente, entendeu-se que o Min. Brossard não estava impedido de apreciar a ADIn, apesar de haver *referendado* a lei impugnada, assinando-a *na condição de Ministro de Estado* junto com o Presidente da República. Considerou-se ainda que, embora o referendo ministerial e a sanção presidencial contenham um juízo implícito de constitucionalidade da lei, a referenda é um ato de natureza política, motivado muitas vezes pela solidariedade e lealdade do Ministro de Estado para com o Presidente, enquanto o parecer do Procurador-Geral da República é formulado com total independência e em bases estritamente jurídicas. Eis o teor do acórdão no ponto: "O Tribunal decidiu, por unanimidade, que nos julgamentos das Ações Diretas de Inconstitucionalidade não está impedido o Ministro que na condição de Ministro de Estado, haja referendado a lei ou o ato normativo objeto da ação. Também por unanimidade o Tribunal decidiu que está impedido nas Ações Diretas de Inconstitucionalidade o Ministro que, na condição de Procurador-Geral da República, haja recusado representação para ajuizar Ação Direta de Inconstitucionalidade." (ADIn no 55, Rel. Min. OCTAVIO GALLOTTI, DJU 16.03.1990, p. 1868. *In:* RTJ 146/3.) Foi aventado, nos votos proferidos no julgamento da ADIn no 55, que o Procurador-Geral da República que ajuíza a ADIn fica impedido de julgá-la posteriormente como Ministro do STF.

167. O próprio Min. Moreira Alves, defensor intransigente da impossibilidade de suspeição ou impedimento no âmbito dos processos objetivos, ao votar na ADIn-QO nº 2187, referiu situação paradigmática em que o Ministro Aldir Passarinho não se considerou com a necessária isenção para julgar uma representação de inconstitucionalidade "em que havia um interesse de um de seus familiares" e se viu obrigado a lançar mão de um artifício (pedir licença do Tribunal), para não transgredir esse entendimento firmado a respeito dos processos objetivos. Observem-se as palavras literais do Min. Moreira Alves, que admite a existência de um interesse de um dos familiares do Min. Aldir Passarinho no julgamento da representação de inconstitucionalidade: "O SENHOR MINISTRO MOREIRA ALVES – Sr. Ministro,

Por isso mesmo, a jurisprudência atual do STF admite que o Ministro afirme a própria suspeição por motivo de foro íntimo, mediante aplicação subsidiária do art. 145, § 1º, do CPC-2015.[168] Inteiramente pertinentes as reflexões de GUSTAVO BINENBOJM a este respeito:

> "Como se vê, o conceito de que a ação direta de inconstitucionalidade instaura um processo *objetivo* deve ser entendido em seus devidos termos. Do ponto de vista da teoria processual, é correta a classificação, eis que não há contendores litigando em defesa de direitos subjetivos concretos, que deverão ser assegurados pela prestação jurisdicional. O que não se pode admitir é que a decantada *objetividade* seja invocada para sustentar a falsa ideia de que a fiscalização abstrata da constitucionalidade se perfaça, através de um processo *asséptico*, meramente formal, *desprovido da essência da ideia de **lide** que é o **conflito de interesses**. Bem ao contrário, nele confluem os maiores conflitos políticos, sociais e econômicos da nação*, compondo um quadro representativo dos *fatores reais de poder*."[169]

---

o Sr. Ministro Aldir Passarinho, *como Relator de uma representação de inconstitucionalidade, em que havia um interesse de um dos seus familiares*, foi obrigado, para deixar de ser relator, a pedir licença do Tribunal por uma semana, *porque não podia declarar-se impedido*. Há alguma lei que diga que não há impedimento nesses casos? *Não existe nenhuma, mas ele decorre da natureza mesma da ação direta.*" (ADIn-QO nº 2187, Rel. Min. OCTAVIO GALLOTTI, DJU 12.12.2003, p. 62.)

168. "O Presidente do Tribunal Superior Eleitoral, embora prestando informações no processo de controle concentrado de constitucionalidade, não está impedido de participar de seu julgamento, não obstante suscitada, em referida causa, a discussão, 'in abstracto', em torno da constitucionalidade (ou não) de resoluções ou de atos emanados daquela Alta Corte. Também não incidem, nessa situação de incompatibilidade processual, considerado o perfil objetivo que tipifica o controle normativo abstrato, os Ministros do Supremo Tribunal Federal que hajam participado, como integrantes do Tribunal Superior Eleitoral, da formulação e edição, por este, de atos ou resoluções que tenham sido contestados, quanto à sua validade jurídica, em sede de fiscalização concentrada de constitucionalidade instaurada perante a Suprema Corte. Precedentes do STF. - Os institutos do impedimento e da suspeição restringem-se ao plano dos processos subjetivos (em cujo âmbito discutem-se situações individuais e interesses concretos), não se estendendo nem se aplicando, ordinariamente, ao processo de fiscalização concentrada de constitucionalidade, que se define como típico processo de caráter objetivo destinado a viabilizar o julgamento, não de uma situação concreta, mas da constitucionalidade (ou não), 'in abstracto', de determinado ato normativo editado pelo Poder Público. - Revela-se viável, no entanto, a possibilidade de qualquer Ministro do Supremo Tribunal Federal invocar razões de foro íntimo (CPC, art. 135, parágrafo único) como fundamento legítimo autorizador de seu afastamento e consequente não participação, inclusive como Relator da causa, no exame e julgamento de processo de fiscalização abstrata de constitucionalidade." (ADIn 3345, Rel. Min. CELSO DE MELLO, Tribunal Pleno, julgado em 25/08/2005, DJe-154 20-08-2010.) Na mesma linha, *cf.* ADPF 541, Rel. Min. ROBERTO BARROSO, Tribunal Pleno, julgado em 26/09/2018, DJe-102 16-05-2019.

169. *A nova jurisdição constitucional:* legitimidade democrática e instrumentos de realização. 2. ed. Rio de Janeiro: Renovar, 2004, p. 147-148.

Enfatiza-se, porém, que, atualmente, o STF não considera cabível arguição de impedimento ou suspeição nos processos objetivos, mas tão somente a autodeclaração de suspeição pelo próprio Ministro, por motivo de foro íntimo.[170] Diante da "objetivação" dos recursos extraordinários com repercussão geral, o STF estendeu a mesma diretriz à fase do julgamento sobre a tese de repercussão geral, de modo que o Ministro que se autodeclarar suspeito por motivo de foro íntimo votará normalmente sobre a tese, não participando apenas da fase de julgamento do caso concreto (causa-piloto).[171]

Sobreleva notar que vários Tribunais Constitucionais permitem a alegação de impedimento ou suspeição de seus membros mesmo no que entende com processos objetivos.[172]

---

170. No sentido de que a atuação prévia como Advogado-Geral da União não gera impedimento: "Impedimento de Ministro. Atuação prévia como Advogado-Geral da União. Processo objetivo. Nulidades não configuradas. [...]" (ADPF 131 ED, Rel. GILMAR MENDES, Tribunal Pleno, julgado em 25-10-2021, DJe-217 05-11-2021.)

171. "No âmbito do controle concentrado, ao apreciar Questão de Ordem suscitada pelo eminente Ministro Dias Toffoli na ADI nº 6.362/DF, Rel. Min. Ricardo Lewandowski, j. 02/09/2020, p. 09/12/2020, o Tribunal reafirmou entendimento já consolidado, **fixando "tese no sentido de que não há impedimento, nem suspeição de Ministro, nos julgamentos de ações de controle concentrado, exceto se o próprio Ministro firmar, por razões de foro íntimo, a sua não participação"**. 4. Diante do processo de "objetivação" dos recursos extraordinários apreciados sob a sistemática da repercussão geral, não há razão de discriminem apta a afastar a incidência de tal compreensão também nestes casos. Sob tal perspectiva, reforçada pelas consequências práticas decorrentes da potencial redução do quórum de participação em questões de controle de constitucionalidade, que exigem maioria qualificada (cf. art. 143, p. único, do RISTF e art. 22 da Lei nº 9.868, de 1998), deve o Ministro virtualmente impedido/suspeito deixar de apresentar voto apenas em relação à definição do caso concreto, participando da integralidade do julgamento concernente ao tema de repercussão geral (incluindo voto, debates e sessões correspondentes). 5. Proposição da fixação da seguinte tese: **"Nos recursos extraordinários apreciados sob a sistemática da repercussão geral, o impedimento restringe-se à etapa da votação referente ao processo subjetivo e à conclusão de julgamento aplicada às partes, porém, não se aplica à fixação e votação da tese constitucional, pois nesta não se discutem situações individuais nem interesses concretos. Ou seja, deve-se participar da integralidade do julgamento concernente ao tema de repercussão geral (incluindo voto, debates e sessões correspondentes), apenas deixando de apresentar voto sobre a causa-piloto (caso concreto)"**.

172. A Lei Orgânica do TC português determina: "Artigo 29.º 1 - É aplicável aos juízes do Tribunal Constitucional o regime de impedimentos e suspeições dos juízes dos tribunais judiciais." A Lei Orgânica do TC alemão também merece referência. Embora preveja o impedimento do membro do Tribunal Constitucional que "já tenha funcionado na mesma causa em razão do cargo ou da profissão", o art. 18 da Lei Orgânica não considera impedimento a mera "participação no procedimento legislativo" que ensejou a norma impugnada, nem a "manifestação de uma opinião científica referente a uma questão jurídica que pode ser relevante para o procedimento". Por sua vez, o art. 6º do Regimento Geral da Corte Constitucional italiana

1.6.3.4. Carência originária e superveniente do direito de ação

Se no momento do ajuizamento da ação faltar uma das suas condições, diz-se que há carência *originária* do direito de ação. Se no instante do ajuizamento da ação não faltava a condição, mas no curso da ação vem a faltar, afirma-se que há carência *superveniente* do direito de ação. Quais as consequências desses dois fenômenos processuais nos processos *subjetivos* e *objetivos* de controle de constitucionalidade?

A carência *originária* do direito de ação quando ainda persistir a ausência da condição da ação no momento em que se proferir a decisão, tanto nos processos subjetivos, como nos objetivos, importa na extinção do processo sem resolução de mérito. Todavia, a controvérsia surge quando a carência originária do direito de ação só é percebida no curso do processo, após o implemento da condição que faltava à época do ajuizamento da ação. Seria possível o saneamento da carência originária do direito de ação?

Segundo a teoria de LIEBMAN, esse saneamento seria possível, mas segundo já decidiu o STF (RE 100.397-9, em 27.09.85, Rel. p/ o acórdão Min. OSCAR CORREA, DJU 17.03.1986, p. 2841), a carência *originária* não admite *convalescimento*.

Não há razão aparente que justifique tratamento diverso para os processos *objetivos*: se se entender que a carência originária não pode convalescer nos processos subjetivos, deve-se, por identidade de razão, admitir que o mesmo se passe nos processos subjetivos, dada a inexistência de especificidade dos processos objetivos capaz de impor tratamento diferenciado.

Todavia, o STF, no julgamento da ADIn nº 3367, sobre a constitucionalidade da EC nº 45-2004, no ponto em que instituiu o CNJ, entendeu que a carência originária do direito de ação pode *convalescer* até o momento da sentença:

> "Condição. Interesse processual, ou de agir. Caracterização. Ação direta de inconstitucionalidade. Propositura antes da publicação oficial da Emenda Constitucional nº 45/2004. Publicação superveniente, antes do julgamento da causa. Suficiência. Carência da ação não configurada. Preliminar repelida. **Inteligência do art. 267, VI, do CPC. Devendo as condições da ação coexistir à data da sentença, considera-se presente o interesse processual, ou de agir, em ação direta de inconstitucionalidade de Emenda Constitucional que só foi publicada, oficialmente, no curso**

---

também prevê a possibilidade de "legítimo impedimento" de seus membros ("I Giudici hanno l'obbligo di intervenire alle sedute della Corte quando non siano legittimamente impediti").

do processo, mas antes da sentença."[173] (ADIn 3.367, Rel. Min. PELUSO, DJU 17.03.2006, p. 4.)

No atinente à hipótese de carência *superveniente* do direito de ação, entende-se que esta, tanto que verificada, enseja a extinção do processo sem resolução do mérito nos processos *subjetivos*, porquanto a partir do instante em que vem a faltar qualquer das condições da ação, qualquer decisão sobre o mérito da ação seria viciada.

Todavia, nessa hipótese há uma razão justificativa de tratamento diverso para os processos objetivos: o *princípio da indisponibilidade da ação objetiva* (Lei nº 9.868-99, arts. 5º e 16).

Ora bem, se o autor não pode desistir da ação objetiva, prosseguindo o processo até o seu final mesmo contra a vontade do autor, se este é um mero deflagrador do processo abstrato, que se desenvolverá oficiosamente até os seus ulteriores termos, não há por que exigir do autor que mantenha a *sua legitimidade ativa* ou o *seu interesse objetivo* até o término da ação.

Assim, a perda, no curso da ação, da representação no Congresso que o partido político detinha à época do ajuizamento da ação direta não acarreta a extinção do processo sem resolução do mérito por carência superveniente do direito de ação (ilegitimidade ativa superveniente), pois é no momento do *ajuizamento* da ação objetiva que a condição deve existir.

Nesse sentido, alterando sua jurisprudência anterior sobre o tema, veio a decidir o STF:

> "O Tribunal, por maioria, deu provimento a agravo regimental interposto contra decisão do Min. Carlos Velloso, relator, que, por ilegitimidade ativa *ad causam*, negara seguimento a ação direta de inconstitucionalidade ajuizada pelo Partido Social Liberal – PSL contra as expressões 'conjunta dos Presidentes da República, da Câmara dos Deputados, do Senado Federal e', constantes do art. 7º da Emenda Constitucional 19/98, que incluíra o inciso XV no art. 48 da CF, dispondo sobre a iniciativa legislativa para a fixação do subsídio dos Ministros do STF. *Entendeu-se que a aferição*

173. O STF admitiu o convalescimento da carência originária do direito de ação na referida ADIn nº 3.367 com esteio na instrumentalidade do processo e nos princípios da celeridade e da economia processual, argumentando, basicamente, que seria um formalismo contraproducente extinguir sem resolução de mérito a ADIn já ajuizada para que, logo em seguida, fosse ajuizada nova ADIn, de conteúdo idêntico. Portanto, a argumentação do STF não se fulcrou nas peculiaridades do processo objetivo, mas na reinterpretação do art. 267, VI, do CPC-73 (correspondente ao art. 485, VI, do CPC-2015), importando, dessarte, apesar de não reconhecida explicitamente, em revisão de sua jurisprudência anteriormente firmada no RE 100.397-9, de 27.09.1985 (DJU 17.03.1986, p. 2841).

> *da **legitimidade** deve ser feita **no momento da propositura da ação** e que a perda superveniente de representação do partido político no Congresso Nacional **não o desqualifica como legitimado ativo** para a ação direta de inconstitucionalidade.* Vencidos o Min. Carlos Velloso, relator, e Celso de Mello, que consideravam que a perda da representação implicava a perda da *capacidade postulatória.* [...]. ADI 2159 AgR/DF, rel. originário Min. Carlos Velloso, rel. p/ acórdão Min. Gilmar Mendes, 12.8.2004.(ADI-2159)."[174]

No entanto, é óbvio que se a condição da ação supervenientemente ausente não disser respeito à pessoa do legitimado ativo, como a impossibilidade jurídica do pedido, o processo objetivo poderá ser extinto sem resolução do mérito pela superveniente impossibilidade jurídica do pedido. É o caso, *e.g.*, da revogação da norma impugnada no curso da ação, que, segundo a atual jurisprudência majoritária no STF, ocasiona a impossibilidade jurídica do pedido[175].

1.6.4. O pedido na ADIn e na ADC

Como precedentemente enfatizado, o pedido na ADIn consiste na declaração de inconstitucionalidade e, portanto, de nulidade absoluta da norma (eficácia *declaratória*). Não consiste na *revogação* da norma nem em sua *anulação* (eficácia *desconstitutiva*). Portanto, da parte dispositiva do acórdão definitivo deverá constar que se julgou *procedente* o ***pedido*** da ação para declarar a inconstitucionalidade da norma ou **improcedente** o ***pedido*** da ação, declarando-se constitucional a norma impugnada.

O pedido da ADC consiste na declaração da constitucionalidade da norma (eficácia *declaratória*). Julgado procedente o ***pedido*** da ADC, da parte

---

174. Informativo do STF nº 356.

175. É de ressaltar que nesse caso a ausência do *interesse processual objetivo **decorre*** exatamente da impossibilidade jurídica do pedido, a qual, consoante já assentou o próprio STF, deve ser logicamente analisada ***antes*** das demais condições da ação, como o interesse processual objetivo. Assim, embora os acórdãos aludam à *perda do objeto da ação* pela revogação da norma impugnada no curso da ação direta, em verdade, de superveniente *impossibilidade jurídica do pedido* é que se trata, e apenas indiretamente, por via de consequência, de sobreveniente ausência de interesse processual objetivo. Quadra observar que o CPC-2015 não mais alude à possibilidade jurídica do pedido como condição da ação, mencionando no inciso VI do art. 485 apenas a "ausência de legitimidade ou de interesse processual". Também já não emprega a expressão "condições da ação" (CPC-2015, art. 485, VI), utilizada no art. 267, VI, do CPC-73. Todavia, o fato de já não figurar como condição *autônoma* da ação no CPC-2015 não acarreta a eliminação *tout court* da possibilidade jurídica do pedido: a análise desta continuará a ser feita, não mais como condição autônoma da ação, mas como integrante do interesse processual, pois a impossibilidade jurídica do pedido acarreta a ausência de interesse processual, uma vez que um pedido juridicamente impossível não é útil, nem necessário.

dispositiva do acórdão definitivo deverá constar a declaração de constitucionalidade da norma; julgado improcedente o ***pedido*** da ADC, deverá constar que a norma foi declarada *inconstitucional*.

Tal como sucede com os processos subjetivos, o que se julga procedente ou improcedente não é a *ação*, mas sim o *pedido* nela deduzido. Tecnicamente, nunca se pode afirmar que a ação é procedente ou improcedente, porquanto só se verifica se ela pode ser *legitimamente exercida* ou não (= se há carência de ação ou não).

Dessarte, ressentem-se de impropriedade técnica (a) a Lei nº 9.868-99, quando, no seu art. 24[176], determina que o STF julgue procedente ou improcedente *a ação*, conforme der pela constitucionalidade ou inconstitucionalidade da norma, e (b) vários dos acórdãos do STF, em cuja parte dispositiva consta que o Tribunal julgou procedente ou improcedente *a ação*, em vez do *pedido* da ação.

1.6.4.1. O pedido de medida cautelar na ADIn e na ADC

O pedido de medida cautelar na ADIn e na ADC não é o de uma declaração do STF de que a norma objeto de controle é *provisoriamente inconstitucional* ou *provisoriamente constitucional*, respectivamente, mas sim o de concessão de alguma medida *capaz de garantir a eficácia do provimento final* do STF.

Nos processos *subjetivos*, a medida cautelar destina-se mais a garantir a eficácia do provimento final do que a garantir o direito material da parte (cuja existência não é certa). É mais um instrumento de salvaguarda da *jurisdição*, que é *diretamente* tutelada, do que de *eventuais direitos subjetivos*, que só são *reflexamente* tutelados pela medida cautelar.

Nos processos *objetivos*, essa diferença acentua-se ainda mais, considerada a *impossibilidade de discussão acerca de direitos subjetivos* no seu âmbito.

Todavia, isso não implica dizer que ao apreciar pedido de medida cautelar o STF abstraia completamente da consideração dos eventuais direitos subjetivos concretos que podem ser prejudicados pela concessão ou pela denegação da medida cautelar. Mas essa não é a sua preocupação principal nesse momento, que recai sobre a *garantia da eficácia jurídica e* ***social*** *do provimento final.*

---

176. "**Art. 24.** Proclamada a constitucionalidade, julgar-se-á improcedente a ação direta ou procedente eventual ação declaratória; e, proclamada a inconstitucionalidade, julgar-se-á procedente a ação direta ou improcedente eventual ação declaratória."

Essa medida cautelar, capaz de garantir a eficácia do provimento final, não é única, mas variável de processo a processo, podendo consistir na suspensão *do andamento dos processos subjetivos* (judiciais e/ou administrativos) em que se discuta a constitucionalidade da norma, na suspensão *da prolação de decisões* (judiciais e/ou administrativas) que tenham por pressuposto a constitucionalidade ou a inconstitucionalidade da norma[177], ou em qualquer outra medida cabível que o STF considere adequada à situação em vista da norma objeto de controle.[178]

Já quanto à suspensão da *vigência* da norma, prática que o STF vem paulatinamente abandonando, não a reputamos, em princípio, juridicamente possível, porquanto incompatível com a natureza *judicial* (não legislativa) da decisão do STF, o qual pode declarar a *nulidade absoluta* de uma norma, mas não pode *revogá-la* ou *suspender sua vigência*, ainda que temporariamente, sem ofensa ao princípio da separação de Poderes. Para que pudesse fazê-lo, seria indispensável norma expressa na CF-88. Mas em nenhum dispositivo a CF-88 outorgou ao STF o poder de revogar ou suspender a vigência de lei: o que lhe reconheceu, na linha da tradição do nosso Direito, foi a possibilidade de declarar a *nulidade absoluta* da norma em abstrato (juízo jurídico sobre a sua *validade*), e não a de *revogá-la* ou de *suspender-lhe a vigência* (juízo político sobre a sua eficácia normativa).

---

177. Assim vem fazendo o STF desde o julgamento da ADC nº 4. A Lei 9.868-99, corroborando a jurisprudência do STF, contemplou expressamente essa possibilidade. No entanto, só se referiu à suspensão do *julgamento* dos processos, sem, no entanto, *vedar* a suspensão *apenas das decisões* ou do próprio *andamento* do processo, podendo o STF, no exercício do seu poder cautelar geral, conceder a cautelar também para esses (ou outros) fins.

178. No que diz com os processos subjetivos, a suspensão do processamento dos feitos em tramitação cobrou relevo no CPC-2015, o qual, dentre outras hipóteses, a determina em relação aos recursos extraordinários com repercussão geral reconhecida. O art. 1.035, § 5º, do CPC-2015 prescreve: "§ 5º Reconhecida a repercussão geral, o relator no Supremo Tribunal Federal **determinará** a suspensão do processamento de todos os processos pendentes, individuais ou coletivos, que versem sobre a questão e tramitem no território nacional." Contudo, pese embora a imperatividade do verbo empregado ("determinará"), o STF tem entendido que compete ao Ministro relator avaliar a conveniência de determinar ou não tal sobrestamento, bem como sua abrangência: "A suspensão de processamento prevista no § 5º do art. 1.035 do CPC não consiste em consequência automática e necessária do reconhecimento da repercussão geral realizada com fulcro no *caput* do mesmo dispositivo, sendo da discricionariedade do relator do recurso extraordinário paradigma determiná-la ou modulá-la (RE 966.177/RS-QO, Plenário)."(ARE 1187125 AgR, Rel Min. LEWANDOWSKI, Segunda Turma, julgado em 17/05/2019, DJe-108 23-05-2019.)

Capítulo II

CONSEQUÊNCIAS DA INCONSTITUCIONALIDADE E DE SUA DECLARAÇÃO JUDICIAL

Sumário • 2.1. Inexistência, nulidade e anulabilidade – 2.2. Da sanção de nulidade absoluta; 2.2.1. Dos efeitos pretéritos residuais do ato nulo: teoria da paraeficácia do ato nulo – 2.3. Da revogação da norma: 2.3.1. Conceitos de vigência, eficácia, revogação, recepção e repristinação: 2.3.1.1. Os equívocos conceituais e suas consequências – 2.4. A questão do controle abstrato da legislação pré-constitucional: 2.4.1. O *status quæstionis* no direito comparado; 2.4.2. O *status quæstionis* no STF; 2.4.3. Crítica à posição do STF: 2.4.3.1. Da revogação por inconstitucionalidade; 2.4.3.2. Inconstitucionalidade sem nulidade; 2.4.3.3. Vigência da norma e atualidade da ofensa à Constituição; 2.4.3.4. Exceção à regra da revogação por inconstitucionalidade: o caso da inconstitucionalidade superveniente por mutação fática ou da interpretação da norma; 2.4.3.5. Da constitucionalidade superveniente; 2.4.3.6. Da conveniência do controle abstrato da legislação pré-constitucional.

2.1. INEXISTÊNCIA, NULIDADE E ANULABILIDADE

A inexistência pode ser *material* ou *jurídica*. No primeiro caso, não há ato (jurídico ou não), fisicamente falando: é o "não ato". No segundo caso, o ato pode até existir no mundo fenomênico, no mundo dos fatos, mas não se qualifica como *ato jurídico*, como ato reconhecido pelo Direito, relevante para o Direito, dotado de *juridicidade* e, por conseguinte, de alguma eficácia jurídica. Ato juridicamente inexistente é aquele ato material que não reúne os elementos mínimos exigidos pelo próprio Direito para ingressar no mundo jurídico.

Assim, um ato materialmente existente, mas juridicamente inexistente, que se pretenda passar por ato jurídico, sendo um ato apenas *aparentemente* jurídico, não deve gerar absolutamente nenhum efeito jurídico válido, pode ser declarado tal por quem quer que seja, em juízo ou fora dele, independentemente de qualquer formalidade[1], não convalesce, não prescreve, nem decai jamais.

1. A inexistência jurídica decorrente de inconstitucionalidade pode ser declarada sem a necessidade de submissão da questão ao Pleno ou à Corte Especial dos tribunais, pois a ela não se aplica

A *invalidade*, por outro lado, consiste na desconformidade do ato com o sistema positivo em questão[2], incompatibilidade esta incapaz de descaracterizar o ato como *jurídico*, mas capaz de afetar-lhe a regularidade jurídica e, em regra, a produção de seus efeitos jurídicos válidos.

Embora seja uma missão quase impossível a formulação de uma *teoria geral das nulidades*, em virtude das inúmeras variações a que está sujeito o regime das nulidades nos ordenamentos jurídicos vigentes, há alguns traços que parecem comuns.

A nulidade e a anulabilidade constituem *sanções* aplicadas pelos sistemas positivos à invalidade. Assim, a nulidade e a anulabilidade são *penalidades* aplicadas à invalidade. Portanto, a nulidade e a anulabilidade, longe de constituírem *graus de invalidade* ou *espécies de invalidade*, configuram *penas* aplicadas à invalidade pelo ordenamento jurídico. Em linguagem parabólica, poder-se-ia dizer que a invalidade é o crime e a nulidade e a anulabilidade são as penas a ele cominadas, segundo a sua gravidade.

De fato, se se conceitua a invalidade como a desconformidade ao Direito positivo (que não diga respeito aos elementos de existência jurídica), não

---

a cláusula da reserva de plenário (CF-88, art. 97). De fato, o art. 97 refere-se a "lei ou ato normativo do Poder Público"; ora, se *juridicamente não existe* lei ou ato normativo imputável ao Poder Público, ausente se encontraria o pressuposto de aplicabilidade do art. 97 da CF-88. (nesse sentido: BERNARDES, Juliano Taveira. *Controle abstrato de constitucionalidade*..., p. 327-328.) Em princípio, assim é. Todavia, se a inexistência for meramente jurídica (e não material) e derivar de uma inconstitucionalidade (ausência ou inobservância dos elementos constitucionais mínimos de existência jurídica), a declaração dessa inexistência conterá, como *prius* lógico, uma declaração de inconstitucionalidade. Se, além disso, houver *dúvida objetiva* sobre a inexistência jurídica da norma, como no caso da anistia penal previdenciária já referido no item 1.2., parece recomendável a submissão da questão ao Pleno ou à Corte Especial do tribunal, em obediência à cláusula de reserva de plenário, por motivos de ordem pragmática (uniformização do entendimento no tribunal).

2. Frise-se: ***desconformidade que não diga respeito aos elementos de existência jurídica.*** Até porque, se assim não fosse, a inexistência jurídica seria reduzida a uma mera espécie de invalidade grave, em vez de se situarem em planos distintos, como de fato se situam. Similarmente, prevenindo contra a mescla dos planos da existência e da invalidade: "Occorre evitare di cadere in confusioni concettuali. Una cosa è distinguere le leggi esistenti (valide o invalide che siano) dalle leggi inesistenti; altra cosa è determinare i caratteri dell'invalidità. *Quando si parla di nullità-inesistenza, come endiadi o come progressione dell'invalidità, si mescolano i piani:* l'esistenza-inesistenza riguarda la riconducibilità all'ordinamento; la nullità (o l'annullabilità, o qualunque «trattamento» giuridico di atti invalidi), riguarda una particolare configurazione del vizio (e delle conseguenze del vizio) di atti giuridicamente esistenti. Onde l'espressione nullità-inesistenza è contraddittoria: l'atto inesistente non può dirsi nullo e l'atto nullo non può dirsi inesistente." (ZAGREBELSKY, Gustavo; MARCENÒ, Valeria. *Giustizia costituzionale*: storia, principi, interpretazioni. 2. ed. Bologna: il Mulino, 2018, v. 1, p. 197.) (Grifou-se.)

se pode confundi-la com a *punição* que lhe é cominada pelo ordenamento jurídico (nulidade/anulabilidade).

Sobreleva esclarecer ainda que a nulidade e anulabilidade, embora sejam sanções à *invalidade, atuam no plano da eficácia*, ou seja, configuram ***sanções de natureza eficacial à invalidade***. Assim, o ato inválido é punido no plano da eficácia: o ordenamento jurídico atribui a sanção de nulidade ou de anulabilidade ao ato inválido (conforme o grau da invalidade) ***para recusar-lhe eficácia*. As sanções de nulidade e de anulabilidade *retiram eficácia* do ato inválido.**

Dessarte, a nulidade e a anulabilidade constituem ***sanções eficaciais*** aplicadas aos atos inválidos. Em regra, quanto maior a invalidade, maior a sanção e, conseguintemente, maior a ineficácia do ato.

Mas nem todo ato inválido é sancionado com nulidade ou anulabilidade: apenas os atos inválidos *portadores de vícios* é que o são. Assim, a entrada em vigor de uma lei contrária a uma lei anterior torna esta inválida, mas a consequência jurídica dessa invalidade (desconformidade com o Direito) não é a nulidade nem a anulabilidade da lei, mas a sua *revogação*, que elimina a antinomia, já que não podem coexistir duas leis contraditórias válidas em vigor no mesmo âmbito territorial[3].

Destarte, a existência de um vício torna o ato inválido e, por conseguinte, nulo ou anulável[4]. Releva sublinhar que não se deve confundir a nulidade e

---

3. Da mesma forma, se um ordenamento jurídico positivo não atribuir à invalidade, ainda que derivante de um vício, nenhuma *sanção eficacial expressa ou tácita*, o ato não será nulo nem anulável, mas meramente "irregular". Não obstante a diversidade de regime nos vários ordenamentos jurídicos positivos, o próprio conceito de nulidade e de anulabilidade exige a *possibilidade de alguma privação de eficácia* do ato nulo ou anulável, sob pena de descaracterização completa dessas categorias sancionatórias.

4. Assim, para que o ato seja nulo ou anulável não basta que seja inválido (= desconforme ao Direito): é preciso que a invalidade do ato seja decorrente de um *vício*, de um *defeito* que o inquine. A nulidade e anulabilidade são causadas por um *vício*, um *defeito invalidante*. Portanto, ato nulo ou anulável é o ato portador de um vício invalidante, isto é, de um defeito que o torna inválido. Mas constituindo *sanções* à invalidade, a nulidade e a anulabilidade têm de punir o ato inválido de alguma forma. Como? Retirando *eficácia* dos atos inválidos. Por conseguinte, ato nulo ou anulável é o ato portador de um vício invalidante que o torna *ineficaz*, total ou parcialmente, de acordo com o regime sancionatório aplicável especificamente ao ato pelo ordenamento jurídico positivo em questão. Dessarte, quando se diz que um ato é nulo ou anulável, está-se afirmando que se cuida de um ato portador de um vício generante de invalidade, a qual, por sua vez, gera, em alguma medida, a *ineficácia* do ato. Não faria sentido algum tachar um ato de nulo ou anulável e não lhe recusar *efeito* nenhum: a sanção seria de todo inútil. Mesmo os atos nulos dotados eficácia excepcional (paraeficácia), como o casamento putativo, deixam de produzir efeitos após a decisão judicial declaratória de nulidade. Ainda

a anulabilidade (sanções) com a sua causa (vício). Só num sentido vulgar ou por figura de linguagem é que se pode confundir nulidade/anulabilidade com **causa de** nulidade/anulabilidade. Quando se diz, *v.g.*, que um contrato está "cheio de nulidades", em verdade o que se quer significar é que o contrato está prenhe de *vícios causadores de nulidade*, de *defeitos que acarretam nulidade*.

À luz do exposto, enquanto a inexistência jurídica simplesmente *pré--exclui* a possibilidade de exame do ato nos planos da validade e da eficácia, a nulidade e a anulabilidade só podem ser concretamente aplicadas após o exame do ato nos planos da existência e da validade e se exaurem na recusa ***de eficácia*** aos atos inválidos (sanções eficaciais).

Sem embargo da lógica e da coerência formal dessas concepções teóricas, os fatos de quando em vez se revoltam contra a rigidez adamantina das construções jurídicas.

Assim, há atos *apenas **aparentemente** jurídicos* (atos materialmente existentes, mas juridicamente inexistentes) que produzem *efeitos jurídicos* que merecem ser preservados pelo Direito. O ato *materialmente* inexistente não pode gerar nenhum efeito: "o nada nada causa". Mas um ato apenas juridicamente inexistente que aparente juridicidade pode induzir seus destinatários a erro e causar efeitos jurídicos *permanentes*. Dessarte, um tal ato deve ser tratado, ***na medida do possível***, como inábil a produzir qualquer efeito jurídico. O limite fático, e às vezes jurídico, representado pela ideia de *reserva do possível* não pode ser negligenciado pelo Direito, que não pode alterar a natureza das coisas, porque o discurso não tem o condão de transformar, por si mesmo, a realidade. Como o Direito poderia reverter o faticamente irreversível?[5]

Carlos Blanco de Morais fornece dois exemplos ilustrativos no direito luso:

> "Se uma pseudo-lei não promulgada tiver determinado a outorga de pensões extraordinárias de 'preço de sangue' a um conjunto de antigos combatentes e o mesmo acto aparente vier a ser declarado inconstitucional, ele terá produzido efeitos insusceptíveis de desconstrução pela declaração

---

que haja modulação de efeitos a partir de certa data futura fixada na decisão (*pro futuro*) nos termos do art. 27 da Lei 9.868-99, em algum momento deverá haver privação de eficácia. Por isso, a nulidade e a anulabilidade constituem *sanções eficaciais*.

5. Se, por hipótese, o Presidente da República editasse uma medida provisória autorizando a aplicação sumária de pena de morte no Brasil aos narcotraficantes e algum deles viesse a ser executado, por mais que o Direito procurasse restabelecer o *statu quo ante*, em razão da *inexistência jurídica da pretensa norma*, seria *fisicamente impossível*, pois a ciência atual ainda não logrou ressuscitar defuntos...

de inconstitucionalidade em relação a beneficiários que tenham falecido até á data desta última decisão.

Se um pseudo-decreto-lei que determinou a construção de uma ponte for julgado inexistente e a mesma obra tiver sido entretanto construída, existem consequências fáticas e mesmo jurídicas do ato aparente que se consolidarão em razão da *natureza das coisas*, pois seria absurdo que a ponte fosse dinamitada, tendo em vista assegurar a garantia do critério acadêmico-dogmático da improdutividade total do acto inexistente."[6]

Desmistificada a ideia de que o ato juridicamente inexistente não pode produzir nenhum efeito jurídico[7], cumpre desmistificar, outrossim, a ideia de que a anulação judicial de um ato anulável só produz efeitos *ex nunc*.

Em verdade, a atribuição de eficácia *ex nunc* ou *ex tunc* à desconstituição de atos anuláveis depende da disciplina adotada em cada sistema jurídico positivo[8].

No direito positivo brasileiro, ao menos no direito privado (CC/2002, art. 182[9]; CC/1916, art. 158[10]), a desconstituição de atos *anuláveis* opera efeitos **retroativos** (*ex tunc*), ***mas que só se produzem após a decisão***

6. *Justiça constitucional...*, p. 207. Assevera ainda o Professor lisbonense: "Pelo exposto, o valor negativo da *inexistência* reconduz-se, fundamentalmente, à sanção traduzida no *imperativo* de eliminação rigorosa de todos os efeitos que facticamente o acto aparente tenha gerado, o qual implica que, dentro da *reserva do possível*, se proceda a uma reconstituição completa da situação existente ao momento anterior à prática do mesmo." (*Justiça...*, p. 206.) (Grifos do original.)

7. Reconhecendo que atos juridicamente inexistentes podem produzir efeitos jurídicos, assevera Ruggiero: "O fenômeno da **retroatividade** implica o de uma **ficção.** Mas a *ficção* é um processo técnico de alcance maior, e sob o aspecto que consideramos deve pôr-se em evidência que com a ficção se derroga o princípio referido, na parte em que **também de fatos jurídicos inexistentes pode o ordenamento fazer derivar efeitos ou pode atribuir a determinado fato efeitos diversos do que ele, por si, seria capaz de produzir**." (RUGGIERO, Roberto de. *Instituições de direito civil.* Trad. da 6. ed. ital. São Paulo: Saraiva, 1971, v. I, p. 214.)

8. Doutrinando sobre os efeitos *ex tunc* da ação de anulação, e comparando o sistema jurídico italiano com outros sistemas, pontifica Ruggiero: "Ao passo que o direito romano previa em casos análogos aos citados com o intuito da *restitutio in integrum*, e o antigo direito francês com as *lettres de rescision*, **o direito moderno opera diretamente com a ação de anulação (art. 1.441 do C.C.) que tem, ao mesmo tempo, eficácia destruidora do ato *e restituidora*.** Por intermédio dessa ação decreta-se a **ineficácia** do ato **desde o momento em que se realizou**, de modo que ***se considera como se nunca tivesse produzido seus os efeitos***; opera-se assim ***retroativamente***, **destruindo-se qualquer aquisição anterior, mesmo para com terceiros, e obrigando-se a parte que recebeu a restituir o que he foi dado.**" (*Instituições...*, p. 274.)

9. "**Art. 182. Anulado** o negócio jurídico, **restituir-se-ão as partes ao estado em que antes dele se achavam**, e, não sendo possível restituí-las, serão indenizadas com o equivalente."

10. "**Art. 158. Anulado** o ato, **restituir-se-ão as partes ao estado, em que antes dele se achavam**, e não sendo possível restituí-las, serão indenizadas com o equivalente."

judicial anulatória[11]. Assim, a diferença fundamental entre a nulidade e a anulabilidade, no nosso direito positivo, não reside na retrospectividade ou prospectividade da eficácia da decisão judicial, mas sim na necessidade (ato anulável) ou desnecessidade (ato nulo) de decisão judicial para que se lhes possa negar eficácia.

Todavia, nada impede que em determinado ramo do direito pátrio a solução seja diversa, emprestando-se efeitos **meramente prospectivos** à desconstituição do ato anulável. Sem embargo disso, não há, *de lege lata*, nenhum preceito constitucional ou legal que o autorize no que respeita aos atos inconstitucionais[12].

Por fim, o que se pode afirmar é que o *rigor sancionatório* é decrescente: a inexistência jurídica reclama uma ampla reconstituição do *statu quo ante* – limitada apenas pela reserva do possível[13]–, a nulidade exige uma reconstituição menor (permitindo a permanência de efeitos residuais válidos – paraeficácia

---

11. Discorrendo sobre os atos *anuláveis*, preleciona Marcos Bernardes de Mello: "Diferentemente do ato nulo, o ato jurídico anulável gera, desde logo, toda a sua eficácia jurídica, perdurando até que seja desconstituído por sentença, ou tornando-se definitiva se decorrido o prazo prescricional sem que a ação de anulação seja proposta, ou por outro meio judicial seja a anulabilidade arguida. Pontes de Miranda a denomina eficácia *interimística*. **Desconstituído o ato, desconstituem-se os efeitos que produziu. A desconstituição do ato tem efeitos *ex tunc*, quanto à sua eficácia própria. Por esse motivo as partes são restituídas ao estado anterior ao ato, e não sendo possível serão indenizadas pelo equivalente (Código Civil, art. 158)**." (*Teoria do fato jurídico*: plano da validade. 3. ed. São Paulo: Saraiva, 1999, p. 185-186.) E mais adiante, ainda a respeito dos atos *anuláveis*: "A sentença anulatória tem eficácia *ex tunc*: desconstitui o ato e seus efeitos desde o momento de sua prática." (*Ibid.*, p. 207.)

12. Essa *possibilidade* de atribuição de efeitos retrospectivos ou meramente prospectivos à decisão desconstitutiva de atos anuláveis (anulação com efeitos *ex tunc* ou *ex nunc*) não passou despercebida ao Min. Celso de Mello: "CONSIDERAÇÕES SOBRE O VALOR DO ATO INCONSTITUCIONAL – OS DIVERSOS GRAUS DE INVALIDADE DO ATO EM CONFLITO COM A CONSTITUIÇÃO: **ATO INEXISTENTE? ATO NULO? *ATO ANULÁVEL (COM EFICÁCIA 'EX TUNC' OU COM EFICÁCIA 'EX NUNC')?*** – FORMULAÇÕES TEÓRICAS – O 'STATUS QUAESTIONIS' NA JURISPRUDÊNCIA DO SUPREMO TRIBUNAL FEDERAL. 2. MODULAÇÃO TEMPORAL DOS EFEITOS DA DECISÃO DE INCONSTITUCIONALIDADE: TÉCNICA INAPLICÁVEL QUANDO SE TRATAR DE JUÍZO NEGATIVO DE RECEPÇÃO DE ATOS PRÉ-CONSTITUCIONAIS. – A declaração de inconstitucionalidade reveste-se, ordinariamente, de eficácia "ex tunc" (RTJ 146/461-462 – RTJ 164/506-509), retroagindo ao momento em que editado o ato estatal reconhecido inconstitucional pelo Supremo Tribunal Federal." (RE-AgR 395902, Rel. Min. Celso de Mello, DJU 25.08.2006, p. 65.)

13. "Trata-se [...] da modalidade de desvalor mais grave prevista no ordenamento, dado que pressupõe, também em razão da maior seriedade do vício, uma improdutividade absoluta de efeitos, **sendo o acto inexistente tratado em termos sancionatórios (dentro da reserva do possível), como se nunca houvera sido praticado**." (MORAIS, Carlos Blanco de. *Justiça...*, t. I, p. 205.)

do ato nulo, como se verá de seguida) e a anulabilidade se satisfaz com uma reconstituição ainda menos radical, de certa forma moldável pela vontade das partes (que podem ratificar o ato anulável no todo ou em parte), bem como sujeita à convalidação pelo decurso do tempo[14].

2.2. DA SANÇÃO DE NULIDADE ABSOLUTA

2.2.1. Dos efeitos pretéritos residuais do ato nulo: teoria da paraeficácia do ato nulo

Apesar de largamente difundida, a malfadada, e de notórios ressaibos retóricos, ideia de que a lei inconstitucional *não é lei* ("*is not a law at all*"), disseminada a partir da celebérrima decisão do *Chief Justice* John Marshall no caso Marbury *vs.* Madison, em 1803, tem, felizmente, cedido passo à ideia de que ela, em lugar de *inexistente*, é *nula de pleno direito*. Com efeito, admitir que a lei inconstitucional *não é lei*, e, por conseguinte, que a decisão sobre ela prolatada seria "declaratória de inexistência jurídica da lei", implica conceber que dela *absolutamente nenhum efeito* possa ter sido gerado, antes ou depois da declaração. Tal consequência ingênita à noção de *inexistência jurídica* não foi coerentemente aplicada nem mesmo pela *Supreme Court* estadunidense, que logo teve de defrontar-se com os problemas do "funcionário de fato", dos direitos adquiridos, da boa-fé, etc., na resolução dos quais não hesitou em contraditar a premissa, estrondosa e entusiasticamente formulada, de que a lei inconstitucional, sendo *inexistente*, não poderia gerar nenhum efeito.

De fato, confundiam-se os conceitos de *invalidade* e *inexistência*. Uma lei, para ser *inválida*, precisa *existir*. A existência é *pressuposto* da invalidade. Mas a *eficácia* não é *totalmente determinada* pela *validade*, embora seja por

14. A *reserva do possível* constitui limite intransponível não apenas à reconstituição do *statu quo ante* em decorrência da declaração de inexistência jurídica, mas também da declaração de *nulidade* e da *anulação*. "É possível atribuir ao fato jurídico apenas eficácia para o futuro, ou imputar-lhe efeitos que atuam no passado. No exercício dessa liberdade, porém, em especial na de fazer a eficácia atuar retroativamente, há **limite lógico**, que consiste na **natureza das coisas**, de modo que é sempre necessário que sejam levadas em conta circunstâncias de que resultam **fatos irremovíveis**, sob pena de fazer-se **inconsistente** a norma jurídica que a preveja. **A impossibilidade física**, por exemplo, **constitui limite intransponível à retroeficácia**. A resilição do contrato de locação de serviços somente pode ter sua eficácia projetada para o futuro (*ex nunc*), porque os serviços prestados durante sua vigência constituem circunstância fáctica irreversível, em face da impossibilidade de serem restaurados. [...] **A *indenização* pela consumição do bem constitui *reposição pela perda*, não *retroeficácia*.**" (MELLO, Marcos Bernardes de. *Teoria do fato jurídico*: plano da eficácia (1ª parte). São Paulo: Saraiva, 2003, p. 53-54.)

ela *influenciável*. *In exemplis*: uma lei pode ser *inválida* e *eficaz* (como no caso de leis inconstitucionais), como também pode ser *válida* e *ineficaz* (como as leis *revogadas*, que podem ser compatíveis com a Constituição – válidas em face desta –, mas que, por razões de conveniência, o Legislativo houve por bem retirar-lhes a *eficácia*). Mas para ser *eficaz*, a lei precisa *existir*. A validade da lei é sua compatibilidade com o parâmetro escolhido (no caso, a Constituição), enquanto a eficácia é sua aptidão para produzir efeitos jurídicos válidos. De um ato jurídico *inválido* podem, pois, surgir efeitos jurídicos *válidos*. Como saber se o ato jurídico *inválido* produziu efeitos *válidos*? Analisando o que a respeito do ato e de seus efeitos dispõe o próprio ordenamento jurídico.

Assim, se uma lei inconstitucional só foi declarada como tal após cinco anos e nesse entretempo foi judicialmente aplicada a um caso concreto, fazendo a decisão coisa julgada, deverá ela ser respeitada, pois a própria Constituição o determina (art. 5º, XXXVI). Sempre que algum dispositivo legal específico ou princípio jurídico explícita ou implicitamente acolhido pela Constituição o determinar, será tido por *válido* o *efeito* do ato, em si mesmo, *inválido*[15].

O ato nulo, em regra, é *parcialmente ineficaz (até que produza efeitos a declaração judicial de nulidade)*. Raramente poderá ser *totalmente eficaz (até que produza efeitos a declaração judicial de nulidade)*, ou seja, com eficácia equiparada à de ato plenamente válido (como o casamento nulo contraído, porém, de boa-fé pelos cônjuges, dito em razão disso "putativo" – CC/2002, art. 1.561), e raramente será *totalmente ineficaz*.

Essa *eficácia parcial* (que implica uma *ineficácia parcial*, segundo se considere) do ato absolutamente nulo foi cunhada, pela doutrina *civilista*, que no particular está sobremodo mais adiantada que a constitucional, com a denominação de "*paraeficácia do ato nulo*", ou, simplesmente, de "*paraeficácia do nulo*"[16]. Essa teoria calha à perfeição à lei inconstitucional.

---

15. Exemplo: o negócio jurídico simulado é *inválido* e *absolutamente nulo* por expressa disposição legal (CC/2002, art. 167, *caput*), mas o próprio Código Civil/2002 (art. 167, § 2º) mantém e resguarda, *como válidos*, os direitos de terceiros de boa-fé em relação aos contraentes do negócio jurídico simulado: "**Art. 167. [...] § 2º.** Ressalvam-se os direitos de terceiros de boa-fé em face dos contraentes do negócio jurídico simulado".

16. Antônio Junqueira de Azevedo usa a expressão "eficácia do nulo" (*Negócio jurídico*: existência, validade e eficácia. 2. ed. São Paulo: Saraiva, 1986, p. 59 e seguintes) e Marcos Bernardes de Mello "eficácia excepcional do nulo" (*Teoria do fato jurídico*: plano da validade..., p. 182 *et passim*) ou "eficácia putativa do ato nulo" (*Teoria do fato jurídico*: plano da eficácia..., p. 56, 59 *et passim*).

Por essa teoria, agasalhada na prática pelo ordenamento brasileiro (o art. 1.561 do CC/2002[17]– correspondente ao art. 221 do CC/1916 –, como muitos outros[18], é exemplo disso), que é ou já foi aplicada, provavelmente inadvertidamente, por inúmeros órgãos judicativos, o ato absolutamente nulo *gera efeitos*, não **todos** os **efeitos próprios** e **permanentes** a que visava o ato, mas alguns **efeitos reflexos**, **secundários**, **nem sempre visados diretamente** com a celebração do ato, mas que merecem ser mantidos[19-20]. Subministremos um exemplo com supedâneo na própria Constituição.

O art. 37, II, da CF-88 exige prévia aprovação em concurso público de provas ou de provas e títulos para que o indivíduo possa ser investido (definitivamente) em cargo ou emprego público, salvante os cargos em comissão. Sua inobservância é sancionada pelo § 2º do art. 37 da Constituição mesma: *nulidade do ato* e punição da autoridade responsável. Ora, o vínculo formado irregularmente (= nulo de pleno direito) com a Administração Pública **não** poderá permitir a **investidura definitiva** do indivíduo no cargo (**efeito *próprio, direto, principal*** do ato válido), mas permitirá que o "**funcionário de**

---

17. "**Art. 1.561.** Embora *anulável*, ***ou mesmo nulo***, se contraído de boa-fé por ambos os cônjuges, o casamento, em relação a estes como aos filhos, ***produz todos os efeitos até o dia da sentença anulatória.***"

18. O art. 1563 do CC/2002 (sem correspondente no CC/1916) ressalva expressamente os direitos de terceiros de boa-fé e a coisa julgada; o art. 1617 do CC/2002 (art. 367 do CC/1916) determina que a filiação paterna ou materna pode resultar de casamento **já declarado nulo por sentença (ex.: filho que nasce após a sentença declaratória de nulidade)**; o art. 27 da Lei nº 9.868-99 permite expressamente a produção de efeitos válidos do ato **já declarado nulo pelo STF** até a data prefixada no acórdão; e assim por diante. Para outros exemplos, *cf.* AZEVEDO, Antônio Junqueira de. *Negócio jurídico...*, p. 59-61.

19. *Vide*, entre outros, a este propósito: MIRANDA, Pontes de. *Tratado de direito privado.* Rio de Janeiro: Borsoi, 1954, v. IV, § 380, nº 1, e § 358, nº 1. AZEVEDO, Antônio Junqueira de. *Negócio jurídico...*, p. 59 *et seqq.*; p. 74-75. PEREIRA, Caio Mário da Silva. *Instituições de direito civil.* 8. ed. Rio de Janeiro: Forense, 1984, v. I, p. 444-445. BECKER, Alfredo Augusto. *Teoria geral do direito tributário.* 2. ed. São Paulo: Saraiva, 1972, p. 418. RUGGIERO, Roberto de. *Instituições de direito civil.* Trad. da 6. ed. ital. São Paulo: Saraiva, 1971, v. I, p. 269. SANTOS, Carvalho. *Código civil brasileiro interpretado.* 6. ed. Rio de Janeiro: Freitas Bastos, 1958, v. III, p. 255.

20. Essa **manutenção** dos efeitos **residuais** do ato nulo é *definitiva e irreversível.* Nesse diapasão: "É preciso deixar claro que a eficácia produzida pelo ato putativo é sempre definitiva e irreversível. A desconstituição do ato nulo importa a cessação da produção dos efeitos a partir do momento em que transita em julgado a sentença, mas não afeta nem desfaz os efeitos [residuais] já produzidos." (MELLO, Marcos Bernardes de. *Teoria do fato jurídico*: plano da validade..., p. 184.) "Quando a lei atribui eficácia ao ato nulo (casamento putativo, por exemplo), os efeitos produzidos são definitivos. Não há como desconstituí-los. O ato deixa de produzir os seus efeitos a partir do trânsito em julgado da sentença que decreta a nulidade, mas os que já ocorreram permanecem." (*Ibid.*, p. 205.)

fato" faça jus à percepção de um **ressarcimento pecuniário** (**efeito *reflexo, secundário, indireto*** reconhecido ao ato absolutamente nulo) pelo dispêndio de energia e tempo, pois do contrário haveria **enriquecimento ilícito da parte do Estado**, o que é implicitamente vedado pela Constituição. O funcionário de fato poderá ainda especar seu pedido de ressarcimento nos princípios da legalidade e da moralidade da Administração (CF-88, art. 37, *caput*), e/ou nos arts. 186 e 927 do CC/2002 (correspondentes ao art. 159 do CC/1916), em virtude dos quais o causador do dano deve *indenizar* a vítima[21].

Quanto ao FGTS, a própria lei (art. 19-A da Lei 8.036-90), confirmando embora a nulidade do contrato, assegura expressamente dois efeitos residuais decorrentes do contrato nulo: o direito à efetivação dos depósitos do FGTS atinentes ao período efetivamente trabalhado e o direito ao respectivo levantamento nos moldes fixados na Lei 8.036-90.[22] Quadra notar que o art. 19-A da Lei 8.036-90 teve sua constitucionalidade declarada pelo STF.[23]

---

21. Nesse sentido é a jurisprudência de longa data do STF: "Juízes Substitutos na organização da Justiça do Trabalho. Extinção dos cargos. Convocação e exercício de fato de função pública. ***Conceituação do funcionário de fato. Direito à remuneração.*** [...]." (RMS nº 9757, Pleno, Rel. Min. Pedro Chaves, DJU 14.06.63, p. 1729.) Neste acórdão do STF se estrema o "funcionário de fato", que apresenta algum título de investidura, embora nulo, emitido pela Administração, do "usurpador de função pública", que não possui nenhum título, ainda que nulo, de investidura emitido pela Administração. Os atos do funcionário de fato são reputados válidos, mas os do usurpador, inválidos. *Cf.* ainda o inteiro teor do acórdão no MS nº 24268. Em tese de repercussão geral alusiva aos contratos temporários nulos (Tema 916/STF), o STF reconheceu o direito à percepção dos salários e ao levantamento dos depósitos do FGTS relativamente ao período laborado: "Reafirma-se, para fins de repercussão geral, a jurisprudência do Supremo Tribunal Federal no sentido de que a contratação por tempo determinado para atendimento de necessidade temporária de excepcional interesse público realizada em desconformidade com os preceitos do art. 37, IX, da Constituição Federal não gera quaisquer efeitos jurídicos válidos em relação aos servidores contratados, ***com exceção do direito à percepção dos salários referentes ao período trabalhado e, nos termos do art. 19-A da Lei 8.036/1990, ao levantamento dos depósitos efetuados no Fundo de Garantia do Tempo de Serviço – FGTS.***" (RE 765320 RG, Rel. Min. TEORI ZAVASCKI, julgado em 15/09/2016, DJe-203 23-09-2016.) A jurisprudência do STF não tem reconhecido direito a outras verbas, ainda que indenizatórias, tais como terço de férias, indenização de férias não gozadas, adicional de insalubridade, etc. *Cf.* RE 1154203 AgR, Rel. Min. FUX, Primeira Turma, julgado em 29/04/2019, DJe-093 07-05-2019.

22. "Art. 19-A. É devido o depósito do FGTS na conta vinculada do trabalhador ***cujo contrato de trabalho seja declarado nulo nas hipóteses previstas no art. 37, § 2º, da Constituição Federal***, quando mantido o direito ao salário. Parágrafo único. O saldo existente em conta vinculada, **oriundo de contrato declarado nulo até 28 de julho de 2001**, nas condições do **caput**, que não tenha sido levantado até essa data, será liberado ao trabalhador a partir do mês de agosto de 2002. (Incluído pela MP nº 2.164-41, de 2001)"

23. "O Plenário da Corte, no exame do RE nº 596.478/RR-RG, Relator para o acórdão o Ministro Dias Toffoli, concluiu que, **mesmo quando reconhecida a nulidade da contratação**

Ademais, os efeitos dos atos praticados pelo "funcionário de fato", pela sua *aparência de legalidade*, são *válidos*, não podendo *prejudicar terceiros de boa-fé*[24].

O ato *anulável* é um ato *viciado*, mas ainda *não nulo*. É um ato que, se for convalidado ou ratificado pelas partes, torna-se **plenamente válido**. Se não o for, e seu vício for alegado judicialmente dentro no prazo, *transformar-se-á em **nulo de pleno direito***. Eis a justificativa de sua denominação: "*anulável*" = *transformável* em *nulo*; "*anular*" (= a + nulo + ar) = *transformar em nulo, tornar nulo*.

Enquanto não for transformado em nulo, é *plenamente eficaz*[25], justamente porque só é *nulo* a partir da declaração judicial. Não o era antes dela. Era apenas um ato viciado *passível* de ser transformado em nulo. É ele, portanto, um ato jurídico *sob **condição resolutiva***, com termo prefixo para o implemento da condição, convalidável pelo decurso do tempo ou por avença entre as partes. Uma vez verificada a condição resolutiva (= sentença de anulamento), extingue-se totalmente, a partir de então, mas *retroativamente* (*ex tunc*), a eficácia do ato, que, desde esse momento, passará a ser *nulo de pleno direito*.

---

do empregado público, nos termos do art. 37, § 2º, da Constituição Federal, subsiste o direito do trabalhador ao depósito do FGTS quando reconhecido ser devido o salário pelos serviços prestados. 3. Essa orientação se aplica também aos contratos temporários declarados nulos, consoante entendimento firmado pelo Plenário no RE nº 765.320/MG, Relator o Ministro Teori Zavascki, DJe de 23/9/16 – Tema 916." (RE 1111120 AgR, Rel. Min. DIAS TOFFOLI, Segunda Turma, julgado em 17/09/2018, DJe-257 03-12-2018.) Eis a tese fixada no Tema 191/STF (RE 596.478): "É constitucional o art. 19-A da Lei 8.036/1990, que dispõe ser devido o depósito do Fundo de Garantia do Tempo de Serviço - FGTS na conta de trabalhador cujo contrato com a Administração Pública seja declarado nulo por ausência de prévia aprovação em concurso público, desde que mantido o direito ao salário." *Vide* também: ADIn 3127, Rel. Min. TEORI ZAVASCKI, julgado em 26/03/2015, DJe-153 05-08-2015.

24. "OFICIAIS DE JUSTIÇA – EXERCÍCIO DE SUAS FUNÇÕES POR AGENTES DO EXECUTIVO. I. Mesmo declarada a inconstitucionalidade da lei que colocou agentes do Executivo à disposição dos juízes, para exercício das funções de Oficiais de Justiça, esses serventuários não são usurpadores, mas funcionários do Estado com defeito de competência. II. **SE O DIREITO RECONHECE A VALIDADE DOS ATOS ATÉ DE FUNCIONÁRIOS DE FATO, ESTRANHOS AOS QUADROS DO PESSOAL PÚBLICO**, com maior razão há de reconhecê-la se praticados por agentes do Estado no exercício daquelas atribuições por força de lei, **que veio a ser declarada inconstitucional**. III. **É válida a penhora feita por agentes do Executivo**, sob as ordens dos juizes, nos termos da lei estadual de São Paulo, s/n, de 03.12.1971, mormente se nenhum prejuízo disso adveio para o executado." (RE nº 79628, 1ª Turma, Rel. Min. ALIOMAR BALEEIRO, DJU 13.12.1974.) No mesmo sentido: RE nº 78594, Rel. Min. BILAC PINTO, 2ª Turma, DJU 04.11.1974. RE nº 78209, DJU 11.10.1974. *Cf.* ainda: RREE 78533 e 78596.

25. Apesar de *inválido*. Essa eficácia plena do ato anulável enquanto não desfeito, convalidado, ou ratificado recebeu de PONTES DE MIRANDA e seus discípulos a alcunha de "eficácia interimística". (*Cf.*, por todos, MELLO, Marcos Bernardes de. *Teoria do fato jurídico*: plano da eficácia (1ª parte). São Paulo: Saraiva, 2003, p. 48 *et passim*.)

Portanto, a lei inconstitucional é, em regra, nula de pleno direito, com a necessária ressalva da validade dos seus efeitos reflexos, feita inexplicitamente pela própria Constituição.

Além do recurso às normas específicas do ordenamento jurídico que reconheçam validade aos efeitos pretéritos residuais dos atos, pode o juiz valer-se dos ***princípios da proporcionalidade e da razoabilidade*** para determinar *quais os efeitos pretéritos residuais do ato nulo que devem ser mantidos*, que devem ser *havidos como válidos*. Essa aplicação dos princípios da proporcionalidade e da razoabilidade para determinar quais os efeitos pretéritos residuais do ato nulo pode ser feita tanto no controle *abstrato* pelo STF, como no controle *concreto* por qualquer juiz ou Tribunal[26].

É conforme essa perspectiva que deve ser interpretado o art. 27 da Lei nº 9.868-99:

> "**Art. 27.** Ao declarar a inconstitucionalidade de lei ou ato normativo, ***e tendo em vista razões de segurança jurídica ou de excepcional interesse social***, poderá o Supremo Tribunal Federal, por maioria de dois terços de seus membros, ***RESTRINGIR*** *os efeitos daquela declaração* ou ***decidir que ela só tenha eficácia a partir de seu trânsito em julgado ou de outro momento que venha a ser fixado***."[27]

De modo que será sopesando os interesses e valores *em abstrato*, ***por meio do princípio da proporcionalidade,*** que o STF deverá avaliar se há razões

---

26. De fato, como os princípios também têm, cada qual, um peso *abstrato* específico, uma norma pode ser inconstitucional por vulnerar o princípio da proporcionalidade (e o da razoabilidade) se o princípio nela consagrado não atender aos *subprincípios* componentes do princípio da proporcionalidade.

27. Esse artigo foi claramente inspirado no art. 282 da Constituição de Portugal e no art. 140 da Constituição da Áustria. Observe-se que o art. 27 da Lei nº 9.868-99, *assim como o art. 282 da Constituição lusitana*, não autoriza a *ampliação* dos efeitos da declaração de inconstitucionalidade, mas tão somente a sua *restrição*. Senão, vejamos:

"**Artigo 282.º** (Efeitos da declaração de inconstitucionalidade ou de ilegalidade)

1. A declaração de inconstitucionalidade ou de ilegalidade com força obrigatória geral produz efeitos desde a entrada em vigor da norma declarada inconstitucional ou ilegal e determina a repristinação das normas que ela, eventualmente, haja revogado.

2. Tratando-se, porém, de inconstitucionalidade ou de ilegalidade por infracção de norma constitucional ou legal posterior, a declaração só produz efeitos desde a entrada em vigor desta última. [...]

4. Quando a **segurança jurídica**, **razões de equidade** ou **interesse público de excepcional relevo**, que deverá ser **fundamentado**, o exigirem, poderá o Tribunal Constitucional **fixar** os efeitos da inconstitucionalidade ou da ilegalidade **com alcance MAIS RESTRITO** do que o previsto nos n.os 1 e 2."

de segurança jurídica ou de excepcional interesse social que justifiquem uma ***restrição*** nos efeitos da declaração de inconstitucionalidade e, portanto, de nulidade absoluta da norma.

É à luz do princípio da proporcionalidade que o STF deverá decidir, no plano abstrato, se se verificam razões de segurança jurídica ou de excepcional interesse social poderosas o bastante para autorizarem a restrição dos efeitos da declaração de inconstitucionalidade e nulidade da norma.

Fora do princípio da proporcionalidade, a *manipulação* dos efeitos da declaração de inconstitucionalidade pelo STF é, em si mesma, inconstitucional.

É de notar, para além disso, que, ao permitir a restrição dos efeitos da declaração de inconstitucionalidade do STF e, sobretudo, ao permitir o diferimento de seus efeitos para depois do trânsito em julgado da decisão ou de outro momento que venha a ser fixado pelo STF, o art. 27 da Lei nº 9.868-99 não tornou a norma inconstitucional numa norma *meramente anulável*, em vez de *absolutamente nula*, como é da tradição de nosso Direito Constitucional.

É que pela (a) própria *excepcionalidade dessa medida* (evidente na exigência de "razões de segurança jurídica ou de excepcional interesse social" e de um *quorum* qualificado de dois terços dos membros do STF, *i.e.*, 8 (oito) Ministros), pela (b) possibilidade de manutenção de efeitos residuais válidos decorrentes do ato nulo (paraeficácia do ato nulo), pela (c) eficácia meramente declaratória (não desconstitutiva) da decisão (indicada na locução "ao declarar a inconstitucionalidade..." no princípio do art. 27), pela (d) inexistência de prazo decadencial para a declaração de inconstitucionalidade da norma, e pela (e) expressa alusão à mera restrição dos *efeitos* da declaração ("restringir ***os efeitos*** *daquela declaração* ou decidir que ela só tenha ***eficácia*** a partir de [...]"), tratando a questão no plano da *eficácia* e não no da *validade*, não se pode afirmar que o art. 27 da Lei nº 9.868-99 tenha tornado as normas inconstitucionais em normas *meramente anuláveis*. Tal artigo introduziu apenas mais uma *hipótese legal de mitigação* da ineficácia dos atos absolutamente nulos a par das já existentes, sem descaracterizar os atos inconstitucionais como atos *absolutamente nulos.*

Destarte, a norma declarada inconstitucional pelo STF, cuja declaração de inconstitucionalidade tenha seus efeitos protraídos para momento posterior à data da decisão do STF em virtude de "razões de segurança jurídica ou de excepcional interesse social", não é uma norma *meramente anulável*, mas sim *absolutamente nula, desde seu nascimento*: a decisão do STF não torna uma norma *nula* em uma norma *anulável*. Se qualquer juiz ou Tribunal podia declarar a *nulidade absoluta* da norma *incidenter tantum* em casos concretos sob sua apreciação *antes* da decisão do STF, seria um contrassenso admitir que *depois* da decisão do STF não pudessem mais fazê-lo enquanto não chegasse o dia prefixado na decisão do STF para o início da produção dos efeitos da declaração de inconstitucionalidade.

Dessa forma, a fixação de um momento a partir do qual a decisão de inconstitucionalidade do STF passaria a produzir efeitos *não impede* que qualquer juiz ou Tribunal declare incidentemente a inconstitucionalidade da norma antes ou durante o intervalo de tempo que vai da decisão do STF até a data prefixa para a produção de seus efeitos, justamente porque a norma inconstitucional é *absolutamente nula*, de pleno direito[28].

---

28. Com efeito, o que o art. 27 da Lei nº 9.868-99 autoriza é a restrição dos efeitos da DECLARAÇÃO do STF sobre a inconstitucionalidade da norma, e não a restrição dos efeitos DA INCONSTITUCIONALIDADE MESMA. Portanto, essa restrição eficacial não incide sobre a norma em si, que pode continuar sendo objeto de controle concreto pelos juízes. Assim, a decisão do STF de restringir os efeitos de sua própria decisão não prorroga a vigência da norma, nem a imuniza contra o controle concreto, no qual, aliás, poderão ser mantidos (ou não...) os efeitos concretos até então produzidos pela norma inconstitucional. A essa luz, a finalidade da restrição eficacial autorizada pelo art. 27 da Lei 9.868-99 seria a de evitar que, em razão da retroatividade da decisão do STF declaratória da nulidade em abstrato, se apagassem todos os efeitos já produzidos pela norma inconstitucional, bem como a de *sinalizar fortemente* no sentido de que devem ser mantidos os efeitos concretos já produzidos até a data prefixa na decisão do STF. Portanto, conquanto *não vincule os juízes no controle concreto*, a restrição efetuada pelo STF nos efeitos de sua própria decisão com base no art. 27 da Lei 9.868-99 indica que, *se não houver nenhuma razão específica no caso concreto que contraindique a manutenção dos efeitos da norma declarada inconstitucional pelo STF*, o juiz deverá resguardar como válidos tais efeitos. Assim, *ao que se deduz da própria literalidade do art. 27 da Lei 9.868-99*, a decisão restringente do STF opera diretamente apenas no plano abstrato, e não no plano concreto. Em Portugal, a situação é diversa, em virtude do disposto no art. 282.4 da Constituição portuguesa: "**Art. 282. [...] 4.** Quando a segurança jurídica, razões de equidade ou interesse público de excepcional relevo, que deverá ser fundamentado, o exigirem, poderá o Tribunal Constitucional fixar os **efeitos da INCONSTITUCIONALIDADE** ou da ILEGALIDADE com alcance mais restrito do que o previsto nos nºs 1 e 2." Observe-se que o art. 282.4 da Constituição portuguesa autoriza expressamente a restrição dos efeitos da própria INCONSTITUCIONALIDADE, ao passo que o art. 27 da Lei 9.868-99 autoriza apenas e tão somente a restrição dos efeitos da própria DECLARAÇÃO de inconstitucionalidade, isto é, da DECISÃO do STF.

Se o art. 27 da Lei 9.868-99 inspirou-se diretamente no art. 282.4 da Constituição portuguesa, incorporando-o quase literalmente, tendo, porém, feito essa modificação redacional, é de presumir que essa alteração seja intencional e tenha um significado e consequências práticas e reais.

Assim, o TC português, ao restringir – como efetivamente tem restringido – os efeitos da inconstitucionalidade mesma, tem atuado no âmbito da competência que lhe foi constitucionalmente deferida. Todavia, o STF não foi agraciado com tal competência (constitucional ou infraconstitucionalmente), razão pela qual só pode restringir os efeitos da própria DECLARAÇÃO de inconstitucionalidade, isto é, da sua DECISÃO, nos exatos termos do art. 27 da Lei 9.868-99.

Observa-se, porém, que, na prática, assim não tem entendido o STF.

Para Alexandre de Moraes, esse termo prefixo não pode ser posterior à publicação da decisão do STF:

> "Essa hipótese de restrição temporal dos efeitos da declaração de inconstitucionalidade tem *limites lógicos*. Assim, se o STF entender pela aplicação dessa hipótese excepcional, deverá escolher como termo inicial da produção dos efeitos, qualquer momento entre a *edição da norma* e a *publicação oficial da decisão*. Dessa forma, não poderá o STF estipular como termo inicial para produção dos efeitos da decisão, data posterior à publicação da decisão no Diário Oficial, *uma vez que a norma inconstitucional não mais pertence ao ordenamento jurídico, não podendo permanecer produzindo efeitos*."[29]

Na Áustria, esse termo pode ser posterior à publicação da decisão, mas não pode ser superior a um ano e meio. Contudo, o sistema austríaco é de todo diferente, porquanto à Corte Constitucional se concede um poder de autêntico *legislador negativo*. Mas mesmo no sistema austríaco se permite a anulação judicial (que mais se apropínqua de uma revogação) com diferimento na produção dos efeitos da anulação. De sorte que lá, em verdade, a anulação equivale a um ato com *eficácia sujeita a termo*: a anulação ocorre desde logo, mas só produz efeito a partir da ocorrência do termo (CC/2002, art. 131). Semelha, também, a uma lei revogatória com prazo prefixado para principiar a produzir efeitos (*vacatio legis*).

Portanto, em princípio, não há impossibilidade *lógica* ou *jurídica* de fixação de um termo *posterior* à publicação e ao trânsito em julgado da decisão do STF para o início da produção dos efeitos da declaração de inconstitucionalidade da norma.

2.3. DA REVOGAÇÃO DA NORMA

2.3.1. Conceitos de vigência, eficácia, revogação, recepção e repristinação

Vigência (ou *vigor*) é a *aptidão*, o *poder*, a *capacidade* da norma para produzir efeitos jurídicos válidos.

Eficácia pode significar (a) o mesmo que vigência (o *poder* de produzir efeitos) e (b) a produção *concreta* de efeitos ("*eficácia social*" ou "*efetividade*").

Revogação é (a) a *retirada de vigência* da norma *por outra norma* em virtude de *incompatibilidade* entre ambas ou (b) o *impedimento à entrada em vigor*

29. *Direito constitucional.* 16. ed. São Paulo: Atlas, 2004, p. 648.

da norma *por outra norma* em razão de *incompatibilidade* entre si. Dá-se este último caso quando a norma é revogada *antes de entrar em vigor*, no período de vacância (*vacatio legis* ou *constitutionis*), o que a *impede* de entrar em vigor.

Recepção é a *acolhida*, o *recebimento* da norma vigente sob a Constituição anterior pela nova ordem constitucional. Pressupõe a compatibilidade *material* da norma com a nova Constituição, mas não a compatibilidade *formal* com a nova Constituição: para que seja recepcionada pela nova Constituição, é mister que não haja inconstitucionalidade material (de *conteúdo*) em face desta, mas é desimportante a inconstitucionalidade *formal* em face da nova Constituição. Pressupõe, portanto, a inexistência de *revogação* por qualquer outra norma (incluindo a nova Constituição).

Repristinação (ou *revigoramento*) é a atribuição de *vigência* a uma norma que já não a tem *por outra norma*. Pode ser *tácita* ou *expressa*. No Direito brasileiro, só se admite a repristinação *expressa* (LINDB, art. 2º, § 3º: "*Salvo disposição em contrário*, a lei revogada não se restaura por ter a lei revogadora perdido a vigência.").

2.3.1.1. Os equívocos conceituais e suas consequências

A exatidão conceitual é indispensável à correta formulação do raciocínio jurídico. Contudo, a doutrina e a jurisprudência têm, algumas vezes, cometido equívocos conceituais ao referir aos fenômenos acima identificados, com graves prejuízos para a teoria e para a práxis do controle de constitucionalidade.

É o caso, *e.g.*, do conceito de *revogação*: ao identificar revogação com perda de *existência*, e não com perda de *eficácia (vigência)*, suprime-se indevidamente a possibilidade de *controle abstrato de constitucionalidade da lei revogada* (pela Constituição ou por outra lei).

Portanto, é de mister pôr em relevo que a revogação de uma lei implica tão só a ***retirada** de sua eficácia* (entendida esta na acepção de *vigência*, ou seja, como *potência*, como *aptidão*, como *capacidade* para produzir efeitos jurídicos válidos) ou, em hipóteses excepcionais, o ***impedimento** à adquirição de eficácia*. De qualidade que a *lei revogada* não é uma *lei inexistente*[30]. Não deixa de ser *lei* com a revogação, como a própria locução o está a indicar: *lei*

30. Inúmeras vezes foram as expressões "ato jurídico inexistente", "lei inexistente", "negócio jurídico inexistente" e outras similitudinárias tachadas de contraditórias em si mesmas, pois encerrariam *contradictio in terminis*. Tal, contudo, não procede. É que a *existência* admite manifestações sob variegadas formas. Ou seja: pode um ato *inexistir como* ato jurídico e, ao mesmo tempo, *existir como* ato físico. O homem *existe como* animal racional, mas *inexiste como* animal imortal. Não é, pois, a existência, *nesse sentido*, um dado *absoluto*, porém sim *relativo*.

revogada. Continua a integrar o ordenamento jurídico do Estado, mas não seu ordenamento jurídico *vigente*.

Tanto é verdade que não deixou de existir que ainda rege as situações ocorridas durante a sua vigência, segundo a regra *tempus regit actum*. Sua *ultra-atividade* confirma sua existência mesmo após a revogação, pois não se poderia aplicar *hoje* uma lei *hoje inexistente* aos fatos ocorridos durante sua vigência. Como aplicar uma lei que não mais existe? Tanto é verdade que não deixou de existir, perdendo apenas (de forma total, porém) sua eficácia, que pode ser *repristinada* a qualquer momento, contanto que a lei *revigoradora* o faça expressamente (LINDB, art. 2º, § 3º). A repristinação é a *atribuição de eficácia* a uma lei que já não a tem por outra norma. Pressupõe a *existência* da lei: não se pode repristinar uma *lei inexistente*, um mero *projeto* de lei (o retromencionado dispositivo da LINDB fala de *lei*).

O próprio vocábulo *revigorar* (= re + vigorar) patenteia cristalinamente a real natureza do fenômeno: a lei *revigoradora* empresta *novamente vigor*, *vigência*, à lei que a perdeu por força da revogação. Trata-se de *nova* atribuição de *vigor*, de *vigência*, e não de *existência simples*, que a lei revogada já possui. Não fora assim, como conceber que a lei revigorante atribuísse eficácia (= vigência) a algo que *nem sequer existe*? Impossível. O máximo que, com verdade, se pode dizer é que com a revogação cessa a *existência **eficaz*** da lei, mas nunca sua *existência pura e simples*. A lei revogada *existe ineficazmente*, mas, ainda assim, *existe*.

O discrímen é relevantíssimo, mas, infelizmente, quase nunca observado, já pela doutrina[31], já pela jurisprudência[32], assim nacional, como alienígena.

Observaram-no, porém, autores de tomo, como, *v.gr.*, EDUARDO ESPÍNOLA e EDUARDO ESPÍNOLA FILHO (embora nem sempre com absoluto rigor terminológico), bem como ADOLFO RAVÀ, citado pelos primeiros:

> "Da mesma forma que a lei começa ***a ter vigor*** em determinado momento, assim também acaba de ***tê-lo*** em outro momento. ***A cessação de eficácia*** da lei pode verificar-se de dois modos, segundo tem ela, já em si, um elemento pelo qual a sua ***eficácia*** se extingue em certo ponto, naturalmente,

31. PONTES DE MIRANDA, cuidadoso como era no que respeita às categorias, aos institutos, aos planos jurídicos, não se isentou de confundir *revogação* com *perda de existência* da lei. (*Comentários à Constituição de 1967*. 3. ed. Rio de Janeiro: Forense, 1987, t. III, p. 598.) Em termos similares, LUÍS ROBERTO BARROSO: "De outra parte, se se encara a matéria em termos de revogação, a ação direta será descabida, *porque não se pode cogitar de declarar inconstitucional o que já **não existe** no mundo jurídico*." (*Interpretação e aplicação da Constituição*: fundamentos de uma dogmática constitucional transformadora. São Paulo: Saraiva, 1996, p. 74.) (Grifou-se.)

32. ADIn 709, Rel. Min. PAULO BROSSARD. *In:* RDA 197/180-8.

[cessação de eficácia por causas intrínsecas] ou, ao contrário, é destinada duração indeterminada, devendo interferir um fato novo para ***fazê-la cessar*** [cessação de eficácia por revogação]."[33]

Asseveram os precitados autores, que dedicam vários subtítulos da citada obra à "cessação de *vigência* das leis" ou "cessação de autoridade das leis":

> "A lei, uma vez publicada e decorrido o prazo da *vacatio legis*, exerce toda a sua autoridade em relação ao povo a que se destina, compreendendo os cidadãos em geral, os funcionários de todas as categorias e os próprios órgãos da soberania nacional, até que a sua *força coativa* venha a cessar pelos meios de direito." (*Opere citato*, p. 56-63 *et passim.*)

A própria LINDB é elucidativa a este respeito. Determina, em seu art. 2º, *caput*: "Não se destinando à *vigência* temporária, *a lei **terá vigor*** até que outra a *modifique* [= derrogue] ou *revogue* [= ab-rogue]." Destinando-se à vigência temporária, vigerá até que cessem as causas determinantes da temporariedade de sua vigência. Caso contrário, *vigorará* até que outra a revogue, total ou parcialmente. Sobrevindo a revogação, total ou parcial, deixará de *viger*[34].

Afirmar, portanto, que uma lei foi *abolida* (ou *extinta*, ou termo translatício equivalente) não pode significar outra coisa senão que perdeu sua *eficácia*, sua *vigência*, sua *aptidão* para produzir efeitos jurídicos válidos.

Destarte, se a *lei revogada* ainda é uma *lei existente*, não há impossibilidade lógico-jurídica para o exercício de um controle *abstrato* sobre sua constitucionalidade. No entanto, há outros argumentos utilizados contra a possibilidade desse controle, os quais serão analisados em seguida.

2.4. A QUESTÃO DO CONTROLE ABSTRATO DA LEGISLAÇÃO PRÉ-CONSTITUCIONAL

2.4.1. O *status quæstionis* no direito comparado

No direito europeu continental, à exceção da Áustria[35], admite-se o controle abstrato da constitucionalidade da legislação pré-constitucional.

---

33. *Apud* ESPÍNOLA FILHO, Eduardo; ESPÍNOLA, Eduardo. *A Lei de Introdução ao Código Civil brasileiro*. 2. ed. Atual. Silva Pacheco. Rio de Janeiro: Renovar, 1995, v. I, p. 57.

34. O Tribunal Constitucional espanhol também respeitou o discrime na primeira das célebres sentenças consagradoras da tese da revogação por inconstitucionalidade (de 02.02.1981). *Cf.* ENTERRÍA, Eduardo García de. *La Constitución como norma y el Tribunal Constitucional*. Tercera edición (reimpresión). Madrid: Civitas, 1988, p. 88-89.

35. Assevera GILMAR MENDES: "É certo, pois, que, com a exceção da Corte Constitucional austríaca, procuram os modernos Tribunais Constitucionais assegurar sua competência para aferir

A Constituição de Portugal é expressa ao prescrever que compete ao Tribunal Constitucional declarar, "com força obrigatória geral", a "inconstitucionalidade de *quaisquer normas*" (art. 281º, **1**, **a**) e ao prever a existência de uma "inconstitucionalidade superveniente" passível de declaração pelo Tribunal Constitucional:

> **"Artigo 281.º**
> **(Fiscalização *abstracta* da constitucionalidade e da legalidade)**
> 1. O Tribunal Constitucional aprecia e declara, com força obrigatória geral:
> **a)** A inconstitucionalidade de *quaisquer normas*;" [...]
> **"Artigo 282.º**
> **(Efeitos da declaração de inconstitucionalidade ou de ilegalidade)**
> 1. A declaração de inconstitucionalidade ou de ilegalidade com força obrigatória geral produz efeitos desde a entrada em vigor da norma declarada inconstitucional ou ilegal e determina a repristinação das normas que ela, eventualmente, haja revogado.
> 2. *Tratando-se, porém, de **inconstitucionalidade** ou de ilegalidade **por infracção de norma constitucional ou legal posterior**, a **declaração** só produz efeitos desde a entrada em vigor desta última.*"

É digno de nota o trato da questão no *direito germânico* (*diametralmente oposto* ao tratamento dado pelo STF à questão): a legislação *pré-constitucional* é considerada como mais merecedora de ser objeto de controle *abstrato* do que a legislação pós-constitucional, pelo maior grau de ofensa que é capaz de causar à Constituição, sendo possível o exame da constitucionalidade da legislação *pós-constitucional* no controle *difuso*.

Dessarte, no direito tedesco, podem ser objeto de controle *abstrato* tanto a legislação pré-constitucional, quanto a pós-constitucional, ao passo que no controle *concreto* só se examina a constitucionalidade da legislação pós-constitucional[36].

Na Espanha também se admite o controle abstrato da legislação pré-constitucional[37], mas com limitações temporais. Sucede que na Espanha o controle abstrato sobre a legislação pós-constitucional também padece de limitações temporais (art. 33 da Lei Orgânica do Tribunal Constitucional).

---

a constitucionalidade das leis pré-constitucionais em face da Constituição vigente." (*Controle concentrado de constitucionalidade...*, p. 124.)

36. *Cf.* o escólio de Gilmar Mendes a este respeito em: *Controle concentrado de constitucionalidade...*, p. 122.

37. *Cf.* ENTERRÍA, Eduardo García de. *La Constitución...*, p. 90. GORDO, Alfonso Pérez. *El tribunal...*, p. 142-143 *et passim*. SEGADO, F. Fernández. *La jurisdicción constitucional en España*. Madrid: [*s.n.*], 1984, p. 104-106 *et passim*. MAURA, Andrés Ribas. *La cuestión de inconstitucionalidad*. Madrid: Universitat de les Illes Balears (UIB) – Civitas, 1991, p. 91-96.

Na Itália, a *Corte costituzionale* reconheceu desde o princípio (desde a sua primeira sentença em 1956) sua competência para o controle concreto da legislação pré-constitucional, por considerar que, para fins de controle, a questão da compatibilidade entre a legislação pré-constitucional e a Constituição também é uma questão "*di legittimità costituzionale*"[38] (nos precisos termos do art. 134 da Constituição italiana[39]), e não uma mera questão de *direito intertemporal*.

Além de sólidos fundamentos dogmáticos, havia ainda razões pragmáticas a justificar esse entendimento da *Corte costituzionale*:

> "A primeira, e histórica, decisão da Corte é de 14 de junho de 1956 (*Sentenza* 1/1956). Nela a Corte firmou sua competência exclusiva para julgar a constitucionalidade de leis pré-constitucionais, o que foi de capital importância para assegurar a posição institucional da Corte recém-instalada, uma vez que a expressiva maioria das leis vigentes à época era anterior à Constituição de 1948, incumbindo, dessarte, à Corte Constitucional (e não à jurisdição comum) a tarefa de depurar o ordenamento italiano das leis oriundas do regime fascista contravenientes à novel Constituição. Cf. CELOTTO, Alfonso. **La Corte costituzionale**. Bologna: il Mulino, 2004, p. 41-42." (FERNANDES, André Dias. *Modulação de efeitos e decisões manipulativas no controle de constitucionalidade brasileiro*: possibilidades, limites e parâmetros. Salvador: JusPodivm, 2018, p. 87.)

Consoante Zagrebelsky e Valeria Marcenò, no âmbito da jurisdição comum, os juízes demonstravam pouca familiaridade com os valores e princípios constitucionais, reconhecendo-lhes um valor meramente programático e negando-lhes a capacidade de revogar a legislação pretérita em contrário.[40]

38. ZAGREBELSKY, Gustavo. *La giustizia costituzionale...*, p. 141 *et seqq.*

39. "**Art. 134.** La Corte costituzionale giudica: sulle controversie relative alla *legittimità costituzionale* delle leggi e degli atti, aventi forza di legge, dello Stato e delle Regioni [...]".

40. "La posizione della Corte costituzionale ha corrisposto a una scelta strategica adeguata alle aspettative che condussero il Costituente (che pure aveva ignorato il problema delle leggi anteriori incostituzionali) a configurare un sindacato accentrato sui vizi d'incostituzionalità delle leggi. L'abrogazione avrebbe invece rimesso i problemi di adeguamento delle leggi del fascismo alla Costituzione nuova a organi – alla fine, alle massime istanze giurisdizionali, ordinaria e amministrativa – che, negli anni 1948-1956, avevano dimostrato scarsa dimestichezza con i valori costituzionali, teorizzando il carattere solo «programmatico» e non immediatamente operativo di tutte le disposizioni costituzionali diverse da quelle poche – come le si denominava – «dispositive perfette», cioè le disposizioni contenenti «regole» e non «principi» o «programmi» [...] idonee ad essere applicate come «regole»." (ZAGREBELSKY, Gustavo; MARCENÒ, Valeria. *Giustizia costituzionale*: storia, principi, interpretazioni. 2. ed. Bologna: il Mulino, 2018, v. 1, p. 203.)

Posteriormente, contudo, a Corte passou a permitir expressamente que a jurisdição ordinária também examinasse a subsistência ou não da legislação anterior à Constituição sob o ângulo da revogação. Assim, a Corte reteve sua competência para analisar a questão pelo prisma da inconstitucionalidade, mas reconheceu aos juízos e tribunais comuns a competência para examiná-la pela óptica da revogação.[41]

Num sistema, como o brasileiro, em que, paralelamente ao controle abstrato, todos os juízes têm competência para declarar incidentalmente a inconstitucionalidade das leis e atos normativos (controle difuso-incidental) e para analisar questões de direito intertemporal, essa parece ser a melhor solução, quer porque preserva a competência de todos os juízes para decidirem sobre a *revogação por motivo de inconstitucionalidade*, quer porque é a que *melhor garante a supremacia da Constituição*.

2.4.2. O *status quæstionis* no STF

É firme a *atual* jurisprudência do STF no sentido da impossibilidade de controle *abstrato* da constitucionalidade da legislação pré-constitucional[42], salvo em ADPF (conforme art. 1º, parágrafo único, I, da Lei 9.882-99)[43].

Contudo, nem sempre foi assim: no início, a jurisprudência pacífica no STF era em sentido inverso.

Sustenta, em suma, o STF que: (a) o problema da incompatibilidade da legislação pré-constitucional com a Constituição *não é uma questão de inconstitucionalidade*, mas sim, *unicamente*, uma *questão de direito intertemporal*, ou seja, uma questão de *mera revogação* da legislação pré-constitucional pela nova Constituição (*lex posterior derogat priori*); e (b) não mais *existindo* a lei por ter sido *revogada* pela Constituição, falta o interesse objetivo de agir, não se podendo

41. *Cf.* RUGGERI, Antonio; SPADARO, Antonino. *Lineamenti di giustizia costituzionale*. 5. ed. Torino: G. Giappichelli Editore, 2014, p. 86-87.

42. *Cf.* ADIn 3, Rel. Min. Moreira Alves. *In:* RDA 191/182-8. ADIn 77, Rel. Min. Sepúlveda Pertence. *In:* RTJ 147/372-6. ADIn 129, Rel. Min. Francisco Rezek. *In:* RDA 191/214-20. ADIn 221, Rel. Min. Moreira Alves. *In:* RDA 194/242-3. ADIn 381, Rel. Min. Moreira Alves. *In:* RTJ 144/69-97. ADIn 611, Rel. Min. Sepúlveda Pertence. *In:* RDA 191/221-6. ADIn 709, Rel. Min. Paulo Brossard. *In:* RDA 197/180-8. ADIn 221, Rel. Min. Moreira Alves. *In:* RDA 195/79-80.

43. "A arguição de descumprimento de preceito fundamental permite a análise de constitucionalidade de normas legais de caráter pré-constitucional por revelar-se insuscetível de conhecimento em sede de ação direta de inconstitucionalidade. Precedentes." (ADPF 364, Rel. Min. CÁRMEN LÚCIA, Tribunal Pleno, julgado em 11/09/2019, DJe-211 27-09-2019.)

transformar o processo abstrato de constitucionalidade "em meio processual indireto de desconstituição de situações jurídicas pessoais e concretas".

Essa posição, contrária à do direito comparado e motivada mais pela pletora de ações que assoberbam o STF do que por razões estritamente jurídicas, não resiste a uma análise científica mais rigorosa.

Cumpre, porém, aos demais Poderes prover o STF dos *meios necessários* ao pleno cumprimento de sua magna função constitucional de "guardião da Constituição", seja aumentando o número de Ministros, seja reduzindo sua competência, seja incrementando o quadro de servidores do STF, seja adotando qualquer outra medida que viabilize o pleno funcionamento da Suprema Corte.

2.4.3. Crítica à posição do STF

2.4.3.1. Da revogação por inconstitucionalidade

Como enfatizado linhas atrás, o Supremo Tribunal Federal perfilhou de início o entendimento conforme ao qual era possível examinar, no controle abstrato, o problema da revogação de normas pré-constitucionais pela nova Constituição[44]. Tal orientação foi, infelizmente, de seguida abandonada[45], não sem iteradas opugnativas da parte de alguns Ministros, como SEPÚLVEDA PERTENCE, que a este propósito lavrou voto-vista na ADIn nº 2, reproduzido em vários outros acórdãos ulteriores, que, em substância, sintetiza a real fenomenologia da inconstitucionalidade sobreveniente à entrada em vigor **(1)** de uma nova *Lex Legum* ou **(2)** de uma Emenda Constitucional.

Quando a norma constitucional é *posterior* à norma infraconstitucional que lhe é contrária, há o ***concurso*** de dois fenômenos: ***há tanto inconstitucionalidade superveniente como revogação***. Mas não ocorrem, no plano *lógico*, simultaneamente, a um só tempo. *A revogação é **consequência** da inconstitucionalidade superveniente*[46]. Por outra forma: a inconstitucionalidade superveniente

44. *Cf.* Rp. 946, Rel. Min. XAVIER DE ALBUQUERQUE. *In:* RTJ 82/44; Rp. 969, Rel. Min. ANTONIO NEDER. *In:* RTJ 99/544.

45. *Vide*: ADIn 3, Rel. Min. MOREIRA ALVES. *In:* RDA 191/182-8. ADIn 77, Rel. Min. SEPÚLVEDA PERTENCE. *In:* RTJ 147/372-6. ADIn 129, Rel. Min. FRANCISCO REZEK. *In:* RDA 191/214-20. ADIn 221, Rel. Min. MOREIRA ALVES. *In:* RDA 194/242-3. ADIn 381, Rel. Min. MOREIRA ALVES. *In:* RTJ 144/69 97. ADIn 611, Rel. Min. SEPÚLVEDA PERTENCE. *In:* RDA 191/221-6. ADIn 709, Rel. Min. PAULO BROSSARD. *In:* RDA 197/180-8. ADIn 221, Rel. Min. MOREIRA ALVES. *In:* RDA 195/79-80.

46. LÚCIO BITTENCOURT, dissentindo, com razão, de CASTRO NUNES, que insistia "em considerar a *revogação* e a *inconstitucionalidade* como duas situações jurídicas irreconciliáveis", registou: "O equívoco do Mestre consiste, a nosso ver, em considerar *paralelas* as duas citações [*sic*, deve ser

é, em casos que tais, *pressuposto, premissa* da revogação. A norma infraconstitucional preexistente à norma constitucional torna-se, com a entrada em vigor da Constituição ou de uma Emenda, inconstitucional, *i.e.*, incompatível com a Constituição, e, *conseguintemente*, por injunção de *princípio lógico-jurídico*[47], positivado na LINDB, art. 2º, § 1º, é revogada. Sendo, portanto, uma norma

---

"situações"], excludente uma da outra, quando, de fato, a inconstitucionalidade é um *estado* – estado de conflito entre uma lei e a Constituição – e a revogação é o *efeito* desse estado. O tribunal declara a *inconstitucionalidade* e, em consequência desta, reconhece a revogação da lei." Mas nisso não ficou o ilustre monografista: "Havendo, no caso, como fatalmente deverá haver, a *declaração de inconstitucionalidade*, não há por que subtrair essa situação jurídica, em que se apura a validade de uma lei anterior à Constituição, às normas e princípios que regem *in genere* a matéria. Esse, aliás, o entendimento do Supremo Tribunal Federal, limpidamente expresso pelo ministro Orozimbo Nonato: 'o tratamento de uma lei inconstitucional, isto é, coetânea da Constituição e que se manifeste contra ela – e o de uma lei incompatível com uma nova ordem constitucional – é o mesmo problema e que, por ser substancialmente idêntico, reclama o mesmo remate ou desentrecho' " (voto no MS 767, de 18.06.1947) (*O controle jurisdicional da constitucionalidade das leis*. Rio de Janeiro: Forense, 1968, p. 132-133.) (Grifos do autor.)

47. Não se reza, pois, *petita maxima venia*, como pensa o eminente Min. Marco Aurélio, que, aliás, não aceita a tese da mera revogação, aderindo, porém, à da mera inconstitucionalidade, de matéria "infraconstitucional, ficando obstaculizado o acesso ao Supremo Tribunal Federal [...]" (RDA, 191/187). Com efeito, a LINDB, por razão de veicular normas de sobredireito, de ser uma lei sobre leis, de determinar qual a lei aplicável, de determinar os modos pelos quais se revogam ou não as leis, sejam quais forem (de fora parte, obviamente, a Constituição e suas emendas), foi alçada, a nosso viso, à condição de ***lei complementar*** por injunção do parágrafo único do art. 59 da *Lex Legum, dispositivo inexistente nas Constituições anteriores.* Prescreve ele: "**Parágrafo único.** Lei complementar disporá sobre *elaboração*, redação, *alteração* e consolidação das leis." Regulamentando este dispositivo constitucional, foi editada a LC nº 95/98. No entanto, tal Lei tratou apenas de *técnica* legislativa. A nosso viso, o art. 59, par. único, da CF-88 não quis aludir *apenas* à técnica legislativa. Se assim fosse, o preceito constitucional deveria ter sido redigido (em boa técnica legislativa...) destarte: "Lei complementar disporá sobre *a técnica de* elaboração, redação, alteração e consolidação das leis." Mas não o fez o legislador, e nisso se houve bem. Ainda que esta haja sido a *intentio* do legislador (*mens legislatoris*), não é isso o que aparece objetivamente querido na lei (*mens legis*). Configuraria um dos casos roborizadores da máxima segundo a qual a lei sói ser mais arguta que o legislador, pois muito há que a doutrina tem ressaltado a natureza de "normas de sobredireito" de muitas das normas albergadas na LINDB. A lei complementar editada *sobre técnica legislativa*, por outra parte, é *atécnica*, porquanto ela mesma trata de contradizer os preceitos de técnica legislativa que encerra: no art. 12, III, "*d*", contravém claramente ao que acabara de dispor no art. 11, II, "*e*"... Assim, enquanto não for editada uma lei complementar que disponha sobre a matéria "de sobredireito" versada na LINDB, remanescerá esta com a eficácia de lei complementária, por assim ter sido recepcionada pela CF-88, art. 59, parágrafo único. Havendo sido, portanto, desde a CF-88, recepcionada como lei complementária, tal estatura hierárquica *infraconstitucional* não lhe permite arrostar a *Lex Major*. O preceito, porém, de que "a lei posterior revoga a anterior [...] quando seja com ela incompatível" é de muito maior transcendência. Mesmo que ali não estivesse exarado, impor-se-ia como ***universal princípio lógico-jurídico*** que é, reconhecido inexplicitamente pela Constituição mesma. A LINDB tão somente o *explicita*.

revogada por inconstitucionalidade, não pode ser *recepcionada, recebida, acolhida* pela norma constitucional. A *sucessão fenomenológica* é, portanto, a subseguinte:

(1) constitucionalidade;

(2) inconstitucionalidade superveniente;

(3) revogação; e

(4) não recepção.

Não há, pois, em hipóteses que tais, nem *mera* inconstitucionalidade superveniente, nem *mera* revogação, nem *mera* não recepção. Um fenômeno acarreta o outro, nessa sequência, nessa ordem.[48]

Tais fenômenos ocorrem de pleno direito *(pleno iure)*, independentemente de intervenção judicial ou legislatória. A intervenção judicial, se houver, limitar-se-á a *reconhecer* a ocorrência da sucessão de fenômenos jurídicos acima descritos, a *declarar-lhe* a existência. Não é ela, porém, inútil, desnecessária, já que, além de exercer uma função clarificativa, reveste a autoridade vinculativa concreta conatural às decisões judiciais.

Dessa lógica não há fugir, nem de seus resultados, malgrado alcançados por sendas diversas, tem discrepado, em linha de princípio, o direito comparado[49].

---

48. Pontua Canotilho: "*Não há uma relação de exclusão: se a revogação deriva ou é provocada por contrariedade com a Constituição então a contrariedade é ela mesma premissa da revogação.* A inconstitucionalidade (plano de validade) conduz, num caso concreto, à revogação (plano de vigência). Daí que, na inconstitucionalidade superveniente, haja um concurso de revogação (leis que se sucedem no tempo) e nulidade (leis de hierarquia diferente em relação de contrariedade). Como se escreveu noutro lado, 'um tribunal não pode certamente aplicar uma norma de direito préconstitucional contrária à Constituição, pois ela deixou de vigorar, mas só a pode considerar revogada ou caducada depois de a ter considerado contrária à Constituição' (cfr. Ac. TC 133/90, *DR*, II, 4-9-90)." (*Direito constitucional...*, p. 1306-1307.) (Grifou-se.) *Cf.* ainda MEDEIROS, Rui. *A decisão de inconstitucionalidade.* Lisboa: Universidade Católica Editora, 1999, p. 115-120.

49. O Tribunal Constitucional espanhol, em famigerada e laudabilíssima decisão, prescreveu: "Hay que señalar que no existe una auténtica contradicción entre el problema vigencia-derogación y el problema constitucionalidad-inconstitucionalidad. No es enteramente exacta la opinión de que el tema de la vigencia o derogación es previo al de la constitucionalidad, porque respecto de normas derogadas no cabe ni siquiera plantearse el tema de su constitucionalidad. En puridad, ocurre más bien lo contrario. En la medida en que la derogación se produce por contradicción con la Constitución, *la contradicción con la Constitución es una* ***premisa*** *de la derogación.* Nosotros entendemos por inconstitucionalidad simplemente *el juicio de contraste entre las dos normas,* al que subsigue una consecuencia jurídica. Mas inconstitucionalidad no es la consecuencia, sino simplemente, la premisa de esa consecuencia. Por eso puede decirse que la inconstitucionalidad de las leyes anteriores conduce a unas consecuencias que pueden ser concurrentemente la derogación y la nulidad." (*Apud* ENTERRÍA, Eduardo García de. *La Constitución como norma y el Tribunal Constitucional.* Tercera edición (reimpresión). Madrid: Civitas, 1988, p. 90.) (Grifou-se.) *Vide* ainda: GORDO, Alfonso Pérez. *El tribunal...*, p.

Se o que se dá é *revogação por inconstitucionalidade*, passível é a norma que se averba de revogada de ser objeto de controle *concentrado* de constitucionalidade. Isso porque para declarar se a norma foi revogada ou não o STF tem, necessariamente, de verificar, em primeiro lugar, a *compatibilidade com a Constituição* (= constitucionalidade) da norma de cuja revogação se duvida e sobre a qual se controverte[50].

A revogação tem por *premissa irremovível* a inconstitucionalidade. Só se pode afirmar se houve ou não revogação após decidir-se se houve inconstitucionalidade ou não. Como se pode asseverar que a Constituição *revogou* a norma infraconstitucional *por contrariedade a ela* sem *antes* afirmar a existência dessa mesma *contrariedade* (= inconstitucionalidade)?

Assim, não pode o STF, sob pena de incorrer em iniludível **prejulgamento** da ação, declarar, liminarmente, que *não conhece* da ADIn por haver a norma sido *revogada*, acarretando-lhe *falta de objeto*. A essa conclusão só pode o STF chegar (**a**) por *maioria absoluta* de seus membros (CF-88, art. 97) (seis), presentes ao menos 8 (oito) Ministros, e (**b**) *ao cabo da ação*, quando decidir o seu *mérito*. A declaração de que a norma foi revogada pela Constituição contém *implícita*, como premissa irremovível, uma declaração de inconstitucionalidade, que só pode ser pronunciada ao fim da ação, quando for do exame de seu mérito. Não tem o STF, nem qualquer outro Tribunal ou juiz monocrático, competência constitucional que lhe permita pronunciar expressamente um juízo definitivo de inconstitucionalidade antes de decidido o mérito da ação. Permite-lhe a Constituição, antes de definitivamente examinado o mérito da ação, conceder *medida cautelar* (em regra, *ex nunc*) (art.

142-143 *et passim*. SEGADO, F. Fernández. *La jurisdicción constitucional en España*. Madrid: [*s.n.*], 1984, p. 104-106 *et passim*. MAURA, Andrés Ribas. *La cuestión de inconstitucionalidad*. Madrid: Universitat de les Illes Balears (UIB) — Civitas, 1991, p. 91-96.

50. Hugo de Brito Machado bem apreendeu o problema: "Sabido que nos termos do art. 97 da Constituição Federal, 'somente pelo voto da maioria absoluta de seus membros ou dos membros do respectivo órgão especial poderão os tribunais declarar a inconstitucionalidade de lei ou ato normativo do Poder Público', tal decisão suscita interessantes questões, entre as quais desde logo podem ser destacadas as de saber: (a) se é possível deixar de aplicar uma lei sem declará-la inconstitucional; e (b) sendo, como no caso, a lei anterior à Constituição, à decisão que afirma não haver sido aquela recepcionada aplica-se a exigência do art. 97 da Constituição.

Se a decisão desconsidera o conteúdo da lei, a pretexto de interpretá-la em face de princípios da Constituição, *contém implícita uma declaração de inconstitucionalidade*, ou viola literal disposição de lei. Admitido o primeiro entendimento, *tem-se que a decisão somente será válida se adotada com observância do art. 97 da Constituição Federal*, e se não o observa é rescindível por violação daquela norma constitucional. Admitido o segundo entendimento, tem-se que a decisão é rescindível, por violação da disposição legal que desconsiderou." (Local de ocorrência do fato gerador do ISS. *Repertório IOB de Jurisprudência*, São Paulo, nº 1/96, p. 14-16, 1ª quinzena de janeiro de 1996.) (Grifou-se.)

102, I, *p*), mediante um juízo *provisório* e *precário* sobre a constitucionalidade ou não da norma impugnada, mas não lhe outorga competência para emitir juízos *definitivos* de inconstitucionalidade antes do termo da ação.

Ora, se não pode fazê-lo *diretamente*, não pode, igualmente, fazê-lo *por via transversa*, *indiretamente*, sob pena de burla à Constituição. A declaração de que a norma foi revogada por incompatibilidade com a Constituição não é matéria de "*pressuposto de admissibilidade*", de "*condição de procedibilidade*", de *condição da ação*, mas, isto sim, questão de *mérito*, por conter *implícita*, mas *necessariamente* uma declaração de inconstitucionalidade. Não há, pois, alegar "impossibilidade jurídica do pedido" ou "ausência de interesse objetivo de agir" por "falta de objeto", objeções alusivas às *condições da ação objetiva*: a ação há de ser *conhecida* e, quando do julgamento do mérito, decidir-se-á se houve inconstitucionalidade ou não, e, consequencialmente, se ocorreu revogação ou não.

Portanto, em relação à ADIn e à ADC, a principal consequência prática da tese da mera revogação perfilhada pelo STF é a inviabilidade de terem por objeto normas anteriores à CF-88. Outro efeito seria a desnecessidade de impugnação de normas anteriores à CF-88 a fim de evitar o "efeito repristinatório indesejado" de tais normas pré-constitucionais.[51]

Em relação a outras espécies de ação (ADPF e processos subjetivos em geral), uma relevante consequência prática desse entendimento do STF é a desnecessidade de observância do art. 97 da CF-88 (**cláusula da reserva de plenário**) para declarar a não recepção da norma pré-constitucional.[52] Assim, nesses casos, à consideração de que não há declaração de inconstitucionalidade, mas mera questão de direito intertemporal resolvida pelo critério cronológico (*lex posterior derogat priori*), o STF não exige que a decisão de não recepção

---

51. "A jurisprudência desta CORTE aponta para a necessidade de que a Ação Direta questione todas as normas que integram o conjunto normativo apontado como inconstitucional, tendo em conta o efeito repristinatório verificado na declaração de inconstitucionalidade. A ausência de impugnação de toda a cadeia normativa, ***ressalvados os diplomas normativos anteriores à Constituição Federal de 1988***, enseja o não conhecimento da ação ajuizada." (ADIn 5260, Rel. Min. ALEXANDRE DE MORAES, Tribunal Pleno, julgado em 11/10/2018, DJe-230 29-10-2018.)

52. "Art. 97. Somente pelo voto da maioria absoluta de seus membros ou dos membros do respectivo órgão especial poderão os tribunais declarar a *inconstitucionalidade* de lei ou ato normativo do Poder Público." Inaplicável, por igual, a Súmula Vinculante 10: "Viola a cláusula de reserva de plenário (CF, artigo 97) a decisão de órgão fracionário de tribunal que, embora não declare expressamente a inconstitucionalidade de lei ou ato normativo do Poder Público, afasta sua incidência, no todo ou em parte."

seja do plenário, nem reclama *quorum* de maioria absoluta, sendo suficiente maioria simples.[53]

Outro corolário prático dessa tese é a desnecessidade de comunicação ao Senado para suspensão da norma nos termos do art. 52, X, da CF-88, dada a inexistência de declaração de inconstitucionalidade nessa hipótese.[54]

Uma terceira decorrência seria a inaplicabilidade da modulação de efeitos prevista no art. 27 da Lei 9.868-99, que explicitamente condiciona a modulação à declaração de inconstitucionalidade da norma.[55] Entretanto, no RE 600.885, o STF modulou os efeitos da não recepção de norma legal pré-constitucional[56], como se verá mais detalhadamente no item 4.4.

2.4.3.2. Inconstitucionalidade sem nulidade

Quando ocorre inconstitucionalidade superveniente de uma norma pela entrada em vigor de **(1)** uma nova Constituição ou de **(2)** Emenda Constitucional, hipóteses em que a Constituição, como *Lex posterior*, ***revoga*** a norma anterior, ***não ocorre em tais circunstâncias a atribuição de nulidade absoluta***[57] obrigatoriamente levada a efeito pelo ordenamento jurídico nos casos de

53. ARE 1153073 AgR, Rel. Min. Gilmar Mendes, Segunda Turma, julgado em 30/08/2019, DJe-193 05-09-2019; Rcl 15.786 AgR, Rel. Min. Lewandowski, Pleno, julgado em 18-12-2013, DJe-34 19-02-2014.

54. "NORMA - CONFLITO COM TEXTO CONSTITUCIONAL SUPERVENIENTE - RESOLUÇÃO. Na dicção da ilustrada maioria, vencido o relator, *o conflito de norma com preceito constitucional superveniente resolve-se no campo da não recepção,* ***não cabendo a comunicação ao Senado prevista no inciso X do artigo 52 da Constituição Federal.***" (RE 387271, Rel. Min. MARCO AURÉLIO, Tribunal Pleno, julgado em 08/08/2007, DJe-018 01-02-2008.)

55. "Art. 27. **Ao declarar a INCONSTITUCIONALIDADE** de lei ou ato normativo, e tendo em vista razões de segurança jurídica ou de excepcional interesse social, poderá o Supremo Tribunal Federal, por maioria de dois terços de seus membros, restringir os efeitos daquela declaração ou decidir que ela só tenha eficácia a partir de seu trânsito em julgado ou de outro momento que venha a ser fixado."

56. "Não foi recepcionada pela Constituição da República de 1988 a expressão 'nos regulamentos da Marinha, do Exército e da Aeronáutica' do art. 10 da Lei n. 6.880/1980. 5. O princípio da segurança jurídica impõe que, mais de vinte e dois anos de vigência da Constituição, nos quais dezenas de concursos foram realizados se observando aquela regra legal, modulem-se os efeitos da não recepção: manutenção da validade dos limites de idade fixados em editais e regulamentos fundados no art. 10 da Lei n. 6.880/1980 até 31 de dezembro de 2011. 6. Recurso extraordinário desprovido, com modulação de seus efeitos." (RE 600885, Rel. Min. CÁRMEN LÚCIA, Tribunal Pleno, julgado em 09/02/2011, REPERCUSSÃO GERAL - MÉRITO DJe-125 01-07-2011.)

57. Configura assim, uma vez levada a juízo (controle abstrato ou incidental), uma hipótese, perfeitamente admitida pelo ordenamento jurídico brasileiro, de *declaração de inconstitucionalidade*

inconstitucionalidade *originária* (e de "*constitucionalidade* superveniente", como se verá abaixo). Ou seja: a norma eivada de inconstitucionalidade superveniente por conflito com Constituição (Emendas inclusive) ulterior, apesar de *inconstitucional, não é nula.*

Isso se dá porque o ordenamento jurídico, ao cominar a *sanção* ao *supremo vício* de inconstitucionalidade, escolhe, dentre as possíveis, **a que melhor preserve a *supremacia da Constituição***, finalidade mesma do controle de constitucionalidade[58]. Trata-se de um desdobramento do princípio-mor da supremacia da Constituição. Poderíamos denominá-lo, sem a pretensão de cunhar um princípio novo, de "***princípio da máxima preservação da supremacia constitucional***". Ora, a sanção de nulidade absoluta, que opera, de sua natureza mesma, *ex tunc*, projetando-se no passado, ***no geral dos casos*** é sanção mais grave que a de *revogação*, que, *de regra*, não retroopera (*ex nunc*), projetando-se no futuro (*pro futuro*). Mas hipóteses há em que a revogação é *sanção mais grave* que a nulidade.

É o que se passa na espécie. Senão, vejamos. Rezando-se, como se reza, de norma que só se torna inconstitucional no exato instante da entrada em vigor da norma constitucional posterior, sendo, pois, perfeitamente constitucional e, portanto, válida até esse mesmo instante, a sanção de *nulidade* cominada pelo ordenamento só seria eficaz a partir dessa mesma data. Não haveria situações

---

sem a pronúncia de nulidade, diferente daquela a que se têm referido o *Bundesverfassungsgericht* (Tribunal Constitucional alemão) e o principal divulgador de sua jurisprudência no Brasil, Gilmar Ferreira Mendes, da qual deriva o dever de legislar, inexistente no caso *sub examine*. (*Cf.*, do autor: A declaração de nulidade da lei inconstitucional, a interpretação conforme a Constituição e a declaração de constitucionalidade na jurisprudência da Corte Constitucional alemã. *Cadernos de Direito Tributário e Finanças Públicas,* São Paulo, v. 1. nº 4, p. 8-30, jul./set. 1993. A doutrina constitucional e o controle de constitucionalidade como garantia da cidadania – necessidade de desenvolvimento de novas técnicas de decisão: possibilidade da declaração de inconstitucionalidade sem a pronúncia de nulidade no direito brasileiro. *Cadernos de Direito Tributário e Finanças Públicas,* São Paulo, v. 1, nº 3, p. 21-43, abr./jun. 1993. *Jurisdição constitucional.* São Paulo: Saraiva, 1996, p. 202-220. *Controle de constitucionalidade*: aspectos jurídicos e políticos. São Paulo: Saraiva, 1990, p. 165 *et passim.*)

58. Como bem o disse Burdeau, "le contrôle est le corollaire de la *suprématie* de la Constitution" (*Traité...*, p. 367). Na mesma esteira, Francisco Fernández Segado: "*En el recurso de inconstitucionalidad*, el Tribunal Constitucional garantiza la *supremacía de la Constitución*" *El sistema constitucional español.* Madrid: Dykinson, 1992, p. 1084.) (Grifos nossos e do autor.) Andrés Ribas Maura também não dissona: "La concepción de la Constitución como norma suprema tiene como consecuencia el establecimiento de una serie de garantías o mecanismos de defensa frente a posibles infracciones o agresiones. La existencia de sistemas de control de la constitucionalidad de las leyes es una expresión concreta de estos mecanismos de defensa y su *objetivo* es *garantizar* la *primacía* o *superioridad* de la *Norma constitucional sobre el* ***resto*** *del ordenamiento jurídico.*" (*La cuestión...*, p. 21.) (Grifou-se.)

anteriores a essa data sobre as quais ela pudesse incidir. Nesse particular, a sanção de nulidade equivaleria à sanção de revogação. Seriam, neste pouco, isto é, quanto aos efeitos pretéritos, absolutamente equipolentes.

Mas a *sanção de nulidade* permite a preservação de efeitos *secundários, reflexos, mediatos* que o ato nulo porventura gere **entre a data em que incide a sanção levada a cabo pelo ordenamento jurídico e a data em que passa a produzir efeitos o seu reconhecimento judicial**. Cura-se mesmo de imposição constitucional (especialmente, art. 5º, XXXVI, da CF-88), como iremos a ver mais ao diante. Já no que concerne à *revogação*, não há, a partir da data em que a disposição revogatória começa a vigorar, a possibilidade de alegar-se a geração de *nenhuns efeitos*, mesmo que seu reconhecimento judicial só se dê muito posteriormente. Há apenas o respeito às situações já definitivamente constituídas (direitos adquiridos, ato jurídico perfeito e coisa julgada) *até a data em que principia a viger*, excluídas, portanto, as situações meramente expectativas (*spes iuris*).

Dito de outra forma: o ato *nulo*, tal como há entendido a doutrina mais abalizada[59] e tal qual deflui da intelecção da Constituição, nomeadamente, mas não exclusivamente, de seu art. 5º, XXXVI, pode produzir efeitos secundários, reflexos, durante o lapso de tempo que medeia entre a data da incidência da sanção de nulidade e a data de início da produção de efeitos do reconhecimento judicial (= da declaração judicial de nulidade[60]), o que não sucede

59. *Vide*, entre outros, a este propósito: MIRANDA, Pontes de. *Tratado de direito privado*. Rio de Janeiro: Borsoi, 1954, v. IV, § 380, nº 1, e § 358, nº 1. AZEVEDO, Antônio Junqueira de. *Negócio jurídico*: existência, validade e eficácia. 2. ed. São Paulo: Saraiva, p. 59 *et seqq.*; p. 74-5. PEREIRA, Caio Mário da Silva. *Instituições de direito civil*. 8. ed. Rio de Janeiro: Forense, 1984, v. I, p. 444-5. BECKER, Alfredo Augusto. *Teoria geral do direito tributário*. 2. ed. São Paulo: Saraiva, 1972, p. 418. RUGGIERO, Roberto de. *Instituições de direito civil*. Trad. da 6. ed. ital. São Paulo: Saraiva, 1971, v. I, p. 269. SANTOS, Carvalho. *Código civil brasileiro interpretado*. 6. ed. Rio de Janeiro: Freitas Bastos, 1958, v. III, p. 255.

60. *Excepcionalissimamente*, o ato nulo pode gerar efeitos jurídicos válidos ***mesmo após o início a produção de efeitos da declaração judicial de nulidade absoluta***. Exemplos: **(a)** o art. 1617 do CC/2002 (art. 367 do CC/1916) determina que a filiação paterna ou materna pode resultar de casamento **já declarado nulo por sentença; assim, o filho que nasce após o trânsito em julgado da sentença declaratória de nulidade é reconhecido juridicamente como filho do casal, apesar de a declaração judicial de nulidade do casamento já ter começado a produzir efeitos**; **(b)** o art. 27 da Lei nº 9.868-99 permite expressamente a produção de efeitos válidos do ato **já declarado nulo pelo STF** até a data prefixada no acórdão; **(c)** o art. 183, XIV, do CC/1916 proibia a mulher de casar-se novamente no prazo de 10 (dez) meses depois da dissolução da sociedade conjugal em virtude da declaração judicial de nulidade do casamento anterior. Assim, malgrado já dissolvida a sociedade conjugal pelo trânsito em julgado da sentença declaratória de nulidade do casamento, o casamento absolutamente nulo (contraído de boa ou má-fé) continuaria a produzir o efeito juridicamente válido de **impedir**

com a *revogação*: o ato revogado (por ter perdido totalmente sua aptidão para incidir, sua vigência, sua capacidade de produzir efeitos jurídicos, cessando assim de produzir todo e qualquer efeito a contar da data de incidência do dispositivo revogatório), este sim, *não produz nenhum efeito*.

Em síntese, na hipótese de inconstitucionalidade superveniente resultante da entrada em vigor de **(1)** uma nova Constituição ou de **(2)** uma Emenda Constitucional, a sanção a ser aplicada deve ser a de *revogação* da norma, e não a de nulidade absoluta, por força do *princípio da máxima preservação da supremacia constitucional*. Isso porque embora no geral dos casos a sanção de nulidade absoluta seja mais grave que a de revogação, no caso específico da inconstitucionalidade superveniente por alteração formal da Constituição, a revogação constitui *sanção mais grave* que a de nulidade absoluta, visto que a revogação não admite a permanência de efeitos pretéritos residuais (efeitos reflexos, secundários) como a sanção de nulidade admite *no período que vai do início da existência da nulidade até ao seu reconhecimento judicial*[61]. Assim, a norma será *inconstitucional*, mas não será *nula*: será *revogada* por causa dessa mesma inconstitucionalidade (superveniente).

2.4.3.3. Vigência da norma e atualidade da ofensa à Constituição

O controle de constitucionalidade, *in abstracto* ou *in concreto*, destina-se *especificamente*, *diretamente*, a garantir o *princípio da supremacia constitucional*, e, *per viam consequentiæ*, a garantir a própria *Constituição*, e, também por via de consequência, destina-se a garantir *indiretamente*, *reflexamente*, *obliquamente*, toda a ordem jurídica sobrerrestante nela fundada.

Como, porém, a *conjugação* das duas modalidades de controle indiscutivelmente presta-se melhormente a garantir o *princípio da supremacia constitucional* do que cada qual isoladamente, houve por bem o legislador constituinte instituí-los um ao lado do outro.

Mas garantir o princípio da supremacia *de qual Constituição*? Da de 1967/69? Da de 1946? Obviamente, não estava na cogitação do legislador constituinte garantir a supremacia das Constituições anteriores. Queria ele proteger a *sua obra*, a *sua criatura*: a Constituição *vigente*. Ocorre que a

(era causa **impeditiva**) um novo casamento antes de decorrido esse prazo de 10 meses. Quanto a este último exemplo, *cf.* AZEVEDO, Antônio Junqueira de. *Negócio jurídico...*, p. 60.

61. E, excepcionalissimamente, mesmo após o início da produção dos efeitos da declaração judicial, como já enfatizado.

vigente Constituição exige de todos (até do legislador ordinário), em vários dispositivos, em cláusulas pétreas inclusive, o respeito à *supremacia* das anteriores, *no que concerne aos atos praticados durante a vigência de cada qual*, consoante a regra *tempus regit actum*. Exemplo disso é o inciso XXXVI do art. 5º da Constituição *vigente*, que determina sejam respeitados, até mesmo por *lei*, os direitos adquiridos, o ato jurídico perfeito e a coisa julgada, *dentre os quais necessariamente se inscrevem os direitos adquiridos (e demais situações definitivamente constituídas) na vigência das Constituições* ***anteriores*** a que a própria Constituição vigente não se oponha (e só a ela é dado opor-se a tais situações definitivamente constituídas, isto para quem considere não haver direito adquirido *contra* a Constituição vigente).

Assim, por via oblíqua, a Constituição *vigente* garante a supremacia de cada uma das anteriores *no tocante aos atos praticados durante a vigência de cada qual Constituição anterior*. Uma lei (ou ato judicial, privado, etc.), ainda que editada sob a vigência da Constituição de 1988, que malfira a supremacia da Constituição anterior no que concerne aos atos praticados em sua vigência, vulnera, outrossim, a *supremacia* da Constituição *vigente*, que não permite que nenhuma lei lhe contradiga. Assim, a afirmativa de que o controle de constitucionalidade, abstrato ou concreto, protege *apenas* a Constituição *vigente*[62] deve ser *relativizada*, pois a própria Constituição *vigente*[63] determina seja respeitada a supremacia das Constituições anteriores *no atinente aos atos praticados durante os períodos de respectivas vigências*. Isso porque proteger em tais casos a *supremacia* das Constituições *anteriores* é proteger a *supremacia* da própria Constituição *vigente* da ofensa ao seu art. 5º, XXXVI, ofensa esta hábil a deflagrar o controle de constitucionalidade para lhe pôr cobro, *in abstracto* ou *in concreto*, a depender da espécie.

Em outras palavras: a Constituição de 1988 não exigiu, para que fosse instaurado o controle de constitucionalidade, tanto *in abstracto*, quanto *in concreto*,

62. Deve, pois, ser vista com reservas a subsecutiva asserção de Zagrebelsky: "Altro problema è quello della possibilità che alla Corte costituzionale si riconosca il potere di sindacare la legittimità formale di atti anteriori alla costituzione sulla base delle norme non ora ma allora vigenti. *La risposta negativa è* ***ovvia***, non per il carattere flessibile della costituzione anteriore (i problemi della validità formale, si è visto, prescindono infatti dalla posizione formale delle norme sulle fonti), *ma per la stranezza di vedere la Corte costituzionale, constituita a difesa della* ***vigente*** *carta costituzionale, ergersi a tutela di* ***un'altra costituzione***." (*La giustizia costituzionale...*, p. 146.) (Grifou-se.)

63. Não se infirma, portanto, com asseri-lo, a validade da feliz assertiva de Charles Eisenmann, conformemente à qual a Constituição (vigente) é "le **mètre** suprême de la régularité juridique". (*La justice constitutionnelle et la Haute Cour constitutionnelle d'Autriche.* Paris: Economica — Presses universitaires d'Aix-Marseille, 1986, p. 13.) (Grifou-se.)

que a ***lei*** (ou ato normativo) fosse *atual* (vigente): exigiu apenas[64] que a ***agressão*** decorrente da lei (ou ato normativo) à sua supremacia fosse ***atual*** no caso do controle abstrato, ou que tenha dela tenha ocorrido *prejuízo* à parte no caso do controle concreto, ainda que não mais o produza no momento de ajuizamento da ação na qual a declaração de inconstitucionalidade constitui mero incidente.

Assim, uma lei *inconstitucional* que haja sido *revogada tacitamente* (não necessariamente pela Constituição), mas que, por virtude de sérias dúvidas a respeito da ocorrência dessa mesma revogação, haja sido aplicada, apesar de *inconstitucional*, por vários juízes e Tribunais de todo o país que, além de a considerarem não revogada, têm-na por constitucional, pode ser objeto de controle *abstrato* de constitucionalidade, visto como sua *generalizada aplicação*, assim como *ela mesma*, é *inconstitucional*[65].

Mesmo que a lei inconstitucional houvesse sido revogada por outra lei[66] (e não pela própria Constituição), sua generalizada aplicação inconstitucional potencializaria de tal modo sua inconstitucionalidade, que não se poderia dizer que a ação visante a declará-la inconstitucional seria degenerada em simples "meio processual indireto de desconstituição de situações jurídicas *pessoais* e *concretas*". Há, nessa hipótese específica, um *interesse **coletivo***, que transcende

---

64. Obviamente, referimo-nos às exigências *temporais* estatuídas constitucionalmente. De feição que, a título exemplificativo, qualquer lei ou ato normativo inconstitucional pode ensejar fiscalização *incidental* de constitucionalidade, não sucedendo o mesmo com respeito à fiscalização *abstrata*.

65. Lembre-se de que apesar de *revogada* a lei não deixa *ipso facto* de ser *inconstitucional*, ponderado que a inconstitucionalidade é mera *relação de incompatibilidade entre uma norma e uma Constituição*, aferível, portanto, a qualquer tempo. Trata-se apenas de uma lei inapta a produzir *todos e quaisquer* efeitos jurídicos *válidos* a contar da data da revogação, não gerando nem mesmo os efeitos secundários, reflexos, que o ato nulo pode produzir. Pode ela, porém, produzir, malgrado não mais vigente, efeitos jurídicos *inválidos*, como acima se substantificou exemplificativamente.

66. Quanto à lei inconstitucional revogada *por outra lei* (e não pela Constituição), o STF no início também admitia o exercício de controle abstrato sobre sua constitucionalidade, *desde que remanescessem efeitos concretos da sua aplicação*. Esse entendimento prevaleceu no STF mesmo após a Constituição de 1988 até que em 1992, a partir do julgamento da ADIn nº 709-QO (Rel. Min. Paulo Brossard, DJU 20.05.1992, p. 12248), o STF modificou sua jurisprudência para não mais admiti-lo. Gilmar Mendes (*Controle concentrado de constitucionalidade...*, p. 133-134) sustenta que o primígeno entendimento do STF era mais acertado, pois com ele se obstava que o legislador ordinário subtraisse a lei inconstitucional do controle *abstrato* do STF, permitindo que os *efeitos concretos* da lei inconstitucional se perpetuassem, pois nem sempre é possível o seu controle *concreto*, por pressupor *um interesse jurídico específico*, nem sempre *demonstrável*. No texto, defendemos *solução intermédia*: quando a ofensa à Constituição for *relevante*, entendemos cabível o controle *abstrato* da norma inconstitucional revogada *por outra norma infraconstitucional*.

claramente a esfera individual ou de grupos determinados, na *declaração* de inconstitucionalidade da lei revogada que não pode ser negligenciado, constituindo assim um *interesse objetivo de agir*.

Por tal arte que a missão constitucional do Supremo Tribunal Federal ("guardião da Constituição") é de muito maior alcance do que a que se extrai de sua atual jurisprudência. Não se destina o controle abstrato de constitucionalidade *simplesmente* a "remover do ordenamento positivo a manifestação estatal inválida e desconforme ao modelo plasmado na Carta Política"[67]. Não exerce o Supremo Tribunal Federal, no controle abstrato, *apenas* o papel de "*legislador negativo*"[68]. **Se esta fosse sua *única* atribuição no controle abstrato, os efeitos da decisão seriam os de mera *revogação* (normalmente *ex nunc* ou *pro futuro*), e não os de *nulidade absoluta* (normalmente *ex tunc*), naturalmente retrooperantes, como o próprio STF, com absoluta razão, tem iteradamente admitido**. Inverter-se-iam as consequências: o que é *regra* passaria a ser *exceção* e vice-versa.

Ademais disso, uma lei **revogada** pode ser **repristinada**, ao passo que uma lei **declarada inconstitucional pelo STF** não pode sê-lo. Se o STF fosse, *em rigor*, um legislador negativo, e suas decisões *rigorosamente* dotadas de "força de lei", as leis declaradas inconstitucionais pelo STF poderiam ser repristinadas por outras leis posteriores ou por decisões posteriores do STF no controle abstrato[69]. De mais a mais, as próprias decisões do STF

---

67. Voto do em. Min. Celso de Mello na ADIn nº 709, Rel. Min. Paulo Brossard. *In:* RDA 197/186.

68. Em real verdade, entendemos que o STF não exerce, *propriamente*, um papel de *legislador negativo*, visto que a eficácia da sua decisão é *meramente declaratória*, e não *desconstitutiva*. Se o STF pudesse de fato *eliminar*, "*remover* do ordenamento positivo" a lei inconstitucional, a ação direta de inconstitucionalidade não seria uma ação *meramente declaratória* de inconstitucionalidade, mas sim uma ação *desconstitutiva* da lei. Mas a ADIn não tem o poder de *revogar*, de *rescindir*, de *eliminar* nenhuma lei: tem *apenas e tão somente* o poder de *declarar* a inconstitucionalidade e, por consequência, a nulidade da lei com eficácia *erga omnes*, isto é, impedindo que se invoque validamente a lei inconstitucional como se constitucional fosse. Nisso se exaure a sua eficácia. Por sua vez, a ADC, quer seja julgada procedente, quer seja julgada improcedente (declarando-se a *inconstitucionalidade* da norma com efeito vinculante e com eficácia de coisa julgada *erga omnes*), também não detém essa virtude até mesmo por impossibilidade lógico-jurídica: na primeira hipótese (procedência do pedido na ADC) porque não há declaração de inconstitucionalidade alguma, e na segunda porque o acórdão de *improcedência* do pedido de uma ação possui sempre *eficácia meramente declaratória*, razão pela qual não poderia jamais *desconstituir* (ou revogar, remover, rescindir, eliminar, etc.) a lei ou o ato normativo objeto da ADC. Ademais, a natureza *judicial* da decisão do STF não parece compatível com a natureza *legislativa* da decisão *política* de um *legislador negativo*.

69. Ressaltando que a "força obrigatória geral" da declaração de inconstitucionalidade do Tribunal Constitucional lusitano não se confunde com a "força de lei" atribuída pela doutrina germânica às decisões do Tribunal Constitucional alemão, leciona Carlos Blanco de Morais:

no controle abstrato poderiam ser "revogadas" como se leis fossem[70], o que é inadmissível.

Para além disso, se o STF fosse um autêntico "legislador negativo", emitindo decisões "com força de lei" no estrito sentido da expressão, não poderia declarar a *constitucionalidade nem a inconstitucionalidade* de norma alguma, pois tal poder não foi outorgado pela CF-88 ao legislador, encontrando-se sob *reserva constitucional de jurisdição.* O próprio STF já decidiu que o Poder Legislativo não tem competência para declarar, por meio de lei, a inconstitucionalidade ou a constitucionalidade de outra lei. De fato, esta competência foi atribuída pela CF-88 *exclusivamente* ao Poder Judiciário. Segundo a jurisprudência do próprio STF, à Chefia do Poder Executivo foi conferido apenas o poder de *negar aplicação* a normas tidas por esta como inconstitucionais (e não o de declarar-lhes a inconstitucionalidade ou constitucionalidade), cabendo ao Poder Judiciário, nestúltima hipótese, exercer o controle sobre essa atividade, sobre a qual detém o *monopólio da última palavra.* Ao Poder Legislativo, no exercício de sua competência legiferante, nem mesmo esse poder limitado lhe foi deferido constitucionalmente[71]. Assim, até mesmo pela necessária diversidade de *objeto (declaração de constitucionalidade*

"Contrariamente ao que defende certa doutrina influenciada pela ordem jurídica germânica, a expressão força obrigatória geral não é assimilável ao conceito de 'força de lei'. *Enquanto a decisão tomada com força de lei põe termo à eficácia de um acto normativo (em regra com efeitos ex-nunc), mas permite a sua subsistência no ordenamento em termos que permitem a sua ulterior revivescência (nº 4 do art. 7º do Código Civil e nº 1 do art. 281º da CRP), já a decisão de inconstitucionalidade com força obrigatória geral impõe a expulsão [do] acto inconstitucional do ordenamento, em princípio com efeitos ex-tunc, e sem possibilidade de revisvescência.*" (*Justiça...*, t. I, p. 239-240.) (Grifou-se.)

70. "Enquanto um acto com força de lei, embora afecte a eficácia de um acto legal preexistente, pode ser ele próprio afectado por outro acto sucessivo portador da mesma força, uma decisão com força obrigatória geral não é susceptível de ser questionada por decisão posterior, já que tem força plena de caso julgado formal." (*Ibid.*, p. 240.)

71. "Em nosso sistema jurídico, não se admite declaração de inconstitucionalidade de lei ou de ato normativo com força de lei por lei ou por ato normativo com força de lei posteriores. O controle de constitucionalidade da lei ou dos atos normativos é da competência exclusiva do Poder Judiciário. Os Poderes Executivo e Legislativo, por sua Chefia — e isso mesmo tem sido questionado com o alargamento da legitimação ativa na ação direta de inconstitucionalidade –, podem tão só determinar aos seus órgãos subordinados que deixem de aplicar administrativamente as leis ou atos com força de lei que considerem inconstitucionais." (ADIn-MC nº 221, Rel. Min. Moreira Alves, DJU 22.10.1993. *In:* RTJ 151/331.) No seu voto vencedor, explicitou ainda o Relator: "Os Poderes Executivos e Legislativo podem declarar nulos, por ilegalidade ou por inconstitucionalidade, atos administrativos seus, e não leis ou atos com força de lei, e quando declaram a nulidade desses atos administrativos ficam sujeitos ao controle do Poder Judiciário, e poderão ser responsabilizados pelos prejuízos advenientes dessa declaração se este entender que inexiste a pretendida ilegalidade ou inconstitucionalidade."

ou de inconstitucionalidade), manifesta-se a impossibilidade de equiparação da decisão do STF a um ato "com força de lei" no rigor da expressão.

É certo que o art. 503 do CPC-2015 atribui "força de lei" à decisão de mérito nos limites das questões decididas nos processos *subjetivos*. Todavia, essa expressão, aplicada às sentenças *judiciais*, deve ser entendida *cum grano salis*, porquanto, a despeito dela, o regime jurídico das sentenças judiciais, ainda que transitadas em julgado, é bastante diverso do regime jurídico dos demais atos com "força de lei": basta cotejá-las com as medidas provisórias, editadas pelo Chefe do Poder Executivo com "força de lei" atribuída pela CF-88, que realmente têm tratamento jurídico equiparado, tanto quanto possível, às leis. De mais a mais, seria de discutível constitucionalidade uma disposição *infraconstitucional* (CPC-2015, art. 503) que atribuísse, no sentido estrito da expressão, "força de lei" às sentenças judiciais, em face do princípio da separação de Poderes.

Cabe ainda ao STF no controle abstrato (e configura provavelmente tarefa bem mais complexa do que a de decidir se a lei é inconstitucional ou não) determinar, como ato *nulo de pleno direito* que é a norma inconstitucional, os efeitos *secundários*, *reflexos*, passíveis de serem por ela gerados, revestindo-os da *certeza* e *segurança* que só a *res judicata erga omnes* pode propiciar. Exerce o STF, por conseguinte, também um papel *clarificador*, uma vez que a incompatibilidade da norma constitucional com a que lhe é inferior hierarquicamente é normalmente mais difícil de apurar do que a existente entre duas normas do mesmo nível hierárquico, em virtude da inevitável diferença de *densidade normativa* entre a norma constitucional (em geral, mais vaga, abstrata, indeterminada) e a infraconstitucional (mais específica, concreta, determinada[72]).

---

72. Bem o observou Eduardo García de Enterría ao versar a revogação por inconstitucionalidade superveniente, expressamente admitida pela Suprema Corte espanhola: "Este problema es de primera importancia, como fácilmente se comprende, para precisar el efecto normativo de la Constitución misma y su lugar real en el sistema, *pero no es, sin embargo, un problema de solución fácil, accesible a cualquiera, como suelen serlo, sin perjuicio de eventuales complejidades técnicas, los problemas ordinarios de la derogación de la Ley antigua por la Ley nueva, y ello por dos razones específicas atinentes ambas a la peculiaridad normativa de la norma constitucional. Primero, porque la norma constitucional,* ***extraordinariamente concentrada en su formulación****, y no obstante con pretensión informativa de la totalidad del ordenamiento, utiliza conceptos sumamente* ***abiertos*** *y con frecuencia* ***imprecisos*** *en sus contornos técnicos (por ejemplo, igualdad, art. 14; autonomía de los entes locales, art. 137, etc.; los dos ejemplos han dado ya lugar a sendas Sentencias del Tribunal Constitucional, las dos con efecto anulatorio de otras tantas leyes: la de 2 de julio y la de 2 de febrero de 1981), y, por tanto, imprecisas también en su eficacia normativa directa, de modo que esa eficacia no resulta fácilmente contrastable con las normas ordinarias precedentes, que son regulaciones* ***específicas*** *y* ***detallistas*** *y no una*

Impende, ao ademais disso, enfatizar que a Constituição determinou (art. 102, I, *a*) competir ao STF julgar a ação direta de inconstitucionalidade "***de lei*** ou ato normativo federal ou estadual", bem como a ação declaratória de constitucionalidade "***de lei*** ou ato normativo federal" (art. 102, § 2º, *in medio*).

Que é o que isso implica? Implica a exclusão do controle abstrato dos simples *projetos* de lei, os quais *ipso facto* não são *leis*. Importa, por igual, que a dicção do referido artigo não exige *vigência*, *eficácia*, da lei ou do ato normativo. Para exigi-la deveria ter dito: "de lei vigente", ou "de lei não revogada" ou ainda "de lei eficaz". A exigência é, pois, tão somente de *existência* da lei ou ato normativo. A *invalidade* (= inconstitucionalidade) não é *requisito de* ***admissibilidade*** da ação direta: pertence-lhe ao ***mérito***, visto que sua declaração é o ***pedido***, a *finalidade* da ação mesma.

2.4.3.4. Exceção à regra da revogação por inconstitucionalidade: o caso da inconstitucionalidade superveniente por mutação fática ou da interpretação da norma

Como já se afirmou precedentemente (item 1.2.), há outras hipóteses de inconstitucionalidade superveniente além das decorrentes da entrada em vigor de **(1)** uma nova Constituição ou de **(2)** uma Emenda Constitucional: são as inconstitucionalidades supervenientes derivantes de **(3)** mutação fática e de **(4)** evolução na interpretação da Constituição e/ou da norma infraconstitucional.

Estas duas últimas espécies de inconstitucionalidade superveniente, pelas suas especificidades, *não se submetem ao mesmo regime jurídico* das duas primeiras (que é o da *revogação* da norma supervenientemente inconstitucional). Senão, vejamos.

Na hipótese de inconstitucionalidade superveniente derivada de mutação da realidade fática com a qual a norma guarda estreita correlação ("*tatsächlischen Verhältnisse*", para os alemânicos), a norma constitucional é, em tal caso, anterior à entrada em vigor da norma infraconstitucional, que, por motivo de alteração do quadro fático ao qual ela adere, se torna, a partir dessa mesma alteração, inconstitucional. Por outra: a norma era, quando de sua entrada em

---

mera enunciación o expresión de principios de análogo carácter." (*La Constitución...*, p. 92-93.) (Grifou-se.) Daí a queixa, tantas vezes repetida, de que o juiz ou órgão administrativo muito mais facilmente aplica a lei específica ou a *portaria* inconstitucionais que a própria *Lex Fundamentalis*.

vigor, *constitucional*, compatível com a Constituição, mas padeceu processo de *inconstitucionalização* em virtude de transmutações da realidade concreta, transfazendo-se em *inconstitucional*, fato que se dá *supervenientemente* à sua entrada em vigor, daí a terminologia empregada. A *norma em si mesma* não mudou *formalmente*: o que mudou foi a realidade fática.

Nessa hipótese (alteração do quadro fático generante de inconstitucionalidade), há **inconstitucionalidade superveniente**, mas **não há *revogação***, visto que a norma constitucional é *anterior* à norma que a vulnera. Ora, uma norma *anterior* não pode jamais *revogar* uma norma cronologicamente *posterior*, porquanto a revogação pressupõe necessariamente a *posterioridade cronológica* da norma revogatória em relação à norma revogada.

Portanto, a consequência da inconstitucionalidade superveniente dimanante de alteração fática é a ***nulidade absoluta*** da norma, a partir do momento em que se completar o *processo de inconstitucionalização*, isto é, a partir do instante em que a norma deixar de ser constitucional e passar a ser inconstitucional[73] em razão da mutação fática. Esse exato momento, entretanto, normalmente é difícil de precisar.

Com a inconstitucionalidade superveniente resultante de evolução na interpretação da Constituição e/ou da norma infraconstitucional o fenômeno é similar: a norma em si mesma não mudou *formalmente*; o que variou foi a *sua interpretação* ou a *interpretação da Constituição-parâmetro*, de forma que não se possa mais conciliar a interpretação da norma infraconstitucional objeto de controle com a interpretação da Constituição-parâmetro.

Semelhantemente, a consequência da inconstitucionalidade superveniente decorrente de evolução na interpretação da Constituição ou da norma infraconstitucional objeto de controle ***não é a revogação***, mas sim a ***nulidade absoluta da norma infraconstitucional***, a partir do momento em que se completar o *processo de inconstitucionalização*, ou seja, a partir do instante em que a norma deixar de ser constitucional e passar a ser inconstitucional em razão da evolução da interpretação da Constituição e/ou da norma infraconstitucional objeto de controle. Contudo, esse exato momento normalmente também é difícil de precisar[74], cabendo a cada juiz ou Tribunal identificá-lo,

73. Refere-se aqui, portanto, ao processo de inconstitucionalização não como processo de *agravamento, de intensificação* da inconstitucionalidade, mas sim como processo de passagem da constitucionalidade para a inconstitucionalidade.

74. Poder-se-ia talvez adotar como um dos critérios objetivos possíveis para as instâncias ordinárias, a *data do julgamento* de uma ação no STF em que se tenha declarado a inconstitucionalidade (superveniente) da norma, no controle abstrato ou no concreto.

de acordo com as necessidades do caso concreto, ao declarar incidentemente a inconstitucionalidade superveniente da norma, bem como ao STF, no controle *abstrato*.

Em suma, pela impossibilidade lógico-jurídica de revogação de norma posterior por norma constitucional cronologicamente anterior, a consequência da inconstitucionalidade superveniente por alteração da realidade fática e por evolução da interpretação da norma é a ***nulidade absoluta*** da norma infraconstitucional[75].

2.4.3.5. Da constitucionalidade superveniente

Sendo, como é, mera relação de incompatibilidade com uma Constituição, *aferível a qualquer tempo*, pode perfeitamente suceder que em dado instante seja a norma compatível com uma Constituição, e, logo de seguida, mercê, *v.g.*, de uma Emenda à mesma Constituição, se torne inconstitucional. Não quer isso dizer, porém, que essa pecha (de *inconstitucionalidade*) tenha de ser forçosamente carregada *ad infinitum* pela norma que naquele determinado momento revelou-se incompatível com a Constituição em questão. Pode acontecer, *exempli causa*, que a Emenda Constitucional causadora de inconstitucionalidade superveniente seja, ela mesma, emendada (= revogada). A norma sofre agora processo de *constitucionalização*: deixa de ser inconstitucional e passa a ser *constitucional* (=

---

75. ***Mesmo no caso de a norma infraconstitucional ser cronologicamente anterior à Constituição-parâmetro***, se, no momento da entrada em vigor desta, não houver compatibilidade entre ambas, surgindo a inconciliabilidade apenas ***em momento posterior***, em razão de (a) mutação fática ou de (b) evolução na interpretação da Constituição e/ou da norma infraconstitucional, não se pode considerar ***revogada*** norma infraconstitucional pela Constituição que se lhe seguiu, pois ***o único momento em que pode ocorrer a revogação de uma norma é o instante em que a nova norma contrastante (revogadora) entra em vigor***. Assim, uma eventual ***mutação meramente informal*** da norma posterior não tem o condão de **revogar** a norma anterior, assim como o ***mero desuso*** de uma norma não é capaz de revogá-la. Portanto, uma mera alteração na interpretação jurisprudencial de uma norma constitucional não é hábil a **revogar** a norma infraconstitucional anterior até então compatível com ela, de acordo com a interpretação que se lhe emprestava. Essa nova **interpretação jurisprudencial** da Constituição pode tornar a norma infraconstitucional **inconstitucional a partir de então** (**inconstitucionalidade superveniente**), mas não pode **revogá-la**, *até porque o Poder Judiciário não tem o poder de* ***revogar*** *leis, mas apenas o de interpretá-las e aplicá-las*. De maneira que a norma infraconstitucional poderia **deixar de ser aplicada** a partir de então **por ser tida como *inconstitucional***, segundo a nova interpretação da Constituição, mas **não por ser havida como *revogada***. O raciocínio ora exposto aplica-se tanto ao caso de o processo de inconstitucionalização começar a ocorrer após o advento da Constituição, quanto ao caso de iniciar-se antes do advento da nova Constituição, pois o que importa é que, no momento da entrada em vigor desta, o referido processo de inconstitucionalização *não se tenha completado*, de modo que *não* se possa afirmar que a norma *já era inconstitucional no momento da entrada em vigor da Constituição*.

compatível com a aludida Constituição). Reza-se de fenômenos, ainda muito pouco estudados, que, à falta de nomenclatura encontrável na doutrina e na jurisprudência, denominamos, em trabalho anterior[76], de "*constitucionalidade superveniente*", para referir ao *estado* de compatibilidade superveniente, e de "*constitucionalização superveniente*", para aludir ao *processo* mercê e ao cabo do qual se chega à compatibilidade superveniente.

Mas não se pense que à norma *supervenientemente constitucional* seja aplicável o regime jurídico atinente à norma *supervenientemente inconstitucional.* Sim, porque a *consequência* da inconstitucionalidade superveniente é a cominação, *infalível,* visto que derivante do próprio ordenamento jurídico (*ipso iure*), da *sanção* de *nulidade absoluta.* Ou seja: uma vez tornada inconstitucional, atribui-lhe, *consequencialmente,* o ordenamento jurídico mesmo (*pleno iure*) a *sanção* correspondente ao *vício* de incompatibilidade com a Constituição, qual seja, a de nulidade absoluta. Essa pecha de *nulidade,* carregá-la-á a norma *ad infinitum,* ao revés da de *inconstitucionalidade,* que pode ser desfeita assim que a norma volte a ser constitucional.

No que toca à norma que se torna *novamente* constitucional (constitucionalidade sobreveniente), isto é, depois de haver sido inconstitucional (supervenientemente) e anteriormente constitucional, *não deixa ela de ser nula de pleno direito.* Deixa apenas de ser inconstitucional. A sanção (de nulidade absoluta) já foi aplicada pelo ordenamento (*ipso iure*). Não desaparecerá jamais.

Se o STF for chamado a pronunciar-se, em via abstrata, sobre sua constitucionalidade, poderia fazê-lo de forma similar a esta (provavelmente menos analítica): "Declara-se inconstitucional a norma X ***no período Y***, com os efeitos que lhe são conaturais, ou seja, *reconhecendo-se* a sanção de nulidade absoluta cominada *ex proprio iure,* que, com o trânsito em julgado desta ação, passa a ser revestida da autoridade de *res iudicata erga omnes.* ***No trato de tempo que medeia entre o fim do período Y até o momento do trânsito em julgado desta ação direta***, só podem ser reconhecidos à norma, como *ato nulo de pleno direito* que é (embora não mais inconstitucional *no vertente momento*), os efeitos *reflexos, indiretos, secundários* que a tais atos reconhece o próprio ordenamento jurídico, que, em face da norma arguida inconstitucional ora submetida a julgamento, são os subseguintes: *a, b, c, d,* etc."

---

76. *Inconstitucionalidade e constitucionalidade...*, p. 211-227. Também usam a expressão Juliano Taveira Bernardes (*Efeitos das normas constitucionais no sistema normativo brasileiro.* Porto Alegre: Sergio Antonio Fabris Editor, 2002, p. 49-58), Canotilho e Vital Moreira (citados pelo primeiro a p. 52-53).

2.4.3.6. Da conveniência do controle abstrato da legislação pré-constitucional

Demais dos argumentos estritamente jurídicos supracolacionados, há ainda *razões de conveniência* a especar a tese da *revogação por inconstitucionalidade,* que possibilita o controle abstrato da legislação pré-constitucional. Reconheceu-as o próprio KELSEN, adepto da tese de *mera revogação*:

> "[...] Può essere giuridicamente assai difficile e politicamente assai importante risolvere la questione della compatibilità di queste vecchie legge con la costituzione. Può sembrare un male lasciarne la decisione alle varie autorità incaricate di applicare la legge, le cui vedute su questo punto potrebbero essere molto vacillanti."[77]

Na mesma ordem de ideias, JORGE MIRANDA:

> "As leis ordinárias anteriores à Constituição (ou a qualquer das suas revisões) contrárias às novas normas constitucionais deixaram de vigorar com a entrada em vigor dessas normas. Nem por isso, contudo, a declaração de inconstitucionalidade é inútil: mesmo se não altera o destino das normas de direito anterior, pelo menos, desempenha um importantíssimo papel de clarificação jurídica, de *accertamento* dentro do sistema e na vida política e social."[78]

Aduz, de seu turno, GARCÍA DE ENTERRÍA, criticando a tese da mera revogação abraçada, em voto vencido, por RUBIO LLORENTE:

> "[...] Creo que la solución extrema propuesta por este voto particular [...] adolece de una *debilidad pragmática visible*, sobre la cual se ha edificado justamente la peculiaridad de la solución italiana. Esa debilidad está en que se consagra una *grave inseguridad jurídica* si se deja a una *multiplicidad de centros de decisión*, la que compone la *totalidad de jueces y Tribunales ordinarios*, resolver el problema del alcance que la promulgación de la Constitución supone efectivamente sobre todo el ordenamiento precedente. [...] El riesgo tanto de que no se compruebe nunca una derogación como de lo contrario, de que pueda verse siempre un contraste entre los principios constitucionales abiertos y una norma específica cualquiera, *es un riesgo notorio si se deja el problema en las manos de cualquier Tribunal, y un riesgo que afecta a la vez a la certeza del derecho y a la seguridad jurídica, por una parte, y a la concreción normativa de la propia Constitución, por otra.*"[79]

---

77. *La giustizia costituzionale.* Milano: Giuffrè, 1981, p. 184.

78. *Manual...*, p. 426. Reconhecendo a utilidade dessa declaração de inconstitucionalidade: CANOTILHO, J. J. Gomes. *Direito constitucional...*, p. 1307.

79. *La Constitución...*, p. 92-93. (Grifou-se.)

Capítulo III

O PAPEL DO SENADO FEDERAL NO CONTROLE DE CONSTITUCIONALIDADE

Sumário • 3.1. Suspensão da execução de lei e revogação – 3.2. Natureza jurídica da resolução senatorial – 3.3. Competência discricionária e competência vinculada – 3.4. Eficácia retroativa e eficácia prospectiva – 3.5. "Efeito repristinatório" ou não da resolução – 3.6. Revogabilidade ou não da resolução suspensiva – 3.7. Desnecessidade de comunicação formal ao Senado – 3.8. Mutação jurisprudencial – 3.9. Controle da constitucionalidade da resolução – 3.10. Posição hierárquico-normativa da resolução – 3.11. Normas passíveis de suspensão pelo Senado – 3.12. Súmula vinculante e decisão em repercussão geral: utilidade da resolução – 3.13. "Abstratização" do controle incidental exercido pelo STF – 3.14. Síntese.

Intensas polêmicas se travaram no passado acerca da real natureza da suspensão de execução, pelo Senado, de *leis* declaradas inconstitucionais, no todo ou em parte, por decisões definitivas de mérito do STF (CF-88, art. 52, X). Desde 1977, o STF entende que ela só é necessária no controle *incidental* efetuado pelo próprio STF, sendo despicienda no controle *abstrato*[1], o que

1. Essa orientação é aplicável também aos Recursos Extraordinários interpostos contra acórdãos dos Tribunais de Justiça que julgam representação de inconstitucionalidade (equivalente a uma ADIn no âmbito estadual, em face da Constituição Estadual), prevista no art. 125, § 2º, da CF-88: "§ 2º Cabe aos Estados a instituição de representação de inconstitucionalidade de leis ou atos normativos estaduais ou municipais em face da Constituição Estadual, vedada a atribuição da legitimação para agir a um único órgão." À guisa de exemplo, nos termos do Parecer 747/2016, o Senado arquivou o Ofício "S" nº 50/2014 do STF por se tratar de controle abstrato, pois o RE 527109 (Rel. Min. CÁRMEN LÚCIA, Pleno, julgado em 09/04/2014) fora interposto contra acórdão do TJMG proferido em representação de inconstitucionalidade (controle abstrato no âmbito estadual). Nesse caso, a declaração de inconstitucionalidade pelo STF não ocorreu incidentalmente (*incidenter tantum*), mas a título principal (*principaliter*), tendo o STF provido o RE para julgar procedente o pedido deduzido na ação ajuizada perante o TJMG. O mesmo sucedeu com o Ofício "S" nº 82/2015 do STF, alusivo ao acórdão proferido no RE 658026, com repercussão geral (Rel. Min. DIAS TOFFOLI, Pleno, julgado em 09/04/2014), arquivado nos termos do Parecer (SF) 3/2017. *Cf.* ainda o Ofício "S" nº 21/2014 do STF, arquivado nos termos do Parecer 543/2016. Como se vê, é possível, excepcionalmente, haver controle *abstrato* de constitucionalidade pelo STF por meio de RE, e, nessa hipótese, não há necessidade de suspensão pelo Senado da norma declarada inconstitucional pelo STF no RE, uma vez que o acórdão do STF já disporá de eficácia *erga omnes*, pois substitui o

indubitavelmente procede, visto como a declaração judicial de nulidade *in thesi* gera os *mesmos efeitos* (inclusive os *retroativos*) produzidos pela suspensão da eficácia da lei pelo Senado.

Em verdade, além de gerar os mesmos efeitos da resolução senatorial, a declaração judicial de nulidade da norma *in thesi* pelo STF produz ainda um efeito que aquela não é capaz de gerar: o efeito vinculante. De feito, a resolução senatorial não pode produzir efeito vinculante porquanto *a própria CF-88 (arts. 102, § 2º, e 103-A) só o atribui às decisões do STF em ADIn e ADC e às súmulas aprovadas nos termos do art. 103-A (súmulas vinculantes)*, não havendo nenhum dispositivo constitucional que o estenda às resoluções do Senado ("**Art. 102.** [...] **§ 2º.** As decisões definitivas de mérito, proferidas pelo Supremo Tribunal Federal, **nas ações diretas de inconstitucionalidade e nas ações declaratórias de constitucionalidade** produzirão eficácia contra todos ***e efeito vinculante***, relativamente aos demais órgãos do Poder Judiciário e à administração pública direta e indireta, nas esferas federal, estadual e municipal. **Art. 103-A.** O Supremo Tribunal Federal poderá, de ofício ou por provocação, mediante decisão de dois terços dos seus membros, após reiteradas decisões sobre matéria constitucional, aprovar **súmula** que, a partir de sua publicação na imprensa oficial, ***terá efeito vinculante*** em relação aos demais órgãos do Poder Judiciário e à administração pública direta e indireta, nas esferas federal, estadual e municipal, bem como proceder à sua revisão ou cancelamento, na forma estabelecida em lei."). A EC nº 45-2004 teve ensejo de estender o efeito vinculante à resolução do Senado, mas optou por não o fazer, estendendo-o apenas à ADIn e às súmulas vinculantes. Assim, editada a resolução senatorial a respeito da lei X, **não há**, *ipso facto*, a obrigação de declarar a inconstitucionalidade de leis **similares** a ela pelos órgãos do Poder Judiciário, nem a de afastar a aplicação destas, por inconstitucionalidade, pela Administração Pública.

A atuação do Senado, no entanto, não é ainda estreme de dúvidas. Seria tal "suspensão de execução de lei" o mesmo que *revogação*? A resolução constituiria ato legislativo, administrativo ou jurisdicional? Estaria o Senado constrangido a suspender a execução da lei ainda quando a julgasse inconveniente? Seria competência discricionária ou vinculada? Sendo discricionária, sê-lo-ia total ou parcialmente, ou seja, cifrar-se-ia no exame da regularidade *formal* da decisão do STF ou abarcaria outrossim o exame *substancial* (conteudístico) do decisório? Tal suspensão seria retroativa ou apenas *ex nunc*? Tratar-se-ia de

---

acórdão do TJ na representação de inconstitucionalidade inclusivamente no que concerne à eficácia *erga omnes* que este possui. Portanto, nem toda declaração de inconstitucionalidade pelo STF em RE rende ensejo à suspensão da norma pelo Senado.

ato revogável pelo Senado ou de ato definitivo? Seria necessária a *comunicação* do STF para que o Senado pudesse expedir a resolução?

Analisemo-las a uma e uma.

3.1. SUSPENSÃO DA EXECUÇÃO DE LEI E REVOGAÇÃO

A expressão "suspender a execução de lei" rende ensejo a variadas interpretações. Poder-se-ia aventar que se trata de *paralisação temporária* da eficácia da lei, ou seja, a lei não *perderia* (definitivamente) sua eficácia: esta ficaria apenas *suspensa*, *obnubilada*, impedida *momentaneamente* de atuar. Tal exegese implica conceber que, ocorrido um evento futuro que afaste a causa da "paralisação" de sua eficácia, ela tornará a viger como dantes. Tal evento futuro seria a revogação da resolução suspensiva da eficácia da lei declarada inconstitucional. Não se trataria, portanto, de *revogação* propriamente dita, porquanto só o Congresso Nacional teria esse poder.

Dissidiamos, porém, desse entendimento. A voz "suspender" não indica ao presente, de consonância com os léxicos, maximamente os mais modernos, necessariamente *temporariedade*, *impermanência*, *transitoriedade*, nem pressupõe o *desenrolar* de um evento, o *evolutir* de um ato *em curso*. Pode equivaler, pois, nestúltima acepção, a *impedir*: quando se diz, *e.g.*, "suspender o pagamento dos salários", não se pressupõe *necessariamente* que o pagamento já tenha começado a efetivar-se, por isso que pode perfeitamente significar que estes não chegaram sequer a ser percebidos por nenhum assalariado. Quanto à possibilidade de o vocábulo referir-se a interrupções *permanentes*, *definitivas*, é expresso, *v.g.*, o "Dicionário Brasileiro da Língua Portuguesa", da editora Melhoramentos, *sub voce*: "Pôr cobro a; [...] adiar ou impedir, momentânea *ou definitivamente*: *Suspender* o despacho. *Suspender* a partida, a viagem. *Suspender* a execução do sentenciado."

Relembrem-se ainda as "condições suspensivas" de que trata o Código Civil atual, com a mesma redação que passou pelo crivo abalizadíssimo de Rui Barbosa ao corrigir a redação do Código Civil de 1916[2]. Enquanto não verificadas, a eficácia do ato fica *suspensa*. Ocorre que, *realizáveis* embora, *podem nunca vir a realizar-se concretamente*, hipótese em que a eficácia do ato ficará *definitivamente (por todo o sempre)* ***suspensa***. Esse exemplo patenteia, com o adminículo do mais bem redigido de nossos Códigos já editados, que a suspensão não é *obrigatoriamente* transiente, passageira, por isso que pode ser *definitiva*.

---

2. A redação do art. 125 do CC/2002 é idêntica à do art. 118 do CC/1916, salvo pela substituição da locução "ato jurídico" por "negócio jurídico".

Ao ademais disso, a LINDB (art. 2º, *caput*) dispõe que "a lei *terá vigor até que outra a modifique* [= derrogue] *ou revogue* [= ab-rogue]", desconhecendo, portanto, qualquer sorte de obscurecimento da eficácia das leis que não seja dimanante de *revogação* (= retirada *definitiva* da eficácia – vigência – da lei). Qualquer hipótese, pois, de suspensão *temporária* de lei só será admitida se insculpida na *Constituição* ou em *lei complementar posterior* à LINDB, que foi pela CF-88 (art. 59, parágrafo único) recepcionada como lei complementária[3]. Serão, portanto, exceções à regra do art. 2º da LINDB, exceções estas que deverão ser *expressas*, porque se não questione da sua efetiva ocorrência.

Ora, o art. 52, X, da CF-88 não foi expresso quanto a este particular, não especificou se a suspensão era *temporária* ou *definitiva*, de sorte que se pode perficientemente entender, com espeque no art. 2º da LINDB, que a suspensão de que fala o texto constitucional é *definitiva*, ou seja, é vera *revogação*.

Não deve causar espécie o fato de o Senado Federal dispor da *faculdade* de revogar leis para a *aprovação* das quais é indispensável o concurso da Câmara dos Deputados. Trata-se, é bem verdade, de *competência excepcional* do Senado, *possível porque querida pelo legislador constituinte originário*. Sua *excepcionalidade* se manifesta ainda pela necessidade de existência de decisão definitiva do STF, em sede de controle incidental, declaratória da inconstitucionalidade da lei. Não pode, portanto, o Senado revogar *toda e qualquer lei*: só pode revogar, de per si só, as leis declaradas inconstitucionais em decisão definitiva pelo STF, na fiscalização concreta. Sua excepcional competência autônoma em face da Câmara se adstringe apenas a esta sorte de leis.

Por fim, impende salientar que a suspensão da "execução de lei" pelo Senado, como autêntica revogação que é, atua só e unicamente no plano da eficácia da norma, e não no plano da validade.

---

3. Regulamentando este dispositivo constitucional, foi editada a LC nº 95/98. No entanto, tal Lei tratou apenas de técnica legislativa. A nosso viso, o art. 59, par. único, da CF-88 não quis aludir *apenas* à técnica legislativa. Se assim fosse, o preceito constitucional deveria ter sido redigido (em boa técnica legislativa...) destarte: "Lei complementar disporá sobre *a técnica de* elaboração, redação, alteração e consolidação das leis." Mas não o fez o legislador, e nisso se houve bem. Ainda que esta haja sido a *intentio* do legislador (*mens legislatoris*), não é isso o que aparece objetivamente querido na lei (*mens legis*). Configuraria um dos casos roborizadores da máxima segundo a qual a lei sói ser mais arguta que o legislador, pois muito há que a doutrina tem ressaltado a natureza de "normas de sobredireito" de muitas das normas albergadas na LINDB. Assim, enquanto não for editada uma lei complementar que disponha sobre a matéria "de sobredireito" versada na LINDB, remanescerá esta com a eficácia de lei complementar, por assim ter sido recepcionada pela CF-88, art. 59, parágrafo único.

A decisão do STF declarando incidentalmente a inconstitucionalidade da norma opera no plano da validade e no da eficácia, mas apenas entre as partes. A resolução do Senado, de certa maneira, amplia os efeitos da decisão do STF, pois alcança terceiros, **mas não se cuida de mera universalização dos efeitos da decisão do STF.** Não se trata, a rigor, de (a) transformar a coisa julgada *inter partes* em coisa julgada *erga omnes*, nem de (b) atribuir eficácia de coisa julgada *erga omnes* à decisão do STF sobre a questão prejudicial de inconstitucionalidade no controle incidental. O que a resolução senatorial faz é revogar a norma, retirando-lhe a vigência, a aptidão para incidir – e isso ocorre no plano da *eficácia* da norma.[4]

Embora *pressuponha* uma decisão do STF alusiva à invalidade da norma, como *prius* lógico indispensável, **a resolução do Senado em si mesma não atua no plano da validade, mas única e exclusivamente no plano da eficácia (vigência) da norma.** ***Ela não universaliza a invalidade da norma (que já era inválida para todos, ainda que não houvesse uma decisão judicial reconhecendo-a), mas simplesmente a revoga.*** Dessarte, após a resolução suspensiva, se algum juiz, administrador público ou particular quiser aplicar tal norma, estará tentando aplicar uma norma não apenas inválida (incompatível com a CF-88), mas também revogada, *absolutamente* ineficaz, incapaz de incidir.[5] É isso que a resolução do Senado acrescenta à decisão do STF no controle incidental.

3.2. NATUREZA JURÍDICA DA RESOLUÇÃO SENATORIAL

O STF, em antigos acórdãos, negou natureza legislativa à resolução senatorial, sem, contudo, indicar qual seria a sua natureza (se jurisdicional ou

4. Portanto, em rigor, são tecnicamente incorretas afirmações como as de que a resolução do Senado "generaliza os limites objetivos da coisa julgada no controle concreto" ou "estende a eficácia da coisa julgada para todos (*erga omnes*)". Além disso, afirmações como a de que a resolução do Senado "simplesmente estende para todos os efeitos da declaração do STF" devem ser interpretadas *cum grano salis*.

5. Confira-se, a este respeito, o seguinte trecho extraído dos debates no MS nº 16.512: "O Sr. Ministro Pedro Chaves - Funciona como extensão, como esclareceu o eminente Sr. Ministro Prado Kelly, porque a decisão judicial é proferida no caso e pela complementação do Senado federal fica extensível a todos, fica suspensa a execução. O Sr. Ministro Victor Nunes - Perfeitamente, mas eu diria que **é um pouco mais que extensão, porque depois que o Senado aprova Resolução suspendendo a lei, os Tribunais não mais a podem aplicar. Para todos os efeitos, a lei, em tal caso, se considera revogada.** Não importa que a lei tenha emanado de outro Poder (decreto-lei), ou das duas Câmaras com a colaboração do Presidente. A Constituição é que regula como se fazem as leis e como se revogam. Se a Constituição previu, na hipótese que estamos discutindo, **um modo especial de revogação de lei**, não podemos negar-lhe obediência; a Constituição há de prevalecer. Por tudo isso, parece-me que o ato suspensivo do Senado é de natureza normativa, porque tem o efeito de revogar a lei." (Grifou-se.)

administrativa), asseverando apenas que seria um ato "complementar de uma decisão judicial, ampliativo dos efeitos desta" (MS nº 16.519).[6]

Nem poderia tê-lo feito. Se afirmasse que a resolução senatorial era de natureza jurisdicional, como poderia compatibilizá-lo com a asserção, constante do mesmo acórdão, de que a resolução não poderia adentrar no mérito da decisão do STF, mesmo que só valesse para outros casos? Que ato jurisdicional seria esse que não julgaria nunca o mérito da "causa"? E como compatibilizá-lo com o caráter político da resolução senatorial, já que no mesmo acórdão se assentou que o Senado não estava obrigado a editar a resolução, mas poderia fazer um juízo político de "conveniência e oportunidade" acerca da edição ou não da resolução? Um ato jurisdicional e político a um só tempo é algo difícil de aceitar. Um ato jurisdicional facultativo (o órgão só julga se quiser) viola os mais elementares princípios da ciência jurídica moderna.

Se afirmasse que a resolução senatorial era de natureza *administrativa*, como poderia justificar que um ato *administrativo* do Senado pudesse suspender a eficácia de uma lei? Insta ainda salientar que embora o acórdão no MS nº 16.519 frisasse que não cabe mandado de segurança contra *lei* em tese e só a representação de inconstitucionalidade (equivalente da ADIn no regime constitucional anterior) coubesse contra ela, conheceu-se do MS *como representação de inconstitucionalidade!* Se a resolução não tinha natureza *normativa*, como pôde ser objeto de representação de inconstitucionalidade?[7]

---

6. No MS nº 16.512, a natureza da resolução do Senado (legislativa, administrativa ou jurisdicional), mesmo após intensos debates, permaneceu indefinida. Contudo, a posição mais coerente com a conclusão do julgado é a perfilhada no voto do Min. Victor Nunes Leal, no sentido da natureza normativa da resolução senatorial. Na Rcl 691, afirmou-se que a resolução do Senado tinha natureza normativa, mas apenas "quase legislativa": "Ato do Senado Federal de suspensão de execução de lei ou decreto. - Aplicação do art. 64 da Constituição. Reclamação - Mandado de segurança. - O ato praticado pelo Senado Federal, com base no art. 64 da Constituição *é de natureza quase legislativa*; contra ele não cabe a reclamação, de feição correicional, nem o mandado de segurança, porque *de caráter normativo*." (Rcl 691 primeira, Rel. Min. CARLOS MEDEIROS, Tribunal Pleno, julgado em 25/05/1966, DJ 24-08-1966.) (Grifou-se.) Nesse caso, conheceu-se da reclamação como representação de inconstitucionalidade, que só era cabível contra "lei ou ato de natureza normativa, federal ou estadual", nos termos do art. 101, I, *k*, da Constituição em vigor à época (CF/1946, com redação dada pela EC 16/65: "art. 101. [...] k) a representação contra inconstitucionalidade de lei ou ato de natureza normativa, federal ou estadual, encaminhada pelo Procurador-Geral da República").

7. "O ato do Senado, previsto no art. 64 da Constituição, não é um ato legislativo. Se fosse, teria que competir não só ao Senado mas também à Câmara, dependendo ainda de sanção do Presidente da República. Trata-se de atribuição que o art. 64 da Constituição confere ao Senado, de suspender, no todo ou em parte, a execução de lei declarada inconstitucional, no todo ou em parte, pelo Supremo Tribunal, fazendo com que decisão deste produza efeito *erga omnes*. Porque as decisões judiciais, em nosso sistema, têm seu alcance de limitado às

Tais incoerências demonstram a sem-razão da recusa de natureza *legislativa* à resolução senatorial sob comento. A propósito, a CF-88 insere as *resoluções* entre as *espécies legislativas* (art. 59, VII). Ora, se uma resolução qualquer tem natureza legislativa, *a fortiori* deve tê-la a resolução senatorial em questão, porque capaz, *ope constitutionis*, até mesmo de revogar quaisquer leis (complementares inclusive), dês que declaradas inconstitucionais pelo STF.

À derradeira, se o próprio acórdão do STF (que é um órgão jurisdicional), quando declara a inconstitucionalidade de lei no controle *abstrato, teria eficácia de lei* (porque revogaria a legislação inconstitucional), atuando o STF como "legislador negativo"[8], por que a resolução do Senado (que é um órgão legislativo) não teria *natureza legislativa*, se o seu *efeito* seria similar ao do acórdão do STF no controle abstrato?

A resolução do Senado não é lei, mas tem força de lei, à semelhança das medidas provisórias, que também não são leis, mas têm "força de lei", como expressamente prescreve o art. 62 da CF-88. Em suma, embora não seja lei, a resolução do Senado é um ato normativo, de caráter legislativo, com eficácia equivalente à da lei por ela revogada.[9]

---

partes em litígio, salvo nos casos de representação do Procurador-Geral da República sobre inconstitucionalidade em tese (inovação trazida pela Constituição de 1946). - O ato do Senado é complementar de uma decisão judicial, ampliativo dos efeitos desta. Não pode o Senado, ao exercer a atribuição que lhe confere o art. 64 da Constituição, rever, em sua substância, a decisão do Supremo Tribunal." (MS 16519, Rel. Min. LUIZ GALLOTTI, Tribunal Pleno, julgado em 20/06/1966, DJ 09-11-1966.) Em sentido contrário, é escorreito o raciocínio do Min. Victor Nunes Leal no MS 16.512, atribuindo natureza normativa à resolução do Senado: "Por outro lado, esse ato não deixa de ser normativo. Se a lei é normativa e o Senado, ao suspendê-la, retira a eficácia da lei, ele acrescenta alguma coisa à decisão, e esse acréscimo tem força tão normativa como a da lei que é posta fora de circulação. Se essa eficácia normativa, que suspende a lei, não derivasse da resolução do Senado Federal mas do julgado do Supremo Tribunal, a intervenção do Senado seria desnecessária: a decisão seria executada, desde logo, com efeito normativo. Mas não é este o nosso sistema. Daí a necessidade de se acrescentar um *plus* à decisão judiciária, tornando-a obrigatória *erga omnes*, por ser ela, por natureza, obrigatória somente para as partes."

8. Este é um argumento *ad hominem*, porquanto visa a demonstrar que, *segundo a jurisprudência do próprio STF* (que lhe reconhece o papel de "legislador negativo"), não teria sentido negar natureza legislativa à resolução senatorial. No entanto, como já salientado, não concordamos com a ideia de que o STF desempenhe no sistema brasileiro de controle abstrato de constitucionalidade o papel de autêntico "legislador negativo", pois é um órgão *judicial* no exercício de atividade *jurisdicional*, proferindo decisões de *natureza judicial* sobre a validade e a nulidade de normas, e não sobre a sua eficácia (revogação). O STF não *revoga* normas inconstitucionais: *declara-as absolutamente nulas*.

9. Na ADIn 3929-MC, afirmou-se que a resolução do Senado é "ato normativo" de "feição geral e obrigatória, sendo, portanto, dotado de generalidade, abstração e impessoalidade"

3.3. COMPETÊNCIA DISCRICIONÁRIA E COMPETÊNCIA VINCULADA

Sendo, como à verdade é, a resolução do Senado *ato revogatório*, manifestação de sua função legislatória (negativa), não pode ela ser *vinculada*. Não se pode obrigar o Senado a legislar (positiva ou negativamente), pois tal importaria afronta à liberdade pessoal dos integrantes daquela Alta Casa, atento que se cuida, *in casu*, de *obligatio faciendi* (cujo cumprimento *manu militari* não pode nem mesmo ser exigido de *particulares*, quanto mais de indivíduos investidos de elevada função legislativa, revestidos, por isso mesmo, de imunidade parlamentar). Implicaria, portanto, ofensa à independência do Poder Legislativo o fato de um Poder (Judiciário) ordenar que outro cumpra atividade originária, típica sua, de natureza incontendivelmente discricionária, sujeita tão somente à conformidade com a Constituição, de quem recebe o dito Poder *Constituído* a autorização do Poder *Constituinte* para legiferar.

Entanto, não pode o Senado adentrar no exame do *mérito* da decisão do STF, por força do *princípio da separação dos Poderes* (funções). Já no que faz à regularidade *formal* da decisão do STF (*e.g.*: *quorum*), o Senado tem a faculdade de apreciá-la, *pois não há malferição ao sobredito princípio constitucional.* Demais, como se cura de *pressuposto de* ***validade*** da resolução senatorial, dispõe o Senado do **direito** de indigitar as *nulidades absolutas* do julgado (assim como qualquer jurisdicionado), até mesmo para que não seja postulada judicialmente no STF a *nulidade* da própria resolução, contaminada pela nulidade absoluta do *decisum.*

Por outro lado, não há nenhuma *lei* específica (CF-88, art. 5º, II) que o adscreva a editar a resolução. Se não há lei, não pode haver (como de fato não há) *sanção* alguma ao "descumprimento" ou retardo do Senado em exercitar sua excepcional competência legislatória negativa.

Sua pretendida "obrigação" também não pode advir da coisa julgada produzida pela decisão definitiva do STF, por isso que, tratando-se de controle *concreto*, o Senado não pode ser prejudicado por essa decisão (salvo se for parte a União Federal), pois não era (nem poderia ser...) *parte* naquela *actio*, não sendo, pois, envolto pela autoridade da coisa julgada, que, *in casu*, só poderia ser *inter partes*[10]. *Em qualquer caso* (ainda que seja parte a União),

---

(ADIn 3929 MC, Rel. Min. ELLEN GRACIE, Tribunal Pleno, julgado em 29/08/2007, DJe-121 11-10-2007).

10. Não se olvide ainda que, no controle incidental sob a égide do CPC-73, a declaração de inconstitucionalidade só fazia coisa julgada (*inter partes*) *se a parte o requeresse por meio de ação declaratória incidental* (CPC-73, art. 325), o que mui raro se fazia.

porém, não poderá o Senado ser prejudicado pelo acórdão do STF, pois este *jamais* poderá, sob pena de nulidade absoluta, determinar ao Senado que expeça a resolução *sem estear-se numa lei que o constranja a tal*, lei esta que teria de contar com a aprovação do Senado.

Milita ainda a prol da **discricionariedade absoluta** do Senado **quanto à edição ou não da resolução** uma relevante razão de *conveniência*. Ao Senado não se pode negar o **direito** de aguardar a *reiteração* da jurisprudência do STF em torno à matéria, sabido como é que não poucas vezes o STF modificou entendimentos anteriores, até mesmo já cristalizados em súmulas. A irrevogabilidade da resolução do Senado recomenda prudência quanto à sua edição. A amplitude e a potencial irreversibilidade dos efeitos da resolução não devem ser negligenciadas.[11] Não se pode negar ao Senado o livre julgamento

---

Não se deslembre, por igual, de que não havia unanimidade entre os doutrinadores acerca da possibilidade de ajuizamento de *ação declaratória incidental* para resolver a questão prejudicial de inconstitucionalidade. Barbosa Moreira (*O novo processo civil brasileiro*. 21. ed. Rio de Janeiro: Forense, 2001, p. 180), *v.g.*, não a admitia, alegando que a ação declaratória incidental só poderia versar sobre a declaração de existência ou inexistência de *relação jurídica*, consoante o art. 5º do CPC-73. No entretanto, estúltimo argumento afigura-se-nos, *concessa maxima venia*, improcedente, uma vez que declarar (ao resolver *quæstio præiudicialis* ou *quæstio principalis* em ação direta) a inconstitucionalidade de uma norma é declarar a *existência* ou a *inexistência* de uma RELAÇÃO JURÍDICA de *compatibilidade* ou de *incompatibilidade*. A *relação* de constitucionalidade é uma *relação jurídica* de compatibilidade, enquanto a *relação* de inconstitucionalidade é uma *relação jurídica* de incompatibilidade entre uma norma (ou seu processo de elaboração) e a Constituição (= parâmetro de comparação). No que toca aos demais *pressupostos processuais* e *condições da ação* declaratória incidental, poder-se-ia argumentar ainda que ela poderia visar a declarar a existência ou inexistência de qualquer ***relação jurídica*** OBRIGACIONAL *válida decorrente da norma* alegadamente inconstitucional ou constitucional. Tal declaração surtiria o **mesmo efeito prático** da declaração incidental (em ação declaratória incidental) da existência ou inexistência de relação jurídica de (in)constitucionalidade da ***própria norma***. Ou seja: em *outro processo*, já não poderiam as mesmas partes *discutir* se a norma era constitucional ou inconstitucional *para o fim de dela extrair qualquer direito*, pois isso (existência ou não de tais direitos) já fora decidido com eficácia de *res iudicata*. O CPC-2015 não previu a ação declaratória incidental, substituindo-a pela extensão da coisa julgada às questões prejudiciais incidentais decididas nos moldes do art. 503, § 1º, do CPC-2015. Fredie Didier *et al.* sustentam, porém, a sobrevivência da ação declaratória incidental em pelo menos duas hipóteses residuais (*Curso...*, v. 2, p. 540).

11. Na esfera da Administração Pública Federal, eventual demora do Senado em editar a resolução pode ser obviada mediante decisão do Presidente da República. O Decreto 2.346/1997 prevê que o Presidente poderá autorizar aos órgãos que lhe são subordinados na Administração Pública a extensão dos efeitos de decisão do STF proferida em caso concreto, nos termos do art. 1º, § 3º: "Art. 1º As decisões do Supremo Tribunal Federal que fixem, de forma inequívoca e definitiva, interpretação do texto constitucional deverão ser uniformemente observadas pela Administração Pública Federal direta e indireta, obedecidos aos procedimentos estabelecidos neste Decreto. [...] *§ 3º O Presidente da República, mediante proposta de Ministro de Estado, dirigente de órgão integrante da Presidência da República ou do Advogado-Geral da União,*

da *conveniência* e *oportunidade* da medida revogatória; do contrário, supérflua seria a sua atuação. Converter-se-ia, na contundente expressão do preeminente Min. ALIOMAR BALEEIRO, em simples "porteiro dos auditórios para solenizar a decisão do Supremo Tribunal Federal"[12]. A ser assim, melhor fora que a Constituição houvesse estabelecido que as declarações de inconstitucionalidade no controle *incidental* efeituadas pelo STF fariam, qual se admite façam no controle *abstrato*, coisa julgada *erga omnes* (o que, aliás, não deixaria de ser de má técnica). Mas não o fez, e nisso se houve bem.

Embora haja discricionariedade quanto à edição ou não da resolução pelo Senado, não há discricionariedade quanto à sua extensão. A expressão "no todo ou em parte", empregada no art. 52, X, da CF-88, tem sido interpretada pelo STF no sentido de que a suspensão, em sendo parcial, deve corresponder exatamente à parte declarada inconstitucional pelo STF, não cabendo ao Senado restringir ou alargar o alcance da declaração de inconstitucionalidade. Assim, se a decisão do STF declara a inconstitucionalidade dos arts. 1º, 2º e 3º de determinada lei, não poderia o Senado suspender a execução apenas do art. 1º, nem suspender a execução do art. 4º da mesma lei. Deve haver coincidência perfeita entre o objeto da suspensão e o objeto da decisão do STF. Portanto, a competência do Senado é *discricionária quanto à edição ou não* da resolução, mas *vinculada quanto ao objeto e alcance* da resolução.

A resolução do Senado também pode ser editada na hipótese de declaração parcial de inconstitucionalidade ***sem redução de texto*** pelo STF. Dessarte, a expressão "no todo ou em parte" também compreende a declaração de inconstitucionalidade de *parte ideal (não escrita)* de lei.

Nessa linha, a Resolução 52/2005 do Senado suspendeu parcialmente, ***sem redução de texto,*** a execução do art. 11 da Medida Provisória nº 2.225-45, de 4 de junho de 2001:

---

poderá autorizar a extensão dos efeitos jurídicos de decisão proferida em caso concreto." Solução semelhante pode ser adotada pelos Estados-membros e Municípios a fim de prevenir eventuais danos decorrentes de possível morosidade do Senado em editar a resolução suspensiva. A título de exemplo, confira-se o Parecer 003/2016/AGU/CGU, por meio do qual foram estendidos a todos os órgãos da Administração Pública Federal os efeitos da decisão do STF no RE 778.889, julgado em 10.03.2016 com repercussão geral, no qual se declarou incidentalmente a inconstitucionalidade do art. 210 da Lei n. 8.112/1990 e se firmou a seguinte tese: "Os prazos da licença adotante não podem ser inferiores aos prazos da licença gestante, o mesmo valendo para as respectivas prorrogações. Em relação à licença adotante, não é possível fixar prazos diversos em função da idade da criança adotada".

12. *O Supremo Tribunal Federal, esse outro desconhecido.* Rio de Janeiro: Forense, 1968, p. 97.

> "Art. 1º É parcialmente suspensa, *sem redução de texto*, a execução do art. 11 da Medida Provisória Federal nº 2.225-45, de 4 de junho de 2001, *ficando excluído do seu alcance as hipóteses em que o servidor se recuse, explícita ou tacitamente, a aceitar o parcelamento previsto no dispositivo*, em virtude de declaração de inconstitucionalidade em decisão definitiva do Supremo Tribunal Federal, nos autos do Recurso Extraordinário nº 401.436-0-Goiás."

Essa Resolução guarda simetria perfeita com a decisão do STF que a ensejou.[13]

Portanto, embora haja posições doutrinárias divergentes[14], não vislumbramos nenhum óbice teórico ou pragmático à edição da resolução senatorial nas hipóteses de declaração parcial de inconstitucionalidade ***sem redução de texto*** pelo STF, e a praxe firmada pelo STF e pelo Senado o confirma cabalmente.

3.4. EFICÁCIA RETROATIVA E EFICÁCIA PROSPECTIVA

Sendo ato revogatório, a resolução do Senado pode, *eventualmente*, produzir efeitos *ex tunc*, com tal condição que (1) não prejudique ato jurídico perfeito, coisa julgada ou direito adquirido algum, e (2) tal retroeficácia seja manifestamente deduzível de sua literalidade.

Exemplo de resolução senatorial *retroativa*: a resolução que revoga (= suspende a eficácia de) **lei penal incriminadora**. Por ser mais *benéfica* ao acusado/

---

13. Confira-se a ementa do Ofício "S" nº 3, de 2005, enviado pelo STF ao Senado: "Encaminha ao Senado Federal, para os fins previstos no art. 52, inciso X, da Constituição Federal, cópia do Parecer da Procuradoria-Geral da República, da versão do registro taquigráfico do julgamento, da referida legislação, da certidão de trânsito em julgado e do acórdão proferido por aquela Corte, nos autos do Recurso Extraordinário nº 401.436, que declarou a inconstitucionalidade parcial, sem redução de texto, do art. 11 da Medida Provisória nº 2225-45, de 4 de junho de 2001, de modo a excluir do seu alcance as hipóteses em que o servidor se recuse, explícita ou tacitamente, a aceitar o parcelamento previsto no dispositivo (parcelamento de passivos a serem pagos em até 7 anos)."

14. "Mencionem-se, ainda, os casos de *declaração de inconstitucionalidade parcial sem redução de texto*, nos quais se explicita que um significado normativo é inconstitucional sem que a expressão literal sofra qualquer alteração. Também nessas hipóteses, a suspensão de execução da lei ou do ato normativo pelo Senado é problemática, para não dizer inviável, porque não se cuida de afastar a incidência de disposições do ato impugnado, mas tão somente de um de seus significados normativos." (MENDES, Gilmar Ferreira; BRANCO, Paulo Gustavo Gonet. *Curso de Direito Constitucional*. 12. ed. São Paulo: Saraiva, 2017, p. 1232.) "Entretanto, a atuação do Senado Federal somente se dará quando o ato normativo vier a ser declarado *inconstitucional*. Não será este o caso quando a Corte se valer de técnicas de interpretação ou de controle de constitucionalidade **que não afetem a vigência da norma, como a interpretação conforme a Constituição ou a declaração de inconstitucionalidade sem redução do texto**." (BARROSO, Luís Roberto. *O controle de constitucionalidade no direito brasileiro*: exposição sistemática da doutrina e análise crítica da jurisprudência. 8. ed. São Paulo: Saraiva, 2019, p. 183.) (Negritou-se.)

réu do que a norma incriminadora, já que *a revoga* (*abolitio criminis*), a *Lex Fundamentalis* impõe a sua **retroação** (art. 5º, XL). Não deve causar espécie, portanto, a ***potencial*** retroatividade da *resolução* senatorial pelo fato de esta possuir caráter revogatório, assim como não causa estranhez alguma a retroatividade das *leis* penais abolitivas de crime (mais benéficas que as incriminadoras).

No âmbito da Administração Pública Federal, o art. 1º, § 2º, do Decreto 2.346/1997 prevê, como regra, eficácia retroativa (*ex tunc*) à resolução suspensiva do Senado, ressalvadas as hipóteses em que o ato praticado com base na lei ou ato normativo inconstitucional já não seja passível de revisão administrativa ou judicial.[15] Nada impede a adoção de idêntica medida no âmbito das Administrações Públicas Estaduais e Municipais.

Por sua vez, as resoluções do Senado, por via de regra, não especificam se a sua eficácia é *ex tunc* ou *ex nunc*, silenciando a este respeito.[16]

O que determinará se a resolução produzirá efeitos retroativos ou apenas *pro futuro* **será o próprio acórdão do STF**. A resolução tem de guardar **simetria** com ele. Se o acórdão do STF operar efeitos *ex tunc*, produzi-los-á por igual a resolução senatorial. Se o acórdão do STF produzir efeitos meramente *ex nunc*, gerá-los-á talqualmente a resolução senatorial. O Senado não tem competência constitucional que lhe permita *restringir* ou *dilargar* a **eficácia temporal** da decisão do STF. A tanto não vai o seu juízo de conveniência e oportunidade.

Portanto, se houve modulação dos efeitos no caso concreto decidido pelo STF, restringindo os efeitos da declaração incidental de inconstitucionalidade ou decidindo que ela só tenha eficácia a partir do acórdão (eficácia *ex nunc*) ou a contar de uma data futura estipulada no acórdão (eficácia *pro futuro*),

---

15. "Art. 1º [...] § 1º Transitada em julgado decisão do Supremo Tribunal Federal que declare a inconstitucionalidade de lei ou ato normativo, em ação direta, a decisão, dotada de eficácia *ex tunc*, produzirá efeitos desde a entrada em vigor da norma declarada inconstitucional, salvo se o ato praticado com base na lei ou ato normativo inconstitucional não mais for suscetível de revisão administrativa ou judicial. § 2º O disposto no parágrafo anterior aplica-se, igualmente, à lei ou ao ato normativo que tenha sua inconstitucionalidade proferida, incidentalmente, pelo Supremo Tribunal Federal, após a suspensão de sua execução pelo Senado Federal."

16. A Resolução 3/2008 é uma exceção, indicando explicitamente sua eficácia retroativa: "Art. 1º É suspensa a execução, **com efeito *ex tunc***, do parágrafo único do art. 11 da Lei nº 9.639, de 25 de maio de 1998, conforme publicado no Diário Oficial da União do dia 26 de maio de 1998, em virtude de declaração incidental de inconstitucionalidade em decisão definitiva do Supremo Tribunal Federal, nos autos dos Habeas Corpus nº 77.734-9/SC e 77.724-3/SP, publicados, respectivamente no Diário de Justiça de 10 de agosto de 2000 e 2 de fevereiro de 2001." No caso, os acórdãos do STF também haviam registrado a eficácia *ex tunc* da declaração de inconstitucionalidade, inviabilizando a alegação de anistia criminal pelos autores do delito previsto no art. 95, *d*, da Lei 8.212/91.

a resolução do Senado não poderá produzir efeitos relativamente a período anterior ao marco inicial fixado pelo STF para aquele caso concreto.

A possibilidade irrefutável de **retroação** dos efeitos da resolução senatorial alui por terra a tese que intenta provar o caráter *não revogatório* da resolução, alegando que o *ato revogatório* não pode retroagir, e como a resolução do Senado o pode, não poderia ela ser um *ato revogatório*, mas sim um *ato suspensivo*. Nada mais inveraz.

Com efeito, esta errônea tese parte da *falsa premissa* de que o ato *revogatório* não pode retroagir. Ora, como visto foi, a lei penal que revoga uma lei incriminadora, abolindo um crime (*abolitio criminis*), por ser mais benéfica (*lex mitior*) **retroage** por ***imposição*** da própria Constituição, que *literalmente* determina: "a lei penal não ***retroagirá, salvo para beneficiar o réu***" (art. 5º, XL). Por aí se infere que não tem cabida a tentativa de esboçar uma distinção entre *ato revogatório* e *ato suspensivo* com fulcro na impossibilidade de retroação do ato revogatório.

Demais disso, como os ***pressupostos*** para a retroatividade dos *atos normativos* (revogatórios ou não revogatórios) são os mesmos para a retroatividade dos *atos judiciais* declarativos de nulidade[17], *é impossível que o acórdão do STF possa retroagir em determinado caso e a resolução do Senado não possa retroagir no mesmo caso, e vice-versa.*

De feito, a vedação contida no art. 5º, XXXVI, da CF-88, segundo o qual "*a lei* não prejudicará o direito adquirido, o ato jurídico perfeito e a coisa julgada", tem sido interpretada pelo STF como compreensiva das *decisões judiciais*, por terem "*força de lei* nos limites da questão principal expressamente decidida" (CPC-2015, art. 503; CPC-73, art. 468). Destarte, não só as leis, mas, igualmente, as *decisões judiciais* não poderão prejudicar o direito adquirido, o ato jurídico perfeito e a coisa julgada. De maneira que o *regime jurídico* é o mesmo tanto para as leis como para as decisões judiciais: se determinada lei não pode retroagir para alcançar dado ato jurídico perfeito, nenhuma decisão judicial poderá retroagir para alcançá-lo, e vice-versa.

Ocorre que isso não implica que as decisões judiciais declaratórias de nulidade por inconstitucionalidade não possam atingir *nenhum* ato jurídico perfeito e nenhum direito adquirido. Os atos jurídicos perfeitos *inválidos*[18] e

17. Convém a saber: (*a*) não prejudicar ato jurídico perfeito, direito adquirido ou coisa julgada, e (*b*) manifesta intenção de retroagir.

18. O adjetivo "perfeito" refere-se aos elementos de *existência* do ato, e não aos elementos de *validade*.

os direitos adquiridos *inválidos*[19] podem ser atingidos pelas decisões judiciais declaratórias de nulidade por inconstitucionalidade. Tais são os atos jurídicos perfeitos e os direitos adquiridos formados *em razão da lei declarada nula por inconstitucionalidade.* Um direito adquirido *em virtude da lei declarada inconstitucional,* não é um direito *validamente adquirido,* pois a invalidade da norma inconstitucional contamina os *efeitos* dela decorrentes, que também se tornam *inválidos.* Um ato jurídico perfeito celebrado *com base na lei declarada inconstitucional* não é um ato jurídico *validamente* celebrado.[20]

Se assim não fosse, quase nenhuma seria a diferença entre nulidade e anulabilidade. Nisto se estrema primordialmente o ato nulo do ato meramente anulável: a *invalidade dos efeitos* do ato *nulo* principia desde seu nascimento (*ex tunc*), ao passo que a *invalidade dos efeitos* do ato *meramente anulável* só começa após a decisão anulatória do ato, embora esta retroaja à data de edição do ato (*ex tunc*)[21]. De modo que se não se pudessem considerar inválidos os atos praticados com fulcro em norma nula (por inconstitucional), esta não se distinguiria em quase nada de uma norma anulável.

É óbvio que *nem todos* os direitos adquiridos e *nem todos* os atos jurídicos perfeitos *gerados pela lei declarada inconstitucional* serão *inválidos*, porquanto, para salvaguarda de outras normas constitucionais, podem ser *excepcionalmente* reconhecidos como *válidos* alguns efeitos secundários dos atos absolutamente nulos (teoria da paraeficácia do ato nulo).

Diverso é, contudo, o regime da coisa julgada fundada em lei declarada inconstitucional. A coisa julgada inconstitucional pode ser rescindida judicialmente, mas *pela sua própria natureza preclusiva*[22], destinada à garantia da segurança jurídica e da paz social, tal rescisão deve obedecer a um prazo igualmente preclusivo[23], que presentemente é de 2 (dois) anos, contados,

---

19. A nosso ver, os atos jurídicos perfeitos e os direitos adquiridos fundados em lei inconstitucional *existem*, mas *invalidamente*. Dissentimos, portanto, dos que entendem que "não *há* direito adquirido contra a Constituição": direito adquirido *há* (plano da *existência*), mas *inválido* (plano da *validade*). Outra não poderia ser a conclusão, pois, em regra, a *sanção* para a inconstitucionalidade é a *nulidade absoluta,* e não a inexistência (nem mesmo jurídica).

20. Contudo, a impugnação judicial de tais atos jurídicos perfeitos inválidos e direitos adquiridos inválidos está sujeita às "fórmulas de preclusão" previstas em lei (prescrição, decadência, perempção, etc.)

21. *Cf.*, *retro*, item 2.1. Ou seja: no sentido de que a ineficácia do ato anulável só começa após a decisão anulatória do ato, pode-se dizer que a anulação produz efeitos *ex nunc* (isto é, a partir da anulação), mas no sentido de que essa ineficácia retroage à data da edição do ato, pode-se afirmar que a anulação produz efeitos *ex tunc* (retroativos).

22. A coisa julgada é denominada por muitos como a "preclusão máxima".

23. O termo é aqui usado em sentido amplo. O prazo da ação rescisória no direito brasileiro é *decadencial,* pois a ação é *constitutiva negativa* (desconstitutiva).

em regra, do trânsito em julgado da última decisão proferida no processo (CPC-2015, art. 975).[24]

Eventual insubmissão da possibilidade de desconstituição da coisa julgada a um prazo extintivo malferiria a própria finalidade do instituto da coisa julgada, que é a de resolver os conflitos, de eliminar controvérsias, de promover a segurança jurídica e a paz social, fim último do próprio Direito.

Ora bem, se as ações relativas a questões *ainda não decididas pelo Poder Judiciário*, assujeitam-se, em geral, a prazos prescricionais e decadenciais, em obséquio à promoção da segurança jurídica e da paz social, *com maioria de razão* as ações concernentes a *causas já decididas pelo Poder Judiciário* devem submeter-se a um prazo extintivo, em homenagem a esses mesmos valores jurídicos supremos.

Sucede que, *excepcionalissimamente*, também o princípio da segurança jurídica em que se funda a coisa julgada pode ser *relativizado* em face de outro princípio jurídico (como, *e.g.*, os princípios da Justiça e da moralidade da Administração) que assuma *peso concreto maior* na situação concreta, até porque, como já proclamou o STF, *não há direitos absolutos.*

Portanto, o regime da *coisa julgada inconstitucional* é algo diferente do regime dos atos jurídicos perfeitos e direitos adquiridos *inconstitucionais*. Seu regime mais se aproxima do regime dos atos *anuláveis*. Embora possa ser *desconstituída*[25], essa desconstituição só pode acontecer, em regra, dentro de um prazo decadencial e na via própria (que é a ação rescisória), findo o qual pode, *excepcionalissimamente*, ocorrer, fora da via da ação rescisória, se presentes os pressupostos indispensáveis à sua relativização.[26]

24. Há exceções a esse marco inicial da contagem do prazo: "Art. 975. O direito à rescisão se extingue em 2 (dois) anos contados do trânsito em julgado da última decisão proferida no processo. [...] § 2º Se fundada a ação no inciso VII do art. 966, o termo inicial do prazo será a data de descoberta da prova nova, observado o prazo máximo de 5 (cinco) anos, contado do trânsito em julgado da última decisão proferida no processo. § 3º Nas hipóteses de simulação ou de colusão das partes, o prazo começa a contar, para o terceiro prejudicado e para o Ministério Público, que não interveio no processo, a partir do momento em que têm ciência da simulação ou da colusão."

25. *À semelhança* dos atos jurídicos perfeitos e direitos adquiridos *inconstitucionais,* que, no entanto, não são propriamente "desconstituídos" pela decisão judicial (que não tem eficácia desconstitutiva), mas sim *declarados* nulos.

26. Foi o que sucedeu no RE 363889, Rel. Min. DIAS TOFFOLI, Tribunal Pleno, julgado em 02/06/2011, REPERCUSSÃO GERAL - MÉRITO DJe 16-12-2011, no qual, com esteio num juízo de ponderação de valores, fazendo prevalecer o "direito fundamental à busca da identidade genética" sobre a coisa julgada, se firmou a seguinte Tese de repercussão geral (Tema 392/STF): "I - É possível a repropositura de ação de investigação de paternidade, quando

Todavia, poder-se-ia pensar: pode o Senado desconstituir a coisa julgada inconstitucional *mediante simples resolução* (que tem natureza legislativa) *sem ofender o princípio da separação dos Poderes*, que não pode ser vulnerado *nem mesmo por Emenda Constitucional* (CF-88, art. 60, § 4º)? O Poder Judiciário pode desconstituir decisões *judiciais* transitadas em julgado sem contravir ao princípio da separação dos Poderes, mas poderia o Senado fazê-lo *mediante resolução*?

Acontece que quando o STF declara a inconstitucionalidade e, portanto, a nulidade, de uma norma, tanto no bojo de uma lide subjetiva (como questão prejudicial à questão principal)[27], quanto num processo objetivo (como questão principal), essa declaração não tem o poder de *desconstituir automaticamente, por virtude própria*, todos os atos jurídicos perfeitos, direitos adquiridos e coisas julgadas *inconstitucionais* (*i.e.*, fundados na lei por ele declarada inconstitucional).

Justamente porque a decisão do STF sobre a inconstitucionalidade (*incidenter tantum* ou *principaliter*) tem eficácia *meramente declaratória* (e não desconstitutiva), há necessidade de que o ato fundado na lei declarada inconstitucional pelo STF seja desconstituído *pelas vias próprias, o que inclui a via judicial*. Ou seja: se o ato não for *desconstituído voluntariamente* pelas partes interessadas, será indispensável o recurso à via judicial, com o ingresso da ação judicial cabível, para que seja *desconstituído judicialmente*.

Como ao claro se vê, a declaração de inconstitucionalidade (e, portanto, de nulidade) da norma pelo STF apenas serve de *fundamento jurídico* para a *desconstituição* do ato jurídico *fundado na norma inconstitucional*, desconstituição que deverá ser levada a efeito *na via adequada* e *no prazo permitido em lei*[28]. Se, *v.g.*, determinada sentença produziu *coisa julgada inconstitucional*,

---

anterior demanda idêntica, entre as mesmas partes, foi julgada improcedente, por falta de provas, em razão da parte interessada não dispor de condições econômicas para realizar o exame de DNA e o Estado não ter custeado a produção dessa prova; II - Deve ser relativizada a coisa julgada estabelecida em ações de investigação de paternidade em que não foi possível determinar-se a efetiva existência de vínculo genético a unir as partes, em decorrência da não realização do exame de DNA, meio de prova que pode fornecer segurança quase absoluta quanto à existência de tal vínculo."

27. Quando o STF declara *incidentalmente* a inconstitucionalidade de uma norma, isso não o dispensa de julgar a *questão principal*, a qual poderá ter eficácia declaratória, (des)constitutiva, condenatória ou mandamental, conforme a natureza da ação, que é definida de acordo com o pedido principal. É da resolução da questão principal que pode resultar a eficácia *desconstitutiva*, e não da solução da questão prejudicial sobre a inconstitucionalidade da norma.

28. Os atos jurídicos perfeitos *inconstitucionais* e os direitos adquiridos *inconstitucionais* poderão ser desconstituídos dentro dos prazos extintivos previstos em lei para o ajuizamento das respectivas ações específicas.

porque a sentença foi *fundamentada* em lei declarada inconstitucional pelo STF, a declaração da inconstitucionalidade da lei pelo STF apenas servirá de *fundamento jurídico*[29] para a propositura da ação rescisória, que deverá ocorrer dentro no prazo bienal contado do trânsito em julgado da última decisão proferida no processo, consoante determina o art. 975 do CPC-2015.

Será, por conseguinte, sempre o *próprio Poder Judiciário* que *desconstituirá* a coisa julgada inconstitucional[30], *nunca o Senado*, inexistindo, portanto, infração ao princípio pétreo da separação dos Poderes.

Em sendo assim, *mesmo no caso de coisa julgada inconstitucional*, a resolução do Senado não poderá ter efeito diverso do da decisão do STF declaratória de inconstitucionalidade, pois se esta não terá o efeito de desconstituir a coisa julgada inconstitucional, tampouco poderá a resolução senatorial ter esse efeito desconstitutivo. Confirma-se assim a premissa assentada há pouco de que *é impossível que o acórdão do STF possa retroagir em determinado caso e a resolução do Senado não possa retroagir no mesmo caso, e vice-versa.*

3.5. "EFEITO REPRISTINATÓRIO" OU NÃO DA RESOLUÇÃO

Mesmo sendo um ato legislativo revogatório, e não um ato declaratório de nulidade (como a decisão do STF no controle abstrato e no difuso), a resolução senatorial tem "*efeito repristinatório*" *automático*. De acordo com a LINDB (art. 2º, § 3º)[31], uma lei só poderá repristinar outra se *expressamente* o declarar. Destarte, a resolução senatorial só poderia "repristinar" a lei anterior à lei declarada inconstitucional pelo STF se *expressamente* dispusesse nesse sentido[32]. Sucede que, admitido o "efeito repristinatório" automático

---

29. *Que poderá ser afastado* pelo Tribunal ao julgar a ação rescisória se a decisão do STF tiver sido proferida no controle *incidental*, mas que *não poderá ser afastado* pelo Tribunal se a decisão do STF tiver sido prolatada no controle *abstrato*.

30. Quer mediante ação rescisória, quer mediante relativização da coisa julgada (que prescinde de ação rescisória), nos casos excepcionalíssimos em que esta for admissível.

31. "**Art. 2º. [...] § 3º.** *Salvo disposição em contrário*, a lei revogada não se restaura por ter a lei revogadora perdido a vigência."

32. Todavia, em rigor, não há *autêntica repristinação* nesse caso (assim como a decisão do STF não produz autêntica repristinação), haja vista que a lei declarada inconstitucional, por ser absolutamente nula *ab initio*, não tem sequer o poder de revogar validamente lei nenhuma. Assim, a rigor, a lei primitiva não precisa ser *revigorada* (= repristinada), porque nunca foi revogada (validamente), nunca perdeu o seu vigor, a sua vigência. Se não há autêntica repristinação, não é aplicável à resolução senatorial a exigência de repristinação *expressa* prevista na LINDB (art. 2º, § 3º).

da decisão do STF, impõe-se admitir, por igual, o "efeito repristinatório" automático da resolução senatorial. Esta só não terá "efeito repristinatório" automático quando o acórdão do STF for expresso quanto à não repristinação (analogicamente ao disposto no art. 27 c/c art. 11, § 2º, da Lei nº 9.868-99 a respeito da ADIn e da ADC).

Mas nada impede que o Senado, para maior clareza, faça constar no texto da resolução a ressalva de que esta produzirá a "repristinação" da lei anterior à lei declarada inconstitucional pelo STF, em virtude do "efeito repristinatório" da decisão do STF[33].

3.6. REVOGABILIDADE OU NÃO DA RESOLUÇÃO SUSPENSIVA

Cuidando-se de ato revogatório do Senado, não é, ele mesmo, revogável insuladamente pelo próprio Senado. Não é, de outra parte, possível *repristinar* a lei declarada inconstitucional cuja execução foi suspensa (= que foi revogada), a não ser que houvesse o concurso da Câmara dos Deputados. Mas nessa hipótese já não seria *revigorada* pelo Senado apenas, no exercício de sua excepcional competência legislatória *negativa*, porém sim por lei *obediente ao processo legislativo normal*.

Assim decidiu o STF no MS 16.512, no RMS 16.893 e no RMS 17.116, dentre outros. Em tais precedentes, o STF declarou a inconstitucionalidade da Resolução do Senado nº 93, de 15.10.1965[34], que, a pretexto de reinterpretar o alcance do acórdão do STF no RE 38.538, revogou a Resolução do Senado nº 32, de 25.03.1965 e suspendeu em menor extensão a norma

---

33. Semelhantemente, no sistema austríaco, em que a decisão da Corte Constitucional tem natureza não só jurisdicional, mas *verdadeiramente legislativa (negativa)*, da *publicação* da decisão da Corte deve constar, em qualquer caso, *se* e *quais* normas serão *revigoradas*, consoante determina a própria Constituição: "**Article 140. [...] (6)** Si une loi est annulée pour inconstitutionnalité par la Cour constitutionnelle, toutes les dispositions législatives qui ont été abrogées par cette loi rentrent en vigueur le jour où l'annulation prend effet, à moins que l'arrêt de la Cour constitutionnelle n'en dispose autrement. *La publication de l'annulation de la loi mentionnera également* ***si*** *d'anciennes dispositions législatives rentrent en vigueur* ***et lesquelles****.*" (Disponível em: http://www.vfgh.gv.at/cms/vfgh-site/english/downloads/englishverfassung.pdf. Acesso em: 26 fev. 2007.)

34. Resoluçao nº 93, de 15.10.1965: "Art. 1º - É suspensa a execuçao do art. 1º, alínea *b*, do Decreto nº 22.022, de 31 de janeiro de 1953, do Estado de São Paulo, que autorizava a cobrança do Imposto sobre Transações, *tendo por fato gerador a renda auferida em virtude de contratos de locação de serviços profissionais*, considerada inconstitucional pelo Supremo Tribunal Federal, em decisão definitiva prolatada no Recurso Extraordinário nº 38.538. Art. 2º - É revogada a Resolução nº 32, de 1965." (Grifou-se.)

declarada inconstitucional pelo STF. Atendendo a um pedido feito pelo Estado de São Paulo, o Senado, na segunda Resolução, suspendeu a execução apenas de uma hipótese de incidência do imposto de transações previsto no art. 1º, alínea *b*, do Decreto nº 22.022, em lugar da alínea *b* toda, como fizera na primeira Resolução.

Entendeu, porém, o STF que, ao editar a primeira Resolução (nº 32, de 25.03.1965)[35], o Senado exaurira a sua competência legislativa, não podendo revogar ou restringir, ainda que com eficácia de norma interpretativa, a Resolução anterior por meio de nova Resolução.[36] Portanto, é juridicamente inadmissível a suspensão da suspensão.

Cerca de dois anos depois dessas decisões do STF declarando a inconstitucionalidade da segunda Resolução, o Senado editou uma terceira Resolução, de nº 50, de 07.06.1967, revigorando a primeira.[37] Em princípio, essa terceira resolução, revogadora da segunda e revigoradora da primeira, seria desnecessária, pois, como a segunda resolução era inconstitucional e nula, não teve o condão de revogar validamente a primeira, que nunca perdeu sua vigência. Todavia, a edição da Resolução revigoradora favorece a segurança

35. Resolução nº 32, de 25.03.1965: "**Art.** 1º É suspenso nos termos da decisão definitiva proferida pelo Supremo Tribunal Federal em sessão de 16 de junho 1961, no Recurso Extraordinário nº 38.538, do Estado de São Paulo a execução da alínea b do art. 1º do Livro II do Código de Impostos e Taxas do mesmo Estado, por infringência aos artigos 15, inciso IV, e 21 da Constituição Federal."

36. "Resolução do Senado Federal, suspensiva da execução de norma legal cuja inconstitucionalidade foi declarada pelo Supremo Tribunal Federal. Inconstitucionalidade da segunda resolução daquele órgão legislatório, para interpretar a decisão judicial, modificando-lhe o sentido ou lhe restringindo os efeitos. Pedido de segurança conhecido como representação, que se julga procedente." (MS 16512, Rel. Min. OSWALDO TRIGUEIRO, Tribunal Pleno, julgado em 25/05/1966, DJ 31-08-1966). "IMPOSTO DE TRANSAÇÕES. - 1. É inconstitucional esse tributo de São Paulo sobre os serviços de construção, reparos e obras. 2. O S.T.F. já declarou inconstitucional a Resolução n. 93 que revogou a de n. 32, ambas do Senado." (RMS 16893, Rel. Min. ALIOMAR BALEEIRO, Segunda Turma, julgado em 07/03/1967, DJ 26-04-1967.) Colhe-se ainda o seguinte elucidativo excerto do voto do Min. Victor Nunes Leal no MS 16.512: "Por tudo isso, parece-me que o ato suspensivo do Senado é de natureza normativa, porque tem o efeito de revogar a lei. Por ser normativo, com esse efeito revocatório da lei, parece-me de todo evidente que o Senado não pode voltar atrás, pois a lei revogada só se restaura por outra lei. O Senado só poderia restaurar a lei que ele, se suspender, revogou, se tivesse poder legislativo autônomo, se tivesse o poder de fazer a lei originária. Mas esse poder ele não tem, sequer, quanto às leis federais, muito menos quanto às estaduais, como é o caso dos autos."

37. Resolução nº 50, de 1967: "Art. 1º - É **revigorada**, em todos os seus termos e para todos os efeitos, a Resolução nº 32, de 25 de março de 1965, que suspende a execução da alínea "*b*" do art. 1º do Livro II do Código de Impostos e Taxas do Estado de São Paulo. Art. 2º - São **revogadas** a Resolução nº 93, de 14 de outubro de 1965, e as demais disposições em contrário."

jurídica, dirimindo eventuais dúvidas acerca da eficácia da decisão do STF e evidenciando que o Senado acatou a decisão final do STF acerca da inconstitucionalidade da segunda Resolução.

3.7. DESNECESSIDADE DE COMUNICAÇÃO FORMAL AO SENADO

Quanto à necessidade da comunicação do STF ao Senado, entendemos não ser ela *indispensável* para que o Senado possa expedir a resolução revogatória, visto como o *único requisito* constitucionalmente estatuído (nem há norma regimental do Senado ou do STF que *condicione* a expedição da resolução à comunicação) para que o Senado possa expedi-la é a *existência* (e não sua cientificação formal) de "lei declarada inconstitucional por decisão definitiva do Supremo Tribunal Federal". Portanto, ainda que o STF não dê *formalmente ciência* ao Senado (ou durante o período que mediar entre o trânsito em julgado da decisão e o recebimento da comunicação) pode o Senado expedir a resolução revogatória.

A corroborar esse entendimento, dispõe o Regimento Interno do Senado (arts. 386 e 388) que tal comunicação pode dimanar do STF, do Procurador-Geral da República, *e bem assim da CCJ (Comissão de Constituição e Justiça).*

Ademais, malgrado a inexistência de previsão regimental expressa, o Senado já editou Resolução originada de Projeto de autoria de Senador não integrante da CCJ. Diante da decisão do STF no RE 363852/MG, uma Senadora (que não compunha a CCJ) apresentou o PRS 13/2017, que foi encaminhado à CCJ e por ela aprovado. Em seguida, o parecer favorável da CCJ foi lido em plenário, e, em face da inexistência de recurso, foi editada a Resolução nº 15/2017.[38]

3.8. MUTAÇÃO JURISPRUDENCIAL

Quid juris se o STF mudar de orientação antes que o Senado se manifeste? Exemplo: se, em decisão definitiva (no controle concreto) *posterior* e *contrária*

---

38. É certo que, em 2013, o STF havia comunicado ao Senado o teor da sua decisão no RE 363852/MG para efeito de suspensão da norma nos termos do art. 52, X, da CF-88, mas o Senado, apreciando o Ofício "S" nº 27/2013 do STF, houve por bem arquivá-lo, considerando que, em razão de lei superveniente, a suspensão poderia estender indevidamente o conteúdo da decisão do STF. No ano seguinte, porém, resolveu suspender a norma declarada inconstitucional pelo STF, desta feita a partir do Projeto de Resolução do Senado (PRS 13/2017) apresentado por membro do próprio Senado, que nem sequer integrava a CCJ à época.

à primeira, o STF decidir que a lei *não é inconstitucional* como dantes havia julgado, o Senado poderá ou não expedir a resolução revocatória?

A nosso ver, não é relevante para tal fim o *atual* entendimento do STF acerca da matéria: o Senado poderá revogar a lei declarada inconstitucional *a qualquer tempo* pelo STF. A CF-88 não estatuiu nenhuma regra que condicionasse a expedição da resolução à conformidade com a primeira, segunda, terceira ou última decisão do STF em derredor do tema. Basta tão somente que *tenha existido* uma decisão que tal, até porque o Senado não se encontra vinculado a nenhuma das decisões.

De outra parte, também não se requer que a lei seja *de fato, realmente, verdadeiramente* inconstitucional para que a resolução senatorial seja *válida*: exige a *Lex Legum* só e unicamente que ***exista*** uma *declaração de inconstitucionalidade* de lei por decisão definitiva do STF no controle difuso.

3.9. CONTROLE DA CONSTITUCIONALIDADE DA RESOLUÇÃO

Sendo um ato de natureza *legislativa*, a **própria resolução senatorial** pode ser *inconstitucional*, e, conseguintemente, pode ser objeto de controle de constitucionalidade, seja *concreto*, seja *abstrato*.

De feito, a própria resolução do Senado pode ser inconstitucional formal e/ou materialmente. Exemplo de inconstitucionalidade *formal* da resolução: insuficiência de *quorum*. Exemplos de inconstitucionalidade *material* da resolução: ampliação indevida do alcance da decisão do STF; modificação de seu sentido; restrição indevida de seus efeitos[39], *et reliqua*.

Destarte, qualquer juiz pode declarar *incidenter tantum*, em casos que tais, a inconstitucionalidade da própria resolução do Senado, como já o fez o STF[40]. No entanto, o STF tem competência para declarar, **no julgamento de ADIn ou ADC**, a inconstitucionalidade da resolução senatorial, considerada a natureza de *norma legal* ***nacional*** de que esta se reveste. Tal declaração produzirá efeito de *res iudicata adversus omnes*, independentemente, pois, de nova resolução senatorial revocatória da anterior.

39. *Cf.* MS nº 16.512, Rel. Min. Oswaldo Trigueiro. *In: RTJ* 38/5. Vede ainda: *RTJ* 39/628.

40. Exemplo: "Imposto de transações do Estado de São Paulo. Inconstitucionalidade. Nulidade da Resolução n. 93 do Senado Federal (RCL 691 e MS 16.512). Recurso extraordinário conhecido e provido para julgar improcedente executivo fiscal." (RE 62875, Rel. Min. AMARAL SANTOS, Primeira Turma, julgado em 23/05/1969, DJ 22-08-1969.)

Na ADIn 3929-MC, o STF deferiu medida cautelar para suspender a eficácia da Resolução nº 7/2007 do Senado, que, por sua vez, havia suspendido a execução de normas paulistas alusivas a ICMS em maior extensão do que fora efetivamente julgado pelo STF nos RREE 183.906, 188.443 e 213.739. Reconheceu o STF que o teor dos ofícios enviados ao Senado contribuiu para o equívoco. No caso, o STF deferiu a cautelar ao fundamento de que a Resolução nº 7/2007 do Senado era inconstitucional por violação ao disposto no art. 52, X, da CF-88, uma vez que exorbitou do que realmente decidido pelo STF nos sobrecitados Recursos Extraordinários.[41]

3.10. POSIÇÃO HIERÁRQUICO-NORMATIVA DA RESOLUÇÃO

A resolução do Senado **possui a eficácia da lei declarada inconstitucional pelo STF**. Se for uma *lei complementar*, a resolução senatorial que lhe suspender a eficácia terá igualmente eficácia de lei complementar, e, portanto, não poderá ser revogada por uma simples lei ordinária. Se for uma *lei ordinária*, a resolução do Senado terá eficácia de lei ordinária, e poderá ser revogada por outra lei ordinária posterior. Se for uma *emenda constitucional*[42], a resolução

41. "AÇÃO DIRETA DE INCONSTITUCIONALIDADE. MEDIDA CAUTELAR CONCEDIDA. REFERENDO. RESOLUÇÃO Nº 7, DE 21.06.2007, DO SENADO FEDERAL. SUSPENSÃO *ERGA OMNES* DA EFICÁCIA DE TODO O TEXTO DE LEIS RELATIVAS À COBRANÇA DO ICMS NO ESTADO DE SÃO PAULO. DECLARAÇÃO DE INCONSTITUCIONALIDADE ANTERIORMENTE ESTENDIDA, NO EXERCÍCIO DO CONTROLE DIFUSO, APENAS AOS DISPOSITIVOS QUE HAVIAM PRORROGADO A MAJORAÇÃO DE ALÍQUOTA E A SUA VINCULAÇÃO A UMA FINALIDADE ESPECÍFICA. PLAUSIBILIDADE JURÍDICA DA ALEGAÇÃO DE OFENSA AO ART. 52, X, DA CONSTITUIÇÃO FEDERAL. PERIGO NA DEMORA IGUALMENTE DEMONSTRADO. 1. O ato normativo impugnado, ao conferir eficácia *erga omnes* a um julgado singular, revela sua feição geral e obrigatória, sendo, portanto, dotado de generalidade, abstração e impessoalidade. Precedentes. 2. O exame minucioso das decisões plenárias proferidas nos autos dos Recursos Extraordinários 183.906, 188.443 e 213.739 demonstra que a declaração de inconstitucionalidade dos atos normativos que sucederam à Lei Estadual Paulista 6.556/89 alcançaram, tão somente, os dispositivos que tratavam, exclusivamente, da majoração da alíquota do ICMS e sobre a vinculação desse acréscimo percentual ao fundo criado para o desenvolvimento de determinado programa habitacional. 3. O Senado Federal, em grande parte orientado por comunicações provenientes da Suprema Corte, acabou por retirar do mundo jurídico dispositivos das Leis Paulistas 7.003/90 e 7.646/91, que, embora formalmente abarcados pela proclamação da inconstitucionalidade do próprio Diploma em que inseridos, em nenhum momento tiveram sua compatibilidade com a Constituição Federal efetivamente examinada por este Supremo Tribunal. Plausibilidade da tese de violação ao art. 52, X, da Carta Magna. 4. Deferimento de medida cautelar referendado pelo Plenário." (ADIn 3929 MC, Rel. Min. ELLEN GRACIE, Tribunal Pleno, julgado em 29/08/2007, DJe-121 11-10-2007.)

42. Certo é que a CF-88 (art. 52, X) prescreveu que só as ***leis*** (**federais, estaduais ou municipais**) podem ser objeto de resolução senatorial, excluindo assim os atos normativos *infralegais*.

senatorial terá, por igual, eficácia de emenda à Constituição. Se for uma *norma constitucional originária* ***estadual***, a resolução do Senado terá, talqualmente, eficácia de norma constitucional originária de Estado-membro. Se for uma *lei estadual*, a eficácia da resolução será de lei estadual. Se for uma *Lei Orgânica municipal*, a eficácia da resolução será de Lei Orgânica municipal. Se for uma *lei municipal ordinária*, a eficácia da resolução será de lei municipal ordinária.

Não há, como se vê, uma eficácia *única*, *geral*, *imutável*, atribuível a toda e qualquer resolução do Senado suspensiva da lei declarada inconstitucional pelo STF: a estatura hierárquico-normativa da resolução *variará* conforme varie a eficácia da lei declarada inconstitucional pelo STF.

No entretanto, como o STF não admite a possibilidade jurídica da declaração de inconstitucionalidade de *normas originárias* da Constituição Federal de 1988 (*i.e.*, normas constitucionais não introduzidas por emendas, derivantes do Poder Constituinte Originário), a resolução do Senado *jamais* poderá ter a eficácia de norma constitucional *originária* da CF-88, pois que tem por pressuposto inelidível a declaração de inconstitucionalidade da norma pelo STF, declaração esta impossível *in hoc casu*.

3.11. NORMAS PASSÍVEIS DE SUSPENSÃO PELO SENADO

As Constituições de 1934[43], 1946[44] e 1967/69[45] autorizavam a suspensão pelo Senado de leis e de atos normativos secundários declarados inconstitucionais. Rompendo essa tradição, a redação do art. 52, X, não faz alusão a

---

De fato, a norma do art. 52, X, da CF-88 é *excepcional*, devendo, *ipso facto*, ser interpretada *restritivamente*. Todavia, **a CF-88 é uma lei**, a Lei Maior, a Lei das Leis, a Lei Fundamental (*Lex Major*, *Lex Legum*, *Lex Fundamentalis*). Nesse sentido: "Ora, 'a Constituição não é apenas uma superlei, mas é também ela mesma uma lei'. Por isso, não se pode excluir que a Constituição contenha também disposições em si idôneas à revogação de normas preexistentes" (MEDEIROS, Rui. *A decisão de inconstitucionalidade...*, p. 116.) Não estão, pois, as normas introduzidas por *emendas constitucionais* impedidas de ser objeto de resolução senatorial.

43. "Art. 91 - Compete ao Senado Federal: [...] IV - suspender a execução, no todo ou em parte, de qualquer lei **ou ato, deliberação ou regulamento,** quando hajam sido declarados inconstitucionais pelo Poder Judiciário". A CF-1937 não previu suspensão pelo Senado porque o art. 178 da referida Constituição dissolveu o próprio Senado ("Art 178 - São dissolvidos nesta data a Câmara dos Deputados, o Senado Federal, as Assembleias Legislativas dos Estados e as Câmaras Municipais. As eleições ao Parlamento nacional serão marcadas pelo Presidente da República, depois de realizado o plebiscito a que se refere o art. 187.")

44. "Art. 64 - Incumbe ao Senado Federal suspender a execução, no todo ou em parte, de lei **ou decreto** declarados inconstitucionais por decisão definitiva do Supremo Tribunal Federal."

45. "Art. 45 - Compete ainda privativamente, ao Senado: [...] IV - suspender a execução, no todo ou em parte, de lei **ou decreto**, declarados inconstitucionais, por decisão definitiva do

atos normativos secundários, empregando única e exclusivamente a palavra "lei".[46] O elemento histórico-evolutivo leva a crer que essa novel redação visou a restringir o objeto da resolução do Senado às leis (atos normativos primários, capazes de inovar a ordem jurídica). De fato, no que diz com a ADIn, a CF-88 empregou a expressão "lei *ou ato normativo* federal ou estadual" no art. 102, I, *a*, de maneira que, quando quis incluir outras espécies normativas, o legislador constituinte o fez expressamente, reforçando a ideia de que a não alusão a outros atos normativos no art. 52, X, da CF-88 foi intencional, configurando um silêncio eloquente.[47]

A seu turno, os arts. 386 a 388 do Regimento Interno do Senado também só se referem à suspensão de execução de "lei".[48]

Ademais, a natureza absolutamente *excepcional* da norma do art. 52, X, da CF-88 – a conferir ao Senado poder para suspender a execução de leis que ele não poderia editar isoladamente, emanadas até mesmo de outros entes legiferantes (leis federais, estaduais, distritais e municipais) – recomenda que ela seja interpretada *estritamente*, consoante diretriz hermenêutica assente, e não *extensivamente*. A essa luz, quando muito, seria razoável uma interpretação que abrangesse atos normativos equiparados à lei (como as medidas provisórias, que têm "força de lei" nos termos do art. 62 da CF-88), mas não atos meramente *infralegais*.

Nada obstante, o STF tem comunicado ao Senado a declaração de inconstitucionalidade de atos normativos de variada espécie, inclusivamente de

---

Supremo Tribunal Federal;". A redação dada pela EC n.º 1/69 é idêntica, alterando-se apenas o artigo (art. 42, VII).

46. "Art. 52. Compete privativamente ao Senado Federal: [...] X - suspender a execução, no todo ou em parte, de **lei** declarada inconstitucional por decisão definitiva do Supremo Tribunal Federal;"

47. "Art. 102. Compete ao Supremo Tribunal Federal, precipuamente, a guarda da Constituição, cabendo-lhe: I - processar e julgar, originariamente: a) a ação direta de inconstitucionalidade *de lei ou ato normativo federal ou estadual*;" (Redação originária, anterior à redação dada pela EC 3/93).

48. "*DA SUSPENSÃO DA EXECUÇÃO DE* ***LEI*** *INCONSTITUCIONAL (CONST., ART. 52, X)* **Art.** 386. O Senado conhecerá da declaração, proferida em decisão definitiva pelo Supremo Tribunal Federal, de inconstitucionalidade total ou parcial **de lei** mediante: I - comunicação do Presidente do Tribunal; II - representação do Procurador-Geral da República; III - projeto de resolução de iniciativa da Comissão de Constituição, Justiça e Cidadania. **Art.** 387. A comunicação, a representação e o projeto a que se refere o art. 386 deverão ser instruídos com o texto **da lei** cuja execução se deva suspender, do acórdão do Supremo Tribunal Federal, do parecer do Procurador-Geral da República e da versão do registro taquigráfico do julgamento. **Art.** 388. Lida em plenário, a comunicação ou representação será encaminhada à Comissão de Constituição, Justiça e Cidadania, que formulará projeto de resolução suspendendo a execução **da lei**, no todo ou em parte."

caráter *infralegal*, e o Senado, por sua vez, tem editado resoluções suspensivas em tais casos, não recusando essa competência que lhe é implicitamente sugerida.

Destarte, além de normas de Constituições Estaduais[49], de Leis Orgânicas Municipais[50], de medidas provisórias[51] e decretos-leis, o Senado tem editado resoluções suspendendo a execução de normas de decretos, regimentos internos, convênios e protocolos do CONFAZ, resoluções da Câmara dos Deputados[52] e de Tribunais de Justiça[53], etc.

Com efeito, a Resolução 4/2012 suspendeu a execução dos arts. 190 a 193 do Regimento Interno do TST. A Resolução 5/2007 suspendeu a execução do art. 17, II, do Regimento Interno da Assembleia Legislativa de Minas Gerais. A Resolução 12/2005 suspendeu a execução do art. 11 do Convênio ICM n. 66, de 14.12.1988, do Ministério da Fazenda, conforme decisão do STF no RE 149.922. A Resolução 44/2010 suspendeu a execução de norma do Decreto 1/91 do Presidente da República, conforme decisão do STF no MS 24.312. A Resolução 26/2007 suspendeu a execução do inciso IV do *caput* do art. 19 do Decreto nº 3.017, de 28 de fevereiro de 1989, do Estado de Santa Catarina, consoante decisão do STF no RE 413.782. A Resolução 6/2008 suspendeu a execução do § 3º do art. 6º do Regimento Interno das Turmas Recursais dos Juizados Especiais Cíveis e Criminais do Estado de

---

49. A Resolução 51/2005 suspendeu a execução da expressão "a qualquer título" no art. 133 da Constituição do Estado de São Paulo. *Cf.* também as Resoluções 24/2005, 25/2005, 30/2005, 32/2005, 45/2005, 46/2005 e 11/2006.

50. Resolução 36/2005: "**Art.** 1º É suspensa a execução do inciso XVIII do art. 51, e respectivo parágrafo único, do Decreto Legislativo Municipal nº 12, de 2 de abril de 1990 - Lei Orgânica do Município de Cidreira, no Estado do Rio Grande do Sul, em virtude de declaração de inconstitucionalidade em decisão definitiva do Supremo Tribunal Federal, nos autos do Recurso Extraordinário nº 172.004 -2 - Rio Grande do Sul." *Cf.* também Resolução 47/2005: "Art. 1º É suspensa a execução do art. 96 da Lei Orgânica do Município de Porto Alegre, no Estado do Rio Grande do Sul, em virtude de declaração de inconstitucionalidade em decisão definitiva do Supremo Tribunal Federal, nos autos do Inquérito nº 1.915-1 - Rio Grande do Sul." *Cf.* ainda a Resolução 1/2012.

51. A Resolução 52/2005 suspendeu parcialmente, sem redução de texto, a execução do art. 11 da Medida Provisória Federal nº 2.225-45, de 4 de junho de 2001. *Cf.* também a Resolução 4/2007.

52. Resolução 51/1999: "Art. 1º É suspensa a execução do art. 7º, *caput* e parágrafo único, da Resolução nº 70, de 24 de novembro de 1994, da Câmara dos Deputados." *Cf.* MS nº 22.735 e Ofício "S" nº 53/1998.

53. Resolução 37/2005: "Art. 1º É suspensa a execução da Resolução nº 8/94-GP, de 23 de fevereiro de 1994, do Tribunal de Justiça do Estado do Pará, em virtude de declaração de inconstitucionalidade em decisão definitiva do Supremo Tribunal Federal, nos autos do Mandado de Segurança nº 21.981-5 - Pará."

Minas Gerais, na redação dada pela Instrução nº 1, de 14 de agosto de 2002, nos moldes de decisão do STF no *Habeas Corpus* nº 85.056. A Resolução 4/2010 suspendeu a execução do Ato nº 274, de 1997, do Conselho de Administração do Superior Tribunal Militar, conforme decisão do STF na Ação Originária nº 499.

O STF tem oficiado ao Senado e este tem suspendido a execução até mesmo de normas anteriores à CF-88 que já eram inconstitucionais em face da CF-1967/69, insuscetíveis, portanto, de serem recepcionadas pela CF-88. É o caso da Resolução 5/2013, que suspendeu a execução do art. 14, VI, do Decreto-lei 2.052/1983, que já era inconstitucional à luz da CF-1967/69. Nesse caso, o STF nem sequer analisou a constitucionalidade do referido Decreto-lei em face da CF-88, conforme se extrai do RE 379.154 e do Ofício "S" nº 8/2011.[54] O mesmo se deu em relação ao Decreto-lei 2.288/1986, declarado inconstitucional em face da CF-1967/69, o qual teve sua execução suspensa por meio da Resolução 50/1995. A seu turno, a Resolução 71/2005 suspendeu a execução de normas do Decreto-lei 1.724/1979 e do Decreto-lei 1.894/1981 por ofensa a normas da CF-1967/69, conforme decisões do STF no RE 180.824 (julgado em 14.03.2002) e no RE 186.623 (julgado em 26.11.2001), dentre outros.[55] A Resolução 16/2005 suspendeu a execução dos arts. 212 a 215 da Lei 1.942/1983 do Município de Votuporanga-SP, em razão de sua inconstitucionalidade em face da CF-1967/69, conforme se depreende do RE 121.617, julgado em 22.02.1996. Nesses casos, a decisão do

54. "TRIBUTÁRIO. PASEP. AMPLIAÇÃO DOS SUJEITOS PASSIVOS POR DECRETO--LEI. INCONSTITUCIONALIDADE. LC 08/1977. ART. 14, VI, DO DECRETO-LEI 2.052/1983. ART. 55, II DA CONSTITUIÇÃO DE 1967 (EC 01/1969). 1. Segundo orientação firmada por esta Corte, a Contribuição ao Pasep deixou de ter natureza tributária com a publicação da EC 08/1977. 2. Por não versar sobre matéria tributária, nem sobre direito financeiro, o regramento da contribuição não poderia ser definido ou modificado por decreto-lei. 3. O art. 14 do Decreto-lei 2.052/1983 ampliou os sujeitos passivos da contribuição para incorporar "quaisquer outras entidades controladas, direta ou indiretamente, pelo Poder Público" *e, portanto, já era inconstitucional nos termos do art. 55, II da Constituição de 1967, tal como emendada em 1969.* Ressalva de entendimento pessoal feita pelo Ministro Carlos Velloso, relator, acerca da natureza tributária da Contribuição ao PIS e ao Pasep, ainda que sob a regência da EC 08/1977 (RTJ 150/888 e AC 63.656/TFR). Recurso extraordinário ao qual se dá provimento." (RE 379154, Rel. p/ Acórdão Min. JOAQUIM BARBOSA, Tribunal Pleno, julgado em 23/02/2011, DJe 061 31-03-2011.) (Grifou-se.)

55. Resolução 71/2005: "Art. 1º É suspensa a execução, no art. 1º do Decreto-Lei nº 1.724, de 7 de dezembro de 1979, da expressão "ou reduzir, temporária ou definitivamente, ou extinguir", e, no inciso I do art. 3º do Decreto-Lei nº 1.894, de 16 de dezembro de 1981, das expressões "reduzi-los" e "suspendê-los ou extingui-los", preservada a vigência do que remanesce do art. 1º do Decreto-Lei nº 491, de 5 de março de 1969."

STF, o ofício ao Senado e a resolução suspensiva foram emitidos na vigência da CF-88, mas concernem a inconstitucionalidades em face da CF-1967/69.[56]

Portanto, à luz da práxis estabelecida pelo STF e pelo Senado, infere-se que a inconstitucionalidade referida no art. 52, X, da CF-88 não se restringe àquela em face da CF-88, abrangendo também a inconstitucionalidade em face de Constituições pretéritas. Assim, declarações de inconstitucionalidade tendo como objeto leis e atos normativos anteriores a 1988 e tendo como parâmetro Constituições anteriores à de 1988 também têm ensejado a edição de resoluções suspensivas pelo Senado nos termos do art. 52, X, da CF-88.

Já em relação a normas anteriores à CF-88, válidas em face da Constituição vigente à época em que editadas, mas que não foram recepcionadas pela CF-88, o STF tem entendido, com esteio na tese da mera revogação, que não deve haver comunicação ao Senado, uma vez que não haveria declaração de *inconstitucionalidade* nessa hipótese, mas *simples não recepção*.[57]

O STF oficiou ao Senado (Ofício "S" 45/2014) para suspender a execução do art. 98 do Regimento Interno do CNJ, declarado inconstitucional *incidenter tantum* no MS 25.962, mas o Ofício foi arquivado sem análise de mérito pelo Senado, por tramitar durante duas legislaturas, nos termos do art. 332, § 1º, do Regimento Interno do Senado. O STF enviou ainda o Ofício "S" 10/2016 ao Senado para suspender a execução dos Decretos 31.632/2002 e 35.219/2004, de Governadores do Rio de Janeiro.

Por meio do Ofício "S" 3/2015, o STF cientificou o Senado da declaração de inconstitucionalidade proferida no RE 680.089, com repercussão geral, alusiva ao Protocolo ICMS 21/2011 do CONFAZ, mas o Senado

---

56. Mesmo em se tratando de normas anteriores à CF-88, o STF encaminha, acertadamente, o Ofício para os fins previstos no art. 52, X, da CF-88, e não do art. 45, IV, da CF-1967/69. Confira-se, *v.g.*, a ementa do Ofício "S" nº 11/2003, atinente à Resolução 71/2005: "Encaminha ao Senado Federal, para os fins previstos no artigo 52, inciso X, da Constituição Federal, cópia do Parecer da Procuradoria-Geral da República, da versão do registro taquigráfico do julgamento, da certidão de trânsito em julgado e do acórdão proferido por aquela Corte, nos autos do Recurso Extraordinário nº 180828, que declarou a inconstitucionalidade da expressão: 'ou reduzir, temporária ou definitivamente, ou extinguir', constante do artigo 1º do Decreto-Lei nº 1724, de 1979, e das expressões: 'reduzi-los' e 'suspendê-los ou extingui-los', constantes do inciso I do artigo 3º do Decreto-Lei nº 1894, de 1981 (isenção ou redução fiscal para importação e/ou exportação)."

57. "NORMA - CONFLITO COM TEXTO CONSTITUCIONAL SUPERVENIENTE - RESOLUÇÃO. Na dicção da ilustrada maioria, vencido o relator, *o conflito de norma com preceito constitucional superveniente resolve-se no campo da não recepção,* ***não cabendo a comunicação ao Senado prevista no inciso X do artigo 52 da Constituição Federal.***" (RE 387271, Rel. Min. MARCO AURÉLIO, Tribunal Pleno, julgado em 08/08/2007, DJe-018 01-02-2008.)

não suspendeu sua execução por reputar inexistente qualquer efeito jurídico ou político na suspensão, visto que tal Protocolo já havia sido declarado inconstitucional com eficácia *erga omnes* e efeito vinculante na ADIn 4628, com modulação de efeitos a partir da data da concessão da liminar, ressalvadas as ações já ajuizadas. O RE 680.089 e a ADIn 4628 foram julgados na mesma data (17.09.2014), mas alguns meses antes fora deferida cautelar *ad referendum* do Plenário para suspender com eficácia *ex nunc* a aplicação do Protocolo ICMS nº 21/2011 do CONFAZ, nos termos do art. 11, § 1º, da Lei nº 9.868-99. No Parecer referente a esse Protocolo do CONFAZ (Parecer SF 73/2017), a CCJ assevera que o Senado pode suspender "qualquer lei ou ato normativo seja ele federal, estadual, municipal ou celebrado entre pessoas jurídicas de direito público, a exemplo dos convênios e protocolos entre os Estados, dotados de generalidade, abstração e autonomia".

3.12. SÚMULA VINCULANTE E DECISÃO EM REPERCUSSÃO GERAL: UTILIDADE DA RESOLUÇÃO

A edição de súmula vinculante acerca de norma declarada inconstitucional pelo STF no controle incidental não impede, nem elimina a utilidade (jurídica e prática) da resolução suspensiva do Senado.[58]

---

58. Em sentido contrário: "Merecem exame especial duas modificações na Constituição, introduzidas pela EC 45/2004: a que acrescentou como requisito de admissibilidade do recurso extraordinário a demonstração da 'repercussão geral das questões constitucionais discutidas no caso, nos termos da lei' (art. 102, § 3.º, da CF/1988) e a que autorizou o STF a editar súmulas vinculantes (art. 103-A da CF/1988). Tais mudanças contribuíram de modo especialmente significativo para dotar as decisões do STF de eficácia geral e vinculante, com todas as consequências daí decorrentes, notadamente (a) **a de dispensar a comunicação ao Senado, para os fins do art. 52, X, da CF/1988,** e (b) a de constituir, o pronunciamento do STF assim emitido, uma relevante [alteração] do estado de direito, com efeitos semelhantes aos que decorrem da resolução do Senado, antes referidos. Com efeito, na medida em que o legislador amplia a eficácia *ultra partes* dos precedentes do STF, substituindo o caráter subjetivo e individual de suas decisões por precedentes de caráter objetivo e de eficácia expansiva, opera-se uma correspondente redução do significado prático da comunicação ao Senado, prevista no art. 52, X, da Constituição, **uma vez que *os efeitos que poderiam ser agregados com a intervenção parlamentar já são produzidos automaticamente pela própria decisão judicial*.** No que se refere à súmula vinculante, a partir da sua publicação na imprensa oficial ela tem, por si só, o efeito de submeter a seu comando os demais órgãos do Poder Judiciário e a administração pública direta e indireta, nas esferas federal, estadual e municipal (art. 103-A da CF/1988), sendo que, 'da decisão judicial ou do ato administrativo que contrariar enunciado de súmula vinculante, negar-lhe vigência ou aplicá-lo indevidamente, caberá reclamação ao STF, sem prejuízo dos recursos ou outros meios de impugnação' (art. 7.º da Lei 11.417/2006). ***Não teria sentido prático algum*, como se percebe, a resolução do Senado (art. 52, X, da CF/1988) sobre inconstitucionalidade objeto de súmula vin-**

É que a resolução do Senado é capaz de gerar efeitos que a súmula vinculante é inábil a produzir.

A súmula vinculante só obriga diretamente a "administração pública direta e indireta" e "os demais aos demais órgãos do Poder Judiciário", consoante se extrai do teor do art. 103-A da CF-88[59] e da Lei 11.417-2006, que o regulamenta. Portanto, o STF e os *particulares* estão excluídos do efeito vinculante de tais súmulas, que não os alcança diretamente.[60] Quanto ao STF, o art. 103-A, *caput* e § 2º, da CF-88 autoriza até mesmo a revisão e o cancelamento de enunciado de súmula vinculante, a confirmar a insubmissão do próprio STF ao efeito vinculante de tais súmulas.[61]

Já a resolução suspensiva do Senado, acarretando a revogação da norma declarada inconstitucional pelo STF e sua expulsão do ordenamento jurídico vigente (em regra, com eficácia retroativa), atinge a todos, inclusivamente os particulares e o próprio STF.

Portanto, ***uma vez editada a resolução senatorial***, ainda que o STF mudasse de entendimento sobre a inconstitucionalidade da norma e cancelasse a súmula vinculante, já não poderia aplicar a norma, seja no controle incidental, seja no controle abstrato, pois, se o fizesse, estaria aplicando norma revogada, não mais em vigor, extirpada que foi com eficácia *ex tunc* do ordenamento jurídico vigente, o que é manifestamente inadmissível.

Pela mesma razão, nenhum particular poderia pretender aplicar validamente tal norma, já eliminada (*ab origine*) do ordenamento vigente pela resolução do Senado.

Certo é que o STF pode declarar a inconstitucionalidade da resolução do Senado por vício formal ou por extrapolar os limites da decisão declaratória de inconstitucionalidade, mas não poderia fazê-lo simplesmente porque mudou de entendimento acerca da inconstitucionalidade da norma.

---

culante." (ZAVASCKI, Teori Albino. *Eficácia das sentenças na jurisdição constitucional*. 4. ed. São Paulo: RT, 2017, p. 118.) (Grifou-se.)

59. Art. 103-A. O Supremo Tribunal Federal poderá, de ofício ou por provocação, mediante decisão de dois terços dos seus membros, após reiteradas decisões sobre matéria constitucional, aprovar súmula que, a partir de sua publicação na imprensa oficial, terá efeito vinculante em relação aos ***demais*** órgãos do Poder Judiciário e ***à administração pública direta e indireta, nas esferas federal, estadual e municipal***, bem como proceder à sua revisão ou cancelamento, na forma estabelecida em lei.

60. Sobre os limites subjetivos do efeito vinculante, *cf.* adiante o item 4.1.7.2.2.

61. "Art. 103-A. [...] § 2º Sem prejuízo do que vier a ser estabelecido em lei, a aprovação, revisão ou cancelamento de súmula poderá ser provocada por aqueles que podem propor a ação direta de inconstitucionalidade."

Destarte, a edição de súmula vinculante pode reduzir a utilidade prática da resolução senatorial, mas não a torna inócua, considerada a diversidade de efeitos que elas são capazes de produzir. Portanto, mesmo depois da aprovação de súmula vinculante, a edição de resolução suspensiva pelo Senado continua sendo possível, útil e recomendável, pois, além do STF, abrange pessoas naturais e pessoas jurídicas privadas, que o efeito vinculante da súmula é incapaz de alcançar.

Semelhantemente, decisões do STF no controle incidental com repercussão geral também não geram os mesmos efeitos da resolução senatorial. A tese de repercussão geral também pode ser revista, alterada e cancelada pelo STF, e se dirige aos demais órgãos do Judiciário, que em regra devem observá-la nos processos sob sua jurisdição (salvo se houver motivos para *distinguishing*), e *eventualmente* aos órgãos da administração pública, *se e quando a lei assim o determinar*, não alcançando diretamente os particulares.

Cumpre salientar ainda que o dever de obediência a tais precedentes, derivante unicamente de norma infraconstitucional prevista no art. 927 do CPC-2015 (efeito vinculativo "médio"), não equivale ao dever de obediência decorrente de decisões em ADIn e ADC ou de súmulas vinculantes, providas de efeito vinculante em sentido estrito, dimanante de normas constitucionais, expressas no art. 102, § 2º, e no art. 103-A da CF-88 (efeito vinculante "forte").

A fixação de tese de repercussão geral não torna dispensável ou desnecessária nem mesmo a edição de súmula vinculante, conforme, aliás, reconhece o próprio Regimento Interno do STF (art. 354-E) ao prever que, logo após o julgamento do mérito de tema de repercussão geral, pode ser editada súmula vinculante sobre o tema, o que pressupõe a diversidade de efeitos entre a decisão com repercussão geral e a súmula vinculante.[62]

Portanto, com maioria de razão, a fixação de tese de repercussão geral não torna dispensável ou desnecessária a edição de resolução suspensiva pelo Senado.

3.13. "ABSTRATIZAÇÃO" DO CONTROLE INCIDENTAL EXERCIDO PELO STF

Recentemente, muito se tem escrito sobre a "objetivação", "dessubjetivação" ou "abstrativização"[63] do controle incidental exercido pelo STF.

62. "Art. 354-E. A proposta de edição, revisão ou cancelamento de súmula vinculante poderá versar sobre questão com repercussão geral reconhecida, caso em que poderá ser apresentada por qualquer Ministro **logo após o julgamento de mérito do processo**, para deliberação imediata do Tribunal Pleno na mesma sessão."

63. Preferimos o termo "abstratização", já existente no vernáculo, ao malformado neologismo "abstrativização".

No julgamento da Reclamação 4335/AC, houve uma tentativa de operar uma pretensa "mutação constitucional" em relação ao disposto no art. 52, X, da CF-88.

Os votos dos Ministros Gilmar Mendes e Eros Grau propugnavam que com a CF-88 e as suas sucessivas emendas constitucionais, o papel do Senado, no controle de constitucionalidade (art. 52, X, da CF-88), teria sido reduzido ao de emprestar mera publicidade à decisão do STF. Confiram-se os seguintes excertos do voto do Min. Gilmar Mendes:

> "Assim, parece legítimo entender que, **hodiernamente, a fórmula relativa à suspensão de execução da lei pelo Senado Federal há de ter simples efeito de publicidade**. Desta forma, se o Supremo Tribunal Federal, em sede de controle incidental, chegar à conclusão, de modo definitivo, de que a lei é inconstitucional, essa decisão terá efeitos gerais, fazendo-se a comunicação ao Senado Federal para que este publique a decisão no Diário do Congresso. Tal como assente, não é (mais) a decisão do Senado que confere eficácia geral ao julgamento do Supremo. A própria decisão da Corte contém essa *força normativa*. [...]
> 'É possível, sem qualquer exagero, falar-se aqui de uma **autêntica mutação constitucional em razão da completa reformulação do sistema jurídico e, por conseguinte, da nova compreensão que se conferiu à regra do art. 52, X, da Constituição de 1988**. Valendo-nos dos subsídios da doutrina constitucional a propósito da mutação constitucional, poder-se-ia cogitar aqui de uma **autêntica reforma da Constituição sem expressa modificação do texto**.' [...]
> A amplitude conferida ao controle abstrato de normas e a possibilidade de que se suspenda, liminarmente, a eficácia de leis ou atos normativos, com eficácia geral, contribuíram, certamente, para que se quebrantasse a crença na própria justificativa desse instituto, **que se inspirava diretamente numa concepção de separação de Poderes – hoje inevitavelmente ultrapassada.** Se o Supremo Tribunal pode, em ação direta de inconstitucionalidade, suspender, liminarmente, a eficácia de uma lei, até mesmo de uma Emenda Constitucional, por que haveria a declaração de inconstitucionalidade, proferida no controle incidental, valer tão somente para as partes?
> A única resposta plausível nos leva a crer que **o instituto da suspensão pelo Senado assenta-se hoje em razão de índole exclusivamente histórica**."

Sucede que esta concepção do papel do Senado Federal já fora rechaçada expressamente pelo próprio STF, considerado o fato de que todas as decisões do STF são publicadas no Diário da Justiça, o que já lhes confere a necessária publicidade.[64]

64. Dentre outros, MS 16512, Rel. Min. OSWALDO TRIGUEIRO, Tribunal Pleno, julgado em 25/05/1966, DJ 31-08-1966, p. 2913; MS 16519, Rel. Min. LUIZ GALLOTTI, Tribunal

Na prática, a vingar a tese, implantar-se-ia no Brasil o sistema de vinculação aos precedentes (*stare decisis*) do STF declaratórios de inconstitucionalidade no controle incidental.[65]

Essa *interpretação ab-rogante* do disposto no art. 52, X, da CF-88 enfrenta alguns óbices intransponíveis, dentre os quais avulta a própria literalidade do texto constitucional, que ostenta a natureza de *norma-regra*, e não de norma-princípio. De fato, **o texto constitui sempre um limite, mais ou menos flexível, à sua própria interpretação**. Nessa linha, asseriu o Min. Lewandowski:

> "Observo, ademais, que não se está, no caso, a falar de uma norma de natureza principiológica, à qual falece o atributo da auto aplicabilidade. Ao revés, a estrutura semântica do inc. X do art. 52 sugere tratar-se de um dispositivo constitucional de eficácia plena e aplicabilidade imediata, que não comporta grandes manobras exegéticas por parte de seus intérpretes. Com efeito, se o dispositivo em questão assinala, com todas as letras, que compete ao Senado Federal a suspensão de norma declarada inconstitucional por esta Corte, assim o é, literalmente. Ainda que se possa, no mérito, discordar do que nele se contém, o preceito em tela constitui o Direito posto, e que não admite, dada a taxatividade com que está vazado, maiores questionamentos."

De fato, há um considerável consenso doutrinário acerca do efeito limitante do texto normativo sobre eventual interpretação evolutiva. Jorge Miranda[66] é incisivo a este propósito: "Não pode a interpretação evolutiva

---

Pleno, julgado em 20/06/1966, DJ 09-11-1966, p. 3873. Nesse sentido, Paulo Brossard é enfático: "Atribuir ao Senado papel mecânico, fazê-lo autômato, transformá-lo em carimbo, meirinho, cartório ou porteiro de auditórios, não significa apenas atribuir-lhe uma função absolutamente subalterna, mas, e especialmente, sem qualquer significação e utilidade, tarefa que poderia ser desempenhada, com proficiência e vantagem, por qualquer funcionário da secretaria do Supremo Tribunal. Evidentemente, não foi para essa função de amanuense que a Constituição de 34 reservou essa competência ao Senado, em caráter privativo." (BROSSARD, Paulo. O Senado e as leis inconstitucionais. *Revista de Informação Legislativa*, v. 13, n. 50, p. 55-64, abr./jun. 1976, p. 62.)

65. Nesse sentido, pontua José Levi Mello do Amaral Júnior: "O tema ganha em interesse com a retomada do julgamento da Reclamação 4.335-5/AC. Isso porque **o voto do relator, ministro Gilmar Mendes, na prática, propõe reconhecer, por meio de construção jurisprudencial, a ocorrência automática de *stare decisis* quando de quaisquer decisões proferidas pelo STF em sede de controle difuso e concreto de normas**." (AMARAL JÚNIOR, José Levi Mello do. *Reclamação 4.335 e a busca do stare decisis*. Disponível em: http://www.conjur.com.br/2013-mai-25/observatorio-constitucional-reclamacao-4335-busca-stare-decisis. Acesso em: 23 jun. 2013.) (Grifou-se.)

66. MIRANDA, Jorge. *Manual de direito constitucional*: Constituição e inconstitucionalidade. 3. ed. Coimbra: Coimbra Editora, 1996, t. II, p. 138. Grifos do original.

servir para *matar* um número maior ou menor de normas, mas, pelo contrário, para, preservando o espírito da Constituição, as manter *vivas*; aquilo, no limite, poderá ocorrer por virtude de costume constitucional, não por virtude de atividade interpretativa."

Elival da Silva Ramos[67] também adverte:

> "O texto normativo é, pois, ao mesmo tempo, **o ponto de partida do processo hermenêutico** e o **mais expressivo balizador de seus resultados**. Conforme observa Konrad Hesse, o limite da textualidade 'é pressuposto da função racionalizadora, estabilizadora e limitadora do poder da Constituição' e se, por um lado, 'inclui a possibilidade de uma mutação constitucional por interpretação', por outro, 'exclui um rompimento constitucional – o desvio do texto em cada caso particular – e uma modificação constitucional por interpretação'. E arremata o seu pensamento sentenciando que **'onde o intérprete passa por cima da Constituição, ele não mais interpreta, senão ele modifica ou rompe a Constituição'**."

Na mesma linha, pontifica Friedrich Müller[68]: "*O teor literal demarca as fronteiras extremas das possíveis variantes de sentido, i.e., funcionalmente defensáveis e constitucionalmente admissíveis.* [...] Decisões que passam claramente por cima do teor literal da Constituição não são admissíveis."[69]

De outra parte, cuida-se de uma competência constitucional que *vem sendo regularmente exercida* pelo Senado. A este respeito, o Min. Lewandowski assim se exprimiu:

---

67. RAMOS, Elival da Silva. *Ativismo judicial*: parâmetros dogmáticos. São Paulo: Saraiva, 2010, p. 168. Grifou-se.

68. MÜLLER, Friedrich. *Métodos de trabalho do direito constitucional*. 3. ed. Rio de Janeiro: Renovar, 2005, p. 64-65. Grifos do original.

69. Assim também sucede na exegese bíblica: "115. Segundo uma antiga tradição, podemos distinguir dois sentidos da Escritura: o sentido literal e o sentido espiritual, sendo este último subdividido em sentido alegórico, moral e anagógico. A concordância profunda entre os quatro sentidos garante toda a sua riqueza à leitura viva da Escritura na Igreja. 116. *O sentido literal*. É o sentido significado pelas palavras da Escritura e descoberto pela exegese que segue as regras da correta interpretação. '*Omnes sensus fundantur super litteralem* – Todos os sentidos (da Sagrada Escritura) devem estar fundados no literal'." (Catecismo da Igreja Católica, §§ 115-116.) De feito, consoante a doutrina tomista, o sentido espiritual se funda no literal e o supõe, não podendo, pois, dele desgarrar-se: "Donde o não haver nenhuma confusão na Sagrada Escritura, por se fundarem todos os sentidos em um, o literal, com o qual somente se pode argumentar, e não com o sentido alegórico, como diz Agostinho. Mas, nem por isso, nada se perde da Escritura Sagrada; pois, não há nada de necessário à fé, contido no sentido espiritual, que ela não explique manifestamente, alhures, no sentido literal." (*Suma teológica* I, 1, 10, ad. 1.)

> "Após bem refletir sobre tal proposição, ouso divergir de Sua Excelência quanto à ocorrência da aludida mutação constitucional, por não entender tratar-se o instituto de mera reminiscência histórica.
> É que, primeiro, constato que a Câmara Alta, não tem descuidado do cumprimento dessa relevante competência que os constituintes brasileiros lhe tem atribuído, de forma reiterada, desde o advento da Carta de 1934.
> Nesse sentido, assinalo que, entre 7 de fevereiro de 2007 e 16 de junho de 2010, a Comissão de Constituição e Justiça do Senado Federal pautou, para deliberação dos Senadores, nada menos que 53 ofícios encaminhados por esta Corte, solicitando a promulgação de projeto de resolução para suspender a execução de dispositivos declarados inconstitucionais em sede de controle difuso."

Constatando o mesmo fato, o Min. Joaquim Barbosa, assinalou em seu voto que:

> '[...] mesmo que se aceitasse a tese da mutação, entendo que seriam necessários dois fatores adicionais: o **decurso de um espaço de tempo maior**, para a constatação dessa mutação, e a consequente e **definitiva 'désuetude'** do dispositivo. Ora, em relação a este último fator, impede, a meu juízo, esse reconhecimento um dado empírico altamente revelador: pesquisa rápida na base de dados do Senado Federal indica que desde 1998 aquela Alta Casa do Congresso suspendeu a execução de dispositivos de quase 100 normas declaradas inconstitucionais (sendo sete em 2006, Resoluções do SF de nº 10, 11, 12, 13, 14, 15 e 16; e uma já, neste ano, em 2007, resolução nº 2)'."

Sobreleva notar ainda a absoluta *inadequação do meio* (processo de índole ***subjetiva***, a saber, a Reclamação 4335/AC, relativa a HC que já teria perdido o objeto) escolhido para impor a adoção do sistema de vinculação aos precedentes (*stare decisis*) do STF em controle incidental.

Por fim, trata-se de interpretação que, ao suprimir competência expressamente atribuída pela CF-88 ao Senado *e avocá-la para si*[70], além de provocar uma *desnecessária tensão entre os Poderes*, parece malferir o próprio princípio da separação dos Poderes, que constitui cláusula pétrea. A *desnecessidade* dessa interpretação arrojada fica evidente diante do fato de que o STF poderia

70. No seu voto na Rcl 4335/AC, o Ministro Sepúlveda Pertence advertiu que essa ampliação do poder do STF a expensas da supressão da competência senatorial poderia ser considerada por alguns como "golpe de Estado": "Mas não me animo à mutação constitucional proposta. **E mutação constitucional *POR DECRETO DO PODER QUE COM ELA SE AMPLIARIA***; o que, a visões mais radicais, poderia ter o cheiro de ***golpe de Estado***. **Às tentações do golpe de Estado não está imune o Poder Judiciário; é essencial que a elas resista.**" (Grifou-se.)

alcançar resultado virtualmente idêntico simplesmente editando uma súmula vinculante sobre o tema, exercendo competência própria, o que de fato já fez, ao editar a Súmula Vinculante n.º 26. Aliás, justamente por esse motivo, o STF terminou julgando improcedente a Reclamação 4335/AC.[71] Posto não tenha havido decisão expressa quanto à pretendida "mutação constitucional", dessume-se das manifestações dos Ministros durante o julgamento que a maioria destes lhe seria contrária naquele momento.

Todavia, a malograda tentativa de mutação constitucional poderá ser ressuscitada e fortalecida com o auxílio do CPC-2015, que busca implantar um sistema de vinculação aos precedentes. Dispõe o seu art. 927:

> "Art. 927. Os juízes e os tribunais **observarão:**
>
> I - as decisões do Supremo Tribunal Federal em controle concentrado de constitucionalidade;
>
> II - os enunciados de súmula vinculante;
>
> **III - os acórdãos em incidente de assunção de competência ou de resolução de demandas repetitivas e em julgamento de recursos extraordinário e especial repetitivos;**
>
> IV - os enunciados das súmulas do Supremo Tribunal Federal em matéria constitucional e do Superior Tribunal de Justiça em matéria infraconstitucional;
>
> V - a orientação do plenário ou do órgão especial aos quais estiverem vinculados."

Portanto, o CPC-2015, ao atribuir efeito vinculativo em matéria civil a várias decisões do STF, do STJ e dos demais tribunais, *até mesmo em processos que não envolvam controle de constitucionalidade*, e assegurando a autoridade dessas decisões pela via da reclamação[72], parece instituir no direito pátrio uma

71. "Reclamação. 2. Progressão de regime. Crimes hediondos. 3. Decisão reclamada aplicou o art. 2º, § 2º, da Lei nº 8.072/90, declarado inconstitucional pelo Plenário do STF no HC 82.959/SP, Rel. Min. Marco Aurélio, DJ 1.9.2006. 4. **Superveniência da Súmula Vinculante n. 26**. 5. Efeito ultra partes da declaração de inconstitucionalidade em controle difuso. Caráter expansivo da decisão. 6. Reclamação julgada procedente." (Rcl 4335, Rel. Min. GILMAR MENDES, Tribunal Pleno, julgado em 20/03/2014, DJe-208 22-10-2014.) (Grifou-se.)

72. "Art. 988. Caberá reclamação da parte interessada ou do Ministério Público para:

    I - preservar a competência do tribunal;

    II - garantir a autoridade das decisões do tribunal;

    III – garantir a observância de enunciado de súmula vinculante e de decisão do Supremo Tribunal Federal em controle concentrado de constitucionalidade;

    IV – garantir a observância de acórdão proferido em julgamento de incidente de resolução de demandas repetitivas ou de incidente de assunção de competência;

espécie de *stare decisis*, contrariando a tradição constitucional brasileira e à margem de qualquer alteração constitucional.

José Levi Mello do Amaral Júnior[73] demonstra que várias emendas constitucionais e alterações legislativas foram promovidas ao longo do tempo exatamente para suprir, ao menos em parte, a ausência do *stare decisis* no direito brasileiro. Assim, em face da implantação de um controle incidental de constitucionalidade inspirado no modelo norte-americano, mas desacompanhado do *stare decisis*, foram sendo concebidos vários sucedâneos deste com o fito de emprestar maior eficácia às decisões proferidas pelo STF.

Todavia, estas mesmas alterações testificam justamente a ausência do *stare decisis* no direito brasileiro. Dispositivos constitucionais como o art. 52, X, o art. 103-A, que prevê a súmula vinculante (praticamente desnecessária num sistema de *stare decisis*), e o art. 102, § 2º, que prevê eficácia contra todos e efeito vinculante apenas em relação à ADIn e ADC (processos de controle abstrato), aliados a toda a doutrina, a legislação infraconstitucional e à tradição do *civil law* herdada de Portugal (que também nunca adotou o *stare decisis*)[74], demonstram que o *stare decisis* não foi incorporado ao *ethos* constitucional pátrio.

Portanto, o estabelecimento do *stare decisis* entre nós somente poderia ocorrer por meio de emenda constitucional, e nunca mediante uma *mutação constitucional informal* operada por *lei ordinária*, ainda que secundada por decisões do STF. Decisões proferidas em processos individuais ou coletivos com essa pretensa eficácia vinculante em relação a todos os juízos seriam decisões manipulativas constitucionalmente ilegítimas.[75] Uma aproximação de tamanha

---

§ 1º A reclamação pode ser proposta perante qualquer tribunal, e seu julgamento compete ao órgão jurisdicional cuja competência se busca preservar ou cuja autoridade se pretenda garantir. [...]

§ 4º **As hipóteses dos incisos III e IV compreendem a aplicação indevida da tese jurídica e sua não aplicação aos casos que a ela correspondam**." (Redação dada pela Lei nº 13.256, de 2016.)

73. AMARAL JÚNIOR, José Levi Mello do. Controle de constitucionalidade: evolução brasileira determinada pela falta do *stare decisis*. *Revista dos Tribunais*, São Paulo, v. 920, p. 133-149, 2012.

74. Canotilho alude à regra do *stare decisis* ou da *vinculação a precedentes judiciais* como uma "regra estranha ao nosso direito e só admissível quando estabelecida através de processos constitucionalmente reconhecidos (Cfr. art. 281.º/2)." (CANOTILHO, J. J. Gomes. *Direito constitucional e teoria da Constituição*. 7. ed. Coimbra: Almedina, 2006, p. 1023.)

75. Para Blanco de Morais, uma *mutação informal* seria inviável, visto que a matéria está sob "**reserva de Constituição**": "Seria, seguramente, uma sentença de revisão constitucional, uma decisão do STF que interpretasse a Constituição de 1988 no sentido de conferir 'força obrigatória geral' à decisão de inconstitucionalidade do mesmo órgão tomada em controlo

envergadura ao regime da *commom law* não pode prescindir do recurso à via da emenda constitucional formal.

Entretanto, em 29.11.2017, no julgamento conjunto da ADIn 3406 e da ADIn 3470, o STF proferiu decisões manipulativas de "revisão constitucional", ao emprestar efeito vinculante e eficácia *erga omnes* à declaração *incidental* de inconstitucionalidade do art. 2º da Lei federal n.º 9.055/95 (o qual permite, com restrições, o uso do amianto da variedade crisotila).[76]

Embora tal declaração tenha ocorrido no bojo de processos de controle abstrato (ADIn 3406 e ADIn 3470), ela se deu de maneira *incidental*, como *questão prejudicial de mérito*, porquanto não constituía objeto do pedido nas respectivas ADIns, nas quais se impugnavam apenas normas de lei estadual do Rio de Janeiro (Lei 3.579/2001), que dispõe sobre a substituição progressiva da produção e da comercialização de produtos que contenham amianto (asbesto) no Estado do Rio de Janeiro, incluidamente a crisotila (asbesto branco).

A Corte entendeu que para analisar a alegação de inconstitucionalidade da lei estadual, seria necessário analisar previamente, como questão prejudicial, ainda que de ofício, a constitucionalidade ou não da lei federal sobre normas gerais a fim de verificar se a lei estadual teria exorbitado de sua competência concorrente suplementar (inconstitucionalidade orgânica ou formal). Segundo o voto do Min. Dias Toffoli, como a lei federal sobre normas gerais havia-se tornado inconstitucional supervenientemente, os Estados-membros readquiriram competência plena até que sobrevenha lei federal válida, à semelhança do que sucede quando não foi editada lei federal sobre o tema (CF-88, art. 24, §§ 3º e 4º). Ao final, concluiu o STF que o art. 2º da Lei federal n.º 9.055/95 era inconstitucional, outorgando expressamente efeito vinculante e eficácia *erga omnes* a esta declaração incidental, independentemente de suspensão da execução da lei pelo Senado, nos termos do art. 52, X, da CF-88.[77]

---

concreto, em substituição do regime vigente que confere ao Senado a competência para suspender essa norma constitucional com eficácia 'erga omnes'. Se bem que desejável em termos de mérito, **essa mutação só poderia ser decidida por uma emenda constitucional e nunca pelo Supremo Tribunal Federal, já que se trata de uma decisão política que incide sobre a reserva de Constituição.**" (MORAIS, Carlos Blanco de. *Justiça constitucional*: o direito do contencioso constitucional. 2. ed. Coimbra: Coimbra Editora, 2011, t. II, p. 422.) (Grifou-se.)

76. "Art. 2º O asbesto/amianto da variedade crisotila (asbesto branco), do grupo dos minerais das serpentinas, e as demais fibras, naturais e artificiais de qualquer origem, utilizadas para o mesmo fim, serão extraídas, industrializadas, utilizadas e comercializadas em consonância com as disposições desta Lei."

77. Cumpre lembrar que o disposto no art. 503, § 1º, do CPC-2015 não foi nem poderia ter sido invocado, já que tais ações foram propostas muito antes do CPC-2015, o que já seria

A finalidade era clara: evitar que a declaração incidental se circunscrevesse ao Estado do Rio de Janeiro (cuja legislação era objeto das ADIns em julgamento), abrangendo, desde logo, os demais Estados-membros.

No entanto, essa solução, além de vulnerar a competência privativa do Senado — sem que a matéria alusiva à suposta mutação do art. 52, X, da CF-88 nem sequer tivesse sido discutida como questão de ordem formalmente apresentada —, era completamente desnecessária, porquanto, em não se querendo aguardar a resolução do Senado, bastaria aprovar uma súmula vinculante, com fulcro nas declarações incidentais de inconstitucionalidade do art. 2º da Lei federal n.º 9.055/95.

Certo é que, nos moldes do art. 103-A da CF-88, a edição de súmula vinculante pressupõe maioria qualificada de 2/3 dos Ministros (oito Ministros), mas, aparentemente, havia maioria para tanto, visto que no julgamento em questão ficaram vencidos apenas os Ministros Marco Aurélio e Alexandre de Moraes. Este último, em julgamentos realizados no dia seguinte[78] (30.11.2017), apenas ressalvou seu entendimento pessoal e acompanhou a decisão da maioria quanto à declaração incidental de inconstitucionalidade do art. 2º da Lei federal n.º 9.055/95, tendo ficado vencido apenas o Min. Marco Aurélio.

Portanto, a solução adotada (atribuir efeito vinculante e eficácia *erga omnes* à declaração de inconstitucionalidade do art. 2º da Lei federal n.º 9.055/95) é desproporcional, por não passar no *teste da necessidade* (havia meios *menos gravosos* para atingir o fim desejado), uma vez que a edição de súmula vinculante era meio constitucional perfeitamente capaz de projetar efeitos sobre todos os Estados-membros (banindo o amianto em todo o território nacional), mas bem mais suave e menos traumático do que atribuir efeito vinculante e eficácia *erga omnes* à declaração incidental de inconstitucionalidade do art. 2º da Lei federal n.º 9.055/95, mediante mutação constitucional e avocação para si da competência privativa do Senado prevista no art. 52, X, da CF-88.

---

suficiente, nos termos do art. 1.054 do CPC-2015, para obstar à aplicação do art. 503, § 1º, do CPC-2015. Ademais, o art. 503, § 1º, do CPC-2015 não legitima a atribuição de efeito vinculante à decisão, contida na *fundamentação* do acórdão, sobre a questão prejudicial, até porque o efeito vinculante promana unicamente da parte dispositiva do acórdão, conforme pontuado nos itens 1.6 e 4.1.7.1.1.

78. *Vide* ADPF 109, ADIn 3356 e ADIn 3357. Na ADIn 3356, o Min. Eros Grau votara pela procedência da ação, mas a questão prejudicial de inconstitucionalidade do art. 2º da Lei federal n.º 9.055/95 ainda não havia sido suscitada àquela altura.

Trata-se, pois, de decisão manipulativa de "revisão constitucional" patentemente *desnecessária*, visto que o caso poderia ter recebido solução *igualmente eficaz em termos práticos*[79] sem o recurso a decisão manipulativa alguma, ou seja, mediante *decisão típica (não manipulativa)*, seguida de súmula vinculante.

A pretensa mutação constitucional do art. 52, X, da CF-88 voltou a ser debatida no julgamento dos Temas 881 e 885 (RE 955227 e RE 949297), concluído em 2023. Na ocasião, o Min. Barroso propôs a ideia de que após a EC 45-2004, com a introdução da sistemática de repercussão geral, teria havido uma mudança de sentido do art. 52, X, da CF-88, de maneira que nos recursos extraordinários com repercussão geral a decisão do STF já produziria eficácia *erga omnes* e efeito vinculante, cabendo ao Senado apenas dar publicidade à decisão, se o entendesse conveniente.[80] A argumentação é um pouco mais refinada do que a tese tradicional de mutação constitucional do art. 52, X, mas teria um alcance um pouco mais restrito, já que circunscrita apenas aos recursos extraordinários com repercussão geral, não alcançando outras espécies de processos, como, por exemplo, o controle incidental em ações originárias, ajuizadas diretamente no STF. Alguns ministros se opuseram ao mérito da proposta, ao passo que outros invocaram a desnecessidade do enfrentamento dessa tese para solução do tema em julgamento, de modo que a proposição não foi acolhida.[81]

---

79. É pragmaticamente equivalente porque, embora as súmulas vinculantes não obriguem diretamente os particulares, estes tendem a obedecê-las, sabedores de que a administração pública é compelida a aplicá-las e, se a questão for judicializada, o Judiciário é igualmente obrigado a aplicá-las, nos termos do art. 103-A da CF-88.

80. "Por força de norma constitucional expressa, que foi a criação da repercussão geral, operou-se mesmo uma mudança no sentido do art. 52, X, da Constituição Federal, porque já se pode prescindir do Senado para dar efeitos vinculantes e *erga omnes* tanto ao controle por via incidental quanto ao controle por via principal. De modo que ao Senado caberá apenas dar publicidade a esse entendimento, se entender próprio. Aliás, ao longo da história, foram, como eu disse, raríssimos os casos de suspensão pelo Senado." (RE 955227, Rel. Min. ROBERTO BARROSO, Tribunal Pleno, julgado em 08-02-2023, REPERCUSSÃO GERAL - MÉRITO DJe-s/n 02-05-2023.)

81. Assim se manifestou o Min. André Mendonça: "Além de reputar plausível a argumentação posta no Plenário Virtual pelo e. Ministro Dias Toffoli quanto à preservação de alguns efeitos práticos do uso da resolução senatorial, parece-me temerário assumir essa interpretação evolutiva sem levar em conta, com o devido vagar, os impactos dela em relação à funcionalidade prática da Súmula Vinculante, sob pena de tornar praticamente inócua a inovação do art. 103-B da Constituição *vis-à-vis* as súmulas persuasivas desta Corte, existentes desde a década de 1960 e atualmente previstas no art. 926, §§1º e 2º, do CPC. A esse propósito, não custa rememorar que o próprio Regimento Interno da Corte, em seu art. 354-E, preconiza a subsequência entre o julgamento sob o rito da repercussão geral e a edição de Súmula Vinculante, o que, evidentemente, pressupõe a não sobreposição integral das funcionalidades desses institutos,

Como se vê, a temática alusiva à pretendida mutação constitucional do art. 52, X, da CF-88 não parece estar definitivamente resolvida no STF.[82]

3.14. SÍNTESE

Em breve resumo: a resolução do Senado é ato *normativo revogatório*, *discricionário* quanto à sua edição e *vinculado* quanto ao objeto e alcance, *potencialmente* retroativo, *definitivo* (irrevogável e irreformável isoladamente pelo Senado), com *eficácia idêntica à da lei* declarada inconstitucional[83], sujeito aos controles *incidental* e *abstrato* de constitucionalidade, incondicionado à *cientificação* formal do STF, sendo bastante o *trânsito em julgado* do acórdão (ou a sua *imodificabilidade*, por *preclusão*) declaratório *in concreto* de inconstitucionalidade *de lei*[84], independentemente de refletir ou não a *atual* orientação jurisprudencial do STF.

---

in verbis: a proposta de edição, revisão ou cancelamento de Súmula Vinculante poderá versar sobre questão com repercussão geral reconhecida, caso em que poderá ser apresentada por qualquer Ministro ***logo após o julgamento de mérito do processo****, para deliberação imediata do Tribunal Pleno na mesma sessão* (grifos nossos).” (RE 955227, Rel. Min. ROBERTO BARROSO, Tribunal Pleno, julgado em 08-02-2023, REPERCUSSÃO GERAL - MÉRITO DJe-s/n 02-05-2023.)

82. Em 19.12.2017, a Min. Rosa Weber deferiu medida cautelar, na ADIn 3406 e na ADIn 3470, nos seguintes termos: “Defiro, forte no poder geral de cautela e nos moldes dos arts. 297, 932, II, 995, parágrafo único, e 1.026, § 1º, do CPC/2015, o pedido de tutela de urgência ora veiculado para suspender, em parte, os efeitos da decisão, apenas no ponto em que se atribuiu eficácia *erga omnes* à declaração de inconstitucionalidade do art. 2º da Lei nº 9.055/1995, até a publicação do acórdão respectivo e fluência do prazo para oposição dos aventados embargos de declaração.”

83. Ou do ato normativo declarado inconstitucional, em se admitindo que não apenas as leis podem ser objeto da resolução senatorial.

84. Ou de ato normativo, se se considerar que não somente as leis podem ser objeto da resolução do Senado.

Capítulo IV

EFICÁCIA DAS DECISÕES DEFINITIVAS DO STF EM ADIN E ADC: ESPECIFICIDADES DO CONTROLE CONCENTRADO

Sumário • 4.1. A natureza objetiva do processo constitucional e suas implicações: 4.1.1. É possível um processo sem partes?; 4.1.2. A eficácia *erga omnes* como decorrência da natureza objetiva do processo constitucional; 4.1.3. O efeito vinculante como decorrência da opção do legislador constituinte; 4.1.4. Distinção entre coisa julgada *erga omnes*, eficácia *erga omnes* e efeito vinculante: 4.1.4.1. Diferença quanto à técnica processual; 4.1.4.2. A súmula vinculante; 4.1.5. Da cláusula *rebus sic stantibus* implícita na coisa julgada *erga omnes*, na eficácia *erga omnes* e no efeito vinculante; 4.1.5.1. Cessação da eficácia prospectiva da coisa julgada nas relações tributárias continuativas; 4.1.6. Limites objetivos e subjetivos da coisa julgada *erga omnes:* 4.1.6.1. Limites objetivos: 4.1.6.1.1. Vinculação de todos à parte dispositiva do acórdão definitivo; 4.1.6.2. Limites subjetivos: 4.1.6.2.1. Autovinculação do STF à coisa julgada *erga omnes*; 4.1.7. Limites objetivos e subjetivos do efeito vinculante: 4.1.7.1. Limites objetivos: 4.1.7.1.1. Efeito vinculante: vinculação aos motivos determinantes ("tragende Gründe") ou à parte dispositiva da decisão?; 4.1.7.2. Limites subjetivos: 4.1.7.2.1. Inexistência de autovinculação do STF; 4.1.7.2.2. Inexistência de vinculação do Poder Legislativo – 4.2. O denominado "efeito repristinatório" e o efeito vinculante: 4.2.1. O "efeito repristinatório" injusto ou indesejado: 4.2.1.1. Da necessidade de cumulação de pedidos e seus inconvenientes; 4.2.2. Relações entre o "efeito repristinatório" e o efeito vinculante – 4.3. A impossibilidade de renovação de prazos decadenciais e prescricionais já exauridos em virtude da decisão do STF: 4.3.1. Declaração de inconstitucionalidade e repetição de indébito tributário; 4.3.2. A (in)constitucionalidade do art. 741, parágrafo único, do CPC-73 e dos arts. 525, §§ 12 e 15, e 535, §§ 5º e 8º, do CPC-2015 – 4.4. A manipulação dos efeitos da decisão definitiva de mérito em ADIn e ADC – 4.4.1. Limites à modulação: a sanção de nulidade como norma-regra.

4.1. A NATUREZA OBJETIVA DO PROCESSO CONSTITUCIONAL E SUAS IMPLICAÇÕES

Da natureza *objetiva* do processo emergem os principais característicos de controle abstrato de constitucionalidade, que o estremam do controle concreto. Mas o processo objetivo não é de todo em todo diferente do processo subjetivo. Mister se faz, portanto, identificar e compreender as especificidades do processo objetivo para compreender as especificidades do próprio controle abstrato de constitucionalidade em relação ao controle difuso.

4.1.1. É possível um processo sem partes?

Constitui um lugar-comum a afirmação de que o processo objetivo de controle de constitucionalidade é um "processo sem partes", ao menos no sentido técnico-processual, uma vez que não há a postulação de direitos e interesses *subjetivos*, *concretos*.

Mas será mesmo possível a existência de um processo *judicial* sem partes?

Quer-nos parecer que a existência de partes, assim como a existência de um órgão julgador, é essencial à noção de *processo judicial*. Sem partes e/ou sem juiz não há *processo judicial*. O processo objetivo é um processo judicial: não pode, por conseguinte, prescindir de um de seus elementos *essenciais* sem desfigurar-se como tal.

A inexistência de interesse processual *concreto* e a impossibilidade de postulação de direitos *subjetivos* (individuais ou coletivos) e de *controvérsia* sobre estes não importam na inexistência de partes nos processos objetivos.

No processo objetivo há uma pessoa (física ou jurídica) ou um órgão dotado de personalidade judiciária que *deduz uma pretensão* (parte autora, legitimado ativo, requerente) e uma pessoa (física ou jurídica) ou um órgão dotado de personalidade judiciária *contra quem essa pretensão é deduzida* (parte ré, legitimado passivo, requerido), pessoas e órgãos estes que são verdadeiros *sujeitos processuais*, com *direitos* e *deveres* processuais[1] (arts. 77 *et seqq.* do CPC-2015, aplicáveis subsidiariamente, no que couber).

É verdade que, em razão da natureza objetiva do processo, a *pretensão* é *objetiva*, e não subjetiva, mas nem por isso deixa de configurar uma *pretensão*. É verdade que no processo objetivo não existe uma *lide subjetiva*, mas nele existe uma *lide objetiva*[2], que nem por isso deixa de constituir uma

---

1. Analisando a jurisprudência da *Corte costituzionale*, em monografia específica sobre as partes e o processo na jurisdição constitucional, conclui Marilisa D'Amico: "Per concludere, anche un'analisi della giurisprudenza costituzionale porta ad una duplice negazione delle tesi estreme sostenute in dottrina: le parti del proceso *costituzionale non sono le stesse parti del processo a quo* (= non fanno valere nel processo costituzionale gli stessi interessi del processo *a quo*); il processo costituzionale *non è un processo 'senza parti'* (= la Corte deve tenere conto della posizione di questi soggetti per la regolare instaurazione del proprio giudizio)." (D'AMICO, Marilisa. *Parti e processo nella Giustizia Costituzionale*: studio introduttivo. Torino: G. Giappichelli editore, [*s. d.*], p. 322 323.) (Grifos do original.) Mais adiante, sustenta que "la posizione delle parti caratterizza il procedimento *in senso processuale* nel senso che ad esse vengono comunque assegnate determinate garanzie." (*Op. cit.*, p. 333.)

2. Na ADIn, a lide objetiva se evidencia com a mera propositura da ação, que visa à declaração da inconstitucionalidade da norma, invertendo a presunção de constitucionalidade de que gozam as leis e atos normativos. Na ADC, exigem a Lei nº 9.868-99 e a jurisprudência do

lide[3]. É igualmente verdadeiro que o legitimado passivo não é o único a suportar os efeitos da decisão sobre a pretensão objetiva deduzida, mas toda a sociedade, mas nem por isso deixa de ser *legitimado passivo*: o *substituto processual* (seja como *parte autora, seja como parte ré*[4]), no regime do CPC-2015 (art. 18), defende em nome próprio direito alheio; mas nem por isso o *substituído* deixa de suportar os efeitos da decisão proferida no processo em que não figura como *parte processual.*

Note-se, ademais, que o substituto processual normalmente não suporta os efeitos materiais da decisão, pois o direito postulado pertence ao substituído, que, de ordinário, é o único a suportá-los. Mas o *legitimado passivo* no processo objetivo de controle de constitucionalidade suporta os efeitos da decisão da mesma forma que toda a sociedade. Logo, é mais merecedor do título de *parte* do que o substituto processual no regime do CPC.

Não se deve olvidar que em alguns processos[5], como o de *separação consensual*, a ação não é proposta por um *autor contra* um *réu*: tanto o marido como a mulher são *autores*, ajuizando conjuntamente a ação de separação consensual. Mas ambos são *partes no sentido técnico-processual.* Exemplos semelhantes não faltariam. Ora bem, se a noção de *parte em sentido técnico-processual* sobrevive a tantas e tamanhas variações no âmbito dos processos *subjetivos*, por que não sobreviveria às especificidades da noção de processo *objetivo*?

É de salientar, por derradeiro, que, *na práxis do STF*, se usa chamar o autor da ação de *requerido* e de *requeridos* os órgãos e/ou autoridades dos quais emanou a lei ou ato normativo impugnado, e frequentemente se

---

STF sobre o tema a demonstração de *controvérsia judicial relevante* sobre a constitucionalidade da norma para que fique caracterizada a existência de uma lide objetiva generante de interesse processual *abstrato* de agir.

3. Nessa linha, *cf.* GORDO, Alfonso Pérez. *El tribunal...*, p. 47-48.

4. Há objeções doutrinárias à possibilidade de substituição processual no polo passivo. Todavia, reputamo-la perfeitamente admissível, pois, do contrário, como se poderia explicar, *v.g.*, a posição processual do sindicato na ação rescisória de ação coletiva proposta pelo mesmo sindicato na condição de substituto processual da categoria? E a posição do mesmo sindicato nos embargos à execução dessa ação coletiva por ele ajuizada como substituto processual da categoria (substituição processual ativa)? O mesmo se diga do substituto processual em ações individuais nas mesmas situações sobrealudidas (ação rescisória e embargos à execução), no regime do art. 6º do CPC-2015.

5. Até a entrada em vigor da Lei nº 11.441-2007, o processo de separação, ainda que consensual, qualificava-se como *processo necessário*, porque sem ele não seria possível a separação de direito. Tal Lei, ao incluir o art. 1124-A no CPC-73, alterou esse quadro, ao *permitir* a separação de direito *extrajudicial* nos casos e condições que especifica. O CPC-2015 manteve a possibilidade de separação e divórcio extrajudicial (arts. 731 e 733).

alude ao "polo passivo" e ao "polo ativo" da ação objetiva, bem como aos "legitimados passivos" da ação (em referência aos órgãos ou autoridades que editaram a norma).

Em suma, as especificidades do processo objetivo de controle de constitucionalidade não impedem a existência de *partes* ***no sentido técnico-processual***.

4.1.2. A eficácia *erga omnes* como decorrência da natureza objetiva do processo constitucional

A eficácia *erga omnes* não constava do texto original da Constituição de 1988. Só foi *expressamente* prevista com o acréscimo, feito pela EC nº 3-93, do § 2º ao art. 102 da CF-88, *verbis*:

> "**Art. 102. [...] § 2º.** As decisões definitivas de mérito, proferidas pelo Supremo Tribunal Federal, nas ações declaratórias de constitucionalidade de lei ou ato normativo federal, ***produzirão eficácia contra todos*** e efeito vinculante, relativamente aos demais órgãos do Poder Judiciário e ao Poder Executivo."

Posteriormente, o art. 102, § 2º, veio a sofrer alteração por meio da EC nº 45-2004, desta feita para positivar no texto constitucional o entendimento já firmado no STF de que a eficácia *erga omnes* e o efeito vinculante também se aplicam à ADIn, e não apenas à ADC:

> "**Art. 102. [...] § 2º.** As decisões definitivas de mérito, proferidas pelo Supremo Tribunal Federal, **nas ações diretas de inconstitucionalidade e nas ações declaratórias de constitucionalidade** produzirão ***eficácia contra todos*** e efeito vinculante, relativamente aos demais órgãos do Poder Judiciário e à administração pública direta e indireta, nas esferas federal, estadual e municipal." (Redação dada pela EC 45-2004.)

Todavia, mesmo que não houvesse previsão constitucional expressa no art. 102, § 2º, as decisões do STF no processo abstrato de controle de constitucionalidade produziriam eficácia *erga omnes* (como de fato o próprio STF reconhecia que produziam *antes* da EC nº 3-93), porque esta deriva da própria natureza *objetiva* do processo. Não existe autêntico processo abstrato de controle de constitucionalidade sem eficácia *erga omnes*: se as decisões do STF não produzissem eficácia contra todos no controle *abstrato*, este seria virtualmente inútil enquanto tal, degenerando em meio de defesa de interesses subjetivos.

De fato, se as decisões do STF produzissem efeito apenas entre as partes, ainda que a pretensão fosse apenas a declaração da (in)constitucionalidade da norma, sem consideração a nenhum caso concreto (= abstração), o controle abstrato não seria instrumento eficaz de defesa da supremacia constitucional, mas mero instrumento de defesa dos interesses subjetivos dos legitimados ativos ocultos por trás da aparente abstração do processo.

Como, porém, é clara a intenção constitucional, nos países onde se institui o controle abstrato de constitucionalidade, de criar um meio *eficaz* de defesa de sua própria supremacia, diverso do controle jurisdicional concreto, deduz-se que a eficácia *erga omnes* é da essência dessa modalidade especial de controle de constitucionalidade.

Se a pretensão é a declaração de (in)constitucionalidade *em tese* de uma norma, é natural que a decisão do STF produza efeitos *contra todos*[6].

Como no Brasil a decisão do STF no controle abstrato possui natureza *judicial*, nada mais lógico do que atribuir às decisões *definitivas* do STF no controle abstrato a *qualidade* da *imutabilidade* e *indiscutibilidade* da *coisa julgada*, que, dada a *objetividade* do processo, é *erga omnes*, e não meramente *inter partes*.

Mas para garantir a *eficácia prática* da decisão definitiva do STF no controle abstrato, faz-se necessário que as *decisões cautelares também* produzam efeitos *erga omnes*. A eficácia *erga omnes* das *decisões cautelares* do STF destina-se, por conseguinte, a garantir a própria *eficácia prática* da coisa julgada *erga omnes* produzida pelas decisões *definitivas* do STF no controle abstrato.

Assim, *v.g.*, se o STF concede medida cautelar suspendendo a prolação por qualquer juiz (= eficácia *erga omnes*) de sentenças que tenham por pressuposto a constitucionalidade ou a inconstitucionalidade da norma impugnada em ADIn, impedindo que essas sentenças *transitem em julgado* (e se tornem imutáveis e indiscutíveis por força da coisa julgada *inter partes*) antes da decisão definitiva do STF na ADIn, essa *decisão interlocutória* do STF preserva a *eficácia prática* da própria coisa julgada *erga omnes* de sua futura decisão *definitiva* na ADIn, a qual não poderia desfazer a coisa julgada *inter partes* já formada nos processos subjetivos.

Assim, tanto a eficácia *erga omnes* da decisão *interlocutória* (medida cautelar), como a eficácia *erga omnes* da decisão *definitiva*, bem como a coisa julgada *erga omnes* decorrem da natureza *objetiva* do controle abstrato de constitucionalidade.

6. Se a questão constitucional é a mesma, e não muda ainda que as partes mudem, não há por que a decisão sobre ela não produza efeitos contra todos. Nesse sentido, *cf.* GORDO, Alfonso Pérez. *El tribunal...*, p. 49.

4.1.3. O efeito vinculante como decorrência da opção do legislador constituinte

O efeito vinculante, instituto processual-constitucional diverso da coisa julgada, introduzido na Constituição de 1988 por meio da EC nº 3-93 e estendido à ADIn por meio da EC nº 45-2004 (que emprestou nova redação ao texto do § 2º do art. 102, incluído pela EC nº 3-93 na CF-88), **não** é decorrência da natureza *objetiva* do processo abstrato de controle de constitucionalidade como a coisa julgada *erga omnes* das decisões definitivas e a eficácia *erga omnes* das medidas cautelares.

Com efeito, o controle abstrato de constitucionalidade pode perfeitamente *prescindir* do efeito vinculante, mas não pode prescindir da coisa julgada *erga omnes* das decisões definitivas e da eficácia *erga omnes* das medidas cautelares.

O efeito vinculante é apenas e tão somente um "*plus*" *(opcional)* que se pode agregar ao controle abstrato de constitucionalidade, para *reforçar* a eficácia das decisões nele proferidas.

Tanto é verdade que desde a entrada em vigor da Constituição de 1988 até a entrada em vigor da EC nº 3-93 (que, como já mencionado, incorporou o instituto do efeito vinculante à ordem constitucional brasileira[7]), as decisões do STF no controle abstrato de constitucionalidade não possuíam efeito vinculante, mas apenas e tão somente "*eficácia contra todos*". Em vão se procurará alguma decisão do STF *nesse período* que atribua efeito vinculante às suas decisões no controle abstrato.

A propósito, só depois de considerável lapso de tempo o STF passou a admitir que a decisão na ADIn também produz o efeito vinculante que a EC nº 3-93 instituiu para a ADC. E admitiu essa extensão do efeito vinculante à ADIn não por reputá-lo *inerente* ao controle abstrato de constitucionalidade, mas sim *pela natureza dúplice ou ambivalente da ADIn e da ADC*: se a decisão na ADC foi dotada de efeito vinculante pelo legislador, não haveria

7. Como já referido, a EC nº 3-93 acrescentou o § 2º ao texto original do art. 102, renumerando o antigo parágrafo único para § 1º. O § 2º do art. 102 ficou assim redigido: "**Art. 102. [...] § 2º.** As decisões definitivas de mérito, proferidas pelo Supremo Tribunal Federal, nas ações declaratórias de constitucionalidade de lei ou ato normativo federal, produzirão eficácia contra todos ***e efeito vinculante, relativamente aos demais órgãos do Poder Judiciário e ao Poder Executivo.***" Com a EC nº 45-2004, sua redação passou a ser a seguinte: "**Art. 102. [...] § 2º.** As decisões definitivas de mérito, proferidas pelo Supremo Tribunal Federal, **nas ações diretas de inconstitucionalidade e nas ações declaratórias de constitucionalidade** produzirão eficácia contra todos ***e efeito vinculante, relativamente aos demais órgãos do Poder Judiciário e à administração pública direta e indireta, nas esferas federal, estadual e municipal.***"

razão plausível para não o estender à ADIn, se se reconhecer que são ações da mesma natureza "com sinal trocado".

Em síntese, o efeito vinculante *não é decorrência necessária* da natureza objetiva do processo de controle abstrato de constitucionalidade, mas sim da *opção do legislador* de *incrementar* ou não a *eficácia* da decisão proferida no processo objetivo de controle de constitucionalidade.

4.1.4. Distinção entre coisa julgada *erga omnes*, eficácia *erga omnes* e efeito vinculante

A doutrina nacional, em regra, não distingue com precisão o instituto da coisa julgada *erga omnes* do instituto do efeito vinculante. Costuma-se confundir o efeito vinculante com (a) a coisa julgada *erga omnes* ou com (b) a vinculação à *fundamentação* do acórdão do STF (nesse caso, o efeito vinculante seria uma *espécie* de coisa julgada *erga omnes* cujo limite objetivo não seria a *parte dispositiva* do acórdão do STF, mas alcançaria também a *fundamentação* do acórdão do STF). Confunde-se ainda o instituto processual-constitucional do efeito vinculante com (c) a eficácia vinculante *da coisa julgada* (ou seja, o efeito vinculante seria o poder ou o efeito que a *coisa julgada* tem de *vincular* as partes ao que foi decidido).

Cumpre, portanto, precisar com exatidão os conceitos de (1) coisa julgada *erga omnes*, de (2) efeito vinculante e de (3) eficácia *erga omnes*, a fim de desfazer os equívocos e suas implicações.

Para tanto, é mister uma breve incursão na doutrina processual da coisa julgada respeitante aos processos subjetivos como ponto de partida para a perfeita compreensão dos referidos fenômenos processuais.

Liebman sustentou com brilho a diferença existente entre a "*eficácia natural da sentença*" e a "*autoridade da coisa julgada*", distinção aceita pela maior parte da doutrina processual brasileira.

Para o grande processualista italiano, a *eficácia natural da sentença* vale para todos, *é oponível a todos (até mesmo a terceiros, não integrantes da relação processual*), ao passo que a *autoridade da coisa julgada* só alcança *as partes*, só pode ser oposta a quem teve a oportunidade de integrar a relação processual, não prejudicando nem beneficiando *terceiros*[8].

---

8. Assim sintetizou Liebman o essencial de sua teoria sobre a eficácia natural da sentença e a autoridade da coisa julgada: "I. A declaração oriunda da sentença, assim como seus outros efeitos possíveis, pode conceber-se e produz-se independentemente da coisa julgada; **na *aptidão* da**

A eficácia natural da sentença decorre de sua natureza *judicial*: a sentença é *naturalmente eficaz contra todos* por ser um ato estatal, emanado do Poder Judiciário, *ainda que não tenha transitado em julgado*. Esta, aliás, é razão pela qual se admite sua *execução provisória*. Todos têm de respeitar a sentença *enquanto ato do Poder Judiciário*, ressalvados os terceiros *juridicamente prejudicados* pela sentença, que podem insurgir-se contra ela (*v.g.*, interpondo recursos ou ajuizando ação rescisória[9]). Assevera textualmente o mestre italiano em obra clássica sobre o tema[10]:

> "A *eficácia geral da sentença* ***decorre tão singela e naturalmente do caráter público universalmente reconhecido à administração da justiça, que não há necessidade de nenhuma norma especial que expressamente a sancione.*** Em vez disso, seria necessária uma disposição explícita contrária para sermos obrigados a considerar diversamente; mas não existe disposição restritiva nesse sentido, como não existe princípio geral de que se possa deduzir intenção análoga da lei. Por certo, seria errôneo pretender inferir uma limitação subjetiva dos efeitos da sentença da limitação subjetiva da autoridade da coisa julgada, o que suporia demonstrada a identidade da eficácia e da autoridade da sentença, que são, pelo contrário, coisas absolutamente distintas."

---

sentença em produzir os seus efeitos e na *efetiva produção* deles (quaisquer que sejam, segundo o seu conteúdo) consiste a sua *eficácia*, e esta se acha subordinada à validade da sentença, isto é, à sua conformidade com a lei. II. **A eficácia da sentença, nos limites de seu objeto, não sofre nenhuma limitação subjetiva; *vale em face de todos*.** III. A autoridade da coisa julgada não é efeito ulterior e diverso da sentença, mas uma *qualidade* dos seus efeitos e *a todos* os seus efeitos *referente*, isto é, precisamente a sua *imutabilidade*. Ela está limitada subjetivamente só *às partes* do processo. IV. Consequentemente, todos os terceiros estão sujeitos à eficácia da sentença. Não, porém, à autoridade da coisa julgada; a sentença, nos limites do seu objeto, é sempre oponível a eles, que lhes podem repelir os efeitos, demonstrando a sua injustiça, uma vez que tenham interesse jurídico nessa demonstração." (LIEBMAN, Enrico Tullio. *Eficácia e autoridade da sentença*. 3. ed. brasileira. Trad. Ada Pellegrini Grinover, Alfredo Buzaid e Benvindo Aires. Rio de Janeiro: Forense, 1984, p. 170.)

9. O art. 967, II, do CPC-2015 confere legitimidade para o *terceiro juridicamente interessado* propor ação rescisória, e o art. 996 do CPC-2015 reconhece legitimidade ao *terceiro prejudicado* para interpor recurso, cabendo-lhe demonstrar "a possibilidade de a decisão sobre a relação jurídica submetida à apreciação judicial atingir direito de que se afirme titular ou que possa discutir em juízo como substituto processual" (parágrafo único do art. 996 do CPC-2015). O terceiro pode ainda intervir no processo (CPC-2015, arts. 119 a 138; 682 a 686; e 1.015, IX) e opor embargos de terceiro (arts. 674 a 681). Sustenta-se ainda que o terceiro prejudicado pode insurgir-se contra a sentença já transitada em julgado por meio de *defesa* ou *réplica à objeção de coisa julgada* ou por *ação própria*. Nesse sentido manifesta-se Ada Pellegrini em nota à multicitada obra de Liebman (*Eficácia...*, p. 326.). A *estatura constitucional* do princípio do devido processo legal, em que se funda a insurgência do terceiro juridicamente prejudicado por sentença prolatada em processo do qual não pôde participar, conduz-nos a idêntica conclusão.
10. LIEBMAN, Enrico Tullio. *Eficácia...*, p. 126.

Aquilo que LIEBMAN denomina de "eficácia natural da sentença" outros processualistas preferem chamar de *imperatividade*.[11] Em escrito posterior, a saber, no prefácio à edição italiana de 1962 da sua obra *Eficácia e autoridade da sentença*, o próprio LIEBMAN aceitou expressamente a equiparação entre esses dois conceitos, reconhecendo que o termo *imperatividade* seria mais específico e significativo.[12] Se até os atos administrativos gozam de imperatividade, atributo em virtude do qual podem impor obrigações *a todos* (incluindo terceiros), independentemente de sua aquiescência (resguardada a revisão judicial em caso de alegação de prejuízo), com maioria de razão as decisões judiciais se revestiriam de imperatividade, oriundas que são do Poder (Judiciário) encarregado de rever os atos e as decisões administrativas em caráter definitivo (resguardada, igualmente, a possibilidade de alegação de prejuízo por terceiro, seja como interveniente no mesmo processo judicial, seja em processo judicial autônomo).[13]

Já a *autoridade da coisa julgada* decorre da preclusão de todos os recursos, consistindo na autoridade que detém a sentença *enquanto ato imutável e indiscutível* do Poder Judiciário. Portanto, esgotados os recursos cabíveis

---

11. CABRAL, Antonio do Passo. Alguns mitos do processo (II): Liebman e a coisa julgada, *Revista de Processo*, v. 217, p. 41-72, 2013. *Cf.* especialmente as páginas 62-64.

12. "O confronto das várias espécies de atos estatais foi feito de mais de um ponto de vista, levando a resultados em grande parte convergentes: tanto para o ato legislativo [...], quanto para o ato administrativo (GIANNINI M.S., *Lezioni di diritto amministrativo*, Milão, 1950, n°s 215 e segs.; *Atto amministrativo*, [...]), foi individuada na imperatividade a eficácia do ato do poder público para impor-se independentemente de qualquer verificação a respeito de sua validade [...]. Ora, é claro que este conceito de imperatividade corresponde exatamente àquela que eu denominava, com expressão talvez um pouco genérica, eficácia natural dos atos estatais (conforme GIANNINI M.S., 'Accertamenti amministrativi e decisioni amministrative', *in Foro it.*,1952, IV, 169 e segs.). Não teria qualquer dificuldade em acolher essa diversa e mais significativa terminologia." (LIEBMAN, Enrico Tullio. *Eficácia e autoridade da sentença e outros escritos sobre a coisa julgada*. 4. ed. Rio de Janeiro: Forense, 2007, p. 246-247.)

13. "Imperatividade é o atributo pelo qual os atos administrativos se impõem a terceiros, independentemente de sua concordância. Decorre da prerrogativa que tem o Poder Público de, por meio de atos unilaterais, impor obrigações a terceiros; é o que Renato Alessi chama de 'poder extroverso', 'que permite ao Poder Público editar atos que vão além da esfera jurídica do sujeito emitente, ou seja, que interferem na esfera jurídica de outras pessoas, constituindo-as, unilateralmente, em obrigações' (apud Celso Antônio Bandeira de Mello, 2004:383). A imperatividade não existe em todos os atos administrativos, mas apenas naqueles que impõem obrigações; quando se trata de ato que confere direitos solicitados pelo administrado (como na licença, autorização, permissão, admissão) ou de ato apenas enunciativo (certidão, atestado, parecer), esse atributo inexiste. A imperatividade é uma das características que distingue o ato administrativo do ato de direito privado; este último não cria qualquer obrigação para terceiros sem a sua concordância." (DI PIETRO, Maria Sylvia Zanella. *Direito administrativo*. 30. ed. Rio de Janeiro: Forense, 2017, p. 240-241.)

(ordinários e extraordinários), a sentença torna-se *ato imutável e indiscutível* ***pelas partes integrantes da demanda***. Essa *imutabilidade* e essa *indiscutibilidade* (= coisa julgada) não alcançam, porém, *terceiros* que não tiveram oportunidade de integrar a relação processual, que não podem, *sob pena de ofensa ao princípio do devido processo legal*[14], ser compelidos a aceitar o que foi decidido em processo no qual não lhes foi facultado intervir:

> "A sentença é o ***ato da autoridade jurisdicional que exprime e afirma a concreta disciplina que deve regular, segundo a lei, a situação jurídica existente entre as partes***, *in judicium deducta*. Assim sendo, ***ela vale para todos e não só para as partes, uma vez que todos devem reconhecer que o juiz, julgando entre as partes, proferiu a sua decisão.***
>
> A sentença é, portanto, com referência ao objeto deduzido em juízo e às partes que dele participaram, ***eficaz para todos***. Que quer isso dizer? Quer dizer que, diversamente do que ocorre com as *partes*, para quem a própria sentença adquire a *coisa julgada* e seus efeitos se tornam imutáveis, para os terceiros a sentença é *eficaz*, mas – não ficando coberta pelo julgado – é *discutível a qualquer tempo*. O terceiro, *desde que tenha interesse*, pode, *em qualquer circunstância e em qualquer novo juízo*, demonstrar que a sentença está errada e não lhe pode ser oposta.
>
> A sentença, *quando não* ***fortalecida*** *pela coisa julgada*, ***compartilha com todos os outros atos do Estado da vulnerabilidade própria dos atos promanados em um regime de Estado de direito, e por isso mesmo condicionados à sua conformidade ao direito***. Por isso os terceiros, *embora sujeitos à eficácia da sentença*, podem opor-lhe razões de fato e de direito que demonstrem a sua contrariedade à justiça. Nem por isso podem os terceiros, é claro, modificar ou anular a sentença, mas podem torná-la inaplicável, paralisando a sua eficácia no que lhes diz respeito."[15]

A coisa julgada não é, portanto, *mais um efeito* da sentença ao lado dos efeitos declaratório, constitutivo e condenatório, mas sim uma *qualidade*, um *atributo*, uma *característica* desses mesmos efeitos e da própria sentença enquanto ato formal, consistente na sua *imutabilidade* e *indiscutibilidade*. A coisa julgada é a *imutabilidade* e a *indiscutibilidade* dos efeitos (declaratório,

---

14. Dispõe a CF-88: "**Art. 5º. [...]. LIV** – *ninguém será privado da* ***liberdade*** *ou de seus* ***bens*** *sem o devido processo legal*; **LV** – aos litigantes, em processo judicial ou administrativo, e aos acusados em geral são assegurados o ***contraditório*** e ***ampla defesa***, com os meios e recursos a ela inerentes".

15. LIEBMAN, Enrico Tullio. *Eficácia*..., p. 288-289. No direito positivo brasileiro, porém, o terceiro juridicamente interessado pode *rescindir* a sentença mediante ação rescisória (CPC-2015, art. 967, II), e *reformá-la* ou *anulá-la* mediante recurso, se ainda não transitada em julgado (CPC-2015, art. 996).

constitutivo ou condenatório) da sentença e da própria sentença enquanto ato formal[16]: à imutabilidade e indiscutibilidade *dos efeitos* (declaratório, constitutivo ou condenatório) *da sentença* se denomina coisa julgada *material* ou *substancial*, e à imutabilidade e indiscutibilidade *da sentença mesma como ato formal* se denomina coisa julgada *formal*. A coisa julgada formal é a imutabilidade e indiscutibilidade da sentença *no mesmo processo*, enquanto a coisa julgada material é a imutabilidade e indiscutibilidade da sentença *em qualquer processo*[17]. A coisa julgada formal *normalmente* é seguida da coisa julgada material, mas *não necessariamente*, podendo haver coisa julgada *formal* sem coisa julgada *material*[18].

Cumpre acrescentar que só as *DECISÕES DE MÉRITO* (*acórdãos* inclusive) produzem coisa julgada (formal e/ou material): as decisões interlocutórias *que não julgam (total ou parcialmente) o mérito* e os despachos do juiz não produzem jamais o fenômeno da coisa julgada, como se extrai da dicção do art. 502 do CPC-2015:

> "**Art. 502.** Denomina-se coisa julgada material a autoridade que torna imutável e indiscutível a DECISÃO DE MÉRITO não mais sujeita a recurso."

Aplicando tais noções sobre a coisa julgada nos processos *subjetivos*, com as necessárias adaptações, aos processos *objetivos*, pode-se concluir que:

a) a coisa julgada *erga omnes* é uma qualidade exclusiva dos ACÓRDÃOS DEFINITIVOS DE MÉRITO do STF em ADIn e ADC, que lhes confere *imutabilidade* e *indiscutibilidade, por quem quer que seja (erga omnes), não se estendendo às* ***decisões interlocutórias*** *que não julgam (total ou parcialmente) o mérito e aos* ***despachos*** do STF proferidos em ADIn e ADC;

b) a eficácia *erga omnes* corresponde à *eficácia natural do acórdão* do STF *enquanto ato judicial proferido em processo objetivo* e é produzida tanto (b.1) pelas *decisões cautelares de deferimento* (decisões

16. LIEBMAN, Enrico Tullio. *Eficácia*..., p. 182 e 284. Ressalvam-se, de acordo com o art. 494, I, do CPC-2015, as "inexatidões materiais" e os "erros de cálculo", corrigíveis pelo juiz, *ex officio* ou a requerimento da parte, a qualquer tempo.

17. "Único é, pois, o conceito da coisa julgada, embora seja dúplice a sua função: de um lado, torna imutável o *ato* da sentença, posta ao abrigo dos recursos então definitivamente preclusos [coisa julgada formal]; por outro, torna imutáveis os *efeitos* produzidos pela sentença [coisa julgada material], porque os consolida e os assegura do perigo de uma decisão contraditória." (LIEBMAN, Enrico Tullio. *Eficácia*..., p. 182.) (Grifos do autor.)

18. É o caso, *v.g.*, das sentenças de extinção do processo sem resolução do mérito (sentenças terminativas), que produzem coisa julgada formal, mas não material.

interlocutórias), quanto (b.2) pelos acórdãos *definitivos* de mérito do STF (correspondentes às sentenças de mérito) em sede de ADIn e ADC, quer sejam (b.2.1) de *procedência*, quer sejam (b.2.2) de *improcedência* do pedido; todavia, a *eficácia natural do acórdão* do STF em ADIn e ADC *não pode ser afastada* por "terceiros juridicamente prejudicados" como ocorre nos processos subjetivos, uma vez que nisso consiste o seu caráter *erga omnes*[19];

c) a eficácia *erga omnes* também abrange os despachos de mero expediente e as decisões interlocutórias, incluindo as que *indeferem* medidas cautelares, *enquanto atos judiciais*; mas normalmente tais atos judiciais só interessam aos intervenientes no processo abstrato em questão; o *indeferimento* da medida cautelar significa apenas que o STF não considerou satisfeitos os pressupostos necessários (*fumus boni iuris* e *periculum in mora*[20] ou, ao menos, *conveniência*[21] da medida) à concessão da medida cautelar e que essa *decisão judicial* do STF deve ser respeitada *como tal*, sem que possa ser *negada ou desobedecida por ninguém*, mas não implica a impossibilidade de qualquer juiz declarar a (in)constitucionalidade da norma no caso concreto, até porque a *não concessão* da medida cautelar, à diferença da *decisão final de improcedência* do pedido e da *concessão* da medida cautelar, não *inova* nem *modifica* em nada o regime jurídico referente à (in)constitucionalidade da norma.

---

19. É certo que Liebman afirma que "***TODOS os terceiros*** estão sujeitos à eficácia da sentença" e que "a sentença, nos limites do seu objeto, é ***sempre oponível a eles***, que lhes podem repelir os efeitos, demonstrando a sua injustiça***, uma vez que tenham interesse jurídico nessa demonstração***" (*Eficácia...*, p. 170). De modo que, para ele, a *eficácia natural da sentença* alcançaria inclusivamente os *terceiros juridicamente prejudicados*, os quais, porém, poderiam "*paralisar* essa eficácia no que lhes diz respeito" (*Eficácia...*, p. 289), uma vez que a *imutabilidade* e a *indiscutibilidade* em que consiste a coisa julgada não os atingem. Contudo, essa possibilidade de *paralisação* da *eficácia natural da sentença* pelo *terceiro juridicamente prejudicado* **reduz** o alcance **aparentemente** *erga omnes* da eficácia natural da sentença nos processos *subjetivos*, à diferença do que sucede com os processos *objetivos*, nos quais, inexistindo essa possibilidade de *paralisação* da *eficácia natural da decisão do STF* por alguém que se intitulasse "terceiro juridicamente prejudicado", a *eficácia natural da decisão do STF* seria **realmente** *erga omnes*.

20. Ou, na dicção do art. 300 do CPC-2015, a "probabilidade do direito e o perigo de dano ou o risco ao resultado útil do processo". O STF usa frequentemente o termo "*plausibilidade*" (do direito, da pretensão, do pedido, das alegações, da tese, etc.).

21. ADIn 4433 MC, Rel. Min. ELLEN GRACIE, Tribunal Pleno, julgado em 06/10/2010, DJe-215 10-11-2010; ADIn 3462 MC, Rel. Min. ELLEN GRACIE, Tribunal Pleno, julgado em 08/09/2005, DJ 21-10-2005; ADIn 3401 MC, Rel. Min. GILMAR MENDES, Tribunal Pleno, julgado em 03/02/2005, DJ 03-06-2005; ADIn 1423 MC, Rel. Min. MOREIRA ALVES, Tribunal Pleno, julgado em 20/06/1996, DJ 22-11-1996.

Antes de transitarem em julgado, os acórdãos que julgam o mérito da ADIn e da ADC já desfrutam de **eficácia** *erga omnes*, devendo ser observados por todos, mas ainda podem ser alterados e discutidos por meio de embargos de declaração, com efeitos potencialmente modificativos do julgado. Há, por exemplo, vários casos de modulação de efeitos do acórdão operada em embargos de declaração. Contudo, *a partir do seu trânsito em julgado*, tais acórdãos gozarão de **coisa julgada** *erga omnes*, tornando-se imutáveis e indiscutíveis por quem quer que seja.

Por sua vez, as decisões concessivas ou denegatórias de medidas cautelares possuem **eficácia** *erga omnes*, mas, precárias e revogáveis como são, não se revestem de **coisa julgada** *erga omnes*. Portanto, não se deve confundir **eficácia** *erga omnes* com **coisa julgada** *erga omnes*.

Releva notar que tanto as decisões que deferem como as que indeferem medidas cautelares ostentam eficácia *erga omnes*: a diferença reside apenas na extensão dessa eficácia, **que é delimitada pelo teor da parte dispositiva da decisão**.

No caso de *deferimento* da medida cautelar em ADIn, o STF poderá determinar, por exemplo, a suspensão da eficácia de determinado dispositivo legal até o julgamento do mérito, ou a suspensão do julgamento de todos os processos, em qualquer instância, envolvendo tal dispositivo até o julgamento do mérito da ADIn. No primeiro caso, por força da eficácia *erga omnes* da decisão cautelar na ADIn, ninguém poderá aplicar a norma cuja eficácia foi suspensa pelo STF (nem a Administração Pública, nem o Judiciário, nem os particulares). No segundo caso, nenhum juiz ou Tribunal poderá julgar processo algum sob sua jurisdição sobre o dispositivo em questão, em virtude do teor da decisão cautelar do STF. O que mudou foi o teor da decisão cautelar, e, por consequência, o respectivo alcance da decisão. Poder-se-ia até afirmar que houve mudança nos *destinatários diretos* da decisão: no primeiro caso, todos (Administração Pública, Judiciário, particulares, etc.); no segundo caso, apenas os juízes e Tribunais com processos sobre o mesmo dispositivo. Todavia, em ambos os casos a decisão cautelar possui eficácia verdadeiramente *erga omnes*, pois ninguém pode validamente deixar de cumpri-la alegando ser um "terceiro juridicamente prejudicado" ou sob o pretexto de não ser um destinatário direto da ordem dada na medida cautelar.

No caso de *indeferimento* de medida cautelar em ADIn, a decisão deve ser igualmente respeitada e observada por todos. Mas em que consiste o seu teor? A decisão contém alguma ordem, prescreve alguma conduta, impõe a abstenção de algum comportamento? Exige que a norma seja provisoriamente considerada constitucional?[22] Não. O indeferimento da medida cautelar na ADIn significa tão somente que o STF não reputou preenchido ao menos um dos requisitos para sua concessão[23]. Essa é a *fundamentação* da decisão, e na sua *parte dispositiva* consta apenas o indeferimento da medida (inábil a produzir o efeito declaratório típico da decisão final de mérito, fruto de cognição plena e exauriente). Esse é o teor da decisão, que possui eficácia *erga omnes*, devendo ser observado e acatado por todos. Portanto, é possível que, no controle concreto, o juiz declare incidentalmente a inconstitucionalidade da norma sem infringir o teor da decisão denegatória da cautelar na ADIn e, por conseguinte, sem transgredir a eficácia *erga omnes* dessa decisão do STF[24-25].

Uma vez que não há vulneração à eficácia *erga omnes* em tais hipóteses, a decisão de indeferimento da cautelar na ADIn não pode ser validamente invocada como paradigma de reclamação perante o STF contra decisão de juiz ou de tribunal que haja declarado a inconstitucionalidade da norma.[26]

---

22. "DECISÃO MONOCRÁTICA QUE INDEFERE MEDIDA CAUTELAR EM AÇÃO DIRETA DE INCONSTITUCIONALIDADE ESTADUAL. ALEGAÇÃO DE CONTRARIEDADE À SÚMULA VINCULANTE N. 10 DO SUPREMO TRIBUNAL FEDERAL. AGRAVO AO QUAL SE NEGA PROVIMENTO. 1. ***Indeferimento de medida cautelar não afasta a incidência ou declara a inconstitucionalidade de lei ou ato normativo.*** 2. Decisão proferida em sede cautelar: desnecessidade de aplicação da cláusula de reserva de plenário estabelecida no art. 97 da Constituição da República." (Rcl 10864 AgR, Rel. Min. CÁRMEN LÚCIA, Tribunal Pleno, julgado em 24/03/2011, DJe-070 13-04-2011.)

23. A medida cautelar pode ter sido indeferida pelo STF unicamente por ausência de *periculum in mora*, ou exclusivamente por inexistência de plausibilidade do direito, ou por carência de ambos. Em qualquer dessas hipóteses, o resultado e a eficácia *erga omnes* do dispositivo da decisão são os mesmos.

24. "A existência de decisão em controle abstrato, na qual a medida cautelar foi **indeferida**, não impede o julgamento de outros processos sobre idêntica controvérsia. Precedentes." (RE 558919 AgR, Rel. Min. LEWANDOWSKI, Primeira Turma, julgado em 15/12/2009, DJe-022 05-02-2010.) "De mais a mais, é assente nesta Casa de Justiça que a 'existência de decisão plenária, proferida em sede de controle normativo abstrato, de que tenha resultado o indeferimento do pedido de medida cautelar, não impede que se proceda, desde logo, por meio do controle difuso, ao julgamento de causas em que se deva resolver, incidenter tantum, litígio instaurado em torno de idêntica controvérsia constitucional' (AI 384.121-AgR, da relatoria do ministro Celso de Mello). 3. Agravo regimental desprovido." (AI 752939 AgR, Rel. Min. AYRES BRITTO, Segunda Turma, julgado em 14/12/2010, DJe-078 28-04-2011.)

25. E caso algum Tribunal pretenda declará-la inconstitucional pela primeira vez, deverá observar a cláusula de reserva de plenário e instaurar o incidente de arguição de inconstitucionalidade disciplinado nos arts. 948 a 950 do CPC-2015, que seria dispensável se o STF tivesse deferido a medida cautelar ou se o plenário ou o órgão especial do próprio Tribunal já houvesse declarado a inconstitucionalidade da norma anteriormente ("Art. 948. [...] Parágrafo único. Os órgãos fracionários dos tribunais não submeterão ao plenário ou ao órgão especial a arguição de inconstitucionalidade quando já houver pronunciamento destes ou do plenário do Supremo Tribunal Federal sobre a questão.").

26. "AGRAVO REGIMENTAL EM RECLAMAÇÃO. ALEGADA AFRONTA À AUTORIDADE DA DECISÃO DENEGATÓRIA DE CAUTELAR NA ADI 2.797/DF. NÃO CABIMENTO

Como se vê, é tecnicamente incorreto afirmar que as decisões de indeferimento de medida cautelar em ADIn e ADC não possuem eficácia *erga omnes*: não se trata de **ausência** de eficácia *erga omnes*, mas sim do limitado **alcance objetivo** da eficácia *erga omnes* em tais decisões.

A diferença entre a eficácia *erga omnes* e a *eficácia natural da sentença e dos demais atos judiciais* proferidos nos processos *subjetivos* consiste unicamente na *possibilidade de afastamento dessa eficácia pela alegação de prejuízo jurídico por terceiros*, que não existe nos processos *objetivos*.

Em razão da natureza *objetiva* do processo da ADIn e da ADC, não é admissível a alegação de "prejuízo jurídico" por "terceiros": o processo objetivo é destinado exatamente a resolver a questão constitucional *em tese*, de modo *uniforme para todos*. O *fundamento* jurídico da alegação de prejuízo jurídico por terceiros é a ofensa ao *devido processo legal* (impeditivo de que qualquer "terceiro" seja privado de seus bens ou de sua liberdade sem possibilidade de defesa no processo), que é garantido *no processo objetivo* aos legitimados ativos e passivos da ADIn e da ADC, que atuam em *substituição* a todos (terceiros).

Nisso consiste a diferença entre a "eficácia natural da sentença", qual definida por LIEBMAN[27] nos processos *subjetivos*, e a eficácia *erga omnes* existente nos processos *objetivos*. Justamente pela possibilidade de afastamento da eficácia natural da sentença e dos demais atos judiciais proferidos nos processos *subjetivos* mediante a alegação de prejuízo jurídico por terceiros é que distinguimos entre a eficácia "aparentemente *erga omnes*" (das sentenças e demais atos judiciais nos processos *subjetivos*) e a eficácia "realmente *erga omnes*" (dos acórdãos e demais atos judiciais proferidos nos processos *objetivos*), incompossível com esse afastamento.

De seu turno, o efeito vinculante é instituto *diverso* e *independente* da coisa julgada.

DA RECLAMAÇÃO. PRECEDENTES. 1. O indeferimento de medida cautelar em ação direta de inconstitucionalidade não autoriza o uso da reclamação. Precedentes. (Rcl 3347 AgR, Rel. Min. ROSA WEBER, Primeira Turma, julgado em 01/03/2016, DJe-049 16-03-2016). "A decisão de indeferimento de medida cautelar em ação direta de inconstitucionalidade não se presta como paradigma para o ajuizamento de reclamação. Precedentes." (Rcl 3267 AgR, Rel. Min. CÁRMEN LÚCIA, Tribunal Pleno, julgado em 21/10/2009, DJe-218 20-11-2009). "RECLAMAÇÃO - AÇÃO DIRETA DE INCONSTITUCIONALIDADE - INDEFERIMENTO DE LIMINAR. O indeferimento de liminar em ação direta de inconstitucionalidade, pouco importando o fundamento, não dá margem à apresentação de reclamação." (Rcl 3425 AgR, Rel. Min. MARCO AURÉLIO, Tribunal Pleno, julgado em 29/10/2007, DJe-152 30-11-2007)

27. E aqui estendida, *mutatis mutandis et servatis servandis*, aos demais atos judiciais (não sentenciais) proferidos nos processos subjetivos e objetivos.

De fato, a decisão concessiva de medida cautelar **produz efeito vinculante**, mas **não produz coisa julgada *erga omnes***, porquanto só as **decisões de mérito (sentenças, acórdãos e decisões parciais de mérito, conforme art. 503 do CPC-2015)**[28] são capazes de fazer coisa julgada, nunca as *meras decisões interlocutórias que não julgam (total ou parcialmente) o mérito*, como as decisões concessivas de medida cautelar em ADIn e ADC, por sua natureza mesma *revogáveis* e *alteráveis*, características estas de todo incompatíveis com a *imutabilidade* e *indiscutibilidade* que caracterizam a coisa julgada. Ou seja: pode haver efeito vinculante sem coisa julgada *erga omnes*.

Ademais, como o efeito vinculante decorre da opção do legislador, é perfeitamente possível haver coisa julgada *erga omnes* desacompanhada de efeito vinculante, como acontecia no Brasil antes da EC nº 3-93. Isto é: pode haver coisa julgada *erga omnes* sem efeito vinculante.

Esses exemplos evidenciam a *diferença*, a *independência* e a *autonomia* do efeito vinculante em relação à coisa julgada *erga omnes*. Evidenciam, por igual, a impossibilidade de conceber o efeito vinculante como *mera **expansão** dos limites **objetivos** da coisa julgada erga omnes*. O efeito vinculante **não é** (a) uma espécie de coisa julgada *erga omnes* com limites *objetivos* mais *amplos*, nem (b) um *efeito específico* da coisa julgada *erga omnes* (pois não depende dela para *existir*), nem (c) um *efeito aderente* à coisa julgada *erga omnes* (pois atua em âmbito diverso: a coisa julgada *erga omnes* atua nos processos em que for discutida a *mesma* questão constitucional, enquanto o efeito vinculante atua nos processos em que for discutida questão constitucional *semelhante* à decidida pelo STF), nem (d) um efeito de qualquer forma *condicionado* pela coisa julgada *erga omnes* (pois esta não exerce nenhuma *influência* sobre o efeito vinculante, seja sobre sua *existência*, seja sobre sua *validade*, seja sobre sua *eficácia concreta*).

A *finalidade* desses dois institutos também é diversa: a coisa julgada *erga omnes* serve para tornar imutável e indiscutível a decisão definitiva de mérito do STF em ADIn e ADC; o efeito vinculante serve para tornar obrigatória a aplicação da decisão do STF em ADIn e ADC a hipóteses *similares* à que foi objeto de julgamento da ADIn ou da ADC. Por exemplo: se foi declarada, com efeito vinculante, a inconstitucionalidade da norma "X" numa ADIn, os juízes de todo o país, nos processos subjetivos de sua competência, são compelidos a declarar a inconstitucionalidade da norma "Y" que tenha *teor idêntico* – ou *semelhante* no que interessar – ao da norma "X".

28. "Art. 503. A decisão que julgar total ou parcialmente o mérito tem força de lei nos limites da questão principal expressamente decidida."

Os *limites subjetivos* da coisa julgada *erga omnes* e do efeito vinculante também são diferentes: basta lembrar que a coisa julgada *erga omnes* atinge inclusive o STF[29], impedindo-o de *redecidir* a mesma lide objetiva, quer no mesmo processo objetivo, quer em outro processo (objetivo ou subjetivo), ao passo que o efeito vinculante não atinge o próprio STF, o qual pode, no julgamento de norma de *conteúdo semelhante* ao de norma por ele mesmo declarada (in)constitucional, decidir de forma diferente.

Assim, retomando o exemplo acima, se numa ADIn o STF declarou a inconstitucionalidade da norma "X" e essa decisão transitou em julgado, não pode depois declarar sua constitucionalidade no mesmo ou noutro processo (objetivo ou subjetivo), em virtude da coisa julgada *erga omnes*, que também o alcança[30]. Mas pode perfeitamente declarar a constitucionalidade da norma "Y", mesmo que possua redação idêntica ou semelhante à da norma "X"[31], pois o efeito vinculante da sua própria decisão na ADIn não o alcança[32].

Se o efeito vinculante em ADIn e ADC não possuísse âmbito de atuação diverso do da coisa julgada *erga omnes*, seria um instituto de todo despiciendo, pois nada acrescentaria a esta, nada acresceria à eficácia da decisão dotada da autoridade de coisa julgada *erga omnes*.

Portanto, o efeito vinculante consiste na *obrigação dos órgãos do Poder Judiciário, à exceção do STF, e da Administração Pública direta e indireta (federal, estadual e municipal) de* ***decidir, em situações análogas,*** *em conformidade com a decisão do STF na ADIn ou na ADC.* Já a coisa julgada *erga omnes* consiste na *imutabilidade* e *indiscutibilidade*, por quem quer que seja, da decisão final de mérito do STF em ADIn ou ADC, impedindo que se *decida de novo* a *mesma* questão constitucional que já foi decidida pelo STF.

---

29. Nesse sentido: RE 360.433, DJU 28.03.2003, p. 77; RE 272.820, DJU 15.12.2000, p. 106; AI 163.740-AgR-DF, DJU 04.08.1995, p. 22508.

30. Salvo situações excepcionais, tais como profunda alteração do quadro fático (*cf.*, *retro*, item 2.4.3.4.), porquanto às decisões de controle abstrato também inere a cláusula *rebus sic stantibus* implícita, como sucede às sentenças dos processos subjetivos.

31. É o caso, *v.g.*, de leis federais editadas em épocas diferentes ou de leis emanadas de Estados-membros diversos que possuam conteúdo virtualmente idêntico. *Cf.* a decisão unânime do Pleno do STF na ADIn-MC 1850, Rel. Min. Pertence, DJU 27.04.2001, p. 309, e a decisão proferida em 23.02.2005 na Rcl 2617-AgR-MG, Rel. Min. Peluso (Informativo nº 377 do STF).

32. Com efeito, o art. 102, § 2º, da CF-88 prescreve que a decisão do STF em ADIn e ADC produz efeito vinculante "relativamente aos ***DEMAIS*** *órgãos do Poder Judiciário* e à administração pública direta e indireta, nas esferas federal, estadual e municipal."

4.1.4.1. Diferença quanto à técnica processual

Acolhida a alegação de coisa julgada, ou reconhecida de ofício a existência de coisa julgada, o juiz extinguirá o processo sem resolução do mérito, nos termos do art. 485, V, c/c o art. 337, §§ 1º a 4º, do CPC-2015.

Se a alegação de coisa julgada for concernente a questão prejudicial no processo mais recente e não à questão principal, o juiz, conquanto não deva extinguir o processo sem resolução de mérito (pois não há coisa julgada a respeito da questão principal), não deve *rejulgar* a questão: deve simplesmente aludir à existência de coisa julgada em relação à questão prejudicial. Assim, em boa técnica, o juiz não adentrará no mérito da questão prejudicial, mas tão somente referirá a existência de coisa julgada em relação à questão prejudicial (a qual, no processo anterior, constituía questão principal), sem emitir nenhuma *decisão,* nenhum *juízo de valor* a seu respeito, incorporando a decisão já existente, transitada em julgado em outro processo, como premissa lógica irrecusável para a análise das demais questões subseguintes[33].

Portanto, em ambas as hipóteses, a consequência processual é a mesma: o juiz não pode *redecidir* questão a cujo respeito se produziu coisa julgada, nem mesmo para *decidir da mesma forma*, pelo singelo fato de que *já existe* decisão judicial imutável e indiscutível a seu respeito[34], sendo, portanto, além de nula, *inócua* uma nova decisão judicial (*bis in idem*).

---

33. "Por fim, cabe destacar em relação à própria coisa julgada duas modalidades de eficácia a ela associadas. A primeira é denominada de eficácia *preclusiva*: a matéria coberta pela autoridade da coisa julgada não poderá ser objeto de novo pronunciamento judicial. Já a segunda modalidade, a eficácia *vinculativa* [prejudicial], significa que a autoridade da coisa julgada deverá prevalecer na solução de qualquer lide que esteja logicamente subordinada à questão já resolvida. Por exemplo: assentada a relação de paternidade em uma demanda, não poderá o juiz, em posterior ação de alimentos, rejeitar o pedido com base na inexistência da relação." (BARROSO, Luís Roberto. *O controle...*, p. 150.) Os processualistas costumam subdividir a eficácia vinculativa da coisa julgada em eficácia vinculativa *direta* (impeditiva de que a *mesma lide* seja rejulgada no mesmo ou em outro processo) e eficácia vinculativa *prejudicial* (impediente de que a questão prejudicial, já julgada como questão principal em outro processo, seja rejulgada). Nesse sentido: "Além do efeito vinculativo direto, que se projeta entre processos relativos ao mesmo litígio, a coisa julgada também possui o chamado *efeito vinculativo prejudicial*, que se opera em relação a decisões proferidas sobre lides distintas, mas ligadas entre si pelo vínculo da prejudicialidade." (FERNANDES, Sérgio Ricardo de Arruda. *Questões importantes de processo civil:* teoria geral do processo. 3. ed. Rio de Janeiro: Roma Victor, 2004, p. 125.) Não se deve, todavia, confundir a *eficácia vinculativa* da *coisa julgada*, que vem de ser explanada, com o instituto do efeito vinculante, pois nada têm que ver.

34. Preleciona Barbosa Moreira: "Haverá ofensa à coisa julgada quer na hipótese de o novo pronunciamento ser *conforme* ao primeiro, quer na de ser desconforme: o vínculo não significa

Já no que concerne ao efeito vinculante, a consequência processual é diversa: acolhida a alegação de que há decisão do STF com efeito vinculante aplicável ao caso, ou reconhecida de ofício a existência de decisão do STF dotada de efeito vinculante aplicável ao caso, o juiz *decidirá efetivamente* a questão constitucional *de conformidade com* a decisão do STF. O juiz, em boa técnica, não se eximirá de decidir a questão constitucional em razão da existência de decisão do STF com efeito vinculante aplicável ao caso: ao revés, *estará obrigado a decidir* a questão constitucional, desprovido, porém, da liberdade de decidi-la de maneira diversa do que foi decidido pelo STF[35].

Tal se dá por um singelo motivo: a questão constitucional decidida pelo STF em ADIn ou ADC não é a mesma questão constitucional com a qual se defronta o juiz, mas sim uma questão constitucional *similar, análoga*. Se não há decisão do STF em ADIn ou ADC sobre a *mesma* questão constitucional surgida no processo subjetivo, é preciso que haja uma *decisão judicial* a seu respeito no processo subjetivo, sob pena de negativa de prestação jurisdicional. Portanto, o juiz, no processo subjetivo, *efetivamente decidirá* a questão constitucional *em consonância* com a decisão do STF em ADIn ou ADC dotada de efeito vinculante sobre a questão constitucional *similar, análoga,* usada como *parâmetro de julgamento* pelo juiz.

Dessarte, diante de uma decisão do STF em ADIn ou ADC dotada de eficácia de coisa julgada *erga omnes* e de efeito vinculante, o juiz deverá verificar: (a) se a questão constitucional decidida pelo STF é *exatamente a mesma* que tem diante de si ou uma questão semelhante; e (b) se a decisão sobre a questão constitucional pelo STF é *extensível* à questão constitucional que depara à sua frente.

---

que o juiz esteja obrigado a rejulgar a matéria em igual sentido, mas sim que ele está impedido de rejulgá-la." (*Apud* BARROSO, Luís Roberto. *O controle...*, p. 150.)

35. Assim como o ato do juiz não deixa de ser *decisório* quando simplesmente *cumpre* o comando legal ao qual está vinculado, o ato do juiz não deixa de ser *decisório* quando *cumpre* o comando derivado do efeito vinculante de decidir em sentido idêntico ao decidido pelo STF. Por igual, a autoridade administrativa, subordinada ao princípio da legalidade, quando edita ato administrativo vinculado, não deixa de emitir *ipso facto* ato de cunho decisório. Ademais, o juiz sempre terá liberdade para decidir sobre a *aplicabilidade ou não* da decisão do STF ao caso concreto que tem diante de si, *i.e.*, para decidir se é juridicamente possível e adequada a *extensão* da decisão do STF ao caso concreto. A possibilidade de cassação da sua decisão mediante reclamação não infirma esse poder-dever do juiz, porquanto aquela só se dará se o juiz não exercer corretamente seu poder-dever: a reclamação só será julgada procedente se o juiz deixar de estender ao caso a decisão do STF aplicável, se estender ao caso decisão do STF inaplicável ou se estender ao caso de forma indevida a decisão do STF aplicável, e nunca pelo simples fato de o juiz ter exercido juízo sobre a aplicabilidade ou não da decisão do STF (*cf.*, analogicamente, art. 103-A, § 3º, da CF-88).

Se a questão constitucional decidida pelo STF for *exatamente a mesma*, o juiz não deverá *rejulgá-la*, em virtude da coisa julgada *erga omnes*, mas extinguir o feito sem resolução de mérito (se configurar questão principal) ou adotar a decisão do STF como premissa lógica necessária para o julgamento das demais questões (se constituir questão prejudicial). Se a questão constitucional decidida pelo STF *não* for *exatamente a mesma*, mas sim uma questão *semelhante*, o juiz deverá *julgá-la*[36] – porque ainda não foi julgada – (a) *em consonância* com a decisão do STF em virtude do efeito vinculante *se considerar extensível* a decisão do STF à questão que encontra à sua face, ou (b) *segundo o seu livre convencimento motivado, se considerar que a decisão do STF não pode ser estendida* à questão presente no processo subjetivo.

4.1.4.2. A súmula vinculante

A EC nº 45-2004, ao incluir o art. 103-A na CF-88, criou a figura da súmula vinculante com a seguinte configuração[37]:

> "Art. 103-A. O Supremo Tribunal Federal poderá, de ofício ou por provocação, mediante decisão de dois terços dos seus membros, após reiteradas decisões sobre matéria constitucional, aprovar súmula que, a partir de sua publicação na imprensa oficial, **terá efeito vinculante** em relação aos demais órgãos do Poder Judiciário e à administração pública direta e indireta, nas esferas federal, estadual e municipal, bem como proceder à

---

36. Tanto assim o é que, julgada procedente reclamação contra decisão que tenha desrespeitado o efeito vinculante das decisões do STF em ADIn ou ADC, o STF simplesmente cassa a decisão exorbitante de seu julgado ou determina medida adequada à solução da controvérisa, *devendo o juiz, se necessário, proferir outra decisão em conformidade com a decisão do STF provida de efeito vinculante (inteligência do art. 992 do CPC-2015)*. Quanto às súmulas vinculantes, o dever do juiz de julgar, como decorrência do efeito vinculante, é ainda mais evidente, porquanto não há *decisão judicial* do STF nos autos do processo subjetivo em questão nem nos autos de processo objetivo, mas mera *tese jurídica* cristalizada em súmula vinculante, a qual, por não constar de sentença judicial, não produz sequer coisa julgada, razão pela qual o próprio legislador constituinte (art. 103-A, § 3º, *in fine*) foi explícito em afirmar que, ao cassar a decisão reclamada contrária à súmula vinculante, o STF deverá *determinar que outra decisão seja proferida pelo juiz*, desta feita em consonância com a súmula vinculante, aplicando-a ou não, conforme o caso concreto.

37. Tal artigo foi regulamentado pela Lei nº 11.417-2006. Ao disciplinar o § 2º do art. 103-A da CF-88, o art. 3º da Lei nº 11.417-2006 estendeu a legitimidade para propor a edição, a revisão e o cancelamento de enunciado de súmula vinculante ao Defensor Público-Geral da União, aos Tribunais Superiores, aos Tribunais de Justiça de Estados ou do Distrito Federal e Territórios, aos Tribunais Regionais Federais, aos Tribunais Regionais do Trabalho, aos Tribunais Regionais Eleitorais e aos Tribunais Militares, bem como a qualquer Município, incidentalmente nos processos em que seja parte, sem que isso importe em suspensão do processo (art. 3º, § 1º).

> sua revisão ou cancelamento, na forma estabelecida em lei. (Incluído pela Emenda Constitucional nº 45, de 2004.)
>
> § 1º A súmula terá por objetivo a validade, a interpretação e a eficácia de normas determinadas, acerca das quais haja controvérsia atual entre órgãos judiciários ou entre esses e a administração pública que acarrete grave insegurança jurídica e relevante multiplicação de processos sobre questão idêntica.
>
> § 2º Sem prejuízo do que vier a ser estabelecido em lei, a aprovação, revisão ou cancelamento de súmula poderá ser provocada por aqueles que podem propor a ação direta de inconstitucionalidade.
>
> § 3º Do ato administrativo ou decisão judicial que contrariar a súmula aplicável ou que indevidamente a aplicar, caberá reclamação ao Supremo Tribunal Federal que, julgando-a procedente, anulará o ato administrativo ou cassará a decisão judicial reclamada, e determinará que outra seja proferida com ou sem a aplicação da súmula, conforme o caso."

Não há diferença ontológica substancial entre o efeito vinculante que a CF-88 agregou às decisões do STF em ADIn e ADC e às súmulas do STF aprovadas nos termos do art. 103-A da CF-88. Trata-se, portanto, do mesmo instituto (efeito vinculante), a incrementar a eficácia das decisões do STF em ADIn e ADC (controle abstrato) e a eficácia das súmulas por ele aprovadas nos termos do art. 103-A da CF-88 (oriundas do controle concreto de constitucionalidade exercido pelo STF). Os *limites subjetivos* de ambas as espécies de efeito vinculante são idênticos.[38] Até a medida processual prevista para garantir a eficácia concreta do efeito vinculante da súmula aprovada nos moldes do art. 103-A da CF-88 é a mesma empregada para garantir a eficácia concreta do efeito vinculante das decisões do STF em ADIn e ADC: a reclamação.

Todavia, o *âmbito de atuação* do efeito vinculante da súmula vinculante parece ser *diverso* do âmbito de atuação do efeito vinculante das decisões do STF em ADIn e ADC[39].

---

38. O efeito vinculante dessas súmulas também não alcança o STF, nem o Poder Legislativo (no exercício de sua competência legiferante), conforme se depreende do teor do art. 103-A da CF-88, razão pela qual não é cabível reclamação contra *lei* alegadamente violadora de súmula vinculante. Nessa linha: "LEI MUNICIPAL INDICADA COMO ATO RECLAMADO. JURISPRUDÊNCIA DO STF. 1. O efeito vinculante das súmulas previstas no art. 103-A da Constituição não abrange o Poder Legislativo, no exercício de sua competência legislativa. 2. Não é possível o manejo de reclamação como sucedâneo das ações judiciais cabíveis." (Rcl 17217 AgR, Rel. Min. FACHIN, Primeira Turma, julgado em 18/08/2015, DJe-180 11-09-2015.)

39. A diferença entre as duas espécies de efeito vinculante repousa, portanto, em elemento *acidental, não essencial* ao conceito de efeito vinculante. Identicamente, se em dado ordenamento jurídico a fundamentação da sentença também produzir coisa julgada, nem por isso se dirá que em

De fato, conquanto o efeito vinculante das decisões do STF em ADIn e ADC não opere nos processos em que se discute questão constitucional *idêntica* à decidida pelo STF, mas apenas nos em que se discute questão constitucional *análoga*, em razão da existência de coisa julgada ***erga omnes*** *a impedir qualquer decisão do juiz, ainda que em conformidade com a decisão do STF munida de efeito vinculante*, o efeito vinculante da súmula vinculante atua *exclusivamente* nos processos em que se discute questão constitucional *idêntica* à tratada na súmula vinculante, uma vez que não há o óbice da coisa julgada *erga omnes*.

De feito, a súmula vinculante, embora seja precedida de várias decisões judiciais do STF em processos subjetivos, não constitui ato judicial proferido no bojo de nenhum desses processos, não consta do dispositivo de sentença de nenhum desses processos, configurando, portanto, mera *tese jurídica* (abstrata) desenvolvida pelo STF em matéria constitucional vazada em verbete sumular publicado na imprensa oficial, à qual se deve obediência, mas incapaz de produzir coisa julgada (*inter partes* ou *erga omnes*)[40].

Se a súmula vinculante não produz coisa julgada, não há nenhum obstáculo à atuação do efeito vinculante nos processos em que se discute questão

---

tal sistema não existe coisa julgada, mas apenas que o instituto da coisa julgada assume nele uma configuração acidentalmente diferente da existente em nosso sistema.

40. Conquanto a súmula vinculante não integre nenhum dos acórdãos que embasaram sua edição, por determinação do § 11 do art. 1.035 do CPC-2015, a súmula da decisão do STF sobre a repercussão geral – que **não** é uma súmula vinculante, nos termos do art. 103-A da CF-88 – "constará de ata, que será publicada no diário oficial **e valerá como acórdão**". Seguindo a linha de valorização da súmula (ainda que não vinculante, nos termos do art. 103-A da CF-88) e da jurisprudência dominante do STF, prescreveu ainda o art. 1.035, § 3º, do CPC-2015 que "haverá repercussão geral sempre que o recurso impugnar acórdão que: I- contrarie súmula ou jurisprudência dominante do Supremo Tribunal Federal; [...] III - tenha reconhecido a inconstitucionalidade de tratado ou de lei federal, nos termos do art. 97 da Constituição Federal", em ordem a assegurar ao STF, na via do Recurso Extraordinário, o seu primado na interpretação e guarda da Constituição. Nessas hipóteses, há repercussão geral *presumida* (presunção legal absoluta). De outra parte, a símile do que ocorre com a súmula vinculante, é possível, nos termos do art. 927, §§ 2º a 4º, do CPC-2015, a *revisão da tese* perfilhada pelo STF em repercussão geral e em súmula não vinculante, com possibilidade de modulação de efeitos: "Art. 927. [...] § 2º A alteração de tese jurídica adotada em enunciado de súmula ou em julgamento de casos repetitivos poderá ser precedida de audiências públicas e da participação de pessoas, órgãos ou entidades que possam contribuir para a rediscussão da tese. § 3º Na hipótese de alteração de jurisprudência dominante do Supremo Tribunal Federal e dos tribunais superiores ou daquela oriunda de julgamento de casos repetitivos, pode haver modulação dos efeitos da alteração no interesse social e no da segurança jurídica. § 4º A modificação de enunciado de súmula, de jurisprudência pacificada ou de tese adotada em julgamento de casos repetitivos observará a necessidade de fundamentação adequada e específica, considerando os princípios da segurança jurídica, da proteção da confiança e da isonomia."

constitucional *idêntica* à versada na súmula. Aliás, foi o próprio legislador constituinte que, usando da sua liberdade de conformação, circunscreveu o âmbito de atuação do efeito vinculante da súmula vinculante *apenas* às questões constitucionais *idênticas*:

> "**Art. 103-A.** [...] **§ 1º.** A súmula terá por objetivo a validade, a interpretação e a eficácia de **normas determinadas**, acerca das quais haja controvérsia atual entre órgãos judiciários ou entre esses e a administração pública que acarrete grave insegurança jurídica e relevante multiplicação de processos **sobre QUESTÃO IDÊNTICA.**"

Destarte, *por força da manifesta opção do legislador constituinte*, a súmula vinculante não pode ser aplicada à solução de questões constitucionais *análogas* à questão constitucional objeto da súmula, mas tão somente à solução da *mesma* questão constitucional (referente à mesma norma).

4.1.5. Da cláusula *rebus sic stantibus* implícita na coisa julgada *erga omnes*, na eficácia *erga omnes* e no efeito vinculante

Consoante doutrina longeva e respeitável, *todas*[41] as sentenças contêm implicitamente a cláusula *rebus sic stantibus*, de modo que qualquer alteração substancial no *estado de direito* ou no *estado de fato* existentes à época da prolação da sentença (e que lhe serviram de base) faz cessar a eficácia *prospectiva* da coisa julgada material.

Com efeito, a sentença deve espelhar a situação fático-jurídica existente no momento de sua prolação (CPC-2015, art. 493). Modificada a situação fática ou a situação jurídica que lastrearam a prolação da sentença, a coisa julgada deixa de atuar, haja vista que a coisa julgada não tem o poder de tornar imutável e indiscutível a *relação jurídica* objeto da sentença, mas apenas o de tornar imutáveis e indiscutíveis os efeitos da sentença ou "a norma jurídica concreta" contida na sentença, na expressão de Barbosa Moreira[42].

---

41. E não apenas as sentenças que decidem relações jurídicas de trato continuado (CPC-2015, art. 505).

42. "Os efeitos da sentença *não* se tornam imutáveis com o trânsito em julgado: o que se torna imutável (ou, se se prefere, indiscutível) *é o próprio conteúdo* da sentença, como norma jurídica concreta referida à situação sobre que se exerceu a atividade congitiva do órgão judicial". (MOREIRA, José Carlos Barbosa. *Temas de direito processual civil.* São Paulo: Saraiva, 1977, p. 89.) "A coisa julgada não torna a relação jurídica imutável, sobre a qual conservam as partes plena liberdade de disposição. Isto significa dizer que, se a sentença reconheceu existir determinada relação creditícia, não se pode mais discutir a existência daquele crédito. Porém,

Refoge ao escopo desta obra analisar as sutilezas das interessantes teorias a este respeito, mormente se se considerar que a alterabilidade daquilo que foi decidido e revestido de coisa julgada em virtude de fatos e normas supervenientes é aceita por todas elas sem grandes variações práticas.

Assim, a coisa julgada não impede, *e.g.*, que as partes celebrem transação posterior ao trânsito em julgado em dissonância com o que foi decidido na sentença, desde que se trate de direito disponível. A coisa julgada, ao tornar imutável e indiscutível o que foi decidido na sentença, garante ao vencedor da ação o direito de fazer valer o que nela ficou decidido, mas não obsta a que a parte vencedora renuncie, total ou parcialmente, aos efeitos (declaratórios, constitutivos, condenatórios, mandamentais ou executivos) da sentença proferida sobre direito disponível. Em regra, não há sequer necessidade de homologação judicial do acordo, até porque o juiz já cumpriu e exauriu o seu ofício jurisdicional na espécie (CPC-2015, art. 494).

Se houver alguma modificação legal, a coisa julgada também deixará de atuar. Por exemplo: determinado contribuinte tinha a seu favor sentença transitada em julgado declarando isenção em relação a dado tributo. Sobrevindo lei revogatória da isenção, o tributo passa a ser devido por ele[43].

A cessação da eficácia prospectiva da coisa julgada material em virtude de mudança do suporte fático ou do suporte jurídico da sentença *normalmente* se opera *pleno iure*, independentemente de novo pronunciamento judicial[44].

---

nada impede que o credor venha a renunciar ao seu direito, extinguindo aquela obrigação. O que se torna alvo dos efeitos da coisa julgada é a norma jurídica concreta emanada da sentença (a afirmação de existir a relação creditícia entre as partes), mas não a relação jurídica em si." (FERNANDES, Sérgio Ricardo de Arruda. *Questões importantes de processo civil...*, p. 119.)

43. "A eficácia da sentença declaratória perdura enquanto estiver em vigor a lei em que se fundamentou, interpretando-a." (REsp nº 719-SP, Rel. p/ acórdão Min. Américo Luz. *In:* RSTJ 8/341.) "A coisa julgada não impede que lei nova passe a reger diferentemente os fatos ocorridos a partir da sua vigência." (RE nº 90.518, Rel. Min. Xavier de Albuquerque. *In:* RTJ 89/344.)

"Processo Civil. Coisa julgada. A coisa julgada só inibe a renovação da questão já decidida; se a lide se desenvolver à base de lei nova, a questão é outra, e não mais aquela já decidida. Hipótese em que o funcionário público obteve o reconhecimento judicial do direito à percepção de quinquênios nos termos da lei então vigente; a coisa julgada daí resultante não pode ser oposta à lei de caráter geral que, supervenientemente, modifica o regime jurídico dos quinquênios." (REsp nº 19.337, Rel. Min. Ari Pargendler, DJU 18.12.1995. *In:* RSTJ 81/162.) "Não há ofensa à coisa julgada material quando ela é formulada com base em uma determinada situação jurídica que perde sustentação ante o advento de nova lei que passa a regulamentar as situações jurídicas já formadas." (MS n. 11.145/DF, rel. Min. NANCY ANDRIGHI, Corte Especial, julgado em 2/5/2018, DJe de 16/5/2018.)

44. Teori Zavascki ministra alguns exemplos elucidativos: "A alteração do *status quo* tem, em regra, efeitos imediatos e automáticos. Assim, se a sentença declara que determinado servidor público

Todavia, *excepcionalmente*, a *lei* pode exigir novo pronunciamento judicial para que haja a cessação da eficácia prospectiva da coisa julgada material, impedindo que esta se dê *automaticamente*.

É o caso, *v.g.*, da ação de alimentos, em que a própria lei (Código Civil, art. 1.699, e Lei nº 5.478-68, art. 13) exige expressamente que o interessado promova a ação revisional ou exoneratória de alimentos. É também o caso da revisão do valor da locação quando não há acordo entre locador e locatário, revisão esta que só pode ser feita pelo juiz, em ação revisional de aluguel (Lei nº 8.245-91, arts. 19 e 68). Nesses casos, a simples mudança das circunstâncias de fato ou de direito existentes quando da prolação da sentença não faz cessar automaticamente a eficácia prospectiva da coisa julgada material, sendo, pois, necessário o ajuizamento da respectiva ação revisional para que cesse, a partir de então, a referida eficácia da coisa julgada.

Trata-se, contudo, de casos excepcionais, taxativamente previstos em leis específicas, justificados pela relevância dos interesses em jogo. No caso das ações alimentícias, não seria prudente eliminar ou reduzir os alimentos a partir do exato momento em que houve uma mudança na fortuna do alimentante: considerando a relevância dos alimentos para a própria sobrevivência do alimentado, a lei houve por bem exigir uma prova dessa mudança, que deve ser apreciada pelo juiz no curso de uma ação revisional[45]. No caso das ações

---

não tinha direito a adicional de insalubridade, a superveniência de lei prevendo a vantagem *importará no imediato direito a usufruí-la*, cessando a partir daí a eficácia vinculativa do julgado, *independentemente de novo pronunciamento judicial ou de qualquer outra formalidade*. Igualmente, se a sentença declara que os serviços prestados por determinada empresa estão sujeitos a contribuição social, a norma superveniente que revogue a anterior ou que crie isenção fiscal cortará a sua força vinculativa, dispensando o contribuinte, *desde logo*, do pagamento do tributo. O mesmo pode ocorrer em favor do Fisco, em casos em que, reconhecida, por sentença, a intributabilidade, sobrevier lei criando o tributo: *sua cobrança pode dar-se imediatamente, independentemente de revisão do julgado anterior*. No que se refere à mudança no estado de fato, a situação é idêntica. A sentença que, à vista da incapacidade temporária para o trabalho, reconhece o direito ao benefício de auxílio doença, tem força vinculativa enquanto perdurar o *status quo*. A superveniente cura do segurado importa a *imediata cessação da eficácia vinculativa da coisa julgada*." (*Eficácia...*, p. 89.)

45. Entendemos, porém, que a ação revisional de alimentos, tal como a de aluguel, só é necessária se não houver acordo entre as partes. Com efeito, nada impede que, sobrevindo à sentença redução da capacidade econômica do alimentante, conhecida pelo alimentado, estes celebrem acordo extrajudicial para reduzir proporcionalmente o valor dos alimentos, porquanto o direito aos alimentos é indisponível, irrenunciável, mas não o seu valor, podendo inclusive ser renunciados alimentos atrasados, até porque nada obsta à renúncia de alimentos indevidos, segundo o binômio capacidade-necessidade. (*Cf.* art. 1.707 do CC-2002 e art. 23 da Lei 5.478-68.) Se, todavia, não houver acordo entre as partes, só depois do ajuizamento da ação revisional de alimentos é que poderá haver alteração de seu *quantum*.

revisionais de alugueres, a lei também houve por bem exigir nova manifestação judicial, dada a relevância do direito à moradia do locatário e de sua família, que poderia ser prejudicado pela ganância do locador, gerando um problema social.

Cumpre enfatizar que o só fato de o art. 505 do CPC-2015 ter aludido apenas à possibilidade de revisão das sentenças ditas "determinativas"[46] (ou "dispositivas") por superveniente modificação do estado de fato ou de direito não exclui a possibilidade de as demais modalidades de sentença serem revistas judicialmente, porquanto, se a situação fática ou jurídica se modificou, a nova ação (revisional) não será idêntica à primeira, já que a *causa de pedir* será diversa: na ação revisional a causa de pedir é justamente a *modificação do estado de fato ou de direito* que serviu de suporte para a prolação da sentença revisanda. Não há, portanto, a tríplice identidade exigida para o acolhimento da objeção de coisa julgada (CPC-2015, art. 337, § 2º). Portanto, a possibilidade de revisão judicial de qualquer sentença, mediante ação revisional, não depende de previsão legal expressa.

Também não se pode inferir do art. 505 do CPC-2015, pela alusão à possibilidade de "revisão do que foi estatuído na sentença", que as sentenças que decidem relações jurídicas continuativas *sempre* necessitem de novo pronunciamento judicial para que cesse a eficácia prospectiva da coisa julgada.

Seria um contrassenso entender que as sentenças que não decidem relações jurídicas continuativas independem de nova manifestação judicial e exigir que as sentenças que decidem relações jurídicas continuativas – sujeitas, pela sua própria natureza, às naturais mudanças provocadas pelo passar do tempo – *sempre* dependam de nova manifestação judicial para fazer cessar a eficácia prospectiva da coisa julgada material.

Não é o fato de a sentença decidir uma relação jurídica continuativa que faz com que a eficácia prospectiva da coisa julgada só cesse mediante intervenção judicial, em ação revisional: é o fato de a *legislação específica de determinada matéria* (e não o art. 505 do CPC-2015), *por questão de segurança e de relevância dos interesses em disputa*, exigir que a revisão da sentença se dê por meio de novo pronunciamento judicial, no bojo de ação revisional.

Aplicando tais noções ao controle de constitucionalidade, observa-se que a sentença, no controle concreto, poderá resolver relação jurídica continuativa ou não continuativa. Não há particularidade alguma em relação às sentenças

46. Sentenças determinativas ou dispositivas são as que têm por objeto relações jurídicas continuativas, *i.e.*, relações de trato sucessivo.

que apreciam questões prejudiciais de constitucionalidade: a solução é idêntica à que se aplica às sentenças que não envolvem controle incidental de constitucionalidade, conforme vem de ser exposto.

No pertencente aos acórdãos definitivos do STF em ADIn e ADC, seu objeto é a constitucionalidade ou a inconstitucionalidade de leis ou atos normativos, razão pela qual decidem sempre sobre relações jurídicas continuativas, uma vez que a inconstitucionalidade e a constitucionalidade constituem relações de (in)compatibilidade jurídica que se prolongam no tempo.

Portanto, declarada a constitucionalidade de uma norma pelo STF em ADIn ou ADC, se esta ao depois se tornar inconstitucional (inconstitucionalidade superveniente), a eficácia da coisa julgada *erga omnes* do acórdão do STF cessará imediata e automaticamente, sem a necessidade de novo pronunciamento judicial do STF (quer em ADIn, quer em ADC[47]), em razão da cláusula *rebus sic stantibus* subentendida na coisa julgada *erga omnes* e da inexistência de lei prescrevendo expressamente a necessidade de ação revisional das decisões do STF em ADIn e ADC[48]. Todos se desobrigarão *instantaneamente* de cumprir a lei que se tornou inconstitucional *após* a declaração de constitucionalidade pelo STF. Se a recusa de cumprimento da lei supervenientemente inconstitucional não for aceita voluntariamente (extrajudicialmente), o interessado poderá alegar o seu direito tanto na via de ação, como na via de defesa (objeção).

Semelhantemente, se foi declarada a inconstitucionalidade de uma lei pelo STF em ADIn ou ADC, lei esta que foi posteriormente "constitucionalizada" por emenda, *i.e.*, mantida em vigor por *expresso* dispositivo de emenda constitucional (que lhe dá novo fundamento de validade), a eficácia da coisa julgada *erga omnes* do acórdão do STF em ADIn ou ADC cessará *automaticamente* no exato momento em que a lei, antes inconstitucional, foi "constitucionalizada" expressamente pela emenda, independentemente de nova decisão do STF (seja em ADIn, seja em ADC), em virtude da cláusula *rebus sic stantibus* implícita na coisa julgada *erga omnes* e da inexistência de lei prescrevendo expressamente a necessidade de ação revisional das decisões do STF em ADIn e ADC.

---

47. Não cabe rescisória dos acórdãos definitivos do STF em ADIn e ADC (Lei nº 9.868-99, art. 26).

48. "Abordando as sentenças que decidem relação jurídica de trato sucessivo, sustentamos que a alteração no *status quo* tem, em regra, efeitos imediatos e automáticos. O contrário, ou seja, a necessidade de pronunciamento judicial que retire expressamente a força da sentença anterior, *depende de previsão em lei.* No âmbito do controle *abstrato* de constitucionalidade *nada induz a indicação de regime diferente, nem que, de alguma forma, submeta a sentença a uma ação de revisão.*" (ZAVASCKI, Teori A. *Eficácia...*, p. 116-117.)

Impende salientar, contudo, que a edição (a) de lei interpretativa, (b) de resolução senatorial suspensiva (CF-88, art. 52, X), bem como a (c) alteração da interpretação judicial da norma, seja (c.1) na via do controle difuso, seja (c.2) na via do controle concentrado, não têm o condão de fazer cessar a eficácia da coisa julgada (seja a eficácia pretérita, seja a eficácia prospectiva[49]) formada nos processos *subjetivos*[50].

Em tais hipóteses, ainda que se reconheça alguma mudança do *estado de direito* existente à época da prolação da sentença, há um obstáculo insuperável à aplicação da cláusula *rebus sic stantibus*: a *eficácia preclusiva* da própria coisa julgada.

A eficácia preclusiva da coisa julgada impede tanto (a) a reiteração de alegação ou defesa já *efetivamente deduzida e rejeitada* no curso do processo, como (b) o acolhimento de alegação ou defesa que a parte *poderia ter deduzido no curso da ação*, mas *não o fez*.

Na dicção do art. 508 do CPC-2015: "Transitada em julgado a decisão de mérito, *considerar-se-ão deduzidas e repelidas* todas as alegações e as defesas que a parte *poderia opor* tanto ao acolhimento quanto à rejeição do pedido". Transitada em julgado a sentença, ocorre a preclusão "do *deduzido e do dedutível*". As alegações e defesas *dedutíveis* no curso do processo reputam-se, após o trânsito em julgado, *deduzidas* e *repelidas* para todos os efeitos legais. É como se tivessem sido (ficção legal) efetivamente deduzidas e efetivamente repelidas pelo juiz. Tal regra legal é concretização do princípio da segurança jurídica que informa a própria coisa julgada: sem ela, haveria eternização dos litígios, pois a todo momento a parte sucumbente poderia ajuizar nova ação com um fundamento de fato ou de direito diferente, apesar de dedutível no curso da ação.[51]

---

49. No que respeita especificamente à eficácia *prospectiva* **em relações de trato sucessivo**, *cf.* adiante o item 4.1.5.1.

50. A edição de *lei retroativa* não faz cessar a eficácia *pretérita* da coisa julgada, em razão do disposto no art. 5º, XXXVI, da CF-88 ("a lei não prejudicará o direito adquirido, o ato jurídico perfeito e a coisa julgada"), mas faz cessar a eficácia *prospectiva* da coisa julgada, como qualquer lei não retroativa.

51. "A norma inscrita no art. 508 do CPC/15 impossibilita a instauração de nova demanda para rediscutir a controvérsia, mesmo que com fundamento em novas alegações, pois o instituto da coisa julgada material – considerada a finalidade prática que o informa – absorve, necessariamente, 'tanto as questões que foram discutidas como as que o poderiam ser' (LIEBMAN), mas não o foram. A autoridade da coisa julgada em sentido material estende-se, por isso mesmo, tanto ao que foi efetivamente arguido pelas partes quanto ao que poderia ter sido alegado, mas não o foi, desde que tais alegações e defesas contenham-se no objeto do processo ('*tantum judicatum quantum disputatum vel disputari debebat*'). Aplicação, ao caso, do art.

Pois bem. A mudança na interpretação da norma, quer por evolução judicial, quer por imposição legal (lei interpretativa), esbarra no óbice da eficácia preclusiva da coisa julgada, porquanto a recente interpretação, legal ou jurisprudencial, *poderia ter sido apresentada* no curso da ação e acolhida pelo juiz[52]. Se foi efetivamente deduzida ou não, com o trânsito em julgado, já não tem importância, pois, em qualquer dos dois casos, a eficácia preclusiva da coisa julgada vedará a sua apreciação ou reapreciação, conforme o caso.

A declaração de inconstitucionalidade e, portanto, da nulidade da norma pelo STF, seja no controle concreto, seja no controle abstrato, não é pressuposto necessário para a declaração de nulidade da inconstitucionalidade e da consequente nulidade da norma por nenhum juiz. A todo juiz cabe o *dever* de afastar, *ex officio*, a aplicação de lei inconstitucional, independentemente de qualquer pronunciamento prévio do STF. A natureza *meramente declaratória* da decisão do STF em ADIn e ADC importa no reconhecimento de que a inconstitucionalidade da norma *preexistia* à decisão do STF, podendo, portanto, ser alegada por qualquer das partes e devendo qualquer juiz declarar a sua inconstitucionalidade nos processos de sua competência.[53]

A resolução senatorial suspensiva da "execução das leis" declaradas inconstitucionais pelo STF, por sua vez, também é detida pela eficácia preclusiva da coisa julgada, porquanto a inconstitucionalidade que motiva sua edição era preexistente e poderia ter sido alegada e decidida no curso do processo subjetivo. Nessa hipótese, é por igual inaplicável a cláusula *rebus sic stantibus*, razão pela qual a coisa julgada que reveste a sentença continua eficaz e atuante mesmo após a edição da resolução senatorial que tenha suspendido a "execução" da lei em que se baseou a sentença[54].

---

508 do CPC/15. Doutrina. Precedentes." (MS 33528 AgR, Rel. Min. CELSO DE MELLO, Segunda Turma, julgado em 06-09-2016, DJe-201 21-09-2016)

52. Na verdade, em se tratando de mera interpretação da norma, não há nem *necessidade* de alegação da parte, podendo o juiz empregar, de ofício, a interpretação que reputar mais adequada ao caso (*iura novit curia*; *narra mihi factum, dabo tibi ius*).

53. "A eficácia preclusiva da coisa julgada material atinge: [...] b) as questões *de direito*. Exemplo: o contribuinte *X* embarga execução fiscal, afirmando indevida a prestação tributária que se lhe cobra, correspondente a determinado exercício financeiro. Rejeitados os embargos por sentença trânsita em julgado, quer tenha, quer não tenha *X* arguido a inconstitucionalidade da lei que instituíra o tributo, não lhe será possível, voltando a juízo, pleitear frutiferamente a restituição da importância paga por ser inconstitucional a lei: semelhante questão, ainda que não examinada no feito anterior, ficou coberta pela eficácia preclusiva da coisa julgada." (MOREIRA, José Carlos Barbosa. *Temas de direito processual*. São Paulo: Saraiva, 1977, p. 105.)

54. Em sentido contrário, Teori Zavascki sustenta que, embora a suspensão da "execução" da norma pelo Senado não opere uma alteração no estado da norma em si (como a revogação opera),

Todavia, se não se houver exaurido o prazo bienal da ação rescisória, nada obsta ao seu ajuizamento para rescindir (e não "revisar") a sentença fundada em lei inconstitucional, com esteio no art. 966, V, do CPC-2015, por violação da Lei Maior, invocando-se como fundamento do pedido rescisório a inconstitucionalidade da norma declarada pelo STF em ADIn, em ADC ou em controle concreto (ensejador da edição de resolução senatorial)[55].

---

mantendo a norma o mesmo *status* anterior, ocorre uma alteração no "estado do direito, que ganha um elemento novo: a força vinculante da declaração de inconstitucionalidade do preceito normativo, tomada pelo Supremo e universalizada pela Resolução do Senado." Por esse motivo, pela autoridade da decisão do STF que deu suporte à resolução e pelo princípio da igualdade de todos perante a Constituição, advoga a cessação automática da eficácia *prospectiva* da coisa julgada a partir da data de vigência da resolução do Senado. Quanto às obrigações anteriores ainda pendentes de execução, também não seriam devidas, podendo o executado impugnar a execução com espeque no art. 525, § 1º, III, e § 12, e no art. 535, *caput*, III, e § 5º, do CPC-2015, invocando a decisão do STF e a respectiva resolução do Senado como causa extintiva da obrigação executada ou de sua inexigibilidade. (*Eficácia das sentenças na jurisdição constitucional.* 4. ed. São Paulo: RT, 2017, p. 108-113.) A solução alvitrada pelo autor já foi contemplada em dispositivo específico nos referidos artigos, cuja inconstitucionalidade é defendida no item 4.3.2.

55. A ação rescisória é cabível porque inaplicável a restrição da súmula 343 do STF à violação *da Constituição*, em razão de seu papel de norma fundamental do sistema, à qual se deve prestar a máxima efetividade. (Súmula 343 do STF: "Não cabe ação rescisória por ofensa a literal disposição de lei quando a decisão rescindenda se tiver baseado em texto de interpretação controvertida nos tribunais"). Assim têm tradicionalmente entendido o STF, o STJ e boa parte da doutrina. *Cf.*, por todos, Teori Zavascki (*Eficácia das sentenças na jurisdição constitucional.* 4. ed. São Paulo: RT, 2017, p. 153-171). Contudo, impende salientar que, após o julgamento do RE 590.809 RG (Rel. Min. Marco Aurélio, Pleno, DJe 24.11.2014), a aplicabilidade ou não da súmula 343 do STF à vulneração da Constituição tornou-se controvertida no STF. No RE 590.809 RG, foi fixada a seguinte tese de repercussão geral (Tema 136/STF): "Não cabe ação rescisória quando o julgado estiver em harmonia com o entendimento firmado pelo Plenário do Supremo à época da formalização do acórdão rescindendo, ainda que ocorra posterior superação do precedente". Há acórdãos do STF conferindo interpretação literal ou restritiva à tese, afastando o cabimento da ação rescisória apenas na hipótese de *viragem jurisprudencial do próprio STF* (a decisão que se pretende rescindir coincidia com a jurisprudência dominante do STF no momento da prolação, de modo que a alteração superveniente da jurisprudência do STF não autoriza a rescisória), ao passo que há acórdãos do STF (do plenário inclusive) imprimindo exegese mais elástica, não exigindo a ocorrência de viragem jurisprudencial do STF, e considerando incabível a rescisória mesmo que não houvesse interpretação controvertida no STF, mas apenas nos demais tribunais pátrios. Este último entendimento se afina mais com a literalidade da súmula 343 do STF, que não menciona interpretação controvertida *no âmbito do STF*, mas sim "*nos tribunais*". À guisa de exemplo, comparem-se: "O Supremo Tribunal Federal (STF) firmou o entendimento de que a Súmula 343/STF deve ser afastada no caso de decisões **das instâncias ordinárias divergentes da interpretação adotada por ele, STF**. Veja-se o RE 382.812-ED, Rel. Min. Gilmar Mendes." (RE 529675 AgR-segundo, Rel. Min. ROBERTO BARROSO, Primeira Turma, julgado em 21/09/2018, DJe-205 27-09-2018) "AÇÃO RESCISÓRIA. DESCABIMENTO. **SÚMULA 343 DO STF. INCIDÊNCIA TAMBÉM NOS CASOS**

Por fim, não custa lembrar que a revogação não retroativa da norma, à diferença da sua suspensão pelo Senado, faz cessar a eficácia prospectiva da coisa julgada, porquanto inaplicável a eficácia preclusiva da coisa julgada, já que a revogação não retroativa, ocorrendo posteriormente ao trânsito em julgado, não poderia ter sido alegada no curso da ação.

No que respeita ao *efeito vinculante*, cumpre assinalar que, tal qual sucede com a coisa julgada, o efeito vinculante contém implicitamente a cláusula *rebus sic stantibus*, tendo sua atuação condicionada à permanência do estado de fato e de direito existente à época da prolação da decisão (interlocutória ou definitiva) do STF em ADIn ou ADC dotada de tal efeito[56].

À guisa de exemplo, suponha-se a existência de duas leis estaduais, "X" e "Y", de conteúdo idêntico ou similar. A declaração de constitucionalidade da lei "X" pelo STF em ADIn produz coisa julgada *erga omnes* em relação a ela (lei "X") e efeito vinculante em relação à lei "Y", pela identidade ou similaridade de seu conteúdo, apesar de emanadas de Estados-membros diversos. Entrando em vigor emenda constitucional que torna tais leis inconstitucionais, cessa automaticamente a eficácia prospectiva da coisa julgada *erga omnes* em relação à lei "X", bem como cessa automaticamente o efeito vinculante em relação à lei "Y", podendo esta, a partir de então, ser julgada inconstitucional por qualquer juiz ou órgão administrativo.

Aproveitando o exemplo acima, se em lugar de revogação da norma da Constituição-parâmetro por emenda, ocorresse a revogação da lei "Y", cessaria automaticamente, desde então, o efeito vinculante da decisão do STF a seu respeito.

Questão interessante seria se, em lugar da revogação da lei "Y", ocorresse a revogação da lei "X" (única lei que foi objeto da ADIn). A revogação da lei

---

EM QUE A CONTROVÉRSIA DE ENTENDIMENTOS SE BASEIA NA APLICAÇÃO DE NORMA CONSTITUCIONAL. PRECEDENTES DO PLENÁRIO DO SUPREMO TRIBUNAL FEDERAL." (RE 1194899 AgR, Rel. Min. FUX, Primeira Turma, julgado em 07/06/2019, DJe-130 17-06-2019.) "Conforme tese fixada no julgamento do Tema 136 da Repercussão Geral (RE nº 590.809/RS), 'não cabe ação rescisória quando o julgado estiver em harmonia com o entendimento firmado pelo Plenário do Supremo à época da formalização do acórdão rescindendo, ainda que ocorra posterior superação do precedente', **sendo irrelevante a natureza da discussão posta no feito rescindendo (se constitucional ou infraconstitucional) para a observância do enunciado da Súmula STF nº 343.**" (AR 2572 AgR, Rel. Min. DIAS TOFFOLI, Tribunal **Pleno**, julgado em 24/02/2017, DJe-054 21-03-2017). *Vide* ainda: AR 2370 AgR, Rel. Min. TEORI ZAVASCKI, Tribunal Pleno, julgado em 22/10/2015, DJe-225 12-11-2015.

56. Assevera Gilmar Mendes, com apoio em Christian Pestalozza: "Tal como a coisa julgada, o efeito vinculante refere-se ao momento da decisão. Alterações posteriores não são alcançadas." (*Controle concentrado de constitucionalidade...*, p. 339.)

"X" faria cessar a eficácia prospectiva da coisa julgada *erga omnes* da decisão do STF na ADIn (pois não há coisa julgada em relação à lei "Y", mas só efeito vinculante). Mas a revogação da lei "X" faria cessar também o efeito vinculante da decisão do STF em relação à lei "Y"? Haveria, no caso, uma relação de dependência entre a coisa julgada e o efeito vinculante? *Quid iuris*?

Entendemos que não. A decisão do STF, enquanto protetiva da supremacia constitucional, deve ter a máxima efetividade. A revogação da lei "X" não deve contribuir para que ressurjam controvérsias sobre a constitucionalidade da lei "Y" ou de quaisquer outras leis de conteúdo idêntico ou análogo, já editadas ou por editar, com a possibilidade de graves ofensas à Constituição mediante a multiplicação de decisões considerando tais leis inconstitucionais[57].

A decisão do STF, malgrado a revogação da lei "X", permanece a mesma enquanto ato formal, e subsiste íntegra em relação ao efeito vinculante produzido sobre outras leis análogas. Como já visto, o âmbito de atuação da coisa julgada é diverso do âmbito de atuação do efeito vinculante em ADIn e ADC, e os institutos são independentes entre si, podendo haver efeito vinculante sem coisa julgada *erga omnes* e vice-versa. Portanto, não há razão para que a revogação da lei "X" (objeto da ADIn) faça cessar o efeito vinculante da decisão do STF em relação às leis análogas ("Y", "Z", etc.).

Quanto ao efeito vinculante das decisões interlocutórias em ADIn e ADC, também contém implicitamente a cláusula *rebus sic stantibus*. Assim, *e.g.*, deferida uma medida cautelar em ADIn para suspender, com efeito vinculante, a prolação de decisões a respeito de questão constitucional *análoga* à submetida ao julgamento do STF na ADIn, a revogação, por emenda, da norma constitucional paramétrica alegadamente ofendida na ADIn faz cessar, *instantânea* e *automaticamente*, o efeito vinculante da decisão do STF (prospectivamente), podendo, a partir de então, qualquer juiz ou órgão administrativo proferir decisão acerca de questão constitucional *similar*, sem nenhuma vinculação ao que fora determinado na decisão cautelar do STF, mesmo que esta ainda não tenha sido formalmente revogada pelo STF.

---

57. **Diferentemente**, no que concerne à *súmula vinculante*, prescreve a Lei nº 11.417-2006: "**Art. 5º**. Revogada ou modificada a lei em que se fundou a edição de enunciado de súmula vinculante, o Supremo Tribunal Federal, de ofício ou por provocação, procederá à sua revisão ou cancelamento, conforme o caso." Todavia, a diversidade de tratamento se justifica pelo fato de que a súmula vinculante tem por objeto "NORMA DETERMINADA" e "QUESTÃO INDÊNTICA" (CF-88, art. 103-A, § 1º), ao passo que o efeito vinculante das decisões do STF em ADIn e ADC alcança **normas *semelhantes*** e **questões *análogas***. Se a "norma determinada" objeto da súmula vinculante foi revogada totalmente ou modificada, a súmula vinculante deve ser cancelada ou adequada à nova norma, já que não pode ser aplicada a situações *semelhantes*.

De seu turno, a eficácia *erga omnes* também é condicionada pela cláusula *rebus sic stantibus*.

Relembre-se que se adotou, neste trabalho, um conceito de eficácia *erga omnes* assimilável ao de eficácia natural do acórdão do STF *enquanto ato judicial proferido em processo objetivo*, que *não pode ser afastada* por "terceiros juridicamente prejudicados" como ocorre nos processos subjetivos, uma vez que nisso consiste o seu caráter *erga omnes* (*cf.*, *supra*, item 4.1.4).

Portanto, aproveitando o último exemplo, se a referida decisão cautelar na ADIn foi proferida com efeito *erga omnes* (e não poderia ser doutra forma, dada a natureza objetiva do processo), a revogação, por emenda, da norma constitucional paramétrica alegadamente ofendida na ADIn faz cessar, *instantânea* e *automaticamente*, a eficácia *erga omnes* da decisão do STF (prospectivamente), podendo, a partir de então, qualquer juiz ou órgão administrativo proferir decisão acerca da *mesma* questão constitucional, sem nenhuma vinculação ao que fora determinado na decisão cautelar do STF, mesmo que esta ainda não tenha sido formalmente revogada pelo STF.

Nesse exemplo, o *efeito vinculante* impediria a prolação de qualquer decisão sobre questão constitucional *análoga* à questão objeto da ADIn[58], ao passo que a eficácia *erga omnes* obstaria à prolação de qualquer decisão sobre a

---

58. Nesse caso, não há incompatibilidade alguma entre o *dever de decidir* resultante do efeito vinculante e a determinação cautelar de *não decidir*. A medida cautelar deferida determina que não se profira decisão *sobre o mérito* de questão constitucional idêntica ou análoga à questão objeto da ADIn (quer no sentido da constitucionalidade, quer no da inconstitucionalidade). Assim, nos processos sobre questão constitucional semelhante, o juiz *deverá proferir decisão sobre a aplicação* ao caso dos autos da decisão cautelar do STF (pois a decisão do STF não recaiu sobre a mesma questão, que, portanto, ainda não foi apreciada), e não *sobre o mérito* da questão constitucional. Se o juiz entender que a questão constitucional versada nos autos é semelhante à questão objeto da ADIn, *deverá proferir decisão* **afirmando essa aplicabilidade** (*dever de decidir* derivante do efeito vinculante), mas *não proferirá decisão* **sobre a constitucionalidade ou inconstitucionalidade da norma** (*dever de não decidir* dimanante da decisão cautelar do STF). Por conseguinte, se houver, *v.g.*, um pedido de antecipação de tutela fundado na declaração *incidenter tantum* de inconstitucionalidade de norma de conteúdo análogo ao da norma objeto da decisão cautelar do STF, o juiz deverá proferir decisão afirmando a aplicabilidade da decisão cautelar do STF e, consequentemente, indeferindo, *por ora*, a antecipação de tutela pela impossibilidade *momentânea* de declarar a inconstitucionalidade da norma. Mas não poderá indeferir a antecipação de tutela porque considera a norma constitucional, nem deferi-la por reputar a norma inconstitucional, haja vista a vedação emanada da medida cautelar do STF. O juiz, no caso, tem o *dever de decidir* dessa forma, porque, do contrário, haveria ***negativa de prestação jurisdicional***. Não há negativa de prestação jurisdicional quando o juiz extingue o processo sem resolução do mérito (pois proferiu decisão, ainda que para afirmar que não pôde examinar o mérito do pedido), mas há negativa de prestação jurisdicional quando o juiz simplesmente não decide, omitindo-se sobre o mérito do pedido ou sobre sua admissibilidade.

mesma questão constitucional objeto da ADIn, pois possuem âmbito de atuação diverso (assim como a coisa julgada *erga omnes* e o efeito vinculante), sob pena de ser totalmente ineficaz a atribuição de efeito vinculante às decisões que não fazem coisa julgada *erga omnes*. Com a revogação da norma constitucional utilizada como parâmetro na ADIn, cessariam, imediata e automaticamente, tanto a eficácia *erga omnes* (atuante nos processos que tratassem da mesma questão constitucional), como o efeito vinculante (operante nos processos que cuidassem de questão constitucional *assemelhada*).

4.1.5.1. Cessação da eficácia prospectiva da coisa julgada nas relações tributárias continuativas

No julgamento dos Temas 881 e 885 (RE 955227 e RE 949297), que versavam sobre a eficácia da coisa julgada nas relações tributárias continuativas, o STF fixou as seguintes teses de repercussão geral:

> "1. As decisões do STF em controle incidental de constitucionalidade, anteriores à instituição do regime de repercussão geral, não impactam automaticamente a coisa julgada que se tenha formado, mesmo nas relações jurídicas tributárias de trato sucessivo.
>
> 2. Já as decisões proferidas em ação direta ou em sede de repercussão geral interrompem automaticamente os efeitos temporais das decisões transitadas em julgado nas referidas relações, respeitadas a irretroatividade, a anterioridade anual e a noventena ou a anterioridade nonagesimal, conforme a natureza do tributo."

Afora a parte final da segunda tese, que determina a observância das regras constitucionais alusivas à anterioridade tributária, a *ratio decidendi* é aplicável a relações de trato sucessivo não tributárias, como, por exemplo, as de natureza administrativa e previdenciária.

O fundamento central é que as decisões posteriormente proferidas em ações diretas e em controle incidental em recursos extraordinários com repercussão geral seriam capazes de alterar o *estado de direito* existente à época da formação da coisa julgada, fazendo cessar automaticamente sua eficácia prospectiva, *sem necessidade de ação rescisória*, em face da cláusula *rebus sic stantibus* implícita na coisa julgada. Os efeitos pretéritos da sentença transitada em julgado seriam preservados, mas a partir da decisão contrária[59]

59. Mais precisamente, a partir da data da publicação da ata de julgamento da decisão contrária, e não da publicação do acórdão, conforme se infere da análise da aplicação da tese ao caso concreto objeto do RE 949297 (Tema 881).

proferida em ação direta ou em recurso extraordinário com repercussão geral, a sentença cessaria de produzir efeitos válidos, tornando-se *automaticamente* ineficaz desde então.[60]

No julgamento em análise, o STF não reconheceu às decisões em RE com repercussão geral eficácia equivalente à das resoluções do Senado (capazes de revogar a norma declarada inconstitucional pelo STF), mas lhes reconheceu aptidão para mudar o estado de direito e, por conseguinte, para cessar a eficácia futura da decisão transitada em julgado em sentido contrário.

É indubitável que a alteração do estado dos fatos ou do direito pode fazer cessar a eficácia futura da decisão transitada em julgado.[61] Todavia, nem toda alteração fática ou jurídica é capaz de fazê-lo, mas apenas as alterações fáticas ou jurídicas significativas, substanciais, como a edição de uma nova lei regendo diferentemente o tema decidido na sentença, a revogação da lei em que se fundara a sentença, a superveniência de emenda constitucional hábil a infirmar a decisão, etc. Assim, uma mera mudança de entendimento jurisprudencial não é suficiente para alterar significativamente o estado de direito a

60. "Direito constitucional e tributário. Recurso Extraordinário com Repercussão Geral. Contribuição Social sobre Lucro Líquido (CSLL). Obrigação de trato sucessivo. Hipóteses de cessação dos efeitos da coisa julgada diante de decisão superveniente do STF. 1. Recurso extraordinário com repercussão geral reconhecida, a fim de decidir se e como as decisões desta Corte em sede de controle difuso fazem cessar os efeitos futuros da coisa julgada em matéria tributária, nas relações de trato sucessivo, quando a decisão estiver baseada na constitucionalidade ou inconstitucionalidade do tributo. 2. Em 1992, o contribuinte obteve decisão judicial que o exonerava do pagamento da CSLL. O acórdão do Tribunal Regional Federal da 1ª Região considerou que a lei instituidora da contribuição (Lei nº 7.869/1988) possuía vício de inconstitucionalidade formal, por se tratar de lei ordinária em matéria que exigiria lei complementar. A decisão transitou em julgado. 3. A questão debatida no presente recurso diz respeito à subsistência ou não da coisa julgada que se formou, diante de pronunciamentos supervenientes deste Supremo Tribunal Federal em sentido diverso. 4. O tema da cessação da eficácia da coisa julgada, embora complexo, já se encontra razoavelmente bem equacionado na doutrina, na legislação e na jurisprudência desta Corte. Nas obrigações de trato sucessivo, a força vinculante da decisão, mesmo que transitada em julgado, somente permanece enquanto se mantiverem inalterados os seus pressupostos fáticos e jurídicos (RE 596.663, Red. p/ o acórdão Min. Teori Zavascki, j. em 24.09.2014). 5. As decisões em controle incidental de constitucionalidade, anteriormente à instituição do regime de repercussão geral, não tinham natureza objetiva nem eficácia vinculante. Consequentemente, não possuíam o condão de desconstituir automaticamente a coisa julgada que houvesse se formado, mesmo que em relação jurídica tributária de trato sucessivo. [...]". (RE 955227, Rel. Min. ROBERTO BARROSO, Tribunal Pleno, julgado em 08-02-2023, REPERCUSSÃO GERAL - MÉRITO DJe-s/n 02-05-2023.)

61. CPC-2015: "Art. 505. Nenhum juiz decidirá novamente as questões já decididas relativas à mesma lide, salvo: I – se, *tratando-se de relação jurídica de trato continuado, sobreveio modificação no estado de fato ou de direito*, caso em que poderá a parte pedir a revisão do que foi estatuído na sentença; II – nos demais casos prescritos em lei."

ponto de cessar a eficácia da decisão transitada em julgado em sentido diverso. Tal mudança jurisprudencial pode não ser bastante nem mesmo para ensejar uma ação rescisória.[62] Portanto, para efeito de aplicação da cláusula *rebus sic stantibus* no controle de constitucionalidade, o que importa verificar é se houve alteração do *estado **da norma***, e não outras modificações do estado de direito.

A posterior decisão em ADIn, ADC ou RE com repercussão geral em sentido contrário ao da decisão transitada em julgado não altera o *estado normativo*: a norma era inconstitucional ou não independentemente da decisão do STF. Admitir que a decisão do STF tem o condão de mudar o *estado da norma* implicaria atribuir ***natureza constitutiva*** à decisão *declaratória* de inconstitucionalidade. No modelo kelseniano (de anulabilidade) é que a decisão do Tribunal Constitucional tem esse poder de *tornar inválida* a norma e, por consequência, de *anulá-la*. No modelo brasileiro (de nulidade *ab origine*), sempre se entendeu que a decisão do STF não torna a norma inconstitucional, inválida ou nula, mas apenas declara, atesta, certifica uma inconstitucionalidade preexistente e sua consequente *nulidade*. Se a decisão do STF é meramente *declaratória* da inconstitucionalidade e, portanto, não altera o *estado da norma*, desaparece o pressuposto necessário para a aplicação da cláusula *rebus sic stantibus*, não podendo, pois, ser invocada para fazer cessar a eficácia da decisão transitada em julgado.

Se a inconstitucionalidade e a nulidade da norma já poderiam ter sido alegadas no próprio processo no qual proferida a sentença transitada em julgado, não há falar em superveniente alteração do ***estado normativo***. Se o ***quadro normativo*** é o mesmo, em vez da cláusula *rebus sic stantibus*, incide a eficácia preclusiva da coisa julgada, que abrange todas as questões de fato e de direito *deduzíveis* no curso da ação, incluindo as cognoscíveis de ofício[63] (art. 508 do

---

62. Súmula 343 do STF: "Não cabe ação rescisória por ofensa a literal disposição de lei quando a decisão rescindenda se tiver baseado em texto de interpretação controvertida nos tribunais". No RE 590.809 RG foi fixada a seguinte tese de repercussão geral (Tema 136/STF): "Não cabe ação rescisória quando o julgado estiver em harmonia com o entendimento firmado pelo Plenário do Supremo à época da formalização do acórdão rescindendo, ainda que ocorra posterior superação do precedente".

63. "Submetem-se indistintamente à eficácia preclusiva as questões suscetíveis de conhecimento *ex officio* pelo órgão judicial e as só apreciáveis mediante alegação de qualquer das partes. No primeiro caso está, *v.g.*, a questão concernente à nulidade absoluta do ato jurídico (Cód. Civil, art. 146, parágrafo único) [CC-2002: art. 168, parágrafo único]; no segundo, por exemplo, as referentes a exceções em sentido material, que não se podem examinar senão quando suscitadas pelo réu. [...] No enunciado segundo o qual a coisa julgada 'cobre o deduzido e o deduzível' não se deve entender esta última expressão como abrangente apenas daquilo que a parte, *in concreto*, à vista das circunstâncias em que se achava, tinha a possibilidade *atual* de alegar,

CPC-2015: "Transitada em julgado a decisão de mérito, *considerar-se-ão deduzidas e repelidas* todas as alegações e as defesas que a parte *poderia opor* tanto ao acolhimento quanto à rejeição do pedido"), como já debatido no item 4.1.5.

De qualquer sorte, à luz das teses fixadas nos Temas 881 e 885, sobressai uma interessante questão: se houver ulterior viragem jurisprudencial, com mudança do precedente em ADIn, ADC ou RE com repercussão geral, de modo que o precedente mais recente do STF esteja em sintonia com a sentença transitada em julgado, a eficácia desta, que havia cessado automaticamente com o primeiro precedente contrário do STF, será também automaticamente recuperada com o advento do precedente mais recente do STF, ou será necessário o ajuizamento de nova ação de conhecimento para rediscutir o mérito e formar nova coisa julgada? Não se trata de hipótese cerebrina, visto que a superação de precedentes, incluindo os qualificados, tem sido relativamente frequente nos últimos anos.[64] A segunda opção implicaria uma cessação definitiva da eficácia prospectiva da sentença transitada em julgado. Já a primeira opção, que envolve o restabelecimento automático da eficácia prospectiva da sentença transitada em julgado, sugere que a cessação teria um caráter suspensivo *si et in quantum*, apresentando a vantagem de evitar novas lides, sendo, portanto, pelo prisma pragmático, preferível à segunda opção.

4.1.6. Limites objetivos e subjetivos da coisa julgada *erga omnes*

A coisa julgada formada nos processos subjetivos possui limites objetivos e subjetivos. Cumpre, então, perquirir acerca dos limites objetivos e subjetivos da coisa julgada *erga omnes*.

---

mas de tudo que em tese, *potencialmente*, lhe teria sido lícito arguir. O critério é objetivo, não subjetivo." Sentença, como norma jurídica concreta referida à situação sobre que se exerceu a atividade congitiva do órgão judicial". (MOREIRA, José Carlos Barbosa. *Temas de direito processual civil.* São Paulo: Saraiva, 1977, p. 106.)

64. Exemplo paradigmático é o da prisão por condenação em segunda instância, em que houve sucessivas mudanças de entendimento, até mesmo com a superação de precedentes qualificados por outros: de 1988 a 2009, prevaleceu o entendimento de que seria suficiente a condenação em segunda instância; de 2009 até 2016 vigorou a indispensabilidade do trânsito em julgado; este foi considerado desnecessário pelo Plenário do STF a partir de 17.02.2016 no julgamento do HC 126.292 (entendimento reafirmado em 05.10.2016 no julgamento da medida cautelar nas ADCs 43 e 44, bem assim em 10.11.2016 no julgamento do ARE 964246, com repercussão geral); a contar de 07.11.2019, quando do julgamento do mérito das ADCs 43, 44 e 54, o STF retornou à interpretação perfilhada no período de 2009 a 2016. Como se vê, a decisão de mérito das ADCs 43, 44 e 54 superou o entendimento firmado poucos anos antes em sede de repercussão geral (ARE 964246).

4.1.6.1. Limites objetivos

Para desvendar os limites objetivos da coisa julgada *erga omnes*, deve-se indagar: O que faz coisa julgada *erga omnes*? Sobre que *objeto* recaem a imutabilidade e a indiscutibilidade que caracterizam a coisa julgada *erga omnes*?

4.1.6.1.1. Vinculação de todos à parte dispositiva do acórdão definitivo

A coisa julgada *erga omnes* tem por limite objetivo a *parte dispositiva* do acórdão definitivo do STF em ADIn e ADC. Somente a parte dispositiva[65] do acórdão definitivo faz coisa julgada. A fundamentação do acórdão, ainda que indispensável para a compreensão e delimitação do alcance da parte dispositiva, não é coberta pela autoridade da coisa julgada *erga omnes* (CPC-2015, art. 504, I).

Os acórdãos que não dispõem, em caráter *definitivo*, sobre o mérito do pedido na ADIn ou na ADC não fazem coisa julgada. Portanto, os acórdãos *terminativos*, que extinguem o processo sem resolução do mérito não produzem coisa julgada. Talqualmente, os acórdãos que têm natureza de decisão interlocutória que não julga o mérito não fazem coisa julgada (como, *v.g.*, os acórdãos que apreciam pedido de tutela de urgência)[66]. As decisões e os despachos monocráticos em ADIn e ADC igualmente não produzem coisa julgada. Somente a parte dispositiva dos acórdãos que põem fim ao processo da ADIn ou da ADC, com resolução de seu mérito, produz coisa julgada *erga omnes*.

Como já referido, há uma *correlação necessária* entre o pedido na inicial da ADIn ou da ADC e a parte dispositiva do acórdão respectivo: é na parte

---

65. Em regra, tanto as sentenças, quanto os **acórdãos** devem ser proferidos com observância do disposto no art. 489 do CPC-2015 (que enumera como "elementos essenciais" da sentença o relatório, a fundamentação e o dispositivo). Na práxis dos tribunais pátrios, os acórdãos são estruturados em *relatório* e *voto*, condensando-se no *dispositivo* do acórdão a conclusão a que chegou a maioria dos votos, com eventual referência às conclusões individuais constantes nos votos vencidos. Nos Juizados Especiais (Federais e Estaduais), a lei dispensa o relatório (art. 38 da Lei 9.099-95, aplicável subsidiariamente ao JEF, nos termos do art. 1º da Lei 10.259-01).

66. CPC-2015: "Art. 204. Acórdão é o julgamento colegiado proferido pelos tribunais.". As decisões colegiadas dos tribunais são denominadas de acórdãos, que podem ter natureza de sentença, de decisão interlocutória (de mérito ou não) ou de despacho, quando, respectivamente, puserem fim ao processo, resolverem questão incidente (processual ou de mérito), ou impulsionarem o processo mediante ato de conteúdo não decisório (*cf.* art. 203 do CPC-2015). O CPC-2015 prevê a possibilidade de decisões interlocutórias (agraváveis) apreciarem parcialmente o mérito, julgando, nessa parte, o pedido procedente ou improcedente. *Cf.* os arts. 503 e 354, parágrafo único.

dispositiva do acórdão definitivo que o STF *dispõe* sobre o que constou do pedido inicial. Se dispuser sobre algo diverso do que foi pedido, a decisão será, no ponto, havida como inexistente (por *extra petita*); se conceder ou negar mais do que foi pedido, será, no ponto, tida por nula (por *ultra petita*); se decidir aquém do que foi pedido (julgamento insuficiente da lide), será igualmente nula (por *citra petita*). Trata-se do princípio da correlação (também conhecido como princípio da congruência ou da adstrição ao pedido).

Como o pedido na ADIn e na ADC cinge-se à declaração de (in) constitucionalidade da norma objeto da ação, o que fará coisa julgada *erga omnes* será tão somente a declaração de (in)constitucionalidade da norma objeto da ADIn ou da ADC. A consequente nulidade da norma declarada inconstitucional não precisa constar expressamente do dispositivo, pois é efeito natural da própria inconstitucionalidade, igualmente coberto pela autoridade da coisa julgada. Nos casos extraordinários em que há declaração de inconstitucionalidade mas não há nulidade da norma[67] ou em que a nulidade tem seus efeitos limitados pelo STF, tais circunstâncias, em razão de sua própria excepcionalidade, precisam constar expressamente do dispositivo do acórdão.

A. Da impossibilidade de alteração da *causa petendi* e da não vinculação do STF à *causa petendi* invocada como decorrência do princípio *jura novit curia* e da natureza objetiva (e, portanto, indisponível) do processo

Nos processos subjetivos, a causa de pedir limita o conteúdo da fundamentação e do dispositivo da sentença: fixada pelo autor a causa de pedir, uma vez estabilizada a lide, já não será lícito ao juiz conhecer de causa de pedir não invocada pelo autor para conceder o pedido, ainda que convencido de sua legitimidade. Portanto, a própria coisa julgada é, de certa forma, limitada pela *causa petendi* livremente invocada pelo autor.

Todavia, nos processos objetivos, conquanto em princípio inalterável, a *causa petendi* invocada pelo autor não predetermina os limites da cognição, da decisão e, conseguintemente, da coisa julgada *erga omnes*. É que, sendo o processo da ADIn e da ADC de natureza *objetiva*, e, portanto, *indisponível*, o STF não poderia ficar adstrito à causa de pedir deduzida pelo autor, sob pena de ficar à mercê deste.

---

67. Exemplo: revogação da norma por inconstitucionalidade superveniente derivante da entrada em vigor de uma nova Constituição ou de uma emenda constitucional (*cf.*, *supra*, item 2.4.3.2.). Todavia, como já salientado, o STF não tem conhecido de ADIn quando questionada norma anterior à Constituição atual, sob o argumento de que não há, em tal caso, inconstitucionalidade superveniente, mas mera revogação (*cf.*, *supra*, item 2.4.2.).

De fato, se assim não fosse, um pedido mal fundamentado, propositada ou inocentemente, deixaria o STF de mãos atadas. Figure-se que um dos legitimados ativos propusesse uma ADIn com pedido especado em fundamentação inconvincente (por exemplo, alegando ofensa a artigo da Constituição que não é vulnerado, em lugar do que realmente é malferido pela lei), mirando a dar vero *salvo-conduto* de constitucionalidade a lei inconstitucional[68]. Uma vez examinado o mérito da ação e julgado *improcedente* o pedido, por injunção da supositiva *res iudicata erga omnes* que a guarneceria, tal lei já não poderia ser declarada inconstitucional, nem mesmo poderia ser *conhecida* ADIn alguma adveniente de qualquer dos demais legitimados; se o fosse, possível seria opor, a qualquer tempo, a *exceptio rei iudicatæ*, haja vista que a eficácia preclusiva da coisa julgada atingiria não apenas a causa de pedir *deduzida*, mas todas as *dedutíveis* ao tempo da propositura da ação (CPC-2015, art. 508). Burlada estaria assim a *finalidade* mesma do instituto do controle de constitucionalidade.

Ademais, como a questão constitucional no processo objetivo, de regra, é puramente *de direito*, aplica-se a regra segundo a qual "*iura novit curia*".

Em virtude disso, o STF tem entendido que a causa de pedir da ADIn e da ADC é essencialmente *aberta*, de modo que a *Constituição como um todo*, e não apenas os dispositivos constitucionais apontados como violados, pode ser utilizada para aferição da (in)constitucionalidade da norma. Todavia, se não for especificamente indigitado como violado nenhum dispositivo constitucional, a ação direta não é conhecida.

B. Da vinculação do STF ao pedido

Conquanto não haja vinculação do STF à *causa petendi* deduzida pelo autor da ADIn ou da ADC (causa de pedir *aberta*), o STF é vinculado ao *pedido* deduzido na petição inicial da ADIn ou da ADC.

Portanto, em princípio, o STF não pode declarar a (in)constitucionalidade de dispositivo não especificado na inicial da ADIn ou da ADC, sob pena de incorrer em vício de extrapetição (julgamento *extra petita*), por isso que se

68. Imprimindo-lhe, de conseguinte, uma *eficácia superior* à das demais leis, inclusivamente as CONSTITUCIONAIS, que só gozam de presunção *relativa* (*juris tantum*) de constitucionalidade, ao passo que as declaradas *constitucionais* por *improcedência* do pedido da ADIn desfrutariam de presunção *absoluta* de constitucionalidade (*juris et de jure*). Seriam leis *imunes* ao controle jurisdicional de constitucionalidade, quer *incidental*, quer *abstrato*, o que lhes outorgaria uma natureza *supralegal*, de verdadeira *primazia* em relação às demais leis, incluidamente sobre as verdadeiramente *constitucionais*.

aplica à ADIn e à ADC o sobrealudido princípio da correlação, congruência ou adstrição ao pedido.

À ADIn e à ADC também se aplica o *princípio dispositivo*: o autor é, em princípio, livre para definir os limites da lide objetiva. O que define os limites da lide objetiva é o pedido e a correspondente causa de pedir. É dentro desses lindes, traçados pelo autor, que o STF deve conhecer e julgar a lide objetiva.

C. Da declaração de inconstitucionalidade por arrastamento

Todavia, há exceções à regra da adstrição do STF ao pedido deduzido na inicial da ADIn ou da ADC[69]. Uma delas é a possibilidade, reconhecida atualmente pelo próprio STF, de declaração de inconstitucionalidade ***por arrastamento*** (também denominada inconstitucionalidade "consequente", ou "consequencial", ou "por atração").

Assim, se houver uma *relação de dependência* entre o dispositivo de lei ou ato normativo objeto da ADIn ou da ADC e outro dispositivo *que não tenha sido objeto da ADIn ou da ADC*, de modo que a inconstitucionalidade do primeiro *acarrete necessariamente* a inconstitucionalidade do segundo, o STF deve declarar a inconstitucionalidade de ambos: o dispositivo de lei ou ato normativo que não foi objeto da ADIn ou da ADC é declarado inconstitucional *por arrastamento*, gerando tal declaração os mesmos efeitos da declaração de inconstitucionalidade de dispositivo especificado pelo autor na inicial da ADIn ou da ADC, ou seja, produzindo coisa julgada *erga omnes*, eficácia *erga omnes* e efeito vinculante, conforme o caso.

Insta ressaltar que o entendimento anterior do STF era no sentido de que a ADIn não deveria ser conhecida se o autor não declinasse na inicial

69. Os precedentes conhecidos do STF versam sobre declaração de inconstitucionalidade por arrastamento no âmbito de ADIn. A doutrina também não tem tratado da declaração de inconstitucionalidade por arrastamento *no âmbito da ADC*, nem da possibilidade de declaração de ***constitucionalidade*** por arrastamento *no âmbito da ADC e da ADIn*. A nosso viso, esses dois fenômenos são possíveis, em virtude da natureza dúplice ou ambivalente da ADC e da ADIn. Na segunda hipótese (declaração de *constitucionalidade* por arrastamento *no âmbito da ADC e da ADIn*), quer-nos parecer que seja prescindível a existência de "controvérsia atual relevante" *sobre a norma declarada **constitucional por arrastamento***: basta que a norma especificada pelo autor na inicial da ADC seja controvertida (do contrário, a ADC não seria conhecida); se se curar de ADIn, não há sequer essa necessidade de demonstração de existência de controvérsia judicial relevante sobre a norma efetivamente impugnada, pois essa demonstração não é requisito de admissibilidade da ADIn. Em qualquer caso, porém, é preciso que exista uma *relação de dependência* entre a norma objeto da ADIn ou da ADC e a norma que será declarada *constitucional* ou *inconstitucional* por arrastamento (*i.e.*, a norma objeto da ADIn ou da ADC só será *inconstitucional* se a outra norma relacionada também o for, ou a norma objeto da ADIn ou da ADC só será *constitucional* se a outra norma conexa também o for).

os dispositivos *dependentes*, pois não poderia declarar a inconstitucionalidade destes se declarasse a inconstitucionalidade dos dispositivos objeto da ADIn[70].

Ulteriormente, evoluiu a jurisprudência do STF para admitir o conhecimento e o julgamento de tais pedidos não deduzidos explicitamente[71].

Pode haver declaração de inconstitucionalidade por arrastamento de qualquer *norma* passível de controle em ADIn ou ADC. Não é necessário que a inconstitucionalidade por arrastamento recaia sobre a *totalidade* de dispositivo legal ou normativo: pode haver declaração de inconstitucionalidade por arrastamento de determinada *parte* de um dispositivo legal ou normativo. A nosso ver, pode ser declarada a inconstitucionalidade por arrastamento de dispositivo legal ou normativo *sem redução de texto*, porquanto aplicável à inconstitucionalidade por arrastamento a *teoria da divisibilidade das normas*.

De outra parte, não é necessário que as normas dependentes pertençam à *mesma lei* ou ao *mesmo ato normativo*: normas dependentes integrantes de *lei ou ato normativo diverso* da lei ou ato normativo objeto da ADIn ou da ADC também podem ser declaradas inconstitucionais por arrastamento[72].

---

70. "***Não se conhece*** de ação direta de inconstitucionalidade que ataca, em determinado sistema normativo, apenas alguns dos preceitos que o integram, *deixando de questionar a validade de dispositivos que com eles se acham em* ***mútua relação de dependência***. Entendeu-se, na espécie – ação direta ajuizada pelo Procurador-Geral da República contra os arts. 14 e 15 da LC 76/93, sob alegação de ofensa ao art. 100 da CF – que as normas impugnadas formam com os arts. 16 e 17 da mesma lei um único sistema, que ficaria desfigurado caso a ação fosse julgada procedente" (ADIn 1.187-DF, rel. desig. Min. Maurício Corrêa, j. 27.3.96; transcrição de notícia do Inf. STF 25/2).

71. Não se nos afigura adequado explicar o fenômeno como se de *pedido implícito* se tratasse (assim como o pedido de condenação em juros legais, correção monetária, honorários advocatícios sucumbenciais e prestações periódicas nos processos subjetivos – CPC-2015, arts. 322, § 1º, e 323, e súmula nº 254 do STF). É que poderia haver incompatibilidade entre o pedido de declaração de inconstitucionalidade efetivamente deduzido e o "pedido implícito" de declaração de inconstitucionalidade dos dispositivos dependentes, o que impediria a sua cumulação (CPC-2015, art. 327, § 1º, I). Como justificar, *v.g.*, que, numa ADC, o autor pedisse a declaração de *constitucionalidade* da norma "X", e o STF declarasse a *inconstitucionalidade* da norma "X" (em razão da natureza dúplice da ADC) e, *por consequência*, da norma "Y", dependente daquela? Além disso, poderia ocorrer que o próprio autor da ação não desejasse a declaração de inconstitucionalidade dos dispositivos dependentes, não se podendo, portanto, considerar que implicitamente deduziu tal pedido. Ademais, à diferença dos exemplos retroaludidos (juros, correção monetária, honorários sucumbenciais, prestações periódicas), não há base legal para essa *presunção* ou *ficção* no caso da ADIn ou da ADC. Portanto, parece-nos mais apropriado entender que há, simplesmente, uma *mitigação do princípio da adstrição ao pedido*, possibilitando ao STF o julgamento de pedido de declaração de inconstitucionalidade não deduzido, quando houver a referida relação de dependência.

72. **Diferentemente**, no direito espanhol, em virtude de expressa determinação da LOTC (art. 39.1), o TC espanhol só tem declarado a inconstitucionalidade por arrastamento de normas

Assim, por exemplo, declarada a inconstitucionalidade total de uma lei, o STF declara a inconstitucionalidade por arrastamento do *decreto* que a regulamenta, ou da *norma processual legal* destinada exclusivamente a viabilizar seu cumprimento, independentemente de pedido expresso a propósito de tais normas dependentes.[73] O que não pode haver, a nosso aviso, é a declaração de inconstitucionalidade por arrastamento de lei ou ato normativo de norma não passível de controle na via da ADIn ou da ADC. Exemplo: suponha-se que a lei objeto da ADC é federal; a improcedência do pedido deduzido na ADC não poderá conduzir à declaração de inconstitucionalidade por arrastamento de lei *estadual*, pois esta não pode ser objeto de ADC.[74]

Sobreleva notar que, no tocante às leis e atos normativos que seriam "repristinados" em virtude da declaração de inconstitucionalidade da norma mais recente, o STF exige que sejam também expressamente impugnados na ADIn. Se não constar expressamente da petição inicial o pedido de declaração de inconstitucionalidade dessas normas que seriam "repristinadas", nem houver aditamento do pedido para incluí-las, o STF não conhece da ADIn. Não há,

---

pertencentes à mesma lei ou ao mesmo ato normativo que esteja sendo objeto de impugnação. Reza o referido dispositivo: "**Artículo treinta y nueve. Uno**. Cuando la sentencia declare la inconstitucionalidad, declarará igualmente la nulidad de los preceptos impugnados, **así como, en su caso, la de aquellos otros *de la misma Ley, disposición o acto con fuerza de Ley* a los que deba extenderse por conexión o consecuencia.**" Na doutrina, *cf.* SEGADO, F. Fernández. *La jurisdicción constitucional en España.* Madrid: [*s.n.*], 1984, p. 118-120.

73. Na ADIn 4357, o STF declarou a inconstitucionalidade parcial de *emenda constitucional* e, por arrastamento, a inconstitucionalidade parcial de *lei federal* com idêntica redação: "[...] Declaração de inconstitucionalidade parcial sem redução da expressão 'independentemente de sua natureza', contida no art. 100, § 12, da CF, incluído pela EC nº 62/09, para determinar que, quanto aos precatórios de natureza tributária, sejam aplicados os mesmos juros de mora incidentes sobre todo e qualquer crédito tributário. 7. O art. 1º-F da Lei nº 9.494/97, com redação dada pela Lei nº 11.960/09, ao reproduzir as regras da EC nº 62/09 quanto à atualização monetária e à fixação de juros moratórios de créditos inscritos em precatórios incorre nos mesmos vícios de juridicidade que inquinam o art. 100, § 12, da CF, *razão pela qual se revela inconstitucional por arrastamento, na mesma extensão dos itens 5 e 6 supra.* [...]" (ADIn 4357, Rel. p/ Acórdão Min. FUX, Tribunal Pleno, julgado em 14/03/2013, DJe-188 26-09-2014.) *Cf.* ainda ADIn 4102, julgada em 30/10/2014, DJe-027 10-02-2015.

74. Na mesma linha: "A ação direta de inconstitucionalidade não se presta ao controle abstrato de leis municipais, como assentado pela jurisprudência do Supremo Tribunal Federal. A inconstitucionalidade por arrastamento alcança normas interdependentes, seja de forma horizontal, normas de mesmo patamar, ou vertical, lei e respectivo ato regulamentar, *sem, contudo, ultrapassar as balizas do controle abstrato de constitucionalidade disposto na al. a do inc. I do art. 102 da Constituição da República*, pela qual a competência do Supremo Tribunal Federal se limita ao exame de leis ou atos normativos federais e estaduais. *Não conhecimento da ação quanto à impugnação de lei municipal.*" (ADIn 5499, Rel. Min. CÁRMEN LÚCIA, Tribunal Pleno, julgado em 11/09/2019, DJe-211 27-09-2019)

portanto, exceção à regra da adstrição do STF ao pedido deduzido na inicial da ADIn no que respeita às normas potencialmente "repristinadas". Dessarte, o autor da ADIn deve **impugnar explicitamente toda a cadeia normativa**, *com exceção das normas anteriores à CF-88*, sob pena de não conhecimento da ADIn.[75]

A desnecessidade de impugnação de normas pré-constitucionais se justifica pelo fato de a Constituição, *como norma interposta entre a lei pré-constitucional e a lei pós-constitucional*, revogar (ou não recepcionar) a lei pré-constitucional contrária. Dessarte, não há risco de a declaração de inconstitucionalidade da lei pós-constitucional acarretar a "repristinação" da lei pré-constitucional igualmente inconstitucional, uma vez que esta já teria sido revogada (ou não recepcionada) pela Constituição (conflito de direito intertemporal resolvido pelo critério cronológico *lex posterior derogat priori*). Inexistindo possibilidade de "repristinação", torna-se desnecessário o pedido expresso de declaração de inconstitucionalidade da lei pré-constitucional.[76]

D. Da possibilidade de aditamento do pedido

No tocante à alteração do pedido, o STF tem-na admitido até a *solicitação* das informações pelo requerido na ADIn. *Requisitadas* as informações, mesmo que ainda não tenham sido efetivamente prestadas, preclui a faculdade do requerente de aditar a inicial da ADIn para modificar o pedido nela deduzido[77].

---

75. "A jurisprudência desta CORTE aponta para a necessidade de que a Ação Direta questione todas as normas que integram o conjunto normativo apontado como inconstitucional, tendo em conta o efeito repristinatório verificado na declaração de inconstitucionalidade. A ausência de impugnação de toda a cadeia normativa, *ressalvados os diplomas normativos anteriores à Constituição Federal de 1988*, enseja o não conhecimento da ação ajuizada." (ADIn 5260, Rel. Min. ALEXANDRE DE MORAES, Tribunal Pleno, julgado em 11/10/2018, DJe-230 29-10-2018.) Contudo, na ADIn 5262, o STF declarou "a inconstitucionalidade da expressão 'do Poder Executivo' contida no *caput* do art. 101 da Constituição de Roraima, alterado pela Emenda n. 14/2003, **e, por arrastamento, da idêntica expressão prevista na redação originária do dispositivo**" (ADIn 5262, Rel. Min. CÁRMEN LÚCIA, Tribunal Pleno, julgado em 28/03/2019, DJe-181 20-08-2019.)

76. "O efeito repristinatório da declaração de inconstitucionalidade não revigora a vigência de normas pré-constitucionais, não havendo óbice ao conhecimento de ação direta que se limita a impugnar parte de cadeia normativa editada após a CF/88, conforme precedente firmado na ADI 3.660 (Rel. Min. GILMAR MENDES, Tribunal Pleno, DJe de 8/5/2008)." (ADIn 3111, Rel. Min. ALEXANDRE DE MORAES, Tribunal Pleno, julgado em 30/06/2017, DJe-174 08-08-2017)

77. "Ação direta de inconstitucionalidade – questão de ordem – petição inicial – aditamento– **requisição de informações já ordenada – impossibilidade** – pedido indeferido. [...]. **Com a requisição de informações** ao órgão de que emanou a lei ou ato normativo arguido de inconstitucional opera-se a preclusão do direito, reconhecido ao autor da ação direta de inconstitucionalidade, de aditar a petição inicial." (ADInQO nº 437, Rel. Min. Celso de Mello, DJU 19.02.1993, p. 2031.)

Todavia, há exceções a essa regra[78], tendo-se admitido o aditamento ao pedido inicial formulado pelo Procurador-Geral da República por ocasião de seu parecer em determinadas hipóteses, reabrindo-se prazo, após o aditamento, para novas informações e manifestações pelas autoridades requeridas, pelo Advogado-Geral da União e pelo Procurador-Geral da República.[79]

Nos processos subjetivos, como se sabe, é possível a alteração do pedido até a citação do réu independentemente da concordância deste e, depois da citação, se o réu anuir, até a decisão de saneamento, nos termos do art. 329 do CPC-2015.

Na ADC, cujo procedimento não prevê a oitiva do polo passivo, o termo final para o aditamento parece ser o da remessa dos autos ao Procurador-Geral da República para parecer[80].

Todavia, nas hipóteses específicas de mera reedição de medidas provisórias e de conversão de medida provisória em lei *sem alteração substancial de seu conteúdo*[81],

---

78. Autorizando o aditamento quando este não acarreta a necessidade de novas informações: "3. Entendimento desta CORTE no sentido de que *o aditamento da inicial só é possível*, observados os princípios da economia e da celeridade processuais, *quando a inclusão de nova impugnação dispensa a requisição de novas informações*. No presente caso, não é possível tal aditamento com a finalidade de corrigir vício relativo à legislação não impugnada do complexo normativo." (ADIn 4265 AgR, Rel. Min. ALEXANDRE DE MORAES, Tribunal Pleno, julgado em 09/04/2018, DJe-096 17-05-2018)

79. "O princípio do pedido no processo objetivo da jurisdição constitucional deve ter sua aplicação dimensionada a partir da perspectiva institucional do sistema de controle abstrato de normas, que não se presta à tutela de direitos subjetivos dos atores processuais, mas à salvaguarda da higidez da ordem jurídica. 2. **Admite-se o aditamento ao pedido inicial formulado pelo Procurador-Geral da República por ocasião de seu parecer, em casos em que tal aditamento tenha o objetivo de incluir normas que fazem parte do mesmo complexo normativo em que estão inseridas as normas objeto do pedido inicial, desde que lhes seja comum o fundamento jurídico invocado.** Precedentes: ADI 2.928-QO, rel. min. Gilmar Mendes, Plenário, DJ de 12/11/2004; ADI 3.660, rel. min. Gilmar Mendes, Plenário, DJe de 9/5/2008; ADI 5.260, rel. min. Alexandre de Moraes, Plenário, DJe de 29/10/2018; ADI 3.434-MC, rel. min. Joaquim Barbosa, Plenário, DJ de 28/9/2007; ADI 4.342-AgR, rel. min. Alexandre de Moraes, Plenário, DJe de 2/2/2018; ADI 4.265-AgR, rel. min. Alexandre de Moraes, Plenário, DJe de 17/5/2018. 3. Os artigos 7º, § 1º, da Lei 9.726/1988 do Estado de Minas Gerais e 289 da Constituição mineira apresentam estreita relação com as normas originalmente impugnadas (artigo 10 da Lei 10.254/1990 do Estado de Minas Gerais), integrando o mesmo complexo normativo e sujeitos ao mesmo vício de inconstitucionalidade suscitado. 4. **Ausência de prejuízo ao contraditório, pois foram apresentadas novas informações e manifestações pelas autoridades requeridas, pela Advogada-Geral da União e pela Procuradora-Geral da República após o aditamento da exordial.** 5. Agravo não provido." (ADIn 5267 AgR, Rel. Min. FUX, Tribunal Pleno, julgado em 23/08/2019, DJe-195 09-09-2019)

80. Nesse sentido: BERNARDES, Juliano Taveira. *Controle abstrato de constitucionalidade...*, p. 411.

81. Se houver modificação substancial do conteúdo, não se permite o aditamento, impondo-se o ajuizamento de outra ação direta. Nesse sentido: ADIn-QO nº 1.753, Rel. Min. Pertence, DJU 23.10.98, p. 2.

o STF tem não apenas admitido, mas *exigido* o aditamento do pedido inicialmente formulado *a cada reedição da medida provisória e quando se operar a conversão em lei*, mesmo que já tenham sido solicitadas e prestadas as informações pelo requerido, sob pena de extinção da ação sem resolução de seu mérito[82]. É que faleceria ao autor da ADIn interesse processual objetivo de *prosseguir* na ação se não impugnasse todas as medidas provisórias seguintes que mantiveram em vigor a medida provisória inicialmente atacada na ADIn, bem assim a lei de conversão da medida provisória.

Conquanto tecnicamente correta, essa óptica formalista e restritiva do STF[83] poderia ser substituída com vantagem por uma visão mais ampla do pedido e do processo objetivo, segundo a qual a declaração de inconstitucionalidade da disposição **idêntica**, objeto das medidas provisórias subsequentes e da lei de conversão, estaria virtualmente contida no pedido originalmente deduzido na ADIn, razão pela qual constaria da parte dispositiva do acórdão definitivo de mérito (com eficácia de coisa julgada *erga omnes* e com efeito vinculante) que a declaração de inconstitucionalidade também se estenderia às disposições sinônimas das medidas provisórias subseguintes e da lei de conversão.

Quanto à possibilidade de requerimento de concessão de medida cautelar após a solicitação das informações, é indisputável, quer porque não há falar

82. "AÇÃO DIRETA DE INCONSTITUCIONALIDADE. MEDIDA PROVISÓRIA. REEDIÇÃO. AUSÊNCIA DE ADITAMENTO À INICIAL. AÇÃO NÃO CONHECIDA. Medidas Provisórias. Reedição. Ainda que *formal e substancialmente idênticos* os textos legais, revela-se imprescindível o aditamento à inicial da ação direta de inconstitucionalidade, sob pena de sua prejudicialidade. Precedentes. Ação não conhecida." (ADIn-AgR nº 1.874, Rel. Min. Maurício Corrêa, DJU 07.02.2003, p. 21.) "O Supremo Tribunal Federal definiu interpretação jurídica no sentido de que apenas a modificação substancial, promovida durante o procedimento de deliberação e decisão legislativa de conversão de espécies normativas, configura situação de prejudicialidade superveniente da ação a acarretar, por conseguinte, a extinção do processo sem resolução do mérito. Ademais, faz-se *imprescindível o aditamento da petição inicial* para a convalidação da irregularidade processual. Desse modo, a hipótese de mera conversão legislativa da medida provisória não é argumento suficiente para justificar prejudicialidade processual superveniente." (ADIn 5709, Rel. Min. ROSA WEBER, Tribunal Pleno, julgado em 27/03/2019, DJe-140 28-06-2019.)

83. À luz da qual só se aceita que o aditamento seja promovido pelo autor da ação, não podendo a falha ser suprida pela AGU: "AÇÃO DIRETA DE INCONSTITUCIONALIDADE DA MEDIDA PROVISÓRIA Nº 1984-19, DE 29 DE JUNHO DE 2000. 1. Falta de aditamento da inicial, pelo Partido autor da Ação, para impugnar as últimas reedições da Medida Provisória, ocorridas no curso do processo. 2. Não cabe à Advocacia Geral da União suprir essa falta. Pedido indeferido. 3. Ação julgada prejudicada, cassadas, em consequência, as medidas cautelares já concedidas." (ADIn-MC 2.251, Rel. Min. Sydney Sanches, DJU 24.10.2003, p. 11.)

tecnicamente em *alteração do pedido* nessa hipótese (tanto que nos processos subjetivos sua formulação é admissível a qualquer tempo, e não apenas no bojo da petição inicial, sem nenhuma ofensa ao art. 329 do CPC-2015), quer porque o *periculum in mora* pode perfeitamente surgir já no curso da ação, depois da prestação das informações, não se podendo exigir do autor que tivesse apresentado antes o requerimento de cautelar.

4.1.6.2. Limites subjetivos

Para descobrir os limites subjetivos da coisa julgada *erga omnes*, deve-se questionar: *Quem* é atingido pela coisa julgada *erga omnes*? Que *sujeitos* são alcançados pela imutabilidade e a indiscutibilidade que caracterizam a coisa julgada *erga omnes*?

4.1.6.2.1. Autovinculação do STF à coisa julgada erga omnes

Constitui lugar-comum afirmar que, nos processos subjetivos, a coisa julgada projeta-se apenas sobre as *partes*, razão pela qual o juiz, malgrado seja um dos *sujeitos* da relação processual, não seria alcançado pela eficácia da coisa julgada.

Todavia, mesmo não sendo *parte* na ação, nenhum juiz (nem mesmo o que prolatou a sentença transitada em julgado) pode desconsiderar ou negar efeitos à sentença já transitada em julgado[84].

Nenhum juiz poderia, *e.g.*, numa outra ação, rejulgar questão já julgada como questão principal em outro processo, ainda que na nova ação esta questão constituísse mera questão prejudicial, por força da "eficácia vinculativa prejudicial" da coisa julgada material formada no processo anterior. Destarte, *nem mesmo para os específicos fins de julgamento da nova ação* é permitido ao juiz alterar, rediscutir ou redecidir (ainda que para decidir da mesma forma) o que já foi decidido com eficácia de coisa julgada material na ação anterior.

Mas e se a sentença ainda não houver transitado em julgado? Neste caso, seria possível que o juiz decidisse a questão prejudicial de forma diversa da maneira como decidida a questão principal na sentença da outra ação, obedecido o disposto no art. 313, V, do CPC-2015, não estando o juiz obrigado a aguardar indefinidamente o trânsito em julgado da sentença do outro processo para decidir a questão prejudicial (externa) (CPC-2015, art.

84. Ressalvados apenas os casos de ação rescisória e de excepcional relativização da coisa julgada.

313, §§ 4º e 5º), nem a decidi-la na conformidade da sentença proferida no outro processo.

Isso evidencia que não é a "eficácia natural da sentença" que impede o juiz de negar efeito, rediscutir, rejulgar ou alterar o que foi decidido no primeiro processo, mas sim a *autoridade da coisa julgada material.*

Ora, se é a *autoridade da coisa julgada material* que impede o juiz de rediscutir, redecidir, alterar ou recusar efeito à sentença prolatada no processo anterior, força é concluir que, *de certa forma*, a coisa julgada também alcança o juiz (não apenas o prolator da sentença, mas todo e qualquer membro do Poder Judiciário).

Da mesma forma, os *terceiros juridicamente não interessados*, ainda que possuam *interesse meramente econômico*, igualmente não podem rediscutir, modificar, ou negar efeito à sentença transitada em julgado em processo do qual não participaram, em virtude da autoridade da coisa julgada, que, *nesse sentido*, também os atinge, apesar de serem *terceiros*, e não *partes.*

Diferentemente, os *terceiros juridicamente interessados* podem rediscutir, modificar, ou negar efeito à sentença transitada em julgado em processo do qual não lhes foi permitido participar.

Assim, a asserção de que a sentença só "faz coisa julgada às partes entre as quais é dada, não prejudicando terceiros"[85] deve ser entendida nos seus devidos termos, ou seja, a significar que *terceiros juridicamente interessados* podem alterar, rediscutir e negar efeito a sentença transitada em julgado em processo em que lhes não foi facultado intervir como *partes*, e não a significar que a imutabilidade e a indiscutibilidade que caracterizam a coisa julgada só atingem as partes que integraram a relação processual (*i.e.*, só as partes não poderiam modificar e rediscutir a sentença transitada em julgado).

De feito, tanto as partes[86], como todos os terceiros *juridicamente não interessados* (aqui incluídos os *juízes*) não podem alterar, rediscutir ou negar

85. Observe-se que o art. 506 do CPC-2015 não trata dos **limites subjetivos *da lide* ou *da sentença***, mas sim dos **limites subjetivos da *coisa julgada***, ou seja, não cuida de determinar as pessoas *contra quem ou a favor de quem a sentença produzirá efeitos* (se apenas aos autores ou se a terceiros também, etc.), mas, *pura e simplesmente*, de determinar as pessoas que poderão, ou não, ***alterá-la*** ou ***rediscuti-la* após o seu trânsito em julgado** (a saber, os terceiros juridicamente interessados). ("**Art. 506**. A sentença faz coisa julgada às partes entre as quais é dada, não prejudicando terceiros." Cp. com o art. 502 do CPC-2015.)

86. Contudo, há situações interessantes. Se, *v.g.*, no regime do CPC-73, numa ação entre A e B, um terceiro não integrante da relação processual (C) é beneficiado no dispositivo de sentença, que condena B a pagar algo a A e a C também, sentença esta que, não obstante,

aplicação à sentença transitada em julgado, pois tanto aquelas como estes são atingidos pela autoridade da coisa julgada material, e não apenas pela "eficácia natural da sentença".

Ora bem, se até nos processos subjetivos o juiz não pode rediscutir, nem redecidir, nem alterar o que já foi decidido com autoridade de coisa julgada material, *a fortiori* não poderá fazê-lo nos processos objetivos, em que a coisa julgada é *erga omnes.*

Dizer que a parte dispositiva do acórdão definitivo de mérito do STF em ADIn e ADC produz coisa julgada material *erga omnes* equivale a dizer que esta parte dispositiva é *imutável* e *indiscutível* em qualquer processo ***por quem quer que seja***, isto é, ***nem mesmo os juridicamente interessados*** poderiam rediscutir, negar efeito ou pleitear judicialmente a modificação do que foi decidido.

Portanto, nos processos objetivos, em virtude da extensão *erga omnes* da autoridade da coisa julgada, há uma completa universalização[87] da imutabilidade e indiscutibilidade da sentença.

Se o juiz já era vinculado a essa imutabilidade e indiscutibilidade nos processos subjetivos, essa vinculação se torna ainda mais nítida e irrecusável nos processos objetivos.

Destarte, o próprio STF encontra-se vinculado às suas decisões precedentes nos processos objetivos que tenham produzido coisa julgada *erga*

---

vem a transitar em julgado, não há produção de coisa julgada material em relação a C, isto é, C não pode alegar a imutabilidade e a indiscutibilidade da parte do dispositivo sentencial que condenou B a pagar a quantia a C, porquanto, não tendo integrado a relação processual como parte, C não pode ser **beneficiado** com a autoridade da coisa julgada material, que não pode ser oposta por ele a B. Dessarte, B pode *rediscutir* essa questão em outra ação, nos termos do art. 472 do CPC-73, malgrado o trânsito em julgado da sentença. Portanto, neste caso, admite-se que uma das **partes** rediscuta, em outra ação, o que foi decidido, exatamente porque não há coisa julgada material oponível a ela. É de indagar se à sombra do CPC-2015 a solução seria diferente. A supressão da alusão ao *benefício* de terceiros no art. 506 do CPC-2015 em comparação com o art. 472 do CPC-73 (que rezava: "não beneficiando, nem prejudicando terceiros") tem gerado várias interpretações doutrinárias diversas, incluindo a de que não há mudança prática alguma, pois a primeira parte do art. 506 mantém a autoridade da coisa julgada limitada "às partes entre as quais é dada", de modo que a parte final ("não prejudicando terceiros") seria mera explicitação, para maior clareza, do que expresso na primeira parte. Resta saber o alcance que a jurisprudência imprimirá a essa nova redação.

87. De tal sorte que se poderia afirmar que a coisa julgada *erga omnes* não conhece *limites subjetivos*. Outros poderiam asseverar, no entanto, que os limites subjetivos da coisa julgada *erga omnes* seriam todos os *sujeitos juridicamente interessados na decisão* (*os potenciais destinatários da norma*), à consideração de que somente eles seriam os "substituídos" na ADIn ou na ADC pelos legitimados, e não a sociedade como um todo.

omnes. Essa vinculação opera tanto no julgamento de processos subjetivos (controle concreto), quanto no julgamento de processos objetivos futuros (controle abstrato).

Assim, ao julgar, *e.g.*, um RE que envolva a aplicação de uma lei acoimada de inconstitucional, o STF estará vinculado ao que haja decidido numa ADIn ou numa ADC a respeito desta mesma lei, não podendo perfilhar outro entendimento em virtude da autoridade da coisa julgada material *erga omnes*[88]. Talqualmente, não poderá sequer conhecer de uma ADC sobre norma já declarada inconstitucional em uma ADIn anterior, *ainda que propostas por legitimados ativos diversos*, haja vista a ocorrência de coisa julgada *erga omnes*, que acarreta a extinção da ação sem resolução de mérito[89].

No referente às decisões do STF em ADIn e ADC que **não** produzem coisa julgada *erga omnes*, mas que produzem eficácia *erga omnes*, como as concessivas de cautelar, também elas vinculam o STF enquanto vigorarem.

Assim, os Ministros do STF, ao decidirem monocraticamente processos subjetivos, devem obediência à decisão plenária do STF que deferiu a cautelar em ADIn ou ADC, pois a eficácia *erga omnes* também os alcança. Até o próprio Plenário do STF (e as 2 turmas) deve obediência à decisão concessiva da cautelar em ADIn ou ADC, enquanto esta não for revogada pelo próprio Plenário do STF, ***de acordo com o procedimento e o quorum previstos legal e regimentalmente para revogação de cautelares em ADIn em ADC***[90].

Em verdade, até mesmo nos processos *subjetivos* o STF tem adotado esse proceder, ficando os Ministros (quando decidem monocraticamente), as turmas e o próprio plenário *imediatamente* vinculados à diretriz fixada em processo subjetivo previamente julgado pelo plenário[91] (seja declarando a *constitucio-*

---

88. O STF tem seguido fielmente essa regra. *Cf.*, entre outros, os seguintes precedentes: RE 360.433, DJU 28.03.2003, p. 77; RE 272.820, DJU 15.12.2000, p. 106; AI 163.740AgR-DF, DJU 04.08.1995, p. 22508.

89. É óbvio, entretanto, que essa regra, em situações excepcionais, pode ceder passo ante uma profunda mutação do estado de fato e de direito, pois, como visto, inere a todas as sentenças a cláusula *rebus sic stantibus* (*cf.*, *retro*, item 4.1.5.). Assim, desde o julgamento da ADC nº 1, o STF atentou para o fato de que a coisa julgada *erga omnes* sobre a declaração de constitucionalidade da norma numa ADC não poderia servir de obstáculo à sua ulterior declaração de inconstitucionalidade, caso a norma sofresse processo de inconstitucionalização supervenientemente ao julgamento da ADC.

90. Em sentido contrário ao do texto: BERNARDES, Juliano Taveira. *Controle abstrato de constitucionalidade...*, p. 471.

91. "**Declaração, pelo Plenário do STF, no julgamento do RE 251.238-RS** (red. para acórdão Nelson Jobim, 7.11.2001, Inf. 249), **de inconstitucionalidade** do art. 7º e parágrafos

nalidade, seja proclamando a *inconstitucionalidade* da norma), nos termos dos arts. 101 e 103 do RISTF[92], ainda que o acórdão-líder não tenha transitado em julgado[93], não havendo, *a fortiori*, motivo para tratamento diverso quanto às decisões proferidas nos processos objetivos, vocacionadas, por definição, a vincular as decisões futuras[94].

---

da L. 7.428/94, com a redação dada pela L. 7.539/94, do Município de Porto Alegre, que previam o reajuste automático bimestral dos vencimentos dos servidores municipais pela variação do índice de entidade particular (ICV-DIEESE). **Aplicação do art. 101 do RISTF, a teor do qual – salvo proposta de revisão por qualquer dos Ministros – a declaração plenária de constitucionalidade ou inconstitucionalidade de lei será *de logo* aplicada aos novos feitos submetidos à Turma ou ao Plenário**: recurso extraordinário do Município conhecido e provido." (RE 323.526, Rel. Min. Sepúlveda Pertence, DJU 31.05.2002, p. 47.)

92. "Art. 101. A declaração de constitucionalidade ou inconstitucionalidade de lei ou ato normativo, pronunciada por maioria qualificada, aplica-se aos novos feitos submetidos às Turmas ou ao Plenário, salvo o disposto no art. 103."

"Art. 103. Qualquer dos Ministros pode propor a revisão da jurisprudência assentada em matéria constitucional e da compendiada na *Súmula*, procedendo-se ao sobrestamento do feito, se necessário".

93. "A existência de precedente firmado pelo Plenário do Supremo Tribunal Federal autoriza o julgamento **imediato** de causas que versem o mesmo tema (RISTF, art. 101). A declaração de constitucionalidade ou de inconstitucionalidade de lei ou ato normativo, emanada do Plenário do Supremo Tribunal Federal, em decisão proferida por maioria qualificada, aplica-se aos novos processos submetidos à apreciação **das Turmas ou à deliberação dos Juízes que integram a Corte**, viabilizando, em consequência, **o julgamento IMEDIATO de causas que versem o mesmo tema, ainda que o acórdão plenário — que firmou o precedente no *leading case* — não tenha sido publicado, ou, caso já publicado, ainda não haja transitado em julgado. Precedentes.** É que a decisão plenária do Supremo Tribunal Federal, proferida nas condições estabelecidas pelo art. 101 do RISTF, **vincula** os julgamentos futuros a serem efetuados, **colegialmente, pelas Turmas ou, monocraticamente, pelos Juízes desta Corte**, ressalvada a possibilidade de qualquer dos Ministros do Tribunal — com apoio no que dispõe o art. 103 do RISTF — propor, ao Pleno, a revisão da jurisprudência assentada em matéria constitucional." (RE 216.259-AgR, Rel. Min. Celso de Mello, DJU 19.05.2000.)

94. "REAJUSTE DE VENCIMENTOS CONCEDIDO PELA LEI MUNICIPAL 7.428/94, ART. 7º, CUJA INCONSTITUCIONALIDADE FOI DECLARADA PELO PLENO DO STF NO RE 251.238. APLICAÇÃO DESTE PRECEDENTE AOS CASOS ANÁLOGOS SUBMETIDOS À TURMA OU AO PLENÁRIO (ART. 101 DO RISTF). [...] O RE 251.238 foi provido **para se julgar procedente ação direta de inconstitucionalidade da competência originária do Tribunal de Justiça estadual, processo que, como se sabe, tem caráter objetivo, abstrato e efeitos *erga omnes*. Esta decisão, por força do art. 101 do RISTF, deve ser imediatamente aplicada aos casos análogos submetidos à Turma ou ao Plenário**. Nesse sentido, o RE 323.526, 1ª Turma, rel. Min. Sepúlveda Pertence." (AI-AgR 375011, Rel. Min. Ellen Gracie, DJU 28.10.2004, p. 43.) Insta salientar que o Recurso Extraordinário, instrumento por excelência do controle *incidental* de constitucionalidade exercido pelo STF, pode, *excepcionalmente*, ser instrumento do controle *abstrato* exercido pelo STF e produzir efeitos *erga omnes*: trata-se do Recurso Extraordinário das decisões proferidas nas *representações de inconstitucionalidade* julgadas pelos Tribunais de Justiça. É exatamente o caso do RE 251.238, referido

4.1.7. Limites objetivos e subjetivos do efeito vinculante

Assim como a coisa julgada possui limites objetivos e subjetivos, o efeito vinculante também os possui. Impende, então, analisar dos limites objetivos e subjetivos do efeito vinculante.

4.1.7.1. Limites objetivos

Para descortinar os limites objetivos do efeito vinculante, deve-se perguntar: O que produz efeito vinculante? De que *objeto* promana o efeito vinculante?

4.1.7.1.1. Efeito vinculante: vinculação aos motivos determinantes ("tragende Gründe") ou à parte dispositiva da decisão?

Segundo alguns, somente a *parte dispositiva* do acórdão do STF é que produz efeito vinculante, ao passo que para outros os *motivos determinantes* da decisão também seriam hábeis a produzir efeito vinculante.

A primeira corrente, de início prevalente no STF (desde o julgamento da ADC nº 1), propugna, alicerçada no direito positivo brasileiro, que, assim como a coisa julgada, o efeito vinculante restringe-se à parte dispositiva do acórdão do STF[95].

A segunda corrente, que vem cobrando força no STF graças à adesão de Gilmar Mendes, predica, estadeada na doutrina alemã, que os *fundamentos determinantes* ("**tragende Gründe**") da decisão do STF, excluídas, portanto, as considerações marginais (os *obiter dicta*, as coisas ditas de passagem), gerariam,

---

na ementa retrotranscrita. *Cf.* ainda DUTRA, Carlos Roberto de Alckmin. *O controle estadual de constitucionalidade de leis e atos normativos.* São Paulo: Saraiva, 2005, p. 110-112.

95. No âmbito doutrinário, *cf.*, por todos, FERRARI, Regina M. M. Nery. *Efeitos da declaração de inconstitucionalidade...*, p. 254 *et passim.* Para Clèmerson Merlin Clève (*A fiscalização abstrata...*, p. 307-311; 267 *et pass.*), embora *de lege lata* o efeito vinculante emane apenas da parte dispositiva, *de lege ferenda* o ideal seria sua extensão aos fundamentos determinantes. Confira-se: "No caso brasileiro, ***porque o Constituinte reformador referiu-se à 'decisão definitiva de mérito'***, o efeito vinculante restringe-se exclusivamente à sua (dela: a decisão) parte dispositiva." (*Ibid.*, p. 307.) (Grifou-se.) "Parece ser inevitável conferir-se às apontadas decisões uma eficácia vinculante que se estenda para além da parte dispositiva, alcançando também a fundamentação da sentença." (*Ibid.*, p. 267) "Toca ao Congresso Nacional, como já reclamado anteriormente, corrigir essa inexplicável diferença de tratamento quanto aos efeitos das decisões proferidas nas duas ações [o que **já** foi feito pela EC 45-2004], estudando, ademais, a possibilidade de conferir efeito vinculante também *aos fundamentos (ou motivos) determinantes da decisão do Supremo* em ação direta de constitucionalidade ou de inconstitucionalidade de ato normativo [o que **não** foi feito pela EC 45-2004]." (*Ibid.*, p. 311). (Grifos do autor.)

tanto quanto a parte dispositiva do acórdão, efeito vinculante[96]. Assim, os demais membros do Poder Judiciário e a Administração Pública estariam vinculados não apenas à *conclusão* do acórdão do STF, mas igualmente aos *fundamentos jurídicos* utilizados pelo STF para chegar a essa conclusão[97]. Dessarte, o efeito vinculante emanaria do denominado "*conteúdo essencial da decisão*"[98].

Cumpre, pois, investigar se a ***transcendência*** típica do efeito vinculante dimana tão somente da parte dispositiva do acórdão do STF ou se promana, por igual, das *razões de decidir* adotadas no acórdão do STF. Por outra: releva indagar se o *dever de decidir em questões análogas segundo a orientação do STF* (efeito vinculante) é delimitado pela fundamentação do acórdão do STF ou pela parte dispositiva deste.

---

96. Na doutrina, *cf.*, por todos, SILVA, Celso de Albuquerque. *Do efeito vinculante*: sua legitimação e aplicação. Rio de Janeiro: Lumen Juris, 2005, p. 223-230 *et pass.*

97. Nesse sentido: "RECLAMAÇÃO. 2. Sequestro de recursos do Município de Capitão Poço. Débitos trabalhistas. 3. Afronta à autoridade da decisão proferida na ADI 1662. 4. Admissão de sequestro de verbas públicas somente na hipótese de quebra da ordem cronológica. Não equiparação às situações de não inclusão da despesa no Orçamento. 5. Efeito vinculante das decisões proferidas em ação direta de inconstitucionalidade. **6. Eficácia que transcende de o caso singular. 7. Alcance do efeito vinculante que não se limita à parte dispositiva da decisão. 8. Aplicação das razões determinantes da decisão proferida na ADI 1662**. 9. Reclamação que se julga procedente." (Rcl nº 2363, Rel. Min. Gilmar Mendes, DJU 01.04.2005, p. 7.)

98. "RECLAMAÇÃO. CABIMENTO. AFRONTA À DECISÃO PROFERIDA NA ADI 1662-SP. SEQUESTRO DE VERBAS PÚBLICAS. PRECATÓRIO. VENCIMENTO DO PRAZO PARA PAGAMENTO. EMENDA CONSTITUCIONAL 30/00. PARÁGRAFO 2º DO ARTIGO 100 DA CONSTITUIÇÃO FEDERAL. 1. Preliminar. Cabimento. Admissibilidade da reclamação contra qualquer ato, administrativo ou judicial, que desafie a exegese constitucional consagrada pelo Supremo Tribunal Federal em sede de controle concentrado de constitucionalidade, ainda que a ofensa se dê de forma oblíqua. 2. Ordem de sequestro deferida em razão do vencimento do prazo para pagamento de precatório alimentar, com base nas modificações introduzidas pela Emenda Constitucional 30/2000. Decisão tida por violada – ADI 1662-SP, Maurício Corrêa, DJ de 19/09/2003: Prejudicialidade da ação rejeitada, tendo em vista que a superveniência da EC 30/00 não provocou alteração substancial na regra prevista no § 2º do artigo 100 da Constituição Federal. 3. Entendimento de que a única situação suficiente para motivar o sequestro de verbas públicas destinadas à satisfação de dívidas judiciais alimentares é a relacionada à ocorrência de preterição da ordem de precedência, a essa não se equiparando o vencimento do prazo de pagamento ou a não inclusão orçamentária. **4. Ausente a existência de preterição, que autorize o sequestro, revela-se evidente a violação ao *conteúdo essencial do acórdão* proferido na mencionada ação direta, que possui eficácia *erga omnes* e efeito vinculante. A decisão do Tribunal, em substância, teve sua autoridade desrespeitada de forma a legitimar o uso do instituto da reclamação. Hipótese a justificar a transcendência sobre a parte dispositiva dos *motivos* que embasaram a decisão e dos princípios por ela consagrados, uma vez que os *fundamentos* resultantes da interpretação da Constituição devem ser observados por todos os tribunais e autoridades, contexto que contribui para a preservação e desenvolvimento da ordem constitucional**. 5. Mérito. Vencimento do prazo para pagamento de precatório. Circunstância insuficiente para legitimar a determinação de sequestro. Contrariedade à autoridade da decisão proferida na ADI 1662. Reclamação admitida e julgada procedente." (Rcl nº 1987, Rel. Maurício Corrêa, DJU 21.05.2004, p. 33.)

Em última análise, o que importa descobrir é: em que consiste uma "*questão análoga*" para fins de efeito vinculante? Como aferir se uma questão ***é análoga*** à decidida pelo STF em ADIn e ADC: **(a)** comparando-se a fundamentação do acórdão do STF em ADIn e ADC com a fundamentação utilizável na solução da questão que se tem diante de si, ou **(b)** cotejando-se *única e exclusivamente* a parte dispositiva do acórdão do STF em ADIn e ADC com a parte dispositiva utilizável na resolução da questão que se enfrenta?

Analisemos, portanto, os argumentos de cada corrente jurisprudencial--doutrinária.

Conforme a segunda corrente, o efeito vinculante foi introduzido na CF-88 por meio da PEC nº 130-1992, apresentada pelo Deputado Roberto Campos, a qual, na sua *exposição de motivos*, expressamente contemplava a extensão dos efeitos vinculantes aos fundamentos determinantes da decisão do STF. Entretanto, a nova redação sugerida na proposta não versou explicitamente sobre isso, sendo vazada, no particular, em termos semelhantes aos da redação hoje encontrada no art. 102, § 2º, da CF-88[99].

De qualquer sorte, a PEC nº 130-1992 só foi incorporada parcialmente pela EC nº 3-93 (que instituiu a ADC), e o fato é que o texto que veio a ser efetivamente positivado como emenda constitucional não previu essa possibilidade.

Ademais, a EC nº 45-2004, promulgada após a instalação da controvérsia no STF sobre a extensão ou não do efeito vinculante aos motivos determinantes, ao modificar a redação do art. 102, § 2º, da CF-88, e estender o efeito vinculante à ADIn, não alterou em nada esse panorama. Ou seja: a EC nº 45-2004 tratou especificamente sobre o efeito vinculante, mas não o estendeu às razões de decidir. Teve oportunidade de fazê-lo, mas não o fez.

Portanto, a interpretação *histórico-evolutiva* não favorece a extensão do efeito vinculante aos motivos determinantes.

O elemento *literal* também não socorre essa tese: é que, seja na redação da EC nº 3-93[100], seja na redação da EC nº 45-2004[101], a CF-88 limitou

---

99. Confiram-se os teores da justificação e da alteração textual sugerida em: MARTINS, Ives Gandra da Silva; MENDES, Gilmar Ferreira. *Controle concentrado de constitucionalidade*: comentários à Lei nº 9.868, de 10-11-1999. São Paulo: Saraiva, 2001, p. 240-246.

100. "**Art. 102. [...] § 2º. As DECISÕES definitivas de mérito**, proferidas pelo Supremo Tribunal Federal, nas ações declaratórias de constitucionalidade de lei ou ato normativo federal, ***produzirão*** eficácia contra todos e ***efeito vinculante***, relativamente aos demais órgãos do Poder Judiciário e ao Poder Executivo." (Redação dada pela EC 3-93.)

101. "Art. 102. [...] § 2º. As DECISÕES definitivas de mérito, proferidas pelo Supremo Tribunal Federal, nas ações diretas de inconstitucionalidade e nas ações declaratórias de constitucio-

o efeito vinculante às "**decisões**" do STF, termo este que, conquanto possa ser usado para significar a *decisão como um todo*, é igualmente empregado para aludir *apenas* à *parte dispositiva da decisão*. Nestúltima acepção, o STF interpretou tal vocábulo na ADC nº 1.

O elemento *sistemático* também é desfavorável à tese da extensão do efeito vinculante aos motivos determinantes.

De feito, a Lei nº 9.868-99, que regulamenta o processo da ADIn e da ADC, e que também foi inspirada nas conclusões de uma comissão de estudos integrada por Gilmar Mendes, não consagrou a referida extensão em nenhum de seus dispositivos. Bem ao revés, o que se extrai de sua interpretação sistemática é a limitação do efeito vinculante só e unicamente à parte dispositiva do acórdão do STF.

É que nos arts. 28, *caput*, e 21, parágrafo único, a Lei nº 9.868-99, confirmando a praxe do STF[102], só determina a ***publicação oficial*** da ***parte dispositiva*** dos acórdãos do STF em ADIn e ADC que produzem efeito vinculante, ou seja, tão somente a ***parte dispositiva*** das decisões concessivas de cautelar em ADIn e ADC e das decisões definitivas de mérito em ADIn e ADC é que precisam ser ***publicadas oficialmente***.

Ora, é princípio universalmente consagrado o de que as leis só passam a vigorar após sua publicação oficial, pois só a partir de então é que se passa a conhecer o seu texto oficial que vinculará a todos os seus destinatários. Sem o conhecimento do texto oficial, não há como obrigar ninguém a cumpri-lo. Afinal, como se pode obedecer a uma ordem se não se sabe o teor desta ordem? Assim, mesmo a *ficção legal* segundo a qual se considera a lei como

nalidade produzirão eficácia contra todos e *efeito vinculante*, relativamente aos demais órgãos do Poder Judiciário e à administração pública direta e indireta, nas esferas federal, estadual e municipal." (Redação dada pela EC 45-2004.)

102. Por via de regra, o STF publica, juntamente com a parte dispositiva do acórdão, a *ementa* deste, quando disponível. Todavia, a ementa constitui mero *resumo* do julgado, e, embora possa sinalizar a fundamentação utilizada no acórdão, com esta não se confunde. A ementa não se equipara à fundamentação, às razões de decidir, ***sendo, portanto, inservível para o fim de produzir efeito vinculante***. De fato, afirmar que a fundamentação determinante do julgado pode ser colhida da ementa equivale a dizer que esta também produz efeito vinculante, visto que seria o parâmetro oficial de aferição dos fundamentos determinantes, a única sede oficial onde se poderiam encontrar os motivos determinantes do julgado, o que aberraria até do valor reduzido que a jurisprudência do STF atribui à ementa, a qual não admite sequer o cabimento de embargos de declaração por omissão, obscuridade ou contradição na ementa, bem como por contradição desta com o restante do acórdão. É de salientar, outrossim, que a ementa até pouco tempo nem sequer fazia parte do acórdão, configurando apenas uma súmula *meramente informativa* do julgado.

conhecida de todos não prescinde da publicação ***oficial*** da lei, a partir da qual esta ficção pode começar a operar. Ademais, o efeito vinculante decorrente da súmula vinculante é *expressamente condicionado* no art. 103-A, *caput*, da CF-88 à publicação da súmula na imprensa oficial.

Identicamente, as decisões do STF no controle abstrato só têm a sua parte dispositiva obrigatoriamente publicada na imprensa oficial porque só esta parte é vinculante. Só a parte dispositiva das decisões do STF em ADIn e ADC possui eficácia semelhante à eficácia das leis, à luz do papel de "legislador negativo" que o STF atribui a si mesmo[103]. Só a parte dispositiva das decisões do STF em ADIn e ADC é capaz de produzir eficácia *erga omnes*, coisa julgada *erga omnes* e efeito vinculante.

Como obrigar os demais juízes a decidir as questões análogas de conformidade com a *fundamentação* utilizada pelo STF no julgamento de uma ADIn ou ADC se esta mesma *fundamentação* não é *publicada oficialmente,* mas só a *conclusão do julgamento (parte dispositiva)*? Como usar uma fundamentação que se desconhece? Ninguém pode ser obrigado ao impossível ("*ad impossibilia nemo tenetur*")...

Não custa lembrar que até mesmo a *publicação* ***não oficial*** da fundamentação da decisão (pela *Internet*, por exemplo) pode ficar indisponível durante certo tempo, enquanto não é lavrado e publicado o acórdão respectivo[104].

---

103. Não é por outra razão que o art. 21, parágrafo único, e o art. 28, *caput*, da Lei 9.868-99 exigem que a parte dispositiva do acórdão do STF seja publicada em seção especial do **Diário *Oficial* da União-DOU** (onde se publicam as leis e atos normativos), e não apenas no **Diário *da Justiça* da União-DJU** (onde se publicam das decisões judiciais). Conquanto o art. 21, parágrafo único, não exija a publicação também no DJU, mas só no DOU, da parte dispositiva das decisões concessivas de cautelar em ADC, o STF tem determinado essa publicação, até porque a decisão concessiva da cautelar não deixa de ter natureza ***judicial***. Tal omissão do art. 21, parágrafo único, deve-se provavelmente a um lapso redacional, pois o art. 28, *caput*, determina a publicação da parte dispositiva das decisões definitivas em ADIn e ADC tanto no DJU como no DOU. Atualmente, as publicações oficiais do STF são feitas no Diário da Justiça Eletrônico (DJe), que substituiu as publicações impressas no DJU.

104. Esse intervalo tem sido cada vez mais reduzido, notadamente a partir da nova redação conferida ao art. 95 do RISTF: "Art. 95. A publicação do acórdão, por suas conclusões e ementa, far-se-á, para todos os efeitos, no Diário da Justiça. § 1º **Salvo manifestação expressa de ministro em sentido contrário**, a publicação do acórdão no Diário da Justiça far-se-á automaticamente quando transcorrido o prazo de sessenta dias desde a proclamação do resultado do julgamento. (Redação dada pela Emenda Regimental n. 54, de 1º de julho de 2020) § 2º Nos casos em que não tenham sido liberados pelos respectivos Ministros o relatório, os votos escritos e a revisão de apartes de julgamento, no prazo previsto no § 1º, *a Secretaria Judiciária fará constar do texto transcrito do julgamento a ressalva de que ele não foi revisto pelo respectivo ministro.* (Incluído pela Emenda Regimental n. 54, de 1º de julho de 2020) § 3º *Na hipótese*

É verdade que, até mesmo por causa dessa demora, o STF tem admitido que o que foi decidido no julgamento da ADIn e da ADC possa produzir efeitos imediatamente, ainda que pendente de publicação o acórdão. Todavia, *mesmo nesses casos excepcionais*, há comunicação direta da parte dispositiva do acórdão aos interessados[105] mediante e-mail, FAX, telex, telegrama[106], etc., visto como não se pode exigir o cumprimento do que foi decidido enquanto não haja *conhecimento* do que foi decidido.

Demais, o parágrafo único do art. 28 da Lei nº 9.868-99 foi cristalinamente claro ao dispor que é a **própria *declaração* de constitucionalidade ou de inconstitucionalidade** ("inclusive a interpretação conforme a Constituição e a declaração parcial de inconstitucionalidade sem redução de texto") que produz efeito vinculante e eficácia *erga omnes*, **e não os fundamentos determinantes dessa declaração de (in)constitucionalidade**:

> "**Art. 28. [...]**
> **Parágrafo único. A DECLARAÇÃO de constitucionalidade ou de inconstitucionalidade, inclusive a interpretação conforme a Constituição** e a **DECLARAÇÃO parcial de inconstitucionalidade sem redução de texto, TÊM eficácia contra todos e EFEITO VINCULANTE** em relação aos órgãos do Poder Judiciário e à Administração Pública federal, estadual e municipal."

Certo é, portanto, que uma interpretação sistemática da Lei nº 9.868-99 (arts. 28, *caput*, e 21, parágrafo único) conduz à irrefragável conclusão de que, para ela, tão somente a parte dispositiva do acórdão do STF em ADIn e ADC seja capaz de produzir efeito vinculante, já que só esta necessita ser publicada na imprensa oficial, à semelhança das leis em geral, a fim de que possa ser exigido

---

prevista no § 2º, a ementa do acórdão consistirá no dispositivo do voto vencedor. (Incluído pela Emenda Regimental n. 54, de 1º de julho de 2020)".

105. Isto é, àqueles de quem o STF espera o cumprimento da decisão.

106. Escoliando o art. 21, parágrafo único, da Lei 9.868-99, que estabelece um prazo de 10 dias para publicação no DOU da parte dispositiva da decisão do STF concessiva de cautelar em ADC, asserta IVES GANDRA: "O prazo, claramente, é prazo máximo, podendo o próprio Tribunal abreviá-lo e *até por telegrama* comunicar aos presidentes dos TRFs e aos demais juízes federais o teor da decisão, *para que possam submeter-se a ela, de imediato*, se a relevância assim o exigir [...], sendo de resto técnica adotada em casos de urgência pelo Tribunal, que tem comunicado por telegrama à autoridade que emanou o ato as liminares concedidas nas ações diretas de inconstitucionalidade. Deve ser publicado, em até dez dias, o provimento cautelar *para que a decisão tenha eficácia*; essa eficácia poderá, portanto, *ser obtida de imediato, com a comunicação direta* do Presidente do STF às instâncias inferiores". (MARTINS, Ives Gandra da Silva; MENDES, Gilmar Ferreira. *Controle concentrado de constitucionalidade...*, p. 282-283.)

de todos o seu cumprimento, e só a declaração de (in)constitucionalidade é que gera o efeito vinculante, e não os motivos determinantes dessa declaração.

Para além disso, há outras circunstâncias relevantes que militam contra a tese da extensão do efeito vinculante aos motivos determinantes do acórdão do STF em ADIn e ADC.

Há o *risco da generalização indevida*, relativamente encontradiço nas fundamentações e bastante infrequente nos dispositivos. Ao desenvolver o seu raciocínio, o julgador, de quando em vez, com a atenção dirigida para a questão concreta à sua frente, formula *premissas erroneamente generalizantes*, isto é, premissas que são verdadeiras para o caso sob exame e para um bom número de casos, mas que não são verdadeiras para *todos* os casos possíveis. Assim, o julgador, ao fundamentar sua decisão, formula premissas válidas para o caso sob apreciação, mas inválidas para casos excepcionais, não previstos por ele no momento em que decidia a questão posta sob seu julgamento. Esse risco é bem menor nos dispositivos, porque nestes se busca dar solução às questões de forma mais precisa, sem ir além da questão julgada, sem formular enunciados generalizantes.

Suponha-se, por exemplo, que, num processo objetivo, o STF declara a inconstitucionalidade de um decreto X sob o fundamento único de que este, em vez de simplesmente regulamentar uma lei existente, atuou como *decreto autônomo*, o que não é tolerado, *em nenhuma hipótese*, pela CF-88, já que esta não permite a edição de decreto que não seja para regulamentar o disposto em lei em sentido estrito. Na parte dispositiva do acórdão constará simplesmente que o STF declarou a inconstitucionalidade do decreto X.

Não há como negar que o *fundamento determinante* da decisão do STF, no exemplo acima, foi o de que *a Constituição não autoriza em nenhuma hipótese a edição de decreto autônomo*, até porque foi o único fundamento invocado no acórdão, não se podendo, portanto, qualificá-lo como um mero *obiter dictum*.

Assim, de acordo com a tese da extensão dos efeitos vinculantes aos motivos determinantes, o juiz que tenha de examinar a constitucionalidade do decreto Y – que **não** trata de matéria similar à do decreto X, mas sim de extinção de cargos públicos vagos no âmbito do Poder Executivo, nos termos do art. 84, VI, "b", da CF-88[107] –, acusado de atuar como decreto autônomo

107. "**Art. 84.** Compete **privativamente** ao Presidente da República: [...]
VI – dispor, **mediante decreto**, sobre: (redação dada pela EC nº 32-2001)
a) organização e funcionamento da administração federal, quando não implicar aumento de despesa nem criação ou extinção de órgãos públicos; (Incluída pela EC nº 32-2001.)
b) **extinção de funções ou cargos públicos, quando vagos**; (Incluída pela EC nº 32-2001.)"

(isto é, de atuar com força de lei, sem regulamentar uma lei preexistente), estará vinculado ao fundamento determinante da decisão do STF, qual seja, o de que "*a Constituição não autoriza em nenhuma hipótese a edição de decreto autônomo*". Portanto, ver-se-ia obrigado, por força do efeito vinculante desse fundamento, a declarar a inconstitucionalidade do decreto Y.

Ocorre que o decreto Y não é inconstitucional, pois consubstancia uma das hipóteses *excepcionais* de constitucionalidade do decreto autônomo, a saber, quando o decreto trata da extinção de cargos vagos no âmbito do Poder Executivo (CF-88, art. 84, VI, "b")! Mas o juiz observou o efeito vinculante do fundamento determinante da decisão do STF, visto como o decreto Y constituía um decreto autônomo e, como tal, perfeitamente enquadrável na premissa estabelecida pelo STF como fundamento determinante de sua decisão de que "*a Constituição não autoriza em nenhuma hipótese a edição de decreto autônomo*", ***sendo, portanto, para fins de efeito vinculante, uma questão análoga à decidida pelo STF.***

Contrariamente, segundo a tese da limitação do efeito vinculante à parte dispositiva do acórdão do STF em ADIn e ADC, o juiz poderia ter declarado a *constitucionalidade* do decreto autônomo Y, porquanto **(a)** não estaria vinculado à fundamentação adotada pelo STF (de que "*a Constituição não autoriza em nenhuma hipótese a edição de decreto autônomo*"), podendo fundamentar sua decisão de forma diversa e até contrária, e **(b)** a ***analogia*** haveria de ser buscada por meio do exame da parte dispositiva do acórdão do STF. Como nesta simplesmente se afirmava a inconstitucionalidade do decreto X, o qual tratava de matéria diferente da versada no decreto Y, e esse discrime era relevante no caso, o juiz poderia concluir de modo oposto ao fundamento da decisão do STF, porque ele não estava diante de "***questão análoga***" para fins de efeito vinculante.

Insta advertir, no entanto, que a tese da limitação do efeito vinculante à parte dispositiva ***não impede a análise*** dos fundamentos determinantes do acórdão do STF ***para o fim de melhor compreender e esclarecer o sentido e o alcance da parte dispositiva*** do respectivo acórdão do STF. O que ela não admite é a *vinculação* ao que estiver contido na fundamentação. Mas a análise das razões de decidir é útil e *recomendável* para a perfeita intelecção da parte dispositiva do acórdão do STF, até porque este é um dos objetivos precípuos da exigência de fundamentar as decisões[108].

---

108. Essa necessidade ficou evidente no julgamento da Rcl 4906/PA, em que se alegava desrespeito à decisão na ADIn 3460/DF, apesar de versarem sobre normas diversas: a Rcl 4906/PA tratava de norma alusiva a concurso do Ministério Público do Estado **do Pará**, ao passo que a ADIn 3460/DF curava de norma respeitante a concurso do Ministério Público **do**

O mesmo se passa com a coisa julgada: os fundamentos, ainda que indispensáveis para a inteligência do dispositivo, não produzem coisa julgada (CPC-2015, art. 504, I[109]).

Em suma, como se pode ver, o *risco de generalização indevida* é maior na fundamentação do que na parte dispositiva do acórdão do STF, pela própria estrutura destas.

Há ainda outros fatores desabonadores da tese da vinculação aos fundamentos determinantes.

Além de incorrer num maior risco de generalização indevida, a vinculação aos motivos determinantes pode ser substituída com bastante vantagem pela *súmula vinculante.*

Distrito Federal e Territórios. A despeito de ambas as normas ostentarem conteúdo idêntico, bastando, em tese, a análise da parte dispositiva do acórdão proferido na ADIn 3460/DF para concluir que a questão era idêntica (o que, por si só, já afasta a necessidade de utilização da teoria transcendência dos motivos determinantes), o recurso ao inteiro teor do acórdão é necessário porque na parte dispositiva do acórdão não ficou consignada a norma impugnada na ADIn 3460/DF, constando apenas que "o Tribunal, por maioria, julgou improcedente a ação [...]", sem referência à norma declarada constitucional. A reclamação recebeu a seguinte ementa: "RECLAMAÇÃO. MÉRITO. ACÓRDÃO PARÂMETRO. DECLARAÇÃO DE CONSTITUCIONALIDADE DE NORMA DIVERSA DAQUELA CUJA APLICAÇÃO É INVOCADA PELOS RECLAMANTES. IDENTIDADE MATERIAL. CONHECIMENTO DA RECLAMAÇÃO. CONCURSO PARA INGRESSO NA CARREIRA DO MINISTÉRIO PÚBLICO DO ESTADO DO PARÁ. EXIGÊNCIA DE REQUISITO TEMPORAL. CONSTITUCIONALIDADE AFASTADA PELAS DECISÕES RECLAMADAS. VIOLAÇÃO AO QUE DECIDIDO NA ADI 3.460/DF. ATIVIDADE PRIVATIVA DE BACHAREL EM DIREITO. PARTICULARIDADES DO CASO CONCRETO. RECLAMAÇÃO PARCIALMENTE PROCEDENTE. AGRAVOS REGIMENTAIS PREJUDICADOS. 1. A decisão paradigma, proferida na ADI 3.460/DF, declarou a constitucionalidade de dispositivo que regia o concurso do Ministério Público **do Distrito Federal e Territórios**, no que tange à exigência, do Bacharel em Direito, de três anos de exercício de atividade jurídica. 2. A norma afirmada inconstitucional pelas decisões reclamadas, que regeu o concurso do Ministério Público do Estado **do Pará, possui idêntico conteúdo ao daquela declarada constitucional por esta Corte na ADI 3.460/ DF, razão pela qual a presente Reclamação deve ser conhecida**. 3. As decisões reclamadas, ao questionarem a constitucionalidade da exigência de três anos de bacharelado dos candidatos ao cargo de promotor, reservando vaga para candidatos que não haviam obtido o grau de bacharel no triênio anterior à nomeação, **efetivamente afrontaram o que foi decidido no julgamento da ADI 3.460/DF**. Procedência da Reclamação nesta parte. [...]" (Rcl 4906/PA, Rel. Min. Joaquim Barbosa, Tribunal Pleno, julgamento em 17.12.2007, DJe-065 11.04.2008.) (Grifou-se.) Portanto, neste precedente, reconheceu-se transcendência **à parte dispositiva do acórdão proferido na ADIn 3460/DF (e não aos seus fundamentos determinantes)**, embora, por ausência de indicação da norma impugnada na parte dispositiva do acórdão, seja de mister consultar-lhe o inteiro teor para identificá-la.

109. "**Art. 504.** Não fazem coisa julgada: I – os motivos, ainda que importantes para determinar o alcance da parte dispositiva da sentença."

De feito, a súmula vinculante desempenha muito melhor o papel que se quer atribuir à vinculação aos motivos determinantes, porquanto: **(a)** seu teor é conhecido de todos, visto que deve ser *publicada na imprensa oficial*, por imposição da própria CF-88 (art. 103-A, caput[110]), só produzindo efeito vinculante a partir dessa publicação oficial; **(b)** a súmula vinculante trata exatamente do assunto em questão, dispensando (*rectius*, impedindo) aplicação analógica, pois limita-se às questões *idênticas*[111] (CF-88, art. 103-A, § 1º); **(c)** é mais segura, já que para sua edição se exigem reiteradas decisões no mesmo sentido (CF-88, art. 103-A, *caput*), diminuindo-se, ante a grande variedade de causas examinadas pelo STF, o risco de generalização indevida, tão elevado na vinculação aos motivos determinantes.

Demais disso, a súmula vinculante possui *previsão constitucional explícita* (CF-88, art. 103-A), ao contrário da vinculação aos motivos determinantes[112].

À vista disso, pode-se asseverar que a *utilidade prática* da extensão do efeito vinculante aos fundamentos determinantes da decisão do STF em ADIn e ADC desapareceu com a instituição da súmula vinculante por meio da EC nº 45-2004.

Em síntese, por todas essas razões, afigura-se-nos mais adequada a tese da limitação do efeito vinculante à parte dispositiva do acórdão do STF em ADIn e ADC.

Aliás, conquanto ainda persistam divergências individuais, o Plenário do STF tem reiteradamente rejeitado, expressa e categoricamente, a tese da extensão do efeito vinculante aos motivos determinantes da decisão:

---

110. "**Art. 103-A.** O Supremo Tribunal Federal poderá, de ofício ou por provocação, mediante decisão de dois terços dos seus membros, APÓS REITERADAS DECISÕES SOBRE MATÉRIA CONSTITUCIONAL, aprovar súmula que, **A PARTIR DE SUA PUBLICAÇÃO NA IMPRENSA OFICIAL, terá efeito vinculante** em relação aos demais órgãos do Poder Judiciário e à administração pública direta e indireta, nas esferas federal, estadual e municipal, bem como proceder à sua revisão ou cancelamento, na forma estabelecida em lei. (Incluído pela EC nº 45-2004.)" A referida "publicação na imprensa oficial" deve ser feita tanto no DOU como no DJU, por injunção do disposto no art. 2º, § 4º, da Lei nº 11.417-2006, que regulamentou a súmula vinculante: "**Art. 2º. [...] § 4º.** No prazo de 10 (dez) dias após a sessão em que editar, rever ou cancelar enunciado de súmula com efeito vinculante, o Supremo Tribunal Federal fará publicar, **em seção especial do Diário da Justiça e do Diário Oficial da União**, o enunciado respectivo."

111. "**Art. 103-A. [...] § 1º.** A súmula terá por objetivo a validade, a interpretação e a eficácia de **normas determinadas**, acerca das quais haja controvérsia atual entre órgãos judiciários ou entre esses e a administração pública que acarrete grave insegurança jurídica e relevante multiplicação de processos **sobre QUESTÃO IDÊNTICA.**"

112. Sobre as características da súmula vinculante acima referidas, *cf.*, *retro*, item 4.1.4.2.

"***Em recente julgamento, o Plenário do Supremo Tribunal Federal rejeitou a tese da eficácia vinculante dos motivos determinantes das decisões de ações de controle abstrato de constitucionalidade*** (Rcl 2.475-AgR, j. 2-8-07)." (Rcl 2.990-AgR, Rel. Min. SEPÚLVEDA PERTENCE, julgamento em 16.08.2007, DJU 14.09.2007, p. 30.)[113]

"RECLAMAÇÃO – ALEGADO DESRESPEITO À AUTORIDADE DA DECISÃO PROFERIDA PELO SUPREMO TRIBUNAL FEDERAL, COM EFICÁCIA VINCULANTE, NO EXAME DA ADPF 347-MC/DF – INCOINCIDÊNCIA TEMÁTICA ENTRE AS RAZÕES DE DECIDIR INVOCADAS NO ATO JUDICIAL RECLAMADO E AQUELAS QUE DÃO SUPORTE À DECISÃO APONTADA COMO PARÂMETRO DE CONTROLE – **IMPOSSIBILIDADE JURÍDICA DA INVOCAÇÃO, PARA FINS DE RECLAMAÇÃO, DO FENÔMENO DA TRANSCENDÊNCIA DOS MOTIVOS QUE EMBASARAM AS DECISÕES EMANADAS DESTA SUPREMA CORTE – PRECEDENTES – RESSALVA DA POSIÇÃO PESSOAL DO RELATOR DESTA CAUSA, QUE ENTENDE CABÍVEL O EMPREGO DO INSTRUMENTO RECLAMATÓRIO NESSES CASOS – DIRETRIZ JURISPRUDENCIAL FIRMADA PELO PLENÁRIO DO SUPREMO TRIBUNAL FEDERAL.**" (Rcl 30104 AgR, Rel. Min. CELSO DE MELLO, Segunda Turma, julgado em 10/05/2019, DJe-103 17-05-2019)

"A jurisprudência deste Pretório Excelso não acata, em regra, para o cabimento da reclamação, a chamada teoria da transcendência dos motivos determinantes, sendo imprescindível a exata compatibilidade entre as teses debatidas no ato reclamado e o paradigma dito violado, dada a própria natureza do instituto e sua inerente exigência de aderência estrita." (Rcl 58687 AgR, Rel. Min. ANDRÉ MENDONÇA, Segunda Turma, julgado em 11-03-2024, DJe-s/n 23-04-2024.)

Portanto, embora a análise da fundamentação seja altamente recomendável para a própria inteligência da parte dispositiva do acórdão, no que toca ao efeito vinculante, para aferir se uma questão ***é análoga*** à decidida pelo STF em ADIn e ADC deve-se cotejar *única e exclusivamente* a parte dispositiva do acórdão do STF em ADIn e ADC com a parte dispositiva utilizável na resolução da questão que se enfrenta, porquanto a ***transcendência***

113. Confira-se ainda: "Reclamação: sequestro de valores do Município de Cubatão: alegação de desrespeito do julgado do Supremo Tribunal na ADIn 1.662 (Pleno, Maurício Corrêa, DJ 19.9.03): Improcedência. *A decisão reclamada, do Presidente do Tribunal de Justiça paulista,* ***apesar da semelhança do tema,*** *referente a sequestro de verbas de ente público,* ***não guarda identidade com o decidido na ação direta paradigma*** *(IN 11/97 do Tribunal Superior do Trabalho), o que inviabiliza o conhecimento pela via estreita da reclamação (v.g., Rcl 2990, Sepúlveda Pertence, DJ 5.4.05).*" (Rcl-AgR 3376, Rel. Min. Sepúlveda Pertence, Tribunal Pleno, julgamento em 26.04.2007, DJU 11.05.2007, p. 47.)

típica do efeito vinculante emana **tão somente da parte dispositiva** do acórdão do STF[114].

---

114. Como exemplos concretos em que o STF emprestou transcendência à parte dispositiva do acórdão, podem ser mencionados, dentre outros, a retromencionada Rcl 4906/PA, a Rcl 595 (Rel. Sydney Sanches, Pleno, DJU 23.05.2003, p. 31) e a Rcl 4987/PE (decisão monocrática). Nesta última, o Min. Gilmar Mendes salientou que, no caso, **não** se cuidava de conferir efeito vinculante **aos motivos determinantes** da decisão na ADIn 2868/PI, embora as normas em questão fossem diversas: na ADIn 2868/PI impugnava-se a Lei nº 5.250/2002 **do Estado do Piauí**, enquanto a Rcl 4987/PE versava sobre a Lei nº 1.899/2006, editada pelo **Município de Petrolina/PE**. A questão constitucional era idêntica: a possibilidade de definição, pelos entes federativos, dos débitos de pequeno valor para os fins do art. 100, § 3º, da CF-88 e do art. 87 do ADCT em montante inferior ao previsto no art. 87 do ADCT. Se o STF declarou a **constitucionalidade** da Lei nº 5.250/2002 **do Estado do Piauí** que havia fixado "débitos de pequeno valor" em montante inferior ao previsto no art. 87 do ADCT, não haveria necessidade sequer de consultar os fundamentos determinantes dessa decisão para concluir que a Lei nº 1.899/2006, editada pelo **Município de Petrolina/PE** também poderia fazê-lo: basta cotejar a **parte dispositiva** da decisão na ADIn 2868/PI com a parte dispositiva que seria utilizada no acórdão que resolveria a questão objeto da Rcl 4987/PE para verificar que a questão constitucional é idêntica. Portanto, a vinculação, no caso, decorre da parte dispositiva, e não dos motivos determinantes da decisão. Confiram-se os seguintes excertos: "**Creio que tal controvérsia reside não na concessão de efeito vinculante aos motivos determinantes das decisões em controle abstrato de constitucionalidade, mas na possibilidade de se analisar, em sede de reclamação, a constitucionalidade de lei de teor idêntico ou semelhante à lei que já foi objeto da fiscalização abstrata de constitucionalidade perante o Supremo Tribunal Federal.** Após refletir sobre essa questão, e baseando-me em estudos doutrinários que elaborei sobre o tema, não tenho nenhuma dúvida de que, ainda que não se empreste eficácia transcendente (efeito vinculante dos fundamentos determinantes) à decisão, o Tribunal, em sede de reclamação contra aplicação de lei idêntica àquela declarada inconstitucional, poderá declarar, incidentalmente, a inconstitucionalidade da lei ainda não atingida pelo juízo de inconstitucionalidade. Ressalto que essa tese não é estranha à Corte. No julgamento da Rcl nº 595 (Rel. Min. Sydney Sanches), o Tribunal declarou a inconstitucionalidade de expressão contida na alínea 'c' do inciso I do art. 106 da Constituição do Estado de Sergipe, que outorgava competência ao respectivo Tribunal de Justiça para processar e julgar ação direta de inconstitucionalidade de normas municipais em face da Constituição Federal. [...] Nessa perspectiva, parece bastante lógica a possibilidade de que, em sede de reclamação, o Tribunal analise a constitucionalidade de leis **cujo teor é idêntico, ou mesmo semelhante**, a outras leis que já foram objeto do controle concentrado de constitucionalidade perante o Supremo Tribunal Federal. **Como explicado, não se está a falar, nessa hipótese, de aplicação da teoria da 'transcendência dos motivos determinantes' da decisão tomada no controle abstrato de constitucionalidade.** Trata-se, isso sim, de um poder ínsito à própria competência do Tribunal de fiscalizar incidentalmente a constitucionalidade das leis e dos atos normativos. E esse poder é realçado quando a Corte se depara com leis de teor idêntico àquelas já submetidas ao seu crivo no âmbito do controle abstrato de constitucionalidade. Assim, **em relação à lei de teor idêntico àquela que já foi objeto do controle de constitucionalidade no STF**, poder-se-á, por meio da reclamação, impugnar a sua aplicação ou rejeição por parte da Administração ou do Judiciário, requerendo-se a declaração incidental de sua inconstitucionalidade, ou de sua constitucionalidade, conforme o caso. **Na hipótese em exame, como já acentuado, não estamos a falar em 'transcendência dos motivos determinantes' da decisão na ADI nº 2.868/PI.** Não podemos olvidar, no entanto, que há uma controvérsia constitucional posta ao crivo do Tribunal: a compatibilidade ou não da Lei Municipal nº 1.899/2006 com o art. 87 do

4.1.7.2. Limites subjetivos

Para descobrir os limites subjetivos do efeito vinculante, deve-se questionar: *Quem* é atingido pelo efeito vinculante? Que *sujeitos* são alcançados pelo dever de decidir questões análogas conforme a parte dispositiva do acórdão do STF em ADIn e ADC?

4.1.7.2.1. Inexistência de autovinculação do STF

Ao revés do que sucede com a coisa julgada *erga omnes*, o efeito vinculante das decisões do STF em ADIn e ADC não atinge o próprio STF, haja vista a ressalva expressa no art. 102, § 2º, da CF-88:

> "**Art. 102. [...] § 2º. As decisões definitivas de mérito, proferidas pelo Supremo Tribunal Federal**, nas ações diretas de inconstitucionalidade e nas ações declaratórias de constitucionalidade **produzirão** eficácia contra todos e **efeito vinculante, relativamente aos DEMAIS órgãos do Poder Judiciário** e à administração pública direta e indireta, nas esferas federal, estadual e municipal." (Redação dada pela EC 45-2004.)

Outrossim, nos termos do art. 103-A, *caput*, da CF-88, o efeito vinculante produzido pela súmula vinculante também não colhe o STF:

> "**Art. 103-A.** O Supremo Tribunal Federal poderá, de ofício ou por provocação, mediante decisão de dois terços dos seus membros, após reiteradas decisões sobre matéria constitucional, aprovar súmula que, a partir de sua publicação na imprensa oficial, **terá efeito vinculante em relação aos DEMAIS órgãos do Poder Judiciário** e à administração pública direta e indireta, nas esferas federal, estadual e municipal, bem como proceder à sua revisão ou cancelamento, na forma estabelecida em lei." (Incluído pela EC 45-2004.)

Dessarte, não havendo uma autovinculação do STF no que respeita ao efeito vinculante de suas decisões, é-lhe facultado, no julgamento de norma de ***conteúdo*** *idêntico ou semelhante* ao de norma por ele mesmo declarada (in)

ADCT. **E, por se tratar de uma questão constitucional idêntica àquela que foi objeto da ADI nº 2.868/PI, estou certo de que o Tribunal não pode se furtar à sua análise**. Na ADI nº 2.868/PI, de relatoria do Ministro Carlos Britto, o Tribunal fixou o entendimento de que é constitucional a lei da entidade federativa que fixa valores diferenciados àquele estipulado, em caráter transitório, pelo art. 87, inciso II, do ADCT. Entendeu-se, assim, que o art. 100, § 5º, da Constituição, permite que a lei fixe valores distintos como referencial de 'pequeno valor' apto a afastar a incidência do sistema de pagamento, por meio de precatórios, dos débitos da Fazenda Pública." (Rcl 4987 MC/ PE, Rel. Min. Gilmar Mendes, DJU 13.03.2007, p. 28.) (Grifou-se.)

constitucional, decidir de forma diferente, bem como decidir contrariamente à súmula vinculante (ainda que esta não tenha sido cancelada ou revisada).

Verdade seja que o art. 28 da Lei nº 9.868-99 omitiu a ressalva expressa no art. 102, § 2º, da CF-88 mediante o uso do termo "demais". Não podendo, no entanto, a lei ordinária sujeitar o STF ao efeito vinculante quando a própria Constituição, de forma ostensiva[115], o excluiu dessa sujeição, deve-se emprestar interpretação conforme ao aludido art. 28, parágrafo único, de sorte que se subentenda a exclusão do STF dos limites subjetivos do efeito vinculante, sob pena de inconstitucionalidade parcial do preceito.

4.1.7.2.2. Inexistência de vinculação do Poder Legislativo

Assim como o STF, o Poder Legislativo, *no exercício da sua atividade típica*[116], não se submete ao efeito vinculante das decisões do STF em ADIn e ADC, nem ao efeito vinculante adveniente da súmula vinculante[117]. Dessa

---

115. A PEC nº 130-1992, apresentada pelo Deputado Roberto Campos, continha redação igualmente abrangente, mas o texto efetivamente convertido na EC nº 3-93 abriu a exceção em favor do STF.

116. Conquanto a CF-88 haja simplesmente excluído o Poder Legislativo do rol de sujeitos alcançados pelo efeito vinculante, quer-nos parecer que tal exclusão teve em mira a garantia da liberdade do exercício da atividade legiferante, de modo que no exercício de funções ***atípicas (administrativas ou jurisdicionais)***, o Poder Legislativo submete-se normalmente ao efeito vinculante das decisões do STF em ADIn e ADC e à orientação consubstanciada em súmula vinculante. Da mesma forma, prefigura-se-nos que o STF, igualmente excluído do rol de sujeitos atingidos pelo efeito vinculante, só é imune ao efeito vinculante das próprias decisões em ADIn e ADC quando no exercício de sua função **jurisdicional**, e não no exercício de suas funções **atípicas** (**administrativa e legiferante**), uma vez que essa insubmissão ao efeito vinculante não parece decorrer da sua preeminência como órgão do Poder Judiciário, nem do fato de produzir a decisão que surte efeito vinculante, mas sim do intuito de garantir mais amplamente sua liberdade e independência no exercício da função jurisdicional, até mesmo como fator de oxigenação e adaptação da jurisprudência às novas realidades. Até porque não faria sentido algum que o STF pudesse livremente aplicar ***administrativamente*** interpretação contrastante com a orientação dessumível das decisões ***judiciais* dele mesmo, sem que tenha havido prévia mudança jurisprudencial.**

117. É o que se infere claramente da dicção dos arts. 102, § 2º, e 103-A da CF-88, que, num *silêncio eloquente*, não inseriram o Poder Legislativo na enumeração dos sujeitos ao efeito vinculante: "**Art. 102. [...] § 2º**. As decisões definitivas de mérito, proferidas pelo Supremo Tribunal Federal, nas ações diretas de inconstitucionalidade e nas ações declaratórias de constitucionalidade produzirão eficácia contra todos e *efeito vinculante, relativamente aos demais órgãos do Poder Judiciário e à administração pública direta e indireta, nas esferas federal, estadual e municipal*." (Redação dada pela EC nº 45-2004.) "**Art. 103-A.** O Supremo Tribunal Federal poderá, de ofício ou por provocação, mediante decisão de dois terços dos seus membros, após reiteradas decisões sobre matéria constitucional, aprovar súmula que, a partir de sua publicação na imprensa oficial, *terá efeito vinculante em relação aos demais órgãos do Poder Judiciário e*

forma, o Congresso Nacional, a Câmara Legislativa Distrital, as Assembleias Legislativas e as Câmaras de Vereadores **podem** editar leis e atos normativos de conteúdo contrário ao de uma decisão do STF em ADIn e ADC dotada de efeito vinculante ou de uma súmula vinculante. Nada obsta a que ***reiterem***, em lei ou em ato normativo *formalmente* diverso, disposição com *idêntico conteúdo* ao de lei ou de ato normativo declarado inconstitucional pelo STF em ADIn e ADC ou com *conteúdo* inteiramente contraposto ao teor literal de súmula vinculante[118].

Obviamente, a norma reiterativa, se portadora do mesmo vício de inconstitucionalidade[119], sujeitar-se-á, tal como a norma predecessora, à declaração judicial de inconstitucionalidade pelo STF ou por qualquer juízo, bem como à não observância por parte da Administração Pública, jungida como está ao efeito vinculante.

Demais, o fato de o efeito vinculante não atingir os particulares e as pessoas jurídicas de direito privado não significa que estes não possam sofrer as consequências do efeito vinculante. É que, embora não haja um *vinculum*

à administração pública direta e indireta, nas esferas federal, estadual e municipal, bem como proceder à sua revisão ou cancelamento, na forma estabelecida em lei." (Incluído pela EC nº 45-2004.) Por sua vez, a Lei nº 11.417-2006, reconhecendo a insubmissão do Poder Legislativo, no exercício de sua atividade legiferante, à súmula vinculante, dispôs: "**Art. 5º**. Revogada ou modificada a lei em que se fundou a edição de enunciado de súmula vinculante, o Supremo Tribunal Federal, de ofício ou por provocação, procederá à sua revisão ou cancelamento, conforme o caso."

118. Embora a jurisprudência do Tribunal Constitucional alemão (*BVerfGE*) a admita, o STF tem sistematicamente entendido que não há uma *proibição de reiteração* oponível ao Poder Legislativo, haja vista a inequívoca opção constitucional expressa nos arts. 102, § 2º, e 103-A da CF-88. Assim, no direito alemão, à diferença do que ocorre no direito brasileiro, o efeito vinculante atinge também o Poder Legislativo, gerando, além da ***proibição de reiteração*** (que se traduz numa ***obrigação negativa***, isto é, um *non facere*), o ***dever de adequação*** da legislação à orientação oriunda do Tribunal Constitucional (que configura uma **obrigação positiva**, **de fazer**, isto é, um *facere*). Portanto, se o Tribunal Constitucional germânico declara a inconstitucionalidade da Lei A do Estado B, o Poder Legislativo do Estado C da Federação alemã fica obrigado a **revogar ou modificar** a Lei D por ele editada que tenha **conteúdo idêntico ou análogo** ao da Lei A promulgada pelo Estado B da Federação, em ordem a **adequar** sua legislação à orientação fixada, com efeito vinculante, pelo Tribunal. *Cf.* MARTINS, Ives Gandra da Silva; MENDES, Gilmar Ferreira. *Controle concentrado de constitucionalidade...*, p. 341-342.

119. Pode suceder que a norma reiterativa não seja eivada da mesma mácula de inconstitucionalidade. Exemplo: a norma X foi declarada inconstitucional pelo STF em ADIn. A norma Y, de idêntico conteúdo, é promulgada após a edição de uma emenda constitucional que a legitima. Nesse caso, a norma Y, malgrado reitere integralmente o conteúdo da norma anterior, é perfeitamente constitucional, não sendo atingida pelo efeito vinculante da decisão do STF sobre a norma X.

iuris a sujeitar diretamente os particulares ao efeito vinculante das decisões do STF em ADIn e ADC, ficando estes inteiramente livres para tomar decisões privadas (como, *e.g.*, celebrar contratos) contrárias à orientação dimanada do STF, estas mesmas decisões poderão ser declaradas nulas, judicial ou administrativamente, porque os órgãos judiciais e administrativos estão obrigados, nas respectivas decisões, a observar o efeito vinculante da decisão do STF.

Destarte, pelo prisma pragmático, a limitação subjetiva do efeito vinculante aos demais órgãos do Poder Judiciário e à Administração Pública, com a consequente exclusão do STF, do Poder Legislativo e dos particulares, não debilita de modo significativo o efeito vinculante da decisão de (in)constitucionalidade do STF em ADIn e ADC, já que, ao inverter a presunção de constitucionalidade e propiciar a declaração de inconstitucionalidade pela própria Administração Pública[120] da norma ***idêntica ou análoga***, a decisão

120. Por "Administração Pública" deve-se entender, repise-se, não apenas o Poder Executivo no exercício da sua atividade típica (administrativa), mas também o Poder Legislativo e o Judiciário no exercício de suas atividades administrativas atípicas. Onde houver exercício da **função administrativa**, deverá haver obediência ao efeito vinculante. Em verdade, o art. 102, § 2º, da CF-88, na redação anterior, dada pela EC nº 3-93, referia-se ao "**Poder Executivo**", ao passo que, em sua novel redação, emprestada pela EC nº 45-2004, o preceptivo constitucional estendeu o efeito vinculante "à administração pública direta e indireta, nas esferas federal, estadual e municipal", empregando inclusive a expressão "administração pública" com iniciais minúsculas, mais adequada, segundo muitos doutrinadores, para exprimir a própria *atividade administrativa*, em lugar dos *órgãos exercentes* dessa atividade administrativa (quando a expressão é mais apropriadamente grafada com iniciais maiúsculas). De qualquer sorte, mesmo a "Administração Pública" (com maiúsculas), isto é, como conjunto dos órgãos, pessoas jurídicas e agentes incumbidos do exercício da função administrativa, não se confunde com o Poder Executivo. "A Administração Pública" – di-lo José dos Santos Carvalho Filho – "sob o ângulo subjetivo, não deve ser confundida com qualquer dos Poderes estruturais do Estado, sobretudo o Poder Executivo, ao qual se atribui usualmente a função administrativa. Para a perfeita noção de sua extensão é necessário pôr em relevo ***a função administrativa em si***, e não o Poder em que ela é exercida. Embora seja o Poder Executivo o administrador por excelência, nos Poderes Legislativo e Judiciário há numerosas tarefas que constituem atividade administrativa, como é o caso, por exemplo, das que se referem à organização interna dos seus serviços e dos seus servidores. Desse modo, todos os órgãos e agentes que, **em qualquer desses Poderes**, estejam **exercendo função administrativa**, serão **integrantes da Administração Pública**." (*Manual de direito administrativo*. 15. ed. Rio de Janeiro: Lumen Juris, 2006, p. 10.) Aliás, alguns administrativistas (José dos Santos Carvalho Filho e Sérgio de Andréa Ferreira, dentre outros) admitem até mesmo a existência de entidades da administração indireta vinculadas aos Poderes Legislativo e Judiciário e desvinculadas do Poder Executivo: "Sempre que se faz referência à Administração Indireta do Estado, a ideia de vinculação das entidades traz à tona, como órgão controlador, o Poder Executivo. Entretanto, o art. 37 da Constituição alude à administração direta, indireta e fundacional ***de qualquer dos Poderes*** da União, Estados, Distrito Federal e Municípios. Assim dizendo, poder-se-ia admitir a existência de entidades de administração indireta vinculadas também às estruturas dos Poderes Legislativo e Judiciário, embora o fato não seja comum, por ser o Executivo o Poder incumbido basicamente da administração do Estado." (Carvalho Filho, José dos Santos. *Manual...*, p. 377.) (Grifos do original.)

vinculante do STF enfraquece sobremaneira a possibilidade de sobrevivência de tais normas *idênticas ou assemelhadas*. Tais normas revestem-se de eficácia similar à das normas que veiculam "obrigações naturais", porque, se não cumpridas espontaneamente, não podem ser exigidas judicial ou administrativamente.

O mesmo se diga das normas reiterativas contravenientes ao disposto nas súmulas vinculantes, salvo se tais normas tiverem o poder de alterar a orientação consagrada na súmula vinculante no que diz com elas[121].

4.2. O DENOMINADO "EFEITO REPRISTINATÓRIO" E O EFEITO VINCULANTE

Como precedentemente enfatizado (item 3.6.), a decisão do STF em ADIn ou ADC, *em rigor*, não repristina a legislação anterior eventualmente[122] revogada pela norma declarada inconstitucional pelo STF, já que, sendo a norma inconstitucional nula *ab initio*, em verdade nunca teria tido o poder de revogar a norma anterior, e se esta nunca foi revogada, não precisaria, ***nem poderia***, ser repristinada pela decisão do STF.

Ademais, a repristinação autêntica é operada por uma ***lei*** subsequente, e não por uma *decisão judicial*, ainda que de contornos "quase legislativos". De outra parte, a autêntica repristinação, por via de regra, não gera efeitos *ex tunc* (retroativos), mas apenas *ex nunc* (prospectivos)[123], ao passo que o "efeito repristinatório" da decisão *definitiva* do STF em ADIn ou ADC, em princípio, produz efeitos retroativos e o "efeito repristinatório" das decisões provisórias (cautelares) pode produzir efeitos retroativos, contanto que a decisão seja expressa a este respeito (Lei nº 9.868/99, art. 27 c/c art. 11, § 2º). Por fim, a verdadeira repristinação não pode ser tácita, necessitando vir expressa na lei repristinadora (LINDB, art. 2º, § 3º), enquanto o "efeito repristinatório" das decisões em ADIn e ADC opera independentemente de previsão expressa na decisão do STF.

---

121. Exemplo: uma súmula vinculante afirma a inconstitucionalidade formal de determinada lei, e o Congresso edita outra lei de conteúdo idêntico, mas aprovada sem o vício formal. Por óbvio, a orientação da súmula vinculante não se aplica à nova lei.

122. O art. 11, § 2º, alude, prudentemente, à "legislação anterior ***acaso existente***", visto como nem sempre a lei nova revoga legislação anterior incompatível, pois pode suceder que simplesmente inexista legislação anterior revogável, disciplinando a lei nova ***pela primeira vez*** determinada situação. No mesmo diapasão, *cf.* o escólio de Ives Gandra (*in:* MARTINS, Ives Gandra da Silva; MENDES, Gilmar Ferreira. *Controle concentrado de constitucionalidade...*, p. 208.)

123. No sentido de que "a repristinação surte sempre efeitos *ex nunc*", confira-se: DINIZ, Maria Helena. *Lei de Introdução ao Código Civil brasileiro interpretada.* 2. ed. São Paulo: Saraiva, 1996, p. 81. BERNARDES, Juliano Taveira. *Controle abstrato de constitucionalidade...*, p. 206.

Todavia, costuma-se aludir a um "efeito repristinatório" operado pela decisão do STF em ADIn e ADC, no sentido de que, a partir desta decisão, a legislação anterior volta a gozar da ***presunção de vigência*** **e** ***de constitucionalidade*** de que desfrutava até a entrada em vigor da norma inconstitucional posterior que supostamente a revogava. Nisso se resume o referido "efeito repristinatório", denominação esta advinda da *semelhança* desse efeito com o decorrente da autêntica repristinação.

Destarte, não obstante a dicção do art. 11, § 2º, da Lei nº 9.868/99, segundo a qual "a concessão de medida cautelar ***torna aplicável*** a legislação anterior acaso existente, salvo expressa manifestação em sentido contrário", o fato é que a legislação anterior, na realidade, ***nunca deixou de ser aplicável*** por conta da norma inconstitucional, pois esta, sendo nula *ab initio*, nunca subtraiu verdadeiramente a aplicabilidade da legislação anterior contrária, tanto que qualquer juiz poderia ter declarado incidentalmente a inconstitucionalidade daquela norma e aplicado ao caso concreto a norma anterior antes de o STF ter-se pronunciado em ADIn ou ADC sobre o tema, assim como qualquer particular, arcando com os riscos daí decorrentes, poderia ter validamente celebrado um contrato à luz do disposto na legislação anterior, à consideração de que a norma posterior era inconstitucional, apesar de o STF ainda não haver declarado essa constitucionalidade.

De fato, se a norma anterior nunca perdeu sua *vigência* (= aptidão para incidir), mas apenas, eventualmente, sua *eficácia social*[124], o que a decisão do STF restabelece não é esta vigência, porém sim a ***presunção relativa dessa vigência***, existente até a data da suposta revogação dessa norma pela norma inconstitucional ulterior[125]. Assim, a decisão do STF apenas restitui à norma anterior a presunção relativa de vigência de que fruía, presunção esta que *fora invertida* pela entrada em vigor da norma inconstitucional posterior contrária[126].

---

124. Ives Gandra também sustenta que o art. 11, § 2º, da Lei nº 9.868-99 não consagra o fenômeno da *repristinação* autêntica (*Controle concentrado de constitucionalidade...*, p. 210.). Por seu turno, o STF frequentemente alude à "restauração da **vigência**" da norma, afirmando que a norma "**voltará a vigorar**" ou usando expressões quejandas, embora, contraditoriamente, afirme outras vezes que "***permanece vigente*** a legislação anterior a ela e que teria sido revogada não houvesse a nulidade" (RTJ 101/503) (*Cf.*, ilustrativamente, transcrições em: *Controle concentrado de constitucionalidade...*, p. 212).

125. E com o restabelecimento da *presunção de* ***vigência*** da norma, recupera ela também, *por via de consequência*, a sua presunção de ***constitucionalidade***, visto como, segundo regra assente em nosso sistema constitucional, a *lei em vigor*, ou ***presumivelmente*** *em vigor*, goza de presunção relativa de *constitucionalidade*.

126. Assim, a decisão do STF, ao declarar a inconstitucionalidade da norma posterior, apenas elimina esta da equação do problema. Ou seja, se a norma anterior era *inconstitucional por outro*

Mas a decisão do STF limita-se a restabelecer o *statu quo ante*, não agregando uma presunção relativa de vigência e constitucionalidade a uma norma que não a possuísse. Ademais, justamente porque se trata de uma presunção *relativa* (*iuris tantum*), uma vez que o STF não se pronunciou sobre a sua vigência e constitucionalidade, mas sim sobre a constitucionalidade e a vigência da norma posterior que supostamente a revogava, nada impede que qualquer juiz declare a inconstitucionalidade da norma anterior, afastando assim a presunção relativa de vigência e de constitucionalidade de que usufruía[127].

Assim, não é propriamente a *decisão* do STF que torna aplicável ou inaplicável a legislação pretérita. É a inconstitucionalidade da norma posterior conflitante que *permite* a aplicabilidade da legislação pretérita[128]. O que a *decisão* do STF torna *inaplicável* é a norma posterior que esteja sendo objeto de controle abstrato e por ele declarada inconstitucional.

Ademais, o "efeito repristinatório" também não é decorrência do disposto no art. 11, § 2º, da Lei nº 9.868-99, que apenas o *explicita*, mas da própria inconstitucionalidade, razão pela qual o STF, antes mesmo da edição da Lei nº 9.868-99, vinha considerando "repristinadas" as normas supostamente revogadas pela norma declarada inconstitucional, por falecer a esta a eficácia revogatória típica das normas constitucionais.

4.2.1. O "efeito repristinatório" injusto ou indesejado

Observou-se, há pouco, que a decisão do STF em ADIn ou ADC declaratória da inconstitucionalidade de uma norma *simplesmente restaura* a presunção relativa de vigência e, portanto, de constitucionalidade de que a legislação pretérita dispunha até a data da suposta revogação desta por aquela, *sem reforçá-la, nem enfraquecê-la.*

Situações há em que essa restauração da presunção relativa de vigência e de constitucionalidade da legislação pretérita não é desejável, porquanto

---

motivo ou *não possuía vigência por outra razão*, continuará a ser inconstitucional ou desprovida de vigência *da mesma forma* após a decisão do STF sobre a norma posterior. O que a decisão do STF impede é que se considere inconstitucional ou desprovida de vigência *por conta da legislação posterior, por ele declarada inconstitucional.*

127. Salvo, obviamente, se a decisão do STF abranja expressamente a norma anterior, por meio de *cumulação de pedidos*, como se verá adiante.

128. *Não há*, portanto, *nenhuma solução de continuidade* na vigência (aplicabilidade) da legislação anterior à entrada em vigor da norma inconstitucional: aquela ***permanece*** vigente (aplicável) a despeito da entrada em vigor destúltima, porque insuscetível de ser revogada por uma norma inconstitucional e, portanto, nula *ab origine.*

manteria ou até *agravaria* o estado de inconstitucionalidade gerado pela norma inconstitucional posterior, de sorte que, em termos concretos, a decisão do STF não se revestiria de utilidade prática. Em casos que tais, diz-se que a decisão do STF produziria um "efeito repristinatório" injusto ou indesejado, que deve ser obviado a fim de que a decisão possa ser útil e assim *eliminar* ou, quando menos, *reduzir* o estado de inconstitucionalidade existente.

A nosso ver, não há necessidade de que seja o mesmo vício de inconstitucionalidade a inquinar a norma atual e a anterior. Assim, mesmo que o vício de inconstitucionalidade seja diverso (*v.g.*, inconstitucionalidade *formal* da norma atual e inconstitucionalidade *material* da norma anterior), pode configurar-se o "efeito repristinatório" indesejado.

4.2.1.1. Da necessidade de cumulação de pedidos e seus inconvenientes

Para o STF, o meio mais adequado de obstar à assurgência de um "efeito repristinatório" injusto ou indesejado é exigir do legitimado ativo que formule pedido cumulativo de declaração de inconstitucionalidade da norma que seria "repristinada" pela decisão do STF (*rectius*, da norma que voltaria a usufruir da presunção relativa de vigência e de constitucionalidade). Sem esse pedido cumulativo *expresso*, a ação seria incognoscível, devendo ser extinta sem resolução de seu mérito.

Malgrado não seja tecnicamente incorreta, essa postura jurisprudencial pode conduzir a certas perplexidades diante da própria jurisprudência do STF.

Sobreleva consignar que a exigência do pedido cumulativo dissona da jurisprudência atualmente consolidada no STF sobre a possibilidade de declaração de inconstitucionalidade por arrastamento *mesmo sem pedido expresso*. Com efeito, não há razão particular que justifique tratamento diferenciado entre a declaração de inconstitucionalidade por arrastamento de normas *que não se sucedem no tempo* e a declaração de inconstitucionalidade de normas *que se sucedem no tempo* (que não poderia ocorrer *por arrastamento*, *de ofício*, mas apenas mediante *pedido expresso* do legitimado ativo).

Esse tema, ainda carecente de maior aprofundamento, suscita muitas questões interessantes, como a de saber se é possível a declaração de inconstitucionalidade sem a formulação de pedido cumulado em relação à norma pretérita quando esta apresenta vício de inconstitucionalidade *menos grave* do que o da norma posterior impugnada, de maneira que não se *eliminaria*, mas, pelo menos, se *reduziria* o estado de inconstitucionalidade gerado pela aplicabilidade da norma posterior.

Quer-nos parecer que é cabível ADIn nessa hipótese, *desde que a norma "repristinada"*[129] *fosse também menos gravosa à Constituição do que a sua* ***antecessora*** *ou do que um* ***estado de anomia*** *(vácuo normativo)*, porquanto não se poderia afirmar que nessa hipótese faltaria interesse processual objetivo, visto que a declaração de inconstitucionalidade *amenizaria* o estado de inconstitucionalidade, satisfazendo-se assim o requisito da utilidade prática.

Assim, *v.g.*, se há três normas, A, B e C, que se sucedem no tempo e que se revogam nessa mesma sequência, sendo B a menos gravosa à Constituição, seria cabível ADIn contra a norma C sem pedido cumulado contra a norma B, porque, se houvesse esse pedido, seria "repristinada" a norma A, que é mais ofensiva à Constituição do que a norma B. Sem esse pedido cumulado contra a norma B, esta é que seria "repristinada", *atenuando-se* dessa forma o estado de inconstitucionalidade. O mesmo se diga do estado de anomia: inexistindo a norma A, e sendo a situação de vácuo normativo mais gravosa à Constituição do que a aplicabilidade da norma B ou da norma C, cabível seria a ADIn apenas contra a norma C.

Aliás, o próprio art. 11, § 2º, da Lei nº 9.868-99 abre exceção ao "efeito repristinatório", ao prever a possibilidade de o STF dispor de forma diversa, com tal condição que o faça de modo expresso ("a concessão de medida cautelar torna aplicável a legislação anterior acaso existente, ***salvo expressa manifestação em sentido contrário***"). Essa parece ser uma das hipóteses de legítima aplicação dessa ressalva.

Por outro lado, quando entre as normas inconstitucionais contrastantes houver a *intermediação cronológica* da Constituição-parâmetro, isto é, caso a norma anterior seja pré-constitucional e a norma posterior seja pós-constitucional[130], não haverá necessidade de formulação de pedido cumulativo de

---

129. Referimo-nos doravante à norma "repristinada" apenas para fins de simplificação frasal, *brevitatis causa*, insistindo, todavia, em que não há verdadeira repristinação em tais casos, mas mera restituição da presunção de vigência e, portanto, de constitucionalidade da norma pretérita, motivo pelo qual, nesses casos, usaremos o termo "repristinar" sempre entre aspas.

130. Esclarecendo ainda mais a situação posta acima: entrou em vigor a norma A; em seguida, foi editada a Constituição-parâmetro; depois, entrou em vigor a norma B. Assim, ***cronologicamente***, a Constituição-parâmetro está interposta entre a norma A (que é por isso *pré-constitucional*) e a norma B (que, por isso, é *pós-constitucional*). No exemplo, tanto a norma A, como a norma B são inconstitucionais: a norma A padece de inconstitucionalidade *superveniente* (a partir da entrada em vigor da Constituição-parâmetro contrária a ela) e a norma B de inconstitucionalidade *originária*. Apesar de contrastantes entre si, a norma B não revogou a norma A, pois a própria Constituição-parâmetro já a havia revogado antes mesmo que a norma B tivesse entrado em vigor. Assim, a declaração da inconstitucionalidade da norma B não surte

declaração de inconstitucionalidade da norma anterior (pré-constitucional): é que esta, em tal situação específica, terá sido ***revogada*** pela Constituição-parâmetro[131], não sendo possível a sua "repristinação"[132] pela declaração de inconstitucionalidade da norma posterior (pós-constitucional). Assim, nessa hipótese, a norma anterior (pré-constitucional) não seria "repristinada" porque não teria perdido a sua vigência por causa da norma inconstitucional posterior (pós-constitucional), mas sim por virtude da própria Constituição-parâmetro que se interpôs temporalmente entre ambas.

Dessarte, se *não é possível* a "repristinação" da norma pré-constitucional nessa situação, não há por que exigir do autor da ação que deduza pedido cumulativo de declaração de inconstitucionalidade dessa norma para evitar sua "repristinação". Portanto, nesses casos, *não há necessidade* de o STF ***proferir decisão*** sobre a (in)constitucionalidade da norma que seria "repristinada", nem sobre a aplicabilidade ou não desta norma[133].

Contudo, se a inconstitucionalidade *da norma pré-constitucional* for *meramente formal*, em face da Constituição-parâmetro interposta, faz-se necessária a formulação do pedido cumulativo de declaração de inconstitucionalidade dessa norma, porque, como visto no item 1.2., a inconstitucionalidade *formal* superveniente não gera nulidade, nem revogação da norma, não impedindo de modo algum a sua *recepção* (que pode ocorrer até com eventual acréscimo de

---

nenhum "efeito repristinatório" em relação à norma A, não a faz recuperar a sua presunção de vigência e de constitucionalidade.

131. Seja à luz da teoria da *revogação pura e simples* perfilhada pelo STF, seja à luz da teoria da *revogação por inconstitucionalidade* defendida neste trabalho.

132. *Rectius*, a recuperação de sua presunção de vigência e de constitucionalidade.

133. No mesmo sentido: "Ocorre, porém, que as limitações decorrentes da opção pela tese da simples revogação (critério cronológico) impedem que a declaração de inconstitucionalidade abranja normas editadas sob Constituições anteriores. Mas nem por isso deve deixar o STF de julgar o mérito de determinadas ações diretas de inconstitucionalidade sob o argumento de que a procedência do pedido poderia implicar a revigoração da legislação **pré-constitucional** também incompatível com a Constituição vigente. Ora, filiando-se o STF à teoria da existência de mero conflito cronológico, a superveniência da nova Constituição acarreta a imediata **revogação** dos diplomas contrastantes. Destarte, **entre a lei posterior e a legislação pré-constitucional há a intermediação revocatória da Constituição. Daí por que não há razão para se temer um efeito revigorador maléfico, pois remanesce, em tese, fundamento eficiente para que isso não ocorra**. A solução para essa hipótese seria a **simples abstenção da análise da validade da norma infraconstitucional precedente**, remetendo a discussão ao controle difuso – o que seria feito, de todo modo, se não conhecida a ação direta –, ou ainda **estudar se é caso de recusa ao revigoramento da legislação pretérita com base no mencionado art. 27 da Lei 9.868/99**." (BERNARDES, Juliano Taveira. *Efeitos das normas constitucionais...*, p. 46.) (Grifou-se.)

status normativo), visto ser juridicamente irrelevante para tal fim[134]. Assim, se a norma pré-constitucional contrariar apenas a *forma* prevista para sua edição na Constituição-parâmetro superveniente, esta norma não será revogada pela Constituição superveniente, mas sim *recepcionada* com a eficácia que esta nova Constituição reservar a tal tipo de norma, razão pela qual poderá ser "repristinada" pela declaração de inconstitucionalidade da norma pós-constitucional, devendo, portanto, ser requerida *também* a declaração de inconstitucionalidade da norma pré-constitucional para evitar essa "repristinação" indesejada.

Semelhantemente, se a norma pré-constitucional só se tornar inconstitucional após o advento da Constituição-parâmetro interposta, por um processo de *mutação **informal** da Constituição*, também deverá ser formulado pedido cumulativo de declaração de inconstitucionalidade da norma pré-constitucional, porque nessa situação igualmente não haverá *revogação* desta pela Constituição-parâmetro, mas sim *inconstitucionalidade superveniente*, haja vista que a mutação *informal* da Constituição não é causa de *revogação* das normas com ela contrastantes, senão que de mera *nulidade* decorrente da inconstitucionalidade superveniente, consoante já se expôs no item 2.4.3.4. Dessarte, não tendo havido *revogação* da norma pré-constitucional, esta poderia recuperar a sua presunção de vigência e de constitucionalidade se não se deduzisse o pedido cumulativo de declaração de sua inconstitucionalidade[135].

4.2.2. Relações entre o "efeito repristinatório" e o efeito vinculante

O problema que ora se põe diz com o impacto que o efeito vinculante exerce sobre o denominado "efeito repristinatório". Ou seja, qual a influência do efeito vinculante sobre o "efeito repristinatório"? O efeito vinculante da

---

134. Foi o que quis exprimir o STF na seguinte ementa, apesar do exagero em afirmar que não existe o instituto da "inconstitucionalidade formal superveniente": "PROCESSO – REGIMENTO INTERNO DO SUPREMO TRIBUNAL FEDERAL – DISCIPLINA – PERSISTÊNCIA NO CENÁRIO NORMATIVO. As normas processuais insertas no Regimento Interno do Supremo Tribunal Federal, relativas a ações e recursos situados na respectiva competência, foram recepcionadas pela Constituição de 1988, no que com esta harmônicas. ***Inexistindo o instituto da inconstitucionalidade formal superveniente***, o conflito entre normas processuais, sob o ângulo **material**, resolve-se mediante a consideração da revogação tácita."(RE 212455 ED-EDv-AgR, Pleno, Rel. Min. Marco Aurélio, DJU 11.04.2003, p. 27.) No mesmo sentido: RTJ 133/995; RTJ 139/373.

135. A jurisprudência consolidada no STF sobre a impossibilidade de controle abstrato da legislação pré-constitucional não constituiria óbice à cumulação de pedidos, já que ela se fulcra no argumento da *revogação* da legislação pré-constitucional pela Constituição posterior, *revogação* esta *inocorrente* na situação específica sob exame.

decisão do STF em ADIn e ADC tem o condão de "repristinar" a legislação anterior que teria sido revogada pelas normas ***semelhantes*** à norma declarada inconstitucional pelo STF?

Afigura-se-nos que não, já que a decisão do STF restringe-se a *determinar* que os juízes e a Administração Pública ***decidam*** questões análogas à que o STF decidiu em ADIn ou ADC em consonância com a decisão do STF. Mas o STF não ***decidiu especificamente*** sobre essas normas semelhantes. Por conseguinte, se não proferiu ***decisão específica*** sobre a inconstitucionalidade dessas normas semelhantes, ***não restaurou a presunção de vigência e de constitucionalidade*** *da legislação pretérita que teria sido revogada por essas mesmas normas semelhantes.*

A decisão do STF só restaura a presunção de vigência e de constitucionalidade da legislação pretérita *que teria sido revogada pela norma objeto de* ***decisão específica*** *do STF na ADIn ou na ADC*, a saber, da legislação pretérita que teria sido revogada *pela norma* ***expressamente declarada inconstitucional*** pelo STF na ADIn ou na ADC.

Conseguintemente, para que seja restabelecida a presunção de vigência e de constitucionalidade da legislação pretérita que teria sido revogada por norma ***similar*** à norma especificamente declarada inconstitucional na ADIn ou na ADC, é necessário que haja *decisão específica – judicial (no controle difuso ou no concentrado) ou administrativa* – sobre a norma que teria revogado a legislação pretérita.

Tal *decisão específica* pode ser *judicial* porque qualquer juiz, ao declarar incidentalmente a inconstitucionalidade de uma norma, restitui *automaticamente* à norma anterior que teria sido por ela revogada a presunção de vigência e de constitucionalidade, ***dentro dos limites da lide***, obviamente[136]. Por isso, para evitar a aplicabilidade da norma que recupera a presunção de vigência, o juiz teria de proferir nova decisão sobre essa outra questão incidental no processo, já que, do contrário, diante do seu silêncio, presume-se vigente e aplicável a legislação anterior. Ademais, se proposta outra ADIn ou ADC sobre norma *análoga* à declarada inconstitucional pelo STF com efeito vinculante

136. Na mesma linha, adverte ainda Juliano Bernardes: "Outrossim, é válida a regra do ressuscitamento do dispositivo anterior também no controle **difuso.** Por conseguinte, diante dos obstáculos processuais derivados do princípio da correlação entre a lide e a sentença (Código de Processo Civil, arts. 128 e 459), o autor deverá atentar-se ao problema da revigoração da legislação anterior – se também inconstitucional –, **porquanto *nem sempre* é possível a utilização do princípio do *iura novit curia* no reconhecimento *ex officio* da inconstitucionalidade das normas pretéritas.**" (*Efeitos das normas constitucionais...*, p. 47.) (Grifou-se.)

em ADIn ou ADC precedente, o STF proferiria, no controle concentrado, *decisão específica* que ressuscitaria a presunção de vigência e de constitucionalidade da legislação pretérita que teria sido por ela revogada.

Outrossim, tal *decisão específica* pode ser *administrativa* porque a Administração Pública tem o ***dever*** de negar aplicação, por inconstitucionalidade, a normas *semelhantes* à norma declarada inconstitucional pelo STF em ADIn e ADC porque jungida ao efeito vinculante da decisão do STF. E não apenas o *Chefe* do Poder Executivo, mas *todos os servidores* integrantes da Administração Pública, direta ou indireta, têm esse *dever*, porque igualmente assujeitados ao efeito vinculante pela CF-88.

Com efeito, se há certa dubitação na doutrina e na jurisprudência[137] sobre a possibilidade de um simples *servidor* da Administração Pública negar cumprimento a uma lei sob o fundamento de inconstitucionalidade dela, numa decisão de *natureza administrativa*[138], é fora de dúvida que, nas situações em que haja decisão do STF em ADIn ou ADC com efeito vinculante, o próprio servidor, *independentemente de qualquer autorização prévia da sua Chefia*[139], não só *pode,*

137. O STF tem entendido que o ***Chefe*** do Poder Executivo goza da prerrogativa de negar cumprimento à lei que repute inconstitucional e de determinar aos seus subordinados que lhe neguem cumprimento, assumindo os riscos daí derivantes. *Cf.* ADIn nº 221, *in:* RTJ 151/331.

138. *Cf.*, por todos, a resenha de BINENBOJM, Gustavo. *A nova jurisdição constitucional...*, p. 232-249.

139. De feito, não faria sentido ***condicionar*** o cumprimento do dever que promana diretamente da CF-88 (art. 102, § 2º) à autorização prévia da respectiva Chefia administrativa, possibilitando a esta *retardar* ou *impedir por completo* o imediato cumprimento desse dever constitucional simplesmente não emitindo a autorização expressa aos seus subordinados ou emitindo-a tardiamente. O mesmo se diga a respeito das súmulas vinculantes, haja vista o disposto no art. 103-A da CF-88 e nos arts. 56, 64-A e 65-B da Lei nº 9.784-99 (a qual trata do processo administrativo federal), introduzidos pela Lei nº 11.417-2006: "**Art. 56.** [...] § **3º.** Se o recorrente alegar que a decisão administrativa contraria enunciado da súmula vinculante, caberá à autoridade prolatora da decisão impugnada, se não a reconsiderar, explicitar, antes de encaminhar o recurso à autoridade superior, as razões da aplicabilidade ou inaplicabilidade da súmula, conforme o caso." (NR) "**Art. 64-A.** Se o recorrente alegar violação de enunciado da súmula vinculante, o órgão competente para decidir o recurso explicitará as razões da aplicabilidade ou inaplicabilidade da súmula, conforme o caso. **Art. 64-B.** Acolhida pelo Supremo Tribunal Federal a reclamação fundada em violação de enunciado da súmula vinculante, dar-se-á ciência à autoridade prolatora e ao órgão competente para o julgamento do recurso, *que deverão adequar as futuras decisões administrativas em casos semelhantes, sob pena de responsabilização pessoal nas esferas cível, administrativa e penal.*" Aliás, a "responsabilização **PESSOAL**" da autoridade prolatora e dos integrantes do órgão competente para julgamento do recurso "nas esferas **cível**, **administrativa** e **penal**" constitui o mais poderoso instrumento para compelir tais autoridades administrativas a cumprir o comando da súmula vinculante, na própria esfera administrativa, sem necessidade de recurso ao Poder Judiciário. Em verdade, é no dever de observância da súmula vinculante na própria órbita administrativa que residia a sua maior

como *deve* afastar a aplicação, por inconstitucionalidade, de norma *análoga* à norma declarada inconstitucional pelo STF em ADIn ou ADC. Se assim não fosse, de nada adiantaria a previsão constitucional de produção do efeito vinculante em relação à Administração Pública. É de observar que o art. 102, § 2º, da CF-88 não circunscreveu o efeito vinculante apenas à *Chefia* da Administração Pública, mas o estendeu indiscriminadamente a ela como um todo[140].

De outra banda, aplicando ao efeito vinculante as noções atrás expostas acerca do "efeito repristinatório", só será necessária a formulação de pedido cumulativo de inconstitucionalidade *da legislação pretérita que seria "repristinada" pela legislação posterior* ***especificamente*** *declarada inconstitucional na ADIn ou na ADC.* Assim, a legislação pretérita que teria sido revogada por norma ***similar*** à norma especificamente declarada inconstitucional na ADIn ou na ADC precisará de decisão específica, judicial ou administrativa, para recuperar sua presunção de vigência e de constitucionalidade.

4.3. A IMPOSSIBILIDADE DE RENOVAÇÃO DE PRAZOS DECADENCIAIS E PRESCRICIONAIS JÁ EXAURIDOS EM VIRTUDE DA DECISÃO DO STF

Consoante já enfatizado (itens 1.6.4. e 3.4.), a decisão do STF em ADIn ou ADC não tem a virtude de renovar prazos decadenciais e prescricionais

---

vantagem em relação à denominada "**súmula impeditiva de recursos**" (CPC-73, art. 518, § 1º: "O juiz não receberá o recurso de apelação quando a sentença estiver em conformidade com súmula do Superior Tribunal de Justiça ou do Supremo Tribunal Federal", sem correspondente no CPC-2015, que, aliás, no art. 1.010, § 3º, já nem permite juízo de admissibilidade de apelação pelo juízo de 1º grau), a qual não obrigava diretamente a Administração Pública, já que só atuava em processos ***judiciais***, e não em processos ***administrativos***. Portanto, a súmula vinculante tem a virtude de impor-se diretamente à Administração Pública, sem a necessidade de prévia intervenção do Poder Judiciário. Ademais, segundo a Lei nº 11.417-2006, embora o Poder Judiciário possa ser provocado validamente antes de esgotados os recursos e meios de impugnação admissíveis na órbita administrativa (em face do princípio constitucional do livre acesso ao Poder Judiciário), o uso da *reclamação* perante o STF contra ato ou omissão da administração pública fica condicionado ao prévio exaurimento da via administrativa: "**Art. 7º.** Da decisão judicial ou do ato administrativo que contrariar enunciado de súmula vinculante, negar-lhe vigência ou aplicá-lo indevidamente caberá reclamação ao Supremo Tribunal Federal, **sem prejuízo dos recursos ou outros meios admissíveis de impugnação. § 1º. Contra omissão ou ato da administração pública, o uso da *reclamação* só será admitido após esgotamento das vias administrativas.**"

140. "**Art. 102. [...] § 2º.** As decisões definitivas de mérito, proferidas pelo Supremo Tribunal Federal, nas ações diretas de inconstitucionalidade e nas ações declaratórias de constitucionalidade produzirão eficácia contra todos e **efeito vinculante**, relativamente aos demais órgãos do Poder Judiciário ***e à administração pública direta e indireta, nas esferas federal, estadual e municipal.***" (Redação dada pela EC 45-2004.)

já exauridos, porquanto possui *eficácia meramente declaratória* (e não *desconstitutiva*). Com efeito, nessas *ações meramente declaratórias* (ADIn e ADC), o efeito produzido pela decisão do STF cifra-se em tornar *certa* e *indiscutível* a constitucionalidade ou inconstitucionalidade da norma objeto da ação, revestida como é essa decisão de coisa julgada *erga omnes*. Se, *v.g.*, o STF declara inconstitucional a norma X objeto de ADIn, essa inconstitucionalidade declarada pelo STF não pode mais ser *discutida* ou *posta em dúvida* por ninguém, em virtude da coisa julgada *erga omnes* da decisão do STF, a qual torna a questão *indiscutível* e *imutável* em qualquer processo.

Todavia, a decisão do STF não constitui *condição* ou *pressuposto necessário* para o exercício do direito de ação individual ou coletiva – pois apenas torna *certa* e *indiscutível* a (in)constitucionalidade da norma –, razão por que qualquer interessado pode propor ação individual ou coletiva e *discutir* essa (in) constitucionalidade antes de eventual decisão do STF sobre o tema, *observados os prazos decadenciais ou prescricionais aplicáveis ao caso*. Não configurando, portanto, nenhum óbice para o exercício do direito de ação, a decisão do STF em ADIn ou ADC não constitui causa *impeditiva*, *suspensiva*[141], *interruptiva* ou *restauradora* do respectivo prazo decadencial ou prescricional.

Portanto, os atos e decisões inconstitucionais continuam sujeitos às denominadas "fórmulas de preclusão" mesmo após a decisão do STF.

Outrossim, já tivemos ensejo de asseverar que a decisão do STF alcança inclusivamente o ato jurídico perfeito *inválido*, o direito adquirido *inválido*

---

141. Todavia, excepcionalmente, a decisão ***cautelar*** do STF em ADIn ou ADC suspensiva da ***própria vigência*** da norma objeto da ação direta (e não meramente do *julgamento* ou do *andamento* de processos envolvendo a norma objeto da ADIn ou ADC) pode consistir numa ***causa suspensiva*** do prazo prescricional da ação individual ou coletiva que envolva o tema. É que com a suspensão ***da vigência*** da norma, a pessoa interessada **não poderá** ajuizar, enquanto perdurar a suspensão, ação individual ou coletiva que tenha por base a norma cuja vigência está temporariamente suspensa, *se esta suspensão gerar impossibilidade jurídica do pedido, ilegitimidade "ad causam"* ou *ausência de interesse processual*. Assim, se a suspensão da norma causar impossibilidade jurídica do pedido, o próprio *exercício do direito de ação* ficará **obstado** durante o período da suspensão, e se o direito **de ação *não pode*** ser validamente exercido, não pode fluir o respectivo prazo prescricional, pois este pressupõe *a possibilidade*, o *poder* de agir, não havendo falar em **inércia** do titular do direito de ação. Assim, apenas quando o afirmado titular do direito material recuperar o poder de exercer validamente o seu direito de ação, em razão da cessação do efeito da cautelar suspensiva da vigência da norma, é que o prazo voltará fluir de onde parou. Releva observar que o STJ, em situações similares, considerou suspenso o prazo prescricional de uma ação porque o STF havia suspenso, **liminarmente**, a própria **vigência** de uma norma em ADIn, emprestando interpretação evolutiva ao disposto no CC-1916, que – assim como o CC-2002 –, não incluiu tal hipótese entre as causas suspensivas dos prazos prescricionais. *Cf.*, por todos, o REsp nº 158.004/SP, Rel. Min. José Dantas, DJU 18.05.1998, p. 136.

e a coisa julgada *inválida* (*cf.*, *retro*, item 3.4.); mas, *mesmo nesses casos*, a decisão do STF em ADIn ou ADC, porque dotada de eficácia meramente *declaratória*, não torna prescindível a desconstituição daqueles pela via própria (administrativa ou judicial), desconstituição esta que só poderá ocorrer dentro no prazo decadencial ou prescricional especificamente previsto para tanto[142].

Dessarte, *após proferida*, a decisão do STF poderia apenas ser usada como *fundamento jurídico* em ação individual ou coletiva, proponível, segundo o princípio da *actio nata*, dentro no prazo decadencial ou prescricional previsto especificamente para o desfazimento do ato ou decisão em questão, consistindo numa premissa jurídica *indiscutível* à conta da coisa julgada *erga omnes*.

Esgotado *in albis* o prazo prescricional ou decadencial previsto em lei pela inércia do titular do direito, segundo o princípio da *actio nata*, já não será possível esse *desfazimento coercitivo*, porque já não haverá *ação* que possa ser ajuizada para tanto. Poderá, no entanto, ocorrer o *desfazimento espontâneo* do ato ou decisão com supedâneo na decisão do STF em ADIn e ADC, desde que não prejudique direitos de outrem além do desconstituinte do ato ou decisão, pois se este não pode ser *compelido, judicial ou administrativamente,* a desconstituir o ato ou decisão que o beneficia, também *não* pode ser *impedido* de desconstituir o ato ou decisão que o beneficia quando este ato ou decisão se fundou em norma inconstitucional assim declarada pelo STF em ADIn ou ADC[143].

De outra parte, os prazos prescricionais e decadenciais estão previstos *em lei*, não cabendo ao Poder Judiciário *criar* prazos prescricionais ou decadenciais a par dos já definidos em lei, nem criar *forma de contagem* para eles diferente da determinada em lei, permitindo-se-lhe, todavia, o uso excepcional de analogia ou de interpretação analógica quando cabível.

---

142. Nesse sentido, prescrevem os arts. 53 e 54 da Lei nº 9.784-99: "**Art. 53.** A Administração deve anular seus próprios atos, quando eivados de vício de legalidade, e pode revogá-los por motivo de conveniência ou oportunidade, **respeitados os direitos [validamente] adquiridos**." "**Art. 54.** O direito da Administração de anular os atos administrativos **de que decorram efeitos favoráveis para os destinatários decai em cinco anos**, contados da data em que foram praticados, **salvo comprovada má-fé**. § 1º No caso de efeitos patrimoniais contínuos, o prazo de decadência contar-se-á da percepção do primeiro pagamento. § 2º Considera-se exercício do direito de anular qualquer medida de autoridade administrativa que importe impugnação à **validade** do ato."

143. Da mesma forma, se não pode ser *obrigado* a "constituir" um ato ou uma decisão desfavorável a si mesmo, também *não pode ser impedido* de fazê-lo quando o ato ou decisão for emitido para adequar uma situação à declaração de (in)constitucionalidade proferida pelo STF em ADIn ou ADC.

4.3.1. Declaração de inconstitucionalidade e repetição de indébito tributário

Não obstante a clareza do raciocínio expendido no item precedente, acirrada polêmica se instaurou no STJ no concernente aos efeitos da declaração de inconstitucionalidade pelo STF, quer no controle abstrato, quer no incidental, sobre o prazo prescricional da ação de repetição de indébito.

Inicialmente, predominou no STJ o entendimento de que a contar da data da declaração de inconstitucionalidade da norma pelo STF no controle abstrato ou da entrada em vigor da resolução senatorial suspensiva da execução da norma nos termos do art. 52, X, da CF-88, *renasceria* o prazo prescricional para o ajuizamento da ação de repetição de indébito tributário[144].

Posteriormente, tal posição foi superada, passando a prevalecer a tese de que a declaração de inconstitucionalidade no controle abstrato e a resolução do Senado, editada mediante prévia declaração de inconstitucionalidade da norma no controle incidental exercido pelo STF, não poderiam servir de termo *a quo* para o prazo prescricional da ação repetitória de indébito tributário[145].

---

144. Nessa linha: "AGRAVO REGIMENTAL – AGRAVO DE INSTRUMENTO – TRIBUTÁRIO – COMPENSAÇÃO – FINSOCIAL – PRESCRIÇÃO – NÃO OCORRÊNCIA. A declaração de inconstitucionalidade da lei instituidora de um tributo altera a natureza jurídica dessa prestação pecuniária, que, retirada do âmbito tributário, passa a ser de indébito sem causa do Poder Público, e não de indébito tributário. Com efeito, aquela lei declarada inconstitucional desaparece do mundo jurídico, como se nunca tivesse existido. Dessarte, **para as hipóteses restritas de devolução do tributo indevido, por fulminado de inconstitucionalidade, o *dies a quo* para a contagem do prazo para repetição do indébito pelo contribuinte deve ser o trânsito em julgado da declaração de inconstitucionalidade, pela Excelsa Corte, em controle concentrado de constitucionalidade, ou a publicação da Resolução do Senado Federal, caso a declaração de inconstitucionalidade tenha-se dado em controle difuso de constitucionalidade**. A ação para restituição/compensação do FINSOCIAL, declarada inconstitucional pelo Supremo Tribunal Federal em controle difuso de constitucionalidade (RE 150.764-1, DJU de 02.04.93, com trânsito em julgado em 04.05.93), enquanto não for editada Resolução do Senado Federal ou houver pronunciamento da Excelsa Corte acerca de sua constitucionalidade em controle concentrado de constitucionalidade, terá seu prazo prescricional em aberto, por não ter sido instituído o termo *a quo* do lustro prescricional, ato que independe totalmente da iniciativa do contribuinte. Oportuno ressaltar que a egrégia Segunda Turma desta colenda Corte, na assentada de 18.12.2003, adotou o entendimento ora esposado (REsp 205.387/MG, julgado em 18.12.2003, Rel. Min. Peçanha Martins). Confira-se também: REsp 544.753/MT, da relatoria deste Magistrado. [...]" (AgRg no Ag 518.043/MT, Rel. Min. Franciulli Netto, 2ª turma, julgado em 09.03.2004, DJU 14.06.2004, p. 198.)

145. Nesse sentido: "TRIBUTÁRIO. CONTRIBUIÇÃO SOCIAL. ADMINISTRADORES E AUTÔNOMOS. REPETIÇÃO DE INDÉBITO. TRIBUTO SUJEITO A LANÇAMENTO POR HOMOLOGAÇÃO. PRESCRIÇÃO. PRAZO. I – Nos tributos sujeitos a lançamento por homologação, o prazo prescricional para se pleitear a compensação ou a restituição do crédito tributário somente se opera quando decorridos cinco anos da ocorrência do fato

A tese anteriormente sufragada pelo STJ, ao permitir, sem base legal para tanto, que o prazo prescricional da ação de repetição de indébito tributário *recomeçasse a correr do zero* a partir da declaração de inconstitucionalidade pelo STF ou da entrada em vigor da resolução do Senado, na prática, importava na criação de uma *norma geral* sobre prescrição em matéria tributária, tema este que está ***sob reserva de lei complementar***, por força do disposto no art. 146, I, "b", da CF-88[146].

Ora, se nem mesmo o *legislador ordinário* poderia instituir a *norma geral* criada jurisprudencialmente pelo STJ, com maioria de razão não poderia fazê-lo o STJ, que não é órgão do Poder Legislativo, nem possui poder normativo que o habilite a tal. Demais, não há duvidar de que se cuidava de norma de caráter geral sobre prescrição, atento que o entendimento do STJ estava sendo aplicado *a todo e qualquer tributo* declarado inconstitucional pelo STF no controle abstrato ou objeto de resolução do Senado, beneficiando *todo e qualquer contribuinte de direito ou responsável tributário* que tivesse legitimidade ativa para propor a ação de repetição de indébito tributário (pessoa física ou jurídica).

Ademais, a tese superada vulnerava o núcleo essencial do princípio da segurança jurídica, pois, ao criar um *termo inicial completamente móvel* do prazo prescricional (e, por consequência, um *termo final igualmente móvel*) e possibilitar a própria *ressurreição* do direito material já atingido pela prescrição mediante a reabertura de um prazo prescricional já exaurido, esvaziava de sentido e utilidade o próprio instituto da prescrição em tais situações, para além de violar o direito adquirido do Fisco de não mais restituir o indébito prescrito na hipótese de prazo já esgotado.[147]

---

gerador, acrescidos de mais cinco anos, contados a partir da homologação tácita, ***em nada influenciando o termo inicial da prescrição, a declaração de inconstitucionalidade da exação, pelo STF, seja em controle difuso ou concentrado, conforme restou decidido no julgamento dos EREsp nº 435.835/SC, Rel. p/ acórdão Min. JOSÉ DELGADO, julgado em 24/03/2004***. [...]" (AgRg no REsp 846.875/SP, Rel. Min. Francisco Falcão, 1ª turma. DJU 26.10.2006, p. 251.)

146. "**Art. 146.** Cabe à lei complementar: [...]
III – estabelecer **normas gerais** em matéria de legislação tributária, **especialmente sobre**: [...]
b) obrigação, lançamento, crédito, **prescrição e decadência tributários**;"

147. Confira-se excerto do voto do Min. Teori no EREsp nº 435.835: "[...] Não se pode justificar, do ponto de vista constitucional, a orientação segundo a qual, relativamente à repetição de tributos inconstitucionais, o prazo prescricional somente corre a partir da data da decisão do STF que declara a sua inconstitucionalidade. Isso significaria, conforme já se disse, atribuir eficácia constitutiva àquela declaração. Significaria, também, atrelar o início do prazo prescricional não a um *termo* (= fato futuro e *certo*), mas a uma *condição* (= fato futuro e *incerto*).

A mudança jurisprudencial no STJ ocorreu em 2004, no julgamento do EREsp nº 435.835, e foi cristalizada em recurso repetitivo em 2010, no julgamento do Tema Repetitivo nº 142.[148]

Quadra salientar que, em 2018, a 2ª Turma do STF, embora não tenha rediscutido o mérito da tese do STJ por considerar que essa matéria é infraconstitucional, decidiu que, em homenagem à segurança jurídica, a nova orientação jurisprudencial do STJ não poderia ter sido aplicada aos processos em curso, apesar de inexistir previsão de modulação de efeitos em razão de viragem jurisprudencial no CPC-73.[149]

A matéria deverá ser apreciada pelo Plenário do STF na ADPF 248, pendente de julgamento.

4.3.2. A (in)constitucionalidade do art. 741, parágrafo único, do CPC-73 e dos arts. 525, §§ 12 e 15, e 535, §§ 5º e 8º, do CPC-2015

A partir da edição da Medida Provisória 1.997-37, de 11 de abril de 2000, foi acrescentado parágrafo único ao art. 741 do CPC-73, transposto para a MP 1.984-17, de 4 de maio de 2000, reeditado pela MP 1.984-20, de 28 de julho de 2000 (que lhe conferiu redação mais precisa), depois pela MP 2.102-26, e em seguida vigorando por força da MP 2.180-35[150], de 24 de agosto de 2001, até a entrada em vigor da Lei nº 11.232, de 22.12.2005

Não haveria termo *a quo* do prazo, e sim condição suspensiva. Isso equivale a eliminar a própria existência do prazo prescricional de cinco anos previsto no art. 168 do CTN, já que, sem termo 'a quo', o termo 'ad quem' será indeterminado. O prazo prescricional será incerto, aleatório e eventual, já que, se ninguém tomar a iniciativa de provocar jurisdicionalmente a declaração de inconstitucionalidade, não estará em curso prazo prescricional algum, mesmo que o recolhimento do tributo indevido tenha ocorrido há cinco, dez ou vinte anos."

148. REsp 1110578/SP, Rel. Min. FUX, PRIMEIRA SEÇÃO, julgado em 12/05/2010, DJe 21/05/2010, no qual se firmou a seguinte tese: "O prazo de prescrição quinquenal para pleitear a repetição tributária, nos tributos sujeitos ao lançamento de ofício, é contado da data em que se considera extinto o crédito tributário, qual seja, a data do efetivo pagamento do tributo. **A declaração de inconstitucionalidade da lei instituidora do tributo em controle concentrado, pelo STF, ou a Resolução do Senado (declaração de inconstitucionalidade em controle difuso) é despicienda para fins de contagem do prazo prescricional tanto em relação aos tributos sujeitos ao lançamento por homologação, quanto em relação aos tributos sujeitos ao lançamento de ofício.**"

149. "3. Impossibilidade de aplicação retroativa de nova regra de contagem de prazo prescricional às pretensões já ajuizadas e em curso, por força do primado da segurança jurídica." (ARE 951533 AgR-segundo, Rel. p/ Acórdão Min. DIAS TOFFOLI, Segunda Turma, julgado em 12/06/2018, DJe-233 05-11-2018)

150. Esta MP fez inserir dispositivo similitudinário no § 5º do art. 884 da CLT.

(com *vacatio legis* de 6 meses após sua publicação, nos termos de seu art. 8º). O dispositivo, na sua última redação antes do advento da Lei nº 11.232/2005, estava vazado nos seguintes termos:

> "**Art. 741.** Na execução fundada em título **judicial**, os embargos só poderão versar sobre:
>
> [...]
>
> **II** – inexigibilidade do título;
>
> **Parágrafo único.** ***Para o efeito do disposto no inciso II deste artigo***, considera-se também ***inexigível*** o título **judicial** fundado em lei ou ato normativo declarados inconstitucionais pelo Supremo Tribunal Federal ou em aplicação ou interpretação tidas por incompatíveis com a Constituição Federal."

Posteriormente, a Lei nº 11.232[151], de 22.12.2005, que promoveu substancial reforma no processo de execução, alterou a redação do *caput* e do parágrafo único do art. 741 do CPC-73, daquele para restringir a aplicação do artigo 741 às execuções contra a Fazenda Pública e deste outro para corrigir um defeito de redação na parte final do parágrafo único, o qual, pela sua literalidade, permitia a declaração de inexigibilidade do título judicial "em aplicação ou interpretação tidas por incompatíveis com a Constituição Federal" *mesmo sem a existência de precedente do STF.* Eis a nova redação:

> "**Art. 741.** Na execução contra a Fazenda Pública, os embargos só poderão versar sobre:
>
> [...]
>
> **II** – inexigibilidade do título;
>
> **Parágrafo único.** Para efeito do disposto no inciso II do caput deste artigo, considera-se também inexigível o título judicial fundado em lei ou ato normativo declarados inconstitucionais pelo Supremo Tribunal Federal, ou fundado em aplicação ou interpretação da lei ou ato normativo tidas pelo Supremo Tribunal Federal como incompatíveis com a Constituição Federal."

Com a criação do parágrafo único do art. 741 do CPC-73, introduziu-se a possibilidade de *rescisão, mediante embargos à execução*, da sentença de mérito

---

151. A mesma Lei introduziu o art. 475-L no CPC, com o seguinte teor:

"**Art. 475-L.** A impugnação somente poderá versar sobre: [...]

II – inexigibilidade do título; [...]

§ 1º. Para efeito do disposto no inciso II do caput deste artigo, considera-se também inexigível o título judicial fundado em lei ou ato normativo declarados inconstitucionais pelo Supremo Tribunal Federal, ou fundado em aplicação ou interpretação da lei ou ato normativo tidas pelo Supremo Tribunal Federal como incompatíveis com a Constituição Federal." [...]

transitada em julgado, sem estabelecer prazo algum para tanto. Conquanto não se tenha usado essa expressão, em verdade nisso consiste a inovação, porquanto torna *inexequível* a sentença já transitada em julgado fundada em lei declarada inconstitucional pelo STF.

Não se estabelecendo prazo algum para a alegação de inexigibilidade do título judicial, segue-se que *seria admissível enquanto for possível a execução da sentença de mérito transitada em julgado*, convém saber, no mesmo prazo da ação, uma vez que, segundo a Súmula nº 150 do STF, "prescreve a execução no mesmo prazo de prescrição da ação".

Acresce que ao tornar "inexigível" o título judicial, nos termos do inciso II do art. 741, permitiu o CPC-73 que, *independentemente de embargos à execução*, mediante *simples petição da parte* ou até mesmo *de ofício*, o juiz pudesse declarar a nulidade da execução fundada no título judicial transitado em julgado[152].

Observe-se que o parágrafo único do art. 741 *não criou uma nova hipótese de cabimento da ação rescisória*: criou, bem ao revés, *uma hipótese em que se prescinde totalmente de ação rescisória (e, portanto, de seu prazo bienal)* para desconstituir a sentença de mérito transitada em julgado.

De feito, os Tribunais pátrios de há muito admitem o cabimento da ação rescisória para desconstituir sentenças de mérito transitadas em julgado fundadas em lei declarada inconstitucional, bem como as sentenças que, rejeitando a aplicação da lei sob color de inconstitucionalidade, contrariaram a Constituição por ser a lei constitucional.

Mas a garantia da coisa julgada contra leis que venham a prejudicá-la tem assento constitucional no art. 5º, XXXVI, da CF-88, segundo o qual "*a lei* não prejudicará o direito adquirido, o ato jurídico perfeito e a coisa julgada". A ação rescisória só é admissível, como regra, contra as sentenças de mérito transitadas em julgado por possuir, igualmente, *assento constitucional*

152. Nesse sentido, confira-se o seguinte acórdão do STJ: "PROCESSUAL CIVIL – AGRAVO DE INSTRUMENTO – PROCESSO DE EXECUÇÃO – EMBARGOS DO DEVEDOR – NULIDADE – VÍCIO FUNDAMENTAL – ARGUIÇÃO NOS PRÓPRIOS AUTOS DA EXECUÇÃO – CABIMENTO – ARTIGOS 267, § 3º; 585, II; 586; 618, I, DO CPC. I – Não se revestindo o título de liquidez, certeza e *exigibilidade*, condições basilares exigidas no processo de execução, constitui-se em *nulidade*, como vício fundamental; *podendo a parte argui-la, **independentemente de embargos do devedor**, assim como, pode e **cumpre** ao Juiz declarar, **de ofício**, a inexistência desses pressupostos formais contemplados na lei processual civil.*" (REsp nº 13.960, Rel. Min. Waldemar Zveiter, *In:* RSTJ 40/447). No mesmo sentido: RSTJ 85/256; STJ-RT 671/187, maioria; STJ-RT 733/175; RT 596/146, JTJ 157/214, 158/181, JTA 95/128, 107/230, Lex-JTA 619/315, RJTAMG 18/111.

(CF-88, arts. 102, I, "j", 105, I, "e", e 108, I, "b"). É o único meio judicial constitucionalmente admitido para rescisão das sentenças de mérito transitadas em julgado.[153]

Acresce que a ação rescisória é ação de *competência originária* dos Tribunais. Compete *privativamente* aos Tribunais processar e julgar ação rescisória. Não há *nenhum juízo de primeira instância* que tenha competência constitucional para processar e julgar ação rescisória. Essa opção constitucional reflete a *importância* que a CF-88 confere à coisa julgada e a *excepcionalidade* que defere à sua rescisão.

Essa excepcionalidade não deriva apenas de que a instância superior deve ter competência para cassar a sentença de 1º grau (pois, se assim fosse, os Tribunais não seriam competentes para processar e julgar as ações rescisórias *de seus próprios julgados*), mas precipuamente da necessidade de cometer o julgamento dessas causas exclusivamente aos Tribunais – órgãos *colegiados*, com representatividade variada[154], e compostos de juízes em regra mais antigos na carreira –, capazes, ao menos em princípio, de garantir mais eficazmente o instituto da coisa julgada.

Ademais, a CF-88 teve o cuidado de não atribuir competência rescisória a juízo de instância inferior à do juízo cuja decisão será rescindida. Assim, não há possibilidade de instâncias **inferiores** rescindirem, mediante ação rescisória, julgados de instâncias **superiores.**

O mesmo não se dá na hipótese do art. 741, parágrafo único, do CPC-73, já que este comete ao juízo da execução (que normalmente é o juízo de 1º grau, salvo as hipóteses de ações de competência originária dos Tribunais) o poder-dever de declarar a inexigibilidade de qualquer título judicial fundado em lei ou ato normativo declarado inconstitucional pelo STF, não fazendo nenhuma ressalva à hipótese em que o título judicial haja emanado de instância superior à do juízo da execução. Como admitir que o juízo de 1º grau (juízo da execução) rescinda acórdão transitado em julgado de uma Corte Superior?

Poderia suceder ainda que o juízo de 1º grau (juízo da execução) rescindisse acórdão, passado em julgado, **prolatado pelo próprio STF** antes de este

153. "COISA JULGADA – ENVERGADURA – MITIGAÇÃO EXCEPCIONAL – AÇÃO DE IMPUGNAÇÃO AUTÔNOMA – RESCISÓRIA. A coisa julgada, ato jurídico perfeito e acabado por excelência, porque emanado do Judiciário, apenas é mitigada pelo texto constitucional, no que prevista a ação rescisória." (RE 838906 AgR, Rel. Min. MARCO AURÉLIO, Primeira Turma, julgado em 09/12/2014, DJe-021 02-02-2015.)

154. Juízes de carreira e juízes oriundos do Ministério Público e da advocacia.

mudar de orientação jurisprudencial, visto que o art. 741 do CPC-73 **não exige** que a jurisprudência do STF já se tenha **consolidado** sobre o tema, nem que a inexigibilidade do título judicial seja declarada pelo juízo da execução com base na **atual** jurisprudência do STF sobre o assunto, mas apenas que exista **um precedente qualquer** do STF (ainda que em controle incidental) declarando a inconstitucionalidade da norma em que esteja fundado o título judicial. Míngua, portanto, **razoabilidade** ao disposto no art. 741, parágrafo único, do CPC-73.

Destarte, ao possibilitar ao juiz da execução rescindir, de ofício ou a requerimento da parte, nos autos da própria execução ou mediante embargos à execução, *toda e qualquer* sentença de mérito[155] transitada em julgado fundada em lei declarada inconstitucional pelo STF (no controle difuso ou no concentrado), o art. 741, parágrafo único, do CPC-73 incorria em flagrante inconstitucionalidade, seja (a) por criar um meio não admitido constitucionalmente de rescindir sentenças de mérito transitadas em julgado, seja (b) por atribuir competência rescisória a qualquer juiz de primeira instância[156], usurpando a competência reservada pela Constituição só e unicamente aos Tribunais e atribuindo competência aos juízos de instância inferior de revisar e rescindir acórdãos já transitados em julgado proferidos em instâncias superiores, em absurda subversão da "hierarquia" recursal constitucionalmente estabelecida[157]. Vulnerava, dessa forma, tanto o art. 5º, XXXVI, da CF-88, como os arts. 102, I, "j", 105, I, "e", e 108, I, "b", da CF-88. Violava ainda o princípio da razoabilidade, radicado na cláusula do devido processo legal substantivo (CF-88, art. 5º, LIV e LV)[158].

155. Bem entendido, toda e qualquer sentença de mérito *sujeita a execução.*

156. Compare-se a abrangência do dispositivo legal (completiva de qualquer sentença exequível, independentemente de qualquer juízo de ponderação de valores concretamente em conflito) com as hipóteses excepcionalíssimas de relativização da coisa julgada, que exigem uma aplicação criteriosa do princípio da proporcionalidade para determinar qual dos princípios em tensão deverá prevalecer por possuir *peso concreto* maior.

157. Contra o referido dispositivo, entre muitos outros da MP 1.984, foi ajuizada a ADIn nº 2251-2, a qual, entretanto, não chegou a ter julgado o seu mérito por falta de aditamento da petição inicial.

158. Não obstante, o STJ vem aplicando normalmente o disposto no parágrafo único do art. 741 do CPC-73, enfatizando, porém, sua inaplicabilidade (a) às sentenças (ou acórdãos) transitadas em julgado antes da sua entrada em vigor (à consideração de que a lei regente, assim da rescisória, como dos "embargos rescisórios", é aquela vigente à época do trânsito em julgado da sentença ou do acórdão) e (b) a outras espécies de sentenças (ou acórdãos) inconstitucionais que não as expressamente referidas no parágrafo único do art. 741 do CPC-73. Confira-se o teor da Súmula 487 do STJ: "O parágrafo único do art. 741 do CPC não se aplica às sentenças transitadas em julgado em data anterior à da sua vigência". O STJ tem admitido ainda a sua invocação

Cumpre, por derradeiro, salientar que se o prazo decadencial de 2 (dois) anos da ação rescisória já se houver exaurido, a coisa julgada, até então desconstituível, transfunde-se em "coisa soberanamente julgada", não podendo ser ressuscitado o prazo para rescindir a sentença em razão da declaração de inconstitucionalidade do STF (pois esta não é dotada desse poder), quer em controle abstrato, quer em controle concreto[159].

---

nas ações executivas *lato sensu* (nas quais não há oportunidade para oposição de embargos à execução), e independentemente da data da prolação do precedente do STF (ou seja, para o STJ, é indiferente que o precedente do STF declaratório da inconstitucionalidade seja anterior ou posterior ao trânsito em julgado da sentença cuja inexigibilidade será arguida, desde que, como visto, o trânsito em julgado tenha ocorrido já na vigência do novel parágrafo único do art. 741 do CPC-73). Confira-se, por todos, o seguinte excerto de recurso representativo de controvérsia: "O art. 741, parágrafo único, do CPC, atribuiu aos embargos à execução eficácia rescisória de sentenças inconstitucionais. Por tratar-se de norma que excepciona o princípio da imutabilidade da coisa julgada, deve ser interpretada restritivamente, abarcando, tão somente, as sentenças fundadas em norma inconstitucional, assim consideradas as que: (a) aplicaram norma declarada inconstitucional; (b) aplicaram norma em situação tida por inconstitucional; ou (c) aplicaram norma com um sentido tido por inconstitucional. 2. Em qualquer desses três casos, é necessário que a inconstitucionalidade tenha sido declarada em precedente do STF, em controle concentrado ou difuso e independentemente de resolução do Senado, mediante: (a) declaração de inconstitucionalidade com ou sem redução de texto; ou (b) interpretação conforme a Constituição. 3. Por consequência, NÃO estão abrangidas pelo art. 741, parágrafo único, do CPC as demais hipóteses de sentenças inconstitucionais, ainda que tenham decidido em sentido diverso da orientação firmada no STF, tais como as que: (a) deixaram de aplicar norma declarada constitucional, ainda que em controle concentrado; (b) aplicaram dispositivo da Constituição que o STF considerou sem autoaplicabilidade; (c) deixaram de aplicar dispositivo da Constituição que o STF considerou autoaplicável; e (d) aplicaram preceito normativo que o STF considerou revogado ou não recepcionado. 4. Também estão fora do alcance do parágrafo único do art. 741 do CPC as sentenças cujo trânsito em julgado tenha ocorrido em data anterior à vigência do dispositivo. 5. 'À luz dessas premissas, não se comportam no âmbito normativo do art. 741, parágrafo único, do CPC, as sentenças que tenham reconhecido o direito a diferenças de correção monetária das contas do FGTS, contrariando o precedente do STF a respeito (RE 226.855-7, Min. Moreira Alves, RTJ 174:916-1006). É que, para reconhecer legítima, nos meses que indicou, a incidência da correção monetária pelos índices aplicados pela gestora do Fundo (a Caixa Econômica Federal), o STF não declarou a inconstitucionalidade de qualquer norma, nem mesmo mediante as técnicas de interpretação conforme a Constituição ou sem redução de texto. Resolveu, isto sim, uma questão de direito intertemporal (a de saber qual das normas infraconstitucionais - a antiga ou a nova - deveria ser aplicada para calcular a correção monetária das contas do FGTS nos citados meses) e a deliberação tomada se fez com base na aplicação direta de normas constitucionais, nomeadamente a que trata da irretroatividade da lei, em garantia do direito adquirido (art. 5º, XXXVI)' (REsp 720.953/SC, Rel. Min. Teori Zavascki, Primeira Turma, DJ de 22.08.05). [...]" (REsp 1189619/PE, Rel. Min. CASTRO MEIRA, PRIMEIRA SEÇÃO, julgado em 25/08/2010, DJe 02/09/2010.) Na mesma linha: AgInt no AREsp 929.166/GO, Rel. Min. GURGEL DE FARIA, PRIMEIRA TURMA, julgado em 25/06/2019, DJe 09/08/2019.

159. "A QUESTÃO DO ALCANCE DO PARÁGRAFO ÚNICO DO ART. 741 DO CPC – MAGISTÉRIO DA DOUTRINA [...] A sentença de mérito transitada em julgado só

Por sua vez, o CPC-2015 (Lei 13.105/15) prevê a possibilidade de relativização ou desconsideração da coisa julgada inconstitucional nos seguintes moldes:

> "Art. 525. [...]§ 12. Para efeito do disposto no inciso III do § 1º deste artigo, considera-se também inexigível a obrigação reconhecida em título executivo judicial fundado em lei ou ato normativo considerado inconstitucional pelo Supremo Tribunal Federal, ou fundado em aplicação ou interpretação da lei ou do ato normativo tido pelo Supremo Tribunal Federal como incompatível com a Constituição Federal, em controle de constitucionalidade concentrado ou difuso.
>
> § 13. No caso do § 12, os efeitos da decisão do Supremo Tribunal Federal poderão ser modulados no tempo, em atenção à segurança jurídica.
>
> § 14. A decisão do Supremo Tribunal Federal referida no § 12 deve ser anterior ao trânsito em julgado da decisão exequenda.
>
> § 15. Se a decisão referida no § 12 for proferida após o trânsito em julgado da decisão exequenda, caberá ação rescisória, cujo prazo será contado do trânsito em julgado da decisão proferida pelo Supremo Tribunal Federal."[160]

---

pode ser desconstituída mediante ajuizamento de específica ação autônoma de impugnação (ação rescisória) que haja sido proposta na fluência do prazo decadencial previsto em lei, pois, com o exaurimento de referido lapso temporal, estar-se-á diante da coisa soberanamente julgada, insuscetível de ulterior modificação, ainda que o ato sentencial encontre fundamento em legislação que, em momento posterior, tenha sido declarada inconstitucional pelo Supremo Tribunal Federal, quer em sede de controle abstrato, quer no âmbito de fiscalização incidental de constitucionalidade. – A superveniência de decisão do Supremo Tribunal Federal, declaratória de inconstitucionalidade de diploma normativo utilizado como fundamento do título judicial questionado, ainda que impregnada de eficácia "ex tunc" – como sucede, ordinariamente, com os julgamentos proferidos em sede de fiscalização concentrada (RTJ 87/758 – RTJ 164/506-509 – RTJ 201/765) –, não se revela apta, só por si, a desconstituir a autoridade da coisa julgada, que traduz, em nosso sistema jurídico, limite insuperável à força retroativa resultante dos pronunciamentos que emanam, "in abstracto", da Suprema Corte. Doutrina. Precedentes. – O significado do instituto da coisa julgada material como expressão da própria supremacia do ordenamento constitucional e como elemento inerente à existência do Estado Democrático de Direito." (RE 589513 ED-EDv-AgR-ED, Rel. Min. CELSO DE MELLO, Tribunal **Pleno**, julgado em 17/03/2016, DJe-072 18-04-2016) "A sentença de mérito transitada em julgado só pode ser desconstituída mediante ajuizamento de ação rescisória, na fluência do prazo decadencial previsto em lei. Com o exaurimento de referido lapso temporal opera-se a coisa soberanamente julgada, insuscetível de ulterior modificação, ainda que o Supremo Tribunal Federal venha a consolidar seu entendimento em sentido contrário à decisão transitada em julgado." (ARE 864746 AgR, Rel. Min. DIAS TOFFOLI, Segunda Turma, julgado em 27/10/2015, DJe-249 11-12-2015)

160. O art. 535, §§ 5º a 8º, do CPC-2015 reproduz a mesma disciplina em relação ao cumprimento de sentença contra a Fazenda Pública. O § 12 do art. 525 e o § 5º do art. 535 correspondem, respectivamente, aos arts. 475-L, II e § 1º, e 741, II, e parágrafo único, do CPC-73.

É de notar que o § 12 do art. 525 permite a desconsideração da coisa julgada pelo próprio juízo da execução (normalmente o juízo de 1º grau), *independentemente do ajuizamento de ação rescisória*, que é o **único meio constitucionalmente previsto** para rescindir decisões de mérito transitadas em julgado (CF-88, arts. 102, I, "j", 105, I, "e", e 108, I, "b").

Ao autorizar a desconsideração da coisa julgada em bases tão amplas, condicionando-a apenas à existência de uma decisão de inconstitucionalidade do STF no controle abstrato ou incidental, o art. 525 do CPC-2015 finda por vulnerar a garantia constitucional de indenidade da coisa julgada.[161] Com efeito, mesmo depois de exaurido o prazo da ação rescisória, a **coisa julgada estaria sob condição resolutiva**: ela só valeria *se e enquanto* não sobreviesse uma decisão do STF declaratória da inconstitucionalidade da norma, evento futuro e incerto hábil a desconstituir a exigibilidade do título executivo. Ademais, seria ilógico admitir que a ação rescisória já não pudesse ser ajuizada, porque operada a decadência do direito de propô-la, mas a sentença pudesse ser rescindida independentemente dela, por simples petição nos autos da execução.[162]

161. Art. 5º, XXXVI, da CF-88: "A lei não prejudicará o direito adquirido, o ato jurídico perfeito e a coisa julgada". Consoante Elival Ramos, a disposição análoga no CPC-73 é "frontalmente contraposta ao princípio da intangibilidade da coisa julgada". (RAMOS, Elival da Silva. *Controle de constitucionalidade no Brasil*: perspectivas de evolução. São Paulo: Saraiva, 2010, p. 302.)

162. Em 2014, ainda na vigência do CPC-73, no julgamento do RE 590809, o STF assentou a seguinte tese de repercussão geral: "Não cabe ação rescisória quando o julgado estiver em harmonia com o entendimento firmado pelo Plenário do Supremo à época da formalização do acórdão rescindendo, ainda que ocorra posterior superação do precedente." Portanto, embora a sentença passada em julgado seja tida por *inconstitucional* à luz da novel jurisprudência do STF acerca do tema, a ação rescisória não seria admissível. Prestigiou-se assim a coisa julgada, ainda que esta esteja em descompasso com a nova interpretação dada à Constituição pelo STF. Se a ação rescisória é incabível nesta hipótese (independentemente de qualquer prazo), seria incoerente admitir a desconsideração da coisa julgada pelo próprio juízo da execução. *A prevalecer este entendimento, o § 15 do art. 525 do CPC-2015 deveria ser interpretado restritivamente, para excluir o cabimento de ação rescisória na hipótese de viragem jurisprudencial do STF, nos moldes da tese fixada no RE 590809.* Eis a ementa do acórdão: "AÇÃO RESCISÓRIA VERSUS UNIFORMIZAÇÃO DA JURISPRUDÊNCIA. O Direito possui princípios, institutos, expressões e vocábulos com sentido próprio, não cabendo colar a sinonímia às expressões 'ação rescisória' e 'uniformização da jurisprudência'. AÇÃO RESCISÓRIA – VERBETE Nº 343 DA SÚMULA DO SUPREMO. O Verbete nº 343 da Súmula do Supremo deve de ser observado em situação jurídica na qual, inexistente controle concentrado de constitucionalidade, haja entendimentos diversos sobre o alcance da norma, mormente quando o Supremo tenha sinalizado, num primeiro passo, óptica coincidente com a revelada na decisão rescindenda." (RE 590809, Rel. Min. MARCO AURÉLIO, Tribunal Pleno, julgado em 22/10/2014, REPERCUSSÃO GERAL - MÉRITO DJe-230 24-11-2014.)

Mesmo quando exige a propositura de ação rescisória (hipótese do § 15, em que a decisão do STF é *posterior* à decisão transitada em julgado), também incorre em inconstitucionalidade, porquanto cria a figura de uma **ação rescisória sem prazo algum**, o que é patentemente incompossível com a finalidade mesma da coisa julgada.

De fato, ao estabelecer que o prazo da ação rescisória será contado do trânsito em julgado da decisão do STF, o art. 525, § 15, do CPC-2015 permite que uma decisão que fizera coisa julgada havia 40 (quarenta) ou 50 (cinquenta) anos antes possa ser rescindida, simplesmente com base numa decisão superveniente do STF sobre o tema, ainda que proferida em controle incidental, em total desprezo ao princípio da segurança jurídica, em que se assenta a garantia constitucional da coisa julgada. A ofensa ao núcleo essencial da proteção constitucional da coisa julgada e da segurança jurídica é patente, gerando perene incerteza e imprevisibilidade.

Ademais, *a cada nova decisão do STF sobre o tema (em controle incidental ou abstrato), um novo prazo de ação rescisória se iniciaria*, ainda que já exauridos os prazos decadenciais anteriores. Assim, permite-se a coexistência de *múltiplos* prazos decadenciais para a mesma sentença exequenda (um contado a partir do trânsito em julgado desta, e outro(s) tendo como termo inicial a data do trânsito em julgado de cada decisão do STF), ensejando até mesmo uma como ressurreição do direito de ajuizar a rescisória, já alcançado pela decadência em virtude do esgote do primeiro prazo e dos prazos contados das decisões do STF. Claro está que a liberdade de conformação do legislador não vai a tanto.

Embora, *em termos práticos*, o disposto no § 15 do art. 525 do CPC-2015 produza efeitos similares aos da interrupção do prazo decadencial da ação rescisória, não é isto o que o dispositivo, *tecnicamente*, prevê. Em rigor, o que o § 15 do art. 525 do CPC-2015 determina é o início da contagem do prazo da rescisória do trânsito em julgado da decisão proferida pelo STF, de maneira *independente* do prazo contado do trânsito em julgado da decisão exequenda, ou seja, estabelece um prazo adicional *autônomo*, com um termo *a quo* próprio. Em verdade, autoriza a coexistência de *múltiplos* prazos decadenciais para desconstituir a mesma decisão exequenda, cada qual com seu respectivo termo *a quo*. Não se trata de um prazo único com um termo *a quo* **móvel**: cura-se, ao revés, de multíplices prazos, com termos iniciais próprios — e praticamente imprevisíveis.

Nelson Nery Junior e Rosa Maria de Andrade Nery propugnam a inconstitucionalidade do *renascimento* da pretensão rescisória propiciada pelo

§ 15 do art. 525 e pelo § 8º do art. 535 do CPC-2015.[163] Para estes, porém, seria possível dar interpretação conforme a Constituição no sentido de que o prazo para a rescisória a partir do trânsito em julgado da decisão do STF só se iniciaria se ainda não tivesse sido extinta a pretensão rescisória surgida com o trânsito em julgado da decisão exequenda, de modo que, na prática, tais dispositivos implicariam um mero *alargamento* do prazo da rescisória que estivesse em curso.

Todavia, essa interpretação conforme minimiza, mas não resolve o problema, visto que o prazo poderia ser prorrogado *ad infinitum*, a cada nova decisão do STF dentro do prazo em curso, ou seja, o alargamento proposto poderia, virtualmente, não ter fim. Por exemplo: um ano após o trânsito em julgado da decisão exequenda, advém uma decisão do STF em RE declarando incidentalmente a inconstitucionalidade da lei em que lastreada aquela; um ano e meio depois (isto é, ainda dentro do prazo alargado pela decisão do STF), sobrevém nova decisão do STF em outro RE (ou em ADI, ADC, etc.), a acarretar novo alargamento do prazo da ação rescisória, e assim sucessivamente. Dessarte, a coisa julgada poderia, em tese, ficar eternamente sob o risco de desfazimento.

Portanto, a prolação de decisão manipulativa na modalidade de interpretação conforme a Constituição é desaconselhável na espécie, uma vez que é inábil a preservar o núcleo essencial da garantia constitucional da intangibilidade da coisa julgada e do princípio da segurança jurídica.

A declaração de inconstitucionalidade simples (com redução de texto) da parte final do § 15 do art. 525 do CPC-2015 ("cujo prazo será contado do trânsito em julgado da decisão proferida pelo Supremo Tribunal Federal") é mais consentânea com a CF-88 como um todo, pois, ao possibilitar a ação rescisória com prazo iniciado a partir do trânsito em julgado da decisão exequenda nas hipóteses do § 12 do mesmo art. 525, compatibilizaria adequadamente o interesse na prevalência da norma constitucional supostamente violada pela decisão exequenda com o interesse na prevalência da garantia constitucional da coisa julgada e da segurança jurídica.

Com efeito, a preservação da supremacia constitucional pressupõe o respeito à cláusula pétrea consistente na intangibilidade da coisa julgada. A afirmação de que a "desconsideração da coisa julgada inconstitucional" é a única forma de preservar a supremacia constitucional faz *tabula rasa* do fato de

163. NERY JUNIOR, Nelson; NERY, Rosa Maria de Andrade. *Comentários ao Código de Processo Civil.* São Paulo: RT, 2016, p. 1413 e 1442-1445.

que a intangibilidade da coisa julgada também integra o texto constitucional, não constituindo norma hierarquicamente inferior à norma constitucional tida por violada pela decisão exequenda.

Ao revés, a intangibilidade da coisa julgada configura cláusula pétrea, insuscetível de abolição até mesmo por emenda à Constituição (CF-88, art. 5º, XXXVI, c/c art. 60, § 4º, IV). Ora, se ela não pode ter seu núcleo essencial vulnerado nem mesmo por emenda formal à Constituição, com maioria de razão não poderá tê-lo violado por norma infraconstitucional, nem por meio de mudança informal (mutação) operada por interpretação judicial. Se nem o legislador constituinte reformador pode malferir o núcleo essencial da garantia da coisa julgada, *a fortiori* não poderão fazê-lo o legislador infraconstitucional e o Judiciário.[164]

Ademais, a norma do art. 5º, XXXVI, da CF-88, que assegura a intangibilidade da coisa julgada, não possui natureza de norma-princípio, não constituindo um mero "mandamento de otimização"[165], suscetível de variados graus de cumprimento e propensa ao método da ponderação, mas sim ostentando estrutura e natureza de *norma-regra* constitucional, aplicável mediante subsunção.

Trata-se de norma-regra *específica* destinada a proteger a solução judicial dada a caso que esteve democraticamente sujeito ao crivo do contraditório e da ampla defesa, com possibilidade de recursos e até mesmo de ação rescisória, também constitucionalmente prevista, a qual, porém, deve ter um prazo razoável, não podendo ser virtualmente perpétuo, capaz de aniquilar o núcleo essencial dessa norma-regra constitucional.

---

164. As mutações constitucionais ("*puras*", legítimas) encontram limite nas cláusulas pétreas, sob pena de se converterem em "*mutações impuras*", ilegítimas (inconstitucionais). Em linha análoga: "A mutação constitucional há de estancar diante de dois limites: a) as possibilidades semânticas do relato da norma, vale dizer, os sentidos possíveis do texto que está sendo interpretado ou afetado; e b) a preservação dos princípios fundamentais que dão identidade àquela específica Constituição". (BARROSO, Luís Roberto. Mutação constitucional. *In:* MOREIRA, Eduardo Ribeiro *et al.* (Orgs.) *Hermenêutica constitucional.* Florianópolis: Conceito Editorial, 2010, p. 432.) Canotilho erige os "princípios estruturais (políticos e jurídicos) da constituição" como limite às mutações constitucionais: CANOTILHO, J. J. Gomes. *Direito constitucional e teoria da Constituição.* 7. ed. Coimbra: Almedina, 2006, p. 1229. Carlos Blanco de Morais alude, dentre outros limites, ao "fim compromissório da rigidez constitucional" e ao "*acquis* constitucional": MORAIS, Carlos Blanco de. As mutações constitucionais implícitas e os seus limites jurídicos: autópsia de um acórdão controverso. *In:* FELLET, André; NOVELINO, Marcelo (Orgs.). *Constitucionalismo e democracia.* Salvador: JusPodivm, 2013, p. 518 e 521.

165. ALEXY, Robert. *Teoria dos direitos fundamentais.* Trad. Virgílio Afonso da Silva. São Paulo: Malheiros, 2008, p. 90.

Portanto, seja pela sua especialidade, seja pela sua estrutura de norma-regra[166], seja pela sua natureza de cláusula pétrea, dificilmente a garantia da intangibilidade da coisa julgada poderá ser preterida em favor de outra norma constitucional num eventual conflito de normas. Diante dessa opção preferencial feita pelo legislador constituinte, é altamente improvável que o interesse na prevalência da norma constitucional havida como violada pela decisão exequenda supere o interesse na predominância da norma do art. 5º, XXXVI, da CF-88. Logo, não há confundir a supremacia *da norma constitucional tida por vulnerada pela decisão exequenda* com a própria *supremacia constitucional*. Assim, salvo hipóteses excepcionalíssimas, a supremacia da Constituição pressupõe a prevalência da norma do art. 5º, XXXVI, da CF-88.

De outra parte, o Plenário do STF recentemente decidiu, em RE com repercussão geral, que a decisão declaratória da constitucionalidade ou da inconstitucionalidade de norma pelo STF, ainda que proferida em fiscalização abstrata, não acarreta a automática reforma ou rescisão das sentenças anteriores que hajam perfilhado entendimento diverso, sendo imprescindível a propositura de ação rescisória, caso tenham produzido coisa julgada:

> "CONSTITUCIONAL E PROCESSUAL CIVIL. DECLARAÇÃO DE INCONSTITUCIONALIDADE DE PRECEITO NORMATIVO PELO SUPREMO TRIBUNAL FEDERAL. EFICÁCIA NORMATIVA E EFICÁCIA EXECUTIVA DA DECISÃO: DISTINÇÕES. INEXISTÊNCIA DE EFEITOS AUTOMÁTICOS SOBRE AS SENTENÇAS JUDICIAIS ANTERIORMENTE PROFERIDAS EM SENTIDO CONTRÁRIO. INDISPENSABILIDADE DE INTERPOSIÇÃO DE RECURSO OU PROPOSITURA DE AÇÃO RESCISÓRIA PARA SUA REFORMA OU DESFAZIMENTO. 1. A sentença do Supremo Tribunal Federal que afirma a constitucionalidade ou a inconstitucionalidade de preceito normativo gera, no plano do ordenamento jurídico, a consequência (= eficácia normativa) de manter ou excluir a referida norma do sistema de direito. 2. Dessa sentença decorre também o efeito vinculante, consistente em atribuir ao julgado uma qualificada força impositiva e obrigatória em relação a supervenientes atos administrativos ou judiciais (= eficácia executiva ou instrumental), que, para viabilizar-se, tem como instrumento próprio, embora não único, o da reclamação prevista no art. 102, I, "l", da Carta Constitucional. 3. A eficácia executiva, por decorrer da sentença (e não da vigência da norma examinada), tem como termo inicial a data da publicação do acórdão do Supremo no Diário Oficial (art. 28 da Lei 9.868/1999). É, consequentemente, eficácia

166. Malgrado bem mais indóceis à ponderação do que as normas principiológicas, as normas-regras podem, excepcionalmente, ser derrotadas ou superadas por razões fundadas em normas-princípios (*derrotabilidade* ou *superabilidade* das normas-regras).

> que atinge atos administrativos e decisões judiciais supervenientes a essa publicação, não os pretéritos, ainda que formados com suporte em norma posteriormente declarada inconstitucional. 4. **Afirma-se, portanto, como tese de repercussão geral que a decisão do Supremo Tribunal Federal declarando a constitucionalidade ou a inconstitucionalidade de preceito normativo não produz a automática reforma ou rescisão das sentenças anteriores que tenham adotado entendimento diferente; para que tal ocorra, será indispensável a interposição do recurso próprio ou, se for o caso, a propositura da ação rescisória própria, nos termos do art. 485, V, do CPC, observado o respectivo prazo decadencial (CPC, art. 495).** Ressalva-se desse entendimento, quanto à indispensabilidade da ação rescisória, a questão relacionada à execução de efeitos futuros da sentença proferida em caso concreto sobre relações jurídicas de trato continuado. 5. No caso, mais de dois anos se passaram entre o trânsito em julgado da sentença no caso concreto reconhecendo, incidentalmente, a constitucionalidade do artigo 9º da Medida Provisória 2.164-41 (que acrescentou o artigo 29-C na Lei 8.036/90) e a superveniente decisão do STF que, em controle concentrado, declarou a inconstitucionalidade daquele preceito normativo, a significar, portanto, que aquela sentença é insuscetível de rescisão. 6. Recurso extraordinário a que se nega provimento."[167]

Subjaz a esse julgamento a ideia de que a sentença passada em julgado fundada em lei ou interpretação posteriormente declarada inconstitucional pelo STF (em controle abstrato ou incidental) não é juridicamente inexistente, nem nula de pleno direito, mas meramente anulável (rescindível), só podendo ser anulada (rescindida) mediante ação rescisória, no prazo decadencial, findo o qual não poderia mais ser desfeita.

Contudo, num caso *excepcional*, alusivo a investigação de paternidade, o STF admitira a relativização da coisa julgada, com fulcro num juízo de ponderação de valores, fazendo prevalecer o "direito fundamental à busca da identidade genética" sobre a coisa julgada[168]:

---

167. No entanto, o Min. Relator fez constar da ementa a seguinte exceção: "Ressalva-se desse entendimento, quanto à indispensabilidade da ação rescisória, a questão relacionada à execução de efeitos futuros da sentença proferida em caso concreto sobre relações jurídicas de trato continuado." (RE 730462, Rel. Min. TEORI ZAVASCKI, Tribunal Pleno, julgado em 28/05/2015, REPERCUSSÃO GERAL - MÉRITO DJe 09-09-2015.)

168. Mesmo considerando que a garantia de intangibilidade da coisa julgada configura uma norma-regra, o Min. Fux reconheceu a possibilidade de emprego do *método ponderativo* no caso: "A previsão normativa da garantia da coisa julgada sob a forma de regra não é suficiente, por si só, para pôr fim a qualquer perspectiva de ponderação. Como vem reconhecendo a novel doutrina da hermenêutica constitucional, também as regras jurídicas, em hipóteses excepcionais, submetem-se a um raciocínio ponderativo. Para tanto, deve ser realçada a razão subjacente à regra, isto é, o princípio que informa a sua interpretação finalística e a sua aplicação aos

> "[...] É dotada de repercussão geral a matéria atinente à possibilidade da repropositura de ação de investigação de paternidade, quando anterior demanda idêntica, entre as mesmas partes, foi julgada improcedente, por falta de provas, em razão da parte interessada não dispor de condições econômicas para realizar o exame de DNA e o Estado não ter custeado a produção dessa prova. 2. **Deve ser relativizada a coisa julgada estabelecida em ações de investigação de paternidade em que não foi possível determinar-se a efetiva existência de vínculo genético a unir as partes, em decorrência da não realização do exame de DNA, meio de prova que pode fornecer segurança quase absoluta quanto à existência de tal vínculo**. 3. Não devem ser impostos óbices de natureza processual ao exercício do **direito fundamental à busca da identidade genética, como natural emanação do direito de personalidade de um ser, de forma a tornar-se igualmente efetivo o direito à igualdade entre os filhos, inclusive de qualificações, bem assim o princípio da paternidade responsável**. 4. Hipótese em que não há disputa de paternidade de cunho biológico, em confronto com outra, de cunho afetivo. Busca-se o reconhecimento de paternidade com relação a pessoa identificada. 5. Recursos extraordinários conhecidos e providos."[169]

Mais recentemente, em 2016, ao julgar a ADIn 2418, ajuizada em 2001 pelo Conselho Federal da OAB visando à declaração de inconstitucionalidade dos arts. 475-L, § 1º, e 741, parágrafo único, do CPC-73, o STF conheceu da ação, malgrado a revogação dos referidos dispositivos, por entender que não houve alteração substancial na regulamentação operada pelo CPC-2015, e julgou improcedente o pedido de declaração de inconstitucionalidade, declarando expressamente a *constitucionalidade* não só dos arts. 475-L, § 1º, e 741, parágrafo único, do CPC-73, senão também do art. 525, § 1º, III e §§ 12 e 14, e do art. 535, § 5º, do CPC-2015.[170]

---

casos concretos: *in casu*, é o princípio da segurança jurídica (CF, art. 5º, *caput*), como já visto, que serve de manancial para a definição do sentido e do alcance da garantia da coisa julgada material. [...] Assim, a técnica da ponderação apenas poderá levar ao afastamento de uma regra jurídica quando restar demonstrado, de modo fundamentado, que os princípios que lhe são contrapostos superam, axiologicamente, o peso (i) da razão subjacente à própria regra e (ii) dos princípios institucionais da previsibilidade, da igualdade e da democracia. [...] A hipótese dos autos, no entanto, tende a caracterizar justamente a excepcionalidade capaz de autorizar o afastamento da regra da coisa julgada material, em prol dos direitos fundamentais à filiação e à assistência aos necessitados."

169. RE 363889, Rel. Min. DIAS TOFFOLI, Tribunal Pleno, julgado em 02/06/2011, REPERCUSSÃO GERAL - MÉRITO DJe 16-12-2011. Grifou-se.

170. "CONSTITUCIONAL. [...] LEGITIMIDADE DA NORMA PROCESSUAL QUE INSTITUI HIPÓTESE DE INEXIGIBILIDADE DE TÍTULO EXECUTIVO JUDICIAL EIVADO DE INCONSTITUCIONALIDADE QUALIFICADA (ART. 741, PARÁGRAFO

Não houve, porém, decisão acerca do § 15 do art. 525 e do § 8º do art. 535 do CPC-2015, acima referidos, exatamente por acarretarem substancial inovação em relação à disciplina do CPC-73.

No julgamento da ADIn 2418, o STF enfatizou que nem todas as "sentenças inconstitucionais" acarretam inexigibilidade da obrigação, mas só e unicamente aquelas modalidades de sentenças inconstitucionais referidas expressamente pelo CPC-2015, portadoras de um "vício de inconstitucionalidade qualificado". Assim, a "sentença inconstitucional" passada em julgado só ensejaria alegação de inexigibilidade quando da impugnação à execução nas seguintes hipóteses *taxativas* (*numerus clausus*):

> "(a) a sentença exequenda esteja fundada em norma reconhecidamente inconstitucional – seja por aplicar norma inconstitucional, seja por aplicar norma em situação ou com um sentido inconstitucionais; ou (b) a sentença exequenda tenha deixado de aplicar norma reconhecidamente constitucional; e (c) desde que, em qualquer dos casos, o reconhecimento dessa constitucionalidade ou a inconstitucionalidade tenha decorrido de julgamento do STF realizado em data anterior ao trânsito em julgado da sentença exequenda."

Esse entendimento foi reafirmado no julgamento do RE 611503, julgado em 20.08.2018, no qual se firmou tese de repercussão geral de idêntico teor (Tema 360/STF).[171]

ÚNICO E ART. 475-L, § 1º DO CPC/73; ART. 525, § 1º, III E §§ 12 E 14 E ART. 535, III, § 5º DO CPC/15). [...] 3. São constitucionais as disposições normativas do parágrafo único do art. 741 do CPC, do § 1º do art. 475-L, ambos do CPC/73, bem como os correspondentes dispositivos do CPC/15, o art. 525, § 1º, III e §§ 12 e 14, o art. 535, § 5º. São dispositivos que, buscando harmonizar a garantia da coisa julgada com o primado da Constituição, vieram agregar ao sistema processual brasileiro um mecanismo com eficácia rescisória de sentenças revestidas de vício de inconstitucionalidade qualificado, assim caracterizado nas hipóteses em que (a) a sentença exequenda esteja fundada em norma reconhecidamente inconstitucional – seja por aplicar norma inconstitucional, seja por aplicar norma em situação ou com um sentido inconstitucionais; ou (b) a sentença exequenda tenha deixado de aplicar norma reconhecidamente constitucional; e (c) desde que, em qualquer dos casos, o reconhecimento dessa constitucionalidade ou a inconstitucionalidade tenha decorrido de julgamento do STF realizado em data anterior ao trânsito em julgado da sentença exequenda. 4. Ação julgada improcedente." (ADIn 2418, Rel. Min. TEORI ZAVASCKI, Tribunal Pleno, julgado em 04-05-2016, DJe-243 17-11-2016.)

171. "RECURSO EXTRAORDINÁRIO. COISA JULGADA INCONSTITUCIONAL. ARTIGO 741, PARÁGRAFO ÚNICO, E ARTIGO 475-L, PARÁGRAFO PRIMEIRO, DO CÓDIGO DE PROCESSO CIVIL DE 1973. ARTIGO 525, PARÁGRAFO PRIMEIRO, INCISO III, PARÁGRAFOS 12 E 14, E ARTIGO 535, PARÁGRAFO 5º, DO CÓDIGO DE PROCESSO CIVIL DE 2015. 1. São constitucionais as disposições normativas do parágrafo único do art. 741 do CPC, do § 1º do art. 475-L, ambos do CPC/73, bem como

Destarte, há vários casos de sentença inconstitucional que não autorizam a alegação de inexigibilidade na fase de cumprimento. É o que sucede, *v.g.*, quando a sentença aplica norma constitucional reputada não autoaplicável pelo STF. Nessa hipótese, há aplicação direta da norma constitucional, e não de uma lei reputada inconstitucional pelo STF. Essa situação não se subsume às hipóteses taxativas previstas no CPC-2015, não ensejando impugnação ao cumprimento da sentença com base em alegação de inexigibilidade da obrigação reconhecida no título executivo, segundo decidiu o STF.[172]

Para além disso, encareceu-se que a inexigibilidade da obrigação reconhecida no título executivo só poderia ser alegada na *impugnação à execução* na hipótese de a decisão do STF ter sido prolatada *antes* do trânsito em julgado da sentença exequenda, consoante se extrai da própria ementa acima transcrita e do disposto nos arts. 525, § 14, e 535, § 7º ("§ 7º A decisão do Supremo Tribunal Federal referida no § 5º deve ter sido proferida antes do trânsito em julgado da decisão exequenda"). Se a decisão do STF for *superveniente* ao trânsito em julgado da sentença exequenda, caberá *única e exclusivamente ação rescisória*, conforme dispõem os arts. 525, § 15, e 535, § 8º, do CPC-2015, dentro do respectivo prazo decadencial. Findo o prazo da ação rescisória, a sentença exequenda não mais poderá ser desfeita.

---

os correspondentes dispositivos do CPC/15, o art. 525, § 1º, III e §§ 12 e 14, o art. 535, § 5º. 2. Os dispositivos questionados buscam harmonizar a garantia da coisa julgada com o primado da Constituição, agregando ao sistema processual brasileiro, um mecanismo com eficácia rescisória de sentenças revestidas de vício de inconstitucionalidade qualificado. 3. São consideradas decisões com vícios de inconstitucionalidade qualificados: (a) a sentença exequenda fundada em norma reconhecidamente inconstitucional, seja por aplicar norma inconstitucional, seja por aplicar norma em situação ou com sentido inconstitucionais; (b) a sentença exequenda que tenha deixado de aplicar norma reconhecidamente constitucional. 4. Para o reconhecimento do vício de inconstitucionalidade qualificado exige-se que o julgamento do STF, que declara a norma constitucional ou inconstitucional, tenha sido realizado em data anterior ao trânsito em julgado da sentença exequenda. 5. Recurso extraordinário a que se nega provimento." (RE 611503, Rel. p/ Acórdão Min. FACHIN, Tribunal Pleno, julgado em 20/08/2018, REPERCUSSÃO GERAL - MÉRITO DJe-053 19-03-2019)

172. "São muito variados, com efeito, os modos como as sentenças podem operar ofensa à Constituição. A sentença é inconstitucional não apenas (a) quando aplica norma inconstitucional (ou com um sentido ou a uma situação tidos por inconstitucionais), ou quando (b) deixa de aplicar norma declarada constitucional, *mas também quando (c) aplica dispositivo da Constituição considerado não autoaplicável ou (d) quando o aplica à base de interpretação equivocada, ou (e) deixa de aplicar dispositivo da Constituição autoaplicável, e assim por diante.* Em suma, a inconstitucionalidade da sentença ocorre em qualquer caso de ofensa à supremacia da Constituição, ***da qual a constitucionalidade das leis é parte importante, mas é apenas parte.***" (ADIn 2418, Rel. Min. TEORI ZAVASCKI, Tribunal Pleno, julgado em 04-05-2016, DJe-243 17-11-2016.) (Grifou-se.)

Todavia, embora incabível a impugnação à execução com fulcro na inexigibilidade da obrigação reconhecida na sentença inconstitucional quando a decisão do STF é sobreveniente ao trânsito em julgado da sentença exequenda, é possível que o executado obtenha tutela provisória na ação rescisória para suspender a execução até o desfecho da ação rescisória (CPC-2015, art. 969).

Ademais, ao que se infere do teor das discussões travadas na ADIn 2418, a alegação de inexigibilidade da obrigação prevista no CPC-2015 *não pode ser deduzida a qualquer tempo, mas apenas no prazo para impugnação ao cumprimento da sentença* (arts. 525 e 535, *caput*). Passada essa oportunidade, só mediante ação rescisória, se ainda não decorrido o respectivo biênio decadencial, poderá ser paralisada a execução e rescindida a sentença exequenda.

Em se tratando, porém, de relação de trato continuado, no que respeita aos efeitos *futuros* da coisa julgada (ou seja, *posteriores à decisão do STF*), não há necessidade de ação rescisória para cassá-los, porquanto cessam automaticamente a partir da decisão do STF.[173] A ação rescisória só será necessária (se ainda for tempestiva) para fazer cessar os efeitos *pretéritos* da coisa julgada.

No que concerne à sentenças transitadas em julgado proferidas nos Juizados Especiais Estaduais ou Federais, insuscetíveis de ação rescisória por força de expressa vedação legal (art. 59 da Lei 9.099/95),[174] o STF permitiu que, quando contrárias a decisão (anterior ou posterior) **do Plenário** da Suprema Corte em controle incidental ou abstrato (nos termos do art. 535, § 5º, do CPC-2015 e do art. 741, parágrafo único, do CPC-73), sejam impugnadas na fase cumprimento da sentença, ou mediante *petição simples*, **desde que protocolada no prazo** equivalente ao **da ação rescisória.**[175] Considerou-se

173. "Nas demandas em que configurada relação de trato continuado, a eficácia executiva da decisão do Supremo Tribunal Federal incide automaticamente sobre os efeitos futuros de pronunciamentos jurisdicionais anteriores, ainda que transitados em julgado, independentemente do prévio ajuizamento de ação rescisória." (ARE 1461610 ED, Rel. Min. ANDRÉ MENDONÇA, Segunda Turma, julgado em 21-02-2024, DJe-s/n 23-04-2024.) Na mesma linha: "Ressalva-se desse entendimento, quanto à indispensabilidade da ação rescisória, a questão relacionada à execução de efeitos futuros da sentença proferida em caso concreto sobre relações jurídicas de trato continuado." (RE 730462, Rel. Min. TEORI ZAVASCKI, Tribunal Pleno, julgado em 28/05/2015, REPERCUSSÃO GERAL - MÉRITO DJe 09-09-2015.)

174. "Art. 59. Não se admitirá ação rescisória nas causas sujeitas ao procedimento instituído por esta Lei." Tal dispositivo é aplicável aos Juizados Especiais Federais por força do art. 1º da Lei 10.259-2001: "Art. 1o São instituídos os Juizados Especiais Cíveis e Criminais da Justiça Federal, aos quais se aplica, no que não conflitar com esta Lei, o disposto na Lei no 9.099, de 26 de setembro de 1995."

175. "Constitucional e Processual Civil. 2. Execução (atual fase de cumprimento de sentença). Inexigibilidade do título executivo judicial (artigo 741, parágrafo único do CPC/73 e art. 535, §

que, diante da explícita proibição veiculada no art. 59 da Lei 9.099/95 e da impossibilidade de atribuir competência à Turma Recursal não prevista em lei ou na Constituição, a ação rescisória é incabível, mas se admitiu a apresentação de *petitio simplex* ao juízo de primeiro grau perante o qual tramitou a ação, no prazo *correspondente* ao da ação rescisória.[176]

Outrossim, no julgamento da ADIn 2418, o STF buscou diferençar as hipóteses de inexigibilidade do título executivo previstas no CPC-2015 (art. 525, § 1º, III e §§ 12 e 14, e art. 535, § 5º) da tese da "relativização da coisa julgada", em princípio inadmissível, segundo a qual seria possível afastar os efeitos da coisa julgada fora das hipóteses legalmente previstas, normalmente com esteio num juízo de ponderação. Confira-se:

> "Repita-se, portanto, que a solução oferecida pelo § 1º do art. 475-L e parágrafo único do art. 741 do CPC/73 (e seus correspondentes no atual

---

5º, do CPC/15). Aplicabilidade no âmbito dos juizados especiais. 3.Coisa julgada (artigo 5º, XXXVI, da Constituição Federal). Entendimento do Supremo Tribunal Federal em sentido contrário ao comando transitado em julgado. 4. Inexigibilidade do título executivo transitado em julgado. Precedentes. ADI 2.418, Rel. Min. Teori Zavascki, Pleno, DJe 17.11.2016 e RE 611.503, Redator p/ acórdão Min. Edson Fachin, DJe 10.3.2019 (Tema 360 da sistemática da repercussão geral). Extensão do entendimento do STF aos casos com trânsito em julgado anteriores, que estejam pendentes de cumprimento. 5. Admitida a impugnação pela inexigibilidade do título judicial, transitado em julgado, em contrariedade ao posicionamento do Supremo Tribunal Federal, seja no Juizado Especial Cível da Justiça Estadual ou Federal, nada obstante o disposto no art. 59 da Lei 9.099/1995. 6. Fixação das teses, as quais demandam análise conjunta: '1) é possível aplicar o artigo 741, parágrafo único, do CPC/73, atual art. 535, § 5º, do CPC/2015, aos feitos submetidos ao procedimento sumaríssimo, desde que o trânsito em julgado da fase de conhecimento seja posterior a 27.8.2001; 2) é admissível a invocação como fundamento da inexigibilidade de ser o título judicial fundado em aplicação ou interpretação tida como incompatível com a Constituição quando houver pronunciamento jurisdicional, contrário ao decidido **pelo Plenário** do Supremo Tribunal Federal, seja no controle difuso, seja no controle concentrado de constitucionalidade; 3) o art. 59 da Lei 9.099/1995 não impede a desconstituição da coisa julgada quando o título executivo judicial se amparar em contrariedade à interpretação ou sentido da norma conferida pela Suprema Corte, anterior ou posterior ao trânsito em julgado, admitindo, respectivamente, o manejo (i) de impugnação ao cumprimento de sentença ou (ii) de **simples petição, a ser apresentada em prazo equivalente ao da ação rescisória**'." (RE 586068, Rel. p/ Acórdão Min. GILMAR MENDES, Tribunal Pleno, julgado em 09-11-2023, REPERCUSSÃO GERAL - MÉRITO DJe-s/n 31-01-2024.)

176. Afirmou o Min. BARROSO: "Estender ao procedimento dos Juizados Especiais o cabimento de ação rescisória implicaria atribuir à Turma Recursal competência não prevista em lei ou na Constituição, ou retirar a demanda do sistema dos juizados, remetendo-a ao Tribunal local. Por essa razão, embora conclua pela possibilidade de desconstituição da coisa julgada firmada sob esse procedimento especial, entendo que a arguição deve se dar por outro meio que não a propositura de ação rescisória. Assim, não acompanho o voto divergente quanto à interpretação conforme propugnada para o art. 59 da Lei nº 9.099/1995." (RE 586068, Rel. p/ Acórdão Min. GILMAR MENDES, Tribunal Pleno, julgado em 09-11-2023, DJe-s/n 31-01-2024.)

> Código de Processo Civil) não abarca todos os possíveis casos de sentença inconstitucional. Muito pelo contrário, é solução legislativa para situações específicas, razão pela qual, contém alertar, não envolve e nem se confunde com a controvertida questão, aqui impertinente e por isso não tratada, a respeito da denominada "*relativização da coisa julgada*", questão essa centrada, como se sabe, na possibilidade ou não de negar eficácia a decisões judiciais em hipóteses não previstas pelo legislador processual, o que não é o caso.
>
> 12. Aqui, as hipóteses de ineficácia da sentença exequenda estão expressamente limitadas pelo texto normativo (parágrafo único do art. 741 do CPC/73) [...]."

Por outro lado, a doutrina tedesca costuma estabelecer um *distinguo* entre os efeitos da declaração de inconstitucionalidade no plano da norma (*Normebene*) e no plano dos atos concretos (*Einzelaktebene*), de maneira que os atos concretos insuscetíveis de revisão, em virtude das "fórmulas de preclusão", não seriam infirmados pela declaração de inconstitucionalidade no controle abstrato.

Contudo, remanesce um questionamento: se (a) a decisão de inconstitucionalidade em ADIn ou ADC é proferida em ação de natureza *declaratória* e, como tal, não sujeita a nenhum prazo prescricional ou decadencial (como há muito reconhece a jurisprudência do STF[177]), e (b) o ato nulo, por via de regra[178], não convalesce com o transcurso do tempo, podendo a sua nulidade ser alegada a qualquer tempo, como admitir que as "fórmulas de preclusão" possam inviabilizar o reconhecimento da nulidade da norma inconstitucional quanto aos atos concretos?

De feito, a ADIn e a ADC não estão assujeitadas a nenhum prazo prescricional ou decadencial, podendo ser propostas a qualquer tempo. Sucede que nelas a declaração de inconstitucionalidade e consequente nulidade é o *pedido*

177. Editada sob a égide da CF-1946, já registrava a Súmula 360 do STF: **"Não há prazo de decadência para a representação de inconstitucionalidade** prevista no art. 8º, parágrafo único, da Constituição Federal." (DJ de 17/12/1962.) (Grifou-se.) A propósito de ADIn, confira-se: "O ajuizamento da ação direta de inconstitucionalidade não está sujeito à observância de qualquer prazo de natureza prescricional ou de caráter decadencial, eis que atos inconstitucionais jamais se convalidam pelo mero decurso do tempo. Súmula 360. Precedentes do STF. [...]" (ADIn 1247 MC, Rel. Min. CELSO DE MELLO, Tribunal Pleno, julgado em 17/08/1995, DJ 08-09-1995.)

178. Embora, em teoria, o ato nulo não convalesça com o perpassar do tempo ou pela vontade dos interessados, nada impede que o direito positivo, mediante norma constitucional ou infraconstitucional, disponha diversamente, como, *v.g.*, fez o Código Civil alemão (BGB, §§ 141 e 144) ao prever que atos nulos podem ser convalidados pelos interessados. Já o CC-2002 fez opção diversa, mais consentânea com a teoria das nulidades: "Art. 169. O negócio jurídico nulo não é suscetível de confirmação, nem convalesce pelo decurso do tempo."

principal deduzido. Todavia, a inconstitucionalidade e a nulidade da norma não podem ser deduzidas como pedido principal no controle incidental, sob pena de usurpação da competência do STF. No controle incidental, a inconstitucionalidade e a consequente nulidade da norma constituem mera questão *prejudicial*, que o juízo deverá decidir antes de julgar o mérito propriamente dito, ou seja, integram a *causa de pedir* (a fundamentação do pedido), não se confundindo com o pedido principal deduzido na ação.

Ora bem, se a pretensão condenatória, constitutiva, executiva, ou mandamental prescreveu ou decaiu, a alegação de nulidade da norma, *mesmo que aceita*, não conduziria à procedência do pedido principal, pois este já estaria fulminado pela prescrição ou pela decadência. Portanto, a alegação de nulidade seria de todo em todo *inócua*, uma vez que a ação seria extinta por prescrição ou decadência em relação à pretensão nela deduzida.

Assim, por exemplo, se um contrato foi celebrado com esteio numa norma declarada inconstitucional e nula pelo STF, com eficácia *erga omnes* e efeito vinculante, mas o interessado não propôs a ação individual no prazo prescricional previsto em lei, o contrato continuará sendo nulo, mas essa nulidade não poderá ser utilmente invocada numa ação visante à devolução de valores pagos com arrimo no contrato, porquanto o prazo prescricional dessa ação condenatória já se consumou.

Mesmo que o interessado ajuizasse uma ação individual declaratória de nulidade do contrato (que não se submete a prazo prescricional ou decadencial), o efeito dela resultante seria meramente *declaratório* (tornaria *certa* a nulidade do contrato), não ensejando, porém, execução forçada de valores, pois para tanto seria indispensável deduzir um pedido condenatório, o qual já estaria aniquilado pela prescrição.

Por outro lado, no que não dependesse de ação condenatória, constitutiva, executiva ou mandamental já consumida por prescrição ou decadência, o interessado poderia alegar eficazmente a nulidade, porquanto o vício que a acarreta (no caso, a inconstitucionalidade) não convalesce com o decurso do tempo. Por exemplo, ainda que o contrato tenha sido firmado há trinta anos, o interessado poderá alegar, proveitosamente, a sua nulidade por inconstitucionalidade para o efeito de eximir-se do cumprimento das obrigações que lhe competiriam e que ainda não foram satisfeitas. Como o não cumprimento unilateral com base em alegação de nulidade independe do ajuizamento de ação, a outra parte é que teria de propor ação para compeli-lo a cumprir o contrato, a qual dificilmente seria julgada procedente, porquanto a nulidade seria alegada em defesa pelo réu.

Este exemplo serve para evidenciar que o fato de ter-se operado a prescrição ou a decadência da pretensão condenatória, constitutiva, executiva ou mandamental não apaga a nulidade do contrato, visto que a nulidade não desaparece com o passar do tempo, nem o direito à sua declaração judicial (pretensão *declaratória*). Mas, como visto, os efeitos condenatórios, desconstitutivos, executivos ou mandamentais decorrentes da nulidade estão sujeitos à prescrição e à decadência (bem como às demais "fórmulas de preclusão").

Raciocínio semelhante se ajusta à coisa julgada. Se já fora ajuizada uma ação individual envolvendo a nulidade do aludido contrato, tendo-se operado coisa julgada, uma decisão posterior do STF no controle abstrato não lhe aproveitaria, porquanto para alegar novamente a nulidade seria necessária a repropositura da ação, que seria extinta sem resolução de mérito pela ocorrência de coisa julgada. No entanto, se o prazo da ação rescisória ainda se não tivesse exaurido, a alegação de nulidade poderia ser utilmente apresentada na rescisória.

Por outro lado, convém fazer algumas observações sobre a intangibilidade do caso julgado em Portugal em relação às decisões de inconstitucionalidade.

O art. 282, n.º 3, da Constituição lusitana excepciona dos efeitos retroativos da declaração de inconstitucionalidade (previstos no nº 1 do art. 282), a coisa julgada[179], expressão do princípio da segurança jurídica e do próprio Estado de Direito.[180] Não se trata de uma exceção meramente eventual, a depender de

179. "Art. 282. [...] 3. Ficam ressalvados os casos julgados, salvo decisão em contrário do Tribunal Constitucional quando a norma respeitar a matéria penal, disciplinar ou de ilícito de mera ordenação social e for de conteúdo menos favorável ao arguido."

180. A este propósito, assim se exprimiu o Tribunal Constitucional: "A razão que justifica esta segunda exceção encontra-se no princípio da segurança jurídica, que decorre do princípio mais vasto de Estado de direito, consagrado no artigo 2.º da CRP. O Estado de direito é, também, um Estado de segurança. Por isso, dificilmente se conceberia o ordenamento de um Estado como este que não garantisse a estabilidade das decisões dos seus tribunais. Ao contrário da função legislativa, que, pela sua própria natureza, tem como característica essencial a autorrevisibilidade dos seus atos (nos limites da Constituição), a função jurisdicional, que o artigo 202.º da CRP define como sendo aquela que se destina a 'assegurar a defesa dos direitos e interesses legalmente protegidos dos cidadãos', a 'reprimir a violação da legalidade democrática' e a 'dirimir os conflitos de interesses públicos e privados', não pode deixar de ter como principal característica a tendencial estabilidade das suas decisões, esteio da paz jurídica. Por esse motivo, o artigo 282.º ressalvou, como derrogação à regra da eficácia *ex tunc* das declarações de inconstitucionalidade com força obrigatória geral, a intangibilidade do caso julgado, opondo assim ao valor negativo da inconstitucionalidade o valor positivo da questão já decidida pelo tribunal.

Ao estabelecer esta oposição, fazendo nela prevalecer a força vinculativa do caso julgado, o legislador constituinte revelou a forma como procedeu à ponderação de dois bens ou valores: entre a garantia da normatividade da constituição, e a consequente forte censura dos atos inconstitucionais, e a garantia da estabilidade das decisões judiciais, especialmente exigida pelo

decisão do Tribunal Constitucional, como sucede com a modulação de efeitos contemplada no n.º 4 do art. 282[181], mas sim de uma ressalva *automática*, infensa a juízo de ponderação de bens e valores pelo Tribunal.

O que depende de decisão do Tribunal é a exceção à regra da intangibilidade da coisa julgada, ou seja, só haverá necessidade de decisão do Tribunal quando for o caso de afastar os efeitos da coisa julgada por se cuidar de norma inconstitucional que "respeitar a matéria penal, disciplinar ou de ilícito de mera ordenação social e for de conteúdo menos favorável ao arguido". Somente nessas hipóteses (que constituem "exceções à exceção"), a declaração de inconstitucionalidade poderá retroagir para desfazer os efeitos da coisa julgada, e desde que haja decisão expressa do Tribunal nesse sentido.

O TC português valoriza a coisa julgada a ponto de não admitir sua relativização nem mesmo no caso do "direito fundamental à identidade pessoal" (verdade biológica) em relação a ação de investigação de paternidade cujo prazo tenha expirado. Com efeito, no Acórdão n.º 108/2012, o TC assentou que a intangibilidade da coisa julgada não está sujeita a uma ponderação pelo aplicador da norma, **independentemente da preeminência dos valores em liça**, uma vez que a Constituição mesma teria feito esta ponderação de bens e valores, optando pelo princípio da segurança jurídica e pela consequente incolumidade da coisa julgada.[182]

No caso, a autora havia ajuizado em 1982 uma ação de investigação de paternidade, que foi extinta por caducidade, porquanto exaurido o prazo bienal

---

Estado de direito, *a constituição optou em princípio pela segunda,* salvos os casos, impostos pelo princípio do *favor rei,* previstos na segunda parte do nº 3 do artigo 282.º" (Acórdão n.º 108/2012. 3ª Seção, Rel. Conselheira Maria Lúcia Amaral.) (Itálicos do original.)

181. "Art. 282. [...] 4. Quando a segurança jurídica, razões de equidade ou interesse público de excepcional relevo, que deverá ser fundamentado, o exigirem, poderá o Tribunal Constitucional fixar os efeitos da inconstitucionalidade ou da ilegalidade com alcance mais restrito do que o previsto nos n.ºs 1 e 2."

182. "A uma ponderação de bens feita pelo próprio legislador constituinte, e em cujo resultado se inscreve a prevalência nítida de um dos bens ou valores em conflito, não pode o intérprete contrapor a sua própria ponderação. [...] A ponderação, feita pelo próprio legislador constituinte no nº 3 do artigo 282.º da CRP, entre *censura da inconstitucionalidade* por um lado e *proteção do caso julgado* por outro – com prevalência deste último sobre o primeiro –, ao ser reveladora do *peso* que detém, no sistema constitucional, o princípio da segurança jurídica, é também reveladora da opção de princípio que, neste domínio, o legislador constituinte tomou: a declaração de inconstitucionalidade com força obrigatória geral de *qualquer norma* de direito ordinário (*e quaisquer que sejam os valores constitucionais* que esta última tenha ofendido), se, por regra, apaga os efeitos que a norma ilícita produziu, não apaga as situações em que tal norma tenha sido aplicada em casos definitivamente decididos pelos tribunais." (3ª Seção, Rel. Conselheira Maria Lúcia Amaral.) (Itálicos do original.)

para propositura da ação previsto no artigo 1817 do Código Civil português (nos termos da redação vigente à época), tendo a sentença transitado em julgado. Sucede que em 2006, no Acórdão n.º 23/2006, o TC declarou a inconstitucionalidade, com força obrigatória geral, dessa norma do Código Civil, razão pela qual a autora repropôs a ação de investigação de paternidade. Contudo, o Tribunal Constitucional desacolheu sua pretensão, em virtude da inviolabilidade da coisa julgada albergada no art. 282, n.º 3, da Constituição lusa.

Essa invulnerabilidade da coisa julgada só não é absoluta porque o próprio art. 282, n.º 3, abre-lhe exceções lastreadas no princípio do *favor rei*, que, todavia, são restritas e bem delimitadas, como visto.

Escoliando o Acórdão n.º 108/2012, Jorge Miranda questiona o acerto da decisão:

> "Por nós, não experimentamos tantas certezas quanto as que o Tribunal evidenciou acerca da total supremacia da salvaguarda dos casos julgados sobre o direito à identidade pessoal.
>
> Este direito está consignado como um dos direitos insuscetíveis de suspensão, em nenhum caso, por declaração de estado de sítio ou de estado de emergência (artigo 19.º, n.º 6). E temos entendido que os direitos assim mencionados se situam, por referência a um critério valorativo subjacente à ideia de Direito da Constituição, no primeiro nível de uma ordem valorativa (embora não necessariamente hierárquica) de direitos fundamentais, a que há de corresponder um regime reforçado.
>
> Uma das manifestações de tal regime reforçado vem a ser a impossibilidade de o Tribunal Constitucional restringir os efeitos da inconstitucionalidade de normas legais violadores desses direitos (artigo 282.º, n.º 4). Ora, se a segurança jurídica não pode justificar aí restrição de efeitos, também o mesmo não poderá valer para a ressalva dos casos julgados?"[183]

Para além disso, o TC estendeu ao ato administrativo inimpugnável ("caso decidido administrativo") a intangibilidade prevista no art. 282, n.º 3, da Constituição lusa apenas para o caso julgado[184], atraindo a censura de Carlos Blanco no sentido de que tal extensão se deu, sem justificação cabal, mediante "decisão aditiva de revisão constitucional", uma vez que os efeitos das decisões de inconstitucionalidade estariam sob "reserva de Constituição", não podendo ser "modulados ou aditados inovatoriamente por lei ou pela jurisprudência"[185].

183. MIRANDA, Jorge. O Tribunal Constitucional em 2012. *Revista Jurídica do Instituto Superior Manuel Teixeira Gomes (JURISMAT)*, Portimão, n.º 3, nov. 2013, p. 22.

184. *Cf.* Acórdãos n.º 786/96 e n.º 32/2002.

185. MORAIS, Carlos Blanco de; RAMOS, Elival da Silva (Orgs.). *Perspectivas de Reforma da Justiça Constitucional em Portugal e no Brasil.* São Paulo: Almedina, 2012, p. 263-264. Por

Já para Canotilho[186] e Rui Medeiros[187] tal equiparação é legítima e necessária. Para outros autores, não haveria uma equiparação automática em todas as hipóteses com fulcro no art. 282, n.º 3, mas apenas quando razões de segurança jurídica, de equidade ou de excepcional interesse público exigissem a salvaguarda do "caso decidido administrativo", ou seja, nos termos do art. 282, n.º 4.

As "fórmulas de preclusão" também são admitidas no direito italiano como limite à retroatividade dos efeitos da declaração de inconstitucionalidade. As "relações exauridas" ("*rapporti esauriti*") são reconhecidas na jurisprudência e na doutrina.[188] O art. 30 da Lei n.º 87/1953 prevê expressamente a retroeficácia (*in mellius*) da declaração de inconstitucionalidade sobre sentenças penais condenatórias transitadas em julgado, mas nele a doutrina costuma identificar um implícito reconhecimento da indenidade da coisa julgada em matéria civil.[189]

Na Alemanha, o § 79 da Lei do Tribunal Constitucional reconhece expressamente que, salvo disposição legal em contrário, as decisões inimpugnáveis,

---

seu turno, Vasco Pereira da Silva comunga da mesma compreensão quanto à ausência de fundamentação mais sólida, designadamente por tratar-se de "orientação jurisprudencial que não encontra cabimento na norma constitucional e que também não possui qualquer fundamento legislativo", e quanto à necessidade de superação dessa jurisprudência do TC português. (SILVA, Vasco Pereira da. Sobre o pretenso efeito de "caso decidido" no Direito Constitucional e no Direito Administrativo português. *In:* MORAIS, Carlos Blanco de; RAMOS, Elival da Silva (Orgs.). *Perspectivas de Reforma da Justiça Constitucional em Portugal e no Brasil.* São Paulo: Almedina, 2012, p. 143-144 *et passim.*)

186. CANOTILHO, J. J. Gomes. *Direito constitucional e teoria da Constituição.* 7. ed. Coimbra: Almedina, 2006, p. 1014-1015.

187. MEDEIROS, Rui. *A decisão de inconstitucionalidade:* os autores, o conteúdo e os efeitos da decisão de inconstitucionalidade da lei. Lisboa: Universidade Católica Editora, 1999, p. 620-643.

188. "Le cause di «esaurimento» di situazioni giuridiche più frequentemente richiamate sono le seguenti: a) il passaggio «in giudicato» della sentenza, che la radica o «fissa» definitivamente nell'ordinamento, impedendo l'instaurazione di nuovi giudizi sulla medesima situazione o sul medesimo rapporto giuridico; b) il decorso del tempo, quando l'ordinamento gli attribuisca l'effetto di «blocco» irrimediabile di una situazione giuridica. Ciò avviene: b1) nei rapporti di diritto privato, con la prescrizione del diritto che lo rende non più esigibile (diritto di credito) o esercitabile (diritto reale); b2) nei rapporti di diritto pubblico, con la decadenza dall'esercizio di un potere di ricorso contro atti della pubblica amministrazione, che rende l'interesse del singolo non più azionabile e l'atto inoppugnabile; b3) nei rapporti di diritto processuale, con la decadenza dal diritto d'azione e con la preclusione, che rende il vizio di un atto del processo non più rilevabile. I riferimenti che precedono hanno valore solo esemplificativo." (ZAGREBELSKY, Gustavo; MARCENÒ, Valeria. *Giustizia costituzionale*: oggetti, procedimenti, decisioni. 2. ed. Bologna: il Mulino, 2018, v. 2, p. 190.)

189. "Art. 30. [...] Le norme dichiarate incostituzionali non possono avere applicazione dal giorno successivo alla pubblicazione della decisione. Quando in applicazione della norma dichiarata incostituzionale è stata pronunciata sentenza irrevocabile di condanna, *ne cessano la esecuzione e tutti gli effetti penali.*"

malgrado fundadas em normas declaradas nulas, não são infirmadas pela declaração de inconstitucionalidade e nulidade da norma, remanescendo intactas. Todavia, faz duas ressalvas importantes: (a) proscreve a execução de tais decisões (os efeitos pretéritos permanecem, mas empece os efeitos futuros), e (b) admite a revisão da sentença penal transitada em julgado, nos termos do Código de Processo Penal. Confira-se:

> "**§ 78. [Decisão]**
> Se o Tribunal Constitucional Federal chegar à convicção de que direito federal é incompatível com a Lei Fundamental ou direito estadual é incompatível com a Lei Fundamental ou com outro direito federal, então, declara essa lei nula. Se mais determinações da mesma lei, pelos mesmos fundamentos, são incompatíveis com a Lei Fundamental ou com outro direito federal, pode o Tribunal Constitucional Federal igualmente declará-las nulas.
> **§ 79. [Efeito da decisão]**
> (1) **Contra uma sentença penal transitada em julgado**, que está baseada em uma norma declarada incompatível com a Lei Fundamental ou em uma norma declarada nula, consoante com o § 78, ou na interpretação de uma norma que foi declarada incompatível com a Lei Fundamental pelo Tribunal Constitucional Federal, **é admissível a reabertura do procedimento, de acordo com as prescrições do Código de Processo Penal**.
> (2) De resto, **salvo a prescrição do § 95, alínea 2, ou de uma regulação legal especial, ficam intatas as decisões que não podem mais ser impugnadas, as quais estão baseadas numa norma declarada nula, consoante com o § 78. A execução de uma tal decisão é inadmissível**. Na medida em que a execução forçada, consoante às prescrições do Código de Processo Civil, deve ser realizada, vale por analogia a prescrição do § 767 do Código de Processo Civil. Pretensões fundadas em enriquecimento sem justa causa estão excluídas."

Contudo, a proibição de execução (futura) de sentenças cíveis lastreadas em normas declaradas inconstitucionais é controversa na doutrina e na jurisprudência alemãs.

4.4. A MANIPULAÇÃO DOS EFEITOS DA DECISÃO DEFINITIVA DE MÉRITO EM ADIN E ADC

Inicialmente, cumpre diferenciar o reconhecimento de "fórmulas de preclusão" da modulação de efeitos.

As "fórmulas de preclusão" previstas em lei funcionam como limites à retroatividade dos efeitos da sanção de nulidade, *independentemente de qualquer decisão judicial a este propósito.* Essas normas-regras (coisa julgada, prescrição, decadência, usucapião, perempção, preclusão processual, decadência administrativa[190], prescrição de pretensão punitiva administrativa[191]) dispensam o emprego de decisão modulatória de efeitos, porquanto operam *pleno iure* em hipóteses específicas bem definidas na Constituição ou em lei, prescindindo, ordinariamente, de

---

190. Lei 9.784-99: "Art. 54. O direito **da Administração** de anular os atos administrativos de que decorram efeitos favoráveis para os destinatários **decai** em cinco anos, contados da data em que foram praticados, **salvo comprovada má-fé**. § 1º No caso de efeitos patrimoniais contínuos, o prazo de decadência contar-se-á da percepção do primeiro pagamento. § 2º Considera-se exercício do direito de anular qualquer medida de autoridade administrativa que importe impugnação à validade do ato." Assim, decisões de inconstitucionalidade em ADIn e ADC não autorizam a Administração Pública a desconstituir decisões administrativas favoráveis aos administrados se já esgotado o prazo quinquenal previsto no art. 54 da Lei 9.784-99, exceto se comprovada má-fé, consoante ressalvado no próprio art. 54, *caput*, parte final. A jurisprudência recente do STF tem entendido, porém, que tal prazo decadencial não se aplica a atos "**flagrantemente** inconstitucionais", podendo a Administração Pública, em tais casos excepcionais, desconstituí-los mesmo depois de exaurido o prazo decadencial quinquenal: "SERVENTIA EXTRAJUDICIAL. EFETIVAÇÃO, APÓS 1988, SEM CONCURSO PÚBLICO. ATOS NULOS. REVISÃO PELA ADMINISTRAÇÃO. POSSIBILIDADE. ATUAÇÃO DO CNJ CONFORME SUAS PRERROGATIVAS CONSTITUCIONAIS. [...] 2. A administração pode anular seus próprios atos, quando eivados de vícios que os tornem ilegais, porque deles não se originam direitos; ou revogá-los, por motivo de conveniência ou oportunidade, respeitados os direitos adquiridos, e ressalvada, em todos os casos, a apreciação judicial (Súmula 473 do STF). 3. **O prazo decadencial previsto no art. 54 da Lei 9.784/1999 não alcança situações flagrantemente inconstitucionais, sob pena de subversão das determinações insertas na Constituição Federal** (AR 2.690 AgR, Rel. Min. ROSA WEBER, Primeira Turma, DJe de 11/12/2019; MS 29.895 AgR-ED-AgR, Rel. Min. ALEXANDRE DE MORAES, Primeira Turma, DJe de 6/9/2018; MS 31.128 AgR, Rel. Min. ALEXANDRE DE MORAES, Primeira Turma, DJe de 13/3/2018; MS 32.123 AgR, Rel. Min. ROBERTO BARROSO, Primeira Turma, DJe de 14/3/2017; e MS 28.299 AgR, Rel. Min. ROBERTO BARROSO, Primeira Turma, DJe de 9/12/2016). [...]" (AO 2666 AgR-ED, Rel. ALEXANDRE DE MORAES, Primeira Turma, julgado em 18-10-2023, DJe-s/n 24-10-2023.); "**A manifesta inconstitucionalidade** da transposição de regime jurídico sem prévia aprovação em concurso público **afasta a aplicação do art. 54 da Lei nº 9.784/99, não sendo possível reconhecer, *in casu*, a decadência, porquanto permite que a Administração reexamine o ato inconstitucional a qualquer tempo**. Precedentes. [...]" (MS 36922 AgR-ED-ED, Rel. DIAS TOFFOLI, Segunda Turma, julgado em 18-03-2024, DJe-s/n 02-04-2024.)

191. Lei 9.873-99: "Art. 1º **Prescreve** em cinco anos a ação punitiva da Administração Pública Federal, direta e indireta, **no exercício do poder de polícia**, objetivando apurar infração à legislação em vigor, contados da data da prática do ato ou, no caso de infração permanente ou continuada, do dia em que tiver cessado. § 1º Incide a prescrição no procedimento administrativo paralisado por mais de três anos, pendente de julgamento ou despacho, cujos autos serão arquivados de ofício ou mediante requerimento da parte interessada, sem prejuízo da apuração da responsabilidade funcional decorrente da paralisação, se for o caso. § 2º Quando o fato objeto da ação punitiva da Administração também constituir crime, a prescrição reger-se-á pelo prazo previsto na lei penal. Art. 1º-A. Constituído definitivamente o crédito não tributário, após o término regular do processo administrativo, prescreve em 5 (cinco) anos a ação de execução da administração pública federal relativa a crédito decorrente da **aplicação de multa** por infração à legislação em vigor. (Incluído pela Lei nº 11.941, de 2009)".

juízo de ponderação de bens e valores pelo aplicador, até porque não constituem normas-princípios. As "fórmulas de preclusão" se aplicam mediante um *juízo de subsunção*, ao passo que a modulação de efeitos se baseia num *juízo de ponderação*.

Conforme precedentemente explicitado (item 2.2.1.), o art. 27 da Lei nº 9.868-99 permite a restrição dos efeitos da declaração de inconstitucionalidade, desde que atendidos os pressupostos nele especificados (*quorum* de 2/3, razões de segurança jurídica ou de excepcional interesse social).

Todavia, o art. 27 da Lei nº 9.868-99 não permite a restrição dos efeitos da declaração de ***constitucionalidade*** em ADIn ou em ADC, mas apenas da de **inconstitucionalidade**. É o que se extrai de sua literalidade:

> "**Art. 27.** ***Ao declarar a INCONSTITUCIONALIDADE de lei ou ato normativo***, e tendo em vista razões de segurança jurídica ou de excepcional interesse social, poderá o Supremo Tribunal Federal, por maioria de dois terços de seus membros, RESTRINGIR os efeitos daquela declaração ou decidir que ela só tenha eficácia a partir de seu trânsito em julgado ou de outro momento que venha a ser fixado."

De feito, se fosse permitido ao STF restringir os efeitos da declaração de ***constitucionalidade*** em ADIn e em ADC, **inverter-se-ia a presunção de *constitucionalidade* de que desfrutam as normas**, pois apesar de reconhecer a constitucionalidade da norma *ab origine*, que é presumida até declaração judicial em contrário, o STF estaria autorizando o seu *descumprimento* até a data por ele prefixada para que a norma pudesse ser *considerada* como *constitucional*, gerando uma enorme insegurança jurídica.

A *ratio* justificativa da restrição dos efeitos da declaração de *inconstitucionalidade* é exatamente preservar os efeitos concretos produzidos pela norma até o momento da declaração de inconstitucionalidade em virtude da sua presunção de constitucionalidade. Ora, esse motivo não está presente na restrição dos efeitos da declaração de ***constitucionalidade***, uma vez que esta apenas confirma a presunção de constitucionalidade da norma, não se justificando, em princípio, a preservação de efeitos concretos produzidos em virtude do *desrespeito* à presunção de constitucionalidade da norma.

Dessarte, em linha de princípio, não é admissível a restrição dos efeitos da declaração de ***constitucionalidade*** em ADIn ou em ADC, mas tão só da de inconstitucionalidade. Assim decidiu em algumas oportunidades o STF[192].

192. "Embargos de declaração. Ação direta de inconstitucionalidade. Art. 187 da Lei Complementar n. 75/93. Constitucionalidade. Embargos que traduzem, na verdade, pretensão de declaração de constitucionalidade da norma com efeitos *ex nunc*. Impossibilidade. Inversão do princípio

Contudo, ao apreciar embargos de declaração na ADIn 3756, o STF findou por conferir efeitos meramente *prospectivos* (*pro futuro*) à declaração de *constitucionalidade* da norma (o pedido da ADIn fora julgado improcedente), ao argumento de que o caso era "*sui generis*" e que a Câmara Legislativa do DF havia agido de boa-fé ao descumprir a lei durante 7 anos com base em "autorização formal do Tribunal de Contas do Distrito Federal, assim como em leis de diretrizes orçamentárias".[193] Concedeu-se assim um prazo para que a decisão fosse cumprida e a situação fosse regularizada, autorizando-se, portanto, o descumprimento da lei *por certo período após a declaração de sua constitucionalidade em ADIn* (eficácia *pro futuro*, e não meramente *ex nunc*). É o que alguns autores denominam de "modulação de efeitos *invertida*", a qual, *em regra*, é inadmissível.[194]

---

da presunção de constitucionalidade das leis." (ADIn 1.040-ED, Rel. Min. Ellen Gracie, DJU 01.09.2006). Nesse caso, o Procurador-Geral da República havia proposto ADIn visando à declaração de inconstitucionalidade do art. 187 da LC nº 75/93, que exigia do candidato ao cargo de Procurador da República a comprovação de dois anos de formado por ocasião da inscrição no concurso. A cautelar fora negada pelo STF (portanto, mantida intacta a presunção de constitucionalidade da norma) e, ao final, foi julgado improcedente o pedido da ADIn, declarando-se, em caráter definitivo, a constitucionalidade da norma. Tempos depois, o Procurador-Geral da República peticionou nos autos requerendo a restrição dos efeitos da declaração de *constitucionalidade*, argumentando que, malgrado a dicção do art. 27 da Lei nº 9.868-99, seria igualmente cabível a restrição dos efeitos da declaração de *constitucionalidade*, necessária no caso para preservar a situação de vários Procuradores da República que estavam em exercício há anos por força de decisões judiciais concretas que lhes permitiram prestar o concurso e ser empossados, com fundamento na *inconstitucionalidade* da norma, a despeito do indeferimento da cautelar na ADIn. O STF rejeitou os embargos de declaração, à consideração de que não poderia inverter a presunção de *constitucionalidade* da norma, por ele mantida no julgamento da cautelar e no julgamento final de mérito da ADIn. Salientou ainda que a situação individual dos Procuradores referidos nos embargos não poderia ser examinada no bojo da ADIn, mas admitiu a possibilidade dessa análise em processos subjetivos (controle difuso).

193. "No julgamento da ADI 3.756, o Supremo Tribunal Federal deu pela improcedência do pedido. Decisão que, no campo teórico, somente comporta eficácia *ex tunc* ou retroativa. *No plano dos fatos, porém, não há como se exigir que o Poder Legislativo do Distrito Federal se amolde, de modo retroativo, ao julgado da ADI 3.756, porquanto as despesas com pessoal já foram efetivamente realizadas, tudo com base na Decisão nº 9.475/00, do TCDF, e em sucessivas leis de diretrizes orçamentárias.* 3. Embargos de declaração parcialmente acolhidos para esclarecer que o fiel cumprimento da decisão plenária na ADI 3.756 se dará na forma do art. 23 da LC nº 101/2000, a partir da data de publicação da ata de julgamento de mérito da ADI 3.756, e com estrita observância das demais diretrizes da própria Lei de Responsabilidade Fiscal." (ADIn 3756 ED, Rel. Min. CARLOS BRITTO, Tribunal Pleno, julgado em 24/10/2007, DJe-147 23-11-2007.)

194. Admitindo-a excepcionalmente: "Parece defensável a modulação 'invertida' em pelo menos uma situação: para convalidar os efeitos decorrentes da observância de eventual medida cautelar que, concedida no mesmo processo, tivesse declarado o ato provisoriamente inconstitucional" (BERNARDES, Juliano Taveira; FERREIRA, Olavo Augusto Vianna Alves. *Direito constitucional.* 9. ed. Salvador: JusPodivm, 2019, t. I, p. 550.)

De outra parte, o art. 27 da Lei nº 9.868-99 não se aplica aos processos subjetivos, mas só e unicamente aos processos objetivos, até porque a Lei nº 9.868-99 regulamenta apenas o procedimento da ADIn, da ADC e da ADO.

Todavia, isto não impede, de forma alguma, a restrição dos efeitos das declarações de inconstitucionalidade proferidas pelo STF (ou pelos juízos de 1º grau e pelos Tribunais) no controle ***incidental***, *com espeque no princípio da proporcionalidade,* que também deve orientar a manipulação dos efeitos da declaração de inconstitucionalidade com esteio no art. 27 da Lei nº 9.868-99 (*cf.*, *retro*, item 2.2.1), isto é, nos processos abstratos.

De fato, as mesmas razões que justificam a restrição dos efeitos nos processos abstratos, previstas no art. 27 da Lei nº 9.868-99, podem igualmente estar presentes nos processos subjetivos, legitimando assim a restrição dos efeitos da declaração de inconstitucionalidade nos processos subjetivos[195].

A diferença está em que nos processos *subjetivos* não há necessidade de obediência ao *quorum* qualificado de 2/3 para restrição dos efeitos da declaração de inconstitucionalidade, bem como na possibilidade de qualquer juízo de 1º grau ou Tribunal proceder a essa restrição eficacial, justamente porque essa restrição de efeitos não se lastreia no art. 27 da Lei nº 9.868-99 (aplicável apenas ***ao STF*** e aos ***processos abstratos***[196]), mas na própria Constituição, designadamente no princípio da proporcionalidade.[197]

---

195. *Cf.* na AC 189-MC-QO (DJU 27.08.2004) o erudito voto do Min. Gilmar Mendes.

196. "[...] Já decidiu o STF (v.g., 1ª T., RE-AgR 430.421, Cezar Peluso, DJ 04.02.2005 e AIAgR 428.886, Eros Grau, DJ 25.2005), que o artigo 27 da L. 9.868/99 só tem aplicação no controle concentrado de constitucionalidade [...]." (AI-AgR 482017, Rel. Min. Sepúlveda Pertence, DJU 17.06.2005, p. 49.)

197. Todavia, em relação a ***RE com repercussão geral***, considerando os efeitos transcendentes que lhe são imanentes, o STF tem aplicado analogicamente o art. 27 da Lei 9.868-99, exigindo *quorum* de 2/3 para modular os efeitos da declaração de inconstitucionalidade proferida no RE com repercussão geral: "O Tribunal resolveu questão de ordem no sentido da exigência de *quorum* de 2/3 para modular os efeitos da decisão em sede de recurso extraordinário com repercussão geral, vencidos os Ministros Dias Toffoli, Luiz Fux, Gilmar Mendes e Celso de Mello, que entendiam haver a necessidade de maioria absoluta." (RE 586453, Rel. p/ Acórdão Min. DIAS TOFFOLI, Tribunal Pleno, julgado em 20/02/2013, REPERCUSSÃO GERAL - MÉRITO DJe-106 06-06-2013.) O *quorum* de 2/3 será, porém, **inaplicável quando não houver declaração de inconstitucionalidade**, caso em que o *quorum* de maioria **absoluta** será suficiente: "O Tribunal, por maioria, resolvendo questão de ordem suscitada pelo Ministro Dias Toffoli (Presidente), deliberou que, para a modulação dos efeitos de decisão **em julgamento de recursos extraordinários repetitivos, com repercussão geral, nos quais não tenha havido declaração de inconstitucionalidade de ato normativo**, é suficiente o quórum de maioria **absoluta** dos membros do Supremo Tribunal Federal, vencido o Ministro Marco Aurélio" (RE 638115 ED-ED, Rel. Min. GILMAR MENDES, Tribunal Pleno, julgado em 18-12-2019, DJe-113 08-05-2020.) Observe-se que em tais casos o STF não

Em verdade, como já visto, o STF já havia modulado os efeitos de decisões suas proferidas no controle ***incidental***, muito antes da existência do art. 27 da Lei nº 9.868-99[198]. A essa luz, verifica-se que tal dispositivo, ao cabo, não veio para **autorizar** o STF a restringir os efeitos da declaração de inconstitucionalidade em ADIn e em ADC, mas para ***regulamentar*** **esse poder preexistente do STF dimanante da própria Constituição, estabelecendo o seu procedimento e, de certa forma, limitando-o**, ao exigir o *quorum* qualificado de 2/3, em lugar da maioria absoluta, e ao exigir a presença de "razões de segurança jurídica ou de excepcional interesse social".

O *quorum* de 2/3 previsto no art. 27 da Lei nº 9.868-99 foi declarado constitucional no julgamento das ADIns 2154 e 2258, mas houve sinalizações nos votos de alguns Ministros de que tal *quorum* poderia ser rediscutido no futuro não apenas na via legislativa, mas também no âmbito do próprio STF.[199]

---

admitiu *quorum* de maioria simples, exigindo maioria absoluta dos membros do Tribunal para a modulação.

198. Nesses casos, embora sem reconhecê-lo expressamente, o STF atribuiu efeito *ex nunc* à declaração de inconstitucionalidade, preservando efeitos pretéritos da norma inconstitucional apesar de sua nulidade absoluta (paraeficácia do ato nulo). Dentre outros, merecem destacados casos de funcionários de fato (cujos atos permaneceram válidos e ensejaram direito à remuneração pelo trabalho), de servidores que mudaram de cargo mediante ascensão funcional (concurso interno), sem o necessário concurso público (os quais permaneceram nos cargos, proibindo-se apenas novas ascensões funcionais) e de verbas recebidas com base em norma inconstitucional (que não foram devolvidas, mas apenas cessadas a partir da decisão do STF). Confira-se ainda: "OFICIAIS DE JUSTIÇA – EXERCÍCIO DE SUAS FUNÇÕES POR AGENTES DO EXECUTIVO. I. Mesmo declarada a inconstitucionalidade da lei que colocou agentes do Executivo à disposição dos juízes, para exercício das funções de Oficiais de Justiça, esses serventuários não são usurpadores, mas funcionários do Estado com defeito de competência. II. **SE O DIREITO RECONHECE A VALIDADE DOS ATOS ATÉ DE FUNCIONÁRIOS DE FATO, ESTRANHOS AOS QUADROS DO PESSOAL PÚBLICO**, com maior razão há de reconhecê-la se praticados por agentes do Estado no exercício daquelas atribuições por força de lei, **que veio a ser declarada inconstitucional**. III. **É válida a penhora feita por agentes do Executivo**, sob as ordens dos juizes, nos termos da lei estadual de São Paulo, s/n, de 03.12.1971, mormente se nenhum prejuízo disso adveio para o executado." (RE nº 79628, Rel. Min. Aliomar Baleeiro, 1ª Turma, DJU 13.12.1974.) No mesmo sentido: RE nº 78594, Rel. Min. BILAC PINTO, 2ª Turma, DJU 04.11.1974. RE nº 78209, DJU 11.10.1974. *Cf.* ainda: RREE 78533 e 78596. *Vide, retro*, item 2.2.1.

199. Afirmou o Min. Barroso: "Sem prejuízo de eventual futuro debate acerca do quórum de 2/3, pela possível hierarquização de bens jurídicos constitucionais, entendo, todavia, na linha da Min. Carmen Lúcia, que a modulação é plenamente constitucional." O Min. Gilmar Mendes aludiu ao "infeliz quórum de 2/3 previsto no art. 27 da Lei 9.868/99", e asseverou que "há razões sistemáticas e institucionais para proceder à revisão desse quórum. Novos dispositivos normativos ampliaram a possibilidade de modulação de efeitos, como denota o exemplo do § 3º do art. 927 do CPC/2015, que autoriza a modulação na hipótese de mudança de jurisprudência". Concluiu, porém, pela sua constitucionalidade: "Nada obstante essas ressalvas, que servem como advertência para o aprimoramento institucional da jurisdição constitucional

Já na vigência do art. 27 da Lei nº 9.868-99, o STF tem reiterado o entendimento de que é possível a restrição dos efeitos da declaração de inconstitucionalidade no controle incidental[200]. Contudo, não o tem admitido quando se cura de **revogação**, coerentemente com a sua jurisprudência segundo a qual a Constituição posterior simplesmente revoga a legislação anterior incompatível (teoria da mera revogação ou mera não recepção), não havendo que falar em inconstitucionalidade superveniente (como advoga a teoria da revogação por inconstitucionalidade). Assim, se não há declaração de inconstitucionalidade, não haveria efeitos dela a restringir[201].

---

brasileira, especialmente no âmbito do Congresso Nacional, concluo pela constitucionalidade do dispositivo." (ADIn 2154, Rel. p/ Acórdão Min. CÁRMEN LÚCIA, Tribunal Pleno, julgado em 03-04-2023, DJe-s/n 20-06-2023.)

200. "Municípios. Câmara de vereadores. Composição. Autonomia municipal. Limites constitucionais. Número de vereadores proporcional à população. CF, artigo 29, IV. Aplicação de critério aritmético rígido. Invocação dos princípios da isonomia e da razoabilidade. Incompatibilidade entre a população e o número de vereadores. **Inconstitucionalidade, *incidenter tantum*, da norma municipal. Efeitos para o futuro. Situação excepcional. (...) Efeitos. Princípio da segurança jurídica. Situação excepcional em que a declaração de nulidade, com seus normais efeitos *ex tunc*, resultaria grave ameaça a todo o sistema legislativo vigente. Prevalência do interesse público para assegurar, em caráter de exceção, efeitos *pro futuro* à declaração incidental de inconstitucionalidade.**" (RE 197.917, Rel. Min. Maurício Corrêa, DJU 07.05.2004.). "**Servidor público: provimento derivado. Inconstitucionalidade: efeito *ex nunc*. Princípios da boa-fé e da segurança jurídica**. A Constituição de 1988 instituiu o concurso público como forma de acesso aos cargos públicos. CF, art. 37, II. Pedido de desconstituição de ato administrativo que deferiu, mediante concurso interno, a progressão de servidores públicos. Acontece que, à época dos fatos, 1987 a 1992, o entendimento a respeito do tema não era pacífico, certo que, apenas em 17-2-1993, é que o Supremo Tribunal Federal suspendeu, com efeito *ex nunc*, a eficácia do art. 8º, III; art. 10, parágrafo único; art. 13, § 4º; art. 17 e art. 33, IV, da Lei 8.112, de 1990, dispositivos esses que foram declarados inconstitucionais em 27-8-1998: ADI 837/DF, Relator o Ministro Moreira Alves, *DJ* de 25-6-1999. **Os princípios da boa-fé e da segurança jurídica autorizam a adoção do efeito *ex nunc* para a decisão que decreta a inconstitucionalidade. Ademais, os prejuízos que adviriam para a Administração seriam maiores que eventuais vantagens do desfazimento dos atos administrativos.**" (RE 442.683, Rel. Min. Carlos Velloso, DJU 24.03.2006.)

201. "A declaração de inconstitucionalidade reveste-se, ordinariamente, de eficácia 'ex tunc' (RTJ 146/461-462 – RTJ 164/506-509), retroagindo ao momento em que editado o ato estatal reconhecido inconstitucional pelo Supremo Tribunal Federal. – O Supremo Tribunal Federal tem reconhecido, **excepcionalmente**, a possibilidade de proceder à modulação ou limitação temporal dos efeitos da declaração de inconstitucionalidade, mesmo quando proferida, por esta Corte, em sede de controle difuso. Precedente: RE 197.917/SP, Rel. Min. MAURÍCIO CORRÊA (Pleno). – Revela-se inaplicável, no entanto, a teoria da limitação temporal dos efeitos, se e quando o Supremo Tribunal Federal, ao julgar determinada causa, nesta formular **juízo negativo de recepção**, por entender que certa lei pré-constitucional mostra-se materialmente incompatível com normas constitucionais a ela supervenientes. – **A não recepção de ato estatal pré-constitucional, por não implicar a declaração de sua inconstitucionalidade – mas o reconhecimento de sua pura e simples revogação (RTJ 143/355 – RTJ 145/339) –, descarac-**

Conquanto discordemos da premissa de que não há declaração de inconstitucionalidade superveniente em tais casos – pois ao afirmar que a norma foi **revogada** pela norma constitucional posterior, o STF formula uma **declaração** de inconstitucionalidade, **ainda que implícita**, sobre a norma pré-constitucional (tese da revogação por inconstitucionalidade)[202] –, concordamos com a conclusão de que não é possível a restrição dos efeitos da declaração de inconstitucionalidade (**explícita ou implícita**) em casos que tais, porque a consequência da **revogação** é a **cessação total da vigência e, portanto, da eficácia** da norma a partir da revogação[203]. Ora, ao Poder Judiciário não é dado manipular os efeitos dessa **revogação (atividade puramente legislativa)**, à semelhança do que faz com os efeitos da sanção de nulidade (**atividade jurisdicional**), sob pena de malferir o princípio da separação dos Poderes.

De fato, não cabe ao Poder Judiciário **alterar a data de revogação de uma lei**, protraindo-a para data diversa da querida pelo Poder Legislativo, no uso de seu poder **político** de legislar. A edição ou não de lei revogatória, bem como a data do início da sua vigência e da sua eficácia revogatória configura decisão de natureza essencialmente **política**, não cabendo ao Poder Judiciário atuar em substituição ao Poder Legislativo, usurpando as funções constitucionalmente reservadas a este Poder. Dizer se uma norma nula produziu ou poderá produzir tais e quais efeitos residuais é da competência do Poder Judiciário; **prorrogar a vigência de uma lei** é atribuição do Poder Legislativo[204].

---

teriza um dos pressupostos indispensáveis à utilização da técnica da modulação temporal, que supõe, para incidir, dentre outros elementos, a necessária existência de um juízo de inconstitucionalidade". (RE 395.902-AgR, Rel. Min. Celso de Mello, DJU 25.08.2006). No mesmo sentido: RE 438.025-AgR, Rel. Min. Celso de Mello, DJU 25.08.2006.

202. *Cf.*, *retro*, item 2.4.3.1.

203. *Cf.*, *retro*, item 2.4.3.2. No caso específico da inconstitucionalidade superveniente por alteração formal do parâmetro constitucional, a revogação constitui *sanção mais grave* que a de nulidade absoluta, dado que a revogação não admite a permanência de efeitos pretéritos residuais (efeitos reflexos, secundários) como a sanção de nulidade admite *no período que vai do início da existência da nulidade até o seu reconhecimento judicial (e, excepcionalmente, até depois deste).*

204. Todavia, o STF tem "prorrogado a vigência" de determinadas leis que criam Municípios ou alteram seus limites territoriais. Confira-se: "AÇÃO DIRETA DE INCONSTITUCIONALIDADE POR OMISSÃO. INATIVIDADE DO LEGISLADOR QUANTO AO DEVER DE ELABORAR A LEI COMPLEMENTAR A QUE SE REFERE O § 4º DO ART. 18 DA CONSTITUIÇÃO FEDERAL, NA REDAÇÃO DADA PELA EMENDA CONSTITUCIONAL NO 15/1996. AÇÃO JULGADA PROCEDENTE. 1. A Emenda Constitucional nº 15, que alterou a redação do § 4º do art. 18 da Constituição, foi publicada no dia 13 de setembro de 1996. Passados mais de 10 (dez) anos, não foi editada a lei complementar federal definidora do período dentro do qual poderão tramitar os procedimentos tendentes à criação, incorporação, desmembramento e fusão de municípios. Existência de notório lapso temporal a demonstrar a inatividade do legislador em relação

Destarte, não é lícito ao STF, nem a qualquer outro juízo, seja no controle *incidental*, seja no controle *abstrato*, manipular os efeitos da decisão que reconhece a **revogação** de uma norma pré-constitucional por uma norma constitucional contrária ulterior.

Entretanto, no julgamento do RE 600885, com repercussão geral, o STF **modulou os efeitos da não recepção de norma legal**:

> "DIREITO CONSTITUCIONAL E ADMINISTRATIVO. CONCURSO PÚBLICO PARA INGRESSO NAS FORÇAS ARMADAS: CRITÉRIO DE LIMITE DE IDADE FIXADO EM EDITAL. REPERCUSSÃO GERAL DA QUESTÃO CONSTITUCIONAL. [...] ART. 10 DA LEI N. 6.880/1980. ART. 142, § 3º, INCISO X, DA CONSTITUIÇÃO DA REPÚBLICA. DECLARAÇÃO DE NÃO RECEPÇÃO DA NORMA

---

ao cumprimento de inequívoco dever constitucional de legislar, decorrente do comando do art. 18, § 4º, da Constituição. 2. Apesar de existirem no Congresso Nacional diversos projetos de lei apresentados visando à regulamentação do art. 18, § 4º, da Constituição, é possível constatar a omissão inconstitucional quanto à efetiva deliberação e aprovação da lei complementar em referência. As peculiaridades da atividade parlamentar que afetam, inexoravelmente, o processo legislativo, não justificam uma conduta manifestamente negligente ou desidiosa das Casas Legislativas, conduta esta que pode pôr em risco a própria ordem constitucional. A inertia deliberandi das Casas Legislativas pode ser objeto da ação direta de inconstitucionalidade por omissão. 3. A omissão legislativa em relação à regulamentação do art. 18, § 4º, da Constituição, acabou dando ensejo à conformação e à consolidação de estados de inconstitucionalidade que não podem ser ignorados pelo legislador na elaboração da lei complementar federal. 4. Ação julgada procedente para declarar o estado de mora em que se encontra o Congresso Nacional, a fim de que, em prazo razoável de 18 (dezoito) meses, adote ele todas as providências legislativas necessárias ao cumprimento do dever constitucional imposto pelo art. 18, § 4º, da Constituição, devendo ser contempladas as situações imperfeitas decorrentes do estado de inconstitucionalidade gerado pela omissão. **Não se trata de impor um prazo para a atuação legislativa do Congresso Nacional, mas apenas da fixação de um parâmetro temporal razoável, tendo em vista o prazo de 24 meses determinado pelo Tribunal nas ADI nºs 2.240, 3.316, 3.489 e 3.689 para que as leis estaduais que criam municípios ou alteram seus limites territoriais *continuem vigendo***, até que a lei complementar federal seja promulgada contemplando as realidades desses municípios." (ADIn 3682/MT, Rel. Min. Gilmar Mendes, Tribunal Pleno, DJU 06.09.2007, p. 37.) (Grifou-se.) Nesses casos, em lugar de RESTRINGIR os efeitos de sua própria decisão nos termos do art. 27 da Lei nº 9.868-99, o STF parece AMPLIÁ-LOS, porque impede que outros juízes declarem incidentalmente a inconstitucionalidade da norma no controle difuso antes e durante esse período de 24 meses (apesar de o próprio STF reconhecer sua inconstitucionalidade *ab origine*), em vez de simplesmente adiar a data a partir da qual sua **declaração** de inconstitucionalidade produzirá efeitos **no plano abstrato**, conforme autoriza o art. 27 da Lei nº 9.868-99. AMPLIAM-SE os efeitos porque uma decisão idêntica não modulada não seria capaz de surtir tais **efeitos no controle difuso**. Sucede que o art. 27 da Lei nº 9.868-99 não permite ampliação dos efeitos da decisão do STF, mas tão só a restrição de seus efeitos. Assim, a decisão **modulada** não pode produzir **mais efeitos** do que uma decisão idêntica **não modulada.** Confira-se, nesse sentido, o exposto na nota de rodapé 28, item 2.2.1., *retro*.

> COM MODULAÇÃO DE EFEITOS. [...] 2. O art. 142, § 3º, inciso X, da Constituição da República, é expresso ao atribuir exclusivamente à lei a definição dos requisitos para o ingresso nas Forças Armadas. 3. A Constituição brasileira determina, expressamente, os requisitos para o ingresso nas Forças Armadas, previstos em lei: referência constitucional taxativa ao critério de idade. Descabimento de regulamentação por outra espécie normativa, ainda que por delegação legal. 4. Não foi recepcionada pela Constituição da República de 1988 a expressão "nos regulamentos da Marinha, do Exército e da Aeronáutica" do art. 10 da Lei n. 6.880/1980. **5. O princípio da segurança jurídica impõe que, mais de vinte e dois anos de vigência da Constituição, nos quais dezenas de concursos foram realizados se observando aquela regra legal, modulem-se os efeitos da não recepção: manutenção da validade dos limites de idade fixados em editais e regulamentos fundados no art. 10 da Lei n. 6.880/1980 até 31 de dezembro de 2011. 6. Recurso extraordinário desprovido, com modulação de seus efeitos.**"[205]

Posteriormente, ao apreciar embargos de declaração contra tal decisão, o STF não só excluiu do alcance da modulação os "candidatos com ações ajuizadas nas quais se discute o mesmo objeto deste recurso extraordinário", como prorrogou a modulação dos efeitos da declaração de não recepção por mais um ano (até 31 de dezembro de 2012):

> "EMBARGOS DE DECLARAÇÃO NO RECURSO EXTRAORDINÁRIO. OMISSÃO. ALCANCE SUBJETIVO DE MODULAÇÃO DE EFEITOS DE DECLARAÇÃO DE NÃO RECEPÇÃO. CANDIDATOS COM AÇÕES AJUIZADAS DE MESMO OBJETO DESTE RECURSO EXTRAORDINÁRIO. PRORROGAÇÃO DA MODULAÇÃO DOS EFEITOS DA NÃO RECEPÇÃO. EMBARGOS DE DECLARAÇÃO ACOLHIDOS. 1. Embargos de declaração acolhidos para deixar expresso que a modulação da declaração de não recepção da expressão "nos regulamentos da Marinha, do Exército e da Aeronáutica" do art. 10 da Lei n. 6.880/1980 **não alcança os candidatos com ações ajuizadas nas quais se discute o mesmo objeto deste recurso extraordinário. 2. Prorrogação da modulação dos efeitos da declaração de não recepção até 31 de dezembro de 2012.**"[206]

De outra parte, cumpre fazer duas observações importantes: (a) o art. 27 da Lei nº 9.868-99 autoriza apenas a RESTRIÇÃO dos efeitos da declaração

---

205. RE 600885, Rel. Min. CÁRMEN LÚCIA, Tribunal Pleno, julgado em 09/02/2011, REPERCUSSÃO GERAL - MÉRITO DJe-125 01-07-2011.

206. RE 600885 ED, Rel. Min. CÁRMEN LÚCIA, Tribunal Pleno, julgado em 29/06/2012, DJe 12-12-2012.

de inconstitucionalidade, e não a AMPLIAÇÃO desses efeitos; (b) essa RESTRIÇÃO não precisa ser necessariamente TEMPORAL, podendo ser de ordem SUBJETIVA, OBJETIVA, ESPACIAL[207], etc. Assim, *v.g.*, o STF pode restringir os efeitos da declaração de inconstitucionalidade a apenas alguns dos potenciais destinatários da norma ou a apenas um dos Estados-membros abrangidos por esta.

Certo é, porém, que o discrímen não pode ser arbitrário, ofensivo aos princípios da igualdade, da proporcionalidade e da razoabilidade. Nessa mesma ordem de ideias, afirma Jorge Miranda: "Não pode o Tribunal Constitucional fazer aceção de pessoas ou de situações objetivamente não fundadas – porque tal infringiria o princípio da igualdade (art. 13.º)".[208]

O STF já empreendeu restrição de ordem SUBJETIVA aos efeitos da declaração de inconstitucionalidade em algumas oportunidades.[209]

---

207. É o que se infere da parte final do preceito: "**Art. 27.** Ao declarar a inconstitucionalidade de lei ou ato normativo, e tendo em vista razões de segurança jurídica ou de excepcional interesse social, poderá o Supremo Tribunal Federal, por maioria de dois terços de seus membros, ***RESTRINGIR os efeitos daquela declaração*** **OU** ***decidir que ela só tenha eficácia a partir de seu trânsito em julgado ou de outro momento que venha a ser fixado***." Embora, a rigor, a segunda hipótese esteja compreendida na primeira (pois decidir que a declaração "*só tenha eficácia a partir de seu trânsito em julgado ou de outro momento que venha a ser fixado*" **é uma das formas de "*restringir* *os efeitos daquela declaração*"), ela serve para explicitar que o poder restringente do STF não se circunscreve ao poder de modulação *temporal* da declaração, abrangendo, em tese, o poder de restringir *quaisquer efeitos* da declaração de inconstitucionalidade.** O art. 4º da Lei nº 11.417-2006, ao reconhecer similar poder restringente ao STF no que concerne à súmula aprovada nos termos do art. 103-A da CF-88, adotou, *mutatis mutandis*, redação virtualmente idêntica: "**Art. 4º**. A súmula com efeito vinculante tem eficácia imediata, mas o Supremo Tribunal Federal, por decisão de 2/3 (dois terços) dos seus membros, poderá restringir os *efeitos vinculantes* **OU** decidir que só tenha eficácia a partir de outro momento, tendo em vista razões de segurança jurídica ou de excepcional interesse público."

208. MIRANDA, Jorge. *A fiscalização da constitucionalidade*. Coimbra: Almedina, 2017, p. 350.

209. "É compatível com a Constituição de 1988 a alteração do regime celetista para o estatutário em relação aos empregados públicos que, aprovados em concurso público, permaneceram no exercício do mesmo cargo no novo regime jurídico. Precedentes. 4. Acolhido, em parte, o pedido de modulação de efeitos da decisão, **(a) ressalvam-se da declaração de inconstitucionalidade (a.1) os servidores aposentados ou que cumpriram os requisitos para a aposentadoria até a data da publicação do acórdão embargado – 31 de agosto de 2018 –, (a.2) os beneficiários de pensão decorrente do falecimento de servidor abrangido pela norma inconstitucional, (a.3) os servidores que, aprovados em concurso público, permaneceram no exercício do mesmo cargo no novo regime jurídico (a.4) e a estabilidade adquirida por servidores com fundamento no art. 19 do ADCT; bem como (b) afasta-se a necessidade da devolução dos valores recebidos a título de remuneração por ex-servidores alcançados pelos preceitos**." (ADIn 1476 ED, Rel. Min. NUNES MARQUES, Tribunal Pleno, julgado em 21-03-2022 DJe-073 19-04-2022.) "Embargos de declaração aos quais se dá parcial

No julgamento do RE 527.109/MG (oriundo de ADIn estadual), o STF modulou os efeitos da sua declaração de inconstitucionalidade tão somente em favor dos profissionais (de saúde e de educação) referidos nos incisos I, III e VIII do art. 2º da LC 1.120/2003, do Município de Congonhal/MG, excluindo, portanto, da modulação os demais profissionais mencionados no art. 2º da lei municipal. Os dispositivos impugnados na ADIn estadual (representação de inconstitucionalidade perante o TJMG) permitiam a contratação temporária, sem concurso público, de servidores municipais em diversas áreas de atuação.[210]

Assim, quanto aos profissionais de saúde e de educação, o STF modulou os efeitos da declaração de inconstitucionalidade para preservar os contratos firmados até a data do julgamento por, no máximo, 12 (doze) meses. No tocante aos demais profissionais, não modulou os efeitos, de maneira que

---

provimento para conferir efeitos prospectivos ao acórdão ora embargado, a fim de que esse somente produza seus efeitos próprios a partir de 12 (doze) meses, contados da data da publicação da ata de julgamento dos presentes aclaratórios, tempo hábil para a implementação das medidas legislativas, administrativas e operacionais pertinentes. **São alcançados, ainda, pela modulação os servidores que já estejam aposentados e aqueles, que até o final do novo prazo assinado, tenham preenchido os requisitos para a aposentadoria.**" (ADIn 3636 ED, Rel. Min. DIAS TOFFOLI, Tribunal Pleno, julgado em 11-04-2022, DJe-081 29-04-2022.) "O alcance subjetivo da modulação foi suficientemente discutido no acórdão embargado e observa a orientação adotada por esta Corte em casos semelhantes. Precedentes: ADI 5.111, Rel. Min. Dias Toffoli; ADI 1.476 ED, Rel. Min. Nunes Marques; ADI 3.636, Rel. Min. Dias Toffoli. 5. Presentes razões de segurança pública e de excepcional interesse público a justificar a atribuição de eficácia prospectiva ao acórdão embargado. Concessão do prazo de 12 (doze) meses para adoção das providências necessárias ao cumprimento da decisão. São alcançados pela modulação os servidores que, até o final do prazo ora concedido, tenham preenchido os requisitos para a aposentadoria" (ADPF 573 ED, Rel. Min. ROBERTO BARROSO, Tribunal Pleno, julgado em 13-04-2023, DJe-s/n 25-04-2023.) *Vide*, dentre outras: ADIn 5111, Rel. Min. DIAS TOFFOLI, Tribunal Pleno, julgado em 20/09/2018, DJe-257 03-12-2018; ADIn 4876, Rel. Min. DIAS TOFFOLI, Tribunal Pleno, julgado em 26/03/2014, DJe-125 01-07-2014.

210. "Art. 2º - Considera-se necessidade temporária de excepcional interesse público a contratação de: **I - médicos, dentistas, enfermeiros, técnicos em enfermagem, bioquímico, técnicos em RX, auxiliares de enfermagem e agentes comunitários de saúde, para atendimento no serviço de saúde;** II - agentes a auxiliares administrativos, para a manutenção dos serviços administrativos do município; **III - professores, para lecionar nas escolas municipais; IV - operários para atendimento das obras e serviços públicos; V - operadores de máquinas, para operar as máquinas da Prefeitura**; VI - pedreiros, pintores, eletricistas, encanadores, auxiliares de pedreiros, técnico agrimensor e mestre de obras, para executar obras e tarefas municipais; VII - merendeiras e serviçais, para auxiliar na manutenção das escolas; **VIII - técnicos para atender as necessidades do Plano Diretor de Erradicação do 'Aedes Aegypti' do Brasil - PEAs, elaborado pelo Governo Federal e Secretaria Municipal de Saúde**; IX - magarefe, para atender as necessidades do sistema de abastecimento do Município; X - monitor de esportes, para atender as atividades desportivas com crianças e adolescentes do município."

teriam de ser exonerados imediatamente, em face da nulidade da contratação sem concurso público. O critério de discrime empregado foi a necessidade de preservar a continuidade de serviços públicos essenciais respeitantes à saúde e à educação, concedendo-se o prazo de 12 meses para realização de concurso público nessas áreas sensíveis.[211] Todavia, em julgados posteriores acerca do mesmo tema (contratação temporária sem concurso público), manteve-se o mesmo prazo de sobrevida dos contratos (12 meses), mas não houve distinção quanto aos profissionais na modulação de efeitos.[212]

---

211. "10. Quanto aos incisos I, III e VIII do artigo 2º da referida Lei Municipal, ***dada a necessidade de continuidade da prestação de serviços públicos essenciais*** há se modular os efeitos da declaração de inconstitucionalidade para preservar os contratos já firmados ***na área de educação e de saúde pública*** até a data deste julgamento, não podendo os referidos contratos excederem a 12 (doze) meses de duração. **11.** Pelo exposto, **dou provimento ao presente recurso extraordinário para declarar a inconstitucionalidade dos arts. 2º, 3º e 4º da Lei Complementar n. 1.120/2003 do Município de Congonhal. Quanto aos incisos I, III e VIII do artigo 2º da referida Lei Municipal, ficam modulados os efeitos da declaração de inconstitucionalidade para preservar os contratos já firmados *na área da educação e da saúde pública* até a data deste julgamento, não podendo os referidos contratos excederem a 12 (doze) meses de duração.**" (RE 527109, Rel. Min. CÁRMEN LÚCIA, Tribunal Pleno, julgado em 09/04/2014, DJe-213 30-10-2014.) Semelhantemente: "Provimento parcial ao Recurso Extraordinário, apenas para que o acórdão do TJRJ produza efeitos *ex nunc*, a partir da data da publicação deste julgamento, salvo nos contratos temporários em vigor que tenham sido celebrados nas áreas de educação e saúde, que poderão manter-se em vigor pelo prazo máximo de até 12 meses a partir da data da publicação da ata deste julgamento, período em que a Administração local deverá diligenciar para a realização de concursos públicos." (RE 1366437 ED, Rel. Min. ALEXANDRE DE MORAES, Primeira Turma, julgado em 11-04-2022, DJe-074 20-04-2022.)

212. "A Lei Complementar 12/1992 do Estado do Mato Grosso valeu-se de termos vagos e indeterminados para deixar ao livre arbítrio do administrador a indicação da presença de excepcional interesse público sobre virtualmente qualquer atividade, admitindo ainda a prorrogação dos vínculos temporários por tempo indeterminado, em franca violação ao art. 37, IX, da CF. 3. Ação direta julgada procedente, para declarar inconstitucional o art. 264, inciso VI e § 1º, parte final, da Lei Complementar 4/90, ambos com redação conferida pela LC 12/92, **com efeitos *ex nunc*, preservados os contratos em vigor que tenham sido celebrados exclusivamente com fundamento nos referidos dispositivos, por um prazo máximo de até 12 (doze) meses da publicação da ata deste julgamento.**" (ADIn 3662, Rel. p/ Acórdão Min. ALEXANDRE DE MORAES, Tribunal Pleno, julgado em 23/03/2017, DJe-080 25-04-2018.) "[...] 6) É inconstitucional a lei que, de forma vaga, admite a contratação temporária para as atividades de *educação pública, saúde pública*, ***sistema penitenciário e assistência à infância e à adolescência***, sem que haja demonstração da necessidade temporária subjacente. [...] 8) A hermenêutica consequencialista indicia que a eventual declaração de inconstitucionalidade da lei fluminense com efeitos *ex tunc* faria exsurgir um vácuo jurídico no ordenamento estadual, inviabilizando, ainda que temporariamente, a manutenção de qualquer tipo de contratação temporária, o que carrearia um *periculum in mora* inverso daquele que leis como essa, preventivas, destinadas às tragédias abruptas da natureza e às epidemias procuram minimizar, violando o princípio da proporcionalidade – razoabilidade. 9) *Ex positis*, e ressalvada a posição do relator, julgou-se procedente a ação declarando-se a inconstitucionalidade da Lei Estadual

No que respeita a restrições de natureza ESPACIAL, Jorge Miranda assevera: "Não pode o Tribunal Constitucional restringir os efeitos de declaração de inconstitucionalidade ou de ilegalidade de norma constante de lei do Estado ou de convenção internacional em razão do território (designadamente, de uma região autônoma) – porque tal agrediria a estrutura unitária do Estado (art. 6.º) e, de novo, o princípio da igualdade."[213] Censura, por conseguinte, o Acórdão n.º 403/89 do TC português, por haver declarado a inconstitucionalidade de várias normas da Lei n.º 13/85 unicamente no que concerne à região autônoma dos Açores, em virtude da falta de audição de seus órgãos de governo próprios.

A nosso ver, à semelhança do que sucede com as restrições subjetivas, as limitações de natureza espacial são admissíveis se fundadas em critério distintivo razoável, proporcional e isonômico, tratando desigualmente os desiguais na medida de suas desigualdades.

Outrossim, é possível a ***conjugação dos critérios*** de modulação. Nos casos daqueles que assumiram cargo público sem o necessário concurso público, o STF costuma modular os efeitos para (a) determinar a sua exoneração a partir do julgamento (*ex nunc*) ou em data futura fixada no acórdão (*pro futuro*) (**critério temporal**), (b) preservar os efeitos dos atos por eles praticados no exercício do cargo (**critério objetivo ou material**), (c) desobrigá-los de devolver as verbas remuneratórias já percebidas (**critérios temporal e material**), (d) se for o caso, manter o seu direito ao depósito e ao levantamento de FGTS em relação ao período laborado (**critérios temporal e material**), e (e) preservar o direito à aposentadoria dos que já se aposentaram ou cumpriram todos os requisitos para tanto (**critérios subjetivo, objetivo e temporal**).[214]

---

do Rio de Janeiro nº 4.599, de 27 de setembro de 2005. 10) **Reconhecida a necessidade de modulação temporal dos efeitos da declaração de inconstitucionalidade para preservar os contratos celebrados até a data desta sessão (28/05/2014), improrrogáveis após 12 (doze) meses a partir do termo *a quo* acima.**" (ADIn 3649, Rel. Min. LUIZ FUX, Tribunal Pleno, julgado em 28/05/2014, DJe-213 30-10-2014.)

213. *A fiscalização da constitucionalidade*. Coimbra: Almedina, 2017, p. 350-351.

214. "Ação cujo pedido se julga procedente, com a declaração de inconstitucionalidade das Leis nº 2.835/2001; nº 3.100/2002; e nº 3.656/2005, todas do Distrito Federal. Modulação (i) para preservar os atos já praticados; (ii) para que a decisão produza efeitos a partir de 24 (vinte e quatro) meses, contados da data da sessão de julgamento; e (iii) para ressalvar da incidência do acórdão, exclusivamente para efeitos de aposentadoria, os servidores que já estejam aposentados e aqueles que implementaram os requisitos para aposentação até a data da publicação da ata de julgamento." (ADIn 3666, Rel. Min. ROBERTO BARROSO, Tribunal Pleno, julgado em 06/12/2018, DJe-271 18-12-2018). "Modulação de efeitos da declaração de inconstitucionalidade para (i) preservar os atos praticados pelos ocupantes dos cargos declarados irregulares e (ii) ressalvar, exclusivamente

Observe-se ainda que, em tais casos, há uma *retroatividade mínima* da decisão de inconstitucionalidade que não é obstada pela modulação de efeitos: embora continue a ter direito ao depósito e ao levantamento do FGTS, se for o caso, e embora desobrigado de devolver as verbas já recebidas, não fará jus a *várias* das verbas remuneratórias e indenizatórias (indenização de férias não gozadas, adicional de insalubridade, etc.) que receberia se houvesse prestado o concurso público.[215] Assim, neste ponto, a decisão de inconstitucionalidade

---

para fins de aposentadoria, os aposentados e os indivíduos que implementaram os requisitos para aposentação até a data da publicação da ata de julgamento. Precedentes representativos: ADI nº 1.301-ED, Rel. Min. Roberto Barroso; ADI nº 3.609, Rel. Min. Dias Toffoli; ADI nº 4.876, Rel. Min. Dias Toffoli; ADI nº 3.415-ED-Segundos, Rel. Min. Alexandre de Moraes. 2. Embargos de declaração parcialmente providos." (ADIn 3552 ED, Rel. Min. ROBERTO BARROSO, Tribunal Pleno, julgado em 14/12/2018, DJe-026 11-02-2019). "Modulação dos efeitos da declaração de inconstitucionalidade, nos termos do art. 27 da Lei nº 9.868/99, *para dar efeitos prospectivos à decisão, de modo a somente produzir efeitos a partir de doze meses, contados da data da publicação da ata de julgamento*, tempo hábil para a realização de concurso público, a nomeação e a posse de novos servidores, evitando-se, assim, prejuízo à prestação do serviço público de ensino superior na Universidade Regional do Rio Grande do Norte (URRN). Ademais, *de forma semelhante ao que realizado por esta Corte na ADI nº 4.876/MG, ficam ressalvados dos efeitos desta decisão os servidores que já estejam aposentados e aqueles que, até a data de publicação da ata deste julgamento, tenham preenchido os requisitos para a aposentadoria, exclusivamente para efeitos de aposentadoria.*" (ADIn 1241, Rel. Min. DIAS TOFFOLI, Tribunal Pleno, julgado em 22/09/2016, DJe-170 03-08-2017). "Modulação dos efeitos da declaração de inconstitucionalidade, nos termos do art. 27 da Lei nº 9.868/99, para, i) em relação aos cargos para os quais não haja concurso público em andamento ou com prazo de validade em curso, dar efeitos prospectivos à decisão, de modo a somente produzir efeitos a partir de doze meses, contados da data da publicação da ata de julgamento, tempo hábil para a realização de concurso público, a nomeação e a posse de novos servidores, evitando-se, assim, prejuízo à prestação de serviços públicos essenciais à população; ii) quanto aos cargos para os quais exista concurso em andamento ou dentro do prazo de validade, a decisão deve surtir efeitos imediatamente. Ficam, ainda, ressalvados dos efeitos da decisão (a) aqueles que já estejam aposentados e aqueles servidores que, até a data de publicação da ata deste julgamento, tenham preenchido os requisitos para a aposentadoria, *exclusivamente para efeitos de aposentadoria, o que não implica efetivação nos cargos ou convalidação da lei inconstitucional para esses servidores, uma vez que a sua permanência no cargo deve, necessariamente, observar os prazos de modulação acima*; (b) os que foram nomeados em virtude de aprovação em concurso público, imprescindivelmente, no cargo para o qual foram aprovados; e (c) a estabilidade adquirida pelos servidores que cumpriram os requisitos previstos no art. 19 do ADCT da Constituição Federal. 5. Ação direta julgada parcialmente procedente." (ADIn 4876, Rel. Min. DIAS TOFFOLI, Tribunal Pleno, julgado em 26/03/2014, DJe-125 01-07-2014.)

215. Tema 1239/STF: "A jurisprudência desta Suprema Corte consolidou-se no sentido de que os únicos efeitos aplicáveis aos contratos eivados de nulidade, com burla ao concurso público, consistem no recebimento, pelos agentes públicos assim contratados, do salário pelos dias trabalhados e na possibilidade de levantamento dos depósitos do FGTS. [...] 3. Fixada a seguinte tese: Não tem direito à indenização de férias prêmio o servidor estadual cujo vínculo com a Administração Pública, decorrente da Lei Complementar mineira nº 100/2007, foi declarado nulo, por inobservância dos princípios constitucionais que regem o ingresso no serviço público." (RE 1400775 RG, Rel. MINISTRA PRESIDENTE, Tribunal Pleno, julgado em

retroage normalmente para impedir a percepção de tais verbas, uma vez que estão excluídas do alcance da modulação.

Portanto, na modulação temporal comumente efetuada pelo STF em tais casos, há efeitos puramente prospectivos (*ex nunc* ou *pro futuro*) quanto à exoneração, mas há efeitos *limitadamente retrospectivos* no tocante às verbas remuneratórias e indenizatórias.

Dentre os que advogam a inconstitucionalidade do art. 27 da Lei nº 9.868-99, há quem o estime de todo inconstitucional, sob o argumento de que norma infraconstitucional não poderia deferir tal poder ao STF, e há os que admitem a eficácia *ex nunc*, mas inadmitem a possibilidade de uma fixação de data posterior para o início da produção dos efeitos da declaração de inconstitucionalidade, à consideração de que se estaria atribuindo eficácia não apenas *ex nunc* (= desde agora), mas puramente *pro futuro*, à declaração do STF, ao livre arbítrio deste, enfraquecendo-se demasiadamente a força normativa da Constituição[216].

A primeira objeção não colhe, porquanto, como já referido, o art. 27 da Lei nº 9.868-99 tão somente *regulamentou* um poder preexistente reconhecido e aplicado pelo STF.

A segunda objeção é mais ponderável. O legislador pátrio, à diferença do constituinte austríaco, optou por não preestabelecer um prazo máximo para que a declaração do STF principiasse a produzir efeitos, apostando na prudência e no *self-restraint* dos Ministros do STF, para evitar que, em alguma situação específica, a impossibilidade da restrição dos efeitos pelo STF além desse prazo-limite pudesse conduzir à não declaração de inconstitucionalidade, agravando-se ou mantendo-se o estado de inconstitucionalidade.

Tratando-se de uma opção política, só o tempo e a práxis do STF dirão se foi acertada. Juridicamente, não entrevemos nenhum óbice insuperável a essa prática, desde que fundada nos princípios da proporcionalidade e da razoabilidade, em ordem a resguardar outros princípios constitucionais em jogo, o que afastaria, na espécie, o argumento do enfraquecimento da força normativa da Constituição, porquanto se estaria resguardando a força normativa de princípios *constitucionais* merecedores de prevalência na situação.

15-12-2022, REPERCUSSÃO GERAL - MÉRITO DJe-039 03-03-2023); RE 765320 RG, Rel. Min. TEORI ZAVASCKI, julgado em 15/09/2016, DJe-203 23-09-2016; RE 1154203 AgR, Rel. Min. FUX, Primeira Turma, julgado em 29/04/2019, DJe-093 07-05-2019; ARE 1117033 AgR, Rel. Min. ROBERTO BARROSO, Primeira Turma, julgado em 28/06/2019, DJe-170 06-08-2019.

216. Nesse sentido: STRECK, Lenio Luiz. *Jurisdição constitucional e hermenêutica*: uma nova crítica do direito. 2. ed. Rio de Janeiro: Forense, 2004, p. 697-698.

Ademais, essa possibilidade não é incompatível com o regime da nulidade absoluta, havendo inclusive previsões legais similares no direito privado brasileiro[217], conforme precedentemente enfatizado (item 2.4.3.2.).

No que respeita ao procedimento, adota-se o modelo **bifásico** de votação: primeiro vota-se se a norma é constitucional ou não; em seguida, se declarada inconstitucional, vota-se a proposta de modulação, se houver. Os Ministros que ficaram vencidos na primeira votação (*i.e.*, os que votaram pela constitucionalidade da norma) não ficam impedidos de votar na segunda fase, alusiva à proposta de modulação.[218]

O STF admite pedido de modulação de efeitos deduzido pela primeira vez em embargos de declaração, isto é, mesmo que tal pedido não tenha sido formulado previamente à decisão do STF.[219] Ademais, tem entendido que a modulação de efeitos pode ser efetuada *ex officio*, independentemente de requerimento dos interessados, mediante proposta de qualquer dos Ministros.[220] Se se entender que o STF tem não

---

217. Com efeito, *excepcionalissimamente*, o ato nulo pode gerar efeitos jurídicos válidos ***mesmo após o início a produção de efeitos da declaração judicial de nulidade absoluta***. Exemplos: **(a)** o art. 1617 do CC/2002 (art. 367 do CC/1916) determina que a filiação paterna ou materna pode resultar de casamento **já declarado nulo por sentença; assim, o filho que nasce após o trânsito em julgado da sentença declaratória de nulidade é reconhecido juridicamente como filho do casal, a despeito de a declaração judicial de nulidade do casamento já ter começado a produzir efeitos**; **(b)** o art. 183, XIV, do CC/1916 proibia a mulher de casar-se novamente no prazo de 10 (dez) meses depois da dissolução da sociedade conjugal em virtude da declaração judicial de nulidade do casamento anterior. Assim, malgrado já dissolvida a sociedade conjugal pelo trânsito em julgado da sentença declaratória de nulidade do casamento, o casamento absolutamente nulo (contraído de boa ou má-fé) continuaria a produzir o efeito juridicamente válido de **impedir** (era causa **impeditiva**) um novo casamento antes de decorrido esse prazo de 10 meses. Quanto a este último exemplo, *cf.* AZEVEDO, Antônio Junqueira de. *Negócio jurídico...*, p. 60.

218. *Vide* ADIn 3819, Rel. Min. EROS GRAU, Tribunal Pleno, julgado em 24/10/2007, DJe-055 28-03-2008, e ADIn 2949 QO, Rel. p/ Acórdão Min. MARCO AURÉLIO, Tribunal Pleno, julgado em 08/04/2015, DJe-100 28-05-2015.

219. "Admite-se, excepcionalmente, a modulação de efeitos em sede de embargos de declaração na ação direta de inconstitucionalidade, *sem prejuízo de que os fundamentos não tenham sido previamente suscitados*. Nesse sentido: ADI-ED nº 2.797, Rel. Min. Menezes Direito, DJe de 28.02.2013. [...] 3. Embargos de declaração providos." (ADIn 1301 ED, Rel. Min. ROBERTO BARROSO, Tribunal Pleno, julgado em 10/09/2018, DJe-197 19-09-2018)

220. "O art. 27 da Lei nº 9.868/99 tem fundamento na própria Carta Magna e em princípios constitucionais, de modo que sua efetiva aplicação, quando presentes os seus requisitos, garante a supremacia da Lei Maior. Presentes as condições necessárias à modulação dos efeitos da decisão que proclama a inconstitucionalidade de determinado ato normativo, **esta Suprema Corte tem o *dever* constitucional de, *independentemente de pedido das partes*, aplicar o art. 27 da Lei nº 9.868/99**. 2. Continua a dominar no Brasil a doutrina do princípio da nulidade da lei inconstitucional. Caso o Tribunal não faça nenhuma ressalva na decisão, reputa-se aplicado o efeito retroativo. Entretanto, podem as partes trazer o tema em sede de embargos de declaração. 3. Necessidade de preservação dos atos praticados pela Comissão Permanente de Disciplina da

apenas o poder, mas o *dever* de modular, seriam cabíveis embargos de declaração para suprir omissão quanto a essa matéria que deveria ter sido apreciada de ofício, nos termos do art. 1.022, II, do CPC-2015.[221]

Em alguns casos, o STF não conheceu de embargos de declaração interpostos por *amici curiae*, por não lhes reconhecer legitimidade para interposição de recursos nos processos objetivos, mas procedeu à modulação de efeitos de ofício.[222]

Polícia Civil do Distrito Federal durante os quatro anos de aplicação da lei declarada inconstitucional. 4. Aplicabilidade, ao caso, da excepcional restrição dos efeitos prevista no art. 27 da Lei 9.868/99. Presentes não só razões de segurança jurídica, mas também de excepcional interesse social (preservação da ordem pública e da incolumidade das pessoas e do patrimônio – primado da segurança pública), capazes de prevalecer sobre o postulado da nulidade da lei inconstitucional. 5. Embargos declaratórios conhecidos e providos para esclarecer que a decisão de declaração de inconstitucionalidade da Lei distrital nº 3.642/05 tem eficácia a partir da data da publicação do acórdão embargado." (ADIn 3601 ED, Rel. Min. DIAS TOFFOLI, Tribunal Pleno, julgado em 09/09/2010, DJe-244 15-12-2010.) Também considerando a modulação um *dever constitucional*, quando satisfeitos os seus requisitos: ADIn 4788 AgR-ED, Rel. Min. FACHIN, Tribunal Pleno, julgado em 07/02/2018, DJe-060 02-04-2018. Na ADIn 5617, o STF não conheceu dos embargos por intempestivos (por prematuridade), mas, apesar disso, efetuou a modulação de efeitos: "O Tribunal, por maioria, não conheceu dos embargos de declaração, mas admitiu a análise da modulação de efeitos, vencidos os Ministros Luiz Fux, Alexandre de Moraes, Ricardo Lewandowski e Marco Aurélio, que conheciam do recurso." (ADIn 5617 ED, Rel. Min. FACHIN, Tribunal Pleno, julgado em 03/10/2018, DJe-046 08-03-2019.)

221. "Art. 1.022. Cabem embargos de declaração contra qualquer decisão judicial para: [...] II - suprir omissão de ponto ou questão sobre o qual *devia se pronunciar o juiz de ofício* ou a requerimento;"

222. "EMBARGOS DE DECLARAÇÃO E SEGUNDOS EMBARGOS DE DECLARAÇÃO NA AÇÃO DIRETA DE INCONSTITUCIONALIDADE. OPOSIÇÃO PELO AMICUS CURIAE: ILEGITIMIDADE. NÃO CONHECIMENTO. MODULAÇÃO EX OFFICIO DOS EFEITOS DA DECISÃO: POSSIBILIDADE. 1. O Supremo Tribunal Federal possui firme e iterativa jurisprudência quanto à ilegitimidade recursal do *amicus curiae* decorrente de sua atuação em oferecer aos julgadores visão que possui em razão de sua expertise técnica em determinada matéria, não lhes cabendo a vocalização de interesses subjetivos. 2. É assente, também, o entendimento pela possibilidade de a Suprema Corte promover a modulação dos efeitos de suas decisões, por atuação ex officio, **inclusive, por ocasião de julgamento de embargos de declaração não conhecidos**. 3. Ambos, embargos de declaração e segundos embargos de declaração, não conhecidos. 4. Modulação *ex officio* dos efeitos da decisão para, nos termos propostos pelo eminente Relator, 'determinar que a declaração de inconstitucionalidade do art. 6º e, por arrastamento, do art. 13, ambos da Lei estadual nº 17.302, de 30 de outubro de 2017, de Santa Catarina, tenha eficácia apenas a partir da data de deferimento da medida cautelar (15/02/2018), ficando, assim, mantidas, até a referida data, as compensações dos valores representados pelos créditos decorrentes de debêntures com débitos de ICMS realizadas com base na referida lei catarinense'." (ADIn 5882 ED, Relator p/ Acórdão Min. ANDRÉ MENDONÇA, Tribunal Pleno, julgado em 02-10-2023, DJe-s/n 18-10-2023.) "Direito constitucional, administrativo e processual Civil. Embargos de declaração em ação direta de inconstitucionalidade. Ilegitimidade do *amicus curiae* para oposição do recurso. Embargos de declaração não conhecidos. Modulação de ofício dos efeitos da decisão proferida. 1. O Supremo Tribunal Federal tem firme o entendimento de que as entidades que participam dos processos

A rigor, haveria um limite intransponível à modulação: o trânsito em julgado do acórdão na ADIn ou na ADC. Transitado em julgado o acórdão de mérito, não seria mais possível ao STF proceder à modulação de efeitos, nem alterar os termos de modulação efetuada quando do julgamento do mérito. De fato, se a coisa julgada *erga omnes* atribuída pela CF-88 ao acórdão de mérito proferido em ADIn ou ADC não pode ser desconstituída nem mesmo por ação rescisória (art. 26 da Lei 9.868-99)[223], com maioria de razão não poderia ser desconstituída de ofício ou mediante simples petição. De feito, a decisão sobre a modulação ou não de efeitos integra a parte dispositiva do acórdão, fazendo, portanto, coisa julgada *erga omnes*. Além disso, o próprio art. 27 da Lei 9.868-99 somente autoriza a modulação de efeitos "ao declarar a inconstitucionalidade de lei ou ato normativo", ou seja, no momento da decisão sobre o mérito da (in)constitucionalidade da norma.

No entanto, a experiência evidencia que o STF tem modificado os termos de modulação de efeitos após o trânsito em julgado, prorrogando o prazo fixado no acórdão transitado em julgado.

Foi o que sucedeu na ADIn 5288, na qual se julgou "parcialmente procedente o pedido para declarar a inconstitucionalidade do art. 7º da referida lei, com eficácia prospectiva, a produzir efeitos após doze meses, contados a partir da data de publicação da ata de julgamento", conforme se extrai da parte dispositiva

na condição de *amicus curiae* têm como papel instruir os autos com informações relevantes ou dados técnicos, não possuindo, entretanto, legitimidade para a interposição de recursos, inclusive embargos de declaração. Precedentes. 2. Ainda que a disciplina prevista no novo Código de Processo Civil a respeito do amicus curiae permita a oposição de embargos de declaração pelo interveniente (CPC/2015, art. 138, §1º), a regra não é aplicável em sede de ações de controle concentrado de constitucionalidade. Precedentes. 3. Conforme se extrai do art. 27 da Lei nº 9.868/1999, se verificados os requisitos, o Plenário do Supremo Tribunal Federal pode e deve modular de ofício a decisão proferida. Precedentes. 4. Modulação de efeitos da declaração de inconstitucionalidade do art. 1º do Decreto nº 16.282/1994, do Estado do Amazonas, a fim de congelar o valor nominal da remuneração vigente na data da publicação da ata de julgamento do mérito desta ação. Ficam vedados, tão somente, reajustes automáticos futuros decorrentes da vinculação remuneratória. Precedentes. 5. Embargos de declaração não conhecidos. Modulação *ex officio* dos efeitos do acórdão de mérito proferido." (ADIn 5609 ED, Rel. Min. ROBERTO BARROSO, Tribunal Pleno, julgado em 06-06-2022, DJe-118 20-06-2022.)

223. "Art. 26. A decisão que declara a constitucionalidade ou a inconstitucionalidade da lei ou do ato normativo em ação direta ou em ação declaratória é irrecorrível, ressalvada a interposição de embargos declaratórios, não podendo, igualmente, ser objeto de ação rescisória." A irrescindibilidade do acórdão de mérito prevista no referido dispositivo foi declarada constitucional pelo STF: "É constitucional e responde a imperativos de segurança jurídica a parte final do art. 26 da Lei n. 9.868/1999 que veda o ajuizamento de ação rescisória contra decisão proferida em ações de controle abstrato as quais, por sua própria natureza, repelem a desconstituição por rescisória." (ADIn 2154, Rel. p/ Acórdão Min. CÁRMEN LÚCIA, Tribunal Pleno, julgado em 03-04-2023, DJe-s/n 20-06-2023.)

do acórdão. O julgamento ocorreu em 22.11.2021 e a publicação da ata de julgamento se deu em 29.11.2021. O acórdão foi publicado em 01.12.2021. Não houve embargos de declaração, e alguns dias depois, em 10.12.2021, foi certificado o trânsito em julgado do acórdão e arquivado o processo. Quase um ano depois, em 26.11.2022, poucos dias antes de expirar o prazo de um ano previsto no acórdão, por meio da "petição nº 92.842/2022 (26.11.2022), apresentada após o trânsito em julgado e a baixa ao arquivo, a Assembleia Legislativa do Estado do Paraná suscita 'questão de ordem', com pedido liminar, no intuito de prorrogar o prazo concedido em modulação de efeitos, de modo que a declaração de inconstitucionalidade tenha eficácia tão só a partir de 01.01.2023." Em 19.12.2022 (quando já expirado o prazo de um ano previsto no acórdão), foi "deferido o pedido liminarmente, *ad referendum* do Plenário, para prorrogar o prazo fixado no julgamento de mérito, de modo a ser eficaz a declaração de inconstitucionalidade a partir de 01.01.2023", prorrogação esta que foi posteriormente referendada por unanimidade pelo Plenário do STF.[224]

Prorrogações semelhantes, posteriores ao trânsito em julgado e ao arquivamento do processo objetivo, ocorreram na ADO 25 e na ADO 23.[225]

224. "Pedido de prorrogação de prazo de modulação dos efeitos. Ação Direta de Inconstitucionalidade. Fundo de Apoio ao Registro Civil de Pessoas Naturais – Funarpen. Selo de Autenticidade. Declaração de inconstitucionalidade do art. 7º da Lei nº 13.228/2001 do Estado do Paraná por violação do princípio da legalidade (art. 150, I, CF). Modulação dos efeitos. Eficácia prospectiva e concessão de prazo de doze meses. Prorrogação do prazo da modulação por curto lapso temporal. Possibilidade. Precedentes. Referendo. 1. Julgado parcialmente procedente o pedido da ação direta, para declarar a inconstitucionalidade do art. 7º da Lei nº 13.228/2001 do Estado do Paraná. Atribuída eficácia prospectiva à decisão, a produzir efeitos após doze meses, contados da data da publicação da ata de julgamento, ocorrida em 29.11.2021. 2. A Assembleia Legislativa do Estado do Paraná requer prorrogação o prazo concedido em modulação de efeitos, de modo que a declaração de inconstitucionalidade tenha eficácia tão só a partir de 01.01.2023. 3. A linha decisória desta Suprema acolhe pedidos de prorrogação do prazo de modulação concedido na decisão de mérito, com destaque para as hipóteses de necessária providência legislativa (ADOs 23 e 25). 4. A compreensão coaduna-se com a distinção doutrinária acerca das estabilidades das decisões que trazem regimes de transição, de que espécie a modulação temporal de efeitos. Quanto ao prazo, viável cogitar a incidência de outras formas de estabilidade que não a coisa julgada. 5. No caso concreto, o projeto de lei foi apresentado após a decisão deste Supremo Tribunal Federal e, entre outros aspectos, visa expressamente à correção da inconstitucionalidade declarada. As razões pelas quais inicialmente modulados os efeitos recomendam o acolhimento do pleito, para que, estendido o prazo por breve período, sem eternizar a transição para o estado de plena constitucionalidade, o FUNARPEN e o sistema de controle ancorado nos selos de autenticidade operem sem solução de continuidade. 6. Prorrogação de prazo referendada." (ADIn 5288 Prorrog-Ref, Rel. Min. ROSA WEBER, Tribunal Pleno, julgado em 03-05-2023, DJe-s/n 16-05-2023.)

225. "Questões de ordem na ação direta de inconstitucionalidade por omissão. 2. Lei Complementar prevista no art. 91 do ADCT. 3. Pedidos sucessivos de prorrogações dos prazos realizados pela União (primeiro requerimento, em 2.2019) e pela maioria dos Estados (segundo requerimento,

No que toca à aplicação efetiva do art. 27 da Lei nº 9.868-99 nos processos objetivos, o STF de início foi bastante parcimonioso, talvez pelas contundentes críticas de logo formuladas pela doutrina ao aludido dispositivo, que estimularam a propositura, no ano de 2000, das ADIns nº 2.154 e 2.258, julgadas em 2023, declarando a constitucionalidade do art. 27, vencidos o relator originário, Min. SEPÚLVEDA PERTENCE, e o Min. MARCO AURÉLIO, que votaram no sentido da sua inconstitucionalidade[226]. Eis a ementa do acórdão, no que respeita ao art. 27:

> "AÇÕES DIRETAS DE INCONSTITUCIONALIDADE N. 2.154/DF E 2.258/DF. [...] DECLARADA A CONSTITUCIONALIDADE DO ART. 27 DA LEI N. 9.868/1999 QUE AUTORIZA A MODULAÇÃO, PELO SUPREMO TRIBUNAL FEDERAL, DOS EFEITOS DA DECLARAÇÃO DE INCONSTITUCIONALIDADE. AÇÕES DIRETAS JULGADAS IMPROCEDENTES. [...] 5. Mesmo antes do advento da Lei n. 9.868/1999 este Supremo Tribunal tinha mitigado a aplicação da teoria da nulidade em casos pontuais preservando alguns dos efeitos produzidos pela

---

em 2.2020). 4. *Fatos supervenientes que justificam o abrandamento do prazo fixado no julgamento de mérito. Circunstâncias técnico-operacionais. Deferimento dos pleitos em parte. Precedentes.* 5. Referendo das decisões. 6. Acordo realizado entre a União e todos os Entes Estaduais e Distrital. Homologação. 7. Encaminhamento ao Congresso Nacional para as deliberações cabíveis." (ADO 25 QO, Rel. Min. GILMAR MENDES, Tribunal Pleno, julgado em 20-05-2020, DJe-270 12-11-2020.) Na ADO 23, foi concedida liminar pelo Min. Lewandowski para evitar lacuna legislativa decorrente do esvaimento do prazo conferido nas ADIns 875, 1987, 2727 e 3243. Confira-se o seguinte excerto do parecer do PGR na ADO 25 QO, contrário às prorrogações: "ACÓRDÃO TRANSITADO EM JULGADO QUE EXPRESSAMENTE REFUTOU A POSSIBILIDADE DE PRORROGAÇÃO DA SITUAÇÃO DE OMISSÃO INCONSTITUCIONAL. 1. Não cabem modificações em acórdão de ação direta de inconstitucionalidade por omissão transitado em julgado, por petição avulsa que veicule matéria própria de embargos de declaração e que vise a rescindir parcialmente o julgado."

226. *Cf.* Informativo nº 476 do STF: "O Tribunal retomou julgamento de duas ações diretas de inconstitucionalidade parcial omissiva e positiva ajuizadas pela Confederação Nacional das Profissões Liberais – CNPL e pelo Conselho Federal da Ordem dos Advogados do Brasil – OAB contra dispositivos da Lei 9.868/99, que dispõe sobre o processo e julgamento da ação direta de inconstitucionalidade – ADI e da ação declaratória de constitucionalidade – ADC perante o Supremo Tribunal Federal — v. Informativo 456. O Min. Sepúlveda Pertence, relator, julgou procedente o pedido relativamente ao art. 27 da Lei 9.868/99 ("Ao declarar a inconstitucionalidade de lei ou ato normativo, e tendo em vista razões de segurança jurídica ou de excepcional interesse social, poderá o Supremo Tribunal Federal, por maioria de dois terços de seus membros, restringir os efeitos daquela declaração ou decidir que ela só tenha eficácia a partir de seu trânsito em julgado ou de outro momento que venha a ser fixado."). Salientando que a nulidade da lei inconstitucional decorre, no sistema da Constituição, da adoção, paralela ao controle direto e abstrato, do controle difuso de inconstitucionalidade, entendeu que **uma alteração dessa magnitude só poderia ser feita por emenda constitucional**. Ademais, considerou que, ainda que ultrapassada a inconstitucionalidade formal, **seria necessário dar interpretação conforme ao referido dispositivo, a fim de evitar que sua aplicação pudesse atingir o ato jurídico perfeito, a coisa julgada e o direito adquirido, eventualmente surgidos da inconstitucionalidade da lei**. Após, pediu vista dos autos a Min. Cármen Lúcia. ADI 2154/DF, rel. Min. Sepúlveda Pertence, 16.8.2007.".

norma declarada inconstitucional. 6. Ao proceder à modulação de efeitos da declaração de inconstitucionalidade, este Supremo Tribunal pondera entre preceitos constitucionais com a finalidade de preservar a unidade da Constituição e os princípios da segurança jurídica e da confiança no sistema jurídico. 7. É de responsabilidade deste Supremo Tribunal Federal a efetivação dos direitos fundamentais pelas prestações positivas, a demonstrar a insuficiência do modelo de nulidade da lei inconstitucional para a proteção desses direitos [...]." (ADIn 2154, Rel. p/ Acórdão Min. CÁRMEN LÚCIA, Tribunal Pleno, julgado em 03-04-2023, DJe-s/n 20-06-2023.)

Nos primeiros anos de vigência da Lei 9.868-99, foram raros os processos objetivos em que o STF aplicou efetivamente o referido preceito legal[227-228],

---

227. Eis alguns exemplares: "Efetivamente, em relação aos efeitos da declaração de inconstitucionalidade dessas normas, verifico que a gravidade dos prejuízos eventuais decorrentes da nulidade *ex tunc* da norma é imprevisível, mas avaliável. Basta notar que, com base nas normas ora impugnadas, já foi efetuada a defesa de servidores estaduais. Lembrando que converti o rito da presente ação para o do art. 12 da Lei 9.868, e considerando essa peculiaridade do caso, entendo que no presente julgamento de mérito é necessário limitar os efeitos da declaração de inconstitucionalidade das normas, com base no art. 27 da Lei 9.868. Com essas considerações, Sr. Presidente, voto pela procedência da presente ação, para declarar a inconstitucionalidade da expressão 'bem como assistir, judicialmente, aos servidores estaduais processados por ato praticado em razão do exercício de suas atribuições funcionais', contida na alínea *a*, do Anexo II da Lei Complementar estadual 10.194/1994, também do Estado do Rio Grande do Sul. **Nos termos do art. 27 da Lei 9.868, proponho aos colegas a restrição dos efeitos desta decisão, para não causar prejuízos desproporcionais. Como marco dessa limitação, sugiro que a declaração de inconstitucionalidade tenha efeito a partir de 31-12-2004.**" (Voto do Min. Joaquim Barbosa na ADIn nº 3.022, julgada em 02.08.2004, DJU 04.03.2005.) Releva notar que a publicação oficial da decisão foi feita em data posterior à data prefixada para o início da produção dos efeitos da declaração de inconstitucionalidade. Mais recentemente, decidiu o STF: "O Tribunal, aplicando efeitos *ex nunc*, julgou procedente pedido formulado em ação direta proposta pelo Partido da Frente Liberal – PFL para declarar a inconstitucionalidade do art. 51 do Ato das Disposições Constitucionais Transitórias da Constituição do Estado da Paraíba, que altera os limites territoriais do Município do Conde – v. Informativo 431. (...) **Justificou-se a aplicação dos efeitos *ex nunc*, em face da adoção do rito do art. 12 da Lei 9.868/99, uma vez que, na espécie, a norma hostilizada permanecera em vigor por dezesseis anos, período em que diversas situações jurídicas foram consolidadas, notadamente nos âmbitos financeiro, tributário e administrativo, as quais deveriam ser mantidas, sob pena de ofensa à segurança jurídica.**" (ADIn nº 3.615, Rel. Min. Ellen Gracie, Informativo 438.) Confira-se ainda: "Ação direta de inconstitucionalidade. Efeito repristinatório da declaração de inconstitucionalidade. Custas judiciais. Destinação a entidades privadas. Inconstitucionalidade. O Supremo Tribunal Federal já manifestou, por diversas vezes, o entendimento de que é vedada a destinação dos valores recolhidos a título de custas e emolumentos a pessoas jurídicas de direito privado. Precedentes. Ação julgada procedente. **Tendo em vista razões de segurança jurídica e de excepcional interesse social, aplica-se o art. 27 da Lei n. 9.868/99, para atribuir à declaração de inconstitucionalidade efeitos a partir da Emenda Constitucional n. 45, de 3112-2004.**" (ADIn 3.660, Rel. Min. Gilmar Mendes, julgamento em 13.03.2007, DJe 09.05.2008.)

228. "AÇÃO DIRETA DE INCONSTITUCIONALIDADE. ARTIGO 140, CAPUT E PARÁGRAFO ÚNICO, E ARTIGO 141 DA LEI COMPLEMENTAR N. 65. ARTIGO 55, CAPUT E PARÁGRAFO ÚNICO, DA LEI N. 15.788. ARTIGO 135, CAPUT E § 2º, DA LEI N.

não se vislumbrando um cenário de banalização do poder restringente dos efeitos da declaração de inconstitucionalidade pelo STF.

Todavia, a partir de 2014 observa-se um incremento substancial no emprego de decisões modulatórias de efeitos pelo STF. Com base em estudo empírico sobre modulação de efeitos em ADIn, apontam Dimitri Dimoulis e Soraya Lunardi:

> "Há significativo aumento das decisões de modulação a partir de 2014. Houve 19 decisões de modulação entre 2014 e 2018, motivadas, entre outras razões, pela demora do julgamento no próprio STF ou pela discrepância entre decisão cautelar e definitiva. Se a tendência se confirmar, a modulação excederá sua função de remédio excepcional, afetando mesmo a área tributária na qual, tradicionalmente, não se admitia modulação para não estimular a cobrança de impostos inconstitucionais."[229]

15.961. LEIS DO ESTADO DE MINAS GERAIS. INVESTIDURA E PROVIMENTO DOS CARGOS DA CARREIRA DE DEFENSOR PÚBLICO ESTADUAL. SERVIDORES ESTADUAIS INVESTIDOS NA FUNÇÃO DE DEFENSOR PÚBLICO E NOS CARGOS DE ASSISTENTE JURÍDICO DE PENITENCIÁRIA E DE ANALISTA DE JUSTIÇA. TRANSPOSIÇÃO PARA A RECÉM CRIADA CARREIRA DE DEFENSOR PÚBLICO ESTADUAL SEM PRÉVIO CONCURSO PÚBLICO. MODULAÇÃO DOS EFEITOS. AFRONTA AO DISPOSTO NOS ARTIGOS 37, II, E 134, §1º, DA CONSTITUIÇÃO DO BRASIL. 1. Os preceitos objeto da ação direta de inconstitucionalidade disciplinam a forma de investidura e provimento dos cargos da carreira de Defensor Público Estadual. 2. Servidores estaduais integrados na carreira de Defensor Público Estadual, recebendo a remuneração própria do cargo de Defensor Público de Primeira Classe, sem o prévio concurso público. Servidores investidos na função de Defensor Público, sem especificação do modo como se deu a sua investidura, e ocupantes dos cargos de Assistente Jurídico de Penitenciária e de Analista de Justiça. 3. A exigência de concurso público como regra para o acesso aos cargos, empregos e funções públicas confere concreção ao princípio da isonomia. 4. Não cabimento da transposição de servidores ocupantes de distintos cargos para o de Defensor Público no âmbito dos Estados-membros. Precedentes. 5. A autonomia de que são dotadas as entidades estatais para organizar seu pessoal e respectivo regime jurídico não tem o condão de afastar as normas gerais de observância obrigatória pela Administração Direta e Indireta estipuladas na Constituição [artigo 25 da CB/88]. 6. O servidor investido na função de defensor público até a data em que instalada a Assembleia Nacional Constituinte pode optar pela carreira, independentemente da forma da investidura originária [artigo 22 do ADCT]. Precedentes. 7. Ação direta julgada procedente para declarar inconstitucionais o caput e o parágrafo único do artigo 140 e o artigo 141 da Lei Complementar n. 65; o artigo 55, caput e parágrafo único, da Lei n. 15.788; o caput e o § 2º do artigo 135, da Lei n. 15.961, todas do Estado de Minas Gerais. **Modulação dos efeitos da decisão de inconstitucionalidade. Efeitos prospectivos, a partir de 6 [seis] meses contados de 24 de outubro de 2007**." (ADIn 3819, Rel. Min. Eros Grau, julgamento em 24/10/2007, Tribunal Pleno, DJe-055 28.03.2008.) Nesse precedente, o STF decidiu que a modulação dos efeitos é feita em votação autônoma, da qual participam inclusive os Ministros vencidos na votação a respeito da inconstitucionalidade da norma, ou seja, os Ministros que declararam a **constitucionalidade** da norma também devem votar sobre a modulação dos efeitos da declaração de **inconstitucionalidade** dela.

229. DIMOULIS, Dimitri; LUNARDI, Soraya. *Curso de processo constitucional*: controle de constitucionalidade e remédios constitucionais. 6. ed. São Paulo: RT, 2019, p. 227.

Com efeito, em matéria tributária, a doutrina e a jurisprudência do STF desde o princípio se revelaram sobremodo refratárias à modulação de efeitos[230], seja para desencorajar a cobrança de tributos inconstitucionais, seja para evitar guerra fiscal entre os Estados-membros.

Quanto à guerra fiscal, a jurisprudência do STF é pacífica no sentido da inconstitucionalidade de leis estaduais concessivas de benefícios fiscais sem o prévio convênio interestadual exigido pelo art. 155, parágrafo 2º, inciso XII, da CF-88. Ademais, a modulação de efeitos em tais hipóteses serviria de incentivo à guerra fiscal entre os Estados-membros, que continuariam editando leis inconstitucionais análogas, apostando na demora do julgamento e numa possível modulação de efeitos.[231] É o que o Ministro Marco Aurélio denomina de "inconstitucionalidade útil" (ADIn 5467). Quanto maior a demora no julgamento, maior a probabilidade de modulação, em razão da insegurança jurídica gerada pelo desfazimento de atos praticados há muito tempo.

No entanto, a partir do julgamento da ADIn 4481 em 2015[232], o STF passou a modular os efeitos da declaração de inconstitucionalidade quando as

---

230. Em Portugal, segundo Rui Medeiros, o Tribunal Constitucional português tem modulado os efeitos de quase 1/3 (um terço) das suas decisões de inconstitucionalidade, muitas das quais sobre matéria tributária, para desobrigar o Fisco de devolver tributos inconstitucionalmente cobrados, em ordem a salvaguardar o equilíbrio orçamental. (*A decisão de inconstitucionalidade*: os autores, o conteúdo e os efeitos da decisão de inconstitucionalidade da lei. Lisboa: Universidade Católica Editora, 1999, p. 689.) Tal generosidade do TC no uso dessa faculdade excepcional tem sido, por isso mesmo, alvo de acerbas críticas, como a de Vital Moreira: "A frequência com que o Tribunal Constitucional está a recorrer à limitação de efeitos corre o risco de transformar a exceção em regra, sendo de temer que se crie a concepção de que o 'crime compensa' e de que vale sempre a pena criar normas inconstitucionais, porque, por mais flagrante que seja desde o início a inconstitucionalidade, sempre haverá fortes probabilidades de o Tribunal Constitucional, ao declarar a norma inconstitucional, vir a salvaguardar os atos e fatos entretanto consumados." (Declaração de voto no Acórdão nº 144/85, Diário da República n.º 203/1985.) *Cf.* ainda FISCHER, Octavio Campos. *Os efeitos da declaração de inconstitucionalidade...*, p. 200, e STRECK, Lenio Luiz. *Jurisdição constitucional...*, p. 696.

231. "Não comprovadas razões concretas de segurança jurídica ou de excepcional interesse social, requisitos estipulados pelo art. 27 da Lei n.º 9.868/99, descabe a modulação dos efeitos da decisão. 2. **A jurisprudência desta Suprema Corte não tem admitido a modulação dos efeitos da declaração de inconstitucionalidade em casos de leis estaduais que instituem benefícios sem o prévio convênio exigido pelo art. 155, parágrafo 2º, inciso XII, da Constituição Federal – Precedentes.** 3. ***A modulação dos efeitos temporais da declaração de inconstitucionalidade no presente caso consistiria, em essência, incentivo à guerra fiscal, mostrando-se, assim, indevida.***" (ADIn 3794 ED, Rel. Min. ROBERTO BARROSO, Tribunal Pleno, julgado em 18/12/2014, DJe-036 25-02-2015.)

232. "A instituição de benefícios fiscais relativos ao ICMS só pode ser realizada com base em convênio interestadual, na forma do art. 155, §2º, XII, g, da CF/88 e da Lei Complementar

leis estaduais concessivas desses benefícios fiscais estão em vigor há vários anos e não foi deferida medida cautelar, à consideração de que devem prestigiar-se os princípios da segurança jurídica e da boa-fé e de que "a não modulação penalizaria, em última análise, a empresa que cumpriu a lei"[233].

Embora não tenha havido (ainda) uma superação completa (*overruling*) da jurisprudência a respeito da não modulação em matéria de guerra fiscal, não há negar que se cura de uma significativa restrição de seu alcance[234] e de um indicativo da tendência de ampliação do emprego da modulação de efeitos, até mesmo em tema tradicionalmente infenso à modulação.

---

nº 24/75. 2. De acordo com a jurisprudência do STF, o mero diferimento do pagamento de débitos relativos ao ICMS, sem a concessão de qualquer redução do valor devido, não configura benefício fiscal, de modo que pode ser estabelecido sem convênio prévio. 3. A modulação dos efeitos temporais da decisão que declara a inconstitucionalidade decorre da ponderação entre a disposição constitucional tida por violada e os princípios da boa-fé e da segurança jurídica, ***uma vez que a norma vigorou por oito anos sem que fosse suspensa pelo STF.*** A supremacia da Constituição é um pressuposto do sistema de controle de constitucionalidade, sendo insuscetível de ponderação por impossibilidade lógica. 4. Procedência parcial do pedido. ***Modulação para que a decisão produza efeitos a contatar da data da sessão de julgamento.***" (ADIn 4481, Rel. Min. ROBERTO BARROSO, Tribunal Pleno, julgado em 11/03/2015, DJe-092 19-05-2015.)

233. ADIn 3796, Rel. Min. GILMAR MENDES, Tribunal Pleno, julgado em 08/03/2017, DJe-168 01-08-2017. *Vide* ainda: "O pacto federativo reclama, para a preservação do equilíbrio horizontal na tributação, a prévia deliberação dos Estados-membros para a concessão de benefícios fiscais relativamente ao ICMS, na forma prevista no artigo 155, § 2º, XII, g, da Constituição e como disciplinado pela Lei Complementar 24/75, recepcionada pela atual ordem constitucional. 2. In casu, padece de inconstitucionalidade a Lei 13.790/06 do Estado de Santa Catarina, porquanto concessiva de benefícios fiscais de ICMS ao serviço de transporte rodoviário interestadual ou intermunicipal de cargas, caracterizando hipótese típica de guerra fiscal em desarmonia com a Constituição Federal de 1988. 3. A isonomia tributária e a vedação constitucional à discriminação segundo a procedência ou o destino de bens e serviços (artigos 150, II, e 152 da CRFB/88) tornam inválidas as distinções em razão do local em que se situa o estabelecimento do contribuinte ou em que produzida a mercadoria, máxime nas hipóteses nas quais, sem qualquer base axiológica no postulado da razoabilidade, se engendra tratamento diferenciado. 4. Pedido de declaração de inconstitucionalidade julgado procedente, **conferindo à decisão efeitos *ex nunc*, a partir da publicação da ata deste julgamento (artigo 27 da Lei 9.868/99).**" (ADIn 3984, Rel. Min. FUX, Tribunal Pleno, julgado em 30/08/2019, DJe-205 23-09-2019.)

234. Na ADIn 5467, houve modulação de efeitos em relação a uma lei estadual de 2015 (Lei 10.259, de 16.06.2015), **que vigorou por menos de 2 anos**, pois teve sua eficácia suspensa por liminar em 29.03.2017: "Padecem de inconstitucionalidade os dispositivos impugnados da ***Lei 10.259/2015*** do Estado do Maranhão, porquanto concessivos de benefícios fiscais de ICMS sem atendimento à exigência constitucional (artigo 155, § 2º, XII, g). 3. Pedido de declaração de inconstitucionalidade julgado procedente, ***conferindo à decisão efeitos ex nunc, a partir da data do deferimento da medida cautelar ora confirmada (artigo 27 da Lei 9.868/99).***" (ADIn 5467, Rel. Min. FUX, Tribunal Pleno, julgado em 30/08/2019, DJe-200 16-09-2019.)

A partir de 2021, observa-se um significativo incremento no emprego da modulação de efeitos pelo STF até mesmo em matéria tributária, muitas vezes em desfavor do contribuinte.[235]

A modulação de efeitos cobrou força com o CPC-2015 e a Lei nº 13.655-2018, que alterou a LINDB, autorizando modulação de efeitos até mesmo em decisões administrativas[236]. O Decreto nº 9.830-2019, que regulamenta os arts. 20 a 30 da LINDB, explicita os parâmetros e o alcance da modulação, franqueando expressamente até a modulação *pro futuro*.[237]

---

235. Relatório especial produzido pelo Jota em julho de 2023 evidencia que, no período pesquisado (2021 a meados de 2023), o STF "modulou pelo menos 66 processos tributários desde 2021. Desse total, 60 – ou 90,9% – foram favoráveis ao fisco, ao impedir que os contribuintes tenham direito à devolução de tributos pagos indevidamente no passado. Dos outros seis – ou 9,1% –, dois foram favoráveis e outros quatro parcialmente favoráveis aos contribuintes. O cenário, entretanto, muda quando levamos em consideração o número de teses analisadas pelo tribunal, e não o número de casos. Isso porque, em algumas situações, a mesma tese fixada pelo STF é aplicada em vários processos que tratam do mesmo tema. Esse é o caso, por exemplo, do julgamento por meio do qual o Supremo proibiu a instituição de uma alíquota de ICMS sobre energia e telecomunicações acima da alíquota média aplicada sobre as operações em geral. A Corte tomou essa decisão em 2021, por meio do RE 714139 (Tema 745), e em 2022 replicou o entendimento no julgamento de outras 24 ações diretas de inconstitucionalidade (ADIs) envolvendo as legislações estaduais. Os dados mostram que os 66 processos modulados desde 2021 correspondem a 19 teses tributárias. Das 19 teses, 14 – ou 73,7% – foram favoráveis ao fisco, impedindo a devolução retroativa de tributos às pessoas físicas e jurídicas. Das outras cinco – ou 26,3% –, duas foram favoráveis e outras três parcialmente favoráveis aos contribuintes." (BONFANTI, Cristiane. *Modulação de efeitos*: STF decide em 90,9% dos casos favoravelmente ao fisco. Disponível em: https://www.jota.info/tributos-e-empresas/tributario/modulacao-de-efeitos-stf-decide-em-909-dos-casos-favoravelmente-ao-fisco-11082023. Acesso em: 24 jun. 2024.)

236. LINDB: "Art. 23. A decisão administrativa, controladora ou judicial que estabelecer interpretação ou orientação nova sobre norma de conteúdo indeterminado, impondo novo dever ou novo condicionamento de direito, deverá *prever regime de transição* quando indispensável para que o novo dever ou condicionamento de direito seja cumprido de modo proporcional, equânime e eficiente e sem prejuízo aos interesses gerais. Art. 24. A revisão, nas esferas administrativa, controladora ou judicial, quanto à validade de ato, contrato, ajuste, processo ou norma administrativa cuja produção já se houver completado levará em conta as orientações gerais da época, *sendo vedado que, com base em mudança posterior de orientação geral, se declarem inválidas situações plenamente constituídas*".

237. "Art. 4º A decisão que decretar invalidação de atos, contratos, ajustes, processos ou normas administrativos observará o disposto no art. 2º e indicará, de modo expresso, as suas consequências jurídicas e administrativas. [...] § 3º Quando cabível, a decisão a que se refere o *caput* indicará, na modulação de seus efeitos, as condições para que a regularização ocorra de forma proporcional e equânime e sem prejuízo aos interesses gerais. § 4º *Na declaração de invalidade de atos, contratos, ajustes, processos ou normas administrativos*, o decisor poderá, consideradas as consequências jurídicas e administrativas da decisão para a administração pública e para o administrado: I - *restringir os efeitos da declaração*; ou II - *decidir que sua eficácia se iniciará em momento posteriormente definido*. § 5º A modulação dos efeitos da decisão buscará a mitigação

Como já observado, o art. 27 da Lei 9.868-99 só outorga competência para modulação de efeitos ao STF, e unicamente no que respeita a processos objetivos, de controle abstrato de constitucionalidade, visto que a referida lei não trata de processos subjetivos, mas o STF tem estendido o disposto no art. 27 aos recursos extraordinários com repercussão geral, inclusivamente no que concerne ao requisito formal (*quorum* qualificado de 2/3).

Todavia, o art. 927, § 3º, do CPC-2015[238] confere competência ao STF, aos Tribunais Superiores e aos demais Tribunais para modelarem os efeitos temporais das próprias decisões quando houver viragem jurisprudencial (*overruling*), independentemente de a questão de fundo ser de natureza constitucional (e sem exigir um *quorum* qualificado de 2/3 para tanto).

Tal dispositivo vem sendo aplicado pelo STF. Até mesmo o Min. Marco Aurélio, ferrenho opositor da modulação de efeitos, reputa razoável a modulação em casos de mudança da jurisprudência sedimentada do STF:

> INCONSTITUCIONALIDADE – QUÓRUM – MAIORIA ABSOLUTA – Para aferição da maioria absoluta prevista no artigo 97 da Constituição Federal, é despicienda a igualdade de fundamentos, sendo suficientes seis ou mais votos no sentido da inconstitucionalidade. EMBARGOS DECLARATÓRIOS – *TRIBUTÁRIO* – EFICÁCIA PROSPECTIVA – ADEQUAÇÃO. *Conquanto se imponha parcimônia no manejo do instituto da modulação de efeitos de decisões, a alteração de jurisprudência consolidada há quase duas décadas justifica a eficácia prospectiva do novo pronunciamento, em atenção à segurança jurídica e ao interesse social, nos termos do artigo 927, § 3º, do Código de Processo Civil.*" (RE 643247 ED, Rel. Min. MARCO AURÉLIO, Tribunal Pleno, julgado em 12/06/2019, DJe-140 28-06-2019).[239]

---

dos ônus ou das perdas dos administrados ou da administração pública que sejam anormais ou excessivos em função das peculiaridades do caso."

238. "Art. 927. [...] § 3º Na hipótese de alteração de jurisprudência dominante do Supremo Tribunal Federal e dos tribunais superiores ou daquela oriunda de julgamento de casos repetitivos, pode haver modulação dos efeitos da alteração no interesse social e no da segurança jurídica."

239. Confira-se o seguinte excerto do seu voto no acórdão acima referido: "Tenho votado sistematicamente contra a modulação dos efeitos de decisões declaratórias de inconstitucionalidade de leis. Adotar essa providência de forma imoderada implica tornar a própria Constituição Federal flexível, não um documento rígido a ser observado por todos. Ante o princípio da supremacia da Lei Maior, a inconstitucionalidade é vício congênito, a lei inconstitucional é natimorta. A prática continuada do Supremo de diferir no tempo a eficácia dos pronunciamentos estimula a inaccitável figura da inconstitucionalidade útil: governantes e legisladores não receiam editar leis inconstitucionais, porque fiam-se na futura modulação de efeitos. Especificamente em sede de controle difuso de constitucionalidade, sempre me opus à aplicação do artigo 27 da Lei nº 9.868/1999, dispositivo contra o qual pende ação direta de inconstitucionalidade e cujo âmbito de incidência está restrito ao controle concentrado de constitucionalidade. Com a superveniência do Código de Processo Civil de 2015, o óbice formal está superado. O §

A seu turno, a dicção dos arts. 525, § 13, e 535, § 6º, do CPC-2015 parece sugerir que os juízos encarregados da execução de julgados transitados em julgado poderiam modular os efeitos temporais da decisão declaratória de inconstitucionalidade do STF ("*modulação derivada*").[240] Contudo, de fora parte a questão da constitucionalidade ou não desses preceitos legais, a interpretação que parece prevalecer é a de que tais dispositivos estariam concedendo ao STF mesmo competência para modelar os efeitos das próprias decisões em processos de índole *subjetiva* (complementando assim o disposto no art. 27 da Lei 9.868-99),[241] uma vez que seria desarrazoado admitir que o juízo da execução pudesse modular os efeitos de uma decisão de inconstitucionalidade do STF que este mesmo não quis ou não pôde (*e.g.*, por ausência de *quorum*) modular.[242] Especialmente se se considerar que o STF teria não apenas o poder de

---

3º do artigo 927 admite, no caso de alteração de jurisprudência dominante do Supremo, a modulação dos efeitos do pronunciamento, desde que fundada no interesse social e no da segurança jurídica. Considerada a advertência de parcimônia na observância do instituto, quando atendidos os requisitos do dispositivo, há de ser admitida a modulação dos efeitos da decisão, de modo a consagrar a boa-fé e a confiança no Estado-juiz."

240. "Art. 525. [...] § 12. Para efeito do disposto no inciso III do § 1º deste artigo, considera-se também inexigível a obrigação reconhecida em título executivo judicial fundado em lei ou ato normativo considerado inconstitucional pelo Supremo Tribunal Federal, ou fundado em aplicação ou interpretação da lei ou do ato normativo tido pelo Supremo Tribunal Federal como incompatível com a Constituição Federal, em controle de constitucionalidade concentrado ou difuso. § 13. No caso do § 12, os efeitos da decisão do Supremo Tribunal Federal poderão ser modulados no tempo, em atenção à segurança jurídica."

241. Tais dispositivos permitiriam, por exemplo, ao STF proceder à modulação de efeitos na fase de cumprimento de decisões em ações originárias, ajuizadas diretamente no próprio STF, a quem cabe, em regra, executar tais julgados, nos termos do art. 516, I, do CPC-2015 e do art. 102, I, "m", da CF-88: "Art. 102. Compete ao Supremo Tribunal Federal, precipuamente, a guarda da Constituição, cabendo-lhe: I - processar e julgar, originariamente: [...] m) *a execução de sentença nas causas de sua competência originária*, facultada a delegação de atribuições para a prática de atos processuais".

242. Confira-se o Enunciado 176 do FPPC (Fórum Permanente dos Processualistas Civis), aprovado por unanimidade: "Compete exclusivamente ao Supremo Tribunal Federal modular os efeitos da decisão prevista no § 13 do art. 525." Em sentido diverso, admitindo a *modulação derivada* "pelo menos nos casos em que o STF não tenha *expressamente indeferido* a modulação": BERNARDES, Juliano Taveira; FERREIRA, Olavo Augusto Vianna Alves. *Direito constitucional.* 9. ed. Salvador: JusPodivm, 2019, t. I, p. 542. Em sentido similar: "O poder de modulação em caráter geral e abstrato, do STF, não exclui o poder do juiz no caso concreto. Há apenas um limite: o juiz do caso concreto não pode insistir em proceder a uma modulação relativamente a uma situação ou período ou por um determinado fundamento que já tenham sido enfrentados e negados pelo STF." (TALAMINI, Eduardo. Os pronunciamentos do STF sobre questões constitucionais e sua repercussão sobre a coisa julgada (impugnação ao cumprimento do título executivo inconstitucional e a regra especial sobre prazo de ação rescisória). *In:* CUNHA JÚNIOR, Dirley da; NOVELINO, Marcelo; MINAMI, Marcos Youji (coords.). *Repercussões do CPC no controle concentrado de constitucionalidade.* Salvador: JusPodivm, 2019, p. 128.)

modular, mas o "*dever* constitucional" de fazê-lo *ex officio*, independentemente de pedido das partes, quando preenchidos os requisitos para tanto.[243]

Questão diversa é a de saber se, no julgamento do mérito de uma ação (isto é, antes do trânsito em julgado), o juiz ou Tribunal poderá modular, quanto ao caso concreto *sub judice*, os efeitos de uma decisão de inconstitucionalidade do STF que este mesmo não quis ou não pôde modular.

No que toca às fórmulas de preclusão (prescrição, decadência, etc.), normas-regras que se aplicam por meio de *subsunção*, seria dado ao juízo reconhecer a sua ocorrência e, portanto, a impossibilidade jurídica de desconstituição dos fatos praticados com esteio na lei declarada inconstitucional pelo STF, mesmo que este não tenha modulado os efeitos. O mesmo se diga quando há uma irreversibilidade fática (impossibilidade material de retorno ao estado anterior), e não apenas jurídica. *Nesses casos, não há autêntica "modulação" de efeitos, fundada em juízo de ponderação.*

Contudo, há determinadas *situações consolidadas* cuja desconstituição jurídica, embora seja em tese possível, não se revela razoável, nem proporcional, designadamente à luz da segurança jurídica. Seria o caso, *v.g.*, do aluno que obteve diploma de conclusão de curso universitário com base em declaração de inconstitucionalidade de exigência de ingresso por decisão judicial, reformada após a conclusão do curso. Embora seja teoricamente possível a cassação do diploma, esta medida seria irrazoável e desproporcional, tendo em vista o aproveitamento demonstrado ao longo do curso, de modo que os malefícios superariam em muito os benefícios (proporcionalidade em sentido estrito).[244]

Assim, para EDUARDO TALAMINI, mesmo que indeferida expressamente a modulação pelo STF, o juiz do caso concreto poderia modular os efeitos a decisão do STF se utilizasse *fundamento* não apreciado pelo STF ao rejeitar a modulação.

243. ADIn 4788 AgR-ED, Rel. Min. FACHIN, Tribunal Pleno, julgado em 07/02/2018, DJe-060 02-04-2018; ADIn 3601 ED, Rel. Min. DIAS TOFFOLI, Tribunal Pleno, julgado em 09/09/2010, DJe-244 15-12-2010.

244. No caso *DeFunis v. Odegaard* – 416 U.S. 312 (1974) – , a *Supreme Court* norte-americana decidiu extinguir o processo sem resolução de mérito por perda de objeto (declarou que o caso se tornou "*moot*"), visto que o autor MARCO DEFUNIS, que obtivera medida liminar ("*injunctive relief*") para ser matriculado, estava perto de concluir o curso (estava no último ano) quando o caso chegou à *Supreme Court*. Entendeu a Corte que nenhuma das partes tinha nada a ganhar com uma decisão de mérito. No fundo, a própria parte ré reconheceu a irrazoabilidade de impedir a conclusão do curso pelo autor e afirmou que, independentemente da decisão de mérito, permitiria que ele se graduasse. Eis um trecho do julgado: "The respondents have represented that, without regard to the ultimate resolution of the issues in this case, DeFunis will remain a student in the Law School for the duration of any term in which he has already enrolled. Since he has now registered for his final term, it is evident that he will be given an opportunity to complete all academic and other require-

Seria também o caso dos "funcionários de fato", investidos em cargos públicos sem concurso público quando este é constitucionalmente exigido: sua permanência no serviço público não é tolerável, mas a devolução dos valores que lhes foram pagos pelo trabalho efetivamente desempenhado, assim como a invalidação dos atos por eles praticados, seriam desarrazoadas e desproporcionais, além de atentatórias à segurança jurídica.

Por fim, seria ainda o caso do candidato que assumiu cargo público em virtude de decisão judicial provisória, reformada após a sua aposentadoria no referido cargo. Com efeito, o STF, no RE 608.482-RG, assentou, em tese de repercussão geral (Tema 476/STF), a impossibilidade de "manutenção no cargo, sob fundamento de fato consumado, de candidato não aprovado que nele tomou posse em decorrência de execução provisória de medida liminar ou outro provimento judicial de natureza precária, supervenientemente revogado ou modificado."[245] Todavia, o próprio STF tem reconhecido exceções à tese firmada na repercussão geral[246], como, *v.g.*, sucede quando o processo se prolonga por muitos anos e a reforma da decisão provisória é superveniente à

---

ments for graduation, and, *if he does so, will receive his diploma regardless of any decision this Court might reach on the merits of this case.* ***In short, all parties agree that DeFunis is now entitled to complete his legal studies at the University of Washington and to receive his degree from that institution.*** A determination by this Court of the legal issues tendered by the parties is no longer necessary to compel that result, and could not serve to prevent it. DeFunis did not cast his suit as a class action, and the only remedy he requested was an injunction commanding his admission to the Law School. He was not only accorded that remedy, but he now has also been irrevocably admitted to the final term of the final year of the Law School course. The controversy between the parties has thus clearly ceased to be 'definite and concrete,' and no longer 'touch[es] the legal relations of parties having adverse legal interests.' *Aetna Life Ins. Co. v. Haworth*, 300 U. S. 227, 300 U. S. 240-241 (1937)." E conclui: "*Held:* Because petitioner will complete law school at the end of the term for which he has registered regardless of any decision this Court might reach on the merits, the Court cannot, consistently with the limitations of Art. III of the Constitution, consider the substantive constitutional issues, and the case is moot. (a) *Mootness here does not depend upon a 'voluntary cessation' of the school's admissions practices, but upon the simple fact that petitioner is in his final term, and the school's fixed policy to permit him to complete the term.* [...]".

245. Em defesa da observância rigorosa da tese da inaplicabilidade da teoria do fato consumado em tais hipóteses, confira-se: ALVES, Francisco Glauber Pessoa. Fato consumado, direito material e direito processual civil. *Revista de Processo*, v. 264, p. 249-280, 2017.

246. "CONCURSO PÚBLICO. MANDADO DE SEGURANÇA. **EXCEÇÃO TEORIA FATO CONSUMADO**. 1. **A desconstituição do ato de promoção do impetrante representa clara violação aos princípios da segurança jurídica e da confiança legítima, situação que se enquadra na excepcionalidade reconhecida no julgamento do RE 608.482-RG.** [...]" (ARE 950586 AgR-segundo, Rel. Min. ROBERTO BARROSO, Primeira Turma, julgado em 31/05/2019, DJe-134 19-06-2019.)

aposentadoria ou ao preenchimento dos requisitos necessários à aposentação.[247] Em tais casos, o servidor não perde o direito à aposentadoria (para a qual verteu todas as contribuições previdenciárias exigidas), não precisa devolver nenhuma verba remuneratória, e todos os atos por ele praticados no exercício do cargo são considerados válidos.

Embora tais situações consolidadas possam ser mantidas com báculo num *juízo de ponderação restrito ao caso concreto*, a jurisprudência, ao fazê-lo, em regra, não alude a uma "modulação de efeitos", recorrendo a fundamentos diversos, como "teoria da aparência", "teoria do fato consumado", juízo de equidade, etc. Nessa linha, decidiu, *e.g.*, o STF na ADIn 3248, ao confirmar expressamente, com fulcro na "aparência de legalidade", a validade dos atos praticados por notários e registradores removidos sem concurso (com base em dispositivo declarado inconstitucional) até o ingresso de serventuário removido após a realização de concurso, *sem recorrer à modulação de efeitos*.

Portanto, uma vez que a manutenção dessas situações consolidadas não se funda na aplicação de normas-regras previstas em lei (como ocorre com as "fórmulas de preclusão", normas-regras aplicáveis mediante *subsunção*), mas sim em *juízo de ponderação* de bens, valores e princípios, próprio da modulação de efeitos, não há razão para serem tratadas diferentemente, isto é, como se a manutenção dessas situações consolidadas com base no *método ponderativo* não configurasse uma espécie de modulação de efeitos.[248] Não há diferença

---

247. "CONCURSO PÚBLICO. POSSE E EXERCÍCIO DETERMINADOS POR DECISÕES PRECÁRIAS. **CONCESSÃO DE APOSENTADORIA VOLUNTÁRIA. INADEQUAÇÃO DO TEMA 476 FIXADO NO RE 608.482.** (REL. MIN. TEORI ZAVASCKI). 1. **Em regra, não produzem fato consumado a posse e o exercício em cargo público decorrentes de decisão judicial tomada à base de cognição não-exauriente. 2. A marca da excepcionalidade se faz presente no caso concreto, autorizando a distinção (*distinguish*) quanto ao leading case do Tema 476, devendo, unicamente por essa razão, ser mantido o aresto recorrido proferido pelo Superior Tribunal de Justiça**. [...]" (RE 740029 AgR, Rel. Min. ALEXANDRE DE MORAES, Primeira Turma, julgado em 14/08/2018, DJe-210 02-10-2018.)

248. Tanto é verdade que, ao julgar *casos análogos em ADIn*, o STF recorre explicitamente à modulação de efeitos. Compare-se, por exemplo, a decisão no retromencionado RE 740029 AgR (*sem* invocação expressa de modulação de efeitos), com a decisão na ADIn 3552 (*com* invocação expressa de modulação de efeitos), a respeito da manutenção da aposentadoria e da validade dos atos praticados: "ESTABILIDADE EXCEPCIONAL PARA SERVIDORES PÚBLICOS CIVIS NÃO CONCURSADOS. HIPÓTESES DE APOSENTADORIA. NECESSIDADE DE PRESERVAR A VALIDADE DOS ATOS PRATICADOS PELOS SERVIDORES DE PROVIMENTO IRREGULAR. POSSIBILIDADE DE MODULAR EFEITOS. PARCIAL PROVIMENTO DOS DECLATÓRIOS. 1. **Modulação de efeitos da declaração de inconstitucionalidade para** (i) **preservar os atos praticados pelos ocupantes dos cargos declarados irregulares** e (ii) **ressalvar, exclusivamente para fins de aposentadoria, os aposentados e os**

ontológica substancial a justificar tratamento diverso, designadamente em relação ao *quorum* de 2/3, *quando aplicável* (como ocorre em ADIn, ADC, ADPF, e RE com repercussão geral). Assim, *v.g.*, na referida ADIn 3248, o *quorum* de 2/3 seria exigível, uma vez que, em realidade, houve modulação de efeitos, embora se tenha recorrido à "aparência de legalidade" e ao respeito à boa-fé de terceiros para convalidar os atos praticados em desconformidade com a exigência de concurso público.[249]

Seja como for, afora situações consolidadas e casos de *revirement de jurisprudence*, não parece adequado reconhecer um *amplo* poder de modulação de efeitos à generalidade de juízos e tribunais no controle incidental de constitucionalidade, sob pena de grave prejuízo ao princípio da segurança jurídica.

4.4.1. Limites à modulação: a sanção de nulidade como norma-regra

Além da aplicação, *no que couber*, dos limites às decisões manipulativas em geral, as decisões manipulativas modulatórias de efeitos temporais devem

---

indivíduos que implementaram os requisitos para aposentação até a data da publicação da ata de julgamento. Precedentes representativos: ADI nº 1.301-ED, Rel. Min. Roberto Barroso; ADI nº 3.609, Rel. Min. Dias Toffoli; ADI nº 4.876, Rel. Min. Dias Toffoli; ADI nº 3.415-ED-Segundos, Rel. Min. Alexandre de Moraes. 2. Embargos de declaração parcialmente providos." (ADIn 3552 ED, Rel. Min. ROBERTO BARROSO, Tribunal Pleno, julgado em 14/12/2018, DJe-026 11-02-2019.) No RE 740029 AgR, o Min. Barroso observou a similitude entre as situações: "Saliento que não é inédito, na jurisprudência desta Corte, a ressalva da situação do servidor já aposentado. Nas ADIs 4.876 e 1.241, ambas de relatoria do Min. Dias Toffoli, que impugnavam normas que efetivavam em cargos públicos servidores que não se submeteram ao prévio e necessário concurso público, o STF, ao julgá-las inconstitucionais, ressalvou dessas decisões os servidores que já estavam inativados e também aqueles que, até a data de publicação da ata desses julgamentos, já tivessem preenchido os requisitos para aposentadoria."

249. "AÇÃO DIRETA DE INCONSTITUCIONALIDADE. ART. 299 DA LEI PARANAENSE 14.351/04. CRITÉRIOS PARA REMOÇÃO DE NOTÁRIOS E REGISTRADORES PARA SERVENTIA VAGA. AÇÃO JULGADA PROCEDENTE. I – Constitui afronta ao § 3º do art. 236 da Constituição Federal dispositivo de lei estadual que autoriza a remoção de notários e registradores por meio de simples requerimento do interessado, sujeito à aprovação discricionária do Conselho de Magistratura local, independentemente de concurso. II – *A declaração de inconstitucionalidade não exclui a necessidade de confirmação dos atos praticados pelos notários ou registradores removidos com base no dispositivo inconstitucional até o ingresso de serventuário removido após a realização de concurso. Isso porque, com fundamento na aparência de legalidade dos atos por eles praticados, deve-se respeitar os efeitos que atingiram terceiros de boa-fé.* III – Ação direta julgada procedente para declarar a inconstitucionalidade do art. 299 da Lei 14.351/2004 do Estado do Paraná." (ADIn 3248, Rel. Min. LEWANDOWSKI, Tribunal Pleno, julgado em 23/02/2011, DJe-097 24-05-2011.)

observar limites específicos.[250] Dentre estes, avulta a consideração da nulidade como **norma-regra** implícita na CF/88. Com efeito, tem-se difundido no Brasil a ideia de que a nulidade constituiria **norma-princípio**, passível, como tal, de ser ponderada com outros princípios constitucionais e de, eventualmente, não prevalecer no juízo de ponderação efetuado no caso concreto.[251]

No entanto, a **estrutura** da norma e a sua **natureza** indicam que a nulidade consiste numa norma-regra. De feito, a nulidade configura sanção imposta *pleno iure* ao vício de inconstitucionalidade.

A **estrutura** da norma-regra pode ser decomposta idealmente num *antecedente* bem delimitado (hipótese de incidência, descritor) e num *consequente* (mandamento, prescritor) igualmente bem delimitado.[252] No caso sob análise, a estrutura normativa seria: "**dada a inconstitucionalidade, deve ser a sanção de nulidade**". Esta é aplicada pelo próprio ordenamento, de pleno direito, de modo que a decisão judicial é meramente declaratória da nulidade (e não constitutiva desta), que preexiste a essa declaração judicial, razão pela qual é juridicamente permitida a recusa de cumprimento a norma inconstitucional antes de qualquer declaração judicial.[253]

---

250. Para aprofundar o tema, conferir: FERNANDES, André Dias. *Modulação de efeitos e decisões manipulativas no controle de constitucionalidade brasileiro*: possibilidades, limites e parâmetros. Salvador: JusPodivm, 2018, de onde foi extraído o presente item.

251. "O *princípio* da nulidade continua a ser a regra também no direito brasileiro. O afastamento de sua incidência dependerá de um *severo juízo de ponderação* que, tendo em vista análise fundada no princípio da proporcionalidade, faça prevalecer a ideia de segurança jurídica ou outro princípio constitucionalmente importante, manifestado sob a forma de interesse social relevante. Assim, aqui, como no direito português, a não aplicação do *princípio* da nulidade não se há de basear em consideração de política judiciária, mas em fundamento constitucional próprio. O *princípio* da nulidade somente há de ser afastado se se puder demonstrar, com base numa *ponderação concreta*, que a declaração de inconstitucionalidade ortodoxa envolveria o sacrifício da segurança jurídica ou de outro valor constitucional materializável sob a forma de interesse social." (MENDES, Gilmar Ferreira; BRANCO, Paulo Gustavo Gonet. *Curso de Direito Constitucional*. 12. ed. São Paulo: Saraiva, 2017, p. 1428-1429.) (Grifou-se.)

252. "A regra possui uma hipótese determinada e circunscrita. Esta hipótese tem assim um âmbito delimitado, uma extensão — use-se a lógica aristotélica — restrita, de fronteiras bem definidas. Também a prescrição, que resulta da ocorrência da hipótese, é determinada, definida." (FERREIRA FILHO, Manoel Gonçalves. Princípios e regras em direito constitucional. Contribuição para uma polêmica doutrinária. *In:* LUCCA, Newton de; MEYER-PFLUG, Samantha Ribeiro; NEVES, Mariana Barboza Baeta. (Org.). *Direito constitucional contemporâneo*. São Paulo: Quartier Latin, 2012, p. 293.)

253. No que prende com o direito italiano, afirma Roberto Bin: "Perché la c.d. retroattività delle sentenze è un'espressione usata nei manuali di diritto costituzionale per sottolineare una caratteristica delle decisioni di annullamento, probabilmente fuorviando l'attenzione degli studenti. Non c'è nessuna 'retroattività' discendente dall'effetto dell'annullamento di un atto, ma c'è invece una precisa norma che vieta ai soggetti dell'applicazione del diritto di applicare la legge una volta che

Demais, a **natureza** da norma sancionatória não se compadece com a possibilidade de seu afastamento *in concreto* com fulcro num juízo de ponderação entre princípios. Normas sancionatórias de atos ilícitos que podem ser facilmente afastadas mediante juízos fluidos e subjetivos de ponderação de princípios contrariam a finalidade inibitória de condutas ilícitas imanente à própria ideia de sanção[254], tornando-as normas de reduzida eficácia e utilidade, além de atentarem contra a segurança jurídica, dada a imprevisibilidade e a incalculabilidade da resposta estatal à conduta antijurídica.

Não é por outra razão que as normas penais incriminadoras ostentam natureza de normas-regras, e não de normas-princípios. Se fossem normas principiológicas, nem o autor nem a vítima da conduta poderiam prever com exatidão as consequências do descumprimento da norma penal, o que evidentemente é incompatível com o princípio da segurança jurídica e com o princípio da reserva legal (*nullum crimen, nulla pœna sine prævia lege scripta*).

Portanto, a sanção de nulidade integra uma norma-regra aplicável por meio de *subsunção*, e não mediante juízo de *ponderação ou balanceamento de princípios*. Assim, a sanção de nulidade não está sujeita a um juízo de ponderação *de princípios*, a fim de saber se deverá ser imposta ou não pelo julgador: preenchidos os seus pressupostos, ela ocorre de pleno direito (*pleno iure*), independentemente de decisão judicial, cabendo ao juízo competente apenas *reconhecer* a sua existência (natureza declaratória da decisão).

Todavia, é certo que a norma-regra da nulidade não é imune a exceções, porquanto nem sempre a inconstitucionalidade deve ser sancionada com a nulidade. É o que sucede nas hipóteses de inconstitucionalidade por omissão (da qual *não decorre nulidade*), de inconstitucionalidade superveniente (cuja consequência é a *revogação* da norma inconstitucional[255]) e de inconstitucio-

---

essa sia stata dichiarata illegittimità. Non si tratta affatto di un *principio* di cui la Corte possa o debba tener conto, ma di una *regola* della cui applicazione la Corte non si deve preoccupare, perché si rivolge – appunto – ai giudici e alla amministrazione pubblica. È una regola tassativa quanto lo può essere un divieto che per sua natura è – usando la terminologia della Corte di giustizia – *chiaro, preciso e incondizionato.*" (BIN, Roberto. *Quando i precedenti degradano a citazioni e le regole evaporano in principi.* Disponível em: http://www.forumcostituzionale.it/wordpress/wp-content/uploads/2015/04/bin1.pdf. Acesso em: 15 dez. 2015.) (Itálicos do original.)

254. O texto alude às sanções impostas a comportamentos (comissivos ou omissivos) contrários ao direito, não se controvertendo, neste passo, a existência ou não de sanções premiais.

255. Entretanto, consoante o STF, a superveniência de um novo parâmetro constitucional (nova Constituição ou emenda) acarreta unicamente a revogação ou não recepção da norma anterior incompatível, não havendo falar em inconstitucionalidade. Todavia, tal raciocínio não colhe, porquanto a inconstitucionalidade é que acarreta a não recepção da norma pré-constitucional, constituindo um *prius* lógico no juízo de revogação ou não recepção. Este tem

nalidade formal decorrente da completa ausência de manifestação de vontade do legislador (da qual decorre a *inexistência jurídica* da "lei"). Nesses casos, a norma-regra da nulidade simplesmente não se aplica.

Por outro lado, a preservação de efeitos póstumos não é incompatível com a sanção de nulidade. Essa preservação de efeitos residuais não exclui a sanção de nulidade, porquanto não diz respeito à sanção de nulidade em si mesma (plano da validade), mas às consequências dela derivantes (plano da eficácia), isto é, ao *regime* da nulidade aplicável ao caso concreto.

Compete precipuamente à lei definir o regime da sanção de nulidade, delimitando quais os efeitos que devem ser negados ao ato nulo e quais efeitos podem ser preservados. Assim, institutos como a coisa julgada, a prescrição, a decadência, a preclusão, etc., implicam a preservação de determinados efeitos do ato nulo, mitigando o aparente rigor da parêmia *quod nullum est nullum producit effectum*. Portanto, o ato inconstitucional que não pode mais ser desfeito em virtude de preclusão, não deixará *ipso facto* de ser nulo, mas a sua nulidade não mais poderá ser invocada para negar-lhe efeitos: há nulidade, mas ineficaz, inoperante.

De outra parte, normas-regras estão sujeitas a exceções inexplícitas, ainda que estas sejam insuscetíveis de prévia enumeração exaustiva. Nessa perspectiva, parcela considerável da doutrina tem, a partir de HART[256], aludido à "derrotabilidade" ou à "superabilidade" das normas-regras por normas-princípios.

A "derrotabilidade" ("*defeasibility*", "*derrotabilidad*", "*deffetibilità*") ou "superabilidade" de normas-regras ocorre em situações extraordinárias nas quais haja razões suficientemente poderosas para deixar de aplicá-las mesmo quando preenchidos os pressupostos fáticos da sua hipótese de incidência. Assim, é possível deixar de aplicá-las em razão de exceções implícitas (*ad hoc*), imprevisíveis, imprevistas ou deficientemente previstas pelo legislador, decorrentes (a) da própria teleologia da norma-regra (*rule's purpose*) ou da interpretação (b) de normas-princípios ou (c) de outras normas-regras.

Portanto, ainda que atendidos os pressupostos fáticos do antecedente do normativo e observados os degraus da "escada ponteana" (planos de existência, validade e eficácia), é possível que o resultado previsto abstratamente no consequente normativo não seja efetivamente aplicado, nem deva sê-lo, por

sido o entendimento prevalente nas Cortes Constitucionais europeias. A *Corte costituzionale*, por exemplo, assim entendeu desde a sua primeira decisão (*Sentenza* 1/1956). Sobre o tema, merece conferido o voto-vista do Ministro Pertence na ADIn n.º 2.

256. HART, H. L. A. The ascription of responsability and rights. *Proceedings of the Aristotelian Society*, n. 49, 1948-1949, p. 171-194.

incidir uma exceção implícita extraordinária ("dado o fato X, deve ser a sanção Y, exceto na situação Z"). Embora a norma-regra seja aplicável em abstrato, não deve sê-lo no caso concreto excepcional. Mas a norma-regra continua existente, válida, vigente, eficaz e aplicável em abstrato, não perdendo sua força normativa, nem sendo derrogada em sentido estrito.[257] Esses casos concretos excepcionais normalmente são insuscetíveis de prévia enumeração exaustiva.[258]

---

257. "Na Bíblia há alguns exemplos interessantes, malgrado, obviamente, sem alusão expressa à derrotabilidade. Jesus é acusado pelos fariseus de não respeitar o mandamento de guardar o sábado, dia dedicado a Deus. Esse mandamento, pela sua estrutura, ostenta a natureza de norma-regra. Jesus, no entanto, aponta-lhe exceções implícitas, fundadas na teleologia da própria norma-regra. [Mc 2, 23-28] Assim, por exemplo, diante de estado de necessidade (fome), seria lícito arrancar espigas e comê-las no sábado. Também seria permitido fazer o bem a qualquer pessoa durante o sábado. Jesus censurava a hipocrisia dos fariseus, que, na prática, excepcionavam a norma-regra de guarda do sábado em situações extraordinárias relativas a seus bens e seus filhos, mas não a excepcionavam em relação a outras pessoas. [Lc 14, 1-6] Se o sábado devia ser um dia dedicado a Deus e todo o bem que se faz (ou se deixa de fazer) ao próximo é recebido por Deus como feito (ou não feito) a Ele mesmo, conclui-se que é lícito fazer caridade no sábado, pois nada mais é do que uma forma elevada de prestar culto a Deus. Deixar de fazer a caridade seria contrariar a finalidade mesma da norma-regra, embora a sua literalidade não estivesse sendo violada. A determinação contida na norma-regra de repousar no sábado é superada (derrotada) diante de situações extraordinárias não previstas explicitamente na própria norma-regra a fim de garantir o cumprimento de seu propósito, ainda que a expensas de sua literalidade. Na parábola do bom samaritano (Lc 10, 25-37), o raciocínio é semelhante. O sacerdote e o levita judeus deixaram de ajudar o homem assaltado e espancado para não violar a literalidade de uma norma-regra de pureza ritual. Contudo, sua inércia descumpria outra norma-regra axiologicamente mais relevante: 'Amarás o Senhor teu Deus, de todo o teu coração, de toda a tua alma, com toda a tua força e de todo o teu entendimento; e a teu próximo como a ti mesmo' (Lc 10, 27). A razão inspiradora desta última norma-regra é capaz de superar (derrotar) a razão motivadora da primeira, introduzindo nesta uma exceção não explícita, de modo que a norma-regra de pureza ritual não deve ser reputada como desobedecida em tais circunstâncias, embora sua literalidade possa ter sido descumprida. Contudo, nesse caso, a superação e a consequente introdução da exceção implícita não decorrem precipuamente da teleologia da própria norma (como no caso da norma-regra alusiva ao sábado), mas da necessidade de assegurar o cumprimento de outra norma em situações excepcionais. Ambas as hipóteses, porém, se subsumem à noção de derrotabilidade." (FERNANDES, André Dias. Corte de energia elétrica e derrotabilidade normativa: necessidade de diálogo entre o Código de Defesa do Consumidor, o Código de Defesa do Usuário de Serviços Públicos e a Constituição. *Revista de Direito do Consumidor*, São Paulo, ano 29, v. 127, p. 249-277, jan./fev. 2020, p. 266-267.)

258. "Defeasibility is widespread in law. Lawmakers are not omniscient, and accordingly cannot reliably foresee what the future will bring. Situations will thus arise that were not anticipated, and often could not have been anticipated by even the best of lawmakers. This imperfect view of the future is part of the human condition, and as a consequence legal rules, if literally or faithfully followed, will sometimes generate outcomes that are absurd, silly, unfair, unjust, inefficient, or in some other way suboptimal. When such unfortunate consequences occur as a result of the inevitable over- and under-inclusiveness of rules, advanced legal systems commonly provide a mechanism by which legal decision-makers may ameliorate the harsh

Nessa linha, Humberto Ávila sustém que uma regra pode não ser aplicada ao caso concreto mesmo que todas as condições previstas em sua hipótese de incidência estejam satisfeitas. Assim, um **princípio** instituidor de uma razão contrária pode impedir a aplicação da norma-regra:

> "Uma regra é aplicável a um caso se, e somente se, suas condições são satisfeitas e sua aplicação não é excluída pela razão motivadora da própria regra ou pela existência de um princípio que institua uma razão contrária. Nessas hipóteses, as condições de aplicação da regra são satisfeitas, mas a regra, mesmo assim, não é aplicada."[259]

Segundo Humberto Ávila, a razoabilidade, entendida como equidade, pode atuar na interpretação das regras gerais como decorrência do princípio da justiça, obstando à aplicação ao caso concreto de regras adequadas à generalidade dos casos, mas injustas e não equitativas na espécie.[260]

Aristóteles já observara que a equidade pode atuar como corretivo da lei nos casos em que esta é deficiente em razão de sua universalidade.[261] Assim, não haveria regras absolutas, podendo ser conciliadas com base na equidade.[262]

---

consequences of necessarily coarse rules." (SCHAUER, Frederick. Is Defeasibility an Essential Property of Law? *In:* BELTRÁN, Jordi Ferrer; RATTI, Giovanni Battista (Ed.). *The logic of legal requirements*: essays on defeasibility. OUP: Oxford University Press, 2012, p. 77.)

259. ÁVILA, Humberto. *Teoria dos princípios*: da definição à aplicação dos princípios jurídicos. 14. ed. São Paulo: Malheiros, 2013, p. 176. Semelhantemente, aponta Jaap Hage: "A rule is applicable to a case if the case satisfies the conditions of the rule. Normally, this means that the rule should be applied and that it generates a reason to attach particular legal consequences to a case. However, sometimes an applicable rule should not be applied, and we then say that there is an exception to the rule. Two major reasons to make an exception to a rule are, first, that application of the rule would violate the purpose of the rule and, second, that there is also another applicable rule with an incompatible conclusion, which prevails in the case at hand over the first rule." (HAGE, Jaap. What is Legal Validity? Lessons from Soft Law. *In*: WESTERMAN, Pauline; HAGE, Jaap; KIRSTE, Stephan; MACKOR, Anne Ruth (Editors). *Legal Validity and Soft Law*. Cham: Springer International Publishing, 2018, p. 32.)

260. *Loc. cit.*

261. ARISTÓTELES. *Ética a Nicômaco*. Trad. Pietro Nassetti. São Paulo: Martin Claret, 2006, p. 125.

262. Embora admita o uso da equidade como meio de *conciliação de regras*, Manoel Gonçalves Ferreira Filho não concorda com a superação de regra por princípios, *salvo nos casos de inconstitucionalidade*, visto que os princípios não são, por natureza, superiores às regras, e as regras são mais específicas e determinadas do que os princípios. Nessa linha, confiram-se os seguintes excertos: "Igualmente, é falho o outro critério, o de Dworkin, segundo o qual as regras são aplicadas num tudo ou nada, enquanto os princípios podem ser dosados ou graduados na sua aplicação **(porque a conciliação de regras é tão antiga quanto o direito)**." (*Curso de direito constitucional*. 38. ed. São Paulo: Saraiva, 2012, p. 423.) (Grifou-se.) "As regras normalmente oferecem a precisão necessária para impedir o arbítrio. E, longe de demandarem sempre um tudo ou nada, **podem ser conciliadas e mesmo corrigidas pela**

De qualquer sorte, ainda que admitida a "derrotabilidade" da norma-regra de nulidade, releva observar que a sua superação seria muito mais difícil do que a superação de uma suposta norma-princípio de nulidade, visto que a superação de normas-regras só se dá em situações extraordinárias, exigindo um ônus argumentativo bem maior por parte do aplicador. De fato, a vagueza e a indeterminação conaturais aos princípios tornam-nos muito mais maleáveis e propensos à superação por outros princípios, ao passo que o alto grau de determinação e clareza da hipótese de incidência das regras torna-as bem menos flexíveis à superação por meio de ponderação de razões e princípios.

Portanto, até mesmo os autores que admitem a "derrotabilidade" ou "superabilidade" de normas-regras reconhecem a estas uma "eficácia de trincheira". Nessa linha, afirma Humberto Ávila:

> "As regras têm eficácia de trincheira, pois, embora geralmente superáveis, só o são por razões extraordinárias e mediante um ônus de fundamentação maior. Essa diferente eficácia leva a uma resistência maior das regras para sua superação. E essa resistência maior conduz à necessidade de uma fundamentação mais restritiva para permitir a superação das regras."[263]

Logo, tratar a nulidade como norma-regra que é contribuiria sobremaneira para restringir o manejo de decisões modulatórias de efeitos temporais.

---

equidade." (*Aspectos do direito constitucional contemporâneo*. 3. ed. São Paulo: Saraiva, 2011, p. 371.) (Grifou-se.) "O princípio, vago e impreciso, não pode prevalecer jamais sobre uma regra, precisa, definida, pelo legislador (a menos que flagrantemente esta colida com um princípio declarado, o que configura – já se apontou – inconstitucionalidade)." (Princípios e regras em direito constitucional. Contribuição para uma polêmica doutrinária. *In*: LUCCA, Newton de; MEYER-PFLUG, Samantha Ribeiro; NEVES, Mariana Barboza Baeta. (Org.). *Direito constitucional contemporâneo*. São Paulo: Quartier Latin, 2012, p. 299.)

263. ÁVILA, Humberto. *Teoria dos princípios*: da definição à aplicação dos princípios jurídicos. 14. ed. São Paulo: Malheiros, 2013, p. 127-128. Sobre a eficácia de trincheira das regras ("*rules as entrenched generalizations*"), *cf.* ainda SCHAUER, Frederick. *Playing by the rules*: a philosopical examination of rule-based decision-making in law and in life. Oxford: Clarendon Press, 1991, p. 47 e segs.

Capítulo V

A NATUREZA DÚPLICE DA ADIN E DA ADC

Sumário • 5.1. A produção de coisa julgada material e efeito vinculante nas decisões definitivas de procedência e de improcedência: 5.1.1. A questão no direito comparado; 5.1.2. A questão no STF.

5.1. A PRODUÇÃO DE COISA JULGADA MATERIAL E EFEITO VINCULANTE NAS DECISÕES DEFINITIVAS DE PROCEDÊNCIA E DE IMPROCEDÊNCIA

5.1.1. A questão no direito comparado

A Constituição Federal de 1988 não foi expressa sobre a produção de coisa julgada *erga omnes* e de efeito vinculante por acórdãos de *improcedência* em ADIn e ADC. Embora o art. 102, § 2º, da CF-88 se refira a "decisões", sem excluir as de improcedência, cumpre descortinar se tal preceito merece uma interpretação literal ou mais restritiva.

Insta, pois, averiguar se *todos os acórdãos definitivos de mérito* do STF no controle *abstrato* produzirão *res iudicata adversus omnes* e efeito vinculante.

A matéria no direito comparado não é pacífica. Em Espanha, entende Fernández Segado[1] que as sentenças no controle abstrato fazem coisa julgada *erga omnes* quer quando declaram a *inconstitucionalidade* da norma, quer quando lhe declaram a *constitucionalidade*. Ou seja: assim as sentenças de procedência ("estimatorias"), como as de rejeição ("desestimatorias") "son eficaces *erga omnes*". De outro aviso é Andrés Ribas Maura[2]: em se tratando de rejeição por razões de *forma* ("desestimación por razones de forma"), é possível

1. *La jurisdicción...*, p. 118.

2. *La cuestión...*, p. 130-135.

o "replanteamiento" da inconstitucionalidade[3]; no que toca à "desestimación por razones de fondo", colaciona doutrina (Enterría) e jurisprudência do Tribunal Constitucional favorável à sua possibilidade.

Raul Bocanegra Sierra, em monografia específica acerca do valor das sentenças do Tribunal Constitucional[4], encontra subsídios na própria LOTC (Lei Orgânica do Tribunal Constitucional) para transparentar que

> "solamente pues, también en Derecho español, la sentencia que declara la inconstitucionalidad de un precepto legal puede tener eficacia *erga omnes*, fuerza de ley, en la medida misma en que esa es justamente su eficacia, pero no, desde luego *las sentencias que estiman la constitucionalidad de una ley, que dejan abierta siempre la posibilidad de su posterior declaración de inconstitucionalidad*, incluso, por supuesto, por medio del planteamiento de la llamada cuestión de inconstitucionalidad, dada la nulidad radical de los preceptos que aparentemente lo impedirían, conclusión ésta, por lo demás, que encuentra una sólida fundamentación dogmática."

Não se pense, contudo, que, para o autor, às sentenças "desestimatorias" faleça de todo ponto efeito vinculativo, porquanto "vinculan a los órganos y sujetos que *pudieron* intervenir [embora não o tenham feito] en el correspondiente procedimiento [que seriam, no direito brasileiro, os legitimados ativos], pero no a los que no tuvieran ocasión de hacerlo", como os particulares. A

3. Almagro Nosete comparte o mesmo entendimento. Cfr: *Justicia constitucional*: Comentarios a la Ley Orgánica del Tribunal Constitucional. Madrid: Dykinson, 1980, p. 126-127; 170-172 *et passim*. Especificamente em relação ao "recurso de inconstitucionalidad", é explícita a LOTC (art. 29.2):

   "**Artículo veintinueve. Uno.** La declaración de inconstitucionalidad podrá promoverse mediante:

   El recurso de inconstitucionalidad.

   La cuestión de inconstitucionalidad promovida por Jueces o Tribunales.

   Dos. La **desestimación, por razones de forma**, de un **recurso de inconstitucionalidad** contra una Ley, disposición o acto con fuerza de Ley no será obstáculo para que la misma Ley, disposición o acto puedan ser objeto de una **cuestión de inconstitucionalidad** con ocasión de su aplicación en otro proceso." Vale observar que, apesar do nome, o "recurso de inconstitucionalidad" não é instrumento de controle concreto, mas de controle **abstrato**, ao passo que a "cuestión de inconstitucionalidad" é instrumento de controle **concreto**, manejado por juízes e Tribunais, de ofício ou a requerimento da parte. Dispõe o art. 35.1 da LOTC: "**Artículo treinta y cinco. Uno.** Cuando un Juez o Tribunal, **de oficio o a instancia de parte**, considere que una norma con rango de Ley **aplicable al caso y de cuya validez dependa el fallo** pueda ser contraria a la Constitución, planteará la cuestión al Tribunal Constitucional con sujeción a lo dispuesto en esta Ley".

4. *El valor de las sentencias del Tribunal Constitucional*. Madrid: Instituto de Estudios de Administración Local, 1982, p. 256-262 *et passim*. (Grifou-se.)

estes é dado interpor recursos de amparo ou provocar a interposição de "cuestiones de inconstitucionalidad" pelos juízes ou Tribunais contra as leis antes declaradas constitucionais[5], propiciando assim ao Tribunal Constitucional "el ejercicio de una constante revisión de la constitucionalidad de las leyes, que es una de sus funciones primeras."[6]

Quanto à Itália, testifica ZAGREBELSKY, evidenciando a diversa natureza eficacial de ambas as espécies de decisão:

> "[...] Mentre la decisione di incostituzionalità è, per così dire, *senza ritorno*, perché la legge viene eliminata dall'ordinamento né mai potrebbe la Corte né alcun altro riesaminare la decisione, *la pronuncia di rigetto non impedisce che la stessa questione venga in futuro risollevata e neppure che la stessa Corte possa, in una successiva circostanza, dichiarare questa volta l'incostituzionalità della legge passata una prima volta indenne al suo controllo* (Corte cost. 7/1958). Se le sentenze di accoglimento sono, come si spiegherà, decisioni di accertamento alle quali la costituzione ricollega effetti generali sotto certi aspetti costitutivi, l'efficacia delle sentenze di rigetto è totalmente diversa, *non contenendo alcuna certificazione dello* status *di conformità della legge alla Costituzione. Per queste ragioni, le decisioni di rigetto sono prive di incidenza nel sistema delle fonti del diritto e sulla loro vigenza.*"[7]

E mais ao diante arremata:

> "Le decisioni di rigetto della Corte costituzionale posseggono dunque un'efficacia *assai limitata*, di ordine *solo processuale*. Essa non è paragonabile né a quella del "giudicato", efficacia di cui sono dotate le pronunce della giurisdizione comune, e nemmeno paragonabile a quel che si denomina il "giudicato costituzionale", categoria riferibile invece alle decisioni di *accoglimento*."[8]

Portanto, no sistema italiano, a sentença de rejeição produz coisa julgada meramente *formal*, com eficácia *inter partes*, não impedindo que a mesma questão seja suscitada no futuro em outro processo.

---

5. Todavia, prescreve o art. 38 da LOTC: "**Artículo treinta y ocho. Uno.** Las sentencias recaídas en procedimientos de inconstitucionalidad tendrán el valor de cosa juzgada, vincularán a todos los poderes públicos y producirán efectos generales desde la fecha de su publicación en el 'Boletín Oficial del Estado'. **Dos.** Las sentencias **DESESTIMATORIAS *dictadas en recursos de inconstitucionalidad y en conflictos en defensa de la autonomía local* impedirán cualquier planteamiento ulterior de la cuestión *por cualquiera de las dos vías***, fundado en la misma infracción de idéntico precepto constitucional."

6. *El valor...*, p. 280.

7. *La giustizia...*, p. 256.

8. *La giustizia...*, p. 258.

Isso tudo porque, no direito italiano, como no direito brasileiro antes da introdução da ADC, a Corte constitucional não foi dotada pela Constituição de "un generale potere di *attestazione della costituzionalità o dell'incostituzionalità* delle leggi, ma [de] un potere *repressivo* dell'incostituzionalità."[9]

Dessarte, a sentença de rejeição, ao não declarar expressamente a constitucionalidade da norma, evitando a formação de coisa julgada material *erga omnes*, permite a reapreciação da matéria pela Corte em face de uma evolução na compreensão dos valores constitucionais, como já ocorreu várias vezes na história da jurisdição constitucional peninsular.[10]

---

9. *La giustizia...*, p. 258. De fato, desde 1958, a *Corte costituzionale* italiana firmou claramente esse entendimento na decisão referida na transcrição de Zagrebelsky, como se pode conferir do seguinte excerto: "La Corte costituzionale ha avuto più volte occasione di affermare già nelle ordinanze nn. 24 e 25 del 21 luglio 1956, nn. 30, 31, 32, 34 del 30 ottobre 1956 e in altre decisioni successive, che nei riguardi di norme, rispetto alle quali sia stata dichiarata **non fondata** la questione di legittimità costituzionale, si deve giungere ad una decisione conforme, e cioè la questione deve essere nuovamente riconosciuta infondata, ove non sussistano ragioni per adottare una decisione diversa. **Con questa formula la Corte ha inteso escludere la configurabilità di proprie decisioni, le quali dichiarino in modo assoluto ed immutabile la LEGITTIMITÀ costituzionale di una norma, *ammettendo, al contrario, che una successiva proposizione della questione di legittimità, specialmente se esposta sotto profili diversi e sorretta da argomenti diversi, eventualmente desunti da ulteriori svolgimenti dei principi informatori dell'ordinamento giuridico, possa condurre ad una soluzione diversa.***
Anche per questa ragione la Corte non ha mai formulato dichiarazioni di *LEGITTIMITÀ costituzionale* della norma denunciata, le quali avrebbero potuto far ritenere definitivamente preclusa ogni ulteriore questione rispetto alla norma stessa, ed ha invece usato costantemente la FORMULA DELLA INFONDATEZZA della questione nei casi di questione proposta in via incidentale e quella del *rigetto del ricorso* nei casi di questione proposta in via principale." (*Corte costituzionale*. Sentença nº 7/1958, Relator: JAEGER, Julg. em 24.01.1958 e publicada em 01.02.1958. Disponível em: http://www.cortecostituzionale.it/ita/attivitacorte/pronunceemassime/pronunce/filtro.asp. Acesso em: 26 fev. 2007.) (Grifou-se.) Como se vê, a *Corte costituzionale* italiana optou por essa fórmula de não declarar expressamente a constitucionalidade a fim de assegurar amplamente a possibilidade de revisão dessas decisões em caso de inconstitucionalização superveniente, quer por *desenvolvimento do direito*, quer, até mesmo, por simples *evolução na interpretação judicial da norma diante de novos argumentos*.

10. A evolução na compreensão acerca da necessidade de tratamento igualitário entre homens e mulheres quanto à criminalidade do adultério e acerca do direito do filho adotado de conhecer as próprias origens são dois exemplos paradigmáticos: "Le pronunce di infondatezza cui sono seguite decisioni di altra natura, pur vertendo la questione di legittimità sugli stessi motivi d'incostituzionalità, sono numerose, fin dalla prima fase d'attività della Corte. Un esempio famoso è dato dalle sentenze n. 64 del 1961 e n. 127 del 1968 in materia di adulterio [...]. Più recentemente, possono ricordarsi le sentenze n. 425 del 2005 e n. 278 del 2013, in materia di diritto dell'adottato a conoscere le proprie origini pur quando sia nato da c.d. parto anonimo. Se le decisioni di rigetto facessero stato, in quanto certificative della costituzionalità della legge, le prime sentenze non avrebbero potuto essere rovesciate dalle seconde, con la conseguenza che l'adulterio femminile avrebbe continuato a costituire reato,

Em Portugal, também não se reconhece eficácia de coisa julgada ou efeito vinculante às sentenças de rejeição da inconstitucionalidade.

O TC português sói empregar, na parte dispositiva de seus acórdãos de rejeição da inconstitucionalidade, a expressão "o Tribunal Constitucional decide **não julgar inconstitucional** a norma", evitando propositadamente a declaração expressa de ***constitucionalidade*** da norma[11].

5.1.2. A questão no STF

No Brasil, há entendido o STF que, em ADIn e em ADC, tanto a declaração de *inconstitucionalidade* como a de *constitucionalidade* fazem coisa julgada (formal e material) *erga omnes*, isto é, tanto o acórdão de *improcedência* como o de *procedência* do pedido produzem *res iudicata erga omnes* e efeito vinculante.

Assim, o STF atribui à ADIn e à ADC uma natureza dúplice ou ambivalente[12] (v., *retro*, item 4.1.3.). Essa concepção é mais consentânea com a

---

a differenza di quello maschile, e che l'adottato nato da parto anonimo non avrebbe potuto conoscere le proprie origini, se e fino a che il legislatore non fosse intervenuto a modificare le leggi." (ZAGREBELSKY, Gustavo; MARCENÒ, Valeria. *Giustizia costituzionale*: oggetti, procedimenti, decisioni. 2. ed. Bologna: il Mulino, 2018, v. 2, p. 180.)

11. A doutrina portuguesa, em geral, aplaude essa prática do Tribunal Constitucional. Jorge Miranda, *v.g.*, é incisivo: "Ao Tribunal cabe declarar – e apenas lhe pode ser pedido que declare – **a inconstitucionalidade, não a constitucionalidade ou a não inconstitucionalidade**; e o processo está todo organizado nessa perspectiva. **Nenhuma relevância possuem as sentenças de rejeição da inconstitucionalidade.**" (*Manual*..., p. 482-483.) (Grifou-se.) *Cf.* ainda CANOTILHO, J. J. Gomes. *Direito constitucional*..., p. 1022-1024. Todavia, José Manuel Cardoso da Costa advoga a atribuição de alguma eficácia às sentenças de rejeição de inconstitucionalidade: "Quanto às decisões em que o Tribunal Constitucional se não pronuncia pela inconstitucionalidade (ou ilegalidade), não têm elas a eficácia preclusiva e vinculante das anteriormente referidas (**e nem mesmo relativamente ao requerente parece produzirem, em alguma medida, caso julgado material**). De harmonia com isso, de resto, nessas decisões o Tribunal limita-se justamente a 'não declarar' a inconstitucionalidade (ou ilegalidade), **sem emitir uma declaração positiva de conformidade da norma com a *lex superior***. Em todo o caso, afigura-se que, **à luz dos princípios do art. 2º LTC, e da natureza essencialmente 'objectiva' do controlo normativo abstracto, tais decisões, enquanto subsistirem, não podem deixar de obrigar todas as autoridades públicas (não jurisdicionais) e entidades privadas, nem deixar de revestir-se de um especial valor de precedente para futuras decisões judiciais (resta determinar, porém, qual seja esse valor)**." (*A jurisdição constitucional em Portugal*. 2. ed. Coimbra: Almedina, 1992, p. 61-62). (Grifou-se.)

12. "Para efeito de controle abstrato de constitucionalidade de lei ou ato normativo, há similitude substancial de objetos nas ações declaratória de constitucionalidade e direta de inconstitucionalidade. Enquanto a primeira destina-se à aferição positiva de constitucionalidade a segunda traz pretensão negativa. Espécies de fiscalização objetiva que, em ambas, traduzem manifestação definitiva do Tribunal quanto à conformação da norma com a Constituição Federal.

celeridade necessária ao julgamento dos processos objetivos e é dessumível da dicção do art. 102, § 2º, da CF-88, que se refere a "decisões", sem excluir as de improcedência[13].

Contudo, essa ambivalência não é absoluta: na ADC, *v.g.*, o legitimado ativo é obrigado a instruir a petição inicial com documentos comprobatórios da existência de uma controvérsia judicial relevante para fins de aferição do interesse processual objetivo[14] (Lei 9.868-99, art. 14, III), ao passo que na

---

A eficácia vinculante da ação declaratória de constitucionalidade, fixada pelo § 2º do artigo 102 da Carta da República, não se distingue, em essência, dos efeitos das decisões de mérito proferidas nas ações diretas de inconstitucionalidade." (Rcl 1.880-AgR, Rel. Min. Maurício Corrêa, DJU 19.03.2004)

13. "Aceita a ideia de que a ação declaratória configura uma ADI com sinal trocado, tendo ambas caráter dúplice ou ambivalente, afigura-se difícil admitir que a decisão proferida em sede de ação direta de inconstitucionalidade seria dotada de efeitos ou consequências diversos daqueles reconhecidos para a ação declaratória de constitucionalidade. Argumenta-se que, ao criar a ação declaratória de constitucionalidade de lei federal, estabeleceu o constituinte que a decisão definitiva de mérito nela proferida — **incluída aqui, pois, aquela que, julgando improcedente a ação, proclamar a inconstitucionalidade da norma questionada** — 'produzirá eficácia contra todos e efeito vinculante, relativamente aos demais órgãos do Poder Judiciário e do Poder Executivo' (Art. 102, § 2º da Constituição Federal de 1988). Portanto, sempre se me afigurou correta a posição de vozes autorizadas do Supremo Tribunal Federal, como a de Sepúlveda Pertence, segundo a qual, 'quando cabível em tese a ação declaratória de constitucionalidade, a mesma força vinculante haverá de ser atribuída à decisão definitiva da ação direta de inconstitucionalidade." (Rcl nº 2.256, voto do Min. Gilmar Mendes, DJU 30.04.2004.)

14. "O ajuizamento da ação declaratória de constitucionalidade, que faz instaurar processo objetivo de controle normativo abstrato, supõe a existência de efetiva controvérsia judicial em torno da legitimidade constitucional de determinada lei ou ato normativo federal. Sem a observância desse *pressuposto de admissibilidade*, torna-se inviável a instauração do processo de fiscalização normativa *in abstracto*, pois a inexistência de pronunciamentos judiciais antagônicos culminaria por converter, a ação declaratória de constitucionalidade, em um inadmissível instrumento de consulta sobre a validade constitucional de determinada lei ou ato normativo federal, descaracterizando, por completo, a própria natureza jurisdicional que qualifica a atividade desenvolvida pelo Supremo Tribunal Federal. O Supremo Tribunal Federal firmou orientação que exige a comprovação liminar, pelo autor da ação declaratória de constitucionalidade, da ocorrência, 'em proporções relevantes', de dissídio judicial, cuja existência — precisamente em função do antagonismo interpretativo que dele resulta — faça instaurar, ante a elevada incidência de decisões que consagram teses conflitantes, verdadeiro estado de insegurança jurídica, capaz de gerar um cenário de perplexidade social e de provocar grave incerteza quanto à validade constitucional de determinada lei ou ato normativo federal." (ADC 8-MC, Rel. Min. Celso de Mello, DJU 04.04.2003). No mesmo sentido: ADC 1, Rel. Min. Moreira Alves, DJU 16.06.1995. O STF não conheceu da ADC 40 à consideração de que uma única ação judicial, ainda que coletiva (ação civil pública), não satisfaz o pressuposto de admissibilidade em questão: "O seguimento da ação declaratória pressupõe a existência de dissídio judicial em proporções relevantes acerca da constitucionalidade da norma que gere um estado de incerteza apto a abalar a presunção de constitucionalidade imanente aos atos legislativos. Precedentes: ADC 41, Rel. Min. Roberto Barroso, Tribunal Pleno, DJe de 17/8/17; ADC

ADIn não há tal exigência; o procedimento de ambas as ações é ligeiramente diverso; o *indeferimento* de medida cautelar em ADC não equivale ao *deferimento* de uma medida cautelar em ADIn, assim como o *indeferimento* de medida cautelar em ADIn não corresponde ao *deferimento* de uma medida cautelar em ADC[15], conforme detalhado no item 4.1.4,[16] etc. Portanto, a ambivalência ou duplicidade diz respeito, fundamentalmente, à similitude do objeto e à identidade dos *efeitos produtíveis pelas decisões de mérito* de ambas as ações.

Esse caráter dúplice legitima também a cumulação de pedidos típicos de ADIn e de pedidos próprios de ADC numa mesma ação direta, desde que (a) atendidos os requisitos do art. 327 do CPC-2015 (a saber, que os pedidos sejam compatíveis entre si, que seja competente para conhecer deles o mesmo juízo, e que seja adequado para todos os pedidos o tipo de procedimento) e que (b) o legitimado ativo comprove a existência de uma

---

23-AgR, Rel. Min.Edson Fachin, Tribunal Pleno, DJe de 1/2/16; ADC 19, Rel. Min. Marco Aurélio, Tribunal Pleno, DJe de 29/4/14; ADC 8 MC, Rel. Min. Celso de Mello, Tribunal Pleno, DJe de 4/4/03. 2. A existência de uma única ação judicial (Ação Civil pública nº 2015.1.1.089140-8), ainda que tenha como escopo a declaração de inconstitucionalidade da norma questionada, não tem aptidão para constituir controvérsia judicial em proporção relevante. Tampouco detém tal potencialidade a mera concessão, pelo Tribunal de Justiça do Distrito Federal e Territórios, de efeito suspensivo à apelação interposta pelo Ministério Público do Distrito Federal e Territórios com o fito de reverter a sentença em que se julgou improcedente a ação civil pública. Embora a referida decisão tenha como efeito prático a suspensão da Lei Federal nº 13.064/2014, não foi ela proferida no contexto de um dissídio judicial de proporções relevantes acerca da constitucionalidade da norma, necessário para a caracterização do requisito previsto no art. 14, inciso III, da Lei nº 9.868/1999." (ADC 40 AgR, Rel. Min. DIAS TOFFOLI, Tribunal Pleno, julgado em 06/06/2018, DJe-123 21-06-2018.) Na ADC nº 8, o Min. Celso de Mello aferiu a relevância da controvérsia judicial pelo prisma ***quantitativo*** (número de decisões concretas conflitantes). Todavia, quer-nos parecer que tal critério é insuficiente, devendo ser **conjugado** com o critério ***qualitativo***, porquanto é possível que, embora não existam ainda numerosas decisões judiciais conflitantes, a questão assuma grande relevo para o controle abstrato, justificando uma solução rápida e uniforme pelo STF.

15. É de lembrar que, segundo o STF, o indeferimento de medida cautelar em ADIn não exige que a norma seja provisoriamente considerada constitucional, assim como o indeferimento de medida cautelar em ADC não reclama que a norma seja provisoriamente considerada inconstitucional, podendo qualquer juízo, no controle incidental, considerá-la inconstitucional ou constitucional sem infringir a eficácia *erga omnes* da decisão de indeferimento da medida cautelar do STF, sendo, pois, incabível reclamação nessas hipóteses.

16. Todavia, é possível que o *deferimento* de medida cautelar em ADIn produza o mesmo efeito da *concessão* de cautelar em ADC, consistente na suspensão do julgamento ou da tramitação de processos subjetivos (art. 21 da Lei 9.868-99). Mas a concessão de medida cautelar em ADC não pode jamais produzir o "efeito repristinatório" que as decisões concessivas de cautelar em ADIn podem gerar, consubstanciado em "tornar aplicável a legislação anterior acaso existente" (art. 11, § 2º, da Lei 9.868-99).

controvérsia judicial relevante quanto ao pedido típico de ADC (declaração de constitucionalidade da norma).[17]

Foi o que sucedeu na ADIn 5316, na qual o legitimado ativo pediu a declaração de *inconstitucionalidade* de determinadas normas e a declaração de *constitucionalidade* de outras normas constantes da EC nº 88/2015 objeto da ação direta.

Eis o teor da ementa do acórdão, no que interessa:

> "A cumulação simples de pedidos típicos de ADI e de ADC é processualmente cabível em uma única demanda de controle concentrado de constitucionalidade, desde que satisfeitos os requisitos previstos na legislação processual civil (CPC, art. 292)." (ADIn 5316 MC, Rel. Min. LUIZ FUX, Tribunal Pleno, julgado em 21/05/2015, DJe-154 06-08-2015)

No que respeita ao pedido típico de ADC (declaração de *constitucionalidade* da norma), o legitimado ativo demonstrou a existência de uma controvérsia judicial relevante, satisfazendo o requisito de admissibilidade previsto no art. 14, III, da Lei 9.868-99.[18] Confira-se o seguinte excerto do voto do relator:

---

17. "Art. 327. É lícita a cumulação, em um único processo, contra o mesmo réu, de vários pedidos, ainda que entre eles não haja conexão. § 1º São requisitos de admissibilidade da cumulação que: I - os pedidos sejam compatíveis entre si; II - seja competente para conhecer deles o mesmo juízo; III - seja adequado para todos os pedidos o tipo de procedimento. § 2º Quando, para cada pedido, corresponder tipo diverso de procedimento, será admitida a cumulação se o autor empregar o procedimento comum, sem prejuízo do emprego das técnicas processuais diferenciadas previstas nos procedimentos especiais a que se sujeitam um ou mais pedidos cumulados, que não forem incompatíveis com as disposições sobre o procedimento comum."

18. A inobservância desse pressuposto legal de admissibilidade (demonstração de controvérsia judicial relevante) autoriza o indeferimento liminar da petição inicial da ADC, acarretando a extinção sem resolução do mérito da ADC pelo próprio relator em decisão monocrática, agravável para o Pleno (art. 15 da Lei 9.868-99). Exemplo: "AGRAVO REGIMENTAL EM AÇÃO DECLARATÓRIA DE CONSTITUCIONALIDADE. DIREITO CONSTITUCIONAL. RESOLUÇÃO DA AGÊNCIA NACIONAL DO PETRÓLEO, GÁS NATURAL E BIOCOMBUSTÍVEIS – ANP. LIMITES AO PODER NORMATIVO DAS AGÊNCIAS REGULADORAS. AUSÊNCIA DE DISSÍDIO JURISPRUDENCIAL EM PROPORÇÕES RELEVANTES. OMISSÃO NA ADI 2.359. INÉPCIA DA PETIÇÃO INICIAL. ART. 14, III, DA LEI 9.868/99. INDEFERIMENTO MONOCRÁTICO PELO RELATOR. 1. Acolher a pretensão da parte Agravante representaria converter a ação declaratória de constitucionalidade em embargos declaratórios opostos em face de decisão colegiada proferida em ação direta de inconstitucionalidade ou em um inadmissível instrumento de consulta sobre a validade constitucional de determinada lei ou ato normativo federal. Precedente: ADC-MC 8, de relatoria do Ministro Celso de Mello, DJ 04.04.2003. 2. Os acórdãos acostados aos autos não possuem aptidão para comprovar a existência de dissídio judicial em proporções relevantes, para fins de ajuizamento de uma ação declaratória de constitucionalidade. 3. Agravo regimental a que se nega provimento." (ADC 23 AgR, Rel. Min. EDSON FACHIN, Tribunal Pleno, julgado em 02/12/2015, DJe-018 01-02-2016.) O art. 15 da Lei 9.868-99 também permite

> "A Advocacia-Geral da União, em sua manifestação, alega que o segundo pedido formulado pela AMB não deveria ser conhecido uma vez que '*não há como se aplicar ao caso o princípio da fungibilidade e admitir a inserção de pedido típico de Ação Declaratória de Constitucionalidade. Isso porque um dos requisitos essenciais dessa modalidade de processo de controle abstrato é a demonstração da 'existência de controvérsia judicial relevante sobre a aplicação da disposição objeto da ação' (artigo 14, inciso III, da Lei nº 9.868/99)*'. O argumento, todavia, não convence e revela um equívoco na qualificação jurídica da hipótese em exame. É que não se trata, na espécie, de 'fungibilidade' entre ações de controle concentrado, mas sim de cumulação de pedidos, como já explicado. Obviamente, **no cúmulo objetivo, cada postulação deverá observar os requisitos legais para seu conhecimento. Em particular, havendo pedido típico de ADC, a requerente deverá demonstrar a "existência de controvérsia judicial relevante" sobre a aplicação da disposição objeto da ação, como exige a Lei nº 9.868/1999 (art. 14, inciso III).**"

Como pontuou o relator, cumulação de pedidos não se confunde com *fungibilidade entre ações* (= conhecer da ADIn como ADC e vice-versa). O caso sob análise versa sobre cumulação de pedidos típicos de ADIn e ADC numa mesma ação direta, e não de *conversão* de ADIn em ADC e vice-versa (fungibilidade).

No que entende com a ligeira diferença procedimental entre ADIn e ADC, decidiu-se que não é obstáculo relevante à cumulação de pedidos, uma vez que o STF já admitia a tramitação conjunta de ADIn e ADC conexas distribuídas por prevenção ao mesmo relator, sendo, portanto, desnecessário e processualmente antieconômico exigir a propositura de ações autônomas em situações que tais:

> "Os **procedimentos da ADI e da ADC** não guardam peculiaridades que impeçam a cumulação de pedidos. Em verdade, sequer é nova na Corte a vinculação de ADIs e ADCs, como ocorreu, por exemplo, em pelo menos quatro ocasiões: **ADC nº 1 e ADI nº 913**, rel. Min. Moreira Alves; **ADC nº 19 e ADI nº 4.424**, rel. Min. Marco Aurélio; **ADC nº 27 e ADI nº 4.437**, rel. Min. Marco Aurélio; e **ADC nº 30 e ADI nº 4.578**, rel. Min. Luiz Fux. Em todas essas oportunidades as demandas foram apensadas para tramitação e julgamento em conjunto, evidenciando a plena adequação de rito para todas as demandas."

---

o indeferimento liminar da petição inicial quando esta é "manifestamente improcedente" ("Art. 15. A petição inicial *inepta, não fundamentada e a manifestamente improcedente* serão liminarmente indeferidas pelo relator. Parágrafo único. Cabe agravo da decisão que indeferir a petição inicial.")

Cumpre salientar que o STF também admite a cumulação de pedidos entre ADIn e ADO (ação direta de inconstitucionalidade *por omissão*).[19]

Releva observar que o fato de a declaração de constitucionalidade, na ADIn ou na ADC, poder ser sucedida por uma declaração de inconstitucionalidade em razão de uma inconstitucionalização superveniente da norma não malfere a eficácia de coisa julgada material *erga omnes* nem o efeito vinculante que promanam da declaração anterior, pois a **todas** as sentenças inere uma cláusula *rebus sic stantibus* implícita (v., *retro*, item 4.1.5.). De feito, como já frisado, o STF já houve ensancha de consignar, na trilha do TC alemão (*Bundesverfassungsgericht*), que a decisão declaratória de constitucionalidade não ficará em salvo de modificação posterior em razão do surgimento de novas e relevantes "circunstâncias fáticas" que possam interferir no juízo dantes formalizado[20].

Outra questão interessante envolvendo a natureza dúplice ou ambivalente da ADIn e da ADC concerne ao *quorum* indispensável à declaração de constitucionalidade e à de inconstitucionalidade em tais ações.

Na ADIn 4066, o STF não pronunciou a inconstitucionalidade da norma impugnada (art. 2º da Lei 9.055-95), porquanto inalcançado o *quorum* de maioria absoluta (6 Ministros) exigido no art. 97 da CF-88. A votação

---

19. "A cumulação simples de pedidos típicos ***de ADI e de ADI por omissão*** é processualmente cabível em uma única demanda de controle concentrado de constitucionalidade, desde que satisfeitos os requisitos previstos na legislação processual civil (CPC, art. 292)." (ADIn 4650, Rel. Min. LUIZ FUX, Tribunal Pleno, julgado em 17/09/2015, DJe-034 24-02-2016) Ademais, o STF admite, por igual, a *fungibilidade* entre tais ações (ADIn e ADO): "Ações Diretas de Inconstitucionalidade (ADI n.º 875/DF, ADI n.º 1.987/DF, ADI n.º 2.727/DF e ADI n.º 3.243/DF). Fungibilidade entre as ações diretas de inconstitucionalidade *por ação e por omissão*." (ADIn 875, Rel. Min. GILMAR MENDES, Tribunal Pleno, julgado em 24/02/2010, DJe-076 30-04-2010.) Além disso, o STF também admite a *fungibilidade* entre *ADIn e ADPF*, desde que não haja erro grosseiro: "A fungibilidade entre a Arguição de Descumprimento de Preceito Fundamental e a Ação Direta de Inconstitucionalidade pressupõe dúvida aceitável a respeito da ação apropriada, a fim de não legitimar o erro grosseiro na escolha. Precedente: ADPF 314 AgR, Rel. Min. MARCO AURÉLIO, Tribunal Pleno, DJe de 19/2/2015." (ADPF 451 AgR, Rel. Min. ALEXANDRE DE MORAES, Tribunal Pleno, julgado em 09/04/2018, DJe-072 16-04-2018) Portanto, existindo *dúvida objetiva* sobre qual a ação cabível, é possível (a) conhecer de ADIn como ADPF, bem como (b) conhecer de ADPF como ADIn. A título de exemplo do primeiro caso, o STF conheceu da ADIn 4163 como ADPF: "Aplicação do princípio da fungibilidade. Precedente. É lícito conhecer de ação direta de inconstitucionalidade como arguição de descumprimento de preceito fundamental, quando coexistentes todos os requisitos de admissibilidade desta, em caso de inadmissibilidade daquela." (ADIn 4163, Rel. Min. CEZAR PELUSO, Tribunal Pleno, julgado em 29/02/2012, DJe-040 01-03-2013). Como exemplos do segundo caso (conversão de ADPF em ADIn), o STF reautuou a ADPF 143 como ADIn 4.180 MC-REF e a ADPF 178 como ADIn 4.277.

20. RE 105.012, Rel. Min. Néri da Silveira, *In:* RTJ 136/758.

ficou 5 a 4, já que dois Ministros se declararam impedidos. No dispositivo do acórdão não constou se a ação foi julgada improcedente ou procedente.

Nos debates, a proposta original da Presidente era no sentido da proclamação da "***procedência* sem a declaração de inconstitucionalidade**, porque toda a fundamentação apresentada foi acolhida pela maioria, só que não se chegou ao *quorum* para o atendimento da declaração". O Min. ALEXANDRE DE MORAES, porém, observou:

> "Se a declaração de inconstitucionalidade exige seis, não se chegou à procedência. É um dos raros casos em que a minoria, na verdade, prevalece, porque não se atingiu o *quorum* constitucional. Não há mudança de resultados, dos efeitos, mas qual a única procedência? Declaro procedente para declarar inconstitucional; se não pode declarar inconstitucional, se nós fizermos o raciocínio ao contrário, se não há possibilidade constitucional de se declarar inconstitucional, é improcedente; mesmo por minoria, é improcedente. Essa ação foi improcedente."

O Min. CELSO DE MELLO, por sua vez, asseverou:

> "Assentadas tais premissas, cabe assinalar que, não obtida a maioria absoluta no Plenário desta Corte Suprema, não se pode convocar magistrado estranho aos quadros deste Tribunal para completar o 'quorum' de julgamento. Isso significa, portanto, que, em hipótese como a que ora se registra no presente caso, não se pronunciará a inconstitucionalidade do ato estatal, prevalecendo, em tal situação, a presunção 'juris tantum' de legitimidade da norma emanada do Poder Público."

Releva notar que o art. 23 da Lei 9.868-99 afirma que só se pode proclamar a *constitucionalidade* ou a inconstitucionalidade pelo voto de, no mínimo, 6 (seis) Ministros. Ou seja, exige *quorum* de maioria absoluta não apenas para declaração de inconstitucionalidade (como previsto no art. 97 da CF-88), mas também para a declaração de ***constitucionalidade***. Todavia, não prevê a convocação de Ministros de outros Tribunais para completar o *quorum*, mas apenas do próprio STF. Confira-se:

> "Art. 23. Efetuado o julgamento, ***proclamar-se-á a constitucionalidade*** ou a *inconstitucionalidade* da disposição ou da norma impugnada ***se num ou noutro sentido*** se tiverem manifestado pelo menos seis Ministros, quer se trate de ação direta de inconstitucionalidade ou de ação declaratória de constitucionalidade.
>
> Parágrafo único. Se não for alcançada a *maioria necessária à declaração de **constitucionalidade*** ou de *inconstitucionalidade*, estando ausentes Ministros em número que possa influir no julgamento, este será suspenso a fim de

> aguardar-se o comparecimento dos Ministros ausentes, até que se atinja o número necessário para prolação da decisão num ou noutro sentido.
> Art. 24. Proclamada a constitucionalidade, julgar-se-á improcedente a ação direta ou procedente eventual ação declaratória; e, proclamada a inconstitucionalidade, julgar-se-á procedente a ação direta ou improcedente eventual ação declaratória."

Independentemente da constitucionalidade ou não da exigência de maioria de 6 votos para declaração de *constitucionalidade* prevista no art. 23 da Lei 9.868-99, verifica-se que a regulamentação efetuada nos arts. 23 e 24 é deficiente, visto que deixa de indicar a solução para várias situações envolvendo suspeição ou impedimento de Ministros. A título exemplificativo: se com 1 Ministro impedido, o resultado da votação for 5 a 5; se com 2 Ministros impedidos, o resultado for 5 a 4 (ou 4 a 5); se com 3 Ministros impedidos, o resultado for 5 a 3 (ou 3 a 5), ou 4 a 4, e assim por diante. Em casos que tais, os arts. 23 e 24 da Lei 9.868-99 não esclarecem se deve ser proclamada a constitucionalidade ou a inconstitucionalidade da norma (ou a "não inconstitucionalidade", à semelhança do que faz o TC português), nem, por consequência, se a ação deve ser julgada procedente ou improcedente.

Na ADIn 4167, em relação ao § 4º do art. 2º da Lei 11.738/2008, o STF julgara a ação **improcedente**, por maioria, assentando, porém, que a decisão nesse ponto era despida de eficácia *erga omnes* e de efeito vinculante:

> "Decisão: Colhido o voto do Presidente, Ministro Cezar Peluso, que julgou procedente a ação relativamente ao § 4º do art. 2º da Lei 11.738/2008, **o Tribunal julgou a ação improcedente, por maioria**. Quanto à eficácia *erga omnes* e ao efeito vinculante da decisão em relação ao § 4º do art. 2º da Lei nº 11.738/2008, **o Tribunal decidiu que tais eficácias não se aplicam ao respectivo juízo de improcedência**, contra os votos dos Senhores Ministros Joaquim Barbosa (Relator) e Ricardo Lewandowski. Impedido o Senhor Ministro Dias Toffoli. Plenário, 27.04.2011."[21]

---

21. Outrossim, na ementa também se alude à **improcedência** da ação: "2. É **constitucional** a norma geral federal que fixou o piso salarial dos professores do ensino médio com base no vencimento, e não na remuneração global. Competência da União para dispor sobre normas gerais relativas ao piso de vencimento dos professores da educação básica, de modo a utilizá-lo como mecanismo de fomento ao sistema educacional e de valorização profissional, e não apenas como instrumento de proteção mínima ao trabalhador. 3. É **constitucional** a norma geral federal que reserva o percentual mínimo de 1/3 da carga horária dos docentes da educação básica para dedicação às atividades extraclasse. Ação direta de inconstitucionalidade **julgada improcedente**. Perda de objeto declarada em relação aos arts. 3º e 8º da Lei 11.738/2008." (ADIn 4167, Rel. Min. JOAQUIM BARBOSA, Tribunal Pleno, julgado em 27/04/2011, DJe-162 24-08-2011.)

Diferentemente, na ADIn 4066, o STF optou por não fazer constar no dispositivo do acórdão se a ação foi julgada improcedente ou procedente, bem como por não proclamar expressamente a constitucionalidade ou a inconstitucionalidade da norma, registrando, porém, que o julgamento era "destituído de eficácia vinculante":

> "Vistos, relatados e discutidos estes autos, acordam os Ministros do Supremo Tribunal Federal, em sessão plenária e por maioria de votos, em conhecer da ação [...]. No mérito, pela procedência da ação, votaram os Ministros Rosa Weber (Relatora), Edson Fachin, Ricardo Lewandowski, Celso de Mello e Cármen Lúcia. Pela sua improcedência, votaram os Ministros Alexandre de Moraes, Luiz Fux, Gilmar Mendes e Marco Aurélio. **Não pronunciada a inconstitucionalidade** do art. 2º da Lei nº 9.055/1995 porquanto não atingido o quórum previsto pelo art. 97 da Constituição Federal, ***em julgamento destituído de eficácia vinculante***. Impedidos os Ministros Roberto Barroso e Dias Toffoli."

Dessarte, a solução dada pelo STF na ADIn 4066 foi a de manter incólume, *si et in quantum*, a presunção relativa de inconstitucionalidade da norma, **que não foi robustecida nem elidida pela decisão**, permitindo assim o rejulgamento da questão em outros processos[22], o que de fato ocorreu em outros processos em que não havia impedimentos de Ministros capazes de influir no *quorum* de maioria absoluta (CF-88, art. 97), tendo-se declarado incidentalmente a inconstitucionalidade do art. 2º da Lei 9.055-95 na mesma sessão de julgamento.[23]

22. Eis a parte final da ementa: "14. Quórum de julgamento constituído por nove Ministros, considerados os impedimentos. Cinco votos pela procedência da ação direta, a fim de declarar a inconstitucionalidade, por proteção deficiente, da tolerância ao uso do amianto crisotila, da forma como encartada no art. 2º da Lei nº 9.055/1995, em face dos arts. 7º, XXII, 196 e 225 da Constituição da República. Quatro votos pela improcedência. ***Não atingido o quórum de seis votos (art. 23 da Lei nº 9.868/1999)***, maioria absoluta (art. 97 da Constituição da República), ***para proclamação da constitucionalidade ou inconstitucionalidade do dispositivo impugnado, a destituir de eficácia vinculante o julgado***. 15. Ação direta de inconstitucionalidade conhecida **e, no mérito, não atingido o quórum exigido pelo art. 97 da Constituição da República para a pronúncia da inconstitucionalidade do art. 2º da Lei nº 9.055/1995**." (ADIn 4066, Rel. Min. ROSA WEBER, Tribunal Pleno, julgado em 24/08/2017, DJe- 07-03-2018.)

23. "9. Ação direta julgada improcedente, com a declaração incidental de inconstitucionalidade do art. 2º da Lei 9.055/1995, com efeito *erga omnes* e vinculante." (ADIn 3937, Rel. p/ Acórdão Min. DIAS TOFFOLI, Tribunal Pleno, julgado em 24/08/2017, DJe-019 01-02-2019.) Três meses depois, em novembro de 2017, foi novamente declarada incidentalmente a inconstitucionalidade do art. 2º da Lei 9.055-95, com "efeitos vinculante e *erga omnes*": ADIn 3470, Rel. Min. ROSA WEBER, Tribunal Pleno, julgado em 29/11/2017, DJe-019 01-02-2019; ADIn 3357 Rel. p/ Acórdão Min. DIAS TOFFOLI, Tribunal Pleno, julgado em 30/11/2017,

Portanto, a prevalecer o entendimento perfilhado na ADIn 4066, a decisão de mérito em ADIn e ADC nesses casos (*em que não se formou maioria absoluta em nenhum sentido*) não geraria efeito vinculante, nem coisa julgada material *erga omnes*, propiciando assim que qualquer juízo ou Tribunal decida pela constitucionalidade ou pela inconstitucionalidade da norma em outros processos sem infringir a decisão do STF.[24] Ademais, o próprio STF poderia julgar outra ADIn ou ADC sobre a mesma norma, uma vez que não estaria autovinculado à decisão anterior, revestida de coisa julgada *meramente formal* (imutabilidade e indiscutibilidade naquele específico processo transitado em julgado).

DJe-019 01-02-2019; ADPF 109, Rel. Min. EDSON FACHIN, Tribunal Pleno, julgado em 30/11/2017, DJe-019 01-02-2019.

24. A mesma compreensão foi reafirmada na ADIn 4874 ED: "Mostram-se juridicamente inviáveis embargos de declaração que pretendem a alteração do juízo de improcedência desprovido de efeito vinculante e eficácia erga omnes. **Diante de impasse inaugurado por empate decisório, na hipótese de não se alcançar o voto da maioria absoluta nas ações diretas, quer pela constitucionalidade, quer pela inconstitucionalidade do ato impugnado, chega-se a juízo de improcedência, mas sem efeito vinculante e eficácia *erga omnes*. Solução interpretativa anteriormente definida. ADIs 4167 (Rel. Min. Joaquim Barbosa, Pleno, j. 27.4.2011, DJe 24.8.2011) e 4066 (Pleno, j. 24.8.2017, DJe 07.3.2018, sob a minha relatoria). Manutenção da coerência decisória**. Compatibilidade da solução com a função desempenhada por esta Suprema Corte. Definição da interpretação constitucional e unidade do Direito. 3. Não comporta acolhida pretensão recursal inovatória dos parâmetros de controle de constitucionalidade. A técnica da causa de pedir aberta autoriza o Plenário a considerar outras normas constitucionais no exame de constitucionalidade, mas não confere aos interessados a faculdade de reabrir a discussão do mérito à luz de parâmetros de controle não invocados a tempo e modo. 4. Embargos de declaração conhecidos e rejeitados." (ADIn 4874 ED, Rel. Min. ROSA WEBER, Tribunal Pleno, julgado em 09-03-2022, DJe-051 17-03-2022.)

Capítulo VI

APLICAÇÃO DOS PRINCÍPIOS DA PROPORCIONALIDADE E DA RAZOABILIDADE COMO LIMITAÇÃO AO EFEITO VINCULANTE E À EFICÁCIA *ERGA OMNES*

Sumário • 6.1. Casos em que o próprio STF relativizou o efeito vinculante e a eficácia *erga omnes:* 6.1.1. O caso da Rcl nº 1067; 6.1.2. O caso da ADIn nº 223; 6.1.3. O caso da ADIn nº 1232 – 6.2. O caso da antecipação de tutela contra a Fazenda Pública.

Assim como as leis, a decisão do STF em ADIn ou ADC precisa ser *interpretada* para poder ser aplicada[1]. A decisão do STF em ADIn ou ADC possui *grau de generalidade e de abstração semelhante* ao da lei ou do ato normativo declarado constitucional/inconstitucional. Por conseguinte, a decisão

1. A interpretação é inerente ao ser humano: "onde está o homem, está a interpretação". O homem percebe o mundo interpretando-o. Logo, a decisão do STF em ADIn ou ADC não pode, logicamente, ser imune à interpretação. E a inesgotabilidade do sentido é um dos fundamentos da hermenêutica. Sobre ser um imperativo lógico, a "interpretabilidade" da decisão do STF em ADIn ou ADC é condição necessária à própria sobrevivência daquela, porquanto é a *renovação* da interpretação que atualiza e vivifica a norma e a decisão proferida acerca dela. Nessa linha, pontifica, com absoluta propriedade, Raimundo Bezerra Falcão: "Onde está o homem está a interpretação. Não adiantaria ali estar o Direito se não estivesse ele constantemente sendo interpretado, sendo submetido à apreensão do sentido que possa oferecer. Sem isso, é como se não estivesse lá. De fato, não o estaria. Direito, ou qualquer outro objeto cultural, sem a abordagem do intérprete, isto é, sem o *sendo* da interpretação, é paralisia, é estagnação. Não passa de algo virtual. Mera potencialidade. E assim perde a razão de ser. *A própria interpretação já feita é paralisia e estagnação.* Outra interpretação que se faça, do mesmo objeto cultural – *inclusive a interpretação de interpretação anteriormente feita* –, é sempre nova apreensão de sentido, é sempre uma nova interpretação, que pode até coincidir com o sentido antes captado, mas não necessariamente, pois o processo espiritual é novo. *Toda nova interpretação é uma interpretação nova.* Em decorrência, se se deseja dar vida vivente ao Direito, não se fale em Direito. Fale-se em interpretação dele. Esta é que se aplica à existência efetiva das relações convivenciais". (*Hermenêutica.* São Paulo: Malheiros, 2004, p. 147.) (Grifou-se.)

do STF em ADIn ou ADC – incluindo-se o próprio texto que a exprime em vernáculo –, necessita de *interpretação* tanto quanto as leis, interpretação esta que deve ser feita por meio de *métodos e critérios hermenêuticos* semelhantes.

Tal como as leis, a par dos critérios hermenêuticos tradicionais (literal, teleológico, sistemático, histórico-evolutivo, etc.), a decisão do STF em ADIn ou ADC deve passar outrossim pelo crivo da proporcionalidade e da razoabilidade. De fato, assim como as leis podem, *em tese ou em casos concretos específicos*, desatender os ditames da proporcionalidade e da razoabilidade, as decisões do STF em ADIn ou ADC também podem malferi-los *em tese* (*v.g.*: uma série de hipóteses de aplicação compreendidas na decisão, *abstratamente identificáveis*, revela-se desproporcional ou irrazoável) ou *em determinados casos concretos* (ou seja, quando a ofensa à proporcionalidade e/ou à razoabilidade só possa ser verificada examinando-se as peculiaridades do caso concreto).

Desconsiderar ou negar essa realidade, à sombra de uma pretensa infalibilidade jurisdicional – ainda que ficcional – ou em prol de uma fria coerência interna, concorre para que o sistema jurisdicional seja mais fechado, mais injusto, mais desumano, mais incoerente com seus fins, ou seja, contribui não para o seu aprimoramento, mas para sua degenerescência.

Portanto, *tal qual sucede com as leis,* tanto os critérios hermenêuticos tradicionais (literal, teleológico, sistemático, histórico-evolutivo, etc.) como os princípios da razoabilidade e da proporcionalidade[2] podem ser utilizados

2. Tanto a *gênese normativa*, como a *real natureza* do princípio da proporcionalidade ainda são objeto de controvérsia doutrinária. De fato, para uns, tal princípio seria decorrência lógica do princípio do Estado Democrático de Direito (art. 1º da CF-88); para o STF e alguns doutrinadores, do princípio do devido processo legal considerado no seu sentido substantivo (*substantive due process of law*), cuja *sedes materiæ* seria o art. 5º, LIV e LV, da CF-88; para outros, o princípio da proporcionalidade não derivaria de nenhum outro princípio constitucional. Nesse sentido, propugna Willis Santiago Guerra Filho, pioneiro no estudo do princípio da proporcionalidade no Brasil: "Não se mostra necessário, nem mesmo correto, procurar derivar o princípio da proporcionalidade de um outro qualquer, como o do Estado de Direito e aquele deste derivado, o da legalidade [...], ou de algum(n/as) dos direitos e garantias fundamentais, para lhe atribuir caráter constitucional [...]. Aí haveria, na verdade, um enfoque distorcido da questão, pois a opção do legislador constituinte brasileiro por um "Estado Democrático de Direito" (art. 1º), com objetivos que na prática se conflitam (art. 3º), bem como pela consagração de um elenco extensíssimo de direitos fundamentais (art. 5º), co-implica na adoção de um princípio regulador dos conflitos na aplicação dos demais e, ao mesmo tempo, voltado para a proteção daqueles direitos." (*Processo constitucional e direitos fundamentais*. 2. ed. São Paulo: Celso Bastos, 2001, p. 84.) Quanto à real natureza do princípio da proporcionalidade, lavra controvérsia ainda maior. Para uns, ele não seria verdadeiramente um *princípio*, mas sim uma *máxima ou regra* ("máxima ou regra da proporcionalidade"), porque não se submete à ponderação, isto é, a máxima da proporcionalidade seria *sempre* aplicável para resolver as colisões entre outros princípios, de sorte que não haveria como ponderá-la em face de outros princí-

para *evitar aplicações injustas, irrazoáveis, desproporcionais, inequitativas,* de decisões do STF em ADIn e ADC.

Aliás, uma das missões mais sublimes do julgador é a de *amoldar* o comando genérico e abstrato da lei às situações concretas da vida. Com efeito, qualquer leguleio, e até mesmo um computador, é capaz de fazer uma operação simples de subsunção de uma situação fática a uma situação prevista normativamente, mas a complexidade da vida exige muito mais do julgador para que se alcancem a justiça e a paz social. Para atingir esse desiderato, o juiz, interpretando todo o sistema, pode usar dos métodos hermenêuticos para fazer *interpretações corretivas*[3] e, quando o sentido da norma for de tal

---

pios para excluir a sua aplicação como meio de solução de colisões normativas. A adequação, a necessidade e a proporcionalidade em sentido estrito seriam assim *elementos* ou *máximas parciais*, e não *subprincípios*. É a posição de Robert Alexy: "La máxima de proporcionalidad suele ser llamada 'principio de proporcionalidad'. Sin embargo, no se trata de un principio en el sentido aquí expuesto. La adecuación, necesidad y proporcionalidad en sentido estricto no son ponderadas frente a algo diferente. No es que unas veces tengan precedencia y otras no. Lo que se pregunta más bien es si las máximas son satisfechas o no, y su no satisfacción tiene como consecuencia la ilegalidad. **Por lo tanto, las tres máximas parciales tienen que ser catalogadas como *reglas*.**" (*Teoría de los derechos fundamentales*. 3ª reimpresión. Centro de Estudios Políticos y Constitucionales: Madrid, 2002, p. 112.) Para outros, seria um *metaprincípio*, ou "princípio dos princípios" (Willis Filho). Por fim, Humberto Bergmann Ávila e Eros Grau o classificam, respectivamente, como *"postulado normativo aplicativo"* e *"postulado normativo de interpretação/aplicação do direito"* (*cf.* seu voto-vista na ADIn 2591, Rel. Min. Eros Grau, DJU 29.09.2006, p. 31). Para além disso, os característicos que o diferenciam do princípio da razoabilidade também são frequentemente confundidos ou simplesmente negados. Sem embargo disso tudo, o fato é que parece ser incontroverso o seu papel de relevante limitador da aplicação de normas injustas, desproporcionais, inequitativas e desarrazoadas.

3. A questão, em essência, não difere muito da referente à necessidade de aplicação da equidade como correção à generalidade da lei, versada magistralmente por Aristóteles. Assim, da mesma forma que a generalidade da lei pode ser fonte de injustiças em casos peculiares, a generalidade e a abstração das decisões do STF em ADIn e ADC também podem produzi-las, se não forem temperadas pela aplicação da equidade: "O que origina o problema é o fato de o equitativo ser justo, porém não o legalmente justo, e sim uma correção da justiça legal. A razão disto é que **toda lei é universal, mas não é possível fazer uma afirmação universal que seja correta em relação a certos casos particulares. Nos casos, portanto, em que é necessário falar de modo universal, mas não é possível fazê-lo corretamente, a lei leva em consideração o caso mais frequente, embora não ignore a possibilidade de erro em consequência dessa circunstância**. E nem por isso esse procedimento deixa de ser correto, pois o erro não está na lei nem no legislador, e sim na natureza do caso particular, já que os assuntos práticos são, por natureza, dessa espécie. Por conseguinte, **quando a lei estabelece uma lei geral e surge um caso que não é abarcado por essa regra, então é correto (visto que o legislador falhou e errou por excesso de simplicidade), corrigir a omissão, dizendo o que o próprio legislador teria dito se estivesse presente, e que teria incluído na lei se tivesse previsto o caso em pauta**. Por isso o equitativo é justo e superior a uma espécie de justiça, embora não seja superior à justiça absoluta, e sim ao erro decorrente do caráter absoluto da disposição legal. **Desse modo, *a natureza do equitativo é uma correção da lei quando esta é deficiente***

sorte inequívoco que impeça uma interpretação corretiva[4], pode até mesmo *afastar sua aplicação ao caso concreto ou sua própria validade* com esteio nos princípios da proporcionalidade e da razoabilidade[5].

6.1. CASOS EM QUE O PRÓPRIO STF RELATIVIZOU O EFEITO VINCULANTE E A EFICÁCIA *ERGA OMNES*

Assentada a premissa de que as decisões do STF em ADIn e ADC, dado o seu elevado grau de generalidade e abstração, equivalente ao da lei ou ato

***em razão da sua universalidade.* É por isso que nem todas as coisas são determinadas pela lei: é impossível estabelecer uma lei acerca de algumas delas, de tal modo que se faz necessário um decreto. Com efeito, quando uma situação é indefinida, a regra também é indefinida, tal qual ocorre com a régua de chumbo usada pelos construtores de Lesbos para ajustar as molduras; a régua adapta-se à forma da pedra e não é rígida, da mesma forma como o decreto se adapta aos fatos.**" (ARISTÓTELES. *Ética a Nicômaco*. Trad. Pietro Nassetti. São Paulo: Martin Claret, 2006, p. 125.)

4. Porque há limites instransponíveis à interpretação corretiva, não se podendo pretender que a norma diga o contrário do que claramente disse, sob pena de configurar-se o chamado "estupro legal". Verdade é que "interpretar um texto importa necessariamente em mudá-lo", pois a linguagem humana é falha por natureza: o receptor sempre entende a mensagem à luz de suas próprias experiências de vida, de sua mundividência, e o próprio emissor da mensagem, passado algum tempo e com sua cosmovisão alterada pelas experiências vividas, também a compreenderá de forma diferente. Contudo, o intérprete não pode desviar-se do texto a ponto de distorcê-lo inteiramente: o texto sempre constituirá um limite, mais ou menos flexível, à sua própria interpretação.

5. O papel do princípio da razoabilidade como *harmonizador do geral com o individual* (dever de ***equidade***) é bem delineado por Humberto Ávila: "A razoabilidade como dever de harmonização do geral com o individual (dever de equidade) atua como instrumento para determinar que as circunstâncias de fato devem ser consideradas com a presunção de estarem dentro da normalidade, ou para expressar que a aplicabilidade da regra geral depende do enquadramento do caso concreto." (*Teoria dos princípios*: da definição à aplicação dos princípios jurídicos. 5. ed. São Paulo: Malheiros, 2006, p. 146.) Em outra passagem, clarifica o seu pensamento: "Nem toda norma incidente é aplicável. É preciso diferenciar a aplicabilidade de uma regra da satisfação das condições previstas em sua hipótese. Uma regra não é aplicável somente porque as condições previstas em sua hipótese são satisfeitas. Uma regra é aplicável a um caso **se, e somente se, suas condições são satisfeitas e sua aplicação não é excluída pela razão motivadora da própria regra ou pela existência de um princípio que institua uma razão contrária**. Nessas hipóteses as condições de aplicação da regra são satisfeitas, mas a regra, mesmo assim, não é aplicada. No caso analisado as condições de aplicação da regra foram satisfeitas. No caso a condição de aplicação da regra, segundo a qual o contribuinte deve ser excluído de um mecanismo especial de pagamento de tributos quando efetuar uma importação, foi preenchida. Ainda assim a regra não foi aplicada: o contribuinte não foi excluído ***naquele caso***. Essa concepção de razoabilidade corresponde aos ensinamentos de Aristóteles, para quem **a natureza da equidade consiste em ser um corretivo da lei quando e onde ela é omissa, por ser *geral***. [...] A razoabilidade atua na **interpretação** das regras **gerais** como decorrência do princípio da justiça ("Preâmbulo" e art. 3º da CF)." (*Teoria...*, p. 142.) (Grifou-se.)

normativo por ela declarado constitucional ou inconstitucional, podem ser *interpretadas* e *até ter sua aplicação ao caso concreto afastada* pelo juiz com base nos métodos hermenêuticos tradicionais e nos princípios da proporcionalidade e da razoabilidade a fim de evitar aplicações injustas, irrazoáveis, desproporcionais dessas decisões em ADIn e ADC, cumpre analisar alguns casos em que o próprio STF, expressa ou tacitamente, *excepcionou* (ou relativizou) o efeito vinculante e a eficácia *erga omnes* dessas decisões.

6.1.1. O caso da Rcl nº 1067

No caso da Reclamação nº 1067, o STF manteve decisão de um juiz que deferira pedido de antecipação de tutela contra a Fazenda Pública determinando o pagamento imediato de certa verba, em aparente afronta à decisão do STF na ADC nº 4, que as proibira, com efeito vinculante e eficácia *erga omnes*.

Sucede que se cuidava de uma parcela relativa à pensão devida a uma viúva idosa, suprimida pelo órgão previdenciário em desconformidade com jurisprudência sedimentada do STF a seu respeito em inúmeros casos concretos por este apreciados. O STF enfrentou o seguinte dilema: deveria garantir o efeito vinculante e a eficácia *erga omnes* da sua decisão na ADC 4, que aparentemente estava sendo desrespeitada pela decisão antecipatória da tutela, ou deveria prestigiar a sua firme jurisprudência quanto à questão de fundo, observada pela decisão antecipatória da tutela, bem como a efetividade da prestação jurisdicional, já que a pensionista provavelmente já não estaria viva após o trânsito em julgado da sentença que lhe garantisse o direito à verba pleiteada?

Na oportunidade, o STF escolheu a segunda opção, firmando a seguinte diretriz: sempre que a decisão reclamada estivesse, no concernente à questão de fundo, em harmonia com a jurisprudência do próprio STF (***mesmo que desprovida de efeito vinculante e eficácia* erga omnes**), aquela não deveria ser cassada, ainda que proferida em descompasso com a decisão da ADC nº 4. Essa orientação continua sendo reiteradamente aplicada no STF.[6] Eis a ementa do julgado:

> "1 – Tutela antecipada concedida para reconhecimento do direito da viúva do servidor à percepção da integralidade da pensão, com fundamento no

6. Exemplo: "Ademais, existe jurisprudência assentada nesta Corte no sentido de que não viola o precedente firmado na ADC 4 o deferimento de tutela antecipada para determinar a incorporação à remuneração de servidor de parcela referente ao percentual relativo à diferença resultante da conversão do Cruzeiro Real para URV. Precedentes." (Rcl 10051 AgR, Rel. Min. ROBERTO BARROSO, Primeira Turma, julgado em 17/02/2017, DJe-047 13-03-2017.)

art. 40, § 5º, da Constituição. 2 – Reclamação buscando garantia da autoridade da decisão proferida na Ação Declaratória de Constitucionalidade nº 4. 3 – **Liminar indeferida, por implausibilidade da alegação, pelo reclamante, de dano irreparável, ante a coincidência, na questão de fundo (integralidade da pensão), entre o sentido da decisão reclamada e a reiterada jurisprudência do Supremo Tribunal.**" (Rcl 1067 AgR, Pleno, Rel. Min. OCTAVIO GALLOTTI, DJU 03.09.1999, p. 27.)

De feito, essa solução é a mais justa, razoável e proporcional, visto como seria formalismo extremamente prejudicial à parte exigir que esta percorresse todas as instâncias recursais, eventualmente até o STF, simplesmente para que pudesse obter o que já se sabe de antemão que o mesmo STF lhe asseguraria em grau de recurso, correndo ela o risco de falecer no curso da lide sem alcançar a satisfação da sua pretensão, cabendo aos seus herdeiros usufruírem do bem da vida pelo qual tanto lutou. O ônus para a parte seria imenso[7], ao passo que o benefício para o órgão previdenciário consistiria apenas na rolagem da dívida, de sorte que os malefícios advindos dessa medida superariam os benefícios, tornando-a ofensiva ao princípio da proporcionalidade (especialmente ao subprincípio da proporcionalidade em sentido estrito).

É verdade que, ao depois, no julgamento final da referida Rcl 1067, o STF considerou que, em verdade, a decisão reclamada não violava a decisão na ADC nº 4, visto que esta não alcançava as demandas *previdenciárias*[8], porquanto a Lei 9.494/97 (objeto da ADC nº 4) só abrangeria *servidores públicos*. Todavia, a diretriz fixada originalmente permaneceu válida, continuando a ser aplicada pelo STF a outros processos[9].

---

7. Sobretudo ao seu *direito fundamental* à efetividade da prestação jurisdicional.

8. O acórdão final recebeu a subseguinte ementa: "O Plenário deste Supremo Tribunal fixou o entendimento de que a decisão prolatada no julgamento liminar da ADC nº 4-DF, Rel. Min. Sydney Sanches, referente à concessão de tutela antecipada contra a Fazenda Pública, não se aplica aos casos que tenham por objeto matéria de natureza previdenciária. Precedentes: Reclamações nºs 1.122 e 1.015, Rel. Min. Néri da Silveira; 1.014, Rel. Min. Moreira Alves. Reclamação julgada improcedente." (Rcl-AgR 1067/RS, Rel. Min. Ellen Gracie, Pleno, DJU 14.02.2003, p. 60.) Tal entendimento foi posteriormente cristalizado na súmula nº 729 do STF: "A decisão na ADC-4 não se aplica à antecipação de tutela em causa de natureza previdenciária."

9. Como, por exemplo, se observa na seguinte ementa: "Reclamação: descabimento: antecipação de tutela que, quanto à questão de fundo – integralidade de pensão de servidor público – está de acordo com a jurisprudência reiterada do Supremo Tribunal, além de se tratar de questão previdenciária, que não é alcançada pelas vedações da L. 9.494/97 objeto da ADC 4-MC. Precedentes." (Rcl-AgR 3935/CE, Rel. Min. Sepúlveda Pertence, Pleno, DJU 10.08.2006, p. 20.)

Em outros casos, o STF, apesar de afirmar textualmente que a decisão reclamada *não observava* o efeito vinculante da ADC nº 4, não a cassava, justamente porque coincidente, quanto à matéria de fundo, com jurisprudência (não vinculante) do mesmo STF, prestigiando assim a efetividade da prestação jurisdicional. Confira-se o seguinte paradigma:

> "RECLAMAÇÃO – ANTECIPAÇÃO DOS EFEITOS DA TUTELA – **ALEGADO DESRESPEITO À EFICÁCIA VINCULANTE DE JULGAMENTO EFETUADO PELO SUPREMO TRIBUNAL FEDERAL (ADC 4-DF)** – PENSÃO POR MORTE DE SERVIDOR PÚBLICO – BENEFICIÁRIA QUE TEM 86 ANOS DE IDADE – DECISÃO RECLAMADA QUE SE AJUSTA À JURISPRUDÊNCIA DO STF – CIRCUNSTÂNCIA QUE RECOMENDA O INDEFERIMENTO DA MEDIDA LIMINAR – RECURSO DE AGRAVO IMPROVIDO. – Não se justifica a concessão de medida liminar, em sede de reclamação, se a decisão de que se reclama – **embora NÃO OBSERVANDO a eficácia vinculante que resultou do julgamento de ação declaratória de constitucionalidade (CF, art. 102, § 2º)** – ajustar-se, com integral fidelidade, à jurisprudência firmada pelo Supremo Tribunal Federal no exame da questão de fundo (autoaplicabilidade do art. 40, § 5º, da Constituição, na redação anterior à promulgação da EC nº 20/98, no caso). – A eventual outorga da medida liminar comprometeria a efetividade do processo, por frustrar, injustamente, o exercício, por pessoa quase nonagenária, do direito por ela vindicado, e cuja relevância encontra suporte legitimador na própria jurisprudência do Supremo Tribunal Federal."[10]

Embora no acórdão cuja ementa foi acima transcrita não haja nenhuma alusão aos princípios da proporcionalidade e da razoabilidade, não é necessário esforço exegético para concluir pela sua aplicação implícita ao caso.

Idêntica **aplicação implícita de tais princípios** pode ser observada na exegese **restritiva** emprestada pelo STF aos dispositivos restritivos de antecipação de tutela referidos na Lei nº 9.494-97 e na interpretação **ampliativa** do conceito de "causa de natureza **previdenciária**", em ordem a abranger as causas concernentes a pensões e aposentadorias ***estatutárias*, que só se enquadrariam na definição de causas previdenciárias em sentido lato (*lato sensu*)**. Assim, o STF, em geral, não tem cassado decisões antecipatórias de tutela em favor de aposentados e pensionistas de servidores públicos, **considerando a usual idade avançada desses beneficiários**[11] (***periculum in***

10. Rcl-AgR 1132/RS, Rel. Min. Celso de Mello, Pleno, DJU 04.04.2003, p. 39.

11. Conquanto nem sempre seja explícito a esse respeito, é certo que o STF sempre considera, ainda que implicitamente, a costumeira idade avançada desses beneficiários. Tal consideração ficou bem caracterizada no seguinte acórdão do STJ: "PROCESSUAL CIVIL. EXECUÇÃO

***mora* qualificado**) e a ausência de referência expressa a eles nos dispositivos legais restritivos de antecipação de tutela contra a Fazenda Pública[12]. Para além disso, mesmo no pertinente a servidores públicos **em atividade** (causas **puramente estatutárias**), tem mantido decisões antecipatórias de tutela que se limitam a **restabelecer** o *statu quo ante*, isto é, que não concedem vantagens novas, nunca usufruídas antes, mas apenas **restauram** vantagens que vinham sendo usufruídas mas que foram indevidamente suprimidas, sem determinar o pagamento de verbas anteriores ao ajuizamento da ação (atrasados), ou **impedem** a supressão dessas vantagens pela Fazenda Pública[13]. Ademais, tem

---

PROVISÓRIA. FAZENDA PÚBLICA. POSSIBILIDADE. VEDAÇÃO. ART. 2º-B DA LEI Nº 9.494/97. PENSÕES ESTATUTÁRIAS. REVISÃO. DESCABIMENTO. NATUREZA PREVIDENCIÁRIA. [...] III – O artigo 2º-B, da Lei nº 9.494/97, impôs a necessidade do trânsito em julgado para a execução de sentenças que determinem a liberação de recurso, inclusão em folha de pagamento, reclassificação, equiparação, concessão de aumento ou extensão de vantagens a servidores, devendo a norma ser interpretada restritivamente. IV – **Não foram incluídas na vedação as revisões de pensões estatutárias, motivo porque inexiste óbice à execução provisória quando presente essa situação. Com efeito, via de regra, os titulares de pensões são pessoas em idade avançada ou portadores de necessidades especiais, onde é imperiosa a imediata satisfação do direito, sob risco de que, em face da demora, o provimento jurisdicional seja inócuo**. V – Entendimento, em hipótese análoga, que deu origem ao enunciado nº 729 da Súmula do Pretório Excelso: 'A decisão na ADC-4 não se aplica à antecipação de tutela em causa de natureza previdenciária.' Recurso não conhecido." (REsp 608.704/CE, Rel. Min. Felix Fischer, DJU 01.07.2004, p. 271.)

12. Em relação a um servidor público **aposentado**, decidiu o STF: "INCONSTITUCIONALIDADE. Ação direta. Tutela antecipada contra a Fazenda Pública. Art. 1º da Lei nº 9.494/97. Constitucionalidade reconhecida em medida cautelar. ADC nº 4. Inaplicabilidade. Antecipação de tutela em causa de natureza previdenciária. Reclamação julgada improcedente. Agravo improvido. Aplicação da súmula 729. A decisão da ADC nº 4 não se aplica à antecipação de tutela em causa de natureza previdenciária." (Rcl-AgR 2446, Rel. Min. Cezar Peluso, DJU 05.08.2005, p. 6.). No atinente a pensionista de policial militar, decidiu o STF: "AÇÃO DECLARATÓRIA DE CONSTITUCIONALIDADE Nº 4-6 – ALCANCE DO PRONUNCIAMENTO – MATÉRIA PREVIDENCIÁRIA. O que decidido na Ação Declaratória de Constitucionalidade nº 4-6 não alcança conflito de interesses de natureza previdenciária, pouco importando a espécie da parcela em jogo e a entidade devedora envolvida." (RCL-MC 2.480-PE, Rel. Min. Marco Aurélio, DJU 05.11.2004, p. 6.)

13. "SERVIDOR PÚBLICO. Procuradores da Fazenda Nacional. Vencimentos e proventos. Vantagem pessoal nominalmente identificada – VPNI. Restabelecimento. Antecipação de tutela contra a Fazenda Pública. Admissibilidade. Inaplicabilidade da decisão da ADC nº 4. Nova orientação assentada pelo Plenário. Reclamação julgada improcedente. Agravo improvido. Não ofende a autoridade do acórdão proferido na ADC nº 4, decisão que, a título de antecipação de tutela, não traduz aumento pecuniário, mas representa mero óbice judicial à redução de verba salarial." (Rcl-AgR 3483, Rel. Min. César Peluso, DJU 28.04.2006, p. 5.) "A jurisprudência do Supremo Tribunal Federal se firmou no sentido de que, nos casos em que a tutela antecipada determina apenas o restabelecimento de vantagens pecuniárias, não há aderência estrita em relação à ADC nº 4." (Rcl 9466 AgR, Rel. Min. ROBERTO BARROSO, Primeira Turma, julgado em 02/06/2017, DJe-128 16-06-2017.)

preservado antecipações de tutela contra a Fazenda Pública que determinam nomeação e posse em cargo público, visto que o pagamento de remuneração consubstanciaria efeito meramente secundário da investidura.[14] Outrossim, tem mantido decisões antecipatórias de tutela contra a Fazenda Pública quando a verba ostenta natureza *indenizatória*.[15] Por fim, também não tem cassado antecipações de tutela contra a Fazenda Pública deferidas no bojo de sentenças de mérito.[16]

6.1.2. O caso da ADIn nº 223

No julgamento da ADIn nº 223, o STF indeferiu o pedido de liminar para suspender a vigência da MP nº 173, que vedava a concessão de medidas cautelares contra o Poder Público nas hipóteses que especificava. Na ocasião, o STF, reconhecendo expressamente a sua incapacidade de prever as múltiplas situações concretas que poderiam ocorrer, preferiu não declarar a inconstitucionalidade *em tese* da MP nº 173, mas ressalvou expressamente a possibilidade de os juízes declararem *incidentalmente* a sua inconstitucionalidade diante da situação específica sob seu exame (declaração de inconstitucionalidade *in concreto*).

Assim, reconhecendo a dificuldade de delimitar *in thesi* até que ponto eram razoáveis as restrições impostas à concessão de medidas cautelares pela MP nº 173, em razão de sua generalidade e abstração, o STF considerou que a questão seria mais bem decidida no controle difuso, no exame caso a caso levado a efeito pelos juízes de todo o País.

Eis a ementa do acórdão:

> "Ação direta de inconstitucionalidade contra a medida provisória 173, de 18.3.90, que veda a concessão de 'medida liminar em mandado de segurança e em ações ordinárias e cautelares decorrentes das medidas provisórias

---

14. "A jurisprudência do STF é pacífica no sentido de que a decisão proferida na ADC 4 não alcança tutelas antecipadas contra a Fazenda Pública em matéria de concurso público, quando os efeitos pecuniários da decisão são meramente secundários." (Rcl 20738 AgR, Rel. Min. ROBERTO BARROSO, Primeira Turma, julgado em 15/03/2016, DJe-067 12-04-2016.)

15. "Não viola a liminar deferida nos autos da ADC 4 a decisão que defere a antecipação de tutela contra a Fazenda Pública nas hipóteses em que a verba possui natureza indenizatória." (Rcl 21565 AgR, Rel. Min. FUX, Primeira Turma, julgado em 29/09/2015, DJe-205 14-10-2015.)

16. "A jurisprudência do Supremo Tribunal Federal se firmou no sentido de que a antecipação de tutela contra a Fazenda Pública, **quando concedida em sentença de mérito**, não afronta a autoridade da ADC 4." (Rcl 2933 AgR, Rel. Min. ROBERTO BARROSO, Primeira Turma, julgado em 26/05/2017, DJe-118 06-06-2017.)

números 151, 154, 158, 160, 162, 165, 167 e 168': indeferimento do pedido de suspensão cautelar da vigência do diploma impugnado: razões dos votos vencedores.

Sentido da inovadora alusão constitucional a plenitude da garantia da jurisdição contra a ameaça a direito: ênfase à função preventiva de jurisdição, na qual se insere a função cautelar e, quando necessário, o poder de cautela liminar. Implicações da plenitude da jurisdição cautelar, enquanto instrumento de proteção ao processo e de salvaguarda da plenitude das funções do Poder Judiciário.

Admissibilidade, não obstante, de condições e limitações legais ao poder cautelar do juiz. A tutela cautelar e o risco do constrangimento precipitado a direitos da parte contrária, com violação da garantia do devido processo legal.

Consequente necessidade de controle da razoabilidade das leis restritivas ao poder cautelar. Antecedentes legislativos de vedação de liminares de determinado conteúdo. Critério de razoabilidade das restrições, a partir do caráter essencialmente provisório de todo provimento cautelar, liminar ou não.

***Generalidade, diversidade e imprecisão de limites* do âmbito de vedação de liminar da MP 173, que, se lhe podem vir, a final, a comprometer a validade, dificultam demarcar, *em tese*, no juízo de delibação sobre o pedido de sua suspensão cautelar, até onde são razoáveis as proibições nela impostas, enquanto contenção ao abuso do poder cautelar, e onde se inicia, inversamente, o abuso das limitações e a consequente afronta à plenitude da jurisdição e ao Poder Judiciário.**

Indeferimento da suspensão liminar da MP 173, que não prejudica*, segundo o relator do acórdão, *o exame judicial em cada caso concreto da constitucionalidade, incluída a razoabilidade, da aplicação da norma proibitiva da liminar.

Considerações, em diversos votos, dos riscos da suspensão cautelar da medida impugnada." (ADIn 223, Rel. Min. SEPÚLVEDA PERTENCE, DJU 29.06.1990, p. 6218.)

Considerou-se que a decisão *abstrata* do STF declaratória de ***inconstitucionalidade***, dada a sua eficácia *erga omnes*, poderia malferir a liberdade de conformação do legislador infraconstitucional, bem como que uma decisão abstrata do STF declaratória de ***constitucionalidade***, ponderada a sua eficácia *erga omnes*, poderia, por outro lado, coarctar o poder do juiz de declarar *incidentalmente* a inconstitucionalidade da MP 173 quando as *peculiaridades do caso concreto* o exigissem.

O que torna este acórdão emblemático é o reconhecimento explícito de que a decisão abstrata do STF, ***se aplicada efetivamente erga omnes***, poderia ser, *em determinados casos concretos*, injusta, irrazoável, iníqua, em suma, *inconstitucional*. No caso, a solução alvitrada pelo STF para evitar isso consistiu no *indeferimento* da medida liminar na ADIn (o que não alterava em nada a situação da norma, porque, segundo a sua jurisprudência atual, o *indeferimento* da cautelar em ADIn ou em ADC não implica que a norma seja considerada provisoriamente constitucional ou inconstitucional no controle incidental, conforme visto no item 4.1.4), acompanhado da ressalva de que a questão poderia ser examinada no controle difuso em cada caso concreto[17].

Similarmente, no julgamento da ADIn 5135, o STF declarou a constitucionalidade em abstrato do protesto de CDAs, mas reconheceu explicitamente que, em certos casos concretos, o protesto poderia revelar-se inconstitucional.[18]

Contudo, mesmo que não houvesse sido feita essa ressalva, cremos que ainda assim seria possível ao juiz declarar *incidenter tantum* a inconstitucionalidade da norma no caso concreto sob seu julgamento, após *interpretar* a decisão abstrata do STF e verificar se as *particularidades do caso concreto* tornavam sua *aplicação* a este desproporcional, irrazoável, injusta, inconstitucional. O inverso também poderia ocorrer: em virtude das peculiaridades do caso concreto, o juiz poderia declarar a *constitucionalidade in concreto* de uma norma declarada *inconstitucional in abstracto* pelo STF[19].

---

17. Solução semelhante foi adotada na ADIn-MC-QO nº 272: "LIMINARES: PROIBIÇÃO DE SUA CONCESSÃO EM MANDADOS DE SEGURANÇA E EM AÇÕES ORDINÁRIAS E CAUTELARES, DECORRENTES DE MEDIDAS PROVISÓRIAS. (M.P. 181 e 182). INDEFERIMENTO DE PEDIDO DE LIMINAR PARA SUSPENDER AQUELA PROIBIÇÃO. Tendo-se que o pedido de concessão de liminar para que os efeitos das Medidas Provisórias n.º 181 e 182 – que proibiam cautelares em determinadas ações – não satisfaz aos requisitos necessários ao seu deferimento, cabe indeferi-lo. Ademais, devendo ser decidido [*sic*], pelo Congresso Nacional, em breves dias, a conversão ou não de tais Medidas ou lei, desaconselha-se o deferimento da liminar. *De relembrar que a própria inicial da O.A.B ressalta que podem os Juízes por via incidental, no exame dos casos concretos, deixar de atender à vedação, se a considerarem inconstitucional, contida nas Medidas Provisórias.*" (Rel. Min. Aldir Passarinho, DJU 14.04.2000, p. 3.)

18. "Direito tributário. Ação direta de inconstitucionalidade. Lei nº 9.492/1997, art. 1º, parágrafo único. Inclusão das certidões de dívida ativa no rol de títulos sujeitos a protesto. Constitucionalidade. [...] 4. Nada obstante considere o protesto das certidões de dívida constitucional em abstrato, a Administração Tributária deverá se cercar de algumas cautelas para evitar desvios e abusos no manejo do instrumento. Primeiro, para garantir o respeito aos princípios da impessoalidade e da isonomia, é recomendável a edição de ato infralegal que estabeleça parâmetros claros, objetivos e compatíveis com a Constituição para identificar os créditos que serão protestados. Segundo, deverá promover a revisão de eventuais atos de protesto que, à luz do caso concreto, gerem situações de inconstitucionalidade (e.g., protesto de créditos cuja invalidade tenha sido assentada em julgados de Cortes Superiores por meio das sistemáticas da repercussão geral e de recursos repetitivos) ou de ilegalidade (e.g., créditos prescritos, decaídos, em excesso, cobrados em duplicidade). 5. Ação direta de inconstitucionalidade julgada improcedente.[...]" (ADIn 5135, Rel. Min. ROBERTO BARROSO, Tribunal Pleno, julgado em 09/11/2016, DJe-022 07-02-2018.)

19. Suponha-se, exemplificativamente, que seja editada uma lei permitindo o uso de drogas em pequena quantidade e o STF declare a sua *inconstitucionalidade* em ADIn ou ADC, ao

O fato é que o STF, assim como o legislador, não é dotado de onisciência que o habilite a prever todas as situações possíveis de ocorrer, nem, ainda que isso fosse factível, a linguagem humana é tão precisa que possa abranger num único enunciado todas as possíveis exceções à regra que intenta estabelecer.[20]

Assim, é plenamente possível (e, mais do que isso, indispensável[21]), no nosso sistema, *de iure condito*, a utilização da técnica da distinção (*distinguishing*), mesmo quando não expressamente prevista[22], à semelhança do que

---

argumento de que a Constituição não tolera o uso de drogas *de forma alguma*, independentemente da quantidade envolvida. Tal decisão declaratória de inconstitucionalidade possui efeito vinculante e eficácia *erga omnes*. Contudo, seria razoável, proporcional, justo e constitucional impedir, com base nessa decisão, o uso de drogas para fins terapêuticos, por pacientes sob supervisão médica? É óbvio que não, apesar da amplitude da formulação da decisão do STF, que, em tese, abrangeria essa hipótese específica. Mas relevaria indagar: será que essa hipótese específica foi mencionada no acórdão? Será que foi ao menos cogitada pelos Ministros do STF? Será que os Ministros não teriam feito uma ressalva a essa hipótese específica se dela tivessem cogitado? Será que a inclusão dessa hipótese específica na decisão estaria em harmonia com outras decisões do STF sobre ela?

20. "Whichever device, precedent or legislation, is chosen for the communication of standards of behaviour, these, however smoothly they work over the great mass of ordinary cases, will, at some point where their application is in question, prove indeterminate; they will have what has been termed an *open texture*. So far we have presented this, in the case of legislation, as a general feature of human language; uncertainty at the borderline is the price to be paid for the use of general classifying terms in any form of communication concerning matters of fact. Natural languages like English are when so used irreducibly open-textured. It is, however, important to appreciate why, apart from this dependence on language as it actually is, with its characteristics of open texture, we should not cherish, even as an ideal, the conception of a rule so detailed that the question whether it applied or not to a particular case was always settled in advance, and never involved, at the point of actual application, a fresh choice between open alternatives. Put shortly, the reason is that the necessity for such choice is thrust upon us because we are men, not gods. It is a feature of the human predicament (and so of the legislative one) that we labour under two connected handicaps whenever we seek to regulate, unambiguously and in advance, some sphere of conduct by means of general standards to be used without further official direction on particular occasions. The first handicap is our relative ignorance of fact: the second is our relative indeterminacy of aim. [...] Plainly this world is not our world; human legislators can have no such knowledge of all the possible combinations of circumstances which the future may bring. This inability to anticipate brings with it a relative indeterminacy of aim." (HART, Herbert Lionel Adolphus. *The concept of law*. 2nd ed. Oxford: Clarendon Press, 1994, p. 127-128.)

21. Para evitar a petrificação do direito, o legislador constituinte estatuiu que as súmulas vinculantes poderiam ser revogadas pelo STF, bem como que o efeito vinculante da ADIn e da ADC não alcançariam o STF. Todavia, há que haver outras válvulas de escape no sistema para impedir o seu colapso por engessamento, tais como a possibilidade de uso da técnica distintiva (*distinguishing*) pelas Cortes e pelos juízos vinculados, a qual visa a integrar e complementar o sistema de vinculação ao precedente, e não a miná-lo.

22. Em que pese inexistir previsão da técnica de distinção (*distinguishing*) no Código de Processo Penal, não há razão para deixar de aplicá-la em matéria penal, designadamente em razão do

se faz no sistema anglo-saxão, no qual a vinculação aos precedentes das Cortes superiores convive harmonicamente com o emprego do método distintivo (*distinguishing*) tanto pela Corte prolatora do precedente vinculante como pelas Cortes inferiores, até como forma de oxigenação e de sobrevivência mesma do sistema de vinculação aos precedentes (*stare decisis*).

Atento a essa realidade, o CPC-2015 previu e disciplinou a técnica da distinção, reputando não fundamentada a decisão que "deixar de seguir enunciado de súmula, jurisprudência ou precedente invocado pela parte, sem demonstrar a existência de distinção no caso em julgamento ou a superação do entendimento" (art. 489, § 1º, VI), e autorizando a propositura de ação rescisória por violação manifesta de norma jurídica quando a decisão estiver "baseada em enunciado de súmula ou acórdão proferido em julgamento de casos repetitivos que não tenha considerado a existência de distinção entre a questão discutida no processo e o padrão decisório que lhe deu fundamento" (art. 966, § 5º), hipótese em que caberá ao autor da ação rescisória, sob pena de inépcia, ônus de "demonstrar, fundamentadamente, tratar-se de situação particularizada por hipótese fática distinta ou de questão jurídica não examinada, a impor outra solução jurídica" (art. 966, § 6º). Estabeleceu ainda o CPC-2015 (art. 1.037, § 9º) a possibilidade de a parte evitar o sobrestamento de seu processo mediante demonstração da distinção "entre a questão a ser decidida no processo e aquela a ser julgada no recurso especial ou extraordinário afetado".

Ademais, no sistema anglo-americano, a par da técnica da distinção[23], utilizável incluidamente pelas Cortes inferiores[24], permite-se às Cortes que

---

disposto no art. 3º do CPP: "Art. 3º A lei processual penal admitirá interpretação extensiva e aplicação analógica, bem como o suplemento dos princípios gerais de direito."

23. Celso de Albuquerque Silva assim define em que consiste essa técnica distintiva: "O *distinguish*, portanto, significa criar uma exceção à regra geral na medida em que, como o caso que atualmente se decide se encontra por ela abrangido, deveria ser mas de fato não é por ela alcançado." (*Do efeito vinculante...*, p. 247.)

24. Sobre reconhecer essa possibilidade às Cortes **vinculadas** mesmo no que denomina de "modelo normativo forte", Celso de Albuquerque Silva arriscou enumerar as hipóteses excepcionais em que seria utilizável a técnica da distinção: "No modelo normativo forte os órgãos **vinculados** não podem limitar, restringir ou revogar o princípio formulado no caso precedente, ao qual devem estrita e rigorosa obediência, **ressalvadas raras hipóteses em que podem se valer da técnica da distinção (*distinguish*)**. As exceções em que, atuando sob o modelo normativo forte, a Corte vinculada pode fazer distinções, temperando e flexibilizando a aplicação da regra estabelecida no precedente vinculante são as seguintes: **a)** quando houver concorrência com outras regras derivadas de outros precedentes vinculantes ainda válidos; **b)** quando a regra se baseou em um claro e inadvertido erro; **c) quando a corte vinculada se defrontar com situações que a corte vinculante claramente não queria abranger quando estabeleceu a**

criaram o precedente vinculante a superação, a "revogação" total (*overruling*) ou parcial (*overriding*[25]), prospectiva (*prospective overruling*[26]) ou retroativa (*retrospective overruling*), do precedente vinculante. Conquanto o uso de tais mecanismos de abandono da vinculação ao precedente seja mais adequado para a própria Corte que criou o precedente vinculante, seu uso pelas Cortes inferiores não é absolutamente interdito, não obstante mais restrito[27]. O CPC-2015 também incorporou, *a seu modo*, técnicas de superação do precedente típicas dos sistemas de *common law*.

Ademais, a própria teoria da derrotabilidade (*defeasibility*) das normas-regras pode contribuir para evitar aplicações injustas, desproporcionais e irrazoáveis das decisões abstratas proferidas em ADIn e ADC. Se é possível admitir a derrotabilidade de *precedentes judiciais* em geral[28] – visto que a sua

---

regra; d) quando houver desenvolvimento posterior do direito. Essas exceções são plenamente compatíveis com o modelo normativo forte porque são razões que permitem ao juiz se afastar da literalidade de um texto legislativo sem incidir em violação de seu conteúdo." (*Do efeito vinculante...*, p. 308.) Assim, para o autor, da mesma forma que o juiz pode afastar a aplicação de uma lei nessas hipóteses sem violar o seu conteúdo, poderia afastar a aplicação do precedente vinculante, que teria *status* equivalente ao da lei nesse sistema. (*Do efeito vinculante...*, p. 308.)

25. Pondera Celso Silva, com espeque em Einsenberg: "Na teoria, o *overriding* nada mais seria do que um caso de uma revogação **parcial** de uma doutrina precedente **geral**, em virtude de uma norma **especial superveniente** que afastaria de forma limitada, através de uma distinção consistente, o âmbito de aplicação da doutrina vinculante. [...] Na prática, porém, quando a corte revoga parcialmente uma doutrina precedente, frequentemente lida com os mesmos tipos de situações que estavam envolvidas nos precedentes." (*Do efeito vinculante...*, p. 297.)

26. Existe ainda uma modalidade de *prospective overruling* utilizada no sistema da *common law* denominada de *signaling* ou *caveat* (traduzíveis como *sinalização* ou *aviso*, respectivamente). Por meio desta técnica, embora ainda aplique ao caso *sub judice* a diretriz traçada em precedente vinculante anterior, a Corte sinaliza que num próximo caso poderá não mais aplicar a doutrina por ela estabelecida em precedente vinculante anterior. Por meio dessa sinalização, por amor à *confiança* até então depositada no precedente vinculante, a Corte avisa claramente à comunidade jurídica que a doutrina vinculante não mais será seguida em casos futuros, razão pela qual, não raro, considera insubsistentes as decisões prolatadas posteriormente à sinalização em contraste com esta, porquanto a partir desta cessa a confiança até então colocada no precedente vinculante. Para Celso Silva, a *signaling/caveat* e a *prospective overruling*, embora assemelhadas, constituem técnicas de invalidação distintas. (*Do efeito vinculante...*, p. 295-296.)

27. Explicita Alexy: "A ***técnica de distinguir*** é usada onde a norma a ser observada do ponto de vista da lei casual é entendida tão estritamente – por exemplo, através da introdução de uma característica não presente nos fatos do caso – que ela não mais se aplica. Neste processo vale a pena continuar considerando o precedente como tal. Ao contrário, a ***técnica do prevalecer*** consiste na rejeição do precedente. Aqui, só um ponto de interesse: ***tanto a distinção quanto o prevalecimento requerem justificação***". (*Teoria da argumentação jurídica*. Trad. Zilda Hutchinson. São Paulo: Landy, 2001, p. 262.)

28. "Not only are common-law rules created in the process of deciding specific cases, but they are also *defeasible*. That is, any common-law rule is tentative, remaining continuously open

ratio decidendi costuma ter a estrutura de uma *regra* –, com maior razão se justifica a derrotabilidade das decisões proferidas em ADIn e ADC, dotadas de elevado grau de abstração e generalidade, semelhante ao das leis declaradas (in)constitucionais. Quanto maior o grau de generalidade e abstração do precedente judicial, tanto maior a probabilidade de sua derrota em situações excepcionais imprevistas. Assim como as leis objeto de ADIn e ADC podem ser *sobreinclusivas* ("*overinclusive*") ou *subinclusivas* ("*underinclusive*"), assim também podem sê-lo as respectivas decisões que as declaram constitucionais ou inconstitucionais. Portanto, é plenamente viável reconhecer a derrotabilidade desses precedentes judiciais vinculantes em situações excepcionais imprevistas ou imprevisíveis.

Dessarte, compete ao juiz efetivamente *interpretar* a decisão abstrata do STF, formulando inclusivamente um juízo sobre o que realmente quis o STF decidir (interpretação teleológica), ou seja, cabe ao juiz perguntar-se, dentre outras coisas, se os Ministros do STF, ao decidirem abstratamente sobre a constitucionalidade da norma, tinham em mente casos concretos como o que se lhe apresenta para julgamento, e, se não cogitaram de casos que tais, como teriam decidido se a questão tivesse sido ventilada no julgamento da ADIn ou da ADC. Todos os métodos hermenêuticos tradicionais, bem como os princípios da proporcionalidade e da razoabilidade, podem ser empregados para

---

to defeat in a particular case or subject to modification as new situations arise. It is characteristic of common-law method that judges have the power to change the rules in the very act of applying them, typically in the context of a hitherto unforeseen situation in which the existing rule would produce a poor outcome. Thus, H. L. A. Hart maintained that a rule that ends with an 'unless' clause is still a rule, and stressed that it was an important feature of the common law that the list of possible 'unlesses' could not ever be exhaustively set out in advance. Judge Posner expressed the same idea in arguing that legal rules are always and necessarily subject to 'ad hoc exceptions.' The way in which common-law rules are continuously revisable enables judges to shape and reshape the rules to a changing reality and to adjust the rules to make them better as new situations present opportunities for continuing refinement." (SCHAUER, Frederick. *Thinking like a lawyer*: a new introduction to legal reasoning. Cambridge, London: Harvard University Press, 2009, p. 104-105.) "Essa possibilidade de uma regra ser afastada através do reconhecimento de exceções e ressalvas no momento da sua aplicação – em que todas as circunstâncias do caso sejam *efetivamente consideradas* – aplica-se não apenas aos precedentes persuasivos e *vinculantes em sentido frágil* (*should-norms*), mas também aos precedentes *vinculantes em sentido forte*, que constituem *must-materials* para a argumentação jurídica. A superabilidade (*defeasibility*) de uma norma jurídica – a possibilidade de esta ser afastada em uma situação de aplicação – é uma característica que deve ser reconhecida para toda e qualquer regra jurídica, e não apenas para as normas adscritas derivadas de precedentes judiciais." (BUSTAMANTE, Thomas da Rosa de. *Uma teoria normativa do precedente judicial*: o peso da jurisprudência na argumentação jurídica. 2007. Tese (Doutorado) – Faculdade de Direito, Pontifícia Universidade Católica do Rio de Janeiro, Rio de Janeiro, 2007, p. 292.)

verificar se a decisão abstrata do STF em ADIn ou ADC pode ser aplicada ao caso concreto ou se há razões poderosas o bastante para afastá-la *in casu*, a despeito de sua eficácia *erga omnes* e de seu efeito vinculante[29].

---

29. O *distinguishing* deve ainda ser utilizado para o mesmo fim no que respeita às súmulas vinculantes. Portanto, a símile do que ocorre com as leis em geral e com as decisões abstratas do STF em ADIn e ADC, para decidir se o caso concreto se amolda ou não à previsão contida no enunciado da súmula vinculante, o juiz pode lançar mão da técnica distintiva e, se for o caso, afastar a aplicação da súmula vinculante ao caso concreto, desde que o faça *fundamentadamente*, demonstrando as razões da inaplicabilidade da súmula (ou seja, indigitando as circunstâncias de fato ou de direito que a justificam), já que o *ônus argumentativo* passa a ser seu. As súmulas vinculantes não são imunes à interpretação e aos critérios hermenêuticos acima apontados. Em verdade, é altamente recomendável a comparação das circunstâncias fático-jurídicas do caso concreto *sub examine* com as circunstâncias fático-jurídicas dos precedentes que embasaram a súmula vinculante. Aliás, se tal cotejo é indispensável para a realização do *distinguishing* no direito anglo-americano (no qual se confrontam profunda e extensamente essas circunstâncias fático-jurídicas), é-o igualmente no nosso sistema de súmula vinculante, no qual tais circunstâncias fático-jurídicas e a própria *rationale* de tais súmulas correm o risco de ser esquecidas em virtude da "canonização" do enunciado da súmula vinculante, que passaria a ter uma indevida existência *autônoma* em relação àquelas, como se o enunciado sumular, assim petrificado, existisse por si mesmo. Por fim, insta salientar que, em relação a súmulas não vinculantes, o STF tem lançado mão da técnica de *distinguishing* para afastar a aplicação de uma súmula (em tese aplicável) ao caso concreto, mediante comparação analítica entre as circunstâncias fático-jurídicas dos precedentes que deram origem à súmula e as do caso concreto. Assim tem procedido, *e. g.*, em relação à sua súmula 691, como se colhe do seguinte excerto da decisão do Min. Gilmar Mendes no HC 88917-reconsideração-MS (DJU 10.08.2006, p. 29): "A exigência da conformação desse conjunto fático para a aplicação da jurisprudência do Supremo Tribunal Federal sobre o tema é corolário de uma ideia forte de precedente que deve ser construída por esta Corte. **Constatada a diluição cada vez maior da polaridade entre os sistemas europeu-continental e anglo-americano de jurisdição, torna-se imperiosa a adoção de um conceito forte de precedente judicial, que exija para cada caso a realização do devido *distinguish* entre as circunstâncias fáticas que, reunidas, darão ensejo, ou não, à incidência do precedente jurisprudencial ao caso concreto sob exame do Tribunal. No presente caso, entendo como presentes as circunstâncias que justificam a aplicação da jurisprudência do STF formada em torno do tema debatido neste *writ*** (HC nº 81.611/DF, Rel. Min. Sepúlveda Pertence, DJ 13.05.2005; HC nº 85.185/SP, Rel. Min. Cezar Peluso; HC nº 87.353/ES, de minha relatoria)." Assim, o STF excepciona a súmula 691 quando há teratologia ou flagrante constrangimento ilegal: "No presente caso, incide óbice ao conhecimento da ordem impetrada, uma vez que, nos termos da Súmula 691/STF, não cabe ao SUPREMO TRIBUNAL FEDERAL conhecer de Habeas Corpus voltado contra decisão proferida por relator que indefere o pedido de liminar em impetração requerida a tribunal superior, sob pena de indevida supressão de instância. O rigor na aplicação desse enunciado tem sido abrandado por julgados desta CORTE somente em caso de manifesto constrangimento ilegal, prontamente identificável (HC 138.946, Rel. Min. MARCO AURÉLIO, Rel. p/ Acórdão Min. ALEXANDRE DE MORAES, Primeira Turma, DJe de 25/4/2018; HC 128.740, Rel. Min. MARCO AURÉLIO, Rel. p/ Acórdão Min. ROSA WEBER, Primeira Turma, DJe de 24/10/2016; HC 138.945-AgR, Rel. Min. GILMAR MENDES, Segunda Turma, DJe de 7/3/2017). Não constato, portanto, hipótese de teratologia nem de flagrante ilegalidade." (HC 170766, Rel. p/ Acórdão Min. ALEXANDRE DE MORAES, Primeira Turma, julgado em 17/09/2019, DJe- 02-10-2019.)

6.1.3. O caso da ADIn nº 1232

Na ADIn 1232, o STF decidiu que a renda familiar *per capita* inferior a 1/4 do salário mínimo era o único critério admissível para comprovar o estado de incapacidade econômica mencionado no art. 203, V, da CF-88, uma vez que este dispositivo remetia à lei ("conforme dispuser a lei") e a lei (art. 20, § 3º, da Lei 8.742-93) não previa outro critério. Todavia, anos depois, ao julgar a Reclamação 4374 e o RE 567985, o STF passou a admitir a comprovação da incapacidade econômica por outros meios além do estipulado na lei regulamentadora do benefício.

Após incontáveis decisões das instâncias inferiores admitindo outros critérios de aferição do estado de miserabilidade (algumas contrariando diretamente o decidido na ADIn 1232, simplesmente afirmando a possibilidade de aferição por outros meios de prova, outras ladeando o confronto aberto ao recorrer a argumentos variegados como, *v.g.*, a superveniência de alterações na política de benefícios sociais assemelhados, ou a possibilidade de dedução das despesas com saúde e educação, à semelhança do que faz a legislação do imposto de renda), e diante da profusão de reclamações que não diminuía com o passar dos anos, o STF passou, gradativamente, a julgar improcedentes tais reclamações, até que na assentada de 18.04.2013 o próprio Pleno do STF superou completamente a decisão da ADIn 1232.

A própria decisão faz referência expressa aos julgamentos contrários à posição sedimentada na ADIn 1232:

> "Benefício assistencial de prestação continuada ao idoso e ao deficiente. Art. 203, V, da Constituição. A Lei de Organização da Assistência Social (LOAS), ao regulamentar o art. 203, V, da Constituição da República, estabeleceu critérios para que o benefício mensal de um salário mínimo fosse concedido aos portadores de deficiência e aos idosos que comprovassem não possuir meios de prover a própria manutenção ou de tê-la provida por sua família. 2. Art. 20, § 3º da Lei 8.742/1993 e a declaração de constitucionalidade da norma pelo Supremo Tribunal Federal na ADI 1.232. Dispõe o art. 20, § 3º, da Lei 8.742/93 que "considera-se incapaz de prover a manutenção da pessoa portadora de deficiência ou idosa a família cuja renda mensal per capita seja inferior a 1/4 (um quarto) do salário mínimo". O requisito financeiro estabelecido pela lei teve sua constitucionalidade contestada, ao fundamento de que permitiria que situações de patente miserabilidade social fossem consideradas fora do alcance do benefício assistencial previsto constitucionalmente. Ao apreciar a Ação Direta de Inconstitucionalidade 1.232-1/DF, o Supremo Tribunal Federal declarou a constitucionalidade do art. 20, § 3º, da LOAS. 3. Reclamação como instrumento de (re)interpretação da decisão proferida em controle de constitucionalidade abstrato.

Preliminarmente, arguido o prejuízo da reclamação, em virtude do prévio julgamento dos recursos extraordinários 580.963 e 567.985, o Tribunal, por maioria de votos, conheceu da reclamação. O STF, no exercício da competência geral de fiscalizar a compatibilidade formal e material de qualquer ato normativo com a Constituição, pode declarar a inconstitucionalidade, incidentalmente, de normas tidas como fundamento da decisão ou do ato que é impugnado na reclamação. Isso decorre da própria competência atribuída ao STF para exercer o denominado controle difuso da constitucionalidade das leis e dos atos normativos. **A oportunidade de reapreciação das decisões tomadas em sede de controle abstrato de normas tende a surgir com mais naturalidade e de forma mais recorrente no âmbito das reclamações. É no juízo hermenêutico típico da reclamação – no "balançar de olhos" entre objeto e parâmetro da reclamação – que surgirá com maior nitidez a oportunidade para evolução interpretativa no controle de constitucionalidade. Com base na alegação de afronta a determinada decisão do STF, o Tribunal poderá reapreciar e redefinir o conteúdo e o alcance de sua própria decisão. E, inclusive, poderá ir além, superando total ou parcialmente a decisão-parâmetro da reclamação, se entender que, em virtude de evolução hermenêutica, tal decisão não se coaduna mais com a interpretação atual da Constituição. 4. Decisões judiciais contrárias aos critérios objetivos preestabelecidos e Processo de inconstitucionalização dos critérios definidos pela Lei 8.742/1993. A decisão do Supremo Tribunal Federal, entretanto, não pôs termo à controvérsia quanto à aplicação em concreto do critério da renda familiar per capita estabelecido pela LOAS. Como a lei permaneceu inalterada, elaboraram-se maneiras de contornar o critério objetivo e único estipulado pela LOAS e avaliar o real estado de miserabilidade social das famílias com entes idosos ou deficientes.** Paralelamente, foram editadas leis que estabeleceram critérios mais elásticos para concessão de outros benefícios assistenciais, tais como: a Lei 10.836/2004, que criou o Bolsa Família; a Lei 10.689/2003, que instituiu o Programa Nacional de Acesso à Alimentação; a Lei 10.219/01, que criou o Bolsa Escola; a Lei 9.533/97, que autoriza o Poder Executivo a conceder apoio financeiro a municípios que instituírem programas de garantia de renda mínima associados a ações socioeducativas. O Supremo Tribunal Federal, em decisões monocráticas, passou a rever anteriores posicionamentos acerca da intransponibilidade dos critérios objetivos. Verificou-se a ocorrência do processo de inconstitucionalização decorrente de notórias mudanças fáticas (políticas, econômicas e sociais) e jurídicas (sucessivas modificações legislativas dos patamares econômicos utilizados como critérios de concessão de outros benefícios assistenciais por parte do Estado brasileiro). 5. Declaração de inconstitucionalidade parcial, sem pronúncia de nulidade, do art. 20, § 3º, da Lei 8.742/1993. 6. Reclamação constitucional julgada improcedente." (Rcl 4374, Rel. Min. GILMAR MENDES, Tribunal Pleno, julgado em 18-04-2013, DJe-173 04-09-2013)

Portanto, no julgamento da Rcl 4374, o STF declarou, incidentalmente, a inconstitucionalidade parcial de uma norma anteriormente declarada constitucional na ADIn 1232. Essa decisão superou a coisa julgada *erga omnes* e o efeito vinculante do acórdão proferido naquela ação direta, ao permitir que o estado de miserabilidade fosse comprovado por outros meios. Assentou ainda que a reclamação é um meio adequado para promover a "reapreciação das decisões tomadas em sede de controle abstrato de normas", podendo o STF "reapreciar e redefinir o conteúdo e o alcance de sua própria decisão",[30] bem como "poderá ir além, superando total ou parcialmente a

30. A adequação da reclamação para reapreciar e redefinir o conteúdo e o alcance de decisão proferida em ADIn e ADC, conforme assentado na Rcl 4374, foi reafirmada em julgado posterior da 2ª turma do STF. No caso, impugnava-se ato administrativo que, em cumprimento à decisão na ADIn 4545, suspendeu o pagamento em folha de aposentadorias e pensões especiais declaradas inconstitucionais naquela ADIn, visto que a modulação de efeitos dispensava apenas a devolução de verbas já recebidas até a publicação do acórdão da ADIn 4545. O voto vencedor na reclamação determinou o restabelecimento dos benefícios em folha de pagamento, sustentando que "essa conclusão não implica, como já mencionado, a revisão do precedente formado na ADI 4.545, observando exclusivamente as peculiaridades fáticas demonstradas nestes autos – beneficiários idosos, sem possibilidade de reinserção no mercado de trabalho, que receberam a pensão por longo período –, que justificam a manutenção dos atos concessivos de pensões aos reclamantes." Eis a ementa do julgado: "ATO ADMINISTRATIVO COM FUNDAMENTO NA ADI Nº 4.545. SUSPENSÃO DO PAGAMENTO DE APOSENTADORIAS E PENSÕES. DIFERENCIAÇÃO ENTRE O EFEITO DA DECISÃO NO PLANO NORMATIVO E NO PLANO DO ATO SINGULAR. SEGURANÇA JURÍDICA E PRINCÍPIO DA PROTEÇÃO DA CONFIANÇA LEGÍTIMA. PROCEDÊNCIA DO PEDIDO. 1. Reclamação ajuizada contra ato administrativo do Governador do Estado do Paraná que determinou a suspensão do pagamento de aposentadorias e pensões com fundamento na ADI nº 4.545. É possível discutir em Reclamação a repercussão de pronunciamento em controle abstrato de constitucionalidade sobre situações concretas por ele alcançadas. 2. A eficácia *erga omnes* da declaração de inconstitucionalidade não opera uma depuração total de todos os atos praticados com fundamento na lei inconstitucional, mas cria as condições para a eliminação dos atos singulares suscetíveis de revisão ou de impugnação, observadas as fórmulas de preclusão constantes no ordenamento jurídico. 3. A distinção entre norma declarada inconstitucional e ato singular permite que o Poder Judiciário avalie, nas circunstâncias de cada caso concreto, a viabilidade de atos legitimados pelo Estado por períodos significativos. 4. Necessidade, no caso, de mitigação dos efeitos dos atos inconstitucionais em prol da segurança jurídica. Impossibilidade de se suprimir os benefícios recebidos de boa-fé por longo período de tempo em razão da incidência do princípio da confiança legítima. 5. Procedência do pedido para cassar o ato reclamado e determinar o imediato restabelecimento do pagamento dos benefícios concedidos ao reclamante." (Rcl 44776 AgR, Rel. p/ Acórdão Min. GILMAR MENDES, Segunda Turma, julgado em 03-04-2023, DJe-s/n 14-04-2023.) Similarmente, *cf.* acórdão da mesma turma do STF afirmando que a ADIn 4545 foi integrada pelo julgado na referida Rcl 44776-AgR: "Agravo regimental em reclamação. Estado do Pará. ADI nº 4.552, ADI nº 4.545 e ADPF nº 745. Pretensão subjacente a ato singular de percepção de subsídio mensal vitalício por ex-governador. Concessão operada nos termos legais. Agravo regimental não provido. 1. **Por se tratar de pretensão subjacente a ato singular de percepção de pensão por ex-governador que retroage ao ano de 2007, após o fim de seu primeiro mandato, e**

decisão-parâmetro da reclamação, se entender que, em virtude de evolução hermenêutica, tal decisão não se coaduna mais com a interpretação atual da Constituição".

6.2. O CASO DA ANTECIPAÇÃO DE TUTELA CONTRA A FAZENDA PÚBLICA

Cumpre observar que há vários casos em que outros juízos além do STF, expressa ou tacitamente, *excepcionaram* (ou relativizaram) o efeito vinculante e a eficácia *erga omnes* das decisões do STF em ADIn ou ADC.

O STJ, por exemplo, tem excepcionado ou relativizado o efeito vinculante e a eficácia *erga omnes* da decisão do STF na referida ADC nº 4 quando há risco de morte para o requerente, embora a antecipação da tutela importe no pagamento de vantagem pecuniária antes do trânsito em julgado.

Em casos que tais, com esteio no princípio da proporcionalidade, o STJ faz uma ponderação entre o direito à vida constitucionalmente garantido, sem a qual não há como se possa usufruir dos demais direitos constitucionais, e o direito infraconstitucionalmente garantido à Fazenda Pública de só efetuar o pagamento da vantagem pecuniária após o trânsito em julgado, conferindo primazia ao primeiro no caso concreto.

Nesse sentido, confira-se a seguinte ementa:

> "PROCESSUAL CIVIL. AGRAVO REGIMENTAL. RECURSO ESPECIAL. TUTELA ANTECIPADA. FAZENDA PÚBLICA. ADMISSÃO EM CASOS EXCEPCIONAIS. RISCO DE VIDA.
> I – Esta Corte Superior vem entendendo, em regra, pela impossibilidade da antecipação de tutela em face da Fazenda Pública, conforme a decisão do Pretório Excelso acerca de liminar na ADC nº 4; **admitindo-a apenas em casos excepcionais, em que a necessidade premente do requerente tornaria imperiosa a concessão antecipada de tutela.**

cuja concessão se operou nos termos legais, há conformidade do debate ora proposto com as decisões do STF: i) ***na ADI nº 4.545, integrada pelo julgado na Rcl nº 44.776-AgR,*** **e ii) na ADPF nº 745, merecendo idêntica solução dos paradigmas, sob pena de ferimento do postulado da isonomia, da segurança jurídica** e do princípio da confiança legítima, os quais emanam do entendimento obrigatório do STF." (Rcl 67407 AgR, Rel. Min. DIAS TOFFOLI, Segunda Turma, julgado em 05-06-2024, DJe-s/n 26-06-2024.) Vide ainda Rcl 64735 AgR, Rel. Min. DIAS TOFFOLI, Segunda Turma, julgado em 29-04-2024, DJe-s/n 20-05-2024; Rcl 63416 AgR, Rel. Min. GILMAR MENDES, Segunda Turma, julgado em 09-04-2024, DJe-s/n 18-04-2024; ADPF 745, Rel. p/ Acórdão Min. GILMAR MENDES, Tribunal Pleno, julgado em 21-11-2023, DJe-s/n 07-12-2023.

> II – **A vedação não tem cabimento em situações especialíssimas, nas quais resta evidente o estado de necessidade e a exigência da preservação da vida humana, sendo imperiosa a antecipação da tutela como condição de sobrevivência do requerente.**" (AgRg no REsp 397.275/SP, Rel. Min. FRANCISCO FALCÃO, 1ª turma, DJU 02.12.2002, p. 234.)

De feito, em casos quejandos, não nos parece que o STF teria deixado de fazer essa ressalva feita pelo STJ se a houvesse antevisto por ocasião do julgamento da ADC nº 4.

Tanto assim o é que a jurisprudência do STF se consolidou no mesmo sentido, autorizando até mesmo o bloqueio de verba pública para assegurar o fornecimento de medicamentos no curso do processo (malgrado a impenhorabilidade dos recursos da Fazenda Pública, o princípio da continuidade do serviço público e a inexistência de precatório e de sentença transitada em julgado):

> "Direito à saúde. Fornecimento de medicamento. Bloqueio de verbas públicas. Possibilidade. Repercussão geral reconhecida. Precedentes. 1. O acórdão recorrido dá efetividade aos dispositivos constitucionais que regem o direito à saúde. 2. A jurisprudência do Supremo Tribunal Federal fixou-se no sentido da possibilidade do bloqueio de verbas públicas para a garantia do fornecimento de medicamentos, questão que teve, inclusive, a repercussão geral reconhecida nos autos do RE nº 607.582/RS." (AI 639436 AgR, Rel. Min. DIAS TOFFOLI, Segunda Turma, julgado em 17/09/2018, DJe-221 17-10-2018.)[31]

Na mesma linha, salientando o *periculum in mora* inverso (risco de morte do paciente) e indeferindo pedido de suspensão de liminar:

> "AGRAVO REGIMENTAL NA SUSPENSÃO DE LIMINAR. FORNECIMENTO DE MEDICAMENTO (SOLIRIS ECULIZUMAD) PARA TRATAMENTO DE DOENÇA RARA: PRECEDENTES EM CASOS ANÁLOGOS. MATÉRIA CONSTITUCIONAL. AMEAÇA DE GRAVE LESÃO À ECONOMIA PÚBLICA NÃO DEMONSTRADA. RISCO DE MORTE DOS PACIENTES. DANO INVERSO. AUSÊNCIA DE ARGUMENTOS OU FATOS NOVOS CAPAZES DE INFIRMAR A

31. Na mesma linha, assentou o STJ em recurso repetitivo a seguinte tese (Tema 84/STJ): "Tratando-se de fornecimento de medicamentos, cabe ao Juiz adotar medidas eficazes à efetivação de suas decisões, podendo, se necessário, determinar até mesmo, o sequestro de valores do devedor (bloqueio), segundo o seu prudente arbítrio, e sempre com adequada fundamentação." (REsp 1069810/RS, Rel. Min. NAPOLEÃO NUNES MAIA FILHO, PRIMEIRA SEÇÃO, julgado em 23/10/2013, DJe 06/11/2013.)

DECISÃO RECORRIDA. AGRAVO REGIMENTAL AO QUAL SE NEGA PROVIMENTO." (SL 558 AgR, Rel. Min. CÁRMEN LÚCIA (Presidente), Tribunal Pleno, julgado em 08/08/2017, DJe-188 25-08-2017)

Destarte, embora o teor da decisão do STF na ADC nº 4 aparentemente conflite com a decisão antecipatória da tutela[32], não há dúvida de que esta consubstancia a solução mais justa, proporcional, razoável e equitativa para o caso concreto.

32. Embora, a rigor, o conflito, de regra, seja apenas *aparente*, à semelhança do que se observou no julgamento final da referida Rcl 1067 pelo STF (v., *retro*, item 6.1.1.) – porque o requerente normalmente referido nos acórdãos do STJ sobre o tema não é servidor público –, o fato é que os acórdãos do STJ a este respeito, mesmo quando não atentam para essa circunstância, não omitem a decisão do STF na ADC nº 4, mas, ao revés, reconhecem a existência do conflito e afastam fundamentadamente a aplicação daquela ao caso concreto. A título de exemplo, confira-se a subseguinte ementa: "ADMINISTRATIVO. TUTELA ANTECIPADA. FAZENDA PÚBLICA. ESTADO DE NECESSIDADE. VIDA HUMANA. *Conquanto o colendo Supremo Tribunal Federal, quando do julgamento em plenário da medida liminar na ADC nº 4, tenha entendido pela impossibilidade da antecipação de tutela em face da Fazenda Pública, tal restrição deve ser considerada com temperamentos.* A vedação, assim já entendeu esta Corte, não tem cabimento em *situações especialíssimas*, nas quais resta evidente o estado de necessidade e a exigência da preservação da vida humana, sendo, pois, imperiosa a antecipação da tutela como condição, até mesmo, de sobrevivência para o jurisdicionado. Precedentes." (REsp 409172/RS, Rel. Min. FELIX FISCHER, 5ª turma, DJU 29.04.2002, p. 320.) Assim, conquanto a premissa (existência de conflito *real* com a decisão na ADC nº 4) não fosse correta, o modo de proceder do STJ o foi, pois ao afastar a aplicação do precedente vinculante, a Corte e os demais juízos têm de desincumbir-se do *ônus argumentativo* de demonstrar o porquê dessa inaplicação do precedente vinculante ao caso concreto, isto é, têm o ônus argumentativo de demonstrar os motivos pelos quais o precedente vinculante não deve ser seguido no caso concreto (a razão do *distinguishing*).

CONCLUSÕES

Ao cabo do presente estudo, após uma análise crítica da doutrina e da jurisprudência, sobretudo da do STF, voltada para a necessidade de pluralização do debate sobre o papel do STF no controle abstrato de constitucionalidade e as inegáveis limitações fático-jurídicas deste, chegou-se às seguintes conclusões principais:

1. A *inconstitucionalidade* é uma ***relação***: uma *relação de incompatibilidade* com uma Constituição eleita como parâmetro de confronto. Essa é a sua natureza jurídica, assim como a *constitucionalidade* tem a natureza jurídica de uma ***relação*** *de compatibilidade*.
2. A consequência da inconstitucionalidade nem sempre será a nulidade ou a revogação da norma. *Excepcionalmente*, poderá ser a inexistência *jurídica* da norma, ou seja, a inexistência da norma enquanto *norma jurídica*. Destarte, no Brasil, a *sanção* à inconstitucionalidade comissiva pode consistir na *inexistência jurídica* (excepcionalmente), na *nulidade absoluta* (regra) e na *revogação* (inconstitucionalidade superveniente).
3. A inexistência pode ser *material* ou *jurídica*. No primeiro caso, não há ato (jurídico ou não), fisicamente falando: é o "não ato". No segundo caso, o ato pode até existir no mundo fenomênico, no mundo dos fatos, mas não se qualifica como *ato jurídico*, como ato reconhecido pelo Direito, relevante para o Direito, dotado de *juridicidade* e, por conseguinte, de alguma eficácia jurídica. Ato juridicamente inexistente é aquele ato material que não reúne os elementos mínimos exigidos pelo próprio Direito para ingressar no mundo jurídico.

   A *invalidade*, por outro lado, consiste na desconformidade do ato com o sistema positivo em questão, incompatibilidade esta incapaz de descaracterizar o ato como *jurídico*, mas capaz de afetar-lhe a regularidade jurídica e, em regra, a produção de seus efeitos jurídicos válidos.

   A nulidade e a anulabilidade constituem *sanções* aplicadas pelos sistemas positivos à invalidade. Portanto, a nulidade e a anulabilidade, longe de constituírem *graus de invalidade* ou *espécies de invalidade*, configuram *penas* aplicadas à invalidade pelo ordenamento jurídico.

A nulidade e anulabilidade, embora sejam sanções à *invalidade, atuam no plano da eficácia*, ou seja, configuram ***sanções de natureza eficacial à invalidade.*** Assim, o ato inválido é punido no plano da eficácia: o ordenamento jurídico atribui a sanção de nulidade ou de anulabilidade ao ato inválido (conforme o grau da invalidade) ***para recusar-lhe eficácia.*** **As sanções de nulidade e de anulabilidade *retiram eficácia* do ato inválido.**

Em regra, quanto maior a invalidade, maior a sanção e, conseguintemente, maior a ineficácia do ato.

Todavia, há atos *apenas* ***aparentemente*** *jurídicos* (atos materialmente existentes, mas juridicamente inexistentes) que produzem *efeitos jurídicos* que merecem ser preservados pelo Direito. O ato *materialmente* inexistente não pode gerar nenhum efeito: "o nada nada causa". Mas um ato apenas juridicamente inexistente que aparente juridicidade pode induzir seus destinatários a erro e causar efeitos jurídicos *permanentes*. Dessarte, um tal ato deve ser tratado, ***na medida do possível***, como inábil a produzir qualquer efeito jurídico. O limite fático, e às vezes jurídico, representado pela ideia de *reserva do possível* não pode ser negligenciado pelo Direito, que não pode alterar a natureza das coisas, porque o discurso não tem o condão de transformar, por si mesmo, a realidade.

4. No Brasil, o controle da constitucionalidade exercido pelo STF e pelos juízes e Tribunais é de natureza *jurisdicional, não só porque efetuado por órgãos do Poder Judiciário, mas, sobretudo, porque assume* ***forma*** *e* ***conteúdo*** *judicial:* as decisões têm de ser juridicamente fundamentadas; não há espaço para o exame da conveniência ou da oportunidade da declaração de inconstitucionalidade ou constitucionalidade; as decisões são proferidas no bojo de um processo judicial (peculiar no caso de ação direta, mas ainda assim, um processo); vigora o princípio da inércia jurisdicional; as decisões produzem efeitos típicos de decisões judiciais (mesmo nos processos objetivos há sentenças declarando a nulidade ou não de uma norma); as decisões se sujeitam a recursos judiciais (como embargos de declaração), etc. Entretanto, o controle abstrato feito pelo STF, pelo alcance prático da sua decisão, assume uma feição marcadamente *política.*

5. A resolução do Senado é ato *normativo revogatório, discricionário* quanto à sua edição, *potencialmente* retroativo, *definitivo* (irreformável isoladamente pelo Senado), com *eficácia idêntica à da lei* declarada inconstitucional, sujeito aos controles *difuso* e *concentrado* de constitucionalidade, incondicionado à *cientificação* formal do STF, sendo bastante o *trânsito em*

julgado do acórdão (ou a sua *imodificabilidade*, por *preclusão*) declaratório *in concreto* de inconstitucionalidade *de lei*, independentemente de refletir ou não a *atual* orientação jurisprudencial do STF.

6. No controle por via principal (abstrato), a questão constitucional constitui a questão *principal*: o *pedido mediato* da ação direta é a declaração da constitucionalidade ou inconstitucionalidade da norma e o *pedido imediato* é a prolação de *acórdão* declaratório da constitucionalidade ou inconstitucionalidade da norma, capaz de eliminar o estado de incerteza e insegurança jurídica a este propósito. Por conseguinte, do *dispositivo* do acórdão deverá constar a procedência ou a improcedência do pedido, com a consequente declaração da constitucionalidade ou da inconstitucionalidade da norma e a produção de coisa julgada material *erga omnes* a este respeito.

Já no controle incidental (concreto), a constitucionalidade ou não da norma constitui autêntica **questão prejudicial** (*quæstio præiudicialis*), *no sentido técnico-processual da expressão*, ou seja, constitui *questão prévia* cuja solução ***influencia***, mas ***não impede*** a análise das questões seguintes.

7. Essa é a regra. Todavia, ***excepcionalmente***, a questão constitucional poderá ter a natureza de questão *preliminar* nos processos *subjetivos* e *objetivos*, bem como poderá assumir a natureza de questão *prejudicial* nos processos *objetivos*. Neste último caso, justamente por se cuidar de controle *incidental exercido no bojo de um processo objetivo*, a decisão do STF (e a do TJ na representação de inconstitucionalidade) sobre a questão constitucional ***preliminar*** ou ***prejudicial*** à questão constitucional ***principal*** objeto da ADIn ou da ADC (ou da representação perante o TJ) *não produz coisa julgada*, mas autoriza a comunicação ao Senado para a suspensão da execução da norma declarada inconstitucional, nos termos do art. 52, X, da CF-88.

8. O pedido na ADIn consiste na declaração de inconstitucionalidade e, portanto, de nulidade absoluta da norma (eficácia *declaratória*). Não consiste na *revogação* da norma, nem em sua *anulação* (eficácia *desconstitutiva*). Portanto, da parte dispositiva do acórdão definitivo deverá constar que se julgou *procedente* o ***pedido*** da ação para declarar a inconstitucionalidade da norma ou improcedente o ***pedido*** da ação, declarando-se constitucional a norma impugnada.

O pedido da ADC consiste na declaração da constitucionalidade da norma (eficácia *declaratória*). Julgado procedente o ***pedido*** da ADC, da parte dispositiva do acórdão definitivo deverá constar a declaração de constitucionalidade da norma; julgado improcedente o ***pedido*** da ADC, deverá constar que a norma foi declarada *inconstitucional.*

9. O pedido de medida cautelar na ADIn e na ADC não é o de uma declaração do STF de que a norma objeto de controle é *provisoriamente inconstitucional* ou *provisoriamente constitucional*, respectivamente, mas sim o de concessão de alguma medida *capaz de garantir a eficácia do provimento final* do STF.

Essa medida cautelar, capaz de garantir a eficácia do provimento final, não é única, mas variável de processo a processo, podendo consistir na suspensão *do andamento dos processos subjetivos* (judiciais e/ou administrativos) em que se discuta a constitucionalidade da norma, na suspensão *da prolação de decisões* (judiciais e/ou administrativas) que tenham por pressuposto a constitucionalidade ou a inconstitucionalidade da norma, ou em qualquer outra medida cabível que o STF considere adequada à situação em vista da norma objeto de controle.

Já quanto à suspensão da *vigência* da norma, prática que o STF vem paulatinamente abandonando, não a reputamos, em princípio, juridicamente possível, porquanto incompatível com a natureza *judicial* (não legislativa) da decisão do STF, o qual pode declarar a *nulidade absoluta* de uma norma, mas não pode *revogá-la,* nem *suspender sua vigência*, ainda que temporariamente, sem ofensa ao Princípio da Separação de Poderes. Para que pudesse fazê-lo, seria indispensável norma expressa na CF-88. No entanto, em nenhum dispositivo a CF-88 outorgou ao STF o poder de revogar ou suspender a vigência de lei: o que lhe reconheceu, na linha da tradição do nosso Direito, foi a possibilidade de declarar a *nulidade absoluta* da norma em abstrato (juízo jurídico sobre a sua *validade*), e não a de *revogá-la,* nem a de *suspender-lhe a vigência* (juízo político sobre a sua eficácia normativa).

De fato, não se destina o controle abstrato de constitucionalidade *simplesmente* a "remover do ordenamento positivo a manifestação estatal inválida e desconforme ao modelo plasmado na Carta Política". Não exerce o Supremo Tribunal Federal, no controle abstrato, o papel de "*legislador negativo*", por vários motivos. *Primo*, se esta fosse sua *única* atribuição no controle abstrato, os efeitos da decisão seriam os de mera *revogação* (normalmente *ex nunc* ou *pro futuro*) e não os de *nulidade absoluta* (normalmente *ex tunc*), naturalmente retrooperantes, como o próprio STF, com absoluta razão, tem iteradamente admitido. Inverter-se-iam as consequências: o que é *regra* passaria a ser *exceção* e vice-versa.

Secundo, uma lei **revogada** pode ser **repristinada**, ao passo que uma lei **declarada inconstitucional pelo STF** não pode sê-lo. Se o STF fosse, *em rigor*, um legislador negativo, e suas decisões *rigorosamente* dotadas de "força de lei", as leis declaradas inconstitucionais pelo STF poderiam ser repristinadas por outras leis posteriores ou por decisões posteriores do STF no controle abstrato. *Tertio*, as próprias decisões do STF no controle abstrato poderiam ser "revogadas" como se leis fossem, o que é inadmissível.

Quarto, se o STF fosse um autêntico "legislador negativo", emitindo decisões "com força de lei" no estrito sentido da expressão, não poderia declarar a *constitucionalidade nem a inconstitucionalidade* de norma alguma, pois tal poder não foi outorgado pela CF-88 ao legislador, encontrando-se sob *reserva constitucional de jurisdição.*

Quinto, o STF não exerce, *propriamente*, um papel de *legislador negativo*, visto que a eficácia da sua decisão é *meramente declaratória*, e não *desconstitutiva*. Se o STF pudesse de fato *eliminar*, "*remover* do ordenamento positivo" a lei inconstitucional, a ação direta de inconstitucionalidade não seria uma ação *meramente declaratória* de inconstitucionalidade, mas sim uma ação *desconstitutiva* da lei. Mas a ADIn não tem o poder de *revogar*, de *rescindir*, de *eliminar* nenhuma lei: tem *apenas e tão somente* o poder de *declarar* a inconstitucionalidade e, por consequência, a nulidade da lei com eficácia *erga omnes*, isto é, impedindo que se invoque validamente a lei inconstitucional como se constitucional fosse. Nisso se exaure a sua eficácia. Por sua vez, a ADC, quer seja julgada procedente, quer seja julgada improcedente (declarando-se a *inconstitucionalidade* da norma com efeito vinculante e com eficácia de coisa julgada *erga omnes*), também não detém essa virtude até mesmo por impossibilidade lógico-jurídica: na primeira hipótese (*procedência* do pedido na ADC) porque não há declaração de inconstitucionalidade alguma, e na segunda porque o acórdão de *improcedência* do pedido de uma ação possui sempre *eficácia meramente declaratória*, razão pela qual não poderia jamais *desconstituir* (ou remover, revogar, rescindir, eliminar, etc.) a norma objeto da ADC. *Por fim*, a natureza *judicial* da decisão do STF não parece compatível com a natureza *legislativa* da decisão *política* de um *legislador negativo.*

10. O ato nulo, em regra, é *parcialmente ineficaz (até que produza efeitos a declaração judicial de nulidade)*. Raramente poderá ser *totalmente eficaz (até que produza efeitos a declaração judicial de nulidade)*, ou seja, com eficácia equiparada à de ato plenamente válido (como o casamento nulo contraído, porém, de boa-fé pelos cônjuges, dito em razão disso "putativo" — CC/2002, art. 1.561), e raramente será *totalmente ineficaz.*

Essa *eficácia parcial* do ato absolutamente nulo foi cunhada, pela doutrina civilista com a denominação de "*paraeficácia do ato nulo*", ou, simplesmente, de "*paraeficácia do nulo*". Essa teoria calha à perfeição à lei inconstitucional.

Por essa teoria, agasalhada na prática pelo ordenamento brasileiro (ex.: CC/2002, art. 1.561; CC/1916, art. 221), o ato absolutamente nulo *gera efeitos,* não **todos** os **efeitos próprios** e **permanentes** a que visava o ato, mas alguns **efeitos reflexos**, **secundários**, **nem sempre visados diretamente** com a celebração do ato, mas que merecem ser mantidos.

11. Portanto, a lei inconstitucional é, em regra, nula de pleno direito, com a necessária ressalva da validade dos seus efeitos reflexos, feita inexplicitamente pela própria Constituição. Além de recorrer às normas específicas do ordenamento jurídico que reconheçam validade aos efeitos pretéritos residuais dos atos nulos, pode o juiz valer-se dos ***princípios da proporcionalidade e da razoabilidade*** para determinar *quais os efeitos pretéritos residuais do ato nulo que devem ser mantidos,* que devem ser *havidos como válidos.* Essa aplicação dos princípios da proporcionalidade e da razoabilidade para determinar os efeitos pretéritos residuais do ato nulo pode ocorrer tanto no controle *abstrato* pelo STF como no controle *concreto* por qualquer juiz ou Tribunal.

É conforme essa perspectiva que deve ser interpretado o art. 27 da Lei nº 9.868-99. De modo que será sopesando os interesses e valores *em abstrato,* ***por meio do princípio da proporcionalidade,*** que o STF deverá avaliar se há razões de segurança jurídica ou de excepcional interesse social que justifiquem uma ***restrição*** nos efeitos da declaração de inconstitucionalidade e, portanto, de nulidade absoluta da norma.

Fora do princípio da proporcionalidade, a *manipulação* dos efeitos da declaração de inconstitucionalidade pelo STF é, em si mesma, inconstitucional.

Ao permitir a restrição dos efeitos da declaração de inconstitucionalidade do STF e, sobretudo, ao permitir o diferimento de seus efeitos para depois do trânsito em julgado da decisão ou de outro momento que venha a ser fixado pelo STF, o art. 27 da Lei nº 9.868-99 não tornou a norma inconstitucional numa norma *meramente anulável,* em vez de *absolutamente nula,* como é da tradição de nosso Direito Constitucional.

É que pela (a) própria *excepcionalidade dessa medida* (evidente na exigência de "razões de segurança jurídica ou de excepcional interesse social" e de um *quorum* qualificado de dois terços dos membros do STF, *i.e.*, 8 (oito) Ministros), pela (b) possibilidade de manutenção de efeitos residuais válidos decorrentes do ato nulo (paraeficácia do ato nulo), pela (c) eficácia meramente declaratória (não desconstitutiva) da decisão (indicada na locução "ao declarar a inconstitucionalidade [...]" no princípio do art. 27), pela (d) inexistência de prazo decadencial para a declaração de inconstitucionalidade da norma, e pela (e) expressa alusão à mera restrição dos *efeitos* da declaração ("restringir ***os efeitos*** *daquela declaração* ou decidir que ela só tenha ***eficácia*** a partir de [...]"), tratando a questão no plano da *eficácia* e não no da *validade*, não se pode afirmar que o art. 27 da Lei nº 9.868-99 tenha tornado as normas inconstitucionais em normas *meramente anuláveis*. Tal artigo introduziu apenas mais uma *hipótese legal de mitigação* da ineficácia dos atos absolutamente nulos a par das já existentes, sem descaracterizar os atos inconstitucionais como atos *absolutamente nulos*.

12. A fixação de um momento a partir do qual a decisão de inconstitucionalidade do STF passaria a produzir efeitos *não impede* que qualquer juiz ou Tribunal declare incidentemente a inconstitucionalidade da norma antes ou durante o intervalo de tempo que vai da decisão do STF até a data prefixa para a produção de seus efeitos, justamente porque a norma inconstitucional é *absolutamente nula*, de pleno direito.

Com efeito, o que o art. 27 da Lei nº 9.868-99 autoriza é a restrição dos efeitos da DECLARAÇÃO do STF sobre a inconstitucionalidade da norma, e não a restrição dos efeitos da inconstitucionalidade mesma. Portanto, essa restrição eficacial não incide sobre a norma em si, que pode continuar sendo objeto de controle concreto pelos juízes. Assim, a decisão do STF de restringir os efeitos de sua própria decisão não prorroga a vigência da norma, nem a imuniza contra o controle concreto, no qual, aliás, poderão ser mantidos (ou não...) os efeitos concretos até então produzidos pela norma inconstitucional. A essa luz, a finalidade da restrição eficacial autorizada pelo art. 27 da Lei 9.868-99 seria a de evitar que, em razão da retroatividade da decisão do STF declaratória da nulidade em abstrato, se apagassem todos os efeitos já produzidos pela norma inconstitucional, bem como a de *sinalizar fortemente* no sentido de que devem ser mantidos os efeitos concretos já produzidos até a data prefixa na decisão do STF. Portanto, conquanto *não vincule os juízes no controle concreto*, a restrição efetuada pelo STF nos efeitos de sua própria decisão com base no art. 27 da Lei 9.868-99 indica que, *se não houver nenhuma razão específica no caso concreto que contraindique a manutenção dos efeitos da norma declarada inconstitucional pelo STF*, o juiz deverá resguardar como válidos tais efeitos. Assim, *ao que se deduz da própria literalidade do art. 27 da Lei 9.868-99*, a decisão restringente do STF opera diretamente apenas no plano abstrato, e não no plano concreto.

13. Ademais, a atribuição de eficácia *ex nunc* ou *ex tunc* à desconstituição de atos *anuláveis* depende da disciplina adotada em cada sistema jurídico positivo.

No direito positivo brasileiro, ao menos no direito privado (CC-2002, art. 182; CC-1916, art. 158), a desconstituição de atos *anuláveis* opera efeitos **retroativos** (*ex tunc*), ***mas que só se produzem após a decisão judicial anulatória***. Assim, a diferença fundamental entre a nulidade e a anulabilidade, no nosso direito positivo, não reside na retrospectividade ou prospectividade da eficácia da decisão judicial, mas sim na necessidade (ato anulável) ou desnecessidade (ato nulo) de decisão judicial para que se lhes possa negar eficácia.

O que se pode afirmar é que o *rigor sancionatório* é decrescente: a inexistência jurídica reclama uma ampla reconstituição do *statu quo ante* – limitada apenas pela reserva do possível –, a nulidade exige uma reconstituição menor (permitindo a permanência de efeitos residuais válidos – paraeficácia do ato nulo, como se verá de seguida) e a anulabilidade se satisfaz com uma reconstituição ainda menos radical, de certa forma moldável pela vontade das partes (que podem ratificar o ato anulável no todo ou em parte), bem como sujeita à convalidação pelo decurso do tempo.

14. Tanto a eficácia *erga omnes* da decisão *interlocutória* (medida cautelar), como a eficácia *erga omnes* da decisão *definitiva*, bem como a coisa julgada *erga omnes*, decorrem da natureza *objetiva* do controle abstrato de constitucionalidade.

15. O efeito vinculante *não é decorrência necessária* da natureza objetiva do processo de controle abstrato de constitucionalidade, mas sim da *opção do legislador constituinte* de *incrementar* ou não a *eficácia* da decisão proferida no processo objetivo de controle de constitucionalidade.

16. O efeito vinculante, a eficácia *erga omnes* e a coisa julgada *erga omnes* não se confundem. Estas duas distinguem-se marcadamente quanto ao seguinte: (a) a coisa julgada *erga omnes* é uma qualidade exclusiva dos ACÓRDÃOS DEFINITIVOS DE MÉRITO do STF em ADIn e ADC, que lhes confere *imutabilidade* e *indiscutibilidade, por quem quer que seja (erga omnes), não se estendendo às* ***decisões interlocutórias*** *que não julgam (total ou parcialmente) o mérito e aos* ***despachos*** do STF proferidos em ADIn e ADC; (b) a eficácia *erga omnes* corresponde à *eficácia natural do acórdão* do STF *enquanto ato judicial proferido em processo objetivo* e é produzida tanto (b.1) pelas *decisões cautelares de deferimento* (decisões interlocutórias), quanto (b.2) pelos acórdãos *definitivos* de mérito do STF (correspondentes às sentenças de mérito) em sede de ADIn e ADC, quer sejam (b.2.1) de *procedência*, quer sejam (b.2.2) de *improcedência* do pedido; todavia, a *eficácia natural do acórdão* do STF em ADIn e ADC *não pode ser afastada* por "terceiros juridicamente prejudicados" como ocorre nos processos subjetivos, uma vez que nisso consiste o seu caráter *erga omnes*; (c) a eficácia *erga omnes* também abrange os despachos de mero expediente e as decisões interlocutórias, incluindo as que *indeferem* medidas cautelares, *enquanto atos judiciais*; mas normalmente tais atos judiciais só interessam aos intervenientes no processo abstrato em questão; o *indeferimento* da medida cautelar significa apenas que o STF não considerou satisfeitos os pressupostos necessários (*fumus boni iuris* e *periculum in mora* ou, ao menos, *conveniência* da medida) à concessão da medida cautelar e que essa *decisão judicial* do STF deve ser respeitada *como tal*, sem que possa ser *negada ou desobedecida por ninguém*, mas não implica a impossibilidade de qualquer juiz declarar a (in)constitucionalidade da norma no caso concreto, até porque a *não concessão* da medida cautelar, à diferença da *decisão final de improcedência* do pedido e da *concessão* da medida cautelar, não *inova* nem *modifica* em nada o regime jurídico referente à (in)constitucionalidade da norma.

A diferença entre a eficácia *erga omnes* e a *eficácia natural da sentença e dos demais atos judiciais* proferidos nos processos *subjetivos* consiste unicamente na *possibilidade de afastamento dessa eficácia pela alegação de prejuízo jurídico por terceiros*, que não existe nos processos *objetivos*.

Em razão da natureza *objetiva* do processo da ADIn e da ADC, não é admissível a alegação de "prejuízo jurídico" por "terceiros": o processo objetivo é destinado exatamente a resolver a questão constitucional *em tese*, de modo *uniforme para todos*. O *fundamento* jurídico da alegação de prejuízo jurídico por terceiros é a ofensa ao *devido processo legal* (impeditivo de que qualquer "terceiro" seja privado de seus bens ou de sua liberdade sem possibilidade de defesa no processo), que é garantido *no processo objetivo* aos legitimados ativos e passivos da ADIn e da ADC, que atuam em *substituição* a todos (terceiros).

Nisso consiste a diferença entre a "eficácia natural da sentença", qual definida por LIEBMAN nos processos *subjetivos*, e a eficácia *erga omnes* existente nos processos *objetivos*. Justamente pela possibilidade de afastamento da eficácia natural da sentença e dos demais atos judiciais proferidos nos processos *subjetivos* mediante a alegação de prejuízo jurídico por terceiros é que distinguimos entre a eficácia "aparentemente *erga omnes*" (das sentenças e demais atos judiciais nos processos *subjetivos*) e a eficácia "realmente *erga omnes*" (dos acórdãos e demais atos judiciais proferidos nos processos *objetivos*), incompossível com esse afastamento.

Por seu turno, o efeito vinculante é instituto *diverso* e *independente* da coisa julgada.

De fato, a decisão concessiva de medida cautelar **produz efeito vinculante**, mas **não produz coisa julgada *erga omnes***, porquanto só as **decisões de mérito** são capazes de fazer coisa julgada, nunca as *meras decisões interlocutórias que não julgam (total ou parcialmente) o mérito*, como as decisões concessivas de medida cautelar em ADIn e ADC, por sua natureza mesma *revogáveis* e *alteráveis*, características estas de todo incompatíveis com a *imutabilidade* e *indiscutibilidade* que caracterizam a coisa julgada. Ou seja: pode haver efeito vinculante sem coisa julgada *erga omnes*.

Ademais, como o efeito vinculante decorre da opção do legislador, é perfeitamente possível haver coisa julgada *erga omnes* desacompanhada de efeito vinculante, como acontecia no Brasil antes da EC nº 3-93. Isto é: pode haver coisa julgada *erga omnes* sem efeito vinculante.

Assim, o efeito vinculante **não é** (a) uma espécie de coisa julgada *erga omnes* com limites *objetivos* mais *amplos*, nem (b) um *efeito específico* da coisa julgada *erga omnes* (pois não depende dela para *existir*), nem (c) um *efeito aderente* à coisa julgada *erga omnes* (pois atua em âmbito diverso: a coisa julgada *erga omnes* atua nos processos em que for discutida a *mesma* questão constitucional, enquanto o efeito vinculante atua nos processos em que for discutida questão constitucional *semelhante* à decidida pelo STF), nem (d) um efeito de qualquer forma *condicionado* pela coisa julgada *erga omnes* (pois esta não exerce nenhuma *influência* sobre o efeito vinculante, seja sobre sua *existência*, seja sobre sua *validade*, seja sobre sua *eficácia concreta*).

A *finalidade* desses dois institutos também é diversa: a coisa julgada *erga omnes* serve para tornar imutável e indiscutível a decisão definitiva de mérito do STF em ADIn e ADC; o efeito vinculante serve para tornar obrigatória a aplicação da decisão do STF em ADIn e ADC a hipóteses *similares* à que foi objeto de julgamento da ADIn ou da ADC. Assim, se foi declarada, com efeito vinculante, a inconstitucionalidade da norma "X" numa ADIn, os juízes de todo o país, nos processos subjetivos de sua competência, são compelidos a declarar a inconstitucionalidade da norma "Y" que tenha *teor idêntico* – ou *semelhante* no que interessar – ao da norma "X".

Os *limites subjetivos* da coisa julgada *erga omnes* e do efeito vinculante também são diferentes: basta lembrar que a coisa julgada *erga omnes* atinge inclusive o STF, impedindo-o de *redecidir* a mesma lide objetiva, quer no mesmo processo objetivo, quer em outro processo (objetivo ou subjetivo), ao passo que o efeito vinculante não atinge o próprio STF, o qual pode, no julgamento de norma de *conteúdo semelhante* ao de norma por ele mesmo declarada (in)constitucional, decidir de forma diferente.

Assim, se numa ADIn o STF declarou a inconstitucionalidade da norma "X" e essa decisão transitou em julgado, não pode depois declarar sua constitucionalidade no mesmo ou noutro processo (objetivo ou subjetivo), em virtude da coisa julgada *erga omnes*, que também o alcança. Mas pode perfeitamente declarar a constitucionalidade da norma "Y", mesmo que possua redação idêntica ou semelhante à da norma "X", pois o efeito vinculante da sua própria decisão na ADIn não o alcança.

Ademais, o efeito vinculante não alcança o Poder Legislativo no exercício da sua atividade típica (legiferante), ao passo que a coisa julgada *erga omnes* o atinge nessa mesma situação. A coisa julgada *erga omnes* alcança os particulares e as pessoas jurídicas de direito privado, enquanto o efeito vinculante não os atinge.

Se o efeito vinculante em ADIn e ADC não possuísse âmbito de atuação diverso do da coisa julgada *erga omnes*, seria um instituto de todo despiciendo, pois nada acrescentaria a esta.

Portanto, o efeito vinculante consiste na *obrigação dos órgãos do Poder Judiciário, à exceção do STF, e da Administração Pública direta e indireta (federal, estadual e municipal) de* ***decidir, em situações análogas,*** *em conformidade com a decisão do STF na ADIn ou na ADC*. Já a coisa julgada *erga omnes* consiste na *imutabilidade* e *indiscutibilidade*, por quem quer que seja, da decisão final de mérito do STF em ADIn ou ADC, impedindo que se *decida de novo* a *mesma* questão constitucional que já foi decidida pelo STF.

Assim, o efeito vinculante e a coisa julgada *erga omnes* também se distinguem quanto à técnica processual: o reconhecimento da objeção de coisa julgada *erga omnes* acarreta a extinção do feito sem resolução de mérito (CPC-2015, art. 485, V, c/c art. 337, §§ 1º a 4º), ao passo que o reconhecimento da incidência do efeito vinculante na espécie não é causa de extinção do feito sem resolução de mérito, impondo-se a prolação de decisão *de mérito* conforme à decisão do STF produtora do efeito vinculante.

17. *Não há diferença ontológica substancial* entre o efeito vinculante que a CF-88 agregou às decisões do STF em ADIn e ADC e às súmulas do STF aprovadas nos termos do art. 103-A da CF-88. Trata-se, portanto, do mesmo instituto (efeito vinculante), a incrementar a eficácia das decisões do STF em ADIn e ADC (controle abstrato) e a eficácia das súmulas por ele aprovadas nos termos do art. 103-A da CF-88 (oriundas do controle concreto de constitucionalidade exercido pelo STF). Os *limites subjetivos* de ambas as espécies de efeito vinculante são idênticos. Até a medida processual prevista para garantir a eficácia concreta do efeito vinculante da súmula aprovada nos moldes do art. 103-A da CF-88 é a mesma empregada para garantir a eficácia concreta do efeito vinculante das decisões do STF em ADIn e ADC: a reclamação.

Todavia, o *âmbito de atuação* do efeito vinculante da súmula vinculante é *diverso* do âmbito de atuação do efeito vinculante das decisões do STF em ADIn e ADC.

De fato, conquanto o efeito vinculante das decisões do STF em ADIn e ADC não opere nos processos em que se discute questão constitucional *idêntica* à decidida pelo STF, mas apenas nos em que se discute questão constitucional *análoga*, em razão da existência de coisa julgada *erga omnes a impedir qualquer decisão do juiz, ainda que em conformidade com a decisão do STF munida de efeito vinculante*, o efeito vinculante da súmula vinculante atua *exclusivamente* nos processos em que se discute questão constitucional *idêntica* à tratada na súmula vinculante, uma vez que não há o óbice da coisa julgada *erga omnes*.

Assim, *por força da manifesta opção do legislador constituinte (CF-88, art. 103-A)*, a súmula vinculante não pode ser aplicada à solução de questões constitucionais *análogas* à questão constitucional objeto da súmula, mas tão somente à solução da *mesma* questão constitucional (referente à mesma norma).

18. Somente a *parte dispositiva* do acórdão do STF produz efeito vinculante. Os *motivos determinantes* da decisão, ainda que indispensáveis para a correta intelecção do dispositivo, não são hábeis a produzir efeito vinculante.

A vinculação aos motivos determinantes pode ser substituída com bastante vantagem pela *súmula vinculante.*

De feito, a súmula vinculante desempenha muito melhor o papel que se quer atribuir à vinculação aos motivos determinantes, porquanto: **(a)** seu teor é conhecido de todos, visto que deve ser *publicada na imprensa oficial*, por imposição da própria CF-88 (art. 103-A, *caput*), só produzindo efeito vinculante a partir dessa publicação oficial, ao contrário da *fundamentação* das decisões do STF em ADIn e ADC, cujo teor não é publicado oficialmente (arts. 28, *caput*, e 21, parágrafo único, da Lei nº 9.868-99); **(b)** a súmula vinculante trata exatamente do assunto em questão, dispensando (*rectius*, impedindo) aplicação analógica, pois limita-se às questões *idênticas* (CF-88, art. 103-A, § 1º); **(c)** é mais segura, já que para sua edição se exigem reiteradas decisões no mesmo sentido (CF-88, art. 103-A, *caput*), diminuindo-se, ante a grande variedade de causas examinadas pelo STF, o risco de generalização indevida, tão elevado na vinculação aos motivos determinantes.

Demais disso, a súmula vinculante possui *previsão constitucional explícita* (CF-88, art. 103-A), ao contrário da vinculação aos motivos determinantes.

Assim, a *utilidade prática* da extensão do efeito vinculante aos fundamentos determinantes da decisão do STF em ADIn e ADC desapareceu com a instituição da súmula vinculante por meio da EC nº 45-2004.

19. Assim como o STF, o Poder Legislativo, *no exercício da sua atividade típica*, não se submete ao efeito vinculante das decisões do STF em ADIn e ADC, nem ao efeito vinculante adveniente da súmula vinculante. Todavia, *no exercício de suas funções atípicas*, tanto o STF como o Poder Legislativo assujeitam-se ao efeito vinculante.

A Administração Pública tem o ***dever*** de negar aplicação, por inconstitucionalidade, a normas *semelhantes* à norma declarada inconstitucional pelo STF em ADIn e ADC porque jungida ao efeito vinculante da decisão do STF. E não apenas o *Chefe* do Poder Executivo, mas *todos os servidores* integrantes da Administração Pública, direta ou indireta, *independentemente de qualquer autorização prévia da sua Chefia*, têm esse *dever*, porque igualmente assujeitados ao efeito vinculante pela CF-88.

O fato de o efeito vinculante não atingir os particulares não significa que estes não possam sofrer as consequências do efeito vinculante. É que, embora não haja um *vinculum iuris* a sujeitar diretamente os particulares ao efeito vinculante das decisões do STF em ADIn e ADC, ficando estes inteiramente livres para tomar decisões privadas (como, *e.g.*, celebrar contratos) contrárias à orientação dimanada do STF, estas mesmas decisões poderão ser declaradas nulas, judicial ou administrativamente, porque os órgãos judiciais e administrativos estão obrigados, nas respectivas decisões, a observar o efeito vinculante da decisão do STF.

20. A decisão do STF em ADIn ou ADC, *em rigor*, não repristina a legislação anterior eventualmente revogada pela norma declarada inconstitucional pelo STF, já que, sendo a norma inconstitucional nula *ab initio*, em verdade nunca teria tido o poder de revogar a norma anterior, e se esta nunca foi revogada, não precisaria, ***nem poderia***, ser repristinada pela decisão do STF.

Ademais, a repristinação autêntica é operada por uma ***lei*** subsequente, e não por uma *decisão judicial*, ainda que de contornos "quase legislativos". De outra parte, a autêntica repristinação, por via de regra, não gera efeitos *ex tunc* (retroativos), mas apenas *ex nunc* (prospectivos), ao passo que o "efeito repristinatório" da decisão *definitiva* do STF em ADIn ou ADC, em princípio, produz efeitos retroativos e o "efeito repristinatório" das decisões provisórias (cautelares) pode produzir efeitos retroativos, contanto que a decisão seja expressa a este respeito (Lei nº 9.868/99, art. 27 c/c art. 11, § 2º). Por fim, a verdadeira repristinação não pode ser tácita, necessitando vir expressa na lei repristinadora (LINDB, art. 2º, § 3º), enquanto o "efeito repristinatório" das decisões em ADIn e ADC opera independentemente de previsão expressa na decisão do STF.

Portanto, o denominado "efeito repristinatório" operado pela decisão do STF em ADIn e ADC, não pode significar senão que, a partir desta decisão, a legislação anterior volta a gozar da ***presunção relativa de vigência* e *de constitucionalidade*** de que desfrutava até a entrada em vigor da norma inconstitucional posterior que supostamente a revogava, sem robustecê-la, nem enfraquecê-la, de sorte que nada impede que qualquer juiz declare a inconstitucionalidade da norma anterior, afastando assim a presunção *relativa* de vigência e de constitucionalidade de que usufruía.

21. É possível a declaração de inconstitucionalidade sem a formulação de pedido cumulado em relação à norma pretérita quando esta apresenta vício de inconstitucionalidade *menos grave* do que o da norma posterior impugnada, a fim de, pelo menos, *reduzir* o estado de inconstitucionalidade gerado pela aplicabilidade da norma posterior.

22. Os atos e decisões inconstitucionais continuam sujeitos às denominadas "fórmulas de preclusão" mesmo após a decisão do STF em ADIn ou ADC, a qual não tem a virtude de renovar prazos decadenciais e prescricionais já exauridos, porquanto possui *eficácia meramente declaratória* (e não *desconstitutiva*). Mesmo em relação ao ato jurídico perfeito *inválido*, ao direito adquirido *inválido* e à coisa julgada *inválida*, a decisão do STF só pode ser usada como *fundamento jurídico* em ação individual ou coletiva, proponível, segundo o princípio da *actio nata*, dentro no prazo decadencial ou prescricional previsto especificamente para o desfazimento do ato ou decisão em questão, consistindo numa premissa jurídica *indiscutível* à conta da coisa julgada *erga omnes*.

23. O art. 27 da Lei nº 9.868-99 não permite a restrição dos efeitos da declaração de ***constitucionalidade*** em ADIn ou em ADC, mas apenas da de **inconstitucionalidade**.

Embora o art. 27 da Lei nº 9.868-99 não se aplique aos processos subjetivos, mas só e unicamente aos processos objetivos, isso não impede, de forma alguma, a restrição dos efeitos das declarações de inconstitucionalidade proferidas pelo STF (ou pelos juízos de 1º grau e pelos Tribunais) no controle ***incidental***, *com espeque no princípio da proporcionalidade,* sem necessidade de obediência ao *quorum* qualificado de 2/3 para restrição dos efeitos da declaração de inconstitucionalidade, como já vinha fazendo o STF antes da edição daquela Lei.

O art. 27 da Lei nº 9.868-99 autoriza apenas a RESTRIÇÃO dos efeitos da declaração de inconstitucionalidade, e não a AMPLIAÇÃO desses efeitos. Essa RESTRIÇÃO não precisa ser necessariamente TEMPORAL, podendo ser de ordem SUBJETIVA, OBJETIVA, ESPACIAL, etc. Assim, *v.g.*, o STF pode restringir os efeitos da declaração de inconstitucionalidade a apenas alguns dos potenciais destinatários da norma ou a apenas um dos Estados-membros abrangidos por esta.

24. Todos os acórdãos definitivos de mérito (de procedência ou de improcedência) do STF em ADIn e ADC produzem *res iudicata adversus omnes* e efeito vinculante.

25. Assim como as leis, a decisão do STF em ADIn ou ADC precisa ser *interpretada* para poder ser aplicada. A decisão do STF em ADIn ou ADC possui o *mesmo grau de generalidade e de abstração* da lei ou do ato normativo declarado constitucional/inconstitucional. Por conseguinte, a decisão do STF em ADIn ou ADC – incluindo-se o próprio texto que a exprime em vernáculo –, necessita de *interpretação* tanto quanto as leis, interpretação esta que deve ser feita por meio de *métodos e critérios hermenêuticos* semelhantes.

Tal como as leis, a par dos critérios hermenêuticos tradicionais (literal, teleológico, sistemático, histórico-evolutivo, etc.), a decisão do STF em ADIn ou ADC deve passar outrossim pelo crivo da proporcionalidade e da razoabilidade. De fato, assim como as leis podem, *em tese ou em casos concretos específicos*, desatender os ditames da proporcionalidade e da razoabilidade, as decisões do STF em ADIn ou ADC também podem malferi-los *em tese* (*v.g.*: uma série de hipóteses de aplicação compreendidas na decisão, *abstratamente identificáveis*, revela-se desproporcional ou irrazoável) ou *em determinados casos concretos* (ou seja, quando a ofensa à proporcionalidade e/ou à razoabilidade só possa ser verificada examinando-se as peculiaridades do caso concreto).

O STF, assim como o legislador, não é dotado de onisciência que o habilite a prever todas as situações possíveis de ocorrer, nem, ainda que isso fosse factível, a linguagem humana é tão precisa que possa abranger num único enunciado todas as possíveis exceções à regra que intenta estabelecer.

Assim, é plenamente possível (e, mais do que isso, indispensável), no nosso sistema, *de iure condito*, a utilização da técnica da distinção (*distinguishing*), mesmo quando não expressamente prevista, à semelhança do que se faz no sistema anglo-saxão, no qual a vinculação aos precedentes das Cortes superiores convive harmonicamente com o emprego do método distintivo (*distinguishing*) tanto pela Corte prolatora do precedente vinculante como pelas Cortes inferiores, até como forma de oxigenação e de sobrevivência mesma do sistema de vinculação aos precedentes (*stare decisis*).

Ademais, a própria teoria da derrotabilidade (*defeasibility*) das normas-regras pode contribuir para evitar aplicações injustas, desproporcionais e irrazoáveis das decisões abstratas proferidas em ADIn e ADC. Se é possível admitir a derrotabilidade de *precedentes judiciais* em geral – visto que a sua *ratio decidendi* costuma ter a estrutura de uma *regra* –, com maior razão se justifica a derrotabilidade das decisões proferidas em ADIn e ADC, dotadas de elevado grau de abstração e generalidade, semelhante ao das leis declaradas (in)constitucionais. Quanto maior o grau de generalidade e abstração do precedente judicial, tanto maior a probabilidade de sua derrota em situações excepcionais imprevistas. Assim como as leis objeto de ADIn e ADC podem ser *sobreinclusivas* ("*overinclusive*") ou *subinclusivas* ("*underinclusive*"), assim também podem sê-lo as respectivas decisões que as declaram constitucionais ou inconstitucionais. Portanto, é plenamente viável reconhecer a derrotabilidade desses precedentes judiciais vinculantes em situações excepcionais imprevistas ou imprevisíveis.

Dessarte, compete ao juiz efetivamente *interpretar* a decisão abstrata do STF, formulando inclusivamente um juízo sobre o que realmente quis o STF decidir (interpretação teleológica), ou seja, cabe ao juiz perguntar-se, dentre outras coisas, se os Ministros do STF, ao decidirem abstratamente sobre a constitucionalidade da norma, tinham em mente casos concretos como o que se lhe apresenta para julgamento, e, se não cogitaram de casos que tais, como teriam decidido se a questão tivesse sido ventilada no julgamento da ADIn ou da ADC. Todos os métodos hermenêuticos tradicionais, bem como os princípios da proporcionalidade e da razoabilidade, podem ser empregados para verificar se a decisão abstrata do STF em ADIn ou ADC pode ser aplicada ao caso concreto ou se há razões poderosas o bastante para afastá-la *in casu*, a despeito de sua eficácia *erga omnes* e de seu efeito vinculante.

BIBLIOGRAFIA

ALEXY, Robert. *Teoria da argumentação jurídica*. Trad. Zilda Hutchinson. São Paulo: Landy, 2001. 355 p.

ALEXY, Robert. *Teoría de los derechos fundamentales*. 3a reimpresión. Madrid: Centro de Estudios Políticos y Constitucionales, 2002. 607 p.

ALEXY, Robert. *Teoria dos direitos fundamentais*. Trad. Virgílio Afonso da Silva. São Paulo: Malheiros, 2008.

ALVES, Francisco Glauber Pessoa. Fato consumado, direito material e direito processual civil. *Revista de Processo*, v. 264, p. 249-280, 2017.

AMARAL JÚNIOR, José Levi Mello do. Controle de constitucionalidade: evolução brasileira determinada pela falta do *stare decisis*. *Revista dos Tribunais*, São Paulo, v. 920, p. 133-149, 2012.

AMARAL JÚNIOR, José Levi Mello do. *Incidente de arguição de inconstitucionalidade*: comentários ao art. 97 da Constituição e aos arts. 480 a 482 do Código de Processo Civil. São Paulo: RT, 2002. 143 p.

AMARAL JÚNIOR, José Levi Mello do. *Reclamação 4.335 e a busca do stare decisis*. Disponível em: http://www.conjur.com.br/2013-mai-25/observatorio-constitucional-reclamacao-4335-busca-stare-decisis. Acesso em: 23 jun. 2013.

AQUINO, Santo Tomás de. *Suma teológica*. Trad. Alexandre Correia. Campinas: Ecclesiae, 2016.

ARISTÓTELES. *Ética a Nicômaco*. Trad. Pietro Nassetti. São Paulo: Martin Claret, 2006. 240 p.

ÁVILA, Ana Paula. *A modulação de efeitos temporais pelo STF no controle de constitucionalidade*. Porto Alegre: Livraria do Advogado, 2009. 182 p.

ÁVILA, Humberto. *Teoria dos princípios*: da definição à aplicação dos princípios jurídicos. 5. ed. São Paulo: Malheiros, 2006. 176 p.

ÁVILA, Humberto. *Teoria dos princípios*: da definição à aplicação dos princípios jurídicos. 14. ed. São Paulo: Malheiros, 2013.

AZEVEDO, Antônio Junqueira de. *Negócio jurídico*: existência, validade e eficácia. 2. ed. São Paulo: Saraiva, 1986. 193 p.

BACHOF, Otto. *Normas constitucionais inconstitucionais?* Reimpressão. Trad. J. M. M. Cardoso da Costa. Coimbra: Almedina, 1994. 92 p.

BALEEIRO, Aliomar. *O Supremo Tribunal Federal, esse outro desconhecido*. Rio de Janeiro: Forense, 1968. 216 p.

BARBOSA, Rui. *Comentários à Constituição Federal brasileira*. Coligidor: Homero Pires. São Paulo: Saraiva, 1932.

BARBOSA, Rui. *Os atos inconstitucionais do Congresso e do Executivo ante a Justiça Federal*. Rio de Janeiro: Companhia Impressora, 1893. 249 p.

BARROSO, Luís Roberto (Org.). *A nova interpretação constitucional*: ponderação, direitos fundamentais e relações privadas. 2. ed. Rio de Janeiro: Renovar, 2006. 419 p.

BARROSO, Luís Roberto. *Interpretação e aplicação da Constituição*: fundamentos de uma dogmática constitucional transformadora. São Paulo: Saraiva, 1996. 300 p.

BARROSO, Luís Roberto. Mutação constitucional. *In*: MOREIRA, Eduardo Ribeiro *et al.* (Orgs.) *Hermenêutica constitucional*. Florianópolis: Conceito Editorial, p. 427-442, 2010.

BARROSO, Luís Roberto. *O controle de constitucionalidade no direito brasileiro*: exposição sistemática da doutrina e análise crítica da jurisprudência. São Paulo: Saraiva, 2004. 299 p.

BARROSO, Luís Roberto. *O controle de constitucionalidade no direito brasileiro*: exposição sistemática da doutrina e análise crítica da jurisprudência. 8. ed. São Paulo: Saraiva, 2019. 486 p.

BASTOS, Celso Ribeiro. *Emendas à Constituição de 1988*. São Paulo: Saraiva, 1996. 90 p.

BASTOS, Celso Ribeiro. *Lei complementar*: teoria e comentários. São Paulo: Saraiva. 1985. 131 p.

BECKER, Alfredo Augusto. *Teoria geral do direito tributário*. 2. ed. São Paulo: Saraiva, 1972. 621 p.

BERNARDES, Juliano Taveira. *Controle abstrato de constitucionalidade*: elementos materiais e princípios processuais. São Paulo: Saraiva, 2004. 513 p.

BERNARDES, Juliano Taveira. *Efeitos das normas constitucionais no sistema normativo brasileiro*. Porto Alegre: Sergio Antonio Fabris Editor, 2002. 88 p.

BERNARDES, Juliano Taveira; FERREIRA, Olavo Augusto Vianna Alves. *Direito constitucional*. 9. ed. Salvador: JusPodivm, 2019, t. I. 761 p.

BIN, Roberto. *Quando i precedenti degradano a citazioni e le regole evaporano in principi*. Disponível em: http://www.forumcostituzionale.it/wordpress/wp-content/uploads/2015/04/bin1.pdf. Acesso em: 15 dez. 2015.

BINENBOJM, Gustavo. *A nova jurisdição constitucional brasileira*: legitimidade democrática e instrumentos de realização. 2. ed. Rio de Janeiro: Renovar, 2004. 282 p.

BITTENCOURT, C. A. Lúcio. *O controle jurisdicional da constitucionalidade das leis*. Rio de Janeiro: Forense, 1968. 164 p.

BONAVIDES, Paulo. *Curso de direito constitucional*. 10. ed. São Paulo: Malheiros, 2000. 793 p.

BONFANTI, Cristiane. *Modulação de efeitos*: STF decide em 90,9% dos casos favoravelmente ao fisco. Disponível em: https://www.jota.info/tributos-e-empresas/tributario/modulacao-de-efeitos-stf-decide-em-909-dos-casos-favoravelmente-ao-fisco-11082023. Acesso em: 24 jun. 2024.

BRANCO, Paulo Gustavo Gonet; COELHO, Inocêncio Mártires; MENDES, Gilmar Ferreira. *Hermenêutica constitucional e direitos fundamentais*. Brasília: Brasília Jurídica, 2002. 322 p.

BROSSARD, Paulo. O Senado e as leis inconstitucionais. *Revista de Informação Legislativa*, v. 13, n. 50, p. 55-64, abr./jun. 1976.

BURDEAU, Georges. *Traité de science politique*. Deuxième édition revue et augmentée. Paris: Librairie Générale de Droit et de Jurisprudence, 1969.

BUSTAMANTE, Thomas da Rosa de. *Uma teoria normativa do precedente judicial*: o peso da jurisprudência na argumentação jurídica. 2007. Tese (Doutorado) - Faculdade de Direito, Pontifícia Universidade Católica do Rio de Janeiro, Rio de Janeiro, 2007.

CABRAL, Antonio do Passo. Alguns mitos do processo (II): Liebman e a coisa julgada. *Revista de Processo*, v. 217, p. 41-72, 2013.

CALDERON, Juan A. Gonzalez. *Curso de derecho constitucional.* Buenos Aires: Editorial Guillermo Kraft, 1943.

CALLEJÓN, María Luisa Balaguer. *La interpretación de la Constitución por la jurisdicción ordinaria.* Madrid: Civitas, [*s.d.*]. 194 p.

CANOTILHO, J. J. Gomes. *Direito constitucional e teoria da Constituição.* 7. ed. Coimbra: Almedina, 2006. 1522 p.

CAPPELLETTI, Mauro. *Il controllo giudiziario di costituzionalità delle leggi nel diritto comparato.* Ristampa inalterata. Milano: Dott. A. Giuffrè Editore, 1979. 134 p.

CAPPELLETTI, Mauro. *La giurisdizione costituzionale delle libertà.* Ristampa inalterata. Milano: Giuffrè, 1976. 154 p.

CARVALHO FILHO, José dos Santos. *Manual de direito administrativo.* 15. ed. Rio de Janeiro: Lumen Juris, 2006. 1008 p.

CATECISMO da Igreja Católica. São Paulo: Loyola, 2000. 937 p.

CELOTTO, Alfonso. *La Corte costituzionale.* Bologna: il Mulino, 2004.

CLÈVE, Clèmerson Merlin. *A fiscalização abstrata de constitucionalidade no direito brasileiro.* 2. ed. São Paulo: RT, 2000. 484 p.

COELHO, Inocêncio Mártires. *Interpretação constitucional.* 2. ed. Porto Alegre: Sergio Antonio Fabris Editor, 2003. 176 p.

CONAC, Gérard; MAUS, Didier (Directeurs). *L'exception d'inconstitutionnalité*: expériences étrangères; situation française. Paris: STH — Centre de Recherche de Droit Constitutionnel de l'Université de Paris I, 1990. Les Cahiers Constitutionnels de Paris I.

COSTA, José Manuel M. Cardoso da. *A jurisdição constitucional em Portugal.* 2. ed. Coimbra: Almedina, 1992. 71 p.

COSTA, Silvio Nazareno. *Súmula vinculante e reforma do Judiciário.* Rio de Janeiro: Forense, 2002. 348 p.

CRUZ, Álvaro Ricardo de Souza. *Jurisdição constitucional democrática.* Belo Horizonte: Del Rey, 2004. 475 p.

CUNHA JÚNIOR, Dirley da. *Controle de constitucionalidade*: teoria e prática. Salvador: JusPodivm, 2006. 320 p.

CUNHA, Sérgio Sérvulo da. *O efeito vinculante e os poderes do juiz*. São Paulo: Saraiva, 1999. 275 p.

D'AMICO, Marilisa. *Parti e processo nella Giustizia Costituzionale*: studio introduttivo. Torino: G. Giappichelli editore, [*s. d.*]. 352 p.

DANTAS, Marcelo Navarro Ribeiro. *Reclamação constitucional no direito brasileiro*. Porto Alegre: Sergio Antonio Fabris Editor, 2000. 544 p.

DI PIETRO, Maria Sylvia Zanella. *Direito administrativo*. 30. ed. Rio de Janeiro: Forense, 2017. 1088 p.

DIAS, João Luís Fischer. *O efeito vinculante*: dos precedentes judiciais: das súmulas dos tribunais. São Paulo: IOB Thomson, 2004. 142 p.

DIDIER JR., Fredie. *Curso de direito processual civil*: introdução ao direito processual civil, parte geral e processo de conhecimento. 21. ed. Salvador: JusPodivm, 2019, v. 1. 912 p.

DIDIER JR., Fredie; BRAGA, Paula Sarno; OLIVEIRA, Rafael Alexandria de. *Curso de direito processual civil*: teoria da prova, direito probatório, decisão, precedente, coisa julgada e tutela provisória. 10. ed. Salvador: JusPodivm, 2015, v. 2.

DIMOULIS, Dimitri; LUNARDI, Soraya. *Curso de processo constitucional*: controle de constitucionalidade e remédios constitucionais. 6. ed. São Paulo: RT, 2019.

DINIZ, Márcio Augusto de Vasconcelos. *Controle de constitucionalidade e teoria da recepção*. São Paulo: Malheiros, 1995. 72 p.

DINIZ, Maria Helena. *Lei de introdução ao Código Civil brasileiro interpretada*. 2. ed. São Paulo: Saraiva, 1996. 432 p.

DOMINGO, Nicolás González-Deleito. *Tribunales Constitucionales*: organización y funcionamiento. Madrid: Tecnos, 1980. 158 p.

DUHAMEL, Olivier; MÉNY, Yves. *Dictionnaire constitutionnel*. Paris: PUF, 1992. 1112 p.

DUTRA, Carlos Roberto de Alckmin. *O controle estadual de constitucionalidade de leis e atos normativos*. São Paulo: Saraiva, 2005. 126 p.

DWORKIN, Ronald. *Levando os direitos a sério*. Trad. Nelson Boeira. São Paulo: Martins Fontes, 2002. 568 p.

EISENMANN, Charles. *La justice constitutionnelle et la Haute Cour constitutionnelle d'Autriche.* Paris: Economica — Presses universitaires d'Aix-Marseille, 1986. 383 p.

ENTERRÍA, Eduardo García de. *La Constitución como norma y el Tribunal Constitucional.* Tercera edición (reimpresión). Madrid: Civitas, 1988. 264 p.

ESPÍNOLA FILHO, Eduardo; ESPÍNOLA, Eduardo. *A Lei de Introdução ao Código Civil brasileiro.* 2. ed. Atualizador: Silva Pacheco. Rio de Janeiro: Renovar, 1995. 3 v.

FALCÃO, Raimundo Bezerra. *Hermenêutica.* São Paulo: Malheiros, 2004. 281 p.

FALCÓN, Javier Pardo. *El consejo constitucional francés: la jurisdicción constitucional en la Quinta República.* Madrid: Centro de Estudios Constitucionales, 1990. 591 p.

FARIA, Luiz Alberto Gurgel de. *Controle da constitucionalidade na omissão legislativa*: instrumentos de proteção judicial e seus efeitos. Curitiba: Juruá, 2001.173p.

FAVOREU, Louis. *Los tribunales constitucionales.* Trad. Vicente Villacampa. Barcelona: Ariel, 1994. 158 p.

FERNANDES, André Dias. A inadmissibilidade de provas ilícitas e a suposta inaplicabilidade do princípio da proporcionalidade na visão do STF. *Repertório IOB de Jurisprudência,* São Paulo, nº 15/2002, v. 3, p. 408-415, verbete nº 3/19357, 1a quinzena de agosto de 2002.

FERNANDES, André Dias. A posição hierárquico-normativa do tratado internacional no Direito brasileiro e suas implicações. *Repertório IOB de Jurisprudência,* São Paulo, nº 4/2003, v. 1, p. 135-140, verbete nº 1/18093, 2a quinzena de fevereiro de 2003.

FERNANDES, André Dias. Ao derredor da cousa julgada. *Revista do Instituto dos Advogados de Pernambuco (IAP),* Recife, v. 1, p. 69-97, 1996.

FERNANDES, André Dias. Controlo de constitucionalidade e supremacia constitucional: uma nova visão. *Revista Forense,* Rio de Janeiro, v. 333, p. 409-423, jan./fev./mar. de 1996; *Revista Trimestral de Jurisprudência dos Estados* (*RTJE*), São Paulo, v. 156, p. 67-89, 1997.

FERNANDES, André Dias. Corte de energia elétrica e derrotabilidade normativa: necessidade de diálogo entre o Código de Defesa do Consumidor, o Código de Defesa do Usuário de Serviços Públicos e a Constituição. *Revista de Direito do Consumidor*, São Paulo, ano 29, v. 127, p. 249-277, jan./fev. 2020.

FERNANDES, André Dias. Inconstitucionalidade e constitucionalidade supervenientes, revogação e controle de constitucionalidade. *Revista do Instituto dos Magistrados do Ceará*, Fortaleza, ano 3, nº 6, p. 211-227, jul./dez. de 1999.

FERNANDES, André Dias. *Modulação de efeitos e decisões manipulativas no controle de constitucionalidade brasileiro*: possibilidades, limites e parâmetros. Salvador: JusPodivm, 2018. 368 p.

FERNANDES, André Dias. O Senado Federal e o controle da constitucionalidade. *Revista Nacional de Direito e Jurisprudência (RNDJ)*, Ribeirão Preto, v. 4, nº 47, p. 41-47, novembro de 2003.

FERNANDES, André Dias. O verdadeiro papel do Senado Federal no controle de constitucionalidade. *Revista do Instituto dos Magistrados do Ceará*, Fortaleza, ano 4, nº 7, p. 29-37, jan./jun. de 2000. *Revista Cearense Independente do Ministério Público (RCIMP)*, Fortaleza, ano II, nº 5, p. 9-19, abril de 2000.

FERNANDES, Sérgio Ricardo de Arruda. *Questões importantes de processo civil:* teoria geral do processo. 3. ed. Rio de Janeiro: Roma Victor, 2004. 382 p.

FERRARI, Regina Maria Macedo Nery. *Controle da constitucionalidade das leis municipais*. 2. ed. São Paulo: RT, 1994. 134 p.

FERRARI, Regina Maria Macedo Nery. *Efeitos da declaração de inconstitucionalidade*. 4. ed. São Paulo: RT, 1999. 286 p.

FERREIRA FILHO, Manoel Gonçalves. *Aspectos do direito constitucional contemporâneo*. 3. ed. São Paulo: Saraiva, 2011.

FERREIRA FILHO, Manoel Gonçalves. *Curso de direito constitucional*. 38. ed. São Paulo: Saraiva, 2012.

FERREIRA FILHO, Manoel Gonçalves. O valor do ato inconstitucional em face do direito positivo brasileiro. *Revista de Direito Administrativo*, Rio de Janeiro, n. 230, p. 217-236, out./dez. 2002.

FERREIRA FILHO, Manoel Gonçalves. Princípios e regras em direito constitucional. Contribuição para uma polêmica doutrinária. *In*: LUCCA, Newton de; MEYER-PFLUG, Samantha Ribeiro; NEVES, Mariana Barboza Baeta. (Org.). *Direito constitucional contemporâneo*: estudos em homenagem ao professor Michel Temer. São Paulo: Quartier Latin, p. 291-300, 2012.

FERREIRA, Luiz Pinto. *Princípios gerais do direito constitucional moderno*. 6. ed. São Paulo: Saraiva, 1983.

FERREIRA, Luiz Pinto. *Teoria geral do Estado*. 3. ed. São Paulo: Saraiva, 1975, v. I.

FISCHER, Octavio Campos. *Os efeitos da declaração de inconstitucionalidade no direito tributário brasileiro*. Rio de Janeiro: Renovar, 2004. 378 p.

FRIESENHAHN, Ernst. *La giurisdizione costituzionale nella Reppublica Federale Tedesca*. Trad. ital. Angelo Antonio Cervati. Milano: Giuffrè, 1965. 150 p. *In:* Quaderni della giurisprudenza costituzionale, 4.

GALEOTTI, Serio. *La nuova Costituzione francese*. Milano: Giuffrè, 1960. 83 p.

GHIGLIANI, Alejandro E. *Del "control" jurisdiccional de constitucionalidad*. Buenos Aires: Depalma, 1952. 133 p.

GORDO, Alfonso Pérez. *El tribunal constitucional y sus funciones*. Barcelona: BOSCH, 1982. 190 p.

GUERRA FILHO, Willis Santiago. *Processo constitucional e direitos fundamentais*. 2. ed. São Paulo: Celso Bastos, 2001. 174 p.

GUERRA, Marcelo Lima. *Direitos fundamentais e a proteção do credor na execução civil*. São Paulo: RT, 2003. 233 p.

HÄBERLE, Peter. *Hermenêutica constitucional*: a sociedade aberta dos intérpretes da Constituição: contribuição para a interpretação pluralista e "procedimental" da Constituição. Trad. Gilmar Mendes. Porto Alegre: Sergio Antonio Fabris Editor, 1997. 55 p.

HABERMAS, Jürgen. *Direito e democracia*: entre facticidade e validade. 2. ed. Trad. Flávio Beno Siebeneichler. Rio de Janeiro: Tempo Brasileiro, 2003, v. I. 354 p.

HAGE, Jaap. What is Legal Validity? Lessons from Soft Law. *In*: WESTERMAN, Pauline; HAGE, Jaap; KIRSTE, Stephan; MACKOR, Anne Ruth (Editors). *Legal Validity and Soft Law*. Cham: Springer International Publishing, 2018. p. 19-45.

HAINES, Charles Grove. *The American doctrine of judicial supremacy*. New York: Russell & Russell inc., 1959. 705 p.

HART, Herbert Lionel Adolphus. The ascription of responsability and rights. *Proceedings of the Aristotelian Society*, n. 49, 1948-1949, p. 171-194.

HART, Herbert Lionel Adolphus. *The concept of law*. 2nd ed. Oxford: Clarendon Press, 1994.

HECK, Luís Afonso. *O tribunal constitucional federal e o desenvolvimento dos princípios constitucionais*: contributo para uma compreensão da jurisdição constitucional federal alemã. Porto Alegre: Sergio Antonio Fabris Editor, 1995. 336 p.

ITÁLIA. *Costituzione della Repubblica Italiana*. *In*: Codice di Procedura Civile e norme complementari. Ristampa. Milano: Giuffrè, p. 1-23, 1990.

KELSEN, Hans. *La giustizia costituzionale*. Milano: Giuffrè, 1981. 315 p.

LIEBMAN, Enrico Tullio. *Eficácia e autoridade da sentença e outros escritos sobre a coisa julgada*. 4. ed. Rio de Janeiro: Forense, 2007. 322 p.

LIEBMAN, Enrico Tullio. *Eficácia e autoridade da sentença*. 3. ed. brasileira. Trad. Ada Pellegrini Grinover, Alfredo Buzaid e Benvindo Aires. Rio de Janeiro: Forense, 1984. 332p.

LOTUFO, Renan (Coord.). *A validade e a eficácia das normas jurídicas*. São Paulo: Manole, 2005. 116 p.

LOURENÇO, Rodrigo Lopes. *Controle de constitucionalidade à luz da jurisprudência do STF*. Rio de Janeiro: Forense, 1998. 170 p.

LUCHAIRE, François. *Le Conseil constitutionnel*. Paris: Economica, 1980. 435 p.

MACHADO, Hugo de Brito. *Curso de Direito Tributário*. 21. ed. São Paulo: Malheiros, 2002. 472 p.

MACHADO, Hugo de Brito. Local de ocorrência do fato gerador do ISS. *Repertório IOB de Jurisprudência*, São Paulo, nº 1/96, p. 14-16, 1a quinzena de janeiro de 1996.

MANCUSO, Rodolfo de Camargo. *Divergência jurisprudencial e súmula vinculante*. 2. ed. São Paulo: RT, 2002. 462 p.

MARTÍNEZ, Asunción García. *El recurso de inconstitucionalidad*: el proceso directo de inconstitucionalidad. Madrid: TRIVIUM, 1992. 244 p.

MARTINS, Ives Gandra da Silva. *Controle concentrado de constitucionalidade*: comentários à Lei nº 9.868, de 10-11-1999. São Paulo: Saraiva, 2001. 357 p.

MARTINS, Ives Gandra da Silva; MENDES, Gilmar Ferreira (Coords.). *Ação declaratória de constitucionalidade*. São Paulo: Saraiva, 1995. 235 p.

MATIAS, João Luis Nogueira. O conceito de negócio jurídico. *Revista Logos Veritas*, Santarém, nº 4, p. 54-62, 2000.

MAURA, Andrés Ribas. *La cuestión de inconstitucionalidad*. Madrid: Universitat de les Illes Balears (UIB), 1991. 160 p. Cuadernos Civitas.

MEDEIROS, Rui. *A decisão de inconstitucionalidade*: os autores, o conteúdo e os efeitos da decisão de inconstitucionalidade da lei. Lisboa: Universidade Católica Editora, 1999.

MELLO, Marcos Bernardes de. *Teoria do fato jurídico*: plano da eficácia (1a parte). São Paulo: Saraiva, 2003. 270 p.

MELLO, Marcos Bernardes de. *Teoria do fato jurídico*: plano da existência. 9. ed. São Paulo: Saraiva, 1999. 247 p.

MELLO, Marcos Bernardes de. *Teoria do fato jurídico*: plano da validade. 3. ed. São Paulo: Saraiva, 1999. 259p.

MENDES, Gilmar Ferreira. A declaração de nulidade da lei inconstitucional, a interpretação conforme a Constituição e a declaração de constitucionalidade na jurisprudência da Corte Constitucional alemã. *Cadernos de Direito Tributário e Finanças Públicas*. São Paulo, v. 1. nº 4, p. 8-30, jul./set. 1993.

MENDES, Gilmar Ferreira. A doutrina constitucional e o controle de constitucionalidade como garantia da cidadania – necessidade de desenvolvimento de novas técnicas de decisão: possibilidade da declaração de inconstitucionalidade sem a pronúncia de nulidade no direito brasileiro. *Cadernos de Direito Tributário e Finanças Públicas*, São Paulo, v. 1, nº 3, p. 21-43, abr./ jun. 1993.

MENDES, Gilmar Ferreira. *Controle de constitucionalidade*: aspectos jurídicos e políticos. São Paulo: Saraiva, 1990. 371 p.

MENDES, Gilmar Ferreira. *Direitos fundamentais e controle de constitucionalidade*. 2. ed. São Paulo: Celso Bastos Editor– IBDC, 1999. 518 p.

MENDES, Gilmar Ferreira. *Jurisdição constitucional*. São Paulo: Saraiva, 1996. 327 p.

MENDES, Gilmar Ferreira. *Moreira Alves e o controle de constitucionalidade no Brasil*. São Paulo: Celso Bastos Editor – IBDC, 2000. 872 p.

MENDES, Gilmar Ferreira; BRANCO, Paulo Gustavo Gonet. *Curso de Direito Constitucional*. 12. ed. São Paulo: Saraiva, 2017. 1576 p.

MINAMI, Marcos Youji; PEIXOTO, Ravi. Da questão prejudicial incidental constitucional no STF e o novo regime de coisa julgada. *In*: DIDIER JR., Fredie; CABRAL, Antonio do Passo (coords.). *Coisa julgada e outras estabilidades processuais*. Salvador: JusPodivm, 2018, p. 269-292.

MIRANDA, Francisco Cavalcanti Pontes de. *Comentários à Constituição de 1967*. 3. ed. Rio de Janeiro: Forense, 1987, t. III. 648 p.

MIRANDA, Francisco Cavalcanti Pontes de. *Tratado de direito privado*. Rio de Janeiro: Borsoi, 1954, v. IV.

MIRANDA, Jorge. (Org.) *Perspectivas constitucionais*: nos 20 anos da Constituição de 1976. Coimbra: Coimbra Editora, 1997, v. II. 1052 p.

MIRANDA, Jorge. *A fiscalização da constitucionalidade*. Coimbra: Almedina, 2017. 399 p.

MIRANDA, Jorge. *Manual de direito constitucional*: Constituição e inconstitucionalidade. 3. ed. Coimbra: Coimbra editora, 1996, t. II. 546 p.

MIRANDA, Jorge. O Tribunal Constitucional em 2012. *Revista Jurídica do Instituto Superior Manuel Teixeira Gomes (JURISMAT)*, Portimão, n.º 3, p. 17-54, nov. 2013.

MORAES, Alexandre de. *Direito constitucional*. 16. ed. São Paulo: Atlas, 2004. 863 p.

MORAES, Alexandre de. *Jurisdição constitucional e tribunais constitucionais*: garantia suprema da Constituição. 2. ed. São Paulo: Atlas, 2003. 342 p.

MORAIS, Carlos Blanco de. As mutações constitucionais implícitas e os seus limites jurídicos: autópsia de um acórdão controverso. *In*: FELLET, André; NOVELINO, Marcelo (Orgs.). *Constitucionalismo e democracia*. Salvador: JusPodivm, 2013, p. 518 e 521.

MORAIS, Carlos Blanco de. *Justiça constitucional*: garantia da Constituição e controlo da constitucionalidade. Coimbra: Coimbra Editora, 2002. 553 p.

MORAIS, Carlos Blanco de. *Justiça constitucional*: o direito do contencioso constitucional. 2. ed. Coimbra: Coimbra Editora, 2011. Tomo II. 1120 p.

MORAIS, Carlos Blanco de; RAMOS, Elival da Silva (Orgs.). *Perspectivas de Reforma da Justiça Constitucional em Portugal e no Brasil*. São Paulo: Almedina, 2012.

MOREIRA, José Carlos Barbosa. *O novo processo civil brasileiro*. 21. ed. Rio de Janeiro: Forense, 2001. 343 p.

MOREIRA, José Carlos Barbosa. *Temas de direito processual civil*. São Paulo: Saraiva, 1977. 256 p.

MÜLLER, Friedrich. *Métodos de trabalho do direito constitucional*. 3. ed. Rio de Janeiro: Renovar, 2005.

NASCIMENTO FILHO, Firly. *Da ação direta de declaração de inconstitucionalidade*: atuação da mesa da Assembleia Legislativa. Rio de Janeiro: Lumen Juris, 1996. 250 p.

NASCIMENTO, Carlos Valder do (Coord.). *Coisa julgada inconstitucional*. 4. ed. Rio de Janeiro: América Jurídica, 2004. 246 p.

NERY JUNIOR, Nelson. *Teoria geral dos recursos*. 6. ed. São Paulo: RT, 2004. 698 p.

NERY JUNIOR, Nelson; NERY, Rosa M. de Andrade. *Código de processo civil comentado e legislação extravagante*. 7. ed. São Paulo: RT, 2003. 1855 p.

NERY JUNIOR, Nelson; NERY, Rosa Maria de Andrade. *Código de Processo Civil Comentado*. 18. ed. São Paulo: RT, 2019. 2944 p.

NERY JUNIOR, Nelson; NERY, Rosa Maria de Andrade. *Comentários ao Código de Processo Civil*. São Paulo: RT, 2016.

NEVES, A. Castanheira. *O problema da constitucionalidade dos assentos*. Coimbra: Coimbra editora, 1994. 124 p.

NEVES, Daniel Amorim Assumpção. *Novo Código de Processo Civil Comentado*. Salvador: JusPodivm, 2016. 1904 p.

NEVES, Marcelo. *Teoria da inconstitucionalidade das leis*. São Paulo: Saraiva, 1988. 178 p.

NOSETE, Jose Almagro. *Justicia constitucional*: comentarios a la Ley Orgánica del Tribunal Constitucional. Madrid: Dykinson, 1980. 447 p.

PASTOR, Juan Alfonso Santamaría (Org.). *Tribunal Constitucional*: trabajos parlamentarios. Madrid: Cortes Generales, 1980. 634 p.

PEREIRA, Caio Mário da Silva. *Instituições de direito civil*. 8. ed. Rio de Janeiro: Forense, 1984, v. I. 499 p.

PIMENTA, Paulo Roberto Lyrio. *Efeitos da decisão de inconstitucionalidade em direito tributário*. São Paulo: Dialética, 2002. 223 p.

PIMENTA, Paulo Roberto Lyrio. Aspectos procedimentais do controle difuso de constitucionalidade. *Revista Dialética de Direito Processual (RDDP)*, São Paulo, v. 3, p. 98-106, 2003.

POLETTI, Ronaldo. *Controle da constitucionalidade das leis*. Rio de Janeiro: Forense, 1985. 241 p.

RAMOS, Elival da Silva. *A inconstitucionalidade das leis*: vício e sanção. São Paulo: Saraiva, 1994. 255 p.

RAMOS, Elival da Silva. *Ativismo judicial*: parâmetros dogmáticos. São Paulo: Saraiva, 2010.

RAMOS, Elival da Silva. *Controle de constitucionalidade no Brasil*: perspectivas de evolução. São Paulo: Saraiva, 2010.

RODRÍGUEZ, José M. Martínez Pereda; RIVAS, Juan José González *et al.* (Preparadores). *Constitución Española*: doctrinas del Tribunal Constitucional, Tribunal Supremo y Tribunal Europeo de derechos humanos. Segunda edición. Madrid: Colex, 1993. 804 p.

ROUSSEAU, Dominique. *La justice constitutionnelle en Europe*. Paris: Montchrestien, 1992. 160 p. Collection: Clefs/Politique.

RUGGERI, Antonio; SPADARO, Antonino. *Lineamenti di giustizia costituzionale*. 5. ed. Torino: G. Giappichelli Editore, 2014. 431 p.

RUGGIERO, Roberto de. *Instituições de direito civil*. Trad. da 6. ed. ital. São Paulo: Saraiva, 1971, v. I. 420 p.

SÁNCHEZ-CRUZAT, Jose Manuel Bandrés. *Derecho fundamental ao proceso debido y el tribunal constitucional*. Madrid: Aranzadi, 1992. 683 p.

SANTOS, Carvalho. *Código civil brasileiro interpretado*. 6. ed. Rio de Janeiro: Freitas Bastos, 1958, v. III.

SANTOS, Nelton Agnaldo Moraes dos. *A técnica de elaboração da sentença civil*. 2. ed. São Paulo: Saraiva, 1997. 318 p.

SCHAUER, Frederick. Is Defeasibility an Essential Property of Law? *In*: BELTRÁN, Jordi Ferrer; RATTI, Giovanni Battista (Ed.). *The logic of legal requirements*: essays on defeasibility. OUP: Oxford University Press, 2012.

SCHAUER, Frederick. *Playing by the rules*: a philosopical examination of rule--based decision-making in law and in life. Oxford: Clarendon Press, 1991.

SCHAUER, Frederick. *Thinking like a lawyer:* a new introduction to legal reasoning. Cambridge, London: Harvard University Press, 2009.

SEGADO, Francisco Fernández. *El sistema constitucional español.* Madrid: Dykinson, 1992.

SEGADO, Francisco Fernández. *La jurisdicción constitucional en España*. Madrid: [*s. n.*], 1984. 194 p.

SIERRA, Raul Bocanegra. *El valor de las sentencias del Tribunal Constitucional.* Madrid: Instituto de Estudios de Administración Local, 1982. 286 p. Colección: Estudios – Derecho Público.

SILVA NETO, Francisco Antônio de Barros e. *A antecipação de tutela nos processos declaratórios.* Porto Alegre: Sergio Antonio Fabris Editor, 2005. 208 p.

SILVA, Celso de Albuquerque. *Do efeito vinculante*: sua legitimação e aplicação. Rio de Janeiro: Lumen Juris, 2005. 319 p.

SILVA, José Afonso da. *Curso de direito constitucional positivo*. 23. ed. São Paulo: Malheiros, 2004. 900 p.

SILVA, Vasco Pereira da. Sobre o pretenso efeito de "caso decidido" no Direito Constitucional e no Direito Administrativo português. *In*: MORAIS, Carlos Blanco de; RAMOS, Elival da Silva (Orgs.). *Perspectivas de Reforma da Justiça Constitucional em Portugal e no Brasil.* São Paulo: Almedina, p. 139-151, 2012.

SLAIBI FILHO, Nagib. *Ação declaratória de constitucionalidade*. 2. ed. Rio de Janeiro: Forense, 1995. 201 p.

SOUZA, Carlos Aureliano Motta de. *O papel constitucional do STF*: uma nova aproximação sobre o efeito vinculante. Brasília: Brasília Jurídica, 2000. 216 p.

STRECK, Lenio Luiz. *Jurisdição constitucional e hermenêutica*: uma nova crítica do direito. 2. ed. Rio de Janeiro: Forense, 2004. 919 p.

TALAMINI, Eduardo. Os pronunciamentos do STF sobre questões constitucionais e sua repercussão sobre a coisa julgada (impugnação ao cumprimento do título executivo inconstitucional e a regra especial sobre prazo de ação rescisória). *In*: CUNHA JÚNIOR, Dirley da; NOVELINO, Marcelo; MINAMI, Marcos Youji (coords.). *Repercussões do CPC no controle concentrado de constitucionalidade.* Salvador: JusPodivm, 2019, p. 119-135.

TAVARES, André Ramos. *Curso de direito constitucional*. 2. ed. São Paulo: Saraiva, 2003. 1003 p.

TEIXEIRA FILHO, Manoel Antônio. *O controle jurisdicional da constitucionalidade das leis e dos atos normativos do poder público*. São Paulo: LTr, 1985. 160 p.

TRIBE, Laurence H. *American constitutional law*. Second edition. First reprint. New York: The Foundation Press, inc., 1991. 1778 p.

VELOSO, Zeno. *Controle jurisdicional de constitucionalidade*. 3. ed. Belo Horizonte: Del Rey, 2003. 413 p.

VIANA, Juvêncio Vasconcelos. *Efetividade do processo em face da Fazenda Pública*. São Paulo: Dialética, 2003. 350 p.

WAMBIER, Tereza Arruda Alvim; MEDINA, José Miguel Garcia. *O dogma da coisa julgada*: hipóteses de relativização. São Paulo: RT, 2003. 275 p.

ZAGREBELSKY, Gustavo. *La giustizia costituzionale*. Nuova edizione. [Bologna]: il Mulino, 1989. 532 p.

ZAGREBELSKY, Gustavo; MARCENÒ, Valeria. *Giustizia costituzionale*: storia, principi, interpretazioni. 2. ed. Bologna: il Mulino, 2018, v. 1.

ZAGREBELSKY, Gustavo; MARCENÒ, Valeria. *Giustizia costituzionale*: oggetti, procedimenti, decisioni. 2. ed. Bologna: il Mulino, 2018, v. 2.

ZAVASCKI, Teori Albino. *Eficácia das sentenças na jurisdição constitucional*. São Paulo: RT, 2001. 166 p.

ZAVASCKI, Teori Albino. *Eficácia das sentenças na jurisdição constitucional*. 4. ed. São Paulo: RT, 2017. 204 p.

EDITORA JusPODIVM
www.editorajuspodivm.com.br

RENOVA GRAF
www.renovagraf.com.br

JUS3716